Eisenmann/Jautz
Grundriss Gewerblicher Rechtsschutz und Urheberrecht

Hartmut Eisenmann/Ulrich Jautz

Grundriss Gewerblicher Rechtsschutz und Urheberrecht

Mit 55 Fällen und Lösungen

10., neu bearbeitete Auflage

Hartmut Eisenmann, Dr. iur., Rechtsanwalt. Veröffentlichungen: „Gewerblicher Rechtsschutz", Wiesbaden 1974; „Lexikon Marketing-Recht", Landsberg 1998 sowie zahlreiche weitere Beiträge, insbesondere zum Gewerblichen Rechtsschutz. Co-Autor von: „Praktische Investitionsgüterwerbung", Landsberg 1981; „Einführung in die Handelswerbung", Stuttgart 1988; „Verkaufsförderung", Landsberg 1993; „Rechtsfälle aus dem Wirtschaftsprivatrecht", Heidelberg, 10. Aufl. 2014; „Verkaufsförderung – Erfolgreiche Sales Promotion", Landsberg 2000.

Ulrich Jautz, Dr. iur., Lehrgebiete: Wirtschaftsprivatrecht, Gesellschaftsrecht, Gewerblicher Rechtsschutz, Zivilprozessrecht. Veröffentlichungen: Co-Autor von „Wirtschaftsprivatrecht", München 2011, sowie Konferenzbeiträgen zu verschiedenen rechtswissenschaftlichen Themen.

Andrea Wechsler, Dr. iur., Lehrgebiete: Wirtschaftsprivatrecht, Immaterialgüterrecht, Internetrecht, Alternative Streitbeilegung. Veröffentlichungen: „A Theory of Transnational Intellectual Property Law – Legal and Economic Perspective on Balance" (2011), „Europäische Patentorganisation", in: Armin Hatje & Peter-Christian Müller-Graff (Hrsg.), Enzyklopädie Europarecht, Volume 1, Europäisches Organisations- und Verfassungsrecht (2014).

Die Verfasser gehören als Professoren der Hochschule für Gestaltung, Technik und Wirtschaft in Pforzheim an.

Bibliografische Information der Deutschen Nationalbibliothek

Die Deutsche Nationalbibliothek verzeichnet diese Publikation in der Deutschen Nationalbibliografie; detaillierte bibliografische Daten sind im Internet über <http://dnb.d-nb.de> abrufbar.

ISBN 978-3-8114-9513-5

E-Mail: kundenservice@cfmueller.de

Telefon: +49 89 2183 7923
Telefax: +49 89 2183 7620

www.cfmueller.de
www.cfmueller-campus.de

© 2015 C.F. Müller GmbH, Im Weiher 10, 69121 Heidelberg

Dieses Werk, einschließlich aller seiner Teile, ist urheberrechtlich geschützt. Jede Verwertung außerhalb der engen Grenzen des Urheberrechtsgesetzes ist ohne Zustimmung des Verlages unzulässig und strafbar. Dies gilt insbesondere für Vervielfältigungen, Übersetzungen, Mikroverfilmungen und die Einspeicherung und Verarbeitung in elektronischen Systemen.

Satz: Gottemeyer, Rot
Druck: CPI Clausen & Bosse, Leck

Vorwort

Diese Auflage gibt den Autoren Anlass zu besonderer Freude in doppelter Hinsicht:

Zum einen: Es ist die zehnte Auflage und damit ein kleines Jubiläum. Für die positive Aufnahme des Werkes in den vergangenen Jahren, die vielfältigen Anregungen und die geäußerte konstruktive Kritik sind die Verfasser sehr dankbar.

Zum anderen: Zur Bearbeitung einschlägiger Problematik des Internetrechts konnte Frau Prof. Dr. Andrea Wechsler gewonnen werden. Die beiden Verfasser bedanken sich.

Der Grundriss musste vor allem im UWG umfassend neu bearbeitet werden; aber auch in anderen Teilen waren viele Änderungen und Ergänzungen erforderlich, sei es aus Gründen von Gesetzesnovellierungen oder geänderter Rechtsprechung, sei es national, sei es europäisch.

Die bewährte Konzeption des Buches ist unverändert geblieben.

Pforzheim, im Januar 2015

Hartmut Eisenmann
Ulrich Jautz
Andrea Wechsler

Vorwort zur 1. Auflage

Im Konkurrenzkampf der Unternehmen gewinnen Rechtsfragen der in diesem Buch behandelten Gebiete immer größere Bedeutung. Die Produkt-, Verpackungs- und Markierungspolitik, die Werbung, die Verkaufsförderung und die Distributionspolitik werfen neben absatzpolitischen viele juristische Probleme auf. Eine Zahl mag das belegen: Allein die Industrie- und Handelskammern befassen sich jährlich mit 20 000 Fällen vermuteter Rechtsverstöße.

Parallel dazu muss sich der angehende Praktiker verstärkt um diese Rechtsgebiete bemühen. Das gilt für den Studenten der Rechtswissenschaft genauso wie für die Studierenden der Wirtschaftswissenschaften, insbesondere der Absatz- und Werbewirtschaft. An diesen Personenkreis wendet sich diese Einführung in erster Linie. Der Verfasser würde sich freuen, wenn dieses Buch auch dem Praktiker in Betrieb und Agentur eine Arbeitshilfe sein könnte.

Eine solche Einführung, wie sie hier vorgelegt wird, steht vor nicht geringen Problemen: Die Gesetzeslage ist zersplittert; die Rechtsprechung ufert ständig aus. Um für eine möglichst große Transparenz zu sorgen, werden die einzelnen Vorschriften – getreu dem pädagogischen Anliegen dieses Buches – regelmäßig durch einen typischen Beispielsfall eingeführt. Die gesetzlichen Kriterien dieser Vorschriften sind übersichtlich herausgestellt und pragmatisch, vor allem durch viele Fälle aus der Praxis, durch Schaubilder und Übersichten, verdeutlicht. Diese Einzelerörterungen werden durch zahlreiche Vergleiche und Querverweise immer wieder in den Gesamtzusammenhang gestellt; dabei hat der Verfasser Wiederholungen nicht gescheut. Die Praxisorientierung steht auch bei der Auswahl der Zitate im Vordergrund. Hier wurde in erster Linie die Rechtsprechung herangezogen.

Im Schlussteil werden die erworbenen Rechtskenntnisse an 45 Fällen aus der Rechtsprechungs- und Marketingpraxis erprobt. Die Lösungen geben die gedanklichen Schritte und Begründungen kurz wieder. Die Fälle sind nach Umfang und Schwierigkeitsgrad verschieden. Sie beziehen sich insbesondere auf folgende Gebiete: Urheber-, Patent-, Gebrauchsmuster-, Geschmacksmusterrecht, Warenzeichen, Ausstattung, berühmte Marken, irreführende Werbung, Sittenwidrigkeit, speziell bei vergleichender Werbung, Nachahmung und Preisausschreiben, sowie Aus-, Schluss- und Räumungsverkäufe, Sonderveranstaltungen, Verkaufs- und Werbehilfen, Zugaben und Rabatte.

Pforzheim, im Sommer 1984 *Hartmut Eisenmann*

Inhaltsverzeichnis

Vorwort V
Vorwort zur 1. Auflage VI
Abkürzungsverzeichnis XIX

1. Abschnitt
**Allgemeine Grundlagen zum Urheberrecht
und zum Gewerblichen Rechtsschutz**

1.	Rechtsgrundlagen	1
2.	Schutzgegenstand	2
3.	Standort in der Gesamtrechtsordnung	3
4.	Charakterisierung des Urheberrechts und des Gewerblichen Rechtsschutzes	4
5.	Entstehen der Rechte	5
6.	Kultureller – gewerblicher Bereich	6
7.	Verhältnis vom Urheberrecht zu den Sonderrechten des Gewerblichen Rechtsschutzes	6
8.	Verhältnis der Rechte des Gewerblichen Rechtsschutzes untereinander	8
9.	Das Immaterialgüterrecht im Wirtschaftsverkehr	9

2. Abschnitt
Urheberrecht

1.	**Wesen und Gegenstand des Urheberrechts**	10
1.1	Allgemeines	10
1.2	Rechtsvoraussetzungen	11
1.2.1	Das Werk	11
1.2.1.1	Der geistige Inhalt	13
1.2.1.2	Die wahrnehmbare Form	15
1.3	Der Urheber	16
1.4	Belohnung des Urhebers	17
1.5	Einzelne Werkarten	17
1.5.1	Sprachwerke	17
1.5.2	Werke der bildenden Kunst	18
1.5.3	Lichtbildwerke	19
1.5.4	Filmwerke	20
1.5.5	Darstellungen wissenschaftlicher oder technischer Art	20
1.5.6	Weitere selbstständige Werke	20
1.6	Bedeutung des Urheberrechts	21

1.6.1	Bedeutung für den Urheber	21
1.6.2	Bedeutung für die Wirtschaft	21
1.6.3	Bedeutung für die Allgemeinheit	24
2.	**Entstehen des Urheberrechtes**	24
2.1	Das Urheberrecht im Verletzungsprozess	25
3.	**Rechtswirkungen des Urheberrechts**	25
3.1	Positiver Inhalt des Urheberrechts	25
3.1.1	Das Urheberpersönlichkeitsrecht	26
3.1.2	Die Verwertungsrechte	27
3.1.2.1	Die Verwertung in körperlicher Form	28
3.1.2.2	Die Verwertung in unkörperlicher Form	29
3.1.3	Sonstige Rechte des Urhebers	31
3.1.4	Kopierschutz	32
3.2	Negativer Inhalt des Urheberrechts	33
3.3	Strafrechtlicher Schutz	37
3.4	Beschränkungen des Schutzumfanges des Urheberrechts	38
3.4.1	Beschränkungen zu Gunsten privater Interessen	38
3.4.2	Beschränkungen zu Gunsten allgemeiner Interessen	42
4.	**Übergang des Urheberrechts**	44
4.1	Vererbung	44
4.2	Rechtgeschäftliche Übertragung	44
4.2.1	Einräumung von Nutzungsrechten	44
4.2.2	Durchführung der Einräumung von Nutzungsrechten	47
4.2.2.1	Der Verlagsvertrag	48
4.2.2.2	Der Wahrnehmungsvertrag	49
4.2.3	Zweckübertragungstheorie	49
4.2.4	Vergütung für den Urheber	51
5.	**Beendigung des Urheberrechts**	51
6.	**Anhang I: Computerprogramme**	52
7.	**Anhang II: Verwandte Schutzrechte**	54
7.1	Schutz der ausübenden Künstler	54
7.2	Schutz des Herstellers von Tonträgern	56
7.3	Schutz des Sendeunternehmens	57
7.4	Schutz des Lichtbildners	57
7.5	Schutz des Datenbankherstellers	57
7.6	Beendigung der verwandten Schutzrechte	58
8.	**Anhang III: Besondere Bestimmungen für Filme**	58
9.	**Urheberrecht im Internet**	60
9.1	Allgemeines	60
9.2	Haftungsprinzipien	60
9.3	Urheberrechtsschutz für digitale Güter	61
9.4	Urheberrechtsverletzungen	61

3. Abschnitt
Patentrecht

1.	**Wesen und Gegenstand des Patents**	64
1.1	Allgemeines	64
1.2	Rechtsvoraussetzungen	64
1.2.1	Erfindung	64
1.2.2	Neuheit	68
1.2.3	Gewerbliche Anwendbarkeit	68
1.2.4	Erfinderische Tätigkeit	68
1.3	Schutzausschließungsgründe	70
1.4	Der Erfinder	70
1.5	Belohnung des Erfinders	72
1.6	Hauptarten der Erfindung	72
2.	**Entstehen des Patents**	73
2.1	Das Anmelde- und Vorprüfungsverfahren	73
2.2	Das Prüfungs- und Erteilungsverfahren	74
2.3	Das Einspruchsverfahren	75
2.4	Das Beschwerdeverfahren	75
2.5	Das Patent im Verletzungsprozess	76
2.6	Veröffentlichungen	76
3.	**Rechtswirkungen des Patents**	76
3.1	Positiver Inhalt des Patents	76
3.2	Negativer Inhalt des Patents	78
3.3	Strafrechtlicher Schutz	79
3.4	Beschränkungen des Schutzumfanges des Patents	79
4.	**Übergang des Patents**	80
4.1	Vererbung	80
4.2	Rechtsgeschäftliche Übertragung	80
4.2.1	Veräußerung des Patents	80
4.2.2	Patentlizenzen	80
4.2.3	Durchführung der unbeschränkten und beschränkten Übertragung	81
5.	**Beendigung des Patents**	82
5.1	Ablauf der Schutzfrist	82
5.2	Nichtzahlen der Gebühren	82
5.3	Widerruf	82
5.4	Nichtigerklärung des Patents	83

4. Abschnitt
Gebrauchsmusterrecht

1.	**Wesen und Gegenstand des Gebrauchsmusters**	84
1.1	Allgemeines	84
1.2	Rechtsvoraussetzungen	85

1.2.1	Erfindung	85
1.2.2	Neuheit	86
1.2.3	Gewerbliche Anwendbarkeit	86
1.2.4	Erfinderischer Schritt	86
1.3	Schutzausschließungsgründe	87
2.	**Entstehen des Gebrauchsmusters**	87
2.1	Das Anmeldeverfahren	87
2.2	Das Registrierungsverfahren	88
2.3	Das Beschwerdeverfahren	88
2.4	Das Gebrauchsmuster im Verletzungsprozess	89
2.5	Abzweigung	89
3.	**Rechtswirkungen des Gebrauchsmusters**	90
4.	**Übergang des Gebrauchsmusters**	91
5.	**Beendigung des Gebrauchsmusters**	92
6.	**Anhang: Topografieschutz**	93

5. Abschnitt
Designrecht

1.	**Wesen und Gegenstand des Designschutzes**	94
1.1	Allgemeines	94
1.2	Rechtsvoraussetzungen	95
1.2.1	Design	95
1.2.2	Neuheit	97
1.2.3	Eigenart	98
1.2.4	Terminologie	99
1.3	Schutzausschließungsgründe	99
2.	**Entstehen des eingetragenen Designs**	100
2.1	Das Anmeldeverfahren	100
2.2	Das Registrierungsverfahren	102
2.3	Das Beschwerdeverfahren	103
2.4	Das eingetragene Design im Verletzungsprozess	104
3.	**Rechtswirkungen des eingetragenen Designs**	104
3.1	Positiver Inhalt des eingetragenen Designs	104
3.2	Negativer Inhalt des eingetragenen Designs	105
3.3	Strafrechtlicher Schutz	107
3.4	Beschränkungen des Schutzumfanges des eingetragenen Designs	107
4.	**Übergang des eingetragenen Designs**	108
5.	**Beendigung des eingetragenen Designs**	109

6. Abschnitt
Kennzeichenrechte

1.	**Gegenstand der Kennzeichenrechte**	110
2.	**Die Marke**	111
2.1	Wesen und Gegenstand der Marke	111
2.1.1	Allgemeines	111
2.1.1.1	Begriff und Funktionen der Marke	111
2.1.1.2	Rechtsnatur und Bedeutung der Marke	112
2.1.1.3	Die Markenkategorien und die Markenfähigkeit	113
2.1.1.3.1	Markenkategorien	113
2.1.1.3.2	Markenfähigkeit	114
2.1.1.4	Die Zeichenformen der Marke	115
2.2	Die eingetragene Marke	118
2.2.1	Rechtsvoraussetzungen	118
2.2.1.1	Allgemeine Voraussetzungen	118
2.2.1.2	Absolute Schutzhindernisse	119
2.2.1.2.1	Grafische Darstellbarkeit	119
2.2.1.2.2	Fehlende Unterscheidungskraft	122
2.2.1.2.3	Beschreibende Angaben	127
2.2.1.2.4	Übliche Bezeichnungen	128
2.2.1.2.5	Täuschende Bezeichnungen	129
2.2.1.2.6	Gegen gute Sitten verstoßende Bezeichnungen	129
2.2.1.2.7	Hoheitszeichen als Bezeichnungen	130
2.2.1.2.8	Amtliche Prüf- oder Gewährzeichen	131
2.2.1.2.9	Außermarkenrechtliche Eintragungsverbote	131
2.2.1.2.10	Bösgläubigkeit	131
2.2.1.2.11	Ausnahmen bei Verkehrsdurchsetzung	131
2.2.1.3	Notorisch bekannte Marken	133
2.2.1.4	Relative Schutzhindernisse	134
2.2.1.4.1	Verwechslungsgefahr	135
2.2.1.4.2	Bekannte Marken	140
2.2.2	Entstehen der eingetragenen Marke	144
2.2.2.1	Das Anmeldeverfahren	144
2.2.2.2	Das Prüfungs- und Entscheidungsverfahren	145
2.2.2.3	Das Widerspruchsverfahren	145
2.2.2.4	Das Beschwerdeverfahren	146
2.2.2.5	Das beschleunigte Verfahren	146
2.2.2.6	Die internationale Marke	146
2.2.2.7	Die eingetragene Marke im Verletzungsprozess	147
2.3	Die benutzte Marke kraft Verkehrsgeltung	148
2.4	Die notorisch bekannte Marke	149
2.5	Rechtswirkungen der Marke	149
2.5.1	Positiver Inhalt der Marke	149
2.5.2	Negativer Inhalt der Marke	150
2.5.2.1	Ausschluss von Ansprüchen wegen Erschöpfung	152

2.5.2.2	Ausschluss von Ansprüchen bei Nichtbenutzung	153
2.5.2.3	Ausschluss von Ansprüchen beim Ersatzteilgeschäft	153
2.5.2.4	Verschiedene Abwehrsituationen	154
2.5.3	Strafrechtlicher Schutz	155
2.6	Übergang der Marke	155
2.7	Beendigung der Marke	156
3.	**Geschäftliche Bezeichnungen**	**156**
3.1	Allgemeines	157
3.2	Die Unternehmenskennzeichen	157
3.3	Die Geschäftsabzeichen	158
3.4	Die Werktitel	159
3.5	Unterscheidungskraft – Verkehrsgeltung	161
3.6	Rechtswirkungen der geschäftlichen Bezeichnungen	161
3.6.1	Positiver Inhalt	162
3.6.2	Negativer Inhalt	162
3.6.3	Strafrechtlicher Schutz	164
4.	**Anhang I – Die Kollektivmarke**	**164**
5.	**Anhang II – Schutz geografischer Herkunftsangaben**	**165**
5.1	Allgemeines	165
5.2	Gattungsbezeichnungen	166
5.3	Internationale Herkunftsabkommen	166
5.4	Rechtswirkungen der geografischen Herkunftsangaben	167
5.5	Gemeinschaftsrechtlicher Schutz von geografischen Angaben	168
6.	**Kollision von Zeichenrechten**	**169**
7.	**Markenrecht im Internet**	**170**
7.1	Allgemeines	170
7.2	Domain-Names	170
7.2.1	Domain – eingetragene Marke	171
7.2.2	Domain – Geschäftliche Bezeichnung	172
7.2.3	Domain – UWG	173
7.2.4	Domain – Namens- und Deliktsrecht	174
7.3	Haftungsprinzipien	175
7.4	Markenrechtsverletzungen	175
7.4.1	Metatags	175
7.4.2	Keyword-Advertising	176

7. Abschnitt
UWG

1.	**Allgemeine Grundlagen des UWG**	**178**
1.1	Der Wettbewerb	178
1.1.1	Geschäftliche Handlung im Allgemeinen	179
1.1.2	Geschäftliche Handlung im Besonderen	180

1.1.3	Anerkennung des Wettbewerbs	182
1.2	Schutzfunktion des UWG	182
1.3	Anspruchskonkurrenz	184
1.4	Aufbau des UWG	185
1.4.1	Grundlagen	185
1.4.2	Privatrecht	185
1.4.2.1	Verbotstatbestände	185
1.4.2.2	Rechtsfolgen und Verfahren	186
1.4.3	Straftatbestände und Ordnungswidrigkeiten	186
1.4.4	Überblick zum Aufbau des UWG	186
1.5	Werbung mit Äußerungen Dritter	187
1.6	Die Zielgruppen der Werbung	188
1.6.1	Die Zielgruppen im Einzelnen	188
1.6.2	Die Auffassung der Zielgruppen	189
1.6.3	Bewertung durch den Richter	190
1.6.4	Das Verbraucherleitbild	190
2.	**Die Generalklausel des UWG**	**191**
2.1	Allgemeines	191
2.2	Rechtsvoraussetzungen	191
2.2.1	Geschäftliche Handlung	191
2.2.2	Unlauterkeit	191
2.2.3	Eignung zur spürbaren Interessenbeeinträchtigung der Marktteilnehmer	193
3.	**Unlauterkeit im Sinne von § 4 UWG**	**193**
3.1	Unlauterkeit nach § 4 Ziff. 1 UWG	194
3.1.1	Beeinträchtigung durch Druck	194
3.1.1.1	Ausnutzen einer Machtposition	195
3.1.1.2	Drohung	195
3.1.1.3	Moralischer Zwang	195
3.1.1.4	Anzapfen	196
3.1.2	Beeinträchtigung in menschenverachtender Weise	196
3.1.3	Beeinträchtigung durch sonstigen unangemessenen unsachlichen Einfluss	197
3.1.3.1	Verkaufsförderung mittels unentgeltlicher Zuwendungen	198
3.1.3.1.1	Werbegeschenke	198
3.1.3.1.2	Warenproben	200
3.1.3.1.3	Kopplungsangebote	201
3.1.3.2	Ausnutzen von Gefühlen	202
3.2	Unlauterkeit nach § 4 Ziff. 2 UWG	205
3.2.1	Ausnutzen von Gebrechen, Alter, Unerfahrenheit, Leichtgläubigkeit	205
3.2.2	Ausnutzen der Angst	206
3.2.3	Ausnutzen einer Zwangslage	207
3.3	Unlauterkeit nach § 4 Ziff. 3 UWG	207
3.3.1	Erkennbarkeit von Werbung in der Presse	208
3.3.2	Redaktionelle Berichterstattung und getarnte Werbung in der Presse	209

3.3.3	Werbung in Rundfunk, Fernsehen und Telemedien	209
3.3.3.1	Sponsoring	210
3.3.3.2	Product-Placement	211
3.3.4	Product-Placement bei Kinospielfilmen und Computerspielen	212
3.3.5	Werbung als private Äußerungen getarnt	213
3.3.6	Werbung mit getarnten wissenschaftlichen Äußerungen	213
3.3.7	Verschleierung bei interessanten Arbeitsangeboten	213
3.4	Unlauterkeit nach § 4 Ziff. 4 UWG	214
3.5	Unlauterkeit nach § 4 Ziff. 5 UWG	215
3.5.1	Grundsätzliches zu Preisausschreiben	215
3.5.2	Klarheit der Teilnahmebedingungen	217
3.5.3	Unzulässige Preisausschreiben als Ausnahme	217
3.6	Unlauterkeit nach § 4 Ziff. 7 UWG	219
3.7	Unlauterkeit nach § 4 Ziff. 8 UWG	220
3.8	Unlauterkeit nach § 4 Ziff. 9 UWG	222
3.8.1	Allgemeines	222
3.8.2	Schutzvoraussetzungen	223
3.8.2.1	Wettbewerbsverhältnis	224
3.8.2.2	Angebot von nachgeahmten Waren oder Dienstleistungen	224
3.8.2.3	Wettbewerbliche Eigenart	224
3.8.2.4	Wechselwirkung	225
3.8.2.5	Ausnahme § 4 Ziff. 9 a) UWG	225
3.8.2.6	Ausnahme § 4 Ziff. 9 b) UWG	228
3.8.2.7	Ausnahme § 4 Ziff. 9 c) UWG	228
3.8.2.8	Weitere Unlauterkeitsmerkmale	229
3.9	Unlauterkeit nach § 4 Ziff. 10 UWG	229
3.9.1	Allgemeines	229
3.9.2	Unerlaubte Behinderung	230
3.9.2.1	Behinderung durch Preiskampf	231
3.9.2.2	Behinderung durch Betriebsstörung	231
3.9.2.3	Absatz- und Werbebehinderung	232
3.9.2.4	Weitere Arten unerlaubter Behinderung	233
3.10	Unlauterkeit nach § 4 Ziff. 11 UWG	234
4.	**Unlauterkeit im Sinne von § 5 UWG**	**235**
4.1	Allgemeines	235
4.2	Rechtsvoraussetzungen	235
4.2.1	Angaben	237
4.2.2	Irreführung	240
4.2.2.1	Unwahre Werbung	241
4.2.2.1.1	Unwahre Angaben über die Verfügbarkeit	241
4.2.2.1.2	Unwahre Angaben über das Verfahren der Herstellung	242
4.2.2.1.3	Unwahre Angaben über die Beschaffenheit	242
4.2.2.1.4	Unwahre Angaben über die geografische oder betriebliche Herkunft	242
4.2.2.1.5	Unwahre Angaben über den Anlass des Verkaufs	244
4.2.2.1.6	Unwahre Angaben über den Preis oder die Berechnung des Preises	244

4.2.2.1.7	Unwahre Angaben über die Identität des Werbenden	244
4.2.2.1.8	Unwahre Angaben über geistige Eigentumsrechte des Werbenden	245
4.2.2.1.9	Unwahre Angaben über die Befähigung des Werbenden	245
4.2.2.1.10	Unwahre Angaben über Auszeichnungen des Werbenden	245
4.2.2.2	Missverständliche Werbung	245
4.2.2.2.1	Werbung mit Selbstverständlichkeiten	246
4.2.2.2.2	Werbung mit mehrdeutigen Aussagen	246
4.2.2.2.3	Blickfangwerbung	247
4.2.2.3	Unwahre / missverständliche Werbung	248
4.2.2.3.1	Irreführung in Bezug auf den Preis	248
4.2.2.3.2	Irreführung in Bezug auf besondere Aktionen	250
4.2.2.3.3	Irreführung in Bezug auf Werbung mit Testergebnissen	251
4.2.2.3.4	Irreführung in Bezug auf die Gesundheit	253
4.2.2.3.5	Irreführung in Bezug auf Werbeveranstaltungen	254
4.2.2.3.6	Irreführung in Bezug auf Alleinstellungswerbung	255
4.2.2.3.7	Irreführung in Bezug auf eine Spitzengruppenwerbung	256
4.2.2.3.8	Irreführung in Bezug auf Werbung mit Schutzrechten	256
4.2.2.3.9	Irreführung in Bezug auf umweltbezogene Werbung	257
4.3	Irreführung nach Spezialgesetzen	259
4.3.1	Irreführung in Bezug auf Preisangaben	259
4.3.1.1	Erforderlichkeit der Preisangabe	260
4.3.1.2	Inhalt der Preisangabe	261
4.3.1.3	Art und Weise der Preisangabe	261
4.3.2	Irreführung in Bezug auf sonstige Spezialgesetze	262
5.	**Unlauterkeit von Werbevergleichen**	**262**
5.1	Allgemeines zu § 6 UWG	263
5.1.1	Das Wahrheitsproblem	263
5.1.2	Begriff	263
5.2	Unlautere vergleichende Werbung	266
5.2.1	Verbotstatbestände	266
5.2.1.1	Vergleichbarkeit von Waren oder Dienstleistungen	266
5.2.1.2	Objektiver Vergleich von wesentlichen, nachprüfbaren ... Eigenschaften	268
5.2.1.3	Keine Verwechslungen	270
5.2.1.4	Keine unlautere Beeinträchtigung des Rufes eines Kennzeichens	270
5.2.1.5	Keine Herabsetzung der Mitbewerber	271
5.2.1.6	Keine Darstellung als Imitation	271
5.3	Bezugnehmende Werbung in der Gesamtschau	272
5.3.1	Bezugnahme bei konkreter Erkennbarkeit	272
5.3.2	Bezugnahme ohne konkrete Erkennbarkeit	273
6.	**Unzumutbare Belästigungen im Sinne von § 7 UWG**	**275**
6.1	Allgemeines	275
6.2	Rechtsvoraussetzungen	276
6.3	Unzumutbare Belästigungen nach § 7 I UWG	276
6.3.1	Ansprechen in der Öffentlichkeit	276

6.3.2	Zusenden unbestellter Waren	277
6.3.3	Unbestellte Dienstleistungen	277
6.3.4	Haustürwerbung	278
6.4	Unzumutbare Belästigungen nach § 7 II UWG	278
6.4.1	Allgemeines	278
6.4.2	Belästigung durch Telefonwerbung nach § 7 II, Ziff. 2 UWG	279
6.4.2.1	Telefonwerbung gegenüber Verbrauchern	280
6.4.2.2	Telefonwerbung gegenüber sonstigen Marktteilnehmern	281
6.4.3	Belästigung durch Fax … nach § 7 II, Ziff. 3 UWG	282
6.4.4	Belästigung durch Briefkastenwerbung nach § 7 II, Ziff. 1 UWG	283
6.4.5	Belästigung wegen Verschleierung nach § 7 II, Ziff. 4 UWG	284
7.	**Tatbestände des Anhangs zu § 3 III UWG**	**284**
8.	**Wettbewerbsrechtliche Straftatbestände und Ordnungswidrigkeiten**	**287**
8.1	Strafbare Irreführung	287
8.2	Progressive Kundenwerbung	288
8.3	Verrat und Verwertung von Geschäftsgeheimnissen und Vorlagen	288
8.3.1	Allgemeines	288
8.3.2	Verrat von Geschäftsgeheimnissen	289
8.3.3	Verwertung von Geschäftsgeheimnissen	290
8.3.4	Verwertung von Vorlagen	291
8.3.5	Verleiten und Erbieten zum Geheimnisverrat	291
8.3.6	Die strafrechtlichen Sanktionen	292
8.3.7	Bußgeld	292
9.	**Die Durchsetzung wettbewerbsrechtlicher Ansprüche**	**292**
9.1	Die einzelnen Ansprüche	292
9.1.1	Beseitigungs- und Unterlassungsansprüche	293
9.1.2	Schadensersatzansprüche	293
9.1.3	Der Gewinnabschöpfungsanspruch	294
9.2	Anspruchsberechtigung und Klagerecht	295
9.3	Das Verfahren	298
9.4	Wettbewerbsverstöße im Internet	301
9.4.1	Haftung bei Wettbewerbsverstößen	302
9.4.2	Verfolgung von Wettbewerbsverstößen	303
9.5	Verjährung	304
9.6	Entwurf einer UWG-Novellierung	304

8. Abschnitt
Internationale und europäische Aspekte

1.	**Allgemeines**	**306**
2.	**Zum internationalen und europäischen Gewerblichen Rechtsschutz**	**306**
2.1	Pariser Verbandsübereinkunft	306

2.2	Madrider Markenabkommen	307
2.3	Haager Abkommen	308
2.4	Multilaterale Patentabkommen	309
2.5	Sonderrechtsschutz im Rahmen der EU	312
2.5.1	Gemeinschaftspatente	312
2.5.2	Gemeinschaftsmarken	313
2.5.3	Gemeinschaftsgeschmacksmuster	315
3.	**Zum internationalen Urheberrecht**	317
3.1	Revidierte Berner Übereinkunft	317
3.2	Welturheberrechtsabkommen	317
4.	**Weltorganisation für geistiges Eigentum**	318
5.	**TRIPS-Abkommen**	319

Fälle mit Lösungen

Vorbemerkung ... 321
55 Fälle mit Lösungen ... 321

Anhang
Formulare

Muster 1: Wettbewerbsrechtliche Abmahnung mit strafbewehrter Unterlassungsverpflichtungserklärung ... 409
Muster 2: Schutzschrift ... 411
Muster 3: Antrag auf Erlass einer einstweiligen Verfügung ... 413
Muster 4: Abschlussschreiben mit Abschlusserklärung ... 415
Muster 5: Unterlassungsklage ... 416

Weiterführende Literatur ... 419

Sachverzeichnis ... 421

Abkürzungsverzeichnis

a.A.	anderer Auffassung
a.a.O.	am angegebenen Ort
Abb.	Abbildung
AbzG	Abzahlungsgesetz
AEUV	Vertrag über die Arbeitsweise der Europäischen Union
AGB	Allgemeine Geschäftsbedingungen
Alt.	Alternative
ANEG	Gesetz über Arbeitnehmererfindungen
BAG	Bundesarbeitsgericht
BB	Betriebs-Berater (Fachzeitschrift)
BGB	Bürgerliches Gesetzbuch
BGH	Bundesgerichtshof
BGHZ	Entscheidungen des Bundesgerichtshofes in Zivilsachen
BMJ	Bundesministerium der Justiz
BT	Deutscher Bundestag Drucksache
DesignG	Designgesetz
DPMA	Deutsches Patent- und Markenamt
DVO	Durchführungsverordnung
ECRL	E-Commerce-Richtlinie
EG	Europäische Gemeinschaft
EPA	Europäisches Patentamt
EPO	Europäische Patentorganisation
EPÜ	Europäisches Patentübereinkommen
EU	Europäische Union
EuG	Gericht der Europäischen Union
EuGH	Gerichtshof der Europäischen Gemeinschaften
EWGV	Vertrag zur Begründung der Europäischen Wirtschaftsgemeinschaft
EWR	Europäischer Wirtschaftsraum
f.	ein(e) folgende(r)
ff.	mehrere folgende
G	Gesetz
GebrMG	Gebrauchsmustergesetz
GG	Grundgesetz für die Bundesrepublik Deutschland
GEMA	Gesellschaft für musikalische Aufführungsrechte
ges. gesch.	gesetzlich geschützt
GGVO	Gemeinschaftsgeschmacksmusterverordnung
GMVO	Gemeinschaftsmarkenverordnung
GPÜ	Gemeinschaftspatentübereinkommen
GRUR	Gewerblicher Rechtsschutz und Urheberrecht (Fachzeitschrift)
GÜFA	Gesellschaft zur Übernahme und Wahrnehmung von Filmaufführungsrechten mit beschr. Haftung
GVL	Gesellschaft zur Verwertung von Leistungsschutzrechten
GWB	Gesetz gegen Wettbewerbsbeschränkungen
HA	Haager Abkommen
HABM	Harmonisierungsamt für den Binnenmarkt (Marken, Muster und Modelle) in Alicante
HalblSchG	Halbleiterschutzgesetz

HGB	Handelsgesetzbuch	
HS	Halbsatz	
HWG	Heilmittelwerbegesetz	
IHK	Industrie- und Handelskammer(n)	
IuKDG	Informations- und Kommunikationsdienstegesetz	
i.V.m.	in Verbindung mit	
LFGB	Lebensmittel-, Bedarfsgegenstände- und Futtermittelgesetzbuch	
MarkenG	Markengesetz	
MD	Magazin Dienst	
MMA	Madrider Markenabkommen	
NJW	Neue Juristische Wochenschrift (Fachzeitschrift)	
o.g.	oben genannt	
OLG	Oberlandesgericht	
OMPI	französisch, vgl. WIPO	
PatKostG	Patentkostengesetz	
PMA	Patent- und Markenamt	
PaMitt	Mitteilungen der deutschen Patentanwälte	
PCT	Patent Cooperation Treaty	
PAngVO	Preisangabenverordnung	
PVÜ	Pariser Verbandsübereinkunft	
RBÜ	Revidierte Berner Übereinkunft	
RfStV	Rundfunkstaatsvertrag	
RG	Reichsgericht	
RL	Richtlinie der E(W)G	
RS	Rechtssubjekt	
Rz	Randziffer	
s.	siehe	
sog.	so genannt	
StGB	Strafgesetzbuch	
StPO	Strafprozessordnung	
TMG	Telemediengesetz	
TRIPS	Agreement on Trade-Related Aspects of Intellectual Property	
u.a.	und andere	
UH	Urheber	
UrhG	Gesetz über Urheberrecht und verwandte Schutzrechte	
u.U.	unter Umständen	
UWG	Gesetz gegen den unlauteren Wettbewerb	
VerlG	Gesetz über das Verlagsrecht	
VG	Verwertungsgesellschaft	
VO	Verordnung	
WahrnG	Gesetz über die Wahrnehmung von Urheberrechten und verwandten Schutzrechten	
WIPO	World Intellectual Property Organization	
WRP	Wettbewerb in Recht und Praxis (Fachzeitschrift)	
WTO	World Trade Organization	
WUA	Welturheberrechtsabkommen	
www.	World Wide Web im Internet	
ZIP	Zeitschrift für Wirtschaftsprivatrecht und Insolvenzpraxis (Fachzeitschrift)	
ZPO	Zivilprozessordnung	
ZPÜ	Zentralstelle für private Überspielungsrechte	
ZUM	Zeitschrift für Urheber- und Medienrecht (Fachzeitschrift)	

1. Abschnitt

Allgemeine Grundlagen zum Urheberrecht und zum Gewerblichen Rechtsschutz

1. Rechtsgrundlagen

Das Urheberrecht ist geregelt im Gesetz über Urheberrecht und verwandte Schutzrechte (Urheberrechtsgesetz = UrhG).

Unter dem Gewerblichen Rechtsschutz versteht man herkömmlicherweise
- das Patent, geregelt im Patentgesetz (PatG)
- das Gebrauchsmuster, geregelt im Gebrauchsmustergesetz (GebrMG)
- das eingetragene Design, geregelt im Designgesetz (DesignG)
- die Kennzeichenrechte, geregelt im Gesetz über den Schutz von Marken und sonstigen Kennzeichen (MarkenG)
- das Gesetz gegen den unlauteren Wettbewerb (UWG).

Der Gewerbliche Rechtsschutz ist ein bedeutsamer Teil dessen, was man gemeinhin als Wirtschaftsrecht bezeichnet. Gerade auf diesem Gebiet war, um die Ziele der EU zu erreichen, aus nachvollziehbaren volkswirtschaftlichen Gründen eine Rechtsvereinheitlichung in den einzelnen EU-Mitgliedstaaten erforderlich. Letzteres gilt – wenn auch bisher in etwas eingeschränkterem Maße – auch für das Urheberrecht.

Dieser europäische Harmonisierungsprozess ist bei den in diesem Grundriss zu behandelnden Rechtsgebieten insgesamt gesehen weit fortgeschritten. Der europäische Gesetzgeber hat eine Vielzahl von Gemeinschaftsnormen geschaffen. Bei der Darstellung der einzelnen Rechtsgebiete wird – wenn überhaupt – lediglich kurz auf die diesbezüglichen europäischen Grundlagen hingewiesen werden; eine detaillierte Ableitung aus den jeweiligen EU-Normen würde den Rahmen eines Grundrisses sprengen. Ausgangspunkt für unsere Arbeit ist letztlich also das nationale deutsche Recht.

Was nun das Verhältnis des deutschen Rechts zum europäischen Gemeinschaftsrecht angeht, so besteht hier zunächst eine generelle, alle Gesetze betreffende Grundproblematik, deren Handhabung Vielen von uns bekannt ist. Daher hierzu nur ganz kurz und plakativ Folgendes:

Es stellen sich zwei Hauptfragen: Welches Recht ist anzuwenden, das europäische Gemeinschaftsrecht oder das jeweilige nationale Recht der einzelnen Mitgliedstaaten? – Wie sieht es mit der Gerichtsbarkeit aus?

Das Gemeinschaftsrecht hat Vorrang gegenüber den einzelnen nationalen Rechten der Mitgliedstaaten; es geht diesen vor. Dieser Anwendungsvorrang gilt nicht nur für die EU-Verordnungen – diese gelten unmittelbar in den Mitgliedstaaten –, sondern auch für die EU-Richtlinien, zu deren Verbindlichkeit eine Transformation in das nationale Recht der einzelnen EU-Ländern notwendig ist.

Auf dieser Grundlage erklärt sich, dass die nationalen Gerichte, bei uns letztlich der BGH, Gemeinschaftsrecht als innerstaatliches Recht anzuwenden haben. Strittige Rechtsfragen über Gültigkeit und Auslegung von EU-Normen können deutsche Gerichte, letztlich also der BGH, den europäischen Gerichten, letztlich also dem EuGH, zur Vorabentscheidung vorlegen. Wir sehen also: Was europäische Normen angeht, hat der EuGH Auslegungskompetenz in letzter Instanz. Der Urteilsspruch selbst erfolgt hingegen durch die nationalen Gerichte.

Mittels dieses Vorabentscheidungsverfahrens soll durch den EuGH die Einheitlichkeit der Anwendung des EU-Rechts gewährleistet werden.

Hieraus ist es verständlich, dass als höchstrichterliche Rechtsprechung einmal der EuGH, einmal der BGH zitiert wird.

2. Schutzgegenstand

Der Schutzgegenstand liegt sowohl beim Urheberrecht als auch beim Gewerblichen Rechtsschutz auf **geistigem Gebiet**. Es geht um Rechte, die sich auf den schöpferischen Geist beziehen; plakativ spricht man häufig vom **„geistigen Eigentum"**.

Da es sich hier nicht um den Schutz von materiellen Gütern handelt – wie etwa beim Eigentum –, sondern um den Schutz von immateriellen Gütern, pflegt man diese Rechtsgebiete auch als **Immaterialgüterrechte** zu bezeichnen.

Das Urheberrecht schützt Geistesschöpfungen, Werke der Literatur, Wissenschaft und Kunst (§ 2 I UrhG).

Beim Gewerblichen Rechtsschutz schützt die Rechtsordnung die geistige gewerbliche Leistung:
- Beim Patent: Schutz der erfinderischen gewerblichen Leistung auf dem Gebiet der Technik.
- Beim Gebrauchsmuster: Schutz der erfinderischen gewerblichen Leistung auf dem Gebiet der Technik.
- Beim eingetragenen Design: Schutz der gewerblichen Gestaltungsleistung.
- Bei den Kennzeichenrechten: Schutz von gewerblichen Bezeichnungen als Marketingleistung.
- Beim UWG: Schutz der unternehmerischen Leistung, aber auch Schutz der Verbraucher und der Allgemeinheit, dadurch, dass bestimmte geschäftliche Handlungen als unlauter unzulässig sind. Dieses **Lauterkeitsrecht** ist – im Grundsatz – als Sonderdeliktsrecht anzusehen.

Vgl. hierzu die folgende Übersicht:

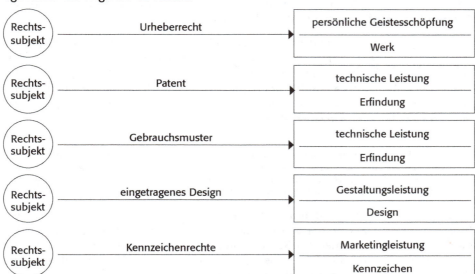

Abb. 1: *Gegenstand der Sonderschutzrechte*

3. Standort in der Gesamtrechtsordnung

Welchem der beiden großen Rechtskreise gehören das Urheberrecht und die Rechte des Gewerblichen Rechtsschutzes an? Dem Privatrecht, bei dem sich die Beteiligten gleichberechtigt gegenüber stehen (Koordination), oder dem öffentlichen Recht, bei dem der Bürger dem Staat untergeordnet ist (Subordination)?

Beispiele

Unternehmer U geht vor gegen
1. Unternehmer A, weil dieser einen Gegenstand, für den U ein Patent – ein Gebrauchsmuster oder ein eingtragenes Design – hat, unbefugt gewerbsmäßig hergestellt (§§ 9, 139 PatG – §§ 11, 24 GebrMG, §§ 38, 42 DesignG);
2. Unternehmer B, weil dieser die für U eingetragene Marke „Orizur" widerrechtlich benutzt (§ 14 MarkenG);
3. Unternehmer C, weil dieser in seiner Werbung behauptet, seine Säfte schmecken besser als die des U (§§ 6,3 I, 8 I UWG);
4. Unternehmer D, weil dieser seinen künstlerisch gestalteten Werbeprospekt unbefugt nachahmt (§ 97 UrhG).

In allen vier Fällen stehen sich U einerseits, A, B, C und D andererseits *gleichberechtigt* gegenüber: keiner ist dem anderen untergeordnet. Ergebnis also: Das Urheberrecht und die gewerblichen Schutzrechte gehören grundsätzlich dem **Privatrecht** an.

Im Rahmen des Privatrechts unterscheidet man bekanntlich das allgemeine und das besondere. Das allgemeine Privatrecht gilt für alle Bürger; es ist das bürgerliche Recht. Das Sonderprivatrecht gilt nur für bestimmte Personenkreise, z.B. für Kaufleute, für

Arbeitnehmer. Wie nun das Handelsrecht das Sonderprivatrecht der Kaufleute, das Arbeitsrecht das der Arbeitnehmer darstellt, so ist auch der Gewerbliche Rechtsschutz **Sonderprivatrecht**, ebenso wie das Urheberrecht.

Aus dieser systematischen Stellung der genannten Schutzrechte als Sonderprivatrecht ergibt sich eine bedeutsame Erkenntnis: Sie sind im Grundsatz Spezialnormen, leges speciales, im Verhältnis zu den allgemeinen Normen des BGB, den leges generales. Die lex specialis hat bekanntlich Vorrang vor der lex generalis. Dem BGB kommt daher nur lückenausfüllender Charakter zu. Diese Erkenntnis ist vor allem wichtig in Bezug auf den Eingriff in den eingerichteten und ausgeübten Gewerbebetrieb, ein sonstiges Recht i.S. von § 823 I BGB.

> **Beispiel**
>
> Unternehmer A stellt eine Sache, auf die U ein Patent hat, gewerbsmäßig her. Hierbei wird neben § 9 PatG auch das Recht am eingerichteten und ausgeübten Gewerbebetrieb, ein sonstiges Recht im Sinne des § 823 I BGB, verletzt. Die letztere Vorschrift kommt hier als lex generalis nicht zur Anwendung, da wir in § 9 PatG eine Sondervorschrift haben.

Drücken wir es einmal anders aus: Das Konkurrenzproblem Sonderschutzrechte – BGB ist nach dem Prinzip der Subsidiarität zu lösen. Die Regeln des BGB sind subsidiär. Sie dürfen im Rahmen der Sonderschutzrechte nicht angewendet werden. Ausnahmen hiervon sind nur dann zulässig, wenn ergänzend Lücken zu schließen sind, die durch die Sonderschutzrechte nicht gedeckt und dennoch regelungsbedürftig sind. Für die Annahme derartiger Ausnahmefälle bedarf es jedoch konkreter Anhaltspunkte (BGH, GRUR 2009,871 – Ohrclips).

3a Wie sich in den Sonderprivatrechtsbereichen des Arbeits- und des Handelsrechts einige Gebiete finden, die dem öffentlichen Recht angehören (z.B. das Arbeitsschutzrecht sowie die Pflichten zur Anmeldung beim Handelsregister und zur Führung von Handelsbüchern), so gibt es auch bei den gewerblichen Schutzrechten Bereiche, die öffentliches Recht sind. Es sind dies zum Beispiel die zur Entstehung des Patent-, Gebrauchsmuster-, eingetragenen Design- und Markenrechts erforderliche Mitwirkung des Patentamtes oder die Strafbarkeit bei vorsätzlicher Verletzung der gewerblichen Schutzrechte. Auch im Urheberrecht und im UWG finden sich Teilbereiche öffentlichen Rechts, insbesondere strafrechtliche Vorschriften.

4. Charakterisierung des Urheberrechts und des Gewerblichen Rechtsschutzes

4 Gegenstand des Urheberrechts und des Gewerblichen Rechtsschutzes sind keine körperlichen Gegenstände im Sinne von § 90 BGB, keine Materie. Man spricht daher von Rechten an unkörperlichen Gütern, auch von Rechten an verselbstständigten Geistesgütern. Verdeutlichen wir uns das an einem Beispiel:

> **Beispiel**
>
> Ein Künstler erstellt ein Gemälde.
>
> Die bemalte Leinwand, das Werkstück, ist eine Sache, ein körperlicher Gegenstand (§ 90 BGB). Hierfür gilt Sachenrecht: Der Maler ist Besitzer (§ 854 BGB) und Eigentümer (§ 903 BGB); das Bild wird vom Künstler an einen Erwerber übereignet nach § 929 BGB. – Der Maler ist gleich-

zeitig aber auch Schöpfer eines Kunstwerks (§§ 7, 2 I Ziff. 4 UrhG); er hat ein Urheberrecht in Bezug auf dieses Werk erworben (§ 1 UrhG).

Wir sehen also, dass hier Sachenrecht und Urheberrecht nebeneinander treten: Einerseits das Sachenrecht in Bezug auf den körperlichen Gegenstand, das Werkstück (das Gemälde), andererseits das Urheberrecht in Bezug auf das Werk, den unkörperlichen Gegenstand, das Immaterialgut. Wie wir später erkennen werden, kann das Sachenrecht (Eigentum) eine Begrenzung durch das Urheberrecht erfahren (Rz 55, 56).

Obiges Beispiel hätte auch anders gewählt werden können, etwa so: Ein Erfinder konstruiert und baut eine technische Anlage und erwirbt hierfür einen Patentschutz. In Bezug auf die Maschine als körperlichen Gegenstand gilt Sachenrecht. Daneben tritt das Patentrecht, es bezieht sich auf das unkörperliche Gut.

Entsprechendes gilt für die anderen Sonderschutzrechte des Gewerblichen Rechtsschutzes.

Wir erkennen also, dass das Urheberrecht und die Sonderschutzrechte des Gewerblichen Rechtsschutzes einerseits und das Sachenrecht andererseits selbstständig nebeneinander stehen.

Urheberrecht, Patent, Gebrauchsmuster, eingetragenes Design und Marke sind **subjektive private Rechte**, also von der Rechtsordnung dem Einzelnen eingeräumte Rechtspositionen. Sie sind **Ausschließlichkeitsrechte, absolute Rechte**, wirken also gegen jedermann. Wir können sie mit dem Eigentum vergleichen. Ebenso wie dieses haben sie einen

– positiven Inhalt: nur der Inhaber hat die Verfügungsbefugnis;
– negativen Inhalt: ein unberechtigter Dritter hat diese Befugnis nicht; er darf die Rechte nicht ausbeuten, darf nicht nachahmen. Tut er dies doch, so hat der Inhaber der genannten Rechte gegen ihn Abwehransprüche, insbesondere solche auf Unterlassung, u.U. auf Schadenersatz;
– durch strafrechtliche Sanktionen gesicherten Schutz.

Das UWG hingegen ist anders strukturiert. Es stellt in §§ 3, 7 UWG allgemeine Verhaltensnormen auf: Unzulässigkeit unlauterer geschäftlicher Handlungen. Diese Vorschriften i.V.m. § 8 UWG sind vergleichbar mit § 823 BGB; bei allen geht es um **relative Rechte**. Einige öffentlich rechtliche Vorschriften gibt es allerdings auch hier, nämlich die Strafnormen der §§ 16 bis 19 UWG.

5. Entstehen der Rechte

Zum einen können Schutzrechte durch den **formalen Staatsakt** einer Verleihung, Erteilung, Registrierung entstehen. Dabei stellt der Bürger bei der zuständigen Behörde zunächst einen Antrag, diese prüft bestimmte Voraussetzungen und schließlich entsteht das Recht. Man spricht hier von **förmlichen Rechten**. Zu diesen gehören: Patent, Gebrauchsmuster, eingetragenes Design und eingetragene Marke.

Zum anderen können Rechte auf einer **sachlichen Grundlage** beruhen, etwa einer Schöpfung, einer Benutzung, einer Verkehrsgeltung. Hier erfolgt kein Verfahren, also keine Förmlichkeit, kein Antrag, keine amtliche Prüfung, keine behördliche Erteilung oder Registrierung. Man bezeichnet diese als **sachliche Rechte**; solche sind: **das Urheberrecht, die benutzte Marke** (§ 4 Ziff. 2 MarkenG), Unternehmenskennzeichen und Werktitel (§ 5 I MarkenG) sowie Geschäftsabzeichen (§ 5 II, 2 MarkenG).

Daraus ergibt sich folgender Überblick (Abb. 2) über die Entstehungstatbestände:

förmliche Rechte	Patent	:	materielle Voraussetzungen	+	Verfahren	→ Patent
	Gebrauchsmuster	:		+		→ Gebrauchsmuster
	Design	:		+		→ eingetragenes Design
	Eingetragene Marke	:		+		→ Marke
sachliche Rechte	Urheberrecht	:	materielle Voraussetzungen	+	0	→ Urheberrecht
	Benutzte Marke	:		+	0	→ Marke
	Unternehmenskennzeichen + Werktitel	:		+	0	→ Unternehmenskennzeichen + Werktitel
	Geschäftsabzeichen	:		+	0	→ Geschäftsabzeichen

Abb. 2: Entstehungstatbestände

6. Kultureller – gewerblicher Bereich

7 Auch wenn das Urheberrecht und der Gewerbliche Rechtsschutz gewisse Parallelen aufweisen, so besteht zwischen diesen beiden Rechtsgebieten dennoch ein fundamentaler Unterschied. Das Urheberrecht liegt auf **kulturellem Sektor**, der Gewerbliche Rechtsschutz, wie sein Name sagt, auf dem **gewerblichen Bereich**.

Dies darf aber nicht dahingehend aufgefasst werden, dass mit gewerblichen Unternehmen nur Rechte des gewerblichen Rechtsschutzes verbunden sein könnten. Es ist im Einzelfall durchaus möglich, dass im geschäftlichen Bereich Urheberrechte entstehen können.

Beispiel: Ein Unternehmer hat für seinen Betrieb einen künstlerisch gestalteten Werbeprospekt entwickelt: Urheberrecht nach §§ 1, 7, 2 UrhG.

Maßgebend, ob ein Urheberrecht entsteht, ist allein, ob die **materiellen Voraussetzungen** eines Werkes vorliegen (§ 2 UrhG). Ist dies der Fall, so ist es nicht urheberrechtsschädlich, wenn dabei weitere Zwecke verfolgt werden, wie hier etwa Werbezwecke.

7. Verhältnis vom Urheberrecht zu den Sonderrechten des Gewerblichen Rechtsschutzes

8 Das Verhältnis des Urheberrechts zu den Sonderschutzrechten des Gewerblichen Rechtsschutzes ist differenziert zu sehen.

Das **Urheberrecht** und die **technischen Schutzrechte**, Patent und Gebrauchsmuster, berühren sich im theoretischen Ansatz nicht. Ersteres bezieht sich auf kulturelles, letzteres auf technisches Schaffen.

7. Verhältnis vom Urheberrecht zu den Sonderrechten des Gewerblichen Rechtsschutzes

Das bedeutet jedoch nicht, dass nicht an ein- und demselben Gegenstand sowohl ein Urheberrecht als auch ein technisches Schutzrecht bestehen könnte. Es ist möglich, dass das gleiche Produkt – etwa ein Bilderrahmen, eine Schnalle – durch seine ästhetische Form eine persönliche geistige Schöpfung darstellt (§ 2 II UrhG) und außerdem durch seine technischen Funktionen die Rechtsvoraussetzungen eines technischen Schutzrechtes erfüllt. Die Abgrenzung im Einzelfall kann recht schwierig sein, vor allem bei den Werken der angewandten Kunst (§ 2 I, Ziff. 4 UrhG), die Gebrauchszwecken dienen. Bei solchen Gebrauchsgegenständen muss – über die technisch notwendigen oder auch nur technisch bedingten Gestaltungsmerkmale hinausgehend – ein durch eine künstlerische Leistung geschaffener ästhetischer Gehalt (Rz 18 ff.) vorliegen, um als Werk im Sinne von § 2 II UrhG anerkannt zu werden. Bei der Formgestaltung eines Kletternetzes sah der BGH eine derartige künstlerische Leistung nicht. Die Formgestaltung dieses Klettergerätes mag man zwar als eine technische Leistung betrachten, jedoch nicht als eigenschöpferisches Kunstwerk (BGH, 12.05.2011, Az. I ZR 53/10 – Seilzirkus).

Probleme **Urheberrecht / Patentrecht** treten recht häufig bei der Schnittstelle *Software* auf. Letztere ist dem Urheberrecht (§ 2 I Ziff. 1 UrhG) zugeordnet und dem Patentrecht (§ 1 III Ziff. 3 PatG) nicht zugänglich. Dies gilt – und dieser Ausgangspunkt ist einfach – für die reine *Software als solche*. Bedeutet dies aber, dass Computerprogramme dem Patentschutz gänzlich unzugänglich sind? Oder muss die „reine Lehre" der Patentunfähigkeit Ausnahmen erleiden? Ein Beispiel aus der Praxis mag dieses zunächst theoretisch anmutende Problem beleuchten: Denken wir etwa an eine Maschinensteuerung: Früher wurden Maschinen durch Mechanik, Hydraulik, Pneumatik oder Elektrotechnik – also zweifelsfrei durch technische Vorgänge – gesteuert, heute durch ein Computerprogramm.

8a

Es geht hier um die Problematik der Patentierbarkeit von Erfindungen, in denen Software eine Rolle spielt, also der softwarebezogenen Erfindungen, der „computerimplementierten Erfindungen", letztlich der **Softwarepatente**.

Über diese Frage ob, oder inwieweit solche computerimplementierte Erfindungen – eine verbindliche Definition dieses Begriffes gibt es nicht – patentfähig sind, wurden und werden immer wieder hitzige Diskussionen geführt, was ja durchaus verständlich ist, da es hier um massive wirtschaftliche Interessen geht.

Mit dem Ziel der Harmonisierung der Patenterteilungspraxis brachte die Europäische Kommission im Jahre 2002 eine Richtlinie über „computerimplementierte Erfindungen" auf den Weg. Nach heftigen Grundsatzdebatten wurde diese Richtlinie im Juli 2005 vom Europäischen Parlament in Straßburg abgelehnt. Somit bleibt es bei den nationalen und europäischen Handhabungen.

Nach deutscher und europäischer Rechtspraxis wurde bei computerimplementierten Erfindungen Patentfähigkeit dann anerkannt, wenn das Computerprogramm einen Beitrag leistet, um ein technisches Problem mit technischen Mitteln zu lösen (BGH, Xa 20/08, v. 22.04. 2010 – Dynamische Dokumentengenerierung). Im Einzelnen sind die Grenzen hier sehr fließend.

9 Das Verhältnis vom **Urheberrecht** zum **eingetragenen Design** ist differenziert zu sehen: Urheberrechte an Werken der Literatur und Wissenschaft haben wegen des ganz anderen Gegenstandes keine Berührungspunkte mit dem eingetragenen Design. – Hingegen ist die Grenzziehung zwischen **Werken der Kunst**, insbesondere der **angewandten Kunst**, und dem **eingetragenen Design** nicht ganz einfach, da es vom Tatsächlichen her gesehen in beiden Fällen um gestalterische Leistungen geht. Von der gesetzlichen Terminologie her betrachtet, sind die Kriterien jedoch verschieden. Beim Urheberrecht geht es um eine eigenpersönliche Schöpfung, beim Designrecht hingegen um eine Design-Leistung mit Eigenart. Dementsprechend stehen diese beiden Schutzrechte aus derzeitiger Sicht – früher sah man einen engen Bezug im Sinne einer Stufung innerhalb „eines wesensgleichen Schutzrechtes" – völlig unabhängig und eigenständig nebeneinander. Es ist durchaus möglich, dass eine bestimmte Erscheinungsform eines Objektes sowohl den Anforderungen des geschützten Designs (§ 2 DesignG) als auch denen des Urheberrechts (§ 2 II UrhG) entspricht. In derartigen Fällen besteht *Koexistenz* von Urheberrechtsschutz und Designschutz, so dass sowohl die Vorschriften des Urheberrechts als auch die des Designrechts Anwendung finden. Ein solcher Doppelschutz ist nicht nur im Rahmen unseres deutschen Rechts möglich, sondern auch im Verhältnis des europäischen Gemeinschaftsgeschmacksmusters zu den jeweiligen nationalen Urheberrechten (Art. 96 II GGVO; vgl. Rz 732 ff.).

10 **Urheberrecht** und **Marken** schließen sich nicht aus. Sie können, je nach Sachlage, nebeneinander treten und sich gegenseitig ergänzen; ein Beispiel:

> *Beispiel* Ein Unternehmer hat ein künstlerisch gestaltetes Zeichen entwickelt. Dieses kann Urheberrechtsschutz genießen. Wird es im Zusammenhang mit der Werbung für eine Ware oder Dienstleistung verwendet und dabei bekannt, so kann es neben dem Urheberrechtsschutz auch Schutz als Marke durch Verkehrsgeltung (§ 4 Ziff. 2 MarkenG) erlangen. Wird es als Marke eingetragen, so treffen ohnehin Markenschutz und Urheberrechtsschutz zusammen.

8. Verhältnis der Rechte des Gewerblichen Rechtsschutzes untereinander

11 Von dem Prinzip „Spezialvorschrift hat Vorrang vor Generalnorm" ausgehend, ergibt sich im Grundsatz folgendes Rangverhältnis:
– Patent, Gebrauchsmuster, eingetragenes Design, Marke
– UWG.

Aus dieser Rangfolge ergibt sich der Aufbau des Gewerblichen Rechtsschutzes: Zunächst werden die Sonderschutzrechte dargestellt, dann das ausgesprochen bedeutsame UWG, das etwas breiter darzulegen ist.

12 **Patent** und **Gebrauchsmuster** als technische Schutzrechte grenzen sich klar gegenüber dem **eingetragenen Design** ab. Erstere betreffen technisches Schaffen, letzteres hat eine gestalterische Leistung zum Gegenstand. Das bedeutet aber nicht, dass sie sich gegenseitig ausschließen.

Beispiel: Wir haben eine neue Verpackungsform entwickelt. Was den Mechanismus angeht, können wir an ein Patent oder Gebrauchsmuster denken. Hinsichtlich der Form- und/oder der Farbschönheit werden wir Designschutz beantragen. Wir erkennen also: An der gleichen Sache kann ein technisches Schutzrecht und ein eingetragenes Design bestehen. Ersteres erfasst allein die Erfindung, letzteres die gestalterische Leistung (vgl. BGH, GRUR 81, 272 f. – Haushaltsschneidemaschine II).

Auch die Abgrenzung der technischen Schutzrechte von der Marke ist im Ansatz problemlos. **Patent** und **Gebrauchsmuster** beziehen sich auf technisches Schaffen, das **Kennzeichen** dient der Individualisierung von Ware und Dienstleistung. Auch diese Schutzrechte können an ein und derselben Sache zusammentreffen. Das Produkt – oder ein Teil davon – ist patentgeschützt und trägt zugleich eine bestimmte Marke. Die Verschiedenartigkeit der Schutzgegenstände ist auch hier evident.

Die Abgrenzung der **eingetragenen Designs** einerseits von **Marken** andererseits ist im Ansatz einfach. Erstere beziehen sich auf die gestalterische Leistung, letztere auf die Kennzeichnung. Eingetragene Designs und Marken können nebeneinander treten. Ist das o.g. Zeichen (Rz 10) als eingetragenes Design geschützt und wird es als Marke eingetragen, so bestehen Design- und Markenschutz nebeneinander.

9. Das Immaterialgüterrecht im Wirtschaftsverkehr

Das Rechtsgebiet des Immaterialgüterrechts gewinnt in der praktischen Wirtschaftsordnung zunehmend an Bedeutung.

So wird den gewerblichen Schutzrechten sowie dem Urheberrecht eine wichtige Rolle im **Innovationsprozess** zugeschrieben. Ganz entscheidend für den wirtschaftlichen Erfolg von Unternehmen und einer Volkswirtschaft als Ganzes sind innovative Ideen, Produkte und Verfahren. Diese können sodann über gewerbliche Schutzrechte und das Urheberrecht gegen den Wettbewerb geschützt werden.

Unternehmen profitieren unter anderem von ihren geschützten Erfindungen über eine Verwertung derselben in **Lizenz- und Verwertungsverträgen**. Diese gewähren Dritten Nutzungsrechte an Immaterialgüterrechten unter definierten Bedingungen. So regeln Lizenzverträge Fragen der einfachen oder ausschließlichen Nutzung, Fragen des Marktsegments für ein Produkt, der Laufzeit und des Entgelts für die Nutzung.

Eine besondere Problematik ist in Bezug auf die gewerblichen Schutzrechte und das Urheberrecht durch die **Digitalisierung** aufgetreten. Sobald ein Schutzrecht digitalisiert vorliegt, wird bei einer Kopie eines digitalen Gutes dem eigentlichen Rechteinhaber nichts weggenommen. Es entsteht für den Rechteinhaber genau genommen kein Schaden. Doch entgehen den Rechteinhabern in großem Umfang Gewinne aus Lizenzzahlungen; die Schutzrechte werden ausgehöhlt.

Auf der einen Seite hat die gestiegene Bedeutung der Immaterialgüterrechte in der Praxis zum Erstarken von Technologietransferberatungen und finanziellen Fördermechanismen geführt. Auf der anderen Seite sind Forderungen nach einer Anpassung der Schutzrechte an die Anforderungen des digitalen Zeitalters laut geworden.

2. Abschnitt

Urheberrecht

1. Wesen und Gegenstand des Urheberrechts

1.1 Allgemeines

16 Das Urheberrecht ist, dies ist uns ja bereits bekannt, grundsätzlich dem Privatrecht zuzuordnen. Es ist ein **Ausschließlichkeitsrecht**, ein absolutes Recht, und liegt auf kulturellem Bereich.

Gegenstand des Urheberrechts ist das Werk, §§ 1, 2 UrhG).

Abb. 3: *Gegenstand des Urheberrechts*

Zunächst wollen wir den persönlichen Geltungsbereich des Urheberrechts in Deutschland abstecken. Dieser wird in § 120 UrhG geregelt. Danach genießen deutsche Staatsangehörige im Rahmen unseres Rechtsgebietes Urheberrechtsschutz für ihre Werke, gleichviel, ob und wie die Werke erschienen sind. Die gleiche Rechtsposition haben Staatsangehörige eines anderen Mitgliedstaates der EU oder eines EWR-Staates.

Das Urheberrecht ist ein **einheitliches** Recht. Es hat zwei Bestandteile:
- das umfassende Verwertungsrecht
- das umfassende Urheberpersönlichkeitsrecht.

§ 11 UrhG umschreibt dies so: Das Urheberrecht schützt den Urheber in seinen geistigen und persönlichen Beziehungen zum Werk (Urheberpersönlichkeitsrecht) und in der Nutzung des Werkes (Verwertungsrecht).

Die eine Seite des Urheberrechts, das umfassende Verwertungsrecht (§ 15 UrhG), bezieht sich auf die vermögensrechtlichen, die materiellen Interessen des Urhebers. Die andere Seite des Urheberrechts, das Urheberpersönlichkeitsrecht, betrifft die geistigen, die ideellen Interessen des Urhebers (vgl. Abb. 4). Diese beiden Rechtskreise können jedoch nicht lupenrein getrennt werden; sie greifen vielmehr ineinander über. Vervielfältigung, Verbreitung, Ausstellung, öffentliche Wiedergabe (die einzelnen Verwertungsrechte nach § 15 UrhG) stehen stets unter den Einschränkungen des Urheberpersönlichkeitsrechts (GRUR 55, 201, 204 – Cosima Wagner).

Abb. 4: Inhalt des Urheberrechts

1.2 Rechtsvoraussetzungen

Einziges Erfordernis für das Entstehen eines Urheberrechtes ist das Vorliegen eines Werkes.

Das entscheidende Kriterium **Werk** ist ein unbestimmter Rechtsbegriff. Er bezieht sich auf die Bereiche der Literatur, Wissenschaft und Kunst (§ 2 I UrhG). Zu diesen gehören insbesondere:

1. Sprachwerke, wie Schriftwerke Reden und Computerprogramme
2. Werke der Musik,
3. Pantomimische Werke einschließlich der Werke der Tanzkunst,
4. Werke der bildenden Kunst einschließlich der Werke der Baukunst und der angewandten Kunst und Entwürfe solcher Werke,
5. Lichtbildwerke einschließlich der Werke, die ähnlich wie Lichtbildwerke geschaffen werden,
6. Filmwerke einschließlich der Werke, die ähnlich wie Filmwerke geschaffen werden,
7. Darstellungen wissenschaftlicher oder technischer Art, wie Zeichnungen, Pläne, Karten, Skizzen, Tabellen und plastische Darstellungen.

Diese sieben Werkarten, die das Gesetz aufzählt (§ 2 I UrhG), sind nur beispielhaft und nicht abschließend.

1.2.1 Das Werk

Das Gesetz definiert Werke als persönliche geistige Schöpfungen (§ 2 II UrhG).

Dies darf aber – wie wir wissen (Rz 7) – nicht so verstanden werden, dass das Werk allein geistige Zwecke verfolgen darf. Es schadet dem Entstehen eines Urheberrechtes nicht, wenn das Werk auch – oder insbesondere – anderen Zwecken dient, wie etwa privaten Gebrauchszwecken und/oder gewerblichen Zwecken. Der Urheberrechtsschutz wird ohne Rücksicht darauf gewährt, welchem Zweck eine persönliche geistige Schöpfung dient; er ist **zweckneutral**.

- Falls Werksqualität im Sinne von § 2 II UrhG besteht, ist Urheberrechtsschutz – **trotz eines Gebrauchszwecks** – möglich, etwa in Bezug auf Möbel (Le Corbusier-Möbel, Rollhocker, Stahlrohrstühle), auf Leuchten, Besteck, Geschirr, auf Modeerzeugnisse, Schmuckwaren, Musikinstrumente, auf Fahrzeuge, auch auf Figuren („Alf"). Auch das Layout einer Website ist – die § 2 II UrhG entsprechende Schöpfungshöhe vorausgesetzt – urheberrechtsschutzfähig.

- Auch **Werbezwecke** schaden der Entstehung eines Urheberrechtes nicht. Schöpferische *Werbegestaltung* ist urheberrechtsfähig. So können bezüglich Werbeanzeigen, -prospekten, -plakaten, auch Logos Urheberrechte entstehen, allerdings immer nur dann, wenn Werksqualität vorliegt.

19 Für die Urheberrechtsschutzfähigkeit ist es nicht maßgebend, ob die Entstehung des Gegenstandes mit großen Mühen, erheblichem Zeitaufwand und großen Kosten verbunden war (BGH, GRUR 80, 227, 231 – Monumenta Germaniae Historica); allein entscheidend ist die Qualifizierung als Werk.

19a Das Werk muss eine **persönliche** Schöpfung, also eine persönliche Leistung darstellen. Das bedeutet, dass das Werk auf der gestalterischen Tätigkeit eines Menschen, einer natürlichen Person, beruhen muss. Auf Zufall oder auf Fauna oder Flora zurückgehende Gestaltungsformen sind keine menschlich-gestalterischen Tätigkeiten und daher keine persönlichen Schöpfungen. Daher sind keine persönlichen Schöpfungen etwa:

Beispiele
- Eine in der Natur gefundene Wurzel, die bizarre Formen aufweist.
- Ein abstraktes „Gemälde" eines Schimpansen oder ein solches, das durch die Schwanzbewegungen einer Kuh entstand, wobei man an deren Schwanz, unter den man Farbtöpfe gestellt, einen Pinsel gebunden hatte.

19b Der Zentralbegriff von § 2 II UrhG ist das Merkmal Schöpfung. Diese ist Ausdruck der Individualität des menschlichen Gestalters. Individualität ist ein Kernbegriff des Urheberrechts.

Die Formulierung „nur ... Schöpfung" zeigt, dass dem Urheberrechtsschutz Alltägliches, rein handwerksmäßige oder routinemäßige Leistungen nicht zugänglich sind. Hier ermangelt es der Individualität. Derartige Fälle liegen unterhalb der Grenze der Urheberrechtsschutzfähigkeit.

Gerade noch etwas oberhalb dieser Untergrenze liegen die Fälle der sog. **Kleinen Münze** des Urheberrechts. Dies sind die Werke, die mit geringer Individualität gerade noch einen zu tolerierenden Grad an Schöpfungshöhe aufweisen. Schöpfungshöhe, man spricht häufig auch von Gestaltungshöhe, ist ein bedeutsames Kriterium um zu bestimmen, ob Werkcharakter gegeben ist und damit Urheberrechtsschutz besteht.

Schärfen wir unseren Blick für diese Problematik bezüglich der Werkuntergrenze am Beispiel der Werkart Sprachwerk: Nehmen wir einen zeitgenössischen Roman, etwa „Tod eines Kritikers" von Martin Walser. Es dürfte wohl kaum jemand daran zweifeln, dass diesem Buch ein hohes Maß an Individualität und Gestaltungshöhe zukommt, und somit ein Urheberrecht besteht. – Setzen wir den Gegenpol: „Heute regnet es den ganzen Tag". Dies ist ein banaler Satz mit dem Inhalt einer tatsächlichen Begebenheit. Dass dieser Satz mangels Individualität und Schöpfungshöhe als unterhalb der, Untergrenze der Urheberrechtsschutzfähigkeit liegend zu bewerten ist, dürfte wohl kaum in Frage gestellt werden. – Wie steht es aber mit der Karl-Valentin-

Sentenz „Mögen hätte ich schon wollen, aber dürfen habe ich mich nicht getraut"? Der Wertung, dass dem Valentin-Satz ein wesentlich höheres Maß an Individualität und Gestaltungshöhe zukommt als dem obigen „Regenwetter-Satz" ist wohl kaum zu widersprechen. Auch Gerichte haben bestätigt, dass der Valentin-Satz als oberhalb der Untergrenze der Urheberrechtschutzfähigkeit liegend anzusiedeln ist. Dementsprechend wurde diesem schöpferisch formulierten Satz Urheberechtschutz zugebilligt.

Für die Beurteilung der Frage, ob eine gestalterische Leistung deutlich über, oder gerade noch so über (Kleine Münze), oder unterhalb der Untergrenze des Urheberrechtschutzes liegend zu bewerten ist, ist auf die Auffassung der für die jeweils betroffene Werkart empfänglichen und mit dieser Werkart einigermaßen vertrauten Kreise abzustellen.

Die Grenzziehung ist hier im Einzelfall oft recht schwierig. Der Richter, der nicht an starre Regeln gebunden ist, hat ein breites Spektrum an Bewertungsfreiheit. Für die Parteien eines Prozesses wegen einer Urheberrechtsverletzung bedeutet dies: Es ist häufig schwer zu prognostizieren, ob das Gericht die erforderliche Individualität und Schöpfungshöhe und damit die Existenz eines Urheberrechtes als gegeben ansieht. Das Prozessrisiko ist hier oft beträchtlich. 20

Die persönliche geistige Leistung, die das Wesen des Werkes ausmacht, erfordert folgende urheberrechtliche Schutzvoraussetzungen, die für alle Werkarten des § 2 I UrhG gelten: es muss vorliegen 21

– ein **geistiger Inhalt**,
– der sich in **wahrnehmbarer Formgestaltung** konkretisieren muss.

Letzteres heißt praktisch: Nicht Motiv und abstrakte Inhalte der Darstellung sind schutzfähig, sondern lediglich *diese* Art und Weise der Darstellung, *diese* konkrete Wiedergabe.

1.2.1.1 Der geistige Inhalt

Der dem Werk eigene geistige Inhalt ist es, der das Wesen der geistigen Schöpfung ausmacht. Bei den Werken der Literatur und Wissenschaft kommt er im geistigen **Gedankeninhalt**, bei den Werken der Kunst in deren **ästhetischem Gehalt** zum Ausdruck. Dieser **geistig-ästhetische Inhalt** tritt durch schöpferische geistige Leistung zu Tage. 22

Bei den Sprachwerken der Literatur und Wissenschaft kann die schöpferische Leistung einerseits in der Gedankenformung und -führung liegen, andererseits aber auch in der Form und Art der Sammlung, Einteilung und Anordnung des dargebotenen Stoffes.

Bei den Werken der bildenden und angewandten Kunst geht es um den ästhetischen Gehalt, der den durch das Auge vermittelten ästhetischen Farb-/Formsinn anzuregen bestimmt und geeignet ist, bei Werken der Musik insbesondere um den an das Gehör gerichteten ästhetischen Ausdruck der Tonfolge.

Auf den schöpferischen Gehalt des Inhalts der Darstellung hingegen kommt es nicht an. Der Gegenstand muss auch nicht „neu und eigenartig" sein. Entscheidend ist allein das Vorliegen einer geistigen Leistung, die auf eigenpersönlicher Schöpfung beruht.

23 Die bloße **Nachbildung** fremder Vorbilder ist keine geistige Leistung auf Grund eigenpersönlicher Schöpfungskraft.

> **Beispiel**
> Eine kunstgewerbliche Werkstatt (W) schnitzt und vertreibt „Museumsskulpturen". Dies sind Reproduktionen mittelalterlicher Skulpturen, die von Museen hierzu zur Verfügung gestellt worden sind. Von diesen Erzeugnissen des W. hat der Kunstbildhauer (K) Nachbildungen in Holz geschnitzt, insbesondere die „Apfel-Madonna".
>
> An den Skulpturen des 15. Jahrhunderts besteht kein Urheberrecht; sie sind gemeinfrei. K. durfte diese nachschnitzen.
>
> Entscheidend ist demnach, ob W. durch seine Nachbildung ein eigenes Urheberrecht an den Reproduktionen erlangt hat. Dies ist zu verneinen. Derjenige, der eine Skulptur nachschnitzt, schafft nicht aus eigener Vorstellung ein Werk, sondern wiederholt, was der Schöpfer des Originalwerkes auf Grund seiner schöpferischen Tätigkeit bereits geschaffen hat. Darin liegt aber keine persönliche geistige Schöpfung (BGHZ 44, 289, 293 – Apfel-Madonna).

24 Noch einige Ausführungen zum Thema angewandte Kunst. Dies deshalb, weil hier zum Teil massive wirtschaftliche Interessen zutage treten, so dass es nicht verwunderlich ist, dass bezüglich dieser Werkart viele Rechtsstreitigkeiten geführt werden.

Es geht hier um Gebrauchs- und Bedarfsgegenstände mit „künstlerischer Formgebung" (Mode- und Schmuckschöpfungen, Möbel, Geschirr, z.B. ein Weißbierglas mit gläsernem Fußball ...), um Figuren (Playmobil-Figuren, Alf), um Gebrauchsgrafik (Werbegrafik, Signets, Logos), auch um Kunstgewerbe (der Terminus selbst zeigt das Problem: Kunst oder Gewerbe?).

In allen diesen Fällen geht es insbesondere um das Problem der Kleinen Münze des Urheberrechtes (Rz 19b), also um die Bewertung, ob die betreffende Formgestaltung noch oberhalb der Untergrenze des Urheberrechtsschutzes liegt. Zu diesem Problemkreis hat der BGH jüngst in einem viel beachteten Urteil seine traditionelle Rechtsprechung aufgegeben. Er hat die Messlatte der zu fordernden Gestaltungshöhe für die angewandte Kunst und für die zweckfreie bildende Kunst (Gemälde, Skulpturen) auf die gleiche Höhe gelegt, d.h.: An die Werke der angewandten Kunst dürfen grundsätzlich keine anderen – keine höheren – Anforderungen gestellt werden als an die Werke der zweckfreien bildenden Kunst (BGH v. 13.11. 2013, Az. I ZR 143/12 – Geburtstagszug). Das bedeutet: Für beide Kunstarten reicht in gleicher Weise eine Gestaltungshöhe aus, die es nach Auffassung der für Kunst empfänglichen und mit Kunstanschauung einigermaßen vertrauten Kreise rechtfertigt, von einer künstlerischen Leistung zu sprechen. Allerdings ist dabei zu berücksichtigen, dass bei der Beurteilung der Gestaltungshöhe die ästhetische Wirkung der Gestaltung nur insoweit einen Urheberrechtsschutz begründen kann, als diese nicht dem Gebrauchszweck dient, sondern allein auf künstlerischer Leistung beruht (BGH v. 12.05.2011, I ZR 53/10 – Seilzirkus). – Im Einzelnen vgl. Rz 38 ff.

1.2.1.2 Die wahrnehmbare Form

Das Ergebnis des geistigen Schaffens des Urhebers muss eine solche Verselbstständigung erfahren haben, dass es nicht nur im Geist des Schöpfers lebt, sondern durch Konkretisierung in einer für Dritte sinnlich **wahrnehmbaren Formgestaltung in** die äußere Erscheinungswelt getreten ist. Die persönliche geistige Schöpfung des Urhebers muss in der Darstellung selbst, also in der Formgestaltung liegen. Etwas vereinfacht ausgedrückt: Man muss das Werk sehen, hören oder fühlen können.

Diese von den Gerichten aufgestellte, vom Schrifttum nicht unbedingt mitgetragene Voraussetzung, dass die geistige Leistung ihren Niederschlag in konkret wahrnehmbarer Formgestaltung gefunden haben muss, darf aber nicht dahingehend missverstanden werden, dass es sich um eine verkörperte Gestaltung handeln müsse, also etwa auf Papier. Auch ein unkörperliches Fernsehbild ist des Schutzes des Urheberrechtes fähig, ebenso wie Choreografien und pantomimische Darstellungen von Performance-Künstlern.

Aus dem Postulat der konkret wahrnehmbaren Formgestaltung ergibt sich, dass eine abstrakte Idee als solche keinen Urheberrechtsschutz genießt. Für Stil, Technik, Motiv, Moden, eine bestimmte Manier, bestimmte Methoden, Anpassung an eine bestimmte Geschmacksrichtung, Produktideen können keine Urheberrechte bestehen. Geschützt sind nur bestimmte **einzelne**, durch ihren Gedankeninhalt gekennzeichnete Werke.

Betrachten wir, wie sich dieser Aspekt der konkreten Ausdrucksform in der **Werbung** auswirkt:

Eine abstrakte **Werbeidee** ist nicht geschützt. Dies gilt nicht nur für die ungestaltete Idee, sondern auch für eine Werbekonzeption, für die Idee der Ausgestaltung einer Werbekampagne, für Einsatz und Art bestimmter Werbemittel, für die Idee zur Erstellung der Werbeplanung, der Durchführung einer Marktanalyse und der Art der Auswertung ihrer Ergebnisse.

Parallel zu beurteilen sind die bloßen **Werbemotive**, deren Einsatz sich in der Produktwerbung einiger Beliebtheit erfreut. Nicht geschützt sind etwa die Motive der werbemäßigen Nutzung eines Teddybären, der vermenschlichten Darstellung von Tieren, das Motiv eines farbigen Kindes. Urheberrechtlicher Schutz entsteht vielmehr erst in der konkreten Ausdrucksform, falls die in § 2 II UrhG erforderliche Schöpfungshöhe erreicht ist, wie es etwa der Fall ist beim „Bärenmarke-Bär", beim „Mecki-Igel", bei dem durch eine amerikanische Fernsehproduktion bekannt gewordenen „ALF" und dem „Sarotti-Mohr" mit seinen Pluderhosen und seiner markanten Mütze.

Auch ein bestimmter Werbestil genießt mangels Konkretisierung keinen Urheberrechtsschutz.

Ein Werk genießt auch dann Urheberrechtsschutz, wenn es etwa gesetz- oder sittenwidrig ist. Im Urheberrechtsgesetz fehlt eine § 2 Ziff. 1 PatG entsprechende Bestimmung.

Vgl. Fälle 1, 2, 45.

1.3 Der Urheber

28 Wem ist nun das Werk, die persönliche geistige Schöpfung (§ 2 II UrhG), zuzuordnen? Das Gesetz verfolgt das Urheberschaftsprinzip. Urheber ist der **Schöpfer** des Werkes (§ 7 UrhG). Dies kann nur eine natürliche Person sein. Eine juristische Person kann nicht selbst handeln; sie tut dies nur durch ihre Organe.

29 Haben mehrere ein Werk gemeinsam geschaffen, ohne dass sich ihre Anteile gesondert verwerten lassen, so sind sie **Miturheber** des Werkes (§ 8 I UrhG). Das Entscheidende für die gemeinsame Werkschöpfung ist die Zusammenarbeit, die zur Entstehung des Werkes führt. Hierdurch unterscheidet sich die Miturheberschaft von der Bearbeitung (§ 3 UrhG). Bei letzterer ist ein Originalwerk bereits vorhanden, das nun von einem anderen bearbeitet wird. Beispiele für Miturheberschaft: Lustspiele, Drehbücher, Kompositionen, die von einem Team geschaffen werden.

30 Kein Urheber ist der das Werk lediglich **Anregende**. Wer nur Anregungen gegeben hat, etwa durch sein Leben und Wirken den Inhalt und Aufzeichnungen eines anderen maßgebend bestimmt hat, wer lediglich auf eine bestimmte Idee hinweist, nur eine bestimmte Richtung gibt, ist kein Werkschöpfer. Anregender ist häufig der Auftraggeber für ein bestimmtes Werk, der Arbeitgeber oder ein Vorgesetzter, der Professor im Rahmen einer Diplomarbeit.

31 Kein Urheber ist auch der **Gehilfe**. Das ist derjenige, der beim Erschaffen des Werkes zwar beteiligt ist, der dabei aber nur eine untergeordnete Leistung erbringt, wie etwa der technische Zeichner, der Pläne nach genauen Vorgaben des Architekten fertigt.

32 Nicht selten kommt es vor, dass ein Mitarbeiter in Erfüllung seiner Verpflichtungen aus dem Arbeitsvertrag ein Werk schafft, etwa ein in einem Industriebetrieb oder einer Werbeagentur angestellter Grafiker, Werbetexter, Fotograf. In diesen Fällen sind die **Arbeitnehmer** Urheber ihrer Werke, nicht etwa der Arbeitgeber. Da das Werk aber in Erfüllung arbeitsrechtlicher Pflichten entsteht und der Arbeitnehmer hierfür bezahlt wird, tritt hier eine Interessenkollision ein. § 43 UrhG besagt lediglich, dass die Vorschriften der §§ 31 ff. UrhG auch in Fällen der Arbeitnehmerurheberschaft gelten. Daher wird sich der Arbeitgeber die benötigten urheberrechtlichen Nutzungsrechte vertraglich einräumen lassen, was auch in Bezug auf künftige Werke möglich ist (§ 40 UrhG). Fehlt eine derartige ausdrückliche schriftliche Vereinbarung, so nehmen die Gerichte eine stillschweigende Einräumung von Nutzungsrechten zu Gunsten des Arbeitgebers insoweit an, als der Vertragszweck der Werkschöpfung und der des Arbeitsvertrages es erfordert. Diese Grundsätze der Zweckübertragungstheorie (Rz 97) gelten auch für den Fall, dass ein freier Mitarbeiter auf Grund eines Dienstvertrages ein Werk geschaffen hat. Was die besondere Vergütungspflicht zugunsten des Arbeitnehmerurhebers angeht: vgl. Rz 97a.

1.4 Belohnung des Urhebers

Zweck des Urheberrechtes ist es, dem Urheber eine angemessene Belohnung dafür zuteilwerden zu lassen, dass er zum Wohle der Allgemeinheit ein Werk geschaffen hat. Daher gewährt ihm das Gesetz zur Befriedigung seiner materiellen Interessen die Verwertungsrechte der §§ 15 ff. UrhG. Daneben steht ihm – wir kennen das bereits (Rz 16) – das Urheberpersönlichkeitsrecht zu (§§ 12 ff. UrhG).

33

1.5 Einzelne Werkarten

Betrachten wir einige wichtige, erklärungsbedürftige Beispiele der in § 2 I UrhG aufgezählten einzelnen Werkarten auf dem Gebiet der Literatur, Wissenschaft und Kunst unter dem Aspekt nach deren Werksqualität (§ 2 II UrhG), wie diese oben (Rz 19-27) dargestellt wurde.

1.5.1 Sprachwerke

Sprachwerk (§ 2 I, Ziff. 1 UrhG) ist der Oberbegriff für alle mittels Sprache ausgedrückten Werke. Dabei kommt es nicht darauf an, um welche Sprache es sich handelt, ob in- oder ausländische, ob lebende oder tote. Das Gesetz nennt als wichtigste Beispiele Schriftwerke, Reden und Computerprogramme. Ein Schriftwerk ist ein durch Zeichen äußerlich erkennbar gemachter sprachlicher Gedankenausdruck, eine Rede hingegen ein solcher ohne Schriftzeichen; einige Beispiele für **Schriftwerke**:

34

- **Romane** – auch wenn der Inhalt recht seicht ist –, Novellen, Gedichte, Liedertexte, Bühnenwerke, Hörspiele, Filmdrehbücher und wissenschaftliche Bücher genießen in der Regel Urheberschutz.
- **Briefe**, die lediglich Alltägliches oder bloße geschäftliche Mitteilungen beinhalten, sind mangels individueller Formprägung nicht urheberrechtsschutzfähig.
- Das Gleiche gilt für **Tagebücher**; weisen solche jedoch eine individuelle geistige Leistung auf, so besteht Urheberrechtsschutz.
- Ein **Anwaltsschriftsatz**, der sich als ein alltägliches, mehr oder weniger auf Routine beruhendes Anwaltsschaffen darstellt, ist urheberrechtlich nicht geschützt. Kommt in dem Schriftsatz jedoch nicht nur ein hohes Maß an Energie und Kritikfähigkeit, sondern auch an schöpferischer Fantasie und Gestaltungskraft zum Ausdruck, so genießt er Urheberrechtsschutz.
- **Einzelne Worte** oder Wortverbindungen – wie etwa „Orgware" im Gegensatz zur „Hardware" oder „Software" – und Werktitel – wie etwa „Sherlock Holmes", „Der 7. Sinn", „ARD" – sind urheberrechtlich nicht geschützt.
- Bei **Werbeslogans** kommt es nicht darauf an, ob sie zugkräftig und damit werbewirksam sind, sondern allein darauf, ob sie als Sprachwerk eine eigenschöpferische Leistung darstellen. Hier haben die Gerichte sowohl negativ als auch positiv entschieden. Verneint wurde ein Urheberrecht bei „Hamburg geht zu E", bei „Ja – Ja-

35

cobi", bei „Für das aufregendste Ereignis des Jahres" anlässlich einer Fußball-Weltmeisterschaft, bei „DEA – Hier tanken Sie auf". Hingegen wurde ein Urheberrechtsschutz zugebilligt bei „Biegsam wie ein Frühlingsfalter bin ich in Forma-Büstenhalter". In Bezug auf Schlafsäcke hat der BGH die Frage der Urheberrechtsfähigkeit bei „Ein Himmelbett als Handgepäck" offen gelassen. Tendenziell gesehen ist die Anerkennung eines Urheberrechtes bei Werbesprüchen eher zu verneinen als zu bejahen.

- Bei **Werbeprospekten** und -katalogen können keine generellen Aussagen gemacht werden. Hier hängt es allein von der Gestaltung im einzelnen Falle ab, inwieweit sie sich als individuelle geistige Schöpfung darstellen. Erhebt sich der Prospekt seiner Gestaltung nach nicht über die Höhe des Alltäglichen, enthält er im Wesentlichen nur reine Tatsachenangaben, etwa über Leistungsmerkmale, Qualität und Preis, so wird kein Urheberrechtsschutz zugebilligt. Letzteres gilt auch für Bedienungsanweisungen.
- **Formulare**, Tabellen, Vordrucke, Verzeichnisse, Register werden im Allgemeinen den an ein Werk zu stellenden Anforderungen nicht gerecht werden.

36 **Computerprogramme** sind dem Urheberrechtsschutz zugänglich (§ 2 I Ziff. 1 UrhG). Dabei sind sie nicht den Darstellungen wissenschaftlicher oder technischer Art (§ 2 I Ziff. 7 UrhG), sondern den Sprachwerken zugeordnet. Rechtfertigender Grund hierfür: Die Programme verwenden sprachliche Ausdrucksmittel und sind in solche übersetzbar.

Für Computerprogramme sind in den §§ 69a ff. UrhG Sonderregeln geschaffen worden. Diese Spezialvorschriften dienen insbesondere der Umsetzung der EG-Richtlinie des Rates vom 14. Mai 1991 über den Rechtsschutz von Computerprogrammen und bringen damit eine EG-weite Vereinheitlichung auf diesem Rechtsgebiet.

Da die §§ 69a ff. UrhG von den Regelungen der anderen Werkarten erheblich abweichen, sollen sie an anderer Stelle behandelt werden (Rz 98a ff.).

1.5.2 Werke der bildenden Kunst

37 Der gesetzliche Oberbegriff „Werke der bildenden Kunst" umfasst auch die Werke der Baukunst und der angewandten Kunst und die Entwürfe solcher Werke (§ 2 I Ziff. 4 UrhG).

Zur **bildenden Kunst** gehören insbesondere die Malerei einschließlich der Grafik, die Plastik, die Bildhauerei sowie ähnliche Formen modernen Kunstschaffens. Auch Bühnenbilder sind hier einzuordnen (BGH, GRUR 86, 458 – Oberammergauer Passionsspiele I).

Die Werke der **Baukunst** umfassen etwa Häuser (z.B. Hundertwasser-Häuser), Kirchen, Stadien, Türme, Plätze, soweit sie eine persönliche geistige Leistung darstellen (BGHZ 21, 55 ff. – Ledigenheim), was etwa bei einer Lärmschutzwand entlang der Autobahn gerichtlich anerkannt wurde (BGH vom 12.05.10, Az. I ZR 209/07).

- Die **angewandte Kunst** (vgl. Rz 24) bezieht sich auf einen Gebrauchszweck. Darunter fallen nicht nur das Kunsthandwerk, sondern auch weite Gebiete dessen, was man mit Grafik-, Mode- und Industrie-Design umschreibt. Gerade auf diesen Gebieten ist es häufig problematisch, ob der für ein Kunstwerk erforderliche ästhetische Gehalt vorhanden ist (vgl. Rz 9); einige Beispiele: 38
- Bei **Gebrauchsgegenständen** sind die Gerichte bei der Anerkennung eines urheberrechtlichen Schutzes zurückhaltend. So wurde einer als Bienenkorb ausgestalteten Spardose der Schutz versagt, ebenso wie einer Knickfaltlampe, einer bestimmten Vase, einem Rollhocker und bei vielen anderen Gebrauchsgegenständen. Andererseits haben Gerichte Urheberrechtsschutz anerkannt bei einem Vasenleuchter, bei nicht alltäglichen Möbeln und bei Möbeln eines Möbelprogramms, ungeachtet ihrer Einzelverkäuflichkeit, wenn sie vom Verkehr als Einheit aufgefasst und verwendet werden, auch bei einem Kinderhochstuhl.   39
- Auf dem Gebiet der **Mode** können Zeichnungen, Entwürfe und Schnittmuster sowie die nach diesen Vorlagen angefertigten Modelle unter Urheberrechtsschutz stehen, wenn es sich um Schöpfungen individueller Prägung mit künstlerischer Gestaltungsform handelt. Wird hingegen lediglich mit den allgemein bekannten Gestaltungsmitteln gearbeitet, wie etwa bei Stoffmustern mit der Verwendung von Tweed- und Seidenstoffen in aufeinander abgestimmten Design-Complets und der Anwendung nebeneinander liegender, changierend ineinander übergehender farbiger Streifen und travers eingesetzter Muster in einheitlichen Farben, so besteht kein Schutz.   40
- Bei **Schmuck** wird in der Regel keine individuelle persönliche Schöpfung vorliegen, da bereits eine Vielfalt von Formen bekannt ist. Hier wird man vielmehr an ein eingetragenes Design denken.   41
- Bei bestimmten **Figuren**, etwa dem Mecki-Igel, haben Gerichte Urheberschutz anerkannt, auch bei Comic-Figuren wie Asterix und Obelix oder den Schlümpfen.
- Auch die Gestaltung einer **Webseite** kann als Werk der bildenden Kunst geschützt sein, wenn sie Schöpfungshöhe aufweist (§ 2II UrhG). Vorausgesetzt wird aber ein künstlerisch-ästhetischer Gehalt, der über die reine Gebrauchsfunktion weit hinausreicht. Daneben kommt ein Schutz der Webseite als Datenbankwerk (§ 4 II UrhG) bzw. als Datenbank (§§ 87a f. UrhG) in Betracht.   41a

1.5.3 Lichtbildwerke

Das Gesetz schützt weiterhin Lichtbildwerke (§ 2 I Ziff. 5 UrhG) im Sinne persönlicher geistiger Schöpfungen.   42

Dieser urheberrechtliche Schutz des Lichtbildwerks beschränkt sich nicht auf Einzelbilder – etwa in Form von künstlerischen Fotos –, sondern erstreckt sich auch auf Bilder in Form eines Filmes, Werksqualität natürlich vorausgesetzt (BGH, v. 6.02.2014, Az I ZR 86/12 – Peter Fechter).

Von diesen Lichtbildwerken zu unterscheiden sind die normalen Lichtbilder (§ 72 I UrhG). Die im Einzelfall oft schwierige Abgrenzung erübrigt sich praktisch gesehen häufig, weil beide den gleichen Rechtsschutz genießen (§ 72 I UrhG), mit Ausnahme der Schutzdauer (§§ 64, 72 III UrhG).

1.5.4 Filmwerke

43 Das Filmwerk genießt als ein einheitliches Gesamtkunstwerk Urheberrechtsschutz (§ 2 I Ziff. 6 UrhG). Es setzt sich aus Sprachwerken (z.B. das Drehbuch), Musikwerken, Werken der Baukunst (Filmbauten, Kulissen), Lichtbildwerken, Lichtbildern zusammen sowie aus Leistungen der ausübenden Künstler (Schauspieler, Musiker) nach § 73 UrhG.

1.5.5 Darstellungen wissenschaftlicher oder technischer Art

44 Das Gesetz nennt hier als Beispiele Zeichnungen, Pläne, Karten, Skizzen, Tabellen und plastische Darstellungen (§ 2 I, Ziff. 7 UrhG). Dabei ist es wichtig zu erkennen, dass nicht das wissenschaftliche oder technische Gedankengut, also die wissenschaftliche oder technische Lehre, Gegenstand des Schutzes ist und daher auch nicht zur Begründung der Schutzfähigkeit der Zeichnungen, Skizzen usw. herangezogen werden kann. Der urheberrechtliche Schutz kann allein seine Grundlage in der – notwendig schöpferischen – Form der Darstellung finden.

1.5.6 Weitere selbstständige Werke

45 Bearbeitungen von Originalwerken, wie etwa Übersetzungen, Dramatisierungen sind als selbstständige Werke geschützt, soweit sie eine persönliche geistige Schöpfung darstellen (§ 3 UrhG). Wir haben hier also zwei Urheberrechte: das des Schöpfers des Originalwerkes und das des Bearbeiters. Das bearbeitete Werk darf aber nur mit Einwilligung des Urhebers des Ursprungswerkes veröffentlicht oder verwertet werden (§ 23 UrhG).

46 Auch **Sammelwerke** werden wie selbstständige Werke geschützt (§ 4 I UrhG). Es sind dies Sammlungen von Werken, Daten oder anderen unabhängigen Elementen, die aufgrund der Auswahl oder der Anordnung der Elemente eine persönliche geistige Schöpfung (§ 2 II UrhG) sind. Daneben bestehen evtl. Urheberrechte an einzelnen in das Sammelwerk aufgenommenen Elementen. Beispiele für Sammelwerke sind etwa Gedichtsammlungen, Festschriften, Lexika, Enzyklopädien, möglicherweise auch Zeitschriften oder Magazine.

Ein Unterfall der Sammelwerke sind die **Datenbankwerke**. § 4 II, 1 UrhG definiert ein Datenbankwerk als ein Sammelwerk, dessen Elemente systematisch oder methodisch angeordnet und einzeln mit Hilfe elektronischer Mittel oder auf andere Weise zugänglich sind, natürlich auch hier nur dann, wenn eine persönliche geistige Schöpfung (§ 2 II UrhG) vorliegt. Ein zur Schaffung des Datenbankwerkes verwendetes Computerprogramm ist nicht Bestandteil des Datenbankwerkes (§ 4 II, 2 UrhG).

Das Urheberrecht am Sammelwerk und damit auch am Datenbankwerk steht dessen Schöpfer zu (§7 UrhG).

Was den Urheber des **Datenbankwerkes** angeht, so ist dieser nicht zu verwechseln mit dem Hersteller einer Datenbank (vgl. Rz 112a). Der Datenbankwerkurheber (§ 4 II UrhG) ist der Schöpfer (§ 7 UrhG) der Datenbank. Datenbankhersteller ist hingegen derjenige, der erhebliche Investitionen in die Datenbank gemacht hat (§ 87a UrhG) und aus diesem Grund einen gewissen Schutz erhalten soll. Die vom UrhG dem Schöpfer des Datenbankwerkes eingeräumten Rechte bestehen unabhängig von denen, die dem Datenbankhersteller zustehen (§ 87b UrhG).

46a

1.6 Bedeutung des Urheberrechts

Das Urheberrecht hat in dreifacher Hinsicht Bedeutung, und zwar für die:
- Urheber
- Wirtschaft
- Allgemeinheit.

47

Vgl. Abb. 5 (S. 23).

1.6.1 Bedeutung für den Urheber

Das Urheberrecht schützt, wie wir wissen, die geistigen und materiellen Interessen des Urhebers (Rz 16). Es gibt ihm die Möglichkeit, durch Verwertung seines Werkes finanziellen Nutzen zu ziehen, stellt also gewissermaßen einen Lohn für seine Schöpfung dar.

1.6.2 Bedeutung für die Wirtschaft

Die Urheber sind häufig nicht selbst in der Lage, ihre Werke der Allgemeinheit zugänglich zu machen. Sie bedürfen hierzu eines Vermittlers.

48

Beispiel Der Autor eines Romans wird selten Druck und Verbreitung seines Buches selbst durchführen können. Er bedient sich hierzu eines Verlages. Dieser übernimmt die Vermittlung zwischen dem Werkschaffenden und den Werkgenießenden, den Lesern, durch Druck und Vertrieb.

In dieser Mittlerstellung entstand ein nicht unbedeutender Wirtschaftszweig, den man häufig als Kulturwirtschaft bezeichnet. Hierzu gehören insbesondere:
- Verlage
- Rundfunk- und Fernsehgesellschaften
- Theater- und Konzertveranstalter
- Filmproduzenten
- Mechanische Industrie
- Bestimmte Hersteller von künstlerischen Gegenständen des täglichen Gebrauchs.

Die **Verlage** vervielfältigen und verbreiten Werke der Literatur und Tonkunst. Maßgebend ist hier das Gesetz über das Verlagsrecht (Rz 92 ff.).

Die **Rundfunk- und Fernsehgesellschaften** erwerben von den Urhebern das Senderecht und machen der Öffentlichkeit durch Ton- und Fernsehrundfunk die Werke zugänglich (§ 20 UrhG).

Die **Theater-** und **Konzertveranstalter** erwerben Aufführungsrechte und bieten die Werke öffentlich dar (§ 19 II UrhG).

Die **Filmproduzenten** erwerben die Verfilmungsrechte von den Urhebern des Romans, des Drehbuchs, der Filmmusik usw. Dies bedeutet, dass dem Produzenten im Zweifel das ausschließliche Recht eingeräumt wird, das Werk zur Herstellung eines Filmes zu benutzen und dann das Filmwerk auf alle Nutzungsarten zu nutzen (§ 88 I UrhG), etwa an Kinos zu verleihen.

Die **mechanische Industrie** erwirbt von den Urhebern die Vervielfältigungsrechte (§ 16 UrhG), überträgt die Werke insbesondere auf CDs, DVDs und Kassetten und vertreibt diese.

Viele Industriezweige stellen **Gegenstände des täglichen Gebrauchs** in künstlerischer Gestaltung her, etwa das „Kunstgewerbe", die Schmuck-, Porzellan-, Keramik-, Lampen-, Textil- und Möbelindustrie. Wir wissen, dass es gerade hier oft sehr problematisch ist, ob überhaupt eine persönliche geistige Schöpfung vorliegt (Rz 24, 38 f.).

49 Eine gewisse Mittlerstellung nehmen auch die **Verwertungsgesellschaften = Wahrnehmungsgesellschaften** ein. Da der Urheber sehr häufig die ihm nach §§ 15 ff. UrhG zustehenden Verwertungsrechte gar nicht in eigener Person wahrnehmen kann (Rz 81), ist die Bedeutung der Verwertungsgesellschaften sehr groß. Dies sind in der Regel juristische Personen, deren Zweck in der Wahrnehmung von urheberrechtlichen Befugnissen besteht, die ihnen von Urhebern übertragen worden sind. Dieses Rechtsgebiet wird geregelt durch das Gesetz über die Wahrnehmung von Urheberrechten und verwandten Schutzrechten. Nach diesem Wahrnehmungsgesetz (WahrnG) bedürfen die Verwertungsgesellschaften der Erlaubnis des Patentamtes, (§ 1 WahrnG). Von den derzeit existierenden 13 Verwertungsgesellschaften seien einige wichtige genannt:
- GEMA = Gesellschaft für **musikalische** Aufführungs- und mechanische Vervielfältigungsrechte; Mitglieder sind Komponisten, Textdichter und Musikverlage.
- Verwertungsgesellschaft (VG) WORT für Wortautoren und deren Verleger.
- Verwertungsgesellschaft (VG) BILD-KUNST; Mitglieder sind Urheber von Werken, die nach § 2 I Ziff. 4–7 UrhG geschützt sind.
- Im Bereich des Filmes haben sich mehrere Verwertungsgesellschaften konstituiert, nämlich die VG der Film- und Fernsehproduzenten (VFF) in München, die VG für Nutzungsrechte an Filmwerken (VGF) in Wiesbaden, die Gesellschaft zur Wahrnehmung von Film- und Fernsehrechten (GWFF) in München sowie die Gesellschaft zur Übernahme und Wahrnehmung von Filmaufführungsrechten (GÜFA) in Düsseldorf.
- Für ausübende Künstler und Produzenten von Bild- und Tonträgern gibt es die Gesellschaft zur Verwertung von Leistungsschutzrechten (GVL) in Hamburg.

Von großer Bedeutung ist die Zentralstelle für private Überspielungsrechte, die ZPÜ. Deren Gesellschafter sind Verwertungsgesellschaften. Aufgabe der ZPÜ ist es, Vergütungsansprüche gegenüber Herstellern, Händlern und Importeuren von Geräten und Speichermedien (Leermedien), die zur Vervielfältigung urheberrechtlich geschützter Werke benutzt werden, geltend zu machen (vgl. Rz 77) und an ihre Gesellschafter zu verteilen. Die ZPÜ ist die älteste und aus wirtschaftlicher Sicht die bedeutsamste Form der Zusammenarbeit deutscher Verwertungsgesellschaften. Die Geschäftsführung der ZPÜ liegt bei der GEMA. Neben der ZPÜ gibt es weitere Inkassostellen.

Um europaweit einheitliche Standards für Verwertungsgesellschaften zu schaffen, ist eine EU-Richtlinie vom Europäischen Parlament bereits verabschiedet und auf den Weg gebracht.

Die nach § 14 WahrnG eingerichtete und in die Organisation des DPMA eingebundene Schiedsstelle vermittelt bei Streitfällen, an denen eine Verwertungsgesellschaft beteiligt ist. Meist geht es um Streitigkeiten mit Nutzern urheberrechtlich geschützter Werke und Leistungen, etwa solche zwischen der GEMA und Sendeunternehmen, Tonträgerherstellern, Konzertveranstaltern sowie Diskothekenbetreibern. Die Schiedsstelle befasst sich auch mit Auseinandersetzungen zwischen Sendeunternehmen und Kabelnetzbetreibern. In den meisten Verfahren geht es darum, ob die von den Verwertungsgesellschaften aufgestellten Tarife im einzelnen Fall anwendbar und angemessen sind. Die Schiedsstelle strebt eine gütliche Einigung an. Gelingt dies nicht, so unterbreitet sie einen Einigungsvorschlag (§ 14a WahrnG). Wird diesem nicht schriftlich widersprochen, hat er eine ähnliche Wirkung wie ein Urteil. Gerichtliche Geltendmachung ist erst möglich, wenn ein Verfahren vor der Schiedsstelle vorausgegangen ist (§ 16 I WahrnG).

49a Die Aufsicht über die urheberrechtlichen Verwertungsgesellschaften übt das **Deutsche Patent- und Markenamt** aus (§ 18 WahrnG).

49b **Keine** Verwertungsgesellschaft ist die Gesellschaft zur Verfolgung von Urheberrechtsverletzungen (GVU), die im Auftrag der Filmbranche und der Entertainment-Software-Industrie arbeitet. Der GVU, mit Sitz in Berlin, in der Rechtsform eines e.V. betrieben, gehören über 80 Verbände und Unternehmen an. Da der – zum Teil heftig kritisierten – GVU in der Praxis beträchtliche Bedeutung zukommt, hierzu einige Anmerkungen: Aufgabe der GVU ist es, geistiges Eigentum zu schützen und die Verbreitung illegaler Kopien einzudämmen. Durch verdeckte Ermittlungen sollen Urheberrechtsverletzungen aufgedeckt werden, speziell im Internet. Erfolgreiche Ergebnisse dieser Ermittlungstätigkeit werden den Strafverfolgungsbehörden mitgeteilt. Daneben gilt die GVU – dies sei aber nur am Rande erwähnt – als Lobbyorganisation in Politik und Wirtschaft.

1.6.3 Bedeutung für die Allgemeinheit

50 Jedermann hat Anteil am kulturellen Leben. Man liest Zeitung, Bücher, betrachtet Fernsehen, hört Rundfunk, geht ins Theater, Konzert und Kino. In diesem Zusammenhang führt der BGH zu Recht aus: „In der Befriedigung des Kunstverlangens des Einzelnen liegt die Dankesschuld verankert, die es an den geistig Schaffenden seitens der Allgemeinheit durch einen wirksamen Rechtsschutz seiner persönlichen und wirtschaftlichen Interessen an seiner Schöpfung abzutragen gilt" (BGHZ 17, 278), insbesondere dadurch, dass er eine angemessene Vergütung erhält. Dieses Entgelt bezahlen wir in der Regel nicht unmittelbar an den Urheber. Vielmehr ist es Bestandteil des Preises, den wir an den Buchhändler, an die Rundfunk- und Fernsehgesellschaften, beim Kauf von Audio- oder Videogeräten oder von Leerkassetten bzw. Leerdisketten (§ 54 I UrhG) entrichten. Von dort erhält der Urheber letztlich sein Entgelt. So bezahlen wir alle etwas für die Urheber; häufig sind wir uns dessen gar nicht bewusst.

Hieraus ergibt sich für die Bedeutung des Urheberrechtes folgende Übersicht:

Abb. 5: Bedeutung des Urheberrechts

2. Entstehen des Urheberrechtes

51 Haben wir es mit einer persönlichen geistigen Schöpfung zu tun (§ 2 II UrhG), so liegt eo ipso ein Werk vor. Wir brauchen kein Verfahren, keine Förmlichkeiten, keinen Antrag, keine amtliche Prüfung, keine Erteilung, keine Registrierung. Das Urheberrecht ist ein sachliches Recht (Rz 6).

2.1 Das Urheberrecht im Verletzungsprozess

Dieser schnelle und unkomplizierte Entstehungstatbestand hat jedoch eine Kehrseite. Da das Urheberrecht vorher nicht geprüft wurde, wird es im **Verletzungsprozess** unter die Lupe genommen. Der Richter hat nun zu prüfen, ob ein Urheberrecht besteht, d.h. ob die Voraussetzungen für ein Werk (§ 2 II UrhG) überhaupt vorliegen. Das Ergebnis der richterlichen Bewertung ist oft schwer prognostizierbar (Rz 21), insbesondere bei der „kleinen Münze" des Urheberrechts (Rz 24). Hier besteht häufig ein beachtliches Prozessrisiko.

51a

3. Rechtswirkungen des Urheberrechts

Das Urheberrecht hat dreifache Wirkung:
- Positiver Inhalt des Urheberrechts.
- Negativer Inhalt des Urheberrechts.
- Strafrechtlicher Schutz.

52

Diese Wirkungen sind vergleichbar mit denen des Eigentums; Urheberrecht und Eigentum sind absolute Rechte.

Zum positiven Inhalt: Wie in § 903 BGB dem Eigentümer bestimmte Befugnisse eingeräumt werden, so geschieht dies im Urheberrecht durch §§ 12 bis 27 UrhG.

Zum negativen Inhalt: § 1004 BGB schützt den Eigentümer vor der Beeinträchtigung durch Dritte, indem ihm gegen den Verletzer Ansprüche eingeräumt werden. Genau so ist dies bei §§ 97 ff. UrhG in Bezug auf das Urheberrecht der Fall.

Zum strafrechtlichen Schutz: Dem § 242 StGB (Diebstahl von Sachen) entspricht § 106 UrhG (geistiger Diebstahl).

3.1 Positiver Inhalt des Urheberrechts

Die positiven Rechtswirkungen des Urheberrechts sind vielgestaltiger als die des Eigentums. Dies ergibt sich zum einen daraus, dass das Urheberrecht die geistigen und die materiellen Interessen des Urhebers schützt und zum andern aus der jeweiligen Eigenart der verschiedenen Werkarten.

53

§ 11 UrhG normiert den positiven Inhalt des Urheberrechts. Hiernach schützt das Urheberrecht den Urheber in seinen *geistigen und persönlichen Beziehungen* zum Werk; dies ist die **ideelle** Seite: das *Urheberpersönlichkeitsrecht* (§§ 12–14 UrhG). Hinzu tritt der Schutz in Bezug auf die Nutzung des Werkes; dies ist die **materielle** Seite des Urheberrechts: die *Verwertungsrechte* (§§ 15 ff. UrhG), vgl. Abb. 4 (S. 11).

Urheberpersönlichkeits- und Verwertungsrechte werden ergänzt durch die sonstigen Rechte des Urhebers (§§ 25–27 UrhG). Vgl. Abb. 6 (S. 32).

3.1.1 Das Urheberpersönlichkeitsrecht

54 Das Urheberpersönlichkeitsrecht ist ein Ausfluss des allgemeinen, umfassenden Urheberrechtes. Es ist ein absolutes Recht. Aus diesem leiten sich die einzelnen Berechtigungen der §§ 12–14 UrhG ab, die auch Ausschließlichkeitscharakter haben.

Aus dem Urheberpersönlichkeitsrecht ergibt sich das **Veröffentlichungsrecht**. Der Urheber hat das Recht zu bestimmen, ob und wie sein Werk veröffentlicht wird (§ 12 I UrhG). Ist weder das Werk noch dessen wesentlicher Inhalt mit seiner Zustimmung veröffentlicht, so ist allein der Urheber berechtigt, den Inhalt seines Werkes öffentlich mitzuteilen (§ 12 II UrhG).

Der Urheber hat das Recht auf **Anerkennung** seiner **Urheberehre**. Dazu gehört auch das Recht auf **Anerkennung seiner Urheberschaft** am Werk (§ 13, 1 UrhG). Hierdurch kann er von jedem, der sein Werk an die Öffentlichkeit bringt, verlangen, dass er dabei als Urheber genannt wird. Auch kann er bestimmen, ob und mit welcher Urheberbezeichnung das Werk zu versehen ist (§ 13, 2 UrhG), also ob unter seinem eigenen Namen, einem Pseudonym oder anonym.

55 Auch § 14 UrhG schützt die Urheberehre. Nach dieser Vorschrift hat der Urheber das Recht, eine **Entstellung** oder eine andere Beeinträchtigung seines Werkes zu **verbieten**, die geeignet ist, seine berechtigten geistigen oder persönlichen Interessen am Werk zu gefährden. Entstellungen sind Verzerrungen oder Verfälschungen von Wesenszügen eines Werkes, wie etwa Streichung wesentlicher Teile, Verstümmelungen, Sinnentstellungen. Recht plastisch ist in diesem Zusammenhang die bekannte Sirenenentscheidung (RGZ 79, 397 ff.).

> **Beispiel**
> Ein Hauseigentümer ließ sich ein Treppengemälde fertigen. Der Künstler schuf ein Felseneiland mit unbekleideten, nicht anstößig wirkenden Sirenen. Der Hauseigentümer veranlasste später einen anderen Maler, die Sirenen zu „bekleiden".
>
> Das Reichsgericht sah in dieser Maßnahme eine unberechtigte Entstellung und gab der Klage des Urhebers des Originalwerkes auf Beseitigung der Übermalung statt.

Eine andere Beeinträchtigung des Werkes liegt etwa bei dessen Wiedergabe unter herabsetzenden Begleitumständen vor oder bei Anbringen von Werken der bildenden Kunst an einem herabwürdigenden Ort.

56 Die Werkentstellung bzw. -beeinträchtigung muss zu einer Gefährdung der berechtigten geistigen oder persönlichen Interessen des Urhebers geeignet sein. Diese Eignung erfordert eine Abwägung der Interessen des Urhebers einerseits mit denen des Nutzungsberechtigten bzw. des Eigentümers andererseits (BGH, GRUR 89, 106 ff. – Oberammergauer Passionsspiele II).

> **Beispiel**
> Nach den Plänen und unter der Bauleitung eines Architekten (A) wurde eine Schule gebaut. Später wurde geplant, den Schulbau so zu erweitern und umzugestalten, dass in dem atriumartigen Innenhof zwei Bautrakte erstellt werden, so dass dadurch der Innenhof verkleinert wird. Außerdem soll an einer Außenecke des atriumartigen Baues ein weiterer Bautrakt ausgeführt werden. Die Urheberrechte hat sich A vorbehalten.
>
> Der BGH geht dabei von folgendem aus: Der Urheber hat grundsätzlich ein Recht darauf, dass das von ihm geschaffene Werk, in dem seine individuelle künstlerische Schöpferkraft

ihren Ausdruck gefunden hat, der Mit- und Nachwelt in seiner unveränderten individuellen Gestaltung zugänglich gemacht wird. Es besteht demnach im Urheberrecht ganz allgemein ein grundsätzliches Änderungsverbot. Dieses trifft neben dem Nutzungsberechtigten (§ 39 UrhG) auch den Eigentümer des Werkoriginals, dem allein auf Grund seines Eigentums noch keine urheberrechtlichen Nutzungen zustehen (§ 44 I UrhG). Urheberrecht und Eigentum am Werkoriginal sind unabhängig voneinander und stehen selbstständig nebeneinander; das Eigentumsrecht darf an Gegenständen, die ein urheberrechtlich geschütztes Werk verkörpern, nur unbeschadet des Urheberrechts ausgeübt werden (§ 903 BGB). Die Sachherrschaft des Eigentümers findet dort ihre Grenze, wo Urheberrecht verletzt wird.

Umgekehrt hat aber auch der Urheber das Eigentumsrecht und die daraus fließenden Interessen des Werkeigentümers zu beachten.

Der sich aus dem Zusammentreffen von Urheber- und Eigentümerbelangen ergebende Interessenkonflikt kann im Einzelfalle nur durch eine Abwägung der jeweils betroffenen Interessen gelöst werden. Dabei kann, soweit es um die Fragen einer Abänderung des Werkoriginals geht, auf die zur Interessenabwägung im Rahmen des § 39 II UrhG entwickelten Grundsätze zurückgegriffen werden.

Bei dieser Interessenabwägung kam das Gericht zu dem Ergebnis, dass hier dem Interesse des Schulträgers als Eigentümer Vorrang gebührt und dass die konkreten Änderungen dem A zumutbar sind. Das wurde vor allem damit begründet, dass das Bauwerk nur eine geringe schöpferische Individualität aufweist, dass die geplanten Änderungen das Bauwerk nicht entstellen, sondern lediglich unwesentlich in die künstlerische Substanz des Gebäudes eingreifen und dass es sich hier um ein Schulgebäude handelt, das den wechselnden Bedürfnissen des Lebens genügen und gegebenenfalls angepasst werden muss (BGH, NJW 74, 1381 ff. – Schulerweiterung).

Wir erkennen, dass Eigentum und Urheberrecht in ein Spannungsfeld geraten können. Beide Rechte sind unabhängig voneinander und stehen selbstständig nebeneinander. Das Eigentum kann durch das Urheberrecht begrenzt werden. Umgekehrt kann der Urheber Maßnahmen des Eigentümers hinnehmen müssen, soweit diese ihm nach Abwägung der Urheber- und Eigentümerinteressen zuzumuten sind.

Neben diesen reinen Urheberpersönlichkeitsrechten (§§ 12–14 UrhG) haben auch die sogenannten sonstigen Rechte (Rz 68 f.) der §§ 25 bis 27 UrhG urheberpersönlichkeitsrechtlichen Charakter. 56a

Vgl. Fall 3.

3.1.2 Die Verwertungsrechte

Es geht hier um die materiellen Interessen des Urhebers, um den Schutz in der Nutzung des Werkes nach § 11 UrhG in der konkreten Ausgestaltung durch die §§ 15 ff. UrhG. 57

§ 15 UrhG ordnet dem Urheber ein **allgemeines Verwertungsrecht** zu. Dieses ist als ausschließliches Recht ausgestaltet, wirkt mithin gegenüber jedermann. Diesem Gesamtverwertungsrecht „entspringen" die **einzelnen besonderen Verwertungsrechte**, die in § 15 I und II UrhG aufgezählt sind. Sie sind Ausschnitte aus dem umfassenden allgemeinen Verwertungsrecht. Der Katalog der einzelnen Verwertungsrechte ist nicht abschließend, sondern zählt nur beispielhaft die Verwertungsarten auf, die sich bis heute herausgebildet haben. Zukünftigen Verwertungsarten ist damit die Anerkennung nicht abgeschnitten; auch sie werden den Schutz genießen, der sich aus dem Gesamtverwertungsrecht ergibt.

§ 15 UrhG unterscheidet die Verwertung des Rechts **in körperlicher** und in **unkörperlicher** Form. Bei der körperlichen Form geht es um die Verwertungsarten, die das Original und die Vervielfältigungsstücke betreffen.

3.1.2.1 Die Verwertung in körperlicher Form

58 § 15 I UrhG normiert folgende drei Arten der Verwertung in körperlicher Form und ordnet sie ausschließlich dem Urheber zu:

Das **Vervielfältigungsrecht**: Dies ist das Recht, Vervielfältigungsstücke des Werkes herzustellen, gleichviel in welchem Verfahren und in welcher Zahl (§ 16 I UrhG). Einige Beispiele hierfür sind die Herstellung von: Büchern, Noten, Fotografien, Fotokopien, einem Bauwerk nach den Bauplänen (BGHZ 24, 69 – Ledigenheim), von CDs, Tonbandaufnahmen, Fernsehaufzeichnungen (§ 16 II UrhG).

59 Das **Verbreitungsrecht**: Dies ist das Recht, das Original oder Vervielfältigungsstücke des Werkes der Öffentlichkeit anzubieten oder in Verkehr zu bringen (§ 17 I UrhG). Ist das Original oder ein Vervielfältigungsstück verkauft, so hat der Urheber eine Vergütung erhalten; seinen materiellen Interessen ist damit in der Regel Rechnung getragen, sie sind *erschöpft*. Daher bestimmt § 17 II UrhG, dass in den Fällen, in denen das Original oder Vervielfältigungsstücke mit Zustimmung des Urhebers durch Veräußerung in den Verkehr gebracht worden sind, die Weiterverbreitung *dieser* Stücke gestattet ist.

Beispiel: Ein Student hat ein Lehrbuch gekauft. Nach Durcharbeiten und Ablegen der Prüfung verkauft er es an ein jüngeres Semester. Dies ist zulässig (§ 17 II UrhG).

Dieser **Erschöpfungsgrundsatz** gilt jedoch – darauf sei besonders hingewiesen, um Missverständnissen vorzubeugen – nur für die Verwertung in körperlicher Form und nicht für die unkörperliche Wiedergabe, also nicht etwa für das Senderecht.

59a Ist ein gewerblicher Vermieter, etwa ein „Video-Verleih-Geschäft", Erwerber einer Video-Kassette und überlässt er diese gegen Entgelt für bestimmte Zeit an Dritte, so wird der Urheber durch diese Vermietung häufig finanzielle Einbußen erleiden. Denn wenn man diesen Film nicht hätte mieten können, so hätte ihn der eine oder andere Interessent gekauft. Daher bestimmt § 17 II UrhG, dass das Erschöpfungsprinzip im Falle der Vermietung nicht gilt. Das bedeutet, dass das Vermietrecht als ein Teilelement des Verbreitungsrechtes nach § 17 I UrhG ein ausschließliches Recht des Urhebers ist.

Auch wenn der Urheber einem Tonträger- oder Filmhersteller ein Vermietrecht eingeräumt hat, so hat der Urheber dennoch einen unverzichtbaren Vergütungsanspruch gegen die gewerblichen Vermieter (§ 27 I UrhG).

Betrachten wir diese beiden aus dem EG-Recht stammenden §§ 17 und 27 UrhG in der Gesamtschau, so erkennen wir: Der Urheber kann auf Grund seines Verbreitungsrechtes nach §§ 17 I, 15 UrhG die Vermietung seines Werkes einem gewerblichen Vermieter gestatten, wofür letzterer eine Vergütung nach § 27 I UrhG zu entrichten hat. Er kann einem gewerblichen Vermieter die Vermietung auch untersagen. Ob der Urheber sich für die eine oder andere Variante entscheidet, wird sich primär nach wirtschaftlichen Gesichtspunkten richten. Er wird dem gewerblichen Vermieter die Vermietung dann untersagen, wenn er der Auffassung ist, dass ihm die Vermietung mehr schadet als sie ihm durch den Vergütungsanspruch nach § 27 I UrhG einbringt.

In Bezug auf das **Verleihen** von bereits verkauften Werken gilt die Ausnahme des § 17 II UrhG nicht. Hier gilt der Grundsatz der Erschöpfung. Es besteht kein ausschließliches Verleihrecht zu Gunsten des Urhebers. Nach § 27 II UrhG ist dem Urheber lediglich eine angemessene Vergütung zu bezahlen, wenn die Originale oder Vervielfältigungsstücke durch eine der Öffentlichkeit zugängliche Einrichtung, etwa eine Bücherei, verliehen werden. Dabei versteht man unter verleihen die zeitlich begrenzte, weder unmittelbar noch mittelbar Erwerbszwecken dienende Gebrauchsüberlassung (§ 27 II, 2 UrhG). 59b

Die Vergütungsansprüche gegen Vermieter und öffentliche Verleiher können nur durch Verwertungsgesellschaften geltend gemacht werden (§ 27 III UrhG).

Schließlich die dritte Art der Verwertung in körperlicher Form, das **Ausstellungsrecht**: Es ist das Recht, das Original oder Vervielfältigungsstücke eines unveröffentlichten Werkes der bildenden Künste oder eines unveröffentlichten Lichtbildwerkes öffentlich zur Schau zu stellen (§ 18 UrhG). Wir erkennen, dass sich dieses Recht auf Werke der bildenden Künste und Lichtbildwerke beschränkt und nur auf solche, die noch nicht veröffentlicht sind. 60

3.1.2.2 Die Verwertung in unkörperlicher Form

§ 15 II UrhG normiert in fünf Ziffern Arten der Verwertung in unkörperlicher Form und ordnet diese ausschließlich dem Urheber zu.

In allen fünf Fällen geht es um die **öffentliche Wiedergabe** eines Werkes. Eine solche liegt vor, wenn die Wiedergabe für eine Mehrzahl von Mitgliedern der Öffentlichkeit bestimmt ist. Zur Öffentlichkeit gehört jeder, der nicht mit dem Verwerter des Werkes durch persönliche Beziehungen verbunden ist (§ 15 III UrhG). 61

Nicht öffentlich ist die Wiedergabe – etwa anlässlich eines Festes – innerhalb der Familie, im Freundeskreis, in einem kleinen Betrieb; anders hingegen bei einem großen Betrieb, einem größeren Verein, weil dort keine **persönliche** Beziehung besteht.

Zu den einzelnen Arten der Verwertung in unkörperlicher Form:

Das **Vortragsrecht** ist das Recht, ein Sprachwerk durch persönliche Darbietung öffentlich zu Gehör zu bringen (§ 19 I UrhG). Dabei kann das Wort „persönlich" zu Missverständnissen führen. Es bezieht sich nicht etwa auf die Person des Urhebers selbst, sondern soll zum Ausdruck bringen, dass *irgendeine natürliche Person* – im Gegensatz zu einer Wiedergabe etwa durch Funk – das Sprachwerk öffentlich vorträgt. Das Vortragsrecht bezieht sich allein auf die rein akustische Wiedergabe des Sprachwerks. Unter § 19 I UrhG fallen etwa: die öffentliche Lesung eines Romans, der öffentliche Vortrag von Gedichten, die Vorlesung des Professors im großen Hörsaal, die Rede eines Politikers vor versammelter Menge. 62

63 Das **Aufführungsrecht** ist das Recht, ein Werk der Musik durch persönliche Darbietung öffentlich zu Gehör zu bringen oder ein Werk öffentlich bühnenmäßig darzustellen (§ 19 II UrhG). Das Gesetz unterscheidet hier also zwei Arten: die konzertmäßige und die bühnenmäßige Aufführung.

> **Beispiel**
> Die konzertmäßige Aufführung: Eine Instrumental-Aufführung, aber auch eine Gesangsaufführung; bei letzterer sind die Liedtexte, da Sprachwerke, als Vortrag einzuordnen.
> Die bühnenmäßige Aufführung bezieht sich auf Werke der Musik, Sprachwerke und pantomimische Werke. Maßgebend ist hier das visuell erkennbare, bewegte Spiel zur Darstellung eines gewissen Handlungsablaufes, wie etwa bei Schauspielen, Opern, Operetten, Puppenspielen.

63a **Vortrags- und Aufführungsrecht** umfassen das Recht, Vorträge und Aufführungen außerhalb des Raumes der Darbietung durch Bildschirm, Lautsprecher oder ähnliche technische Einrichtung öffentlich wahrnehmbar zu machen (§ 19 III UrhG). Am Beispiel gezeigt bedeutet dies: Dem Urheber steht das Recht zu, darüber zu entscheiden, ob die Aufführung im Theater zeitgleich mittels entsprechender Technik auch auf der Leinwand in der Stadthalle gezeigt werden darf.

64 Das **Vorführungsrecht** ist das Recht, ein Werk der bildenden Künste, ein Lichtbildwerk, ein Filmwerk oder Darstellungen wissenschaftlicher oder technischer Art durch technische Einrichtungen öffentlich wahrnehmbar zu machen (§ 19 IV UrhG).

> **Beispiel:** Das Vorführen eines Filmes, die Projektion von Bildern.

64a Das **Recht der öffentlichen Zugänglichmachung** ist das Recht, das Werk drahtgebunden oder drahtlos der Öffentlichkeit in einer Weise zugänglich zu machen, dass es Mitgliedern der Öffentlichkeit von Orten und zu Zeiten ihrer Wahl zugänglich ist (§ 19a UrhG). Es ist dies das Recht, das sich auf das Internet bezieht und damit auch auf die dort auftretenden Probleme, die das unkontrollierte Weiterverbreiten von Werken betreffen.

65 Das **Senderecht**: Dies ist das Recht, das Werk durch Funk, wie Ton- und Fernsehrundfunk, Satellitenrundfunk, Kabelfunk oder ähnliche technische Einrichtungen, der Öffentlichkeit zugänglich zu machen (§ 20 UrhG).

Rundfunk- und Fernsehanstalten dürfen also nur mit Zustimmung des Urhebers dessen Werke ausstrahlen. Aber auch anstaltseigene Verteileranlagen, etwa von Krankenhäusern, Altenheimen, Haftanstalten, auch von Hotelbetrieben, die Musik- oder Sprachwerke in die einzelnen Zimmer übertragen, fallen unter § 20 UrhG.

66 Das Recht der **Wiedergabe** durch **Bild-** oder **Tonträger**: Dies ist das Recht, Vorträge oder Aufführungen des Werkes mittels Bild- oder Tonträger öffentlich wahrnehmbar zu machen (§ 21 UrhG).

> **Beispiel**
> Ein kleiner Kurort kann sich keine Kurkapelle leisten. Stattdessen wird im Kursaal Musik vom Band mit bekannten Melodien zu Gehör gebracht; dies ist nur mit Zustimmung der Komponisten bzw. der GEMA zulässig.
> Wiederum sei einem Missverständnis vorgebeugt: Entscheidend ist hier – wie in allen Fällen des § 15 II UrhG – die **öffentliche** Wiedergabe, was bei einem Kurkonzert zutrifft. Wenn Sie eine CD kaufen, sind Sie selbstverständlich befugt, diese zu hören, auch im Familien- und Freundeskreis; Sie dürfen die CD aber nicht öffentlich vorspielen.

Das Recht der **Wiedergabe** von **Funksendungen und von öffentlicher Zugänglichmachung**: Das ist das Recht, Funksendungen und auf öffentlicher Zugänglichmachung beruhender Wiedergabe des Werkes durch Bildschirm, Lautsprecher oder ähnliche technische Einrichtungen öffentlich wahrnehmbar zu machen (§ 22 UrhG).

67

> Wir variieren obiges Beispiel des kleinen Kurortes: Im Kursaal werden Werke aus Rundfunk- und Fernsehsendungen sowie aus dem Internet runtergeladene Werke übertragen; dies ist nur mit Zustimmung der Urheber bzw. der jeweiligen Verwertungsgesellschaft zulässig.

Vgl. Fälle 3, 4, 47.

3.1.3 Sonstige Rechte des Urhebers

Das Urheberpersönlichkeitsrecht und die Verwertungsrechte werden durch die sonstigen Rechte der §§ 25–27 UrhG ergänzt. Ihre systematische Sonderstellung rührt vor allem daher, weil es sich bei diesen nicht um absolute Rechte handelt.

68

Das **Zugangsrecht** des Urhebers zu Werkstücken wird in § 25 UrhG geregelt. Nach dieser Vorschrift kann der Urheber vom Besitzer des Originals oder eines Vervielfältigungsstückes seines Werkes verlangen, dass er ihm dieses zugänglich macht, soweit das zur Herstellung von Vervielfältigungsstücken oder Bearbeitungen des Werkes erforderlich ist und nicht berechtigte Interessen des Besitzers entgegenstehen. Diese Vorschrift erlaubt es dem Urheber z.B., sein Werk bei dessen Besitzer zu fotografieren, dort Skizzen zu machen oder die zur Katalogisierung erforderlichen Maßnahmen zu treffen.

Eine Herausgabepflicht trifft den Besitzer hingegen nicht.

Das **Folgerecht** des Urhebers bezieht sich auf das Original eines Werkes der bildenden Künste oder eines Lichtbildwerkes (§ 26 I UrhG), nicht auf Werke der Baukunst und der angewandten Kunst (§ 26 VIII UrhG).

69

Die Urheber von Werken der bildenden Künste und der Lichtbildwerke sind gegenüber den Urhebern von Werken der Literatur und Musik benachteiligt. Während letztere bei entsprechender Beliebtheit mithilfe der Verwertungsgesellschaften immer wieder zu Erlösen kommen, erzielt etwa ein Maler nur einmal ein Entgelt, nämlich dann, wenn er sein Bild verkauft. Diese Schlechterstellung soll durch § 26 UrhG abgefedert werden.

Wird das Original eines Werkes der bildenden Kunst oder eines Lichtbildwerkes für mehr als 400 Euro weiterveräußert, und ist hieran ein Kunsthändler oder Versteigerer als Erwerber, Veräußerer oder Vermittler beteiligt, so hat der Veräußerer dem Urheber einen Anteil des Verkaufserlöses (dies ist der Verkaufspreis ohne Steuern) zu entrichten.

Die Höhe des Anteils des Verkaufserlöses ist gestaffelt von 4 % (bis zu einem Verkaufserlös von 50 000 Euro) bis 0,25 % (für einen Veräußerungserlös über 500 000 Euro). Höchstgrenze der Folgerechtsvergütung ist 12 500 Euro (§ 26 II UrhG).

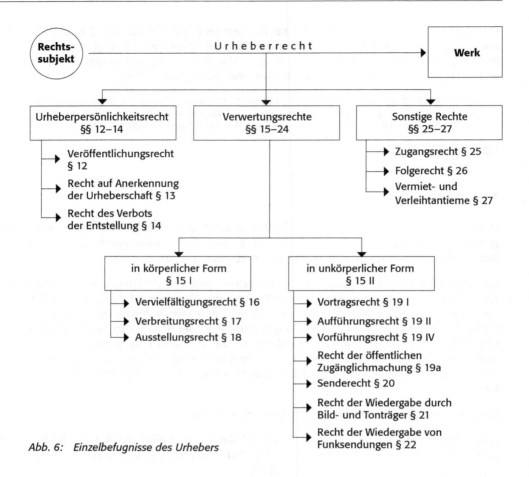

Abb. 6: Einzelbefugnisse des Urhebers

70 Von besonderer Bedeutung ist die **Vermiet- und Verleihtantieme**. Im Zusammenhang mit dem Erschöpfungsgrundsatz haben wir bereits gesehen, dass der Urheber Vergütungsansprüche (Rz 59a, b) gegen gewerbliche Vermieter (§ 27 I UrhG) und gegen öffentliche Verleiher (§ 27 II UrhG) hat. Bei Letzteren geht es vor allem um öffentliche Bibliotheken, wie etwa Staats-, Gemeinde- und Hochschulbibliotheken, auch solche der Kirchen. Diese Vergütungen werden pauschal ausgehandelt. So zahlen Bund und Länder für die von ihnen betriebenen Bibliotheken jährlich viele Millionen Euro an die Verwertungsgesellschaften.

3.1.4 Kopierschutz

70a Nicht selten unternehmen Urheber (auch sonstige nach dem Urheberrechtsgesetz geschützte Rechtsinhaber, vgl. Rz 99 ff.) Schritte, um sich vor Vervielfältigungen ihrer Werke (geschützter Rechte) durch Kopiersperren zu schützen. § 95a I UrhG bestimmt hierzu, dass wirksame **technische Maßnahmen** zum Schutz eines nach dem UrhG geschützten Werkes (oder eines anderen nach diesem Gesetz geschützten Gegenstandes) ohne Zustimmung des Rechtsinhabers nicht umgangen werden dürfen. Technische Maßnahmen in diesem Sinne sind Technologien, Vorrichtungen und Bestandteile, die dazu bestimmt sind, geschützte Handlungen, die vom Rechtsinhaber nicht genehmigt sind, zu verhindern oder einzuschränken (§ 95a II, S. 1 UrhG). In der Praxis begegnen wir derartigem Kopierschutz häufig auf CDs, DVDs, Videokassetten etc. Dieses Umgehungsverbot gilt aber nicht für Computerprogramme (§ 69a V UrhG).

Derartige Kopiersperren sind deutlich sichtbar mit Angaben über die Eigenschaften der technischen Maßnahmen zu kennzeichnen (§ 95d I UrhG).

Die Herstellung, Einfuhr und Verbreitung von Vorrichtungen und Erzeugnissen, deren Ziel die Umgehung technischer Maßnahmen ist, ist verboten (§ 95a III UrhG).

Die entgegen diesem Umgehungsverbot hergestellten Vervielfältigungsstücke dürfen weder verbreitet noch zu öffentlichen Wiedergaben benutzt werden (§ 96 I UrhG).

3.2 Negativer Inhalt des Urheberrechts

Es geht hier zunächst um § 97 I UrhG. Die Rechtsvoraussetzungen dieser Vorschrift sind: 71
- Bestehen eines Urheberrechtes,
- dessen Verletzung,
- Widerrechtlichkeit.

> **Beispiel**
>
> Ein **Hinführungsbeispiel**: Ein Unternehmen hat ein außergewöhnliches, künstlerisch gestaltetes Signet entwickelt, das es seit einiger Zeit in weitem Umfange in seiner Werbung verwendet, vom Briefbogen über die Warenverpackung bis hin zur Beschriftung von Fahrzeugen Fassaden und Messeständen. Ein anderer Betrieb benutzt nunmehr – ohne Erlaubnis – das gleiche Zeichen.
>
> Hier wird ein Urheberrecht, dessen Gegenstand ein Werk der angewandten Kunst ist, widerrechtlich verletzt; das ist nach § 97 I UrhG unzulässig. Darauf, ob die Unternehmen Konkurrenten sind, kommt es hier nicht an.

Mit einer **Verletzung des Urheberrechtes** haben wir es dann zu tun, wenn eine 72
Handlung vorgenommen wird, die sich gegen das absolute Urheberrecht als einheitliches, umfassendes Recht mit seinen absolut ausgestalteten einzelnen Berechtigungen richtet, insbesondere also bei Verstößen gegen das Urheberpersönlichkeitsrecht und dessen Ableitungen (§§ 12–14 UrhG) und gegen das allgemeine Verwertungsrecht und die sich daraus ergebenden einzelnen Verwertungsrechte (§§ 15–22 UrhG).

Bei der Frage, ob eine Urheberrechtsverletzung vorliegt, ist von der konkreten Gestaltungsform in ihrem geistig-ästhetischen, eigenschöpferischen Gehalt auszugehen, wobei der Gesamteindruck maßgebend ist. Werden charakteristische Eigenheiten eines Werkes übernommen, so liegt eine Verletzung vor. Eine solche wird man um so eher annehmen, je auffallender die Eigenart des als Vorlage benutzten Werkes ist, da diese Eigenart in dem danach geschaffenen Werk umso weniger verblasst (BGH, GRUR 82, 37, 39 – WK-Dokumentation). Auch bei gewissen Abweichungen kann eine Urheberrechtsverletzung vorliegen.

> **Beispiel**
>
> X hat ein Urheberrecht an der vermenschlichten Igelfigur „Mecki". Ein Verlag (V) bringt eine Postkartenserie heraus, die in Pastellmalerei ebenfalls eine vermenschlichte Igelfigur in verschiedenen Gefühls- und Lebenslagen zeigt.
>
> Die abstrakte Idee, die Vermenschlichung eines Igels, genießt keinen Urheberrechtsschutz (Rz 25 ff.).
>
> Geschützt ist vielmehr das, was der vermenschlichten Igelfigur das Gepräge gibt. Das sind die Gesichtszüge des „Mecki", vor allem die Knollennase mit der stark hervorgehobenen Kugelspitze, die wulstige Unterlippe sowie die Augenpartien mit den charakteristischen Falten und die prallen Backen. Der Gesichtsausdruck wirkt dadurch gutmütig und spitzbübisch.
>
> Den durch seine originelle Physiognomie hervorgerufene Eindruck einer im Kern ihres Wesens spitzbübisch-gutmütigen „Igel-Persönlichkeit" vermittelt auch der Igel auf den Postkarten. V übernimmt daher die charakteristischen Eigenheiten des „Mecki". Darin liegt die Urheberrechtsverletzung.
>
> Dass die Igelgestalt des V gewisse Abweichungen aufweist – sie wird in wechselnden Gefühlsregungen, etwa im Zustand der Angst oder des Schmerzes wiedergegeben – ist irrelevant (BGH, GRUR 60, 251 ff. – Mecki-Igel II).

72a Die letzte Rechtsvoraussetzung von § 97 I UrhG ist die *Widerrechtlichkeit* der Verletzung. Dabei kommen die uns bekannten, allgemeinen Rechtfertigungsgründe in Betracht, also Einwilligung, Genehmigung (§§ 182 ff BGB), Notwehr (§ 227 BGB), Notstand und erlaubte Selbsthilfe (§ 228 ff. BGB). Im Vordergrund steht dabei die Zustimmung durch den Inhaber des Urheberrechts. Diese kann ausdrücklich oder stillschweigend erfolgen. Zur Erläuterung einer stillschweigenden Einwilligung folgender, vom BGH (BGH v. 29.04.2010, Az. I ZR 69/08) entschiedene Fall, der Google (G) betraf:

> **Beispiel**
>
> Die bildende Künstlerin (K) unterhielt eine Internetseite, auf der Abbildungen ihrer Kunstwerke eingestellt waren. Die Suchmaschine von G ermittelte die Abbildungen der K. Diese wurden dann in einer Trefferliste als verkleinerte Vorschaubilder (sog. Thumbnails) gezeigt und standen zur Nutzung durch Dritte zur Verfügung. K sah hierdurch ihr Urheberrecht verletzt und verlangte von G Schadensersatz.
>
> Die Einbindung von Vorschaubildern urheberrechtlich geschützter Werke im Rahmen der G-Bildersuche im Internet ist sowohl als Vervielfältigung i.S. von § 16 II UrhG als auch als öffentliche Zugänglichmachung nach § 19a UrhG zu qualifizieren. Da diese nur dem Urheber, also der K, zustehen, begeht G eine Urheberrechtsverletzung.
>
> Diese, so der BGH, ist aber nicht rechtswidrig, da eine urheberrechtliche Einwilligung der K vorliegt. Es ist der K zuzumuten, bei ihren Abbildungen im Internet hinreichende Sicherungsmaßnahmen gegen das Auffinden ihrer Werke durch Bildersuchmaschinen vorzunehmen; ein Copyright-Vermerk ist nicht ausreichend. Wer im Internet Bilder oder Texte frei zugänglich macht, muss mit den nach den Umständen üblichen Nutzungshandlungen rechnen und willigt in solche stillschweigend ein.
>
> So wurde der Rechtfertigungsgrund Einwilligung hier bejaht, so dass die Urheberrechtsverletzung von G nicht rechtswidrig war, und die Schadensersatzklage der K abgewiesen wurde.

73 Liegen die Rechtsvoraussetzungen des § 97 I UrhG vor, so kommen zugunsten des Verletzten eine ganze Reihe von Ansprüchen in Betracht:

73a Zunächst kann **Beseitigung** der Beeinträchtigung verlangt werden (§ 97 I UrhG).

73b Bei Wiederholungsgefahr kann der Urheberrechtsverletzer auf **Unterlassung** in Anspruch genommen werden. Der Anspruch auf Unterlassung besteht auch dann, wenn eine Zuwiderhandlung erstmalig droht (§ 97 I UrhG). Vor der Einleitung eines gerichtlichen Verfahrens auf Unterlassung soll der Verletzte den Verletzer abmahnen und ihm die Gelegenheit geben, den Streit durch Abgabe einer mit einer angemessenen Vertragsstrafe bewehrten Unterlassungsverpflichtung beizulegen. Bei berechtigter Abmahnung kann Ersatz der erforderlichen Aufwendungen verlangt werden (§ 97a I UrhG).

Wer die Urheberrechtsverletzung vorsätzlich oder fahrlässig vornimmt, ist dem Verletzten zum **Ersatz des** daraus entstandenen **Schadens** verpflichtet (§ 97 II, S. 1 UrhG). Da die Höhe des Schadensersatzes oft recht schwer zu bestimmen ist, gibt das Gesetz zwei für die Praxis bedeutsame Hinweise. Erstens: Bei der Bemessung des Schadensersatzes kann auch der *Gewinn*, den der Verletzer durch die Urheberrechtsverletzung erzielt hat, berücksichtigt werden (§ 97 II S. 2 UrhG). Zweitens: Der Schadensersatzanspruch kann auch auf Grund des Betrages errechnet werden, den der Verletzer als angemessene Vergütung hätte entrichten müssen, wenn er die Erlaubnis zur Nutzung des verletzten Rechtes eingeholt hätte (§ 98 II S. 3 UrhG), kurz: eine angemessene *Lizenzgebühr*. Schließlich kann der in seinen Urheberrechten Verletzte auch wegen des Schadens, der nicht Vermögensschaden ist, eine Entschädigung in Geld verlangen. Dieser *immaterielle Schaden* (§ 253 BGB) ist nur zu ersetzen, wenn und soweit dies der Billigkeit entspricht (§ 97 II S. 4 UrhG).

73c

Weiterhin kommen für den in seinem Urheberrecht Verletzten bezüglich der im Besitz oder Eigentum des Verletzers befindlichen rechtswidrig hergestellten, verbreiteten oder zur rechtswidrigen Verbreitung bestimmten **Vervielfältigungsstücke** die drei folgenden Rechte in Betracht:

73d

– Er kann vom Verletzer deren **Vernichtung** verlangen (§ 98 I S. 1 UrhG).
– Anstelle der Vernichtung kann der Verletzer **auf Überlassung** der Vervielfältigungsstücke gegen eine angemessene Vergütung, welche die Herstellungskosten nicht übersteigen darf, in Anspruch genommen werden (§ 98 III UrhG).
– Schließlich kann vom Verletzer **Rückruf** der Vervielfältigungsstücke oder deren endgültiges **Entfernen aus den Vertriebswegen** gefordert werden (§ 98 II UrhG).

73e

Diese Ansprüche sind aber ausgeschlossen, wenn die Maßnahme im Einzelfall unverhältnismäßig ist. Bei der Prüfung der Verhältnismäßigkeit sind auch die Interessen Dritter zu berücksichtigen (§ 98 IV UrhG). Hierzu ein

73f

Beispiel: Keine Vernichtung einer gesamten Auflage eines Buches, sondern lediglich Schwärzen einer kleinen urheberrechtlich unzulässigen Stelle.

Weit über das Bisherige hinausgehend, steht dem in seinem Urheberrecht widerrechtlich Verletzten ein **Vernichtungsanspruch** zu in Bezug auf die im Eigentum des Verletzers stehenden **Vorrichtungen** (§ 98 I, S. 2 UrhG), die vorwiegend zur Herstellung der Plagiat-Vervielfältigungsstücke gedient haben, wie etwa Produktionsanlagen, Formen, Matrizen, Negative oder Disketten. Dieser Anspruch steht aber auch unter dem Verhältnismäßigkeitsvorbehalt des § 98 III UrhG.

73g

Dabei sollten wir klar erkennen, dass sich diese Ansprüche auch gegen Ahnungslose richten können, z.B. gegen Buchhändler, CD-Läden, Bibliotheken. In derartigen Fällen schafft § 100 UrhG eine gewisse Erleichterung durch ein **Ablösungsrecht**. Richten sich nämlich die Ansprüche nach §§ 97, 98 UrhG gegen eine Person, der weder Vorsatz noch Fahrlässigkeit zur Last fällt, so kann diese zur Abwendung der Ansprüche den Verletzten in Geld entschädigen, wenn ihr durch die Erfüllung der Ansprüche ein unverhältnismäßig großer Schaden entstehen würde und dem Verletzten die Abfindung in Geld zuzumuten ist. Als Entschädigung ist der Betrag zu zahlen, der im Falle einer vertraglichen Einräumung des Rechts als Vergütung angemessen gewesen wäre, also eine angemessene Lizenzgebühr.

73h Sehr detailliert werden die **Ansprüche auf Auskunft** geregelt (§ 101 ff. UrhG); sie sollen lediglich skizziert werden:

Bei widerrechtlicher Urheberrechtsverletzung in gewerblichem Ausmaß kann vom Verletzer unverzügliche Auskunft über Herkunft und Vertriebswege der rechtsverletzenden Vervielfältigungsstücke oder sonstiger Erzeugnisse verlangt werden. Das gewerbliche Ausmaß kann sich sowohl aus der Anzahl als auch der Schwere der Rechtsverletzungen ergeben (§ 101 I UrhG). Unter den Voraussetzungen von § 101 II UrhG können sogar gegenüber Dritten Auskunftsansprüche geltend gemacht werden.

Die Auskunftspflicht bezieht sich auf: Namen und Anschrift der Hersteller, Lieferanten und anderer Vorbesitzer der Vervielfältigungsstücke oder sonstigen Erzeugnisse, der Dienstleistungen und der gewerblichen Abnehmer und Verkaufsstellen sowie die Menge der hergestellten, ausgelieferten, erhaltenen oder bestellen Vervielfältigungsstücke oder sonstigen Erzeugnisse sowie über Preise (§ 101 III UrhG).

In Fällen offensichtlicher Rechtsverletzung kann der Auskunftsanspruch im Wege der einstweiligen Verfügung durchgesetzt werden (§ 101 VII UrhG).

Wird die Auskunft vorsätzlich, grob fahrlässig oder unvollständig erteilt, so ist dem Auskunftsberechtigten Schadensersatz zu leisten (§ 101 V UrhG).

73i Ist die widerrechtliche Urheberrechtsverletzung mit hinreichender Wahrscheinlichkeit begangen worden, so kann unter bestimmten Voraussetzungen vom Verletzer **Vorlage von Urkunden** oder **Besichtigung einer Sache** verlangt werden. Bei einer in gewerblichem Ausmaß begangenen Urheberrechtsverletzung erstreckt sich der Anspruch auf die Vorlage von Bank-, Finanz- oder Handelsunterlagen (§ 101a I UrhG).

73j Bei einer in gewerblichem Ausmaß begangenen Urheberrechtsverletzung kann zur Sicherung von Schadensersatzansprüchen unter bestimmten Voraussetzungen auch auf **Bank-**, **Finanz-** und **Handelsunterlagen** des Verletzers zurückgegriffen werden, auch im Wege der einstweiligen Verfügung (§ 101b UrhG).

73k Sollte eine Urheberrechtsverletzung noch andere gesetzliche Vorschriften betreffen, etwa das BGB, so bleiben diese unberührt (§ 102a UrhG).

73l Ansprüche wegen Urheberrechtsverletzung **verjähren** – entsprechend den allgemeinen Verjährungsvorschriften der §§ 194 ff. BGB – in drei Jahren (§ 102 UrhG).

73m Hat ein Arbeitnehmer im Rahmen seiner betrieblichen Arbeit eine Urheberrechtsverletzung begangen, so stehen dem Urheber die oben dargestellten Ansprüche der §§ 97, 98 UrhG auch gegen den Arbeitgeber zu (§ 99 UrhG).

3.3 Strafrechtlicher Schutz

Wer gegen die §§ 106 bis 108 UrhG verstößt, wird mit einer **Freiheitsstrafe** bis zu drei Jahren – bei gewerbsmäßigem Handeln bis zu fünf Jahren (§ 108a UrhG) – oder mit Geldstrafe bestraft. Der **Versuch** ist strafbar. Dabei ist ein **Strafantrag** erforderlich, es sei denn, dass die Strafverfolgungsbehörde wegen des besonderen öffentlichen Interesses an der Strafverfolgung ein Einschreiten von Amts wegen für geboten hält (§ 109 UrhG).

73n

Nach § 374 I Ziff. 8 StPO gehören die Urheberrechtsverletzungen nach §§ 106 bis 108 UrhG zu den **Privatklagedelikten**. Die Staatsanwaltschaft erhebt nur dann öffentliche Anklage, wenn dies im öffentlichen Interesse liegt (§ 376 StPO). Das gewerbsmäßige Handeln nach § 108a UrhG ist hingegen ein Offizialdelikt.

Des Weiteren drohen unter den Voraussetzungen des § 111a UrhG Geldbußen bis 50 000,– €.

Strafe droht auch demjenigen, der technische Schutzmaßnahmen (§ 98a UrhG), also Kopiersperren, umgeht und gegen die in §§ 95a bis 96 UrhG normierten Verbote verstößt (§ 108b UrhG). Strafantrag ist auch hier erforderlich (§ 109 UrhG).

Neben die Strafe tritt die **Einziehung** der **Piraterieprodukte** unter den in § 110 UrhG genannten Voraussetzungen, soweit sich die Plagiate im Eigentum des Täters bzw. Teilnehmers befinden. Stehen die Gegenstände der Straftat hingegen im Eigentum eines Dritten, so können sie nur dann eingezogen werden, wenn der Dritte leichtfertig bei der Tat mitgewirkt oder wenn er die Piraterieprodukte in Kenntnis der Umstände in verwerflicher Weise erworben hat (§ 110, 2 UrhG, § 74a StGB). Diese eingezogenen Erzeugnisse werden vernichtet. Nach § 67a Strafvollstreckungsverordnung können sie jedoch unter bestimmten Voraussetzungen an karitative bzw. humanitäre Einrichtungen unentgeltlich abgegeben werden.

Die zivilrechtlichen Ansprüche des Verletzten nach §§ 98, 99 UrhG, insbesondere die auf Vernichtung und Überlassung, stehen in einem Spannungsfeld zu den staatlichen Ansprüchen auf Einziehung nach § 110, 1 UrhG. In § 110, 3 UrhG wird hierbei den privatrechtlichen Ansprüchen **Vorrang** gegeben. Dies allerdings nur, wenn der Verletzte seine Ansprüche im Strafverfahren nach §§ 403 bis 406 c StPO, im sog. Adhäsionsverfahren, geltend macht.

Hat der Inhaber eines Urheberrechtes bei der Oberfinanzdirektion einen gebührenpflichtigen Antrag gestellt und Sicherheit geleistet und ist die Rechtsverletzung offensichtlich, so kann die Zollbehörde bei Einfuhr oder Ausfuhr die **Beschlagnahme** der Piraterieprodukte vornehmen (§ 111b UrhG).

Neben diesen öffentlich-rechtlichen Spezialvorschriften des Urheberrechts sind noch folgende Maßnahmen des allgemeinen Strafrechts von Bedeutung:

Hat der Täter durch die Urheberrechtsverletzung, etwa den Verkauf der Piraterieprodukte, Vermögensvorteile erlangt, so kann nach §§ 73 bis 73e StGB der **Verfall** angeordnet werden.

Des Weiteren können Gegenstände, auf die sich eine urheberrechtliche Straftat bezieht, die instrumenta sceleris, etwa Produktionsanlagen, unter den Voraussetzungen der §§ 74 ff. StGB **eingezogen** werden (§ 110 UrhG).

3.4 Beschränkungen des Schutzumfanges des Urheberrechts

74 Das Urheberrecht, das, wie das Eigentum, ein sozialgebundenes Recht ist, unterliegt bestimmten Beschränkungen zu Gunsten privater und allgemeiner Interessen. Die wichtigsten seien hier angedeutet.

3.4.1 Beschränkungen zu Gunsten privater Interessen

75 Die bedeutsamsten Vorschriften, die eine Beschränkung des Urheberrechtes zu Gunsten privater Interessen und damit verbundene Vergütungsansprüche beinhalten, sind die §§ 53, 54 UrhG. Dabei sind die Einzelfälle, in denen **Vervielfältigungen** durch Dritte ausnahmsweise zulässig sind, in § 53 UrhG in breitem Umfange geregelt. § 54 UrhG hingegen begründet **Vergütungsansprüche** zu Gunsten der Urheber für die Fälle der nach § 53 UrhG erlaubten Vervielfältigungen.

Für Privatpersonen ist es zulässig, **einzelne Vervielfältigungsstücke** eines Werkes zum **privaten** Gebrauch herzustellen oder durch Dritte herstellen zu lassen (§ 53 I UrhG). Das bedeutet etwa, dass wir einen bestimmten Artikel, der uns privat interessiert, aus einem Buch heraus selbst kopieren oder dies durch andere – etwa eine Kopieranstalt – durchführen lassen dürfen. Dieses Recht steht uns nicht nur für ein Exemplar zu, sondern sogar erforderlichenfalls für **einzelne Vervielfältigungsstücke**. Einzelne bedeutet nach der Rechtsprechung bis zu sieben (BGH, GRUR 78, 474 ff. – Vervielfältigungsstücke). Die Vervielfältigung ist jedoch nur zum **privaten Gebrauch** zulässig. Ein solcher liegt vor bei einer Nutzung innerhalb der **privaten Sphäre** des Vervielfältigenden, d.h. im privaten Bereich durch ihn selbst und durch die mit ihm persönlich verbundenen Personen, also etwa durch Verwandte und Freunde. Hierbei muss es sich um die Befriedigung rein persönlicher Bedürfnisse und Interessen handeln. Die berufliche und gewerbliche Nutzung fällt nicht darunter. Die zulässigerweise hergestellten Vervielfältigungsstücke dürfen aber weder verbreitet noch zu öffentlichen Wiedergaben benutzt werden (§ 53 VI, 1 UrhG).

Dies alles gilt auch für eine Vervielfältigung von Werken, die in unkörperlicher Form verwertet werden. Aufzeichnungen von Rundfunk- oder Fernsehsendungen zum privaten Gebrauch sind also erlaubt (§ 53 I UrhG).

Von der Kopierfreiheit nach § 53 I UrhG sind jedoch Vervielfältigungen zum privaten Gebrauch ausgeschlossen, wenn für diese eine offensichtlich rechtswidrig hergestellte oder öffentlich zugänglich gemachte (§ 19a UrhG) Vorlage verwendet wird. Offensichtlich rechtswidrig ist die Herstellung oder öffentliche Zugänglichmachung der Vorlage dann, wenn sie für jedermann geradezu auf der Hand liegt. Ein Beispiel hierfür wäre etwa, wenn bekannte Werke wie Filme oder Musikwerke, die normalerweise nur gegen Lizenzgebühr offeriert werden, durch Private unentgeltlich angeboten werden. Hierdurch soll der Piraterie Einhalt geboten werden, so etwa der durch File-Sharing-Netze, die von einer Anzahl von Filehostern betrieben werden.

Nach § 53 II UrhG ist es zulässig, einzelne Vervielfältigungsstücke (bis zu 7 Stück) eines Werkes herzustellen oder herstellen zu lassen:

- Zum eigenen wissenschaftlichen Gebrauch,
- zur Aufnahme in ein eigenes Archiv, jeweils soweit die Vervielfältigung zu diesen Zwecken geboten ist,
- zur eigenen Unterrichtung über Tagesfragen, wenn es sich um ein durch Funk gesendetes Werk handelt,
- zum sonstigen eigenen Gebrauch,
  - wenn es sich um kleine Teile eines erschienenen Werkes handelt, die in Zeitungen oder Zeitschriften erschienen sind,
  - wenn es sich um ein mindestens zwei Jahre vergriffenes Werk handelt.

Problematisch ist hier allein der Begriff des sonstigen **eigenen Gebrauchs**. Er ist im Zusammenhang mit dem des privaten Gebrauchs nach § 53 I UrhG zu sehen. Der Begriff des eigenen Gebrauchs ist umfassender. Eigener Gebrauch ist eine außerhalb des rein privaten Gebrauchs, aber doch in der internen Eigensphäre liegende Benutzung, bei der eigennützige Interessen verfolgt werden. Berufliche, gewerbliche, wissenschaftliche Nutzung ist eigener Gebrauch (nicht aber privater Gebrauch i.S. von § 53 I UrhG) und fällt daher unter § 53 II UrhG mit dessen Beschränkungen.

Ein Vervielfältigungsprivileg zu Bildungszwecken enthält § 53 III UrhG. Danach ist es zulässig, Vervielfältigungsstücke zum eigenen Gebrauch, das bedeutet zu Unterrichts- und Prüfungszwecken, in der für die Teilnehmer an Unterricht oder Prüfung erforderlichen Anzahl (also nicht nur Einzelstücke – bis zu sieben) herzustellen. Was den inhaltlichen Umfang der Kopierfreiheit angeht, so ist dieser begrenzt. Zulässig sind nur Vervielfältigungsstücke von kleinen Teilen eines Werkes (10 bis 20 % des Gesamtwerkes), von Werken von geringerem Umfang oder von einzelnen Beiträgen, die in Zeitungen oder von Zeitschriften erschienen oder ins Internet gestellt worden sind. Was die Bildungseinrichtungen betrifft, so nimmt das Gesetz eine Differenzierung vor, je nachdem, ob es sich um Jugendbildung oder um Erwachsenenbildung handelt. Dieses Vervielfältigungsprivileg soll primär der *Jugendbildung* zugutekommen.

Die genannten Vervielfältigungsbefugnisse stehen Schulen, nichtgewerblichen Einrichtungen der Aus- und Weiterbildung sowie Einrichtungen der Berufsbildung sowohl zu Zwecken der Veranschaulichung des Unterrichts als auch für staatliche und sonstige Prüfungen zu.

Für Hochschulen, Volkshochschulen oder andere Ausbildungsstätten der *Erwachsenenbildung* gilt das Vervielfältigungsprivileg lediglich in Bezug auf Prüfungen, also nicht zur Verwendung in der Vorlesung bzw. im Unterricht.

Die Vervielfältigungsbefugnis nach § 53 I bis III UrhG hat jedoch eine Grenze; diese wird durch § 53 IV UrhG gezogen. Die Vervielfältigungen

76

- grafischer Aufzeichnungen von Werken der Musik,
- eines Buches oder einer Zeitschrift, wenn es sich um eine im wesentlichen vollständige Vervielfältigung handelt,

sind grundsätzlich untersagt.

Das bedeutet etwa, dass es nicht zulässig ist, dass ein Chor sich einen Satz Noten kauft – oder gar leiht – und dann für alle Mitglieder Kopien anfertigt. Derartige Vervielfältigungen sind nur dann zulässig, wenn sie handschriftlich vorgenommen werden oder wenn die Einwilligung der Berechtigten vorliegt. Für ganze Bücher und ganze Zeitschriften gilt das gleiche.

Vgl. Fall 47.

77a Machen wir uns an Beispielen die Folgen klar, die § 53 UrhG für den Urheber haben kann.

> **Beispiele**
>
> Ein Komponist und Textdichter hat mit seinem Schlager den „European Song Contest" gewonnen. Dadurch, dass von vielen Leuten ein Überspielen vom Radio erfolgt, werden weniger CDs seines Erfolgsstückes verkauft.
>
> Ein Student fotokopiert mehrere Kapitel, die für seine Studien von größter Bedeutung sind, aus einem wissenschaftlichen Fachbuch. Wäre dies nicht möglich, hätte er sich das Buch kaufen müssen.

Sowohl die Aufnahmen des Erfolgsschlagers als auch die Fotokopien aus dem Fachbuch sind nach § 53 UrhG erlaubt. Bei dem Überspielen des Schlagers handelt es sich um einzelne Vervielfältigungen zum privaten Gebrauch (§ 53 I UrhG), bei dem Kopieren um einzelne Vervielfältigungsstücke zum eigenen wissenschaftlichen Gebrauch (§ 53 II Nr. 1 UrhG), wobei § 53 IV UrhG nicht entgegensteht, da nicht das ganze Fachbuch kopiert wird.

Auf Grund des § 53 UrhG erleidet der Urheber in beiden Fällen finanzielle Einbußen. Diese müssen durch den Gesetzgeber in angemessener Weise ausgeglichen werden. Hier steht der Gesetzgeber vor der schwierigen Aufgabe, die Interessen der Urheber an der Wahrung und Verwertung ihres geistigen Eigentums einerseits und die Belange der Geräteindustrie, die der Verbraucher und die der Wissenschaft an der Nutzung der Werke andererseits abzuwägen. Dabei müssen diese divergierenden Interessen im digitalen Zeitalter bei stets neuen technischen Möglichkeiten dem technischen Wandel angepasst und neu austariert werden. Das geschieht in §§ 54 ff. UrhG.

77b § 54 I UrhG normiert Ansprüche auf Zahlung einer **angemessenen Vergütung** zugunsten von Urhebern, von deren Werke eine Vervielfältigung nach § 53 I bis III UrhG zu erwarten ist. Diese Ansprüche richten sich gegen **Hersteller** von Geräten und Speichermedien, deren Typ allein oder in Verbindung mit anderen Geräten, Speichermedien oder Zubehör zur Vornahme solcher Vervielfältigungen benutzt wird.

Neben dem Hersteller haftet als Gesamtschuldner der **Importeur** (§ 54b I, II UrhG) und unter engen Voraussetzungen auch der **Händler** (§ 54b I, III UrhG).

77c Das größte Problem bereitet – schon angesichts der widerstreitenden Interessen (Rz 77a) – die Höhe der Vergütung. Daher nennt § 54a UrhG bezüglich deren Angemessenheit einige wichtige Hinweise, deren Beachtung es bei der Bestimmung der Vergütungshöhe zu berücksichtigen gilt. Besonders bedeutsam: Die Vergütung darf den Hersteller nicht unzumutbar beeinträchtigen; sie muss in einem wirtschaftlich angemessenen Verhältnis zum Preisniveau des Geräts/Speichermediums stehen (§ 54a IV UrhG).

Einige Beispiele für derartige vergütungspflichtige 77d
- *Geräte:* PC, DVD-Player, MP3-Player, Videorekorder, Scanner, Kopiergeräte, DVD-Brenner;
- *Speichermedien:* Festplatten, CD, DVD, Speicherkarten, USB-Sticks, Videokassetten.

Neben den soeben dargestellten Herstellerabgaben gibt es die **Betreibervergütungen** 77e (§ 54c UrhG), die dann zu entrichten sind, wenn die oben genannten Geräte, die im Wege der *Ablichtung* (Kopiergeräte) oder einem Verfahren vergleichbarer Wirkung vervielfältigen, von folgenden Institutionen betrieben werden:
- Schulen, Hochschulen, Einrichtungen der Berufsbildung oder der sonstigen Aus- und Weiterbildung (Bildungseinrichtungen),
- Forschungseinrichtungen,
- öffentlichen Bibliotheken,
- Einrichtungen, die Geräte für die entgeltliche Herstellung von Kopien bereithalten.

Einige Beispiele für die letztgenannten Vergütungspflichtigen: Kopierecken in Einzelhandelsgeschäften und Kaufhäusern, Kopierläden, Copyshops, Münzkopierer in Postämtern etc.

Die Höhe der vom Betreiber zu entrichtenden Vergütung bemisst sich nach Art und Umfang der Nutzung des Geräts (§ 54c II UrhG). Es leuchtet wohl ein, dass die Vergütung, die ein Copyshop in der Nähe einer Hochschule zu entrichten hat, höher sein wird als die eines kleinen Tante-Emma-Ladens auf dem Dorf, wo ein Kopiergerät für 20 Cent pro Kopie zur Verfügung steht.

Zur Geltendmachung der Hersteller- sowie der Betreibervergütungen sind allein die 77f **Verwertungsgesellschaften** zuständig (§ 54h UrhG), speziell die ZPÜ (Rz 49).

Was die Vergütung bezüglich der Hersteller von Geräten und Speichermedien (§ 54 I 77g UrhG) angeht, so schreibt § 13a WahrnG vor, dass vor Aufstellung der Tarife durch die ZPÜ/Verwertungsgesellschaft (§ 13 WahrnG) mit den Verbänden der betreffenden Hersteller über die angemessene Vergütungshöhe (§ 54a UrhG) und den Abschluss eines Gesamtvertrages nach § 12 WahrnG zu verhandeln ist. Scheitern diese Gesamtvertragshandlungen zwischen ZPÜ und dem entsprechenden Verband, so kann die ZPÜ die Tarife über eine angemessene Vergütung erst nach Vorliegen von empirischen Untersuchungen nach § 14a Va WahrnG aufstellen (§ 13a I, S. 3 WahrnG), die sich darauf beziehen, in welchem Maß die Geräte und Speichermedien tatsächlich für Vervielfältigungen nach § 54 I bis III UrhG genutzt werden.

Für Streitigkeiten zwischen Verwertungsgesellschaften und Hersteller/Verbänden gibt 77h es beschleunigte Schlichtungsmechanismen (§ 14 ff. WahrnG). Schlichtungsstelle ist das DPMA.

77i Mit diesen Regelungen wird die Lösung der schwierigen Frage der Vergütungshöhe (§ 54a UrhG) in die Hände der Vertreter der Interessen der Urheber, der Verwertungsgesellschaften/ZPÜ, einerseits und die der Interessenvertreter der Verbände der Hersteller (etwa BITKOM = Bundesverband Informationswirtschaft, Telekommunikation und neue Medien) andererseits gelegt – beides private Institutionen.

3.4.2 Beschränkungen zu Gunsten allgemeiner Interessen

78 Die Allgemeinheit hat ein Interesse an aktuellen Informationen, insbesondere über Tagesfragen. So erklären sich folgende Vorschriften:

Amtliche Werke, wie Gesetze, Verordnungen, Erlasse, Entscheidungen und sonstige amtliche Werke genießen keinen Urheberrechtsschutz (§ 5 I, II UrhG).

Reden über Tagesfragen, gehalten bei öffentlichen Versammlungen oder im Rundfunk, dürfen in Zeitungen, Zeitschriften sowie in anderen Druckschriften oder sonstigen Datenträgern vervielfältigt und verbreitet werden (§ 48 I Ziff. 1 UrhG); **Quellenangabe** ist jedoch erforderlich (§ 63 UrhG).

Zulässig ist die Vervielfältigung, Verbreitung und öffentliche Wiedergabe von vermischten Nachrichten tatsächlichen Inhalts und von Tagesneuigkeiten, die durch Presse oder Funk veröffentlicht worden sind (§ 49 II UrhG).

Erlaubt ist auch die Vervielfältigung und Verbreitung einzelner Rundfunkkommentare und einzelner Artikel aus Zeitungen in anderen Zeitungen sowie die öffentliche Wiedergabe solcher Kommentare und Artikel, wenn sie politische, wirtschaftliche oder religiöse Tagesfragen betreffen und nicht mit einem Vorbehalt der Rechte versehen sind (§ 49 I, 1 UrhG).

78a Vervielfältigungen und Verbreitungen sind – unter den dort jeweils genannten Voraussetzungen – zulässig zugunsten von Rechtspflege und öffentlicher Sicherheit (§ 45 UrhG), von behinderten Menschen (§ 45a UrhG), von Schulen und sonstigen Bildungseinrichtungen (§§ 46, 47 UrhG) sowie öffentliche Zugänglichmachung für Unterricht und Forschung (§ 52a UrhG); die letztere Befugnis endet am 31.12.2014 (§ 137k UrhG).

79 Wissenschaftlicher Fortschritt liegt im Interesse der Allgemeinheit. Wissenschaft erfordert Auseinandersetzung mit dem Gedankengut anderer. Dies ist der gedankliche Ausgangspunkt für § 51 UrhG. Es geht hier um die **Zitierfreiheit**. Hier wird unterschieden zwischen dem Großzitat (Ziff. 1) und dem Kleinzitat (Ziff. 2). Beim Großzitat handelt es sich um die Aufnahme eines **gesamten** Werkes in ein selbstständiges wissenschaftliches Werk, beim Kleinzitat um das Anführen von **Stellen** – also kleineren Ausschnitten – eines Werkes in einem selbstständigen Sprachwerk. Groß- und Kleinzitat haben folgende gemeinsame Zulässigkeitsvoraussetzungen:
– Das zitierende Werk ist ein selbstständiges, urheberrechtlich geschütztes Werk,
– sowohl das einzelne, aufgenommene Werk (Großzitat) als auch das Werk, aus dem Stellen zitiert sind (Kleinzitat), sind urheberrechtlich geschützte Werke,

– die Nutzung ist in ihrem Umfang durch den besonderen Zweck des Zitats gerechtfertigt.

Wie das dritte Erfordernis zeigt, ist für die Anwendung von § 51 UrhG der **Zitatzweck** von entscheidender Bedeutung. Für das Großzitat ist er in § 51 Ziff. 1 UrhG beschrieben: „Zur Erläuterung des Inhalts". Für das Kleinzitat fehlt eine gesetzliche Konkretisierung. Was gilt hier? Zur Behandlung dieses Problems müssen wir zu der Ausgangsfrage – warum gegen die Interessen des Urhebers Zitate überhaupt zulässig sind – zurückkehren. Wir erinnern uns: Sinn und Zweck der Zitate ist die Auseinandersetzung mit dem Gedankengut anderer. Der Zitatzweck ist dort nicht erfüllt, wo gar keine Auseinandersetzung stattfindet, wo mehr oder minder mechanisch auszugsweise wiederholt wird. In Fällen also, wo man sich unter dem Deckmantel des Zitats kostenlos fremde Leistungen zu Nutze macht, wo in einer bloß äußerlichen zusammenhanglosen Weise fremde Werkteile eingefügt oder angehängt werden. Es ist vielmehr eine Verarbeitung und Einbeziehung des Entlehnten in das zitierende Werk in der Weise zu verlangen, dass das Zitat in innerer Verbindung mit den eigenen Gedanken stehen muss. Dabei dürfen die Entlehnungen lediglich als **Hilfsmittel** der eigenen Darstellung benutzt werden (BGH, GRUR 82, 37, 40 – WK-Dokumentation), sei es zur kritischen Beleuchtung des fremden Werkes, sei es zur Bekräftigung und Erläuterung des eigenen Gedankenganges – also zur Verdeutlichung, zum besseren Verständnis, als Beispiel, zur Begründung oder Vertiefung – oder sei es schließlich auch zur Veranschaulichung in Gestalt von Leseproben (BGHZ 28, 234, 240 – Verkehrskinderlied).

Zulässig ist die Nutzung nur in dem durch den Zitatzweck gebotenen **Umfang**. Bei einem Kleinzitat geht dies in der Regel nicht über ganz wenige Kernsätze hinaus. Eine Strophe eines dreistrophigen Kinderliedes hat der BGH als Grenzfall gerade noch für zulässig angesehen (BGHZ 28, 234, 240 f. – Verkehrskinderlied).

Für Musikzitate (§ 51 Ziff. 3 UrhG) gilt Entsprechendes wie für Kleinzitate.

Da § 51 UrhG Ausnahmecharakter hat, gilt der Grundsatz: Im Zweifel gegen den Zitierenden, umgekehrt ausgedrückt: in dubio pro autore.

Wird zitiert, so ist nach § 63 UrhG die **Quelle** stets deutlich anzugeben. Es sind Urheber und Titel zu benennen, bei Büchern auch das Erscheinungsjahr, den -ort sowie die Seitenzahl.

Sind die dargestellten Zulässigkeitserfordernisse nicht erfüllt, so ergeben sich die Sanktionen aus § 97 UrhG.

Änderungen des zitierten Werkes dürfen nicht vorgenommen werden (§ 62 UrhG), ansonsten liegt möglicherweise eine Entstellung vor (§ 14 UrhG).

4. Übergang des Urheberrechts

4.1 Vererbung

80 Das Urheberrecht ist vererblich (§ 28 I UrhG). Der Urheber kann durch letztwillige Verfügung die Ausübung des Urheberrechts einem Testamentsvollstrecker übertragen (§ 28 II UrhG). Die Erben des Urhebers haben grundsätzlich die gleichen Rechte wie der Urheber (§ 30 UrhG).

4.2 Rechtgeschäftliche Übertragung

81 Das *Urheberrecht* ist unter Lebenden *nicht übertragbar* (§ 29 I UrhG). Dieser äußerst bedeutsame Grundsatz gilt zunächst für das einheitliche, umfassende Urheberrecht. Er gilt aber auch für die beiden Bestandteile des Urheberrechts, das umfassende Urheberpersönlichkeitsrecht und das umfassende Verwertungsrecht. Die aus diesen beiden Stammrechten abgeleiteten einzelnen Rechte, die Einzelbefugnisse aus dem Urheberpersönlichkeitsrecht (§§ 12–14 UrhG) und die einzelnen Verwertungsrechte (§§ 15–22 UrhG) sind gleichfalls nicht übertragbar, da sie Ausstrahlungen der beiden Stammrechte sind.

Nun sind die Urheber in der Regel nicht in der Lage, ihre einzelnen Verwertungsrechte selbst zu realisieren. So wird wohl der Autor sein Buch nicht selbst drucken und nicht selbst vertreiben. Der Komponist kann nicht überall dort Rechte erteilen und Gelder kassieren, wo seine Musik aufgeführt und gesendet wird. Man muss sich hier eines Dritten als Mittler bedienen. Diesen Gedanken tragen die §§ 31 ff. UrhG Rechnung.

4.2.1 Einräumung von Nutzungsrechten

82 Der Urheber kann einem anderen das Recht einräumen, das Werk in Bezug auf **einzelne** oder alle **Nutzungsarten** zu nutzen (§ 31 I, 1 UrhG). Diese Nutzungsrechte sind aus dem Urheberrecht abgeleitete Rechte, die dem Erwerber zustehen. Der Inhalt der Nutzungsrechte deckt sich mit dem Inhalt der einzelnen Verwertungsrechte (§§ 16–22 UrhG).

Der Verlag hat auf Grund des Verlagsvertrages das Recht, das Werk zu vervielfältigen und zu verbreiten (§ 1 VerlG). Diese Nutzungsrechte entsprechen den Verwertungsrechten der Vervielfältigung (§ 16 UrhG) und der Verbreitung (§ 17 UrhG).

Die Nutzungsrechte können keinen anderen Inhalt haben als die einzelnen gesetzlich fixierten Verwertungsrechte.

Angesichts stets neu entwickelter Technologien ist die Frage bedeutsam, ob für Nutzungsarten, die – heute noch – unbekannt sind, schon jetzt Rechte für die Zukunft eingeräumt werden können. Dies wird in § 31a UrhG geregelt. Nach Abs. 1 dieser Vorschrift kann der Urheber solche Rechte für unbekannte Nutzungsarten einräumen; der diesbezügliche Vertrag bedarf grundsätzlich der Schriftform und ist grundsätzlich widerruflich (§ 31a I, S. 2, 3, II UrhG). In diesen Fällen steht dem Urheber ein Anspruch auf gesonderte angemessene Vergütung zu (§ 32c, I UrhG). Auf diese Rechte kann im Voraus nicht verzichtet werden (§§ 31a, IV, 32c, III UrhG).

Die Nutzungsrechte sind gegenüber den Verwertungsrechten **selbstständige Rechte**.

Es ist möglich, dass der Urheber alle Nutzungsrechte, die inhaltlich den einzelnen Verwertungsrechten der §§ 16-22 UrhG entsprechen, einem Dritten einräumt, und dies ohne zeitliche und ohne räumliche Beschränkung. Das Nutzungsrecht kann aber auch räumlich, zeitlich oder inhaltlich beschränkt eingeräumt werden (§ 31 I, 2 UrhG).

Zur **inhaltlichen Beschränkung**: Es ist möglich, jedes der sich aus den einzelnen Verwertungsrechten der §§ 16–22 UrhG ergebenden Nutzungsrechte einem anderen einzuräumen, z.B.
– dem A das Vervielfältigungsrecht
– dem B das Verbreitungsrecht
– dem C das Vortragsrecht usw.

Es ist natürlich auch zulässig, die Einräumung der Nutzungsrechte zu bündeln und auf verschiedene Rechtssubjekte zu übertragen, wie etwa:
- ein Autor räumt einem Verleger das Vervielfältigungs- und Verbreitungsrecht ein (§ I VerlG), das Aufführungs- und Senderecht einer Verwertungsgesellschaft zur Wahrnehmung.

Schließlich ist es gar erlaubt, die einzelnen Befugnisse aufzuspalten, z.B.:
- der Autor räumt einer Rundfunkgesellschaft das Senderecht zur Wiedergabe im Hörfunk, einer TV-Gesellschaft zur Fernsehwiedergabe ein.
- Ein selbstständiger Grafik-Designer wird von einem Unternehmen beauftragt, ein Plakat zu entwerfen. Er räumt dem Auftraggeber Vervielfältigungs- und Verbreitungsrecht in Bezug auf ein Plakat ein. Der Nutzungsumfang ist hier auf die Plakatwerbung beschränkt. Eine weitere Benutzung des Werkes, etwa für Werbeprospekte, Display-Material, Warenpackungen oder gar als Marke ist nicht gestattet (Rz 97).

Diese Beispiele zeigen, dass es eine Vielzahl von Möglichkeiten der Aufspaltung durch Einräumung inhaltlich beschränkter Nutzungsrechte gibt. Dass hier Probleme auftreten können, wenn durch allzu starke Beschränkungen eine „Atomisierung" der einzelnen Befugnisse eintritt, liegt auf der Hand.

Zur **räumlichen** Beschränkung: Nutzungsrechte können auf einen bestimmten Kontinent, einen bestimmten Sprachraum, einen Staat, ein Bundesland, eine Stadt oder gar ein bestimmtes Haus, etwa ein Theater, beschränkt sein.

Zur **zeitlichen** Beschränkung: Wegen der langen Laufzeit des Urheberrechtsschutzes sind Beschränkungen in zeitlicher Hinsicht üblich. So schließt die GEMA die Berechtigungsverträge (Mustervertrag in der Fassung von 2013) mit den Urhebern zunächst auf drei Jahre ab mit der Weiterführung im jeweiligen Drei-Jahres-Zyklus, falls keine Kündigung erfolgt.

Neben der Differenzierung unbeschränktes – beschränktes Nutzungsrecht unterscheidet das Gesetz zwischen einem ausschließlichen und einem einfachen Nutzungsrecht (§ 31 I, 2 UrhG).

86 Das **ausschließliche Nutzungsrecht** (Abb. 7) berechtigt den Inhaber, das Werk unter Ausschluss aller anderen Personen einschließlich des Urhebers auf die ihm erlaubte Art zu nutzen und – mit Zustimmung des Urhebers (§ 35 UrhG) – Nutzungsrechte einzuräumen (§ 31 III UrhG). Bei dieser ausschließlichen Lizenz gibt es also nur einen Nutzungsberechtigten.

Dem Inhaber dieses ausschließlichen Nutzungsrechts stehen hier *zweierlei* Rechte zu: Er darf das Werk in der vereinbarten Art nutzen und er ist berechtigt, Dritten, den Urheber eingeschlossen, die Nutzung des Werkes zu verbieten.

Das ausschließliche Nutzungsrecht ist ein dingliches Recht.

Ein Beispiel für ausschließliche Nutzungsrechte: Die Komponisten und Textdichter übertragen der GEMA in dem Berechtigungsvertrag häufig ausschließliche Nutzungsrechte zur Wahrnehmung.

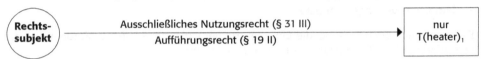

Abb. 7: *Einräumung eines ausschließlichen Nutzungsrechts (hier Aufführungsrechts)*

87 Das **einfache Nutzungsrecht** (Abb. 8) berechtigt den Inhaber, das Werk **neben** dem Urheber oder neben anderen Berechtigten auf die ihm erlaubte Art zu nutzen (§ 31 II UrhG). Hier stehen also mehrere Nutzungsberechtigte nebeneinander. Jeder von ihnen darf das Werk in der vereinbarten Art nutzen. Nach jüngerer Rechtsprechung (BGH, GRUR 2010, 628 – Vorschaubilder) hat auch das einfache Nutzungsrecht dinglichen – und nicht lediglich schuldrechtlichen – Charakter.

Typische Beispiele für einfache Nutzungsrechte: Bei Musikveranstaltungen, beim Filmverleih.

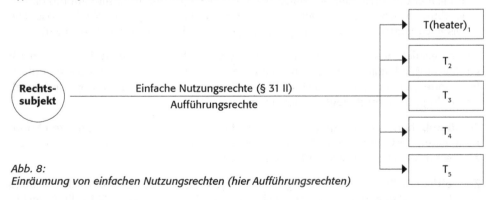

Abb. 8:
Einräumung von einfachen Nutzungsrechten (hier Aufführungsrechten)

88 Die Nutzungsrechte sind – im Gegensatz zu dem Urheberrecht und den einzelnen Verwertungsrechten – **übertragbar**. Sie können jedoch nur mit Zustimmung des Urhebers übertragen werden (§ 34 I 1 UrhG); diese Vorschrift ist jedoch dispositiv

4. Übergang des Urheberrechts   47

(§ 34 V 2 UrhG). Der Inhaber eines ausschließlichen Nutzungsrechtes kann Dritten aber auch ein einfaches Nutzungsrecht mit Zustimmung des Urhebers **einräumen** (§ 35 I, 1 UrhG).

Nutzungsrecht

beschränktes einfaches	unbeschränktes einfaches
beschränktes ausschließliches	unbeschränktes ausschließliches

Abb. 9:   Variationsmöglichkeiten nach § 31

Falls nichts anderes vereinbart, fällt das vom Urheber dem Lizenznehmer eingeräumte Nutzungsrecht mit der Beendigung des Nutzungsvertrages ipso iure an den Urheber zurück; einer rechtsgeschäftlichen Rückübertragung bedarf es also nicht.

4.2.2   Durchführung der Einräumung von Nutzungsrechten

Es geht hier um das, was man unter **Urhebervertragsrecht** zu verstehen pflegt. So divergierend die einzelnen Urheberrechtsverträge in ihrer Ausgestaltung in der Praxis auch sein mögen, sie alle beruhen auf §§ 31 ff. UrhG. 89

Auch im Urheberrecht gilt grundsätzlich das **Abstraktionsprinzip**. Im Kausalgeschäft verpflichtet sich der Urheber, einem Dritten bestimmte Nutzungsbefugnisse einzuräumen. Die Verpflichtungsgeschäfte sind oft recht verschieden; häufig sind es Kauf-, 90

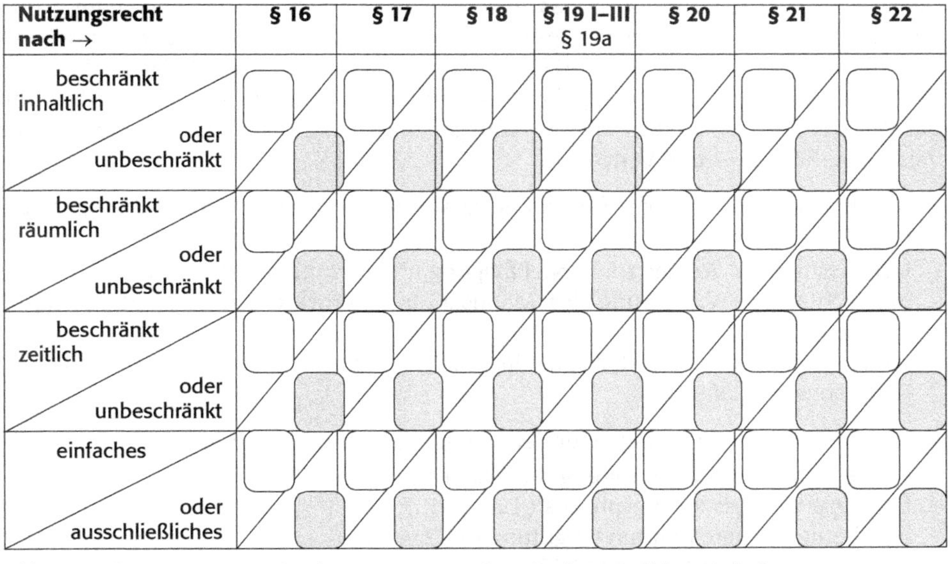

*Abb. 10:   Einräumung von einzelnen Nutzungsrechten in den möglichen Variationen (weiß **oder** grau)*

Dienst- und Werkverträge oder aber Verträge besonderer Art. Das Erfüllungsgeschäft erfolgt nach §§ 413, 398 BGB, also durch formlose Einigung. Dieses Abstraktionsprinzip wird im Urhebervertragsrecht aber nicht immer streng durchgeführt; so ist es z.B. bei den Verlagsverträgen – wie wir noch sehen werden – weitgehend durchbrochen.

91 In der Praxis haben sich für die Verwertung des Urheberrechts zwei typische Wege herausgebildet:

Die Einräumung der Nutzungsrechte zu eigener Nutzung. Hier nutzt der Berechtigte *selbst* das Werk.

Einräumung zur Wahrnehmung: Hier geht es nicht darum, dass der Berechtigte das Werk selbst nutzt, sondern dass er das Nutzungsrecht einem Dritten überlässt und hierfür eine Vergütung verlangt. Dies ist die Arbeitsweise der **Verwertungsgesellschaften**.

Für jeden der beiden Wege wollen wir kurz ein typisches Beispiel betrachten.

4.2.2.1 Der Verlagsvertrag

92 Um die Einräumung von Nutzungsrechten **zu eigener Nutzung** geht es bei dem Verlagsvertrag. Dies ist ein schuldrechtlicher Vertrag besonderer Art über ein Werk der Literatur oder Tonkunst zwischen dem Urheber und dem Verleger. Schriftform ist nicht erforderlich, jedoch weitgehend üblich.

Durch den Verlagsvertrag wird der Verfasser verpflichtet, dem Verleger das Werk zur Vervielfältigung und Verbreitung für eigene Rechnung zu überlassen. Der Verleger ist verpflichtet, das Werk zu vervielfältigen und zu verbreiten (§ 1 VerlG). Zur Erfüllung seiner Verpflichtung hat der Urheber dem Verleger das **Verlagsrecht**, ein absolutes Recht, zu verschaffen. Dies ist das ausschließliche Recht zur Vervielfältigung und Verbreitung (§ 8 VerlG). Der Verlagsvertrag begründet die Verpflichtungen und enthält die Einigung (§ 413, 398 BGB) über die Einräumung des Verlagsrechts. Das Abstraktionsprinzip ist hier weitgehend durchbrochen. Das Verlagsrecht entsteht mit der Ablieferung des Werkes an den Verleger und erlischt mit der Beendigung des Vertragsverhältnisses (§ 9 VerlG).

93 Der Verlagsvertrag begründet für den Verfasser eine Anzahl von Verpflichtungen; die wichtigsten seien angedeutet:
- Überlassung des Werkes zur Vervielfältigung und Verbreitung (§ 1 VerlG);
- die rechtzeitige Ablieferung des Manuskripts in druckreifem Zustand (§§ 10, 11 VerlG);
- die Enthaltungspflicht in Bezug auf Vervielfältigung und Verbreitung des Werkes im Rahmen des § 2 VerlG.

94 Die wichtigsten Verpflichtungen für den Verleger aus dem Verlagsvertrag:
- Vervielfältigung und Verbreitung des Werkes (§ 14 VerlG);
- Einräumung eines Vorzugspreises (§ 26 VerlG);
- Bezahlung der vereinbarten Vergütung (§ 22 VerlG);
- jährliche Rechnungslegung (§ 24 VerlG);
- Überlassung von Freiexemplaren (§ 25 VerlG).

Die Bestimmung des Ladenpreises, zu welchem das Werk verbreitet wird, steht für jede Auflage dem Verleger zu (§ 21 VerlG).

4.2.2.2 Der Wahrnehmungsvertrag

Der Wahrnehmungs- = Berechtigungsvertrag ist der Vertrag, den Wahrnehmungsgesellschaften = Verwertungsgesellschaften (vgl. Rz 49) mit Urhebern abschließen.

Wie wir bereits wissen, sind die **Wahrnehmungsgesellschaften** (Rz 49) in der Regel juristische Personen, die urheberrechtliche Befugnisse der Urheber-Mitglieder treuhänderisch wahrnehmen. Die Wahrnehmungsgesellschaften unterliegen der Erlaubnis und Aufsicht des Patentamtes (§§ 1, 18, 19 WahrnG). Es trifft diese Gesellschaften Kontrahierungszwang in doppelter Hinsicht: Sie müssen die Rechte der Urheber auf deren Verlangen wahrnehmen (§ 6 WahrnG) und sind verpflichtet, jedermann auf Verlangen zu angemessenen Bedingungen Nutzungsrechte einzuräumen (§ 11 WahrnG).

Für die Verwertungsgesellschaften zeigt sich folgendes typische Bild. Sie lassen sich von Urheber-Mitgliedern durch den Wahrnehmungsvertrag Nutzungsrechte einräumen. Durch den Vortrags-, Aufführungs- oder Sendevertrag überlassen sie einem Dritten, dem Werknutzer, die Nutzung des Werkes (vgl. Abb. 11).

Abb. 11: Verträge der Wahrnehmungsgesellschaften

Konkretisieren wir dies am Beispiel der **GEMA**: Komponisten übertragen der GEMA als Treuhänderin durch **Berechtigungsverträge** alle ihnen zustehenden Urheberrechte zur Wahrnehmung, insbesondere etwa die Aufführungsrechte, die Rechte der Hörfunksendung, die Rechte der Lautsprecherwiedergabe, die Rechte der Fernsehsendung, die Rechte der Fernseh-Wiedergabe, die Filmaufführungsrechte (vgl. § 1 des als Mustervertrag von der GEMA verwendeten Berechtigungsvertrages). Hat ein Veranstalter von öffentlichen Wiedergaben vor, Musikwerke aufzuführen, so muss er vor der Veranstaltung die Einwilligung der GEMA einholen (§ 13b I WahrnG). Die GEMA ist verpflichtet, dem Veranstalter die Aufführung zu gestatten, allerdings nur zu angemessenen Bedingungen (§ 11 I WahrnG), d.h. gegen Bezahlung einer Vergütung nach dem Tarif (§ 13 WahrnG). Nach der Veranstaltung hat der Veranstalter der GEMA eine Aufstellung über die bei der Veranstaltung benutzten Werke zu übersenden (§ 13b II WahrnG).

Alle erzielten Einnahmen hat die GEMA nach ihrem Verteilungsplan aufzuteilen (§ 7 WahrnG).

4.2.3 Zweckübertragungstheorie

Im Rahmen des Urhebervertragsrechts kommt es häufig vor, dass bei der Einräumung der Nutzungsrechte die einzelnen Modalitäten, Art, Inhalt und Umfang im Einzelnen nicht ausdrücklich einzeln bezeichnet sind. Für diese Fälle gibt § 31 V UrhG eine äußerst bedeutsame **Auslegungsregel**, die der von der Rechtsprechung entwickelten sog. Zweckübertragungstheorie entspricht. Danach ist der von beiden Partnern zugrunde gelegte **Vertragszweck** maßgebend dafür, ob ein Nutzungsrecht eingeräumt wird, auf welche Nutzungsarten es sich erstreckt, ob es sich um ein einfaches oder um ein ausschließliches handelt, wie weit Nutzungsrecht und Verbotsrecht reichen und welchen Einschränkungen das Nutzungsrecht unterliegt. Aus § 31 V UrhG ergibt sich somit folgender Grundsatz: Ist ein Nutzungsrecht zu Gunsten eines Dritten weder ausdrücklich im Einzelnen bezeichnet noch aus dem von den Parteien zugrunde gelegten Vertragszweck ableitbar, so verbleibt es bei dem Urheber. Kurzum: Das Prinzip bei der Einräumung von Nutzungsrechten lautet: im Zweifel für den Urheber.

> **Beispiel**
>
> Gehen wir zu dem Fall des selbstständigen Grafik-Designers (D) zurück (Rz 83), der im Auftrag eines Unternehmens (U) einen Plakatentwurf für Euro X gefertigt hat. Weiteres war nicht vereinbart.
>
> Nach § 31 V UrhG richtet sich der Umfang des Nutzungsrechts nach dem von seinen Partnern zugrunde gelegten Vertragszweck, hier: Verwendung des Entwurfs für die Plakatwerbung. U darf den Entwurf des D für Plakate vervielfältigen und verbreiten; hierfür hat er den D schließlich ja auch honoriert. U darf den Entwurf jedoch nicht für andere Zwecke benutzen, also etwa nicht für Werbeprospekte, Display-Material, Warenpackungen oder gar – evtl. Teile aus dem Plakat – als Firmenzeichen.

Was für die Übertragung von Nutzungsrechten generell gilt, gilt grundsätzlich auch dann, wenn der Urheber das Werk in Erfüllung seiner Verpflichtungen aus einem Arbeits- oder Dienstverhältnis geschaffen hat (§ 43 UrhG). Diesbezügliche Fälle sind in der Praxis recht häufig und deswegen oft problematisch, weil sich in den Dienstverträgen (bzw. im Rahmen der Ernennung) keine Festlegungen über urheberrechtliche Nutzungsrechte zugunsten des Dienstherrn befinden. Hierzu ein Beispiel aus dem Gebiet der Werke der Baukunst (Rz 37):

> **Beispiel**
>
> Architekt A, Baurat des Bundeslandes N, entwarf für das N-Landesamt für Straßenbau, bei dem er arbeitete, eine Lärmschutzwand, die dann entlang einer Autobahn im Land N gebaut wurde. Einige Zeit später wurde im Land H an einer dort verlaufenden Autobahn eine Lärmschutzwand, die mit der des A identisch war, errichtet. A verlangte vom Land H Schadenersatz wegen Urheberrechtsverletzung (§ 97 II UrhG). Der BGH sah bei der Lärmschutzwand die Voraussetzungen der persönlichen geistigen Schöpfung (§ 2 II UrhG) als erfüllt an und bewertete diese dementsprechend als Werk der Baukunst (§2 I Ziff. 4 UrhG). Urheber dieses Werkes war A als dessen Schöpfer (§7UrhG). Da im Rahmen der beamtenrechtlichen Ernennung keine Festlegungen über Inhalt und Umfang urheberrechtlicher Nutzungsbefugnisse zugunsten des Landes N erfolgten, gilt auch hier im Beamtenverhältnis (wie auch im Arbeitsverhältnis) gem. § 43 UrhG nach § 31 V UrhG die Zweckübertragungstheorie, wonach es auf den dem Dienstverhältnis zugrunde gelegten Zweck ankommt. Dieser besteht hier darin, so der BGH, dass A seinem Dienstherrn, also dem Land N, das Nutzungsrecht einräumt, seine, des A, Entwürfe für den Bau von Lärmschutzwänden an Straßen und Autobahnen im Landesgebiet von N zu verwenden. Es kann nicht angenommen werden, dass A stillschweigend seine Zustimmung gegeben hat, dass sein Dienstherr anderen Bundesländern Unterlizenzen zum Bau der Lärmschutzwände des A gewährt oder diesen Ländern Nutzungsrechte, die sich vom Urheberrecht des A ableiten, einräumt oder überträgt (BGH vom 12.05.10, Az. I ZR 209/07). Die Schadensersatzforderung des A war berechtigt.

Vgl. Fall 4.

4.2.4 Vergütung für den Urheber

Nachdem wir nun zur Kenntnis genommen haben, dass der Urheber Nutzungsrechte in mannigfacher Art und Weise verschiedensten Rechtssubjekten einräumen kann, stellt sich zum Schluss doch die Frage: Was ist die Gegenleistung, was erhält der Urheber dafür, kurzum: Es geht um die Vergütung des Urhebers.

97a

Dem Prinzip der Vertragsfreiheit entsprechend, ist die vertraglich vereinbarte Vergütung maßgebend. Sollte sich diese als zu gering herausstellen, oder sollte sie in einem auffälligen Missverhältnis zu den Erträgen und Vorteilen aus der Nutzung des Werkes stehen, so kann der Urheber vom Inhaber des Nutzungsrechts eine Änderung des Vertrages dahingehend verlangen, dass eine angemessene Vergütung gewährt wird (§§ 32 I, 1,3 , 32a I UrhG).

Ist die Höhe der Vergütung überhaupt nicht festgelegt, so gilt die angemessene Vergütung als vereinbart (§ 32 I, 2 UrhG).

Wir erkennen hieraus, dass nahezu alles auf die Frage hinausläuft: Welche Vergütung ist **angemessen**?

Eine Vergütung ist angemessen, wenn sie im Zeitpunkt des Vertragsschlusses dem entspricht, was im Geschäftsverkehr nach Art und Umfang der eingeräumten Nutzungsmöglichkeit unter Berücksichtigung aller Umstände *üblicher- und redlicherweise* zu leisten ist (§ 32 II, 2 UrhG).

Zur Bestimmung der Angemessenheit stellen Vereinigungen von Urhebern mit Vereinigungen von Werknutzern gemeinsame Vergütungsregeln auf (§ 36 I UrhG), wozu Schlichtungsstellen dienen, die dann tätig werden, wenn zumindest ein Partner die Durchführung des Schlichtungsverfahrens verlangt (§ 36a UrhG).

Als Schutzvorschriften zugunsten der Urheber sind die Vergütungsvorschriften der §§ 32, 32a UrhG *zwingend*, soweit es um Nutzungshandlungen in Deutschland geht oder ansonsten deutsches Recht Anwendung findet (§ 32b UrhG).

Diese Vergütungsvorschriften finden auch zugunsten von **Arbeitnehmern** Anwendung, die das Werk in Erfüllung ihrer Verpflichtung aus dem Arbeitsverhältnis geschaffen haben, soweit sich aus dem Inhalt oder dem Wesen des Arbeitsvertrages nichts anderes ergibt (§ 43 UrhG).

5. Beendigung des Urheberrechts

Das Urheberrecht erlischt 70 Jahre nach dem Tode des Urhebers (§ 64 UrhG). Diese Frist beginnt mit dem Ablauf des Kalenderjahres, in dem der Urheber starb (§ 69 UrhG).

98

6. Anhang I: Computerprogramme

98a Wie bereits oben dargestellt (Rz 36), sind Computerprogramme den Sprachwerken zugeordnet (§ 2 I Ziff. 1 UrhG). Dementsprechend finden die für Sprachwerke geltenden Vorschriften Anwendung, soweit in den §§ 69a ff. UrhG nichts anderes bestimmt ist (§ 69a IV UrhG).

Was die **Systematik** angeht, so waren für die Einfügung eines besonderen Abschnittes über den Softwareschutz für den Gesetzgeber insbesondere Gründe maßgebend, die in wesensmäßigen Unterschieden zwischen der neuen Werkart Computerprogramm und den klassischen Werkarten liegen. Ein Computerprogramm ist nichts Isoliertes, in sich Abgeschlossenes, wie etwa ein Buch, ein Bild, sondern ist als Industrieprodukt darauf angelegt, mit anderen Elementen eines Datenverarbeitungssystemes zusammenzuwirken, erfordert also Kompatibilität. Der Inhalt eines Computerprogrammes erschließt sich nicht für jedermann ohne weiteres im Gegensatz zu den traditionellen Werkarten, wo jeder etwa ein Bild betrachten, ein Buch lesen kann. Computerprogramme liegen an der Grenze zwischen dem Urheberrecht traditioneller Art und anderen Rechtssystemen zum Schutz geistigen Eigentums (vgl. BT-Drucks. 12/4022 vom 18.12.1992, S. 7 f.).

Schutzgegenstand von Computerprogrammen sind nach § 69a I UrhG Programme in jeder Gestalt. Wir haben es hier mit einer weit gefassten Begriffsbestimmung zu tun, die weiteren Entwicklungen Rechnung trägt. Zum Computerprogramm gehört auch dessen Entwurfsmaterial.

98b Wie wir bereits wissen (Rz 25), ist für Werke **Konkretisierung** in einer wahrnehmbaren Formgestaltung erforderlich. Dies gilt auch für Computerprogramme. Geschützt ist allein die **Ausdrucksform**, nicht geschützt sind Ideen, wissenschaftliche Lehren, Theorien sowie grundlegende Prinzipien. Dementsprechend sind nach § 69a II, 2 UrhG Ideen und Grundsätze, die einem Element eines Computerprogramms zugrunde liegen, einschließlich der den Schnittstellen zugrunde liegenden Ideen und Grundsätze, nicht geschützt.

98c Den wesentlichen Unterschied zu den traditionellen Werkarten bringt für Software § 69a III UrhG. Danach werden Computerprogramme bereits geschützt, wenn sie individuelle Werke in dem Sinne darstellen, dass sie das Ergebnis der eigenen geistigen Schöpfung ihres Urhebers sind. Zur Bestimmung ihrer Schutzfähigkeit sind keine anderen Kriterien, insbesondere nicht qualitative oder ästhetische, anzuwenden. Maßgebend ist hier also die **Individualität**. Was die konventionellen Werkarten angeht, so sind nach § 2 II UrhG Werke nur persönliche geistige Schöpfungen. An solche stellt die Rechtsprechung bestimmte Anforderungen; die Gerichte verlangen, wie wir bereits wissen (Rz 20 ff.), über Routinemäßiges, über die Masse des Alltäglichen, über Übliches Hinausgehendes. An die Individualität nach § 69a III UrhG werden jedoch geringere Anforderungen gestellt als an § 2 II UrhG. Das ist die erklärte Absicht des Gesetzgebers. Das bedeutet, dass nach § 69a III UrhG für Computerprogramme **geringere Schöpfungshöhe** ausreicht als nach § 2 II UrhG. Bereits ein durchschnittliches Computerprogramm genießt – Individualität vorausgesetzt – Urheberrechtsschutz. Bringen wir dies vereinfacht in eine griffige Formel: Bei der Werkart Computerprogramm wird Urheberrechtsschutz die Regel und fehlende Gestaltungshöhe die Ausnahme sein, in der Tendenz also anders als bei den traditionellen Werkarten.

Das Urheberrecht an einem Computerprogramm steht dessen Schöpfer zu (§ 7 UrhG). Ist dies ein Arbeitnehmer und hat er das Computerprogramm in Wahrnehmung seiner Aufgaben oder nach den Anweisungen seines Arbeitgebers geschaffen, so ist **ausschließlich der Arbeitgeber** zur Ausübung aller vermögensrechtlichen Befugnisse an dem Computerprogramm berechtigt, sofern nichts anderes vereinbart worden ist (§ 69b UrhG). **98d**

Das Urheberrecht an einem Computerprogramm beinhaltet das **ausschließliche Recht**, dass allein der Rechtsinhaber, also der Schöpfer oder der Arbeitgeber, die **Vervielfältigung**, die **Bearbeitung** und jede Form der **Verbreitung** des Originals eines Computerprogramms oder von Vervielfältigungsstücken vornehmen darf. Des Weiteren steht nur ihm das Recht der drahtgebundenen oder drahtlosen Wiedergabe eines Computerprogrammes zu einschließlich der **öffentlichen Zugänglichmachung** in der Weise, dass es Mitgliedern der Öffentlichkeit von Orten und zu Zeiten ihrer Wahl zugänglich ist (§ 69c Ziff. 1, 4 UrhG). **98e**

Was die **Verbreitung** angeht, so haben wir den **Erschöpfungsgrundsatz** bereits kennen gelernt (Rz 59). In Bezug auf Computerprogramme gilt diesbezüglich § 69c Ziff. 3, S. 2 UrhG: Wird ein Vervielfältigungsstück eines Computerprogramms mit Zustimmung des Rechtsinhabers im Gebiet der Europäischen Union im Wege der Veräußerung in Verkehr gebracht, so erschöpft sich das Verbreitungsrecht in Bezug auf **dieses** Vervielfältigungsstück mit Ausnahme des Vermietrechts.

Beispiel

Das Unternehmen U hat bei dem Anbieter für Datenbanksoftware S eine Volumenlizenz erworben. Im Gegensatz zu Einzelplatzlizenzen erlauben Volumenlizenzen das Herunterladen der Lizenz von einer sicheren Website und die Verteilung der Einzellizenzen mittels eines Volumenlizenzschlüssels. Als U die Software nicht mehr im ursprünglichen Umfang benötigt, verkauft er einen Teil der Lizenzen aus der Volumenlizenz an den Händler H, der mit Gebrauchtsoftware handelt. H bietet nun diese Lizenzen zum Verkauf im Internet an. Hiergegen wehrte sich U mit einer Klage, die sich auf § 69c UrhG beruft. H auf der anderen Seite beruft sich auf den Grundsatz der Erschöpfung des Urheberrechts. Fraglich ist nun, ob der Erschöpfungsgrundsatz auch für den Weiterverkauf einer per Internet-Download gekauften Software gilt.

Diese Frage hat der Europäische Gerichtshof im Jahr 2012 in seinem Urteil im Fall UsedSoft gegen Oracle geklärt. Dieses wurde vom BGH im Jahr 2013 bestätigt (I ZR 129/08). Beide Gerichte bekräftigen die prinzipielle Zulässigkeit des Vertriebs von gebrauchten Softwarelizenzen. Auch der Weiterverkauf einer per Internet-Download gekauften Standardsoftware kann nicht mehr untersagt werden. Darüber hinaus ist nun das Aufspalten von Volumenlizenzen in Einzellizenzen sowie deren Weitervertrieb ebenfalls gestattet.

Im Ergebnis kann sich H auf den Erschöpfungsgrundsatz berufen. Er darf einzelne Lizenzen aus einer Volumenlizenz herauslösen und diese per Internet-Download weiterverkaufen.

Was die **Vervielfältigung** betrifft, so ist das Gesetz hier wesentlich strenger: Ohne Zustimmung des Rechtsinhabers ist es nicht gestattet, Kopien von Computerprogrammen zu erstellen, auch nicht, diese weiterzugeben. Diese Verbote gelten selbst dann, wenn dies lediglich zu rein privaten Zwecken geschieht.

§ 69d UrhG macht 3 Ausnahmen von diesen Vervielfältigungs- und Verbreitungsverboten, wobei hier nur auf die Zulässigkeit des Erstellens einer **Sicherungskopie** hingewiesen sei (§ 69d II UrhG).

§ 69e UrhG ermöglicht unter bestimmten Bedingungen die **Dekompilierung**, um die erforderlichen Informationen zur Herstellung der Interoperabilität eines unabhängig geschaffenen Computerprogramms mit anderen Programmen zu erhalten.

98f Wer das Urheberrecht an einem Computerprogramm verletzt, den treffen neben den allgemeinen zivil- und strafrechtlichen Sanktionen der §§ 97 ff. UrhG auch die speziellen des § 69f UrhG: **Vernichtung** aller rechtswidrig hergestellter, verbreiteter oder zur rechtswidrigen Verbreitung bestimmter Vervielfältigungsstücke. Dies kann der Rechtsinhaber vom Eigentümer oder Besitzer verlangen.

Vgl. Fall 47.

7. Anhang II: Verwandte Schutzrechte

99 Eines wollen wir von vornherein deutlich herausstellen: Die **verwandten Schutzrechte = Leistungsschutzrechte** sind keine Urheberrechte. Machen wir uns dies an typischen Beispielen klar, nämlich an den Schutzrechten der Schauspieler und Musiker. Diese ausübenden Künstler erbringen zwar eine individuelle geistige Leistung, sie schaffen aber kein Werk. Sie reproduzieren vielmehr ein durch einen Urheber bereits früher geschaffenes Werk. Es geht hier also nicht um Urheberrechtsschutz, sondern um **Leistungsschutz**.

100 Der Gesetzgeber sieht die individuelle geistige Leistung der ausübenden Künstler (§§ 73–83 UrhG), der Lichtbildner (§ 72 UrhG), der Hersteller von Tonträgern (§§ 85 f. UrhG), der Sendeunternehmen (§ 87 UrhG), der Verfasser wissenschaftlicher Ausgaben (§ 70 UrhG) und der Herausgeber nachgelassener Werke (§ 71 UrhG) als schutzwürdige Leistungen an und fasst sie unter dem Begriff verwandte Schutzrechte zusammen. In Folgendem wollen wir einige besonders bedeutsame Leistungsschutzrechte kurz betrachten.

7.1 Schutz der ausübenden Künstler

101 Ausübender Künstler ist derjenige, der ein Werk oder eine Ausdrucksform der Volkskunst aufführt, singt, spielt oder auf eine andere Weise darbietet oder an einer solchen Darbietung künstlerisch mitwirkt (§ 73 UrhG). Hierzu gehören insbesondere Schauspieler, Sänger, Musiker, Tänzer und als **künstlerisch Mitwirkende** der Dirigent und der Regisseur.

Die bloß technisch, handwerksmäßig oder organisatorisch Mitwirkenden sind keine ausübenden Künstler, in der Regel also nicht der Beleuchter, der Toningenieur, der Theaterfriseur, der Bühnenbildner, der Maskenbildner, der Souffleur.

Den Rechten des Urhebers entsprechend, gewährt das Gesetz dem ausübenden Künstler Schutz unter persönlichkeitsrechtlichen und verwertungsrechtlichen Aspekten, allerdings in geringerem Umfange als dem Urheber.

Zum **persönlichkeitsrechtlichen Schutz**: Wie der Urheber ein Recht auf Anerkennung seiner Urheberehre in Bezug auf sein Werk hat (Rz 54), so hat auch der ausübende Künstler ein Recht auf **Anerkennung** in Bezug auf seine **Darbietung** (§ 74 I UrhG). Haben mehrere Künstler gemeinsam eine Darbietung erbracht und erfordert die Nennung eines jeden einzelnen einen verhältnismäßig großen Aufwand, so können sie nur verlangen, als Künstlergruppe genannt zu werden (§ 74 II, 1 UrhG). Nach § 75 UrhG hat der ausübende Künstler auch das Recht, eine Entstellung oder andere Beeinträchtigung seiner Darbietung zu verbieten, die geeignet ist, sein Ansehen oder seinen Ruf zu gefährden. Wie wir sehen gilt hier das, was wir beim Urheberpersönlichkeitsrecht (Rz 55) kennen gelernt haben, entsprechend. 102

Zu den **Verwertungsrechten**: Hier werden dem ausübenden Künstler – ähnlich wie dem Urheber – bestimmte Ausschließlichkeitsrechte eingeräumt, nämlich 103
- seine Darbietung auf Bild- oder Tonträger aufzunehmen (§ 77 I UrhG),
- den Bild- oder Tonträger, auf den seine Darbietung aufgenommen worden ist, zu vervielfältigen oder zu verbreiten (§ 77 II UrhG),
- seine Darbietung öffentlich zugänglich zu machen, zu senden oder außer halb des Raumes, in dem sie stattfindet, durch Bildschirm, Lautsprecher oder ähnliche technische Einrichtungen öffentlich wahrnehmbar zu machen (§ 78 I UrhG).

Probleme können auftreten, wenn mehrere ausübende Künstler gemeinsam eine Darbietung erbringen, wie etwa bei Chor-, Orchester- und Bühnenaufführungen, weil dort ein einziges Mitglied aus einer Vielzahl ausübender Künstler durch Verweigerung seiner Zustimmung die Verwertung vereiteln könnte. Hier schreibt § 80 I UrhG vor, dass ihnen das Recht zur Verwertung zur gesamten Hand zusteht und dass keiner der beteiligten ausübenden Künstler seine Einwilligung zur Verwertung wider Treu und Glauben verweigern darf. 104

Wer gegen die Persönlichkeitsrechte (§§ 74 f. UrhG) und gegen die Ausschließlichkeitsrechte (§§ 78 f. UrhG) der ausübenden Künstler verstößt, kann nach §§ 97 ff. UrhG auf **Beseitigung** der Beeinträchtigung, **Unterlassung** und **Schadensersatz** in Anspruch genommen werden. Diese Vorschriften sind bereits im Urheberrecht erörtert (Rz 71 ff.). 105

Zu den **Vergütungsansprüchen**: Nach § 78 II UrhG ist dem ausübenden Künstler eine angemessene Vergütung zu zahlen, wenn 106
- nach § 78 I Ziff. 2 die Darbietung erlaubterweise gesendet,
- die Darbietung mittels Bild- oder Tonträger öffentlich wahrnehmbar gemacht oder die Sendung oder die auf öffentlicher Zugänglichmachung beruhende Wiedergabe der Darbietung öffentlich wahrnehmbar gemacht wird.

Problematisch ist häufig auch hier die Frage der **Angemessenheit** der Vergütung. § 79 II UrhG verweist auf die §§ 32–43 UrhG, also auf die Regelungen der gleichen Problematik beim Urheber, die wir bereits kennen (vgl. Rz 97a).

107 Da die ausübenden Künstler – wie die Urheber – in der Regel nicht in der Lage sind, die ihnen eingeräumten Verwertungsrechte selbst geltend zu machen, können sie diese – bereits im Voraus – an eine Verwertungsgesellschaft abtreten (§ 78 III, 2 UrhG), an die GVL = Gesellschaft zur Verwertung von Leistungsschutzrechten (vgl. Rz 49). Nach § 2 des Gesellschaftsvertrages der GVL besteht deren Aufgabe in der treuhänderischen Wahrnehmung von Rechten und Ansprüchen, die sich aus dem Urheberrechtsgesetz für ausübende Künstler, Tonträgerhersteller, Bild- und Tonträgerhersteller und Veranstalter im Sinne von § 81 UrhG ergeben sowie die Verteilung der erzielten Einnahmen an die Berechtigten.

108 Häufig arbeiten ausübende **Künstler** auf Grund eines Arbeits- oder **Dienstvertrages**, etwa Schauspieler und Musiker bei einer städtischen Bühne oder einer Rundfunkanstalt. Inhaber der Leistungsschutzrechte sind die ausübenden Künstler, nicht etwa der Dienstberechtigte. Da sie aber die Darbietung in Erfüllung ihrer dienstvertraglichen Pflichten erbringen und dafür bezahlt werden, besteht bei der Verwertung die gleiche Interessenkollision, die wir bereits beim angestellten Urheber kennen gelernt haben (Rz 32). Oft werden über die Nutzungsbefugnisse des Dienstherrn in Tarif- oder Individualverträgen Vereinbarungen getroffen. Ansonsten verweist § 79 II, 2 UrhG auf §§ 31 V, 43 UrhG und damit auf den von den Partnern zugrunde gelegten **Vertragszweck** entsprechend der Zweckübertragungstheorie (vgl. Rz 97, 97a). So ergibt sich sicherlich nach dem Wesen des Arbeitsvertrages eines bei einer Rundfunkgesellschaft angestellten Musikers, dass seine Darbietung gesendet werden darf.

7.2 Schutz des Herstellers von Tonträgern

109 Hersteller von CDs, Tonbändern oder sonstigen Tonträgern genießen nach § 85 UrhG einen besonderen Schutz. Dies vor allem aus zwei Gründen: Sie erbringen – zwar keine künstlerische, aber – eine qualifizierte technische Leistung; Tonträger können heute sehr leicht kopiert werden.

Der Hersteller eines Tonträgers hat das ausschließliche Recht, den Tonträger zu vervielfältigen, zu verbreiten und öffentlich zugänglich zu machen (§ 85 I UrhG).

Wird ein erschienener oder erlaubterweise öffentlich zugänglich gemachter Tonträger, auf den die Darbietung eines ausübenden Künstlers aufgenommen ist, zur öffentlichen Wiedergabe der Darbietung benutzt, so hat der Hersteller des Tonträgers gegen den ausübenden Künstler einen Anspruch auf angemessene Beteiligung an der Vergütung, die dieser nach § 78 II UrhG erhält (§ 86 UrhG). Die Geltendmachung dieses Vergütungsanspruches erfolgt in der Regel über die GVL. Diese teilt nach ihrem Verteilungsplan die Vergütungen zwischen ausübenden Künstlern und Tonträgerherstellern auf.

7.3 Schutz des Sendeunternehmens

Sendeunternehmen genießen besonderen Schutz aus den gleichen Gründen wie die Hersteller von Tonträgern. 110

Das Sendeunternehmen hat das ausschließliche Recht,
- seine Funksendung weiterzusenden und öffentlich zugänglich zu machen,
- seine Funksendung auf Bild- oder Tonträger aufzunehmen, Lichtbilder von seiner Funksendung herzustellen sowie die Bild- oder Tonträger oder Lichtbilder zu vervielfältigen und zu verbreiten, ausgenommen das Vermietrecht,
- an Stellen, die der Öffentlichkeit nur gegen Zahlung eines Eintrittsgeldes zugänglich sind, seine Funksendung öffentlich wahrnehmbar zu machen (§ 87 I UrhG).

7.4 Schutz des Lichtbildners

§ 2 I Ziff. 5 UrhG gibt – wie wir wissen – **Urheberrechtsschutz** für **Lichtbildwerke**, also für künstlerische Lichtbilder. § 72 UrhG gewährt ein **Leistungsschutzrecht** für **Lichtbilder** Die Grenzziehung zwischen dem einen und andern ist meist äußerst schwierig. Diese komplizierte Abgrenzung braucht im Einzelfall häufig nicht vorgenommen zu werden, da die Vorschriften für Lichtbildwerke auf Lichtbilder entsprechend anzuwenden sind (§ 72 I UrhG); eine Ausnahme macht die Schutzdauer: Lichtbildwerke 70 Jahre (§ 64 I UrhG), Lichtbilder 50 Jahre (§ 72 III UrhG). 111

Was wir bereits beim Lichtbildwerk kennen gelernt haben (Rz 42), gilt auch hier: Das Lichtbildschutz einzelner Filmbilder aus § 72 UrhG erstreckt sich nicht nur auf die Verwertung der Bilder in Form von Fotos, sondern auch auf die Verwertung der Bilder in Form des Films (BGH, v. 6.02.2014, Az. ZR 86/12 – Peter Fechter).

Auf eines sei jedoch besonders hingewiesen. Geschützt ist nicht der Inhalt, das Motiv des Lichtbildes, sondern nur dessen konkrete Wiedergabe. Deshalb gewährt das Leistungsschutzrecht in der Regel nur Schutz gegen Vervielfältigung der konkreten Aufnahme als eines körperlichen Gegenstandes in unveränderter Form (BGH, NJW 67, 724 – skai – cubana; OLG München, ZUM 91, 431). 112

> **Beispiel** Es darf also z.B. ein Bergsee von einem Dritten von der gleichen Stelle aus, mit gleichem Bildausschnitt, mit gleicher Blende, mit gleicher Belichtungszeit und gleicher Brennweite aufgenommen werden, wie dies vorher von einem Werbefotografen für eine Ansichtskarte geschehen ist.

Vgl. Fall 4.

7.5 Schutz des Datenbankherstellers

Besonderen Schutz genießen Datenbankhersteller insbesondere deswegen, weil auf diesem Gebiet erheblicher Aufwand zu erbringen ist. 112a

Eine Datenbank ist eine Sammlung von Werken, Daten oder anderen unabhängigen Elementen, die systematisch angeordnet und einzeln mithilfe elektronischer Mittel zugänglich sind und deren Beschaffung, Überprüfung oder Darstellung eine nach Art oder Umfang wesentliche Investition erfordert (§ 87a I, 1 UrhG).

Dem Datenbankhersteller – das ist derjenige, der die genannten Investitionen vorgenommen hat (§ 87a II UrhG) – wird das Ausschließlichkeitsrecht der Vervielfältigung, Verbreitung und öffentlichen Wiedergabe eingeräumt (§ 87b I UrhG).

Zur Abgrenzung des Datenbankherstellers zum Schöpfer des Datenbankwerkes vgl. Rz 46a.

7.6 Beendigung der verwandten Schutzrechte

113 Die Leistungsschutzrechte erlöschen in der Regel nach 50 Jahren (§§ 72 III; 82; 85 III; 87 III UrhG), bei Datenbanken bereits nach 15 Jahren (§ 87d UrhG).

8. Anhang III: Besondere Bestimmungen für Filme

114 Zunächst müssen wir einige Begriffe klären: Film ist jede Bildfolge oder Bild-Tonfolge, die den Eindruck eines bewegten Spiels entstehen lässt. Der Film kann sich darstellen als **Filmwerk** nach § 2 I Ziff. 6 UrhG; hierfür gelten die Vorschriften der §§ 88–94 UrhG. Erfüllt der Film die Erfordernisse eines Werkes nach § 2 II UrhG nicht, so handelt es sich **um Laufbilder** nach § 95 UrhG, wonach einige Vorschriften über Filmwerke Anwendung finden. Im Folgenden wenden wir uns dem Filmwerk zu, wobei unter diesen Begriff auch das Fernsehwerk fällt.

115 Dem Hersteller eines Filmes entstehen bei der Produktion meist enorm hohe Kosten, insbesondere hat er alle Mitwirkenden zu bezahlen. Da ihm als Produzenten in der Regel weder originäre Urheberrechte noch verwandte Schutzrechte zustehen, räumt ihm der Gesetzgeber besondere Rechte ein, um ihm eine ungestörte Auswertung des Filmwerkes zu sichern. Die §§ 88–94 UrhG verschaffen dem Filmhersteller eine starke Rechtsposition.

116 Dem Filmproduzenten steht am Tonträger das Leistungsschutzrecht nach §§ 85 f. UrhG zu. Darüber hinaus erhält er am Filmträger, also am Bildträger bzw. Bild-Tonträger, ein besonderes Leistungsschutzrecht nach § 94 UrhG. Danach hat er das ausschließliche Recht, den Filmträger zu vervielfältigen, zu verbreiten und zur öffentlichen Vorführung oder Funksendung oder öffentlichen Zugänglichmachung zu benutzen. Im Übrigen ist er berechtigt, Entstellungen oder Kürzungen zu verbieten. Die Schutzdauer beträgt 50 Jahre (§ 94 III UrhG).

Im Zusammenhang mit einem Filmwerk besteht eine Vielzahl von Urheberrechten und Leistungsschutzrechten. Verschaffen wir uns hierüber einen kurzen Überblick.

Zunächst sind die Werke zu erwähnen, die bereits vor der Filmherstellung entstanden sind, etwa Romane, Novellen, Bühnenwerke, die verfilmt werden sollen, sowie Musik, die im Film Verwendung findet. Die **Schöpfer** derartiger **vorbestehender Werke** sind und bleiben Urheber ihrer Werke (vgl. § 89 III UrhG); sie werden keine (Mit-)Urheber des Filmwerkes, es sei denn, dass sie ausnahmsweise, über das vorbestehende Werk hinausgehend, auch schöpferisch an der Gestaltung des Filmwerkes mitgewirkt haben. 117

Urheber des **Filmwerkes** sind nur diejenigen, die den allgemeinen urheberrechtlichen Regeln entsprechend, durch persönliche geistige Schöpfung (§ 2 II UrhG) an der Herstellung des Filmes mitwirken. Wer zu diesem Personenkreis gehört, ist umstritten und hängt von den Umständen des Einzelfalles ab. Urheber sind in der Regel der Regisseur, der Drehbuchautor, der Schöpfer der Dialoge, der Komponist der speziell für den betreffenden Film komponierten Musik, der Kameramann, soweit er Lichtbildwerke schafft und die Bildfolge mitbestimmt, u.U. je nach dem Grad ihrer schöpferischen Gestaltung, Cutter und Filmarchitekt. Der Filmproduzent und die Schauspieler sind keine Urheber, es sei denn, dass auch sie ausnahmsweise den Film künstlerisch gestalten. Kommen mehrere Personen als Urheber in Betracht, so sind sie Miturheber (§ 8 UrhG). 118

Hinzu kommen die **ausübenden Künstler**, wie etwa Filmschauspieler, Musiker, Sänger, Dirigenten, Tänzer, denen dem Grunde nach Leistungsschutzrechte zustehen. 119

Für alle drei Gruppen gibt der Gesetzgeber Regeln zur Stärkung der Rechtsposition des Filmproduzenten.

In Bezug auf die **Urheber von vorbestehenden Werken** gibt § 88 UrhG eine Auslegungsregel, eine spezielle Ausprägung der Zweckübertragungstheorie des § 31 V UrhG. Hat der Urheber dem Filmproduzenten gestattet, sein Werk zu verfilmen, dann liegt darin im Zweifel die Einräumung des ausschließlichen Rechts, das Werk unverändert oder unter Bearbeitung oder Umgestaltung zur Herstellung eines Filmwerks zu benutzen und das Filmwerk sowie Übersetzungen und andere filmische Bearbeitungen auf alle Nutzungsarten zu nutzen (§ 88 I UrhG). Zu einer Wiederverfilmung ist der Hersteller nicht berechtigt. Der Urheber darf nach 10 Jahren sein Werk anderweitig filmisch verwerten (§ 88 II UrhG). 120

Auch in Bezug auf die **Urheber am Filmwerk** gibt das Gesetz eine Auslegungsregel: In der Verpflichtung zur Mitwirkung bei der Herstellung räumt der Urheber dem Filmhersteller im Zweifel das ausschließliche Recht ein, das Filmwerk sowie Übersetzungen und andere filmische Bearbeitungen oder Umgestaltungen des Filmwerkes auf alle Nutzungsarten zu nutzen (§ 89 I UrhG). 121

Haben **ausübende Künstler** mit dem Filmproduzenten Verträge über ihre Mitwirkung bei der Herstellung eines Filmwerkes abgeschlossen„ so räumen sie ihm damit im Zweifel das Recht ein, die ihnen nach § 77 I, II, 1 und § 78 I Ziff. 1, 2 UrhG) vorbehaltenen Nutzungsarten zu nutzen (§ 92 UrhG). Auch hier verfolgt das Gesetz das Ziel der Stärkung der Rechtsposition des Filmherstellers. 122

123 Zu guter Letzt schränkt § 93 UrhG den **persönlichkeitsrechtlichen Schutz** sowohl der Urheber der vorbestehenden Werke als auch der Urheber des Filmwerkes als auch der Inhaber von Leistungsschutzrechten ein. Sie können die ihnen nach den §§ 14 und 75 UrhG zustehenden Rechte hinsichtlich der Herstellung und Verwertung des Filmwerkes nur bei **gröblichen** Entstellungen oder anderen gröblichen Beeinträchtigungen ihrer Werke oder Leistungen verbieten. Sie haben hierbei aufeinander und auf den Filmhersteller Rücksicht zu nehmen (§ 93 I UrhG).

Gröblich ist eine Entstellung oder andere Beeinträchtigung insbesondere dann, wenn sie geeignet ist, Ansehen und Ruf der jeweiligen Urheber und Leistungsschutzberechtigten zu gefährden (vgl. hierzu OLG München, ZUM 92, 308 ff.).

Die Nennung jedes Einzelnen an einem Film mitwirkenden ausübenden Künstlers ist nicht erforderlich, wenn sie einen unverhältnismäßigen Aufwand bedeutet (§ 93 II UrhG).

9. Urheberrecht im Internet

9.1 Allgemeines

123a Sehr häufig kommen Urheberrechtsverletzungen im Internet vor, die wegen der weltweiten Verbreitung besonderes Gewicht haben. Dabei ist das Internet kein rechtsfreier Raum; es gelten auch hier die generellen urheberrechtlichen Regelungen. In der Tat hat sich hier sogar eine Reihe von Ländern über die WIPO-Internetverträge (WIPO-Urheberrechtsvertrag, WIPO-Vertrag über Darbietungen und Tonträger) auf weltweit gültige Grundsätze geeinigt. Diese Grundsätze haben sodann über die europäische Richtlinie 2001/29/EG zur Harmonisierung bestimmter Aspekte des Urheberrechts und der verwandten Schutzrechte in der Informationsgesellschaft (InfoSoc-Richtlinie) aus dem Jahr 2001 Einzug in das deutsche Urheberrecht gehalten. Die Umsetzung in das deutsche Urheberrecht erfolgte über die sogenannten „Körbe" der Urheberrechtsreform , die im Jahr 2008 in Kraft traten.

9.2 Haftungsprinzipien

123b Das Internet hat neue Fallkonstellationen hervorgebracht, bei denen insbesondere die Frage der Haftung Dritter im Vordergrund stand. So stellt sich die Frage, inwieweit Internet-Provider und Bereitsteller von Internetanschlüssen als sog. Intermediäre für Urheberrechtsverletzungen anderer Nutzer haften.

Was eine mögliche Urheberrechtsverletzung durch Provider angeht, so gilt es hier zu differenzieren. Einschlägig ist dabei das 2007 in Kraft getretene Telemediengesetz (TMG), das die bisher bestehende Gesetzesstruktur im Internet grundlegend geändert hat. Der Content-Provider, also derjenige, der eigene Informationen ins Netz stellt, haftet für diese nach den allgemeinen urheberrechtlichen Vorschriften (§ 7 I TMG).

Der Host-Provider, also derjenige, der fremde Inhalte speichert und für Nutzer bereithält, haftet hingegen grundsätzlich nur dann, wenn er die Urheberrechtswidrigkeit kannte (§ 10 TMG). Der Access-Provider, also derjenige, der für fremde Inhalte den Zugang zum Netz schafft, oder diese übermittelt, haftet nicht (§ 8 I TMG).

Der Inhaber eines Internetanschlusses haftet nicht für Urheberrechtsverletzungen, die Angehörige seiner Familie im Rahmen der Nutzung dieses Anschlusses begehen. Der Inhaber eines Internetanschlusses haftet auch dann nicht als Täter einer Urheberrechtsverletzung, wenn er seinen Internetanschluss nicht ausreichend gegen Zugriffe unbekannter Dritter gesichert hat. Allerdings haftet der Inhaber eines Internetanschlusses zumindest als sog. Störer für über seinen Anschluss begangene Urheberrechtsverletzungen und schuldet somit Unterlassung. Das erwächst aus den Prüfungspflichten, die auch private Anschlussinhaber treffen. Diese sind nicht umfassend, erfordern aber zumindest angemessene Sicherungsmaßnahmen gegen Urheberrechtsverletzungen durch Dritte.

9.3 Urheberrechtsschutz für digitale Güter

Grundsätzlich entsteht das Urheberrecht natürlich auch für digitale Güter, soweit die Schutzvoraussetzungen des deutschen Urheberrechts erfüllt sind. So haben beispielsweise deutsche Gerichte entschieden, dass auch Webseiten urheberrechtlich geschützt sein können, wenn eine gewisse Schöpfungshöhe erreicht ist. So wurde vom LG Köln entschieden, dass allein ein einheitliches Design und eine alltägliche grafische Gestaltung der Benutzeroberfläche nicht für das Erreichen der erforderlichen Schöpfungshöhe genügt (Az: 28 O 298/04). Hingegen wurde anerkannt, dass eine suchmaschinenoptimierte Webseite urheberrechtlich geschützt ist, wenn die Verwendung von Meta-Tags im Quellcode dazu führt, dass die Seite auf den vorderen Rängen der Ergebnislisten bei Suchmaschinen rangiert (OLG Rostock mit Beschluss vom 27. Juni 2007, AZ 2 W 12/07). Letztlich bleibt die Frage des Urheberrechtsschutzes für digitale Güter eine Einzelfallentscheidung genauso wie sie es für nicht-digitale Güter ist.

9.4 Urheberrechtsverletzungen

Auch die Frage, wann eine Urheberrechtsverletzung im Internet erfolgt ist, hat die Gerichte in den letzten Jahren in einer Reihe von typischen Fallkonstellationen beschäftigt.

Links und Framing

Jahrelange Rechtsunsicherheit bestand bei der Frage, ob Links in der einen oder anderen Form eine Urheberrechtsverletzung darstellen können.

Im Kern bieten Links lediglich einen technischen Weiterleitungsvorgang. Daher erfüllt das bloße Setzen eines Hyperlinks noch keine Verwertungshandlung nach den §§ 15 f. UrhG. Das fremde Werk wird schließlich nicht wiedergegeben, sondern es wird lediglich auf dieses verwiesen. Somit ermöglicht der Link zwar eine Vervielfältigung durch Dritte, stellt aber selbst noch keine Vervielfältigungshandlung dar. Im Übrigen ist im Regelfall von dem mutmaßlichen Einverständnis des Berechtigten mit der Verlinkung auszugehen.

123f Zu unterscheiden von normalen Links sind die sog. **Deep Links.** Diese verweisen nicht auf die Einstiegsseite Dritter, sondern führen direkt zu einer Unterseite eines fremden Anbieters. Dennoch hat der Bundesgerichtshof entschieden, dass Deep Links zu dem gewöhnlichen Inhalt des Internets gehören und somit mit einer Verlinkung gerechnet werden muss. Ein Deep Link stellt damit keinen Verstoß gegen das Urheberrecht in der Form des Vervielfältigungsrechts dar (Paperboy, Az.: I ZR 259/00). Allerdings muss zur Vermeidung eines Verstoßes gegen das Urheberpersönlichkeitsrechts (§ 13 UrhG) auf den jeweiligen Urheber verwiesen werden.

123g Eine noch offene Rechtsfrage zum Thema Framing wurde im Jahr 2014 vom Europäischen Gerichtshof (C 348/13) geklärt. Ein Frame beschreibt den Bereich einer Website, der externe Dateien in das Erscheinungsbild einer Website einbindet. Fraglich war nicht, ob Framing eine Vervielfältigungshandlung darstellt; das tut es regelmäßig nicht. Fraglich war vielmehr, ob eine derartige Einbindung eine öffentliche Zugänglichmachung im Sinne von § 19a UrhG bzw. Art. 3 Abs. 1 der InfoSoc-Richtlinie darstellt. Dies ist nach neuester Rechtsprechung nicht der Fall, sofern und soweit das entsprechende Werk auf der Webseite, auf die der Internetlink verweist, frei zugänglich ist.

Vorschaubilder im Internet (Thumbnails)

123h Eine weitere Fallkonstellation war die Frage der Vorschaubilder im Internet – die sog. Thumbnails. Vorschaubilder sind in etwa daumennagelgroße Bilder, die kleine Abbilder von Fotos oder Bildern darstellen. Fraglich war, ob die Anzeige eines Bildes in Mini-Format eine Urheberrechtsverletzung darstellt. Dies hat der BGH nun abschließend geklärt (u.a. BGH I ZR 140/10, I ZR 69/08). Zunächst wurde festgestellt, dass Vorschaubilder als urheberrechtlich geschützte Werke anzusehen sind. Folglich kann die Einblendung eines derartigen Mini-Formats als Vervielfältigung im Sinne des § 16 UrhG sowie als öffentliche Zugänglichmachung im Sinne des § 19a UrhG gewertet werden und bedarf damit der Zustimmung des Urhebers. Damit ist das Einblenden eines Vorschaubildes eine schadensersatzpflichtige Urheberrechtsverletzung. Jedoch wurde zugleich die Haftung von Suchmaschinen für derartige Urheberrechtsverletzungen eingeschränkt. So wurde ebenso entschieden, dass ein Urheber, der eine Abbildung eines urheberrechtlich geschützten Werkes in das Internet einstellt, durch schlüssiges Verhalten seine Einwilligung in eine Wiedergabe von Vorschaubildern der Abbildung erklärt und somit die Urheberrechtsverletzung nicht rechtswidrig ist.

Streaming

123i Ein weiterer Fragekomplex stellt die Frage des Streamings dar. Streaming – ob On-Demand-Streaming oder Live-Streaming – beschreibt dabei einen Vorgang, bei dem in Echtzeit kontinuierlich Daten von einem Rechner auf einen anderen über ein Netzwerk übertragen werden, wobei Inhalte im Cache des Zielrechners vorübergehend zwischengespeichert werden. Fraglich ist dabei einerseits, ob Streaming-Portale urheberrechts-relevante Handlungen ausführen, und andererseits, ob sich die Nutzer derartiger Portale einer Urheberrechtsverletzung schuldig machen.

Unstrittig ist, dass das Verhalten von Streaming-Portalbetreiber. Dieses stellt eine Urheberrechtsverletzung dar. Die Bereitstellung der Filme wird als öffentliche Zugänglichmachung im Sinne des § 19a UrhG gewertet. Dieses Rechts steht jedoch ausschließlich dem Urheber zu.

Differenzierter sind die Handlungen der Nutzer zu sehen. Während des Streamingvorgangs werden Kopien des Filmes – also Vervielfältigungsstücke – im Cache gespeichert. Das Recht der Vervielfältigung steht jedoch nach § 16 Abs. 1 UrhG dem Urheber zu. Allerdings könnte diese Vervielfältigungshandlung durch die Schranke der Privatkopie gedeckt sein in § 53 UrhG oder aber über § 44a UrhG, der vorübergehende Vervielfältigungshandlungen zulässt. § 53 UrhG scheidet als Schranke zumeist aus, wenn eine offensichtlich rechtswidrig hergestellte Kopie verwendet wird (vgl. § 53 Abs. 1 Satz 1 UrhG). Inwiefern § 44a UrhG eine valide Schranke darstellt, ist nach wie vor strittig. In einem Urteil zu legalen Streaming Seiten (C-360/13) hat der EuGH entschieden, dass die von einem Endnutzer bei der Betrachtung einer Internetseite erstellten Kopien auf dem Bildschirm seines Computers und im „Cache" der Festplatte ohne die Zustimmung der Urheberrechtsinhaber erstellt werden können. Dieses Urteil lässt den sehr vorsichtigen Schluss zu, dass auch bei illegalen Streaming Seiten die Schranke in § 44a UrhG wirksam greifen könnte. Dies ist jedoch bisher nicht höchstrichterlich entschieden.

> **Beispiel**
>
> Das Streaming-Portal K stellt Internetnutzern bereits wenige Tage nach dem Kinostart eines jeweiligen Films diesen besagten Film über Streaming zur Verfügung. Der filmbegeisterte Nutzer N des Portals schaut auf diesem Wege regelmäßig aktuelle Kinofilme. Die Inhaber der Schutzrechte an den Filmwerken fragen sich, inwiefern sie gegen diese Bereitstellungs- und Nutzungshandlungen vorgehen können.
>
> Im Ergebnis muss den Inhaber der Schutzrechte an den Filmwerken mitgeteilt werden, dass die Rechtslage nur teilweise klar und eindeutig ist. Ein Belangen des Streaming-Portals wegen Urheberrechtsverletzung ist zweifelsohne möglich. Die Möglichkeiten einer zivilrechtlichen oder strafrechtlichen Verfolgung der Nutzer sind nach wie vor strittig.

Elektronische Lernplattformen

Mit dem Aufkommen neuer Geschäftsmodelle haben sich auch neue Fragestellungen bezüglich der Schrankenauslegung ergeben. Die Frage, wie die Schranken des Urheberrechts auf elektronische Lernplattformen anzuwenden ist, hat die deutschen Gerichte insbesondere in der Auslegung des § 52a Öffentliche Zugänglichmachung für Unterricht und Forschung in den letzten Jahren beschäftigt. In einem Urteil des Jahres 2013 (I ZR 76/12 Meilensteine der Psychologie, NJW 2014, 2117) hat der BGH nun entschieden, dass es klare Obergrenzen gibt für das Verfügbarmachen von urheberrechtlich geschützten Werken auf einer elektronischen Lernplattform. So darf der Umfang der Teile höchstens 12% des Gesamtwerkes und nicht mehr als 100 Seiten ausmachen. Zugleich muss der Rechtsinhaber der Universität keine angemessene Lizenz für die Nutzung angeboten haben.

3. Abschnitt

Patentrecht

1. Wesen und Gegenstand des Patents

1.1 Allgemeines

124 Das Patentrecht = Patent ist ein technisches Schutzrecht. Es ist, wie wir wissen, ein Ausschließlichkeitsrecht, ein absolutes Recht und liegt auf gewerblichem Sektor.

Gegenstand des Patents ist eine Erfindung.

Abb. 12: Gegenstand des Patents

Das Patent hat in der Praxis größte Bedeutung. Zahlen mögen dies belegen: In der Bundesrepublik Deutschland wurden beim *Deutschen* Patent- und Markenamt in München im Jahre 2013 über 63 100 Patentanmeldungen eingereicht. Einschließlich der mit Wirkung für Deutschland vom Europäischen Patentamt erteilten Patente (Rz 720 ff) bestanden 2013 in Deutschland insgesamt 549 297 Patente.

1.2 Rechtsvoraussetzungen

§ 1 I PatG verlangt für die Erteilung eines Patents
- eine Erfindung, die
- neu,
- gewerblich anwendbar ist,
- auf einer erfinderischen Tätigkeit beruht.

1.2.1 Erfindung

125 Zentralbegriff des Patentrechts ist die Erfindung. Wie das Wort „Erfinden" schon sagt, liegt das Wesen der Erfindung darin, dass etwas gefunden wird. Gefunden kann aber nur das werden, was schon da ist. Was ist dies hier? Es ist eine durch die Natur vorgegebene technische Regel. Wir sehen also: Die Erfindung ist kein bloßes Gebilde der Fantasie, enthält keine Einmaligkeit des individuellen menschlichen Geistes, ist also keine Schöpfung, sondern entspricht einem in der Natur bereits vorgegebenen geistigen Prinzip. Daraus erhellt sich, dass mehrere Menschen unabhängig voneinander

dieselbe Erfindung machen: Doppelerfindungen. Es ist bekannt, dass bestimmte Erfindungen „oft in der Luft liegen".

> **Beispiel**
>
> Die Doppelerfindung zeigt sich z.B. in der Geschichte des Zündholzes: zunächst erfunden vom Engländer Cooper 1825, nach anderen vom Studenten Kammerer in Ludwigsburg und schließlich von Lundström in Schweden, wo es wirtschaftlich genutzt wurde.
>
> Bei einer Schöpfung, einem Werk, kann wegen der Einmaligkeit des individuellen menschlichen Geistes keine Duplizität eintreten. Das Gedicht „Die Glocke" konnte von keinem anderen als Schiller geschaffen werden.
>
> An diesen beiden Beispielen zeigt sich die Abgrenzung des Patents vom Urheberrecht. Das Werk als Gegenstand des Urheberrechts entspricht der Individualität des menschlichen Geistes, ist damit einmalig. Die Erfindung als Gegenstand des Patents hingegen enthält keine Einmaligkeit des menschlichen Geistes; Erfinder sind ersetzbar.

Nachdem wir nun ganz allgemein erkannt haben, worum es bei der Erfindung geht, wollen wir uns dem Begriff im Einzelnen zuwenden. **126**

Das Gesetz definiert den Begriff Erfindung nicht und eine allseits anerkannte Festlegung gibt es nicht.

Der Ausgangspunkt ist jedoch klar: Die Erfindung bezieht sich auf das **Gebiet der Technik**. Ein häufig in Gerichtsentscheidungen vorkommendes Argument ist **Technizität**.

Wir gehen zunächst von folgender, im Ansatz leichten, allgemeinen Begriffsbestimmung aus: Eine Erfindung ist eine **Lehre zum technischen Handeln.** Diese sieht die Rechtsprechung in einer Anweisung zum planmäßigen Handeln unter Einsatz beherrschbarer Naturkräfte zur Erreichung eines kausal übersehbaren Erfolges. Welche **beherrschbaren Naturkräfte** ausgenutzt werden, ist dabei gleichgültig. Es können die der Physik, der Chemie oder der Biologie sein. Allein durch die Naturkräfte muss der angestrebte Erfolg erreicht werden, also ohne Zwischenschaltung von Verstandeskräften.

- Beispiele für Erfindungen, bei denen mit Kräften der Physik und Chemie gearbeitet wird, sind uns allen bekannt.
- Problematisch sind hingegen die Erfindungen, die sich auf die lebende Materie beziehen. Hierzu gibt das Gesetz eine Reihe von Regelungen:
- Nach § 1 II PatG sind **biotechnologische Erfindungen** patentfähig, wenn sie ein *Erzeugnis*, das aus biologischem Material (das ist nach § 2a III Ziff. 1 PatG ein Material, das genetische Informationen enthält und sich selbst reproduzieren oder in einem biologischen System reproduziert werden kann) besteht oder dieses enthält, oder wenn sie ein *Verfahren*, mit dem biologisches Material hergestellt oder bearbeitet wird oder bei dem es verwendet wird, zum Gegenstand haben. Auch biologisches Material, das mit Hilfe eines technischen Verfahrens aus seiner natürlichen Umgebung isoliert oder hergestellt wird, kann Gegenstand einer Erfindung sein.

> **Beispiel**
>
> Für ein Biotechunternehmen wurde Patentschutz für krebszerstörende Viren erteilt. Diese biotechnologische Erfindung ist patentfähig, weil sie ein Erzeugnis zum Gegenstand hat, das aus biologischem Material besteht (§ 1 II, S. 1, 1. Alt. PatG). Viren stellen nämlich biologisches Material dar, das sich nicht selbst reproduzieren kann, sondern ein biologisches System zur Reproduktion benötigt (§ 2a III Ziff. 1, 2. Alt. PatG).

- Patentfähig sind auch Erfindungen, deren Gegenstand Pflanzen oder Tiere sind, wenn die Ausführung der Erfindung technisch nicht auf eine Pflanzensorte oder Tierrasse beschränkt ist (§ 2a II Ziff. 1 PatG).
- Weiterhin sind solche Erfindungen patentfähig, die ein mikrobiologisches oder ein sonstiges technisches Verfahren oder ein durch ein solches Verfahren gewonnenes Erzeugnis zum Gegenstand haben; Ausnahmen: Pflanzensorten und Tierrassen (§ 2a II Ziff. 2 PatG).

126a Schöpfungen hingegen, die nicht mit den Mitteln der Naturkräfte arbeiten, sondern lediglich zur Welt des Geistes gehören, können nicht Gegenstand einer Erfindung sein, wie etwa:

- Schöpfungen auf dem Gebiet der Kunst, Literatur, Wissenschaft und Wirtschaft.
  Davon ausgehend versteht sich auch § 1 III PatG, wonach Entdeckungen, wissenschaftliche Theorien, mathematische Methoden, ästhetische Formschöpfungen, Pläne, Regeln und Verfahren für gedankliche Tätigkeiten, für Spiele oder für geschäftliche Tätigkeiten sowie die Wiedergabe von Informationen nicht als Erfindungen angesehen werden.
  Von großer praktischer Bedeutung ist es, dass Programme für Datenverarbeitungsanlagen (Computersoftware) urheberrechtsfähig, aber nicht patentfähig sind (§ 1 III Ziff. 3 PatG). Diese Problematik wurde bereits oben (Rz 8 a) thematisiert. Die Patentunfähigkeit gilt nach § 1 IV PatG jedoch nur insoweit, als für die Software „als solche" Schutz begehrt wird. Hier entstehen häufig Probleme, denn es kommt oft vor, dass Computerprogramme im Rahmen einer Patentanmeldung eine Rolle spielen, etwa bei einer Steuerungseinrichtung; man spricht hier, wie wir bereits wissen, von *computerimplementierten Erfindungen* (Rz 8). Nehmen wir zunächst den einfachsten Fall: Es wird ein reines Computerprogramm *als solches* als Patent angemeldet. Dieses wird **mangels Technizität** als Nichterfindung gemäß § 1 III Ziff. 3 PatG abgelehnt. Problematisch sind die Anmeldungen, die computerimplementierte Verfahren in einem *Nebeneinander* mit technischen Merkmalen aufweisen. Dies ist der Fall, wenn Software in technische Abläufe eingebunden ist, etwa durch Verarbeitung von Messergebnissen oder Steuerung, Regelung und Überwachung des Ablaufs technischer Einrichtungen (z.B. PKW-Motorsteuerung, ABS). In derartigen Fällen lehnt der BGH einen Patentschutz nicht ab, wenn – über die unabdingbare Technizität hinaus – verfahrensbestimmende Anweisungen enthalten sind, welche die Lösung eines konkreten technischen Problems mit technischen Mitteln zum Gegenstand haben (z.B. BGH: GRUR 2004, 667 – Elektronischer Zahlungsverkehr; Az. X ZB 22/07 vom 20.01.2009 – Steuerungseinrichtung für Untersuchungsmodalitäten); soweit die in § 1 I PatG geforderten materiellen Voraussetzungen der Neuheit, der erfinderischen Tätigkeit und der gewerblichen Anwendbarkeit erfüllt sind.
- Auch andere Schöpfungen, die sich nur an den menschlichen Geist richten, sog. Anweisungen an den menschlichen Geist, sind nicht technisch und scheiden daher als Erfindung aus, z.B. Werbetexte, Werbepostkarten, Werbekalender, der Gedanke, in einem Unterhaltungsbuch Reklametexte psychologisch geschickt in bestimmter Weise einzufügen, die Anordnung und Einteilung von Adressbüchern, Kontenplänen und Preislisten (BGH, GRUR 75, 549 f. – Buchungsblatt).

Über die in § 1 III PatG genannten „Nichterfindungen" hinausgehend, bestimmt § 1a I PatG Nichtpatentierbarkeit in Bezug auf den **menschlichen Körper**: Der menschliche Körper in den einzelnen Phasen seiner Entstehung und Entwicklung, einschließlich der Keimzellen, sowie die bloße Entdeckung eines seiner Bestandteile, einschließlich der Sequenz oder Teilsequenz eines Gens, können nicht Gegenstand eines Patents sein. Dies gilt jedoch nicht für einen isolierten Bestandteil des menschlichen Körpers oder ein auf andere Weise durch ein technisches Verfahren gewonnener Bestandteil, einschließlich der Sequenz oder Teilsequenz eine Gens (§ 1a II PatG).

Für Pflanzensorten und Tierrassen werden keine Patente erteilt (§ 2a I Ziff. 1 PatG). Was die **Pflanzensorten** angeht, gilt es aber ein Spezialgesetz zu beachten, das **Sortenschutzgesetz**: Hiernach genießt der Ursprungszüchter oder Entdecker Sortenschutz für eine Pflanzensorte, wenn sie unterscheidbar, homogen, beständig und neu und durch eine eintragbare Sortenbezeichnung bezeichnet ist. Das Bundessortenamt prüft die für die Erteilung maßgeblichen Kriterien und trägt im Falle eines positiven Ergebnisses die Sorte in die Sortenschutzrolle ein. Die Dauer des Sortenschutzes beträgt 25 Jahre, bei Hopfen, Kartoffel, Rebe und Baumarten 30 Jahre.

Weiterhin sind im Wesentlichen biologische Verfahren zur Züchtung von Pflanzen und Tieren und die ausschließlich durch solche Verfahren gewonnen Pflanzen und Tiere nicht patentfähig (§ 2a I Ziff. 1 PatG). Darunter sind nach § 2a III Ziff. 3 PatG Verfahren zur Züchtung von Pflanzen und Tieren zu verstehen, die vollständig auf natürlichen Phänomenen wie Kreuzung oder Selektion beruhen.

Eine Erfindung 127

- geht von einer **technischen Aufgabe** (einem technischen Problem) aus und
- führt dieses einer **Lösung** mit bestimmten technischen Mitteln zu unter Zuhilfenahme der genannten Naturkräfte.

Aufgabe ist der erstrebte technische Erfolg, betrachtet aus der Zeit vor der Vollendung der Erfindung.

Der Einsatz bestimmter technischer Mittel – die oben beschriebenen physikalischen, chemischen oder biologischen Naturkräfte – ist ursächlich für die Problemlösung; ein bekanntes **Beispiel**: das „ABS-Bremssystem".

> **Beispiel**
> - Die **Aufgabe**: Bei einem Antiblockierregelsystem, mit dessen Hilfe beim Bremsen der einzelnen Fahrzeugräder wegen der bekannten nachteiligen Folgen deren Blockieren (Gleiten) verhindert werden soll, die Beendigung der Druckabsenkung (besser) den Fahrbahnverhältnissen anzupassen.
> - Die **Lösung**: Ein System mechanischer, elektrischer oder elektronischer Art mit bistabilen Schaltvorrichtungen, mit Drehverzögerungs- und Drehbeschleunigungs-Schaltvorrichtungen, bei dem bestimmte Signale gegeben werden und die einzelnen Elemente so miteinander verbunden sind, dass sie beim Auftreten eines Verzögerungssignals in einen Schaltzustand geraten, in dem sie – über die Steuerung jeweils eines Einlass- und eines Auslassventils – eine Absenkung des Bremsdrucks bewirken, und erst beim Auftreten eines Beschleunigungssignals eine andere Schaltstellung einnehmen, in der der Bremsdruck konstant gehalten wird.
>
> (Vgl. hierzu BGH, GRUR 80, 850 – Antiblockiersystem).

128 Eine Erfindung offenbart als Lehre zum technischen Handeln nur dann eine fertige Lösung, wenn ein Fachmann sie nach den Angaben des Erfinders ausführen, also in **beliebiger Wiederholung** nach dieser Lehre mit gleich bleibendem Erfolg arbeiten kann. Die Lösung des technischen Problems darf also nicht auf Zufall beruhen, sondern auf der Gesetzmäßigkeit der Naturkräfte. Ein einmaliges technisches Ergebnis kann also niemals Gegenstand einer Erfindung sein. Gerade in dieser Wiederholbarkeit der Erfindung liegen die technische Regel und die Bereicherung der Allgemeinheit.

1.2.2 Neuheit

129 Der Begriff neu wird in § 3 PatG definiert. Nach der formellen Abgrenzung dieser Vorschrift gilt eine Erfindung als neu, wenn sie nicht zum **Stand der Technik** gehört. Der Stand der Technik umfasst alle Kenntnisse, die vor einem bestimmten Stichtag durch schriftliche oder mündliche Beschreibung, durch Benutzung oder in sonstiger Weise der **Öffentlichkeit zugänglich gemacht** worden sind, gleichgültig, ob im Inland oder im Ausland (**absoluter Neuheitsbegriff**). Stichtag ist der für den Zeitrang der Anmeldung maßgebliche Tag. Dies ist in der Regel der Tag der Anmeldung beim Deutschen Patent- und Markenamt (DPMA). Wird ein Prioritätsrecht in Anspruch genommen – etwa die innere Priorität nach § 40 PatG oder die Unionspriorität (§ 41 PatG) nach Art. 4 PVÜ (Rz 714) –, so ist der Prioritätstag der maßgebliche Zeitpunkt.

Um sich ein Bild über das sehr problematische Kriterium „Stand der Technik" und damit über die Aussichten für eine Patenterteilung zu verschaffen, kann der Patentanmelder beim Patentamt schriftlich den Antrag auf eine **Recherche** stellen. Das Patentamt ermittelt hierauf den Stand der Technik, der für die Beurteilung der Patentfähigkeit der angemeldeten Erfindung in Betracht zu ziehen ist, und beurteilt *vorläufig* die Schutzfähigkeit der angemeldeten Erfindung nach den §§ 1 bis 5 und ob die Anmeldung den Anforderungen des § 34 III bis V genügt (§ 43 I PatG). Das Patentamt führt die Recherche durch und teilt das Ergebnis ohne Gewähr für Vollständigkeit dem Anmelder im Recherchebericht mit (§ 43 VII). Diese **selbstständige** – isolierte – Recherche ist kein notwendiger Teil des Patenterteilungsverfahrens.

1.2.3 Gewerbliche Anwendbarkeit

130 Nach § 5 I PatG gilt eine Erfindung als gewerblich anwendbar, wenn ihr Gegenstand auf irgendeinem gewerblichen Gebiet einschließlich der Landwirtschaft hergestellt oder benutzt werden kann.

1.2.4 Erfinderische Tätigkeit

131 Eine Erfindung gilt als auf einer erfinderischen Tätigkeit beruhend, wenn sie sich für den Fachmann nicht in nahe liegender Weise aus dem Stand der Technik ergibt (§ 4 PatG). Häufig wird hier das Synonym **Erfindungshöhe** verwendet. Materiell gesehen geht es um eine bestimmte **„Erfindungsqualität"**, die mit der „Schöpfungsqualität" (vgl. Rz 20 f.) im Urheberrecht vergleichbar ist.

Der „Sprung", den die neue Erfindung über den Stand der Technik hinaus macht, kann sehr groß sein – etwa bei Pioniererfindungen –, kann aber auch recht gering ausfallen (vgl. Abb. 13).

Ob der Grad der Erfindungshöhe im Einzelfall für eine Patenterteilung ausreicht, ist oft eine schwer zu entscheidende Frage, deren Beurteilung dem technischen Mitglied der Prüfungsstelle obliegt.

Maßgebend dafür, ob die Erfindung auf erfinderischer Tätigkeit beruht, sind zwei Ausgangspunkte: Der Stand der Technik und das Können eines Durchschnittsfachmannes auf dem einschlägigen Fachgebiet. Eine Erfindung ist dann nicht nahe liegend, wenn sie von einem Durchschnittsfachmann aus dem Stand der Technik heraus mittels seines Fachwissens nicht gemacht worden wäre.

Beispiele

Einige **Beispiele** für das Fehlen der Erfindungshöhe:

Hat die Erfindung das bloße Verändern von Dimensionen zum Gegenstand, so wird in der Regel die Erfindungshöhe fehlen.

Übliche Maßnahmen von Handwerkern und Ingenieuren, wie etwa die Auswahl eines als geeignet bekannten Werkstoffes, ergeben sich für einen Fachmann in nahe liegender Weise aus dem Stand der Technik, so dass die Erfindung nicht auf erfinderischer Tätigkeit beruht.

Bei der bloßen Übertragung von einem in einem bestimmten technischen Gebiet bekannten Erzeugnis oder Verfahren auf ein anderes technisches Gebiet wird es häufig der Erfindungshöhe ermangeln, wie etwa bei der Übertragung
– eines Verfahrens zur Herstellung von Blechgefäßen auf ein solches zur Herstellung von Tonnen,
– einer Vorrichtung von Rechenmaschinen auf Schreibmaschinen,
– der Verwendung von Hartglas für Fenster für Torpedoboote auf Kraftfahrzeug-Windschutzscheiben.

Als ein bedeutsames Indiz dafür, dass eine neue Erfindung sich nicht in nahe liegender Weise aus dem Stand der Technik ergibt, mithin also Erfindungshöhe aufweist, kann das Überraschungsmoment gewertet werden (BGH, GRUR 89, 899 ff. – Sauerteig), nicht hingegen der wirtschaftliche Erfolg des neuen Erzeugnisses.

Vgl. Fälle 1, 5, 45.

Abb. 13: Erfindungshöhe (A = neue Erfindung)

1.3 Schutzausschließungsgründe

132 Nach § 2 I PatG werden für Erfindungen, deren gewerbliche Verwertung gegen die öffentliche Ordnung oder die guten Sitten verstoßen würde, keine Patente erteilt. Ethische Gründe, die dieser Vorschrift zugrunde liegen, kommen besonders deutlich im Absatz 2 zum Ausdruck, wonach insbesondere keine Patente erteilt werden für

- Verfahren zum Klonen von menschlichen Lebewesen (Ziff. 1);
- Verfahren zur Veränderung der genetischen Identität der Keimbahn des menschlichen Lebewesens (Ziff. 2);
- die Verwendung von menschlichen Embryonen zu industriellen oder kommerziellen Zwecken (Ziff. 3). – Hierzu eine hochbrisante Entscheidung des EuGH vom Oktober 2011 (C34/10), höchst umstritten, von der europäischen Forschung zutiefst bedauert, von Greenpeace (dem Prozessführer) und den Kirchen begrüßt: Es geht um ein biotechnologisches Verfahren, bei dem aus menschlichen embryonalen Stammzellen Nerven-Vorläuferzellen gewonnen werden (vor allem zur Therapie von Gehirnerkrankungen, wie Alzheimer, Parkinson, Depressionen und Schizophrenie). – Ausgangspunkt ist eine weite Auslegung des Begriffes „menschlicher Embryo". Der EuGH sieht hierin jede menschliche Eizelle bereits vom Zeitpunkt der Befruchtung an, da hierdurch der Prozess der Entwicklung menschlichen Lebens in Gang gesetzt wird. Bei der Gewinnung der genannten Nervenzellen aus den menschlichen Embryonen werden letztere zerstört. Dies verstößt gegen die Menschenwürde, und wenn zu industriellen oder kommerziellen Zwecken verwendet, was auf Grund der Patentverwertung letztlich ja geschieht, gegen die guten Sitten (§ 2 I PatG), so der EuGH.

Auch in Bezug auf Tiere ergeben sich Beschränkungen aus ethischen Aspekten. Nach § 2 II Ziff. 4 PatG sind nicht patentfähig Verfahren zur Veränderung der genetischen Identität von Tieren, die geeignet sind, Leiden dieser Tiere ohne wesentlichen Nutzen für Mensch oder Tier zu verursachen.

1.4 Der Erfinder

Bei der Frage, wer der Erfinder des Patentes ist, ergibt sich eine entsprechende Problematik wie bei der Frage des Schöpfers in Bezug auf das Werk beim Urheberrecht (Rz 28).

133 Erfinder ist derjenige, der das technische Problem mit technischen Mitteln einer Lösung zugeführt, also die technische Regel entwickelt hat.

134 Es kann dies auch durch mehrere Personen **gemeinsam** in der Weise geschehen, dass jeder einen wesentlichen geistigen Anteil an dem Erfolg hat. Wir sprechen hier von **Miterfindern**. Ihnen steht das Recht auf das Patent gemeinschaftlich zu (§ 6, 2 PatG).

135 Haben mehrere Personen **unabhängig voneinander** eine Erfindung gemacht, also eine Doppelerfindung (Rz 125), so steht das Recht auf das Patent demjenigen zu, der die Erfindung zuerst beim Patentamt anmeldet (§ 6, 3 PatG).

Kein Erfinder ist der die Erfindung lediglich **Anregende**, also etwa derjenige, der eine bestimmte Aufgabe stellt, eine Richtung weist, wie es häufig durch Arbeitgeber oder Vorgesetzte vorkommt. 136

Kein Erfinder ist auch der **Gehilfe**. Darunter versteht man denjenigen, der an der Erfindung zwar beteiligt war, aber keinen wesentlichen geistigen Anteil am Erfolg hatte. Dies ist etwa ein Mitarbeiter, dessen Arbeit sich auf rein handwerkliche Tätigkeiten nach Vorgaben beschränkt hat, wie etwa bei einem Chemielaboranten. Die Grenzziehung Gehilfe/Miterfinder kann im Einzelfalle schwierig sein. 137

Erfinder kann nur eine natürliche Person sein. Eine juristische Person ist nur in der Lage, durch ihre Organe zu handeln. 138

Da die meisten Erfindungen von Personen in abhängiger Arbeit gemacht werden, ist das mehrfach geänderte **Gesetz über Arbeitnehmererfindungen** (ANEG) von großer praktischer Bedeutung. Dessen Anwendungsbereich: Arbeitnehmer im privaten und im öffentlichen Dienst sowie Beamte und Soldaten (§ 1 ANEG). 139

Gegenstand der gesetzlichen Regelungen sind Erfindungen, die patent- oder designfähig sind (§ 2 ANEG) sowie technische Verbesserungsvorschläge (§ 3 ANEG).

Erfindungen können gebundene Erfindungen = *Diensterfindungen* sein. Dies sind solche, die in ursächlichem Zusammenhang mit dem Dienst stehen (§ 4 I, II ANEG).

Sonstige Erfindungen von Arbeitnehmern sind *freie Erfindungen* (§ 4 III ANEG).

Sowohl bei den Diensterfindungen als auch bei den freien Erfindungen entsteht das Erfinderrecht in der Person des Arbeitnehmererfinders.

Für die Erfindungen der Arbeitnehmer *im privaten Dienst* gelten die Vorschriften der §§ 5 bis 39 ANEG. 139a

Der Arbeitnehmer hat seine *Diensterfindung* unverzüglich – in besonderer Form – zu *melden* (§ 5 ANEG).

Der Arbeitgeber kann nun diese Diensterfindung *in Anspruch nehmen* (§ 6 ANEG). Mit der Inanspruchnahme gehen alle vermögenswerte Rechte an der Erfindung auf den Arbeitgeber über (§ 7 I ANEG).

Sobald der Arbeitgeber die Diensterfindung in Anspruch genommen hat, hat der Arbeitnehmer gegen ihn einen Anspruch auf angemessene *Vergütung*. Für deren Bemessung sind insbesondere die wirtschaftliche Verwertbarkeit der Erfindung, die Aufgaben und die Stellung des Arbeitnehmers im Betrieb sowie der Anteil des Betriebs an dem Zustandekommen der Diensterfindung maßgebend (§ 9 ANEG); im Einzelnen stehen hier Vergütungsrichtlinien zur Verfügung (§ 11 ANEG). Art und Höhe der Vergütung soll in angemessener Zeit durch *Vereinbarung* zwischen Arbeitgeber und Arbeitnehmererfinder festgestellt werden (§ 12 I ANEG). Kommt eine solche nicht zustande, so hat der Arbeitgeber die Vergütung – in bestimmter Form – einseitig festzustellen und entsprechende Zahlung zu leisten. Dieser Festsetzung kann der Arbeitnehmer – wiederum in bestimmter Form – innerhalb von zwei Monaten widersprechen

(§ 12 III, IV ANEG). Bei derartigen Streitfällen kann die beim Patentamt eingerichtete Schiedsstelle (§ 29 ANEG) angerufen werden, die zu versuchen hat, eine *gütliche Einigung* herbeizuführen (§ 28 ANEG). Erst nachdem ein solches Verfahren vor der Schiedsstelle vorausgegangen ist, kann – von wenigen Ausnahmen abgesehen – *Klage* vor dem Patentgericht erhoben werden (§ 37 ANEG).

139b Der Arbeitgeber ist grundsätzlich verpflichtet und allein berechtigt, eine in Anspruch genommene Diensterfindung im Inland zur Erteilung eines Schutzrechtes anzumelden (§ 13 ANEG).

139c Nimmt der Arbeitgeber die Diensterfindung nicht in Anspruch, so hat er sie durch Erklärung *freizugeben*. Über eine solche frei gewordene Diensterfindung kann der Arbeitnehmer nunmehr ohne Beschränkungen verfügen (§ 8 ANEG).

139d Bei der *freien Erfindung* trifft den Arbeitnehmer lediglich eine Mitteilungspflicht (§ 18 ANEG) sowie die Verpflichtung, vor einer anderweitigen Verwertung seinem Arbeitgeber mindestens ein nichtausschließliches Recht zur Benutzung der Erfindung zu angemessenen Bedingungen anzubieten (§ 19 ANEG).

139e Für die Erfindungen von Arbeitnehmern im *öffentlichen Dienst*, von *Beamten* und *Soldaten* sind die Vorschriften für Arbeitnehmer im privaten Dienst – mit einigen Modifizierungen – anzuwenden (§§ 40, 41 ANEG).

139f Für die Erfindungen an Hochschulen gelten die besonderen Bestimmungen des § 42 ANEG.

1.5 Belohnung des Erfinders

140 Zweck des Patentrechtes ist es, dem Erfinder eine angemessene Belohnung zu gewähren, weil er zum Wohle der Allgemeinheit den technischen Fortschritt gefördert und damit zu einer Bereicherung der Technik beigetragen hat, und weil er dies der Allgemeinheit bekannt gab. Dabei stehen die dem Erfinder eingeräumten **Verwertungsrechte** im Vordergrund (§ 9 PatG). Das **Erfinderpersönlichkeitsrecht** ist schwächer ausgeprägt als das Urheberpersönlichkeitsrecht (vgl. Rz 54 ff.). Es beschränkt sich auf das Recht auf Erfinderehre, das in der Erfinderbenennung zum Ausdruck kommt (§§ 37, 63 PatG).

1.6 Hauptarten der Erfindung

Nach dem Gegenstand der Erfindung unterscheiden wir zwischen Erzeugnis- und Verfahrenserfindungen, die dann zu den Erzeugnis- und Verfahrenspatenten führen (§ 9 PatG).

141 Das **Erzeugnispatent** bezieht sich auf eine bestimmte Sache, die spezifische technische Eigenschaften aufweist.

Die Erzeugnispatente umfassen die Patente für Sachen (z.B. Maschinen, Werkzeuge), Vorrichtungen (z.B. Oberlichtöffner mit Schiebe- und Schwenkgestänge), Anordnungen (elektrische Schaltungen), Stoffe (die Erzeugnispatente auf dem Gebiet der Chemie), Mittel (z.B. Arzneimittel).

Das **Verfahrenspatent** bezieht sich auf eine bestimmte zeitliche Reihenfolge, durch die ein technischer Erfolg hervorgebracht wird.

142

Zu den Verfahrenspatenten gehören die Patente für Herstellungsverfahren (z.B. Verfahren zur Gewinnung chemischer Stoffe) und für Arbeitsverfahren (z.B. Temperierung oder Entstaubung von Luft in Arbeitsräumen).

Die Unterscheidung von Erzeugnis- und Verfahrenspatent ist deswegen so bedeutsam, weil sie einen verschiedenen Schutzumfang haben.

2. Entstehen des Patents

Liegen die dargestellten Erfordernisse des § 1 PatG vor, so hat der Erfinder damit noch kein Patent. Zu diesen materiellen Voraussetzungen müssen vielmehr noch **formelle Voraussetzungen hinzutreten**, nämlich ein kompliziertes Verfahren vor dem Patentamt.

143

Das **Patenterteilungsverfahren** sei im Folgenden in den wichtigsten Schritten skizziert. Dabei wollen wir vier Stufen auseinander halten (vgl. Abb. 14, S. 75).

2.1 Das Anmelde- und Vorprüfungsverfahren

Das Patenterteilungsverfahren wird durch die schriftliche **Anmeldung** beim Deutschen Patent- und Markenamt eingeleitet (§ 34 I PatG). Auf vorgeschriebenen Vordrucken eingereicht, muss die Anmeldung enthalten (§ 34 III PatG):
- Namen des Anmelders
- einen Antrag auf Patenterteilung
- einen Patentanspruch
- eine Beschreibung der Erfindung
- die erforderlichen Zeichnungen.

144

In dem Antrag auf Erteilung des Patents ist die Erfindung kurz und genau zu bezeichnen (§ 34 III Ziff. 2 PatG).

145

In dem **Patentanspruch** ist anzugeben, was unter Schutz gestellt werden soll. Er ist von entscheidender Bedeutung. Der Schutzbereich des Patents wird durch den Inhalt des Patentanspruchs bestimmt (§ 14 PatG).

Die **Beschreibung** der **Erfindung** ist so deutlich und vollständig zu offenbaren, dass ein Fachmann sie ausführen kann (§ 34 IV PatG). Man geht hier üblicherweise in drei Schritten vor:

146

- Darlegung des Standes der Technik (vgl. § 34 VII PatG),
- Beschreibung der technischen Aufgaben sowie
- deren Lösung anhand eines Ausführungsbeispiels.

Der Anmeldung ist eine Zusammenfassung beizufügen, die bis zum Ablauf von 15 Monaten nachgereicht werden kann (§ 36 PatG). Sie dient ausschließlich der technischen Unterrichtung.

Des Weiteren ist die Anmeldegebühr zu entrichten (§ 3 I PatKostG).

Die Erfinderbenennung ist in der Regel innerhalb von 15 Monaten nach Anmeldung durchzuführen (§ 37 PatG).

147 Das DPMA führt zunächst eine **Offensichtlichkeitsprüfung** durch (§ 42 PatG). Die Vorprüfungsstelle prüft von Amts wegen, ob offensichtlich formelle (§§ 34–38 PatG) und bestimmte materielle (§ 42 II PatG) Mängel vorliegen. Ist dies der Fall, so wird der Anmelder zu deren Beseitigung aufgefordert. Behebt dieser die Mängel nicht, so wird seine Anmeldung zurückgewiesen (§ 42 III PatG).

148 Nach Ablauf von 18 Monaten seit Anmeldung wird im Patentblatt auf die Möglichkeit der Einsichtnahme in die Akte der Patentanmeldung hingewiesen (§ 32 V, § 31 II PatG). Hiernach steht die Einsicht in die Akten der Patentanmeldung und in die dazu gehörenden Modelle und Probestücke jedermann frei (§ 31 II, III PatG). Das DPMA veröffentlicht den Inhalt dieser zur Einsicht freistehenden Unterlagen in der **Offenlegungsschrift** (§ 32 I, II PatG). Damit ist die Tätigkeit der Vorprüfungsstelle in Bezug auf den Anmeldevorgang abgeschlossen.

2.2 Das Prüfungs- und Erteilungsverfahren

149 Nun erfolgt das *Prüfungsverfahren* durch die technischen Fachleute der *Prüfungsstelle* des DPMA. Hier wird geprüft, ob die Anmeldung den Anforderungen der §§ 34, 37 und 38 genügt und ob der Gegenstand der Anmeldung nach den §§ 1 bis 5 patentfähig ist (§ 44 I). Die Prüfungsstelle wird jedoch nur auf Antrag tätig, und nur dann, wenn die Prüfungsgebühr nach dem Patentkostengesetz bezahlt ist.

Im Rahmen des Prüfungsverfahrens hat die Prüfungsstelle alle zur Aufklärung der Sache erforderlichen Ermittlungen anzustellen. Sie hat dabei bestimmte richterliche Funktionen; sie kann die Beteiligten anhören, Zeugen und Sachverständliche eidlich oder uneidlich vernehmen (§ 46 I PatG).

150 Genügt die Anmeldung den genannten formellen und materiellen Anforderungen, so beschließt die Prüfungsstelle die Erteilung des Patents (§ 49 I PatG). Dann wird die **Erteilung des Patents** im Patentblatt veröffentlicht, gleichzeitig damit auch die Patentschrift. Mit der Veröffentlichung des Patents im Patentblatt entsteht das Patent (§ 58 PatG). Es wird in das Patentregister, die sog. Patentrolle, eingetragen (§ 30 PatG).

Vgl. Fall 9.

2.3 Das Einspruchsverfahren

Mit der Patenterteilung ist das Patent noch nicht endgültig. Innerhalb von neun Monaten nach Veröffentlichung im Patentblatt kann nämlich jeder Dritte schriftlich **Einspruch** erheben. Dieser ist schriftlich zu erklären und zu begründen. Er kann nur auf einen der in § 21 PatG genannten Gründe gestützt werden (§ 59 I, 3 PatG), wobei vor allem dem Fehlen einer Voraussetzung nach §§ 1-5 PatG Bedeutung zukommt. Ist also das Patent zu Unrecht erteilt worden, so besteht auf Grund fristgerechten Einspruchs noch die Möglichkeit, diesen Fehler zu revidieren.

151

Auf Grund eines Einspruchs entscheidet die Patentabteilung durch Beschluss, ob und in welchem Umfang das Patent aufrechterhalten oder widerrufen wird. Wird es widerrufen oder nur beschränkt aufrecht erhalten, so wird dies im Patentblatt veröffentlicht (§ 61 I, III PatG). Erfolgt ein Widerruf des Patents, so gelten die Wirkungen des Patents als von Anfang an nicht eingetreten (§ 21 III PatG), also ex tunc.

1	Anmelde- und Vorprüfungsverfahren/Vorprüfungsstelle
	– Anmeldung (§ 34) – Offensichtlichkeitsprüfung (§ 42) – Offenlegung (§ 32, § 31)
2	Prüfungs- und Erteilungsverfahren/Prüfungsstelle
	– Antrag (§ 44) – Sachprüfung, vollständig (§§ 45 ff.) – Patenterteilung, Veröffentlichung (§§ 49, 58)
3	Einspruchsverfahren/Patentabteilung
	– Einspruch (§ 59) – Entscheidung (§ 61)
4	Beschwerdeverfahren/Patentgericht/BGH
	– Beschwerde (§ 73) – Entscheidung (§ 79) – Rechtsbeschwerde BGH (§ 100)

Abb. 14: Patenterteilungsverfahren

2.4 Das Beschwerdeverfahren

Gegen die Beschlüsse der Prüfungsstellen und der Patentabteilungen kann **Beschwerde an das Patentgericht** (ein selbstständiges Bundesgericht) eingelegt werden (§§ 65 I, 73 PatG), dagegen Rechtsbeschwerde an den BGH, wenn sie zugelassen worden ist (§ 100 PatG).

152

2.5 Das Patent im Verletzungsprozess

153 Würdigen wir dieses Verfahren: Es ist langwierig und kompliziert. Wenn es auch gelungen ist, in den vergangenen Jahren die Bearbeitungszeiten von Patentanmeldungen im DPMA stetig zu verkürzen, so vergeht immer noch recht lange Zeit bis zu einer Entscheidung der Prüfungsstelle, also der Erteilung des Patents oder der Zurückweisung der Anmeldung.

Dieses recht zeitaufwändige Patenterteilungsverfahren hat aber den Vorteil, dass Fachleute die für die Patenterteilung erforderlichen materiellen und formellen Voraussetzungen detailliert prüfen. In einem späteren **Patentverletzungsprozess** brauchen diese von Fachleuten bereits geprüften Voraussetzungen von den Richtern also nicht mehr geprüft zu werden. Ja, sie dürfen nicht mehr geprüft werden. Das Gericht ist insoweit an die Entscheidung des Patentamtes gebunden.

Hierin zeigt sich die starke Wirkung des Patentschutzes. Das Patent ist ein „starkes und wertvolles" Recht.

Vgl. Fall 7.

2.6 Veröffentlichungen

153a Für **Patentanmeldungen** besteht insbesondere unter dem Aspekt der Beurteilung des Standes der Technik (§ 3 PatG) für spätere Anmeldungen ein erhebliches **Publizitätsinteresse**. Diesem wird durch die Möglichkeit der Einsichtnahme in die Patentrolle (§ 30 PatG) und in die Akten (§ 31 PatG) nicht hinreichend Rechnung getragen. Daher werden vom Patentamt die Offenlegungsschriften, die Patentschriften und das Patentblatt veröffentlicht, was auch in elektronischer Form erfolgen kann (§ 32 I PatG).

3. Rechtswirkungen des Patents

Das Patent hat dreifache Wirkung:

3.1 Positiver Inhalt des Patents

154 Es geht hier um § 9 PatG. Diese Vorschrift ist vergleichbar mit § 903 BGB. In beiden Fällen wird bestimmt, welche Befugnisse dem Inhaber des Patent- bzw. Eigentumsrechts zustehen. Sie stellen den positiven Inhalt dar.

§ 9 PatG bestimmt die Wirkung des Patents dahingehend, dass allein der Patentinhaber befugt ist, die patentierte Erfindung zu **benutzen**, also ein Dritter nicht. Die konkreten Benutzungsverbote für Dritte richten sich danach, ob es sich um ein Erzeugnis- oder ein Verfahrenspatent handelt.

Ist ein **Erzeugnis** Gegenstand eines Patents (Rz 141), so ist es einem Dritten ohne Zustimmung das Patentinhabers verboten, dieses herzustellen, anzubieten, in Verkehr zu bringen oder zu gebrauchen oder zu den genannten Zwecken entweder einzuführen oder zu besitzen (§ 9 Ziff. 1 PatG). 155

Ist ein **Verfahren** Gegenstand eines Patents (Rz 142), so treffen jeden Dritten drei Verbote: 156
- Es ist ihm untersagt, das Verfahren anzuwenden (§ 9 Ziff. 2 PatG),
- er darf es auch nicht anderen Personen in der Bundesrepublik zur Anwendung anbieten, wenn er das Benutzungsverbot kennt oder dieses offensichtlich ist (§ 9 Ziff. 2 PatG).
- Des Weiteren ist es ihm nicht erlaubt, das durch ein Verfahren, das Gegenstand des Patents ist, unmittelbar hergestellte Erzeugnis anzubieten, in Verkehr zu bringen oder zu gebrauchen oder zu den genannten Zwecken entweder einzuführen oder zu besitzen (§ 9 Ziff. 3 PatG).

Betrifft das Patent biologisches Material, so gelten hierfür die speziellen Patentwirkungen des § 9a PatG mit den Einschränkungen der §§ 9b, c I, III PatG.

Was hier dem Dritten konkret untersagt wird, das umschreibt umgekehrt die Befugnisse des Inhabers.

Der **Erschöpfungsgrundsatz**, den wir im Urheberrecht bereits kennen gelernt haben (Rz 59), gilt auch im Patentrecht. Das bedeutet: Ist das patentierte Produkt oder das Erzeugnis eines patentierten Verfahrens vom Patentinhaber – oder von einem legitimierten Dritten, etwa einem Lizenznehmer, – in Deutschland in den Verkehr gebracht worden, dann ist das Patentrecht in Bezug auf **dieses** Produkt verbraucht. Der Erwerber des Erzeugnisses darf dieses ungehindert nutzen und gebrauchen (BGH GRUR 80, 38 f. – Fullplastverfahren). Der Patentinhaber ist insoweit von einer weiteren Bestimmung bezüglich seines Patenterzeugnisses ausgeschlossen. 156a

Beispiel: Maschinenfabrik M hat eine Verpackungsmaschine, an deren Transportband ein Patentschutz besteht, an Unternehmer U verkauft und übereignet. Letzterer kann diese Anlage in seiner Produktion einsetzen; er kann sie aber auch weiterveräußern, vermieten oder verleihen. M hat hierauf keinen Einfluss mehr.

Im Gegensatz zum Markenrecht (vgl. Rz 299) tritt beim Patent Erschöpfung nur dann ein, wenn das geschützte Erzeugnis **im Inland** in den Verkehr gebracht worden ist. Auslandsvertrieb bringt keine Erschöpfungsfolge. Dieser Grundsatz erfährt aber eine EG-rechtliche Variante durch die Vorschriften der Art. 34, 35 AEUV über den freien Warenverkehr und dessen mögliche Begrenzung durch die Bestandsgarantie der gewerblichen Schutzrechte (Art. 36 AEUV). Hat ein Unternehmen in einem Vertragsstaat ein Parallelpatent für die identische Erfindung und bringt er dort sein patentiertes Erzeugnis in den Verkehr, so tritt EU-weite Erschöpfung ein. Hat er dort kein Parallelpatent erworben, obwohl dies möglich gewesen wäre, so tritt auch in diesem Fall EU-weite

Erschöpfung ein. Der EuGH räumt in diesem Konfliktsfall dem freien Warenverkehr grundsätzlich den Vorrang ein. Der Patentinhaber kann den Import aus dem patentfreien Staat in ein Land, in dem er Patentschutz genießt, nicht verbieten (EuGH, GRUR Int. 82, 47 f. – Moduretik).

3.2 Negativer Inhalt des Patents

157 Es geht hier zunächst um § 139 PatG. Diese Vorschrift ist vergleichbar mit § 1004 BGB. Beide Normen schließen Dritte von dem aus, was nach § 9 PatG bzw. § 903 BGB nur der Inhaber darf, und geben diesem subjektive Rechte gegen den Verletzer. Sie stellen den negativen Inhalt des Patents und des Eigentums dar.

§ 139 I PatG ist die wichtigste Anspruchsgrundlage des Patentgesetzes. Deren Rechtsvoraussetzungen:
– Benutzung einer patentierten Erfindung,
– entgegen den §§ 9-13 PatG.

> **Beispiel**
> Ein **Hinführungsbeispiel**: Ein Unternehmen hat sich das Antiblockiersystem (Rz 127) durch Patent schützen lassen. Ein Konkurrent benutzt dieses – ohne Lizenz – für seine Kraftfahrzeuge; unzulässig nach §§ 139, 9 PatG.

Die Rechtsfolgen einer Patentverletzung entsprechen häufig denen einer Urheberrechtsverletzung. Insoweit kann jeweils auf die Ausführungen der Rz 73a ff. verwiesen werden.

Zunächst gibt § 139 I, S. 1 PatG bei Wiederholungsgefahr einen Anspruch auf **Unterlassung**. Der Anspruch besteht auch dann, wenn eine Zuwiderhandlung erstmalig droht (§ 139 I, S. 2 PatG).

Wer die Patentverletzung vorsätzlich oder fahrlässig vornimmt, ist dem Verletzten zum **Schadenersatz** verpflichtet (§ 139 II PatG). Was die Festlegung der Schadenshöhe angeht (§ 139 II, S. 2, 3 PatG), gilt das Gleiche wie beim Urheberrecht (Rz 73c).

Weitere Ansprüche des Verletzten sind bei Vorliegen bestimmter Voraussetzungen:
– **Vernichtung** der patentverletzenden Erzeugnisse (§ 140a I PatG), vgl. Rz 73d.
– **Vernichtung** der Geräte, die vorwiegend zur Herstellung der das Patent verletzenden Erzeugnisse gedient haben (§ 140a II PatG), vgl. Rz 73g.
– **Rückruf** der das Patent verletzenden Gegenstände oder deren
– **endgültiges Entfernen aus den Vertriebswegen** (§ 140a III PatG), vgl. Rz 73d, f.
– **Auskunftsanspruch** (§ 140b PatG), vgl. Rz 73h.
– **Vorlage von Urkunden** oder **Besichtigung einer Sache** (§ 140c PatG), vgl. Rz 73i.
– **Vorlage von Bank-, Finanz- und Handelsunterlagen** (§ 140d PatG), vgl. Rz 73j.

Sollte eine Patentrechtsverletzung noch andere gesetzliche Vorschriften betreffen, etwa das BGB, so bleiben diese unberührt (§ 141a PatG).

Auch die Ansprüche wegen Patentverletzung verjähren in entsprechender Anwendung der allgemeinen Verjährungsvorschriften der §§ 194 ff. BGB in 3 Jahren (§ 141 PatG).

Vgl. Fall 6.

3.3 Strafrechtlicher Schutz

Neben diesem positiven und negativen Inhalt des Patents steht ein strafrechtlicher Schutz. Wer gegen § 9 PatG verstößt, wird mit einer **Freiheitsstrafe** bis zu drei Jahren (§ 142 I PatG) – bei gewerbsmäßigem Handeln bis zu fünf Jahren (§ 142 II PatG) – oder mit Geldstrafe bestraft. Der Versuch ist strafbar (§ 142 III PatG). Was den **Strafantrag** (§ 142 IV PatG), die **Privatklage** (§ 374 I Ziff. 8 StPO), die **Einziehung** (§ 142 V PatG, §§ 74 ff. StGB), die **Beschlagnahme** der Pirateriprodukte durch die Zollbehörden (§ 142a PatG) und den **Verfall** (§§ 73 ff. StGB) angeht, so gilt hier das beim Urheberrecht Dargestellte (vgl. Rz 73n) entsprechend.

158

Zusammenfassung: Die dreifache Rechtswirkung des Patents zeigt, dass dieses Recht von der Rechtsordnung stark geschützt ist, ähnlich wie das Eigentum. Es besteht nicht nur privatrechtlicher, sondern sogar öffentlich-rechtlicher Schutz.

3.4 Beschränkungen des Schutzumfanges des Patents

Der oben dargestellte Schutzumfang des Patents, das, wie das Eigentum, ein sozialgebundenes Recht ist, unterliegt bestimmten Beschränkungen zu Gunsten privater und öffentlicher Interessen; die wichtigsten seien hier angedeutet:

159

Beschränkungen bezüglich **privater Interessen** ergeben sich aus § 11 Ziff. 1–6 PatG: eine patentierte Erfindung darf von Dritten benutzt werden z.B.
- im privaten Bereich zu nichtgewerblichen Zwecken (Ziff. 1),
- zu Versuchszwecken in Bezug auf die Erfindung selbst (Ziff. 2),
- biologisches Material zum Zwecke der Züchtung, Entdeckung und Entwicklung einer neuen Pflanzensorte (Ziff. 2a)
- zur unmittelbaren Einzelzubereitung von Arzneimitteln in Apotheken auf Grund ärztlicher Verordnung; zulässig ist hier auch der Verkauf (Ziff. 3).

Im Interesse des Vorbenutzers einer patentierten Erfindung wird dessen Besitzstand in bestimmten Grenzen respektiert. Nach § 12 PatG tritt die Wirkung des Patents nämlich gegen den nicht ein, der zur Zeit der Anmeldung bereits im Inland die Erfindung in Benutzung genommen oder die dazu erforderlichen Veranstaltungen getroffen hatte. Dieser ist befugt, die Erfindung für die Bedürfnisse seines eigenen Betriebs in eigenen oder fremden Werkstätten auszunutzen.

Die Bundesregierung kann – gegen angemessene Vergütung – anordnen, dass die Erfindung im **Interesse der öffentlichen Wohlfahrt** benutzt werden soll (§ 13 PatG).

160

4. Übergang des Patents

4.1 Vererbung

161 Das Patent ist vererblich (§ 15 I, 1 PatG). Es geht als ein Gegenstand des Vermögens mit diesem als Ganzes auf den oder die Erben über (§ 1922 BGB).

4.2 Rechtsgeschäftliche Übertragung

162 Der Erfinder kann sein Patent selbst nutzen oder es durch Übertragung auf Dritte verwerten, um dadurch finanzielle Vorteile zu haben. Er kann sein Patent unbeschränkt = vollständig oder beschränkt = teilweise auf andere übertragen (§ 15 I, 2 PatG).

4.2.1 Veräußerung des Patents

163 Es geht hier um die Übertragung des Vollrechts, also um die **unbeschränkte Übertragung** des Patents. Der Patenterwerber wird die Umschreibung des Patents in die Patentrolle beantragen. Dies hat lediglich deklaratorischen Charakter. Jedoch ist der Erwerber in Verfahren vor Patentamt und Gerichten erst dann legitimiert, wenn er in die Patentrolle eingetragen ist; bis dahin bleibt der frühere Patentinhaber berechtigt und verpflichtet (§ 30 III PatG).

4.2.2 Patentlizenzen

164 Hier geht es um die **beschränkte Übertragung** eines Patents.

Der Gegenstand einer **Lizenz** kann sehr verschieden sein. So kann sich der Patentinhaber verpflichten, die eine oder die andere oder alle Befugnisse des § 9 PatG auf einen Dritten zu übertragen, also z.B. das Recht herzustellen (Herstellungslizenz), oder die Befugnis, in Verkehr zu bringen (Vertriebslizenz), oder das Recht zu gebrauchen (Gebrauchslizenz). Wir sehen also, der Begriff Lizenz als solcher sagt noch gar nichts. Man muss ihn im Einzelfall ausfüllen.

Im Übrigen ist nach § 15 II PatG zwischen einer ausschließlichen und nichtausschließlichen = einfachen Lizenz zu unterscheiden:

ausschließliche Lizenz	einfache Lizenz
Patentlizenzen	

Abb. 15: Ausschließliche – einfache Patentlizenzen

Die **ausschließliche Lizenz** gibt dem Lizenznehmer das **alleinige** Recht der Verwertung der lizenzierten Erfindung in Bezug auf den vereinbarten Gegenstand (etwa Herstellungslizenz) im vereinbarten Vertragsgebiet. Sie ist ein **dingliches Nutzungsrecht** und gibt dem Lizenznehmer das Recht, gegen jede Schutzrechtsverletzung vorzugehen, sowohl gegen Dritte als auch gegen den Patentinhaber = Lizenzgeber selbst:

165

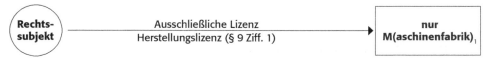

Abb. 16: *Einräumung einer ausschließlichen Lizenz (hier Herstellungslizenz)*

Auf Antrag des Patentinhabers oder des Lizenznehmers trägt das DPMA die ausschließliche Lizenz in die Patentrolle ein, wenn die Zustimmung hierzu nachgewiesen wird (§ 30 IV PatG).

Die **nichtausschließliche Lizenz** gibt dem Lizenznehmer das Recht, die lizenzierte Erfindung **neben anderen** zu benutzen (Abb. 17).

166

Vgl. Fall 6.

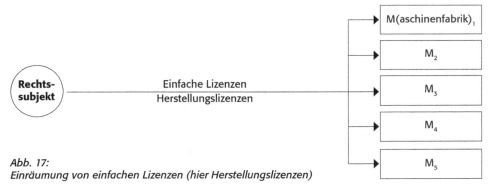

Abb. 17:
Einräumung von einfachen Lizenzen (hier Herstellungslizenzen)

4.2.3 Durchführung der unbeschränkten und beschränkten Übertragung

Wie beim Kaufvertrag (§ 433 BGB) und dessen Erfüllung (§§ 929 bzw. 873, 925 BGB) müssen wir auch hier streng zwischen dem patentrechtlichen Verpflichtungsgeschäft und dessen Erfüllung unterscheiden, obwohl Verpflichtungs- und Erfüllungsgeschäft eine wirtschaftliche Einheit bilden.

167

Im Rahmen des Verpflichtungsgeschäftes verpflichtet sich der Patentinhaber, entweder das Vollrecht (unbeschränkt) oder ein bestimmtes Nutzungsrecht (beschränkt) zu übertragen. In der Regel werden die Verpflichtungen zur Patentveräußerung oder Lizenzerteilung gegen Entgelt übernommen. Es gilt dann Kaufrecht (§§ 453, 433 BGB).

Im Rahmen des Erfüllungsgeschäftes wird bei der Veräußerung das Vollrecht, bei der ausschließlichen Lizenzierung das jeweilige beschränkte Nutzungsrecht durch formlose Abtretung übertragen (§§ 413, 398 BGB).

Vgl. Fall 6.

5. Beendigung des Patents

168 Ist das Patent erloschen, so kann die Erfindung von jedermann nach Belieben benutzt werden; sie ist gemeinfrei.

Für das Erlöschen eines Patents nennt das Gesetz eine Anzahl von Gründen (§§ 16, 20, 21, 22 PatG). Wir wollen uns nur mit den bedeutsamsten befassen.

5.1 Ablauf der Schutzfrist

Der Patentschutz ist zeitlich begrenzt. Die Schutzfrist dauert höchstens 20 Jahre (§ 16 PatG). Spätestens mit dem Ablauf dieser Frist erlischt das Patent.

5.2 Nichtzahlen der Gebühren

169 Sehr viele Patente finden jedoch schon vor Ablauf der 20 Jahre ihr Ende, weil die Aufrechterhaltungsgebühren mangels Rentabilität des Patents nicht mehr bezahlt werden (§ 20 I Ziff. 3 PatG). Für jedes Patent ist nämlich für das dritte und jedes folgende Jahr eine ansteigende Jahresgebühr zu entrichten (§ 17 PatG).

5.3 Widerruf

170 Wie wir bereits wissen (Rz 151), kann das Patent auf Grund eines innerhalb von neun Monaten nach Veröffentlichung der Patenterteilung erfolgten Einspruchs bei Vorliegen bestimmter Gründe durch die Patentabteilung widerrufen werden (§§ 21, 59, 61 PatG). Mit dem Widerruf gelten die Wirkungen des Patents als von Anfang an nicht eingetreten (§ 21 III PatG). Der Widerruf wirkt also – im Gegensatz zu den bisher beschriebenen Beendigungsgründen – ex tunc.

5.4 Nichtigerklärung des Patents

Die Nichtigkeitsgründe stimmen im Wesentlichen mit den Widerrufsgründen überein (§§ 22, 21 PatG); der wichtigste: Der Gegenstand des Patents war nach §§ 1–5 PatG nicht patentfähig. Hat eine derartige Voraussetzung gefehlt, ist das Patent also zu Unrecht erteilt worden, so besteht auch noch nachträglich die Möglichkeit, diesen Fehler zu revidieren, allerdings nur durch Klage vor dem Patentgericht (§ 81 PatG).

171

Die Nichtigerklärung wirkt – wie der Widerruf – ex tunc (§ 22 II PatG).

4. Abschnitt
Gebrauchsmusterrecht

1. Wesen und Gegenstand des Gebrauchsmusters

1.1 Allgemeines

172 Das Gebrauchsmusterrecht = Gebrauchsmuster ist ein technisches Schutzrecht.

Es ist – wie wir wissen – ein **Ausschließlichkeitsrecht**, ein absolutes Recht, und liegt auf gewerblichem Sektor. Gegenstand des Gebrauchsmusters ist eine Erfindung:

Abb. 18:   *Gegenstand des Gebrauchsmusters*

Alle diese Merkmale weist auch das Patent auf. Wir werden darüber hinaus noch weitere Gemeinsamkeiten entdecken und damit erkennen, dass das Gebrauchsmuster auf das Patent abgestimmt ist, und beide somit eng verwandt sind. Im Rahmen der Darstellung des Gebrauchsmusters kann daher vieles kurz behandelt und dabei auf das Patent verwiesen werden. Mehrere Aspekte sind mit dem Patentrecht identisch und werden daher nicht dargestellt, wie etwa die Ausführungen zum Erfinder.

173 Das Gebrauchsmuster war schon immer durch das praktische Bedürfnis bestimmt, ein gewerbliches Schutzrecht für die **„kleinen Erfindungen"** zu schaffen, für die ein Patent sich nicht eignet oder lohnt (vgl. amtl. Begr. BT-Drucksache 10/3903 vom 26.09.1985, S. 15). Man kann es von daher seinem Wesen nach grob als „Minipatent" bezeichnen. Bei den einzelnen Kriterien wird Ihnen dies belegt werden.

174 Aus der Grobskizzierung des Gebrauchsmusters als „Minipatent" darf jedoch keinesfalls der Schluss gezogen werden, das Gebrauchsmuster sei für die Praxis etwas Minderwertiges. Ich möchte „Minipatent" in dem Sinne von einem „kleinen Schutzrecht" verstanden wissen, im Gegensatz zu dem „großen Schutzrecht", dem Patent. Beide Schutzrechte stellen selbstständige und bedeutsame Wege in unserem Schutzsystem für Erfindungen dar. Ob der eine oder andere Weg eingeschlagen wird, entscheidet sich nach dem Schutzbedürfnis des jeweiligen Anmelders.

175 Das Gebrauchsmuster hat sich bei uns als eine bemerkenswert lebenskräftige Schutzrechtsform erwiesen. Über den Bereich der oben genannten „kleinen Erfindungen" hinaus dient das Gebrauchsmuster als zusätzliches Schutzinstrument und als Auffangrecht. Vor allem Einzelerfinder, kleine und mittlere Betriebe sind es, die sich des Gebrauchsmusters häufig bedienen, da es in einer Nutzen-Kosten-Kalkulation positiv zu Buche schlägt. Dies vor allem, weil das Gebrauchsmuster einfach und schnell zu erlangen ist, damit schnell greift, keine hohen Kosten verursacht und hinsichtlich einiger Rechtsvoraussetzungen weniger streng ist. Für kurzlebigere **„Alltagserfindungen"** also für Neuentwicklungen, mit denen nur kleinere technische Fortschritte verbunden sind, und für die eine geringere Schutzdauer ausreichend scheint, ist das Gebrauchsmuster das technische Schutzrecht der Wahl. In einer grobrastrigen Abgrenzung könnte man sagen: Patent = high-tech, Gebrauchsmuster = lower-tech.

Um sich über Attraktivität und Bedeutung des Gebrauchsmusters in etwa ein Bild machen zu können, folgende Zahlen: Im Jahre 2013 wurden 15 472 Gebrauchsmuster beim DPMA angemeldet und 90 450 waren im Bestand.

1.2 Rechtsvoraussetzungen

Für ein Gebrauchsmuster bestehen folgende materielle Voraussetzungen (vgl. § 1 I GebrMG): 176
– eine Erfindung, die
– neu,
– gewerblich anwendbar ist,
– auf einem erfinderischen Schritt beruht.

Wenden wir uns den einzelnen erklärungsbedürftigen Merkmalen zu:

1.2.1 Erfindung

Erfindung ist auch der Zentralbegriff des Gebrauchsmusterrechts. Es geht hier um die gleiche Begriffsbestimmung wie beim Patent. Auf die entsprechenden Ausführungen im Patentrecht kann daher verwiesen werden (Rz 125 ff.). Dies gilt auch bezüglich der „Nichterfindungen" (Rz 126a). § 1 II GebrMG entspricht § 1 III PatG. Ein wesentlicher Unterschied besteht jedoch nach § 1 II Ziff. 5 GebrMG: Biotechnologische Erfindungen i.S.v. § 1 II PatG können nicht Gegenstand eines Gebrauchsmusters sein. 177

Gebrauchsmuster sind nicht auf Arbeitsgerätschaften und Gebrauchsgegenstände beschränkt; Raumform ist nicht erforderlich. Daraus ergibt sich, dass Gebrauchsmuster sich auch auf unbewegliche Sachen beziehen können, wie etwa Erfindungen an Bauwerken (Brücken, Deichen, Talsperren, Kanalisationen, Dachkonstruktionen) oder an mit Gebäuden fest verbundenen Teilen (Heizungs-, Klima-, Lüftungs- und Fahrstuhlanlagen, Vorrichtungen zur Feuchtigkeitsabsorbtion) oder an Anlagen (Förderungs-, Müllverbrennungs- und Müllverwertungsanlagen, Transferstraßen). 178

Auch Nahrungs-, Genuss- und Arzneimittel sind gebrauchsmusterschutzfähig, ebenso wie Stofferfindungen. Was die Bedeutung bezüglich der Nahrungsmittel angeht, sei hier exemplarisch auf die Gebiete der Fertiggerichte, Knabbererzeugnisse, Tiefkühlkost, Süßigkeiten, Diät- und Kindernahrung hingewiesen. 179

180 Ein großer Unterschied zum Patent (Rz 142) besteht bzgl. der Hauptarten der Erfindung. Gebrauchsmuster genießen **keinen Verfahrensschutz** (§ 2 Ziff. 3 GebrMG). Es gibt also keine Verfahrensgebrauchsmuster.

1.2.2 Neuheit

181 Das Merkmal wird in § 3 I GebrMG erläutert. Dieser Neuheitsbegriff weist Unterschiede zu dem des § 3 PatG auf.

Beim Patent ist es für das Bestimmen des Standes der Technik gleichgültig, ob die Kenntnisse durch schriftliche oder mündliche Beschreibung, durch Benutzung oder in sonstiger Weise der Öffentlichkeit zugänglich gemacht worden sind, sei es im Inland sei es im Ausland (**absoluter Neuheitsbegriff**, vgl. Rz 129). Beim Gebrauchsmuster hingegen bleiben öffentliche mündliche Beschreibungen unberücksichtigt. Was die Vorbenutzung angeht, so ist für das Zugänglichmachen gegenüber der Öffentlichkeit lediglich das **Inland** maßgebend. Es gilt beim Gebrauchsmuster also der sog. **relative Neuheitsbegriff**.

Was den Stichtag, der für die Bestimmung des Standes der Technik maßgebend ist, betrifft, kann auf die Ausführungen beim Patent verwiesen werden (Rz 129). Was die innere Priorität angeht, so entspricht § 6 I GebrMG dem § 40 I PatG.

Schließlich ist noch auf die sog. Erfinderschonfrist von 6 Monaten hinzuweisen (§ 3 I, 3 GebrMG), die einem Anmelder eines Gebrauchsmusters gewährt wird, was beim Patent grundsätzlich nicht der Fall ist (§ 3 IV PatG).

1.2.3 Gewerbliche Anwendbarkeit

182 Diese Voraussetzung, definiert in § 3 II GebrMG, entspricht § 5 I PatG. Auf die dortigen Ausführungen sei verwiesen (Rz 130).

1.2.4 Erfinderischer Schritt

183 Nach § 1 I GebrMG muss der Gegenstand des Gebrauchsmusters auf einem **erfinderischen Schritt** beruhen. Dieser Begriff ist zwar im Gesetz nicht definiert, doch versteht man unstreitig darunter das, was man auch als Erfindungshöhe bezeichnet, nämlich die **„Erfindungsqualität"**. Es gelten daher hier dem Grunde nach die gleichen Darlegungen wie zur erfinderischen Tätigkeit beim Patent (vgl. Rz 131). Ein wesentlicher Unterschied besteht allerdings: An den Grad der Erfindungshöhe werden beim Gebrauchsmuster geringere Anforderungen gestellt als beim Patent (Beleg für „Minipatent"); vgl. Abb. 13, S. 65. Es geht hier um Erfindungen, mit denen nur kleinere technische Fortschritte verbunden sind („lower-tech" im Gegensatz zu „high-tech" beim Patent.) Um dies deutlich herauszustellen, hat der Gesetzgeber zur Umschreibung der Erfindungshöhe für das Gebrauchsmuster mit „erfinderischer Schritt" einen anderen Begriff benutzt als mit „erfinderische Tätigkeit" beim Patent.

Vgl. Fälle 1, 5, 28, 45.

1.3 Schutzausschließungsgründe

Als Gebrauchsmuster werden solche Erfindungen nicht geschützt, deren Verwertung gegen die öffentliche Ordnung oder die guten Sitten verstoßen würde (§ 2 Ziff. 1 GebrMG). 184

Pflanzensorten und Tierarten sind nicht schützbar (§ 2 Ziff. 2 GebrMG).

Insoweit gilt hier Paralleles zum Patent (§ 2 I; § 2a PatG).

Der für die Praxis bedeutsamste Schutzausschließungsgrund ist in § 2 Ziff. 3 GebrMG normiert: Verfahren sind nicht als Gebrauchsmuster schützbar (vgl. Rz 180).

2. Entstehen des Gebrauchsmusters

Liegen die dargelegten Erfordernisse des § 1 GebrMG vor, so hat der Erfinder damit noch kein Gebrauchsmuster. Hierzu ist erforderlich, dass zu den materiellen Kriterien bestimmte **formelle Voraussetzungen** hinzutreten, nämlich – wie beim Patent – ein Verfahren vor dem Patentamt. 185

Das Herbeiführen des Gebrauchsmusterschutzes sei im Folgenden in den wichtigsten Schritten skizziert. Dabei wollen wir drei Stufen auseinander halten (vgl. Abb. 19, S. 85).

2.1 Das Anmeldeverfahren

Das Verfahren zur Erlangung des Gebrauchsmusterschutzes wird durch schriftliche **Anmeldung** bei der **Gebrauchsmusterstelle des Patent- und Markenamts** (§ 4 I, 1 GebrMG) eingeleitet. Für jede Erfindung ist eine besondere Anmeldung erforderlich (§ 4 I, 2 GebrMG). 186

Die Anmeldung, auf vorgeschriebenem Vordruck einzureichen, muss nach § 4 III GebrMG und den als Verordnung erlassenen Anmeldebestimmungen (Gebrauchsmusterverordnung vom 11. 5. 2004) enthalten:
- einen Antrag auf Eintragung des Gebrauchsmusters,
- einen oder mehrere Schutzansprüche, in denen angegeben ist, was als schutzfähig unter Schutz gestellt werden soll,
- eine Beschreibung des Gegenstandes des Gebrauchsmusters,
- Zeichnungen, auf die sich die Schutzansprüche beziehen.

Ist die Anmeldung nicht in deutscher Sprache abgefasst, so hat der Anmelder eine deutsche Übersetzung innerhalb von 3 Monaten nach Einreichung der Anmeldung nachzureichen (§ 4b GebrMG).

187 Was den wichtigsten Aspekt der Anmeldung angeht, die **Schutzansprüche**, so hat man bei deren Formulierung größte Vorsicht walten zu lassen – der Umfang der Schutzwirkung richtet sich hiernach! – und dabei § 5 Gebrauchsmusterverordnung zu beachten.

188 Die **Beschreibung** des Gegenstandes des Gebrauchsmusters, geregelt in § 6 der Gebrauchsmusterverordnung, entspricht der Patentbeschreibung (vgl. Rz 146). Die **Zeichnungen** müssen den Anforderungen des § 7 Gebrauchsmusterverordnung entsprechen. Des Weiteren ist die **Anmeldegebühr** zu entrichten (§ 3 I PatKostG).

Vgl. Fall 9.

2.2 Das Registrierungsverfahren

189 Bei der Gebrauchsmusterstelle des Patentamts wird geprüft, ob
– die formellen Voraussetzungen der Anmeldung (§§ 4, 4a, 4b GebrMG) erfüllt sind,
– der Gegenstand der Anmeldung dem Gebrauchsmusterschutz überhaupt zugänglich ist,
– keine „Nichterfindung" (§ 1 II GebrMG) vorliegt,
– keine Schutzausschließungsgründe (§ 2 GebrMG) gegeben sind.

190 Wir erkennen, dass beim Gebrauchsmuster nur eine **beschränkte Prüfung** erfolgt. Neben den formellen Voraussetzungen werden nur die sog. **absoluten Schutzvoraussetzungen** geprüft. In Bezug auf die relativen Schutzvoraussetzungen, nämlich Neuheit (in der Regel das schwierigste Kriterium), erfinderischer Schritt und gewerbliche Anwendbarkeit findet keine Sachprüfung statt (§ 8 I, 2 GebrMG). Diese Prüfung bleibt dem Verletzungsprozess oder dem Gebrauchsmusterlöschungsverfahren (Rz 199) vorbehalten.

191 Genügt die Anmeldung den genannten Erfordernissen, so verfügt das DPMA die Eintragung in das Register für Gebrauchsmuster (§ 8 I GebrMG). Mit dieser Eintragung **entsteht** das Gebrauchsmuster. Nunmehr erfolgt die Bekanntmachung im Patentblatt (§ 8 III GebrMG), die jedoch – im Gegensatz zum Patent – nur deklaratorisch wirkt.

2.3 Das Beschwerdeverfahren

192 Hier gilt das Gleiche wie beim Patent. Gegen Beschlüsse der Gebrauchsmusterstelle und der Gebrauchsmusterabteilungen kann **Beschwerde** an das Patentgericht eingelegt werden (§ 18 I GebrMG). Gegen dessen Beschluss kann bei Zulassung **Rechtsbeschwerde** zum BGH erfolgen (§ 18 IV GebrMG).

1	Anmeldeverfahren/Gebrauchsmusterstelle
	– Anmeldung (§ 4)
2	Registrierungsverfahren/Gebrauchsmusterstelle
	– Sachprüfung, nur beschränkt (§ 8 I) – Eintragung (§ 8 I) – Bekanntmachung (§ 8 III)
3	Beschwerdeverfahren/Patentgericht/BGH
	– Beschwerde (§ 18 I) – Entscheidung (§ 18 III) – Rechtsbeschwerde, BGH (§ 18 IV)

Abb. 19: Verfahren zum Herbeiführen des Gebrauchsmusterschutzes

2.4 Das Gebrauchsmuster im Verletzungsprozess

Würdigen wir dieses Verfahren: Es ist weniger kompliziert als die Patenterteilung (schwierige materielle Voraussetzungen werden nicht geprüft, das Einspruchsverfahren fehlt) und daher nicht so langwierig; es vergehen – im Allgemeinen – nur wenige Monate bis Gebrauchsmusterschutz erlangt ist. Hier besteht aber der Nachteil, dass die ungeprüft gebliebenen relativen Schutzvoraussetzungen in einem evtl. späteren Prozess über die Verletzung des Gebrauchsmusters vom Richter zu prüfen sind. Dabei ist es durchaus möglich, dass das Gericht z.B. feststellt, dass das eingetragene Gebrauchsmuster nicht neu war. Der Inhaber des Gebrauchsmusters verliert dann den Prozess; und dies, obwohl ihm vom Patentamt das Schutzrecht registriert worden war; es war in diesem Falle eben nur ein Scheinrecht. Es zeigt sich hier eine Schwäche des Gebrauchsmusterschutzes (Beleg für „Minipatent"). Darin liegt ein großer Unterschied zum Patent. Wir erkennen also: Während das Patent ein „starkes und wertvolles" Recht ist, hat das Gebrauchsmuster im Prozess nur beschränkte Wirkung. Dies ist die Auswirkung dessen, dass das Patent auf dem Prüfungssystem und das Gebrauchsmuster lediglich auf dem Registrierungssystem beruht.

193

Hieraus ergibt sich, dass man einen Verletzungsprozess nicht allein auf die Existenz eines Gebrauchsmusterschutzes stützen, sondern darüber hinaus die Erfolgschancen im Einzelnen genau überdenken sollte. Hilfen kann hierfür die **Gebrauchsmusterrecherche** nach § 7 GebrMG bieten. Diese Vorschrift lehnt sich an § 43 PatG an. Daher sei auf die Ausführungen bei der Patentrecherche verwiesen (Rz 129).

Vgl. Fall 7.

2.5 Abzweigung

Der Erfinder hat die Möglichkeit, zunächst die Patentanmeldung durchzuführen und erst **nachträglich** die Gebrauchsmusteranmeldung einzureichen, etwa um den Schutz der Patentanmeldung zu verstärken oder um die Nachteile einer Versagung oder ei-

194

nes Widerrufs des nachgesuchten Patents aufzufangen. In diesem Falle kann der Erfinder, wenn es sich um den gleichen Gegenstand der Patent- und Gebrauchsmusteranmeldung handelt, gleichzeitig mit der Gebrauchsmusteranmeldung die Erklärung abgeben, dass der für die Patentanmeldung maßgebende Anmeldetag in Anspruch genommen wird (§ 5 I, 1 GebrMG). Ein für die Patentanmeldung beanspruchtes **Prioritätsrecht** bleibt für die Gebrauchsmusteranmeldung dann erhalten (§ 5 I, 2 GebrMG). Diese Möglichkeit kann bis zum Ablauf von zwei Monaten nach dem Ende des Monats, in dem die Patentanmeldung erledigt oder ein etwaiges Einspruchsverfahren abgeschlossen ist, jedoch längstens bis zum Ablauf des 10. Jahres nach dem Anmeldetag der Patentanmeldung, ausgeübt werden (§ 5 I, 3 GebrMG). Eine derartige „Abzweigung" einer Gebrauchsmusteranmeldung aus einer Patentanmeldung ist in der Praxis recht beliebt. Eine solche Gebrauchsmusterabzweigung kann sich empfehlen, wenn der Anmelder schon während des Patenterteilungsverfahrens vollen Rechtsschutz für seine Erfindung in Anspruch nehmen will.

Vgl. Fall 7.

3. Rechtswirkungen des Gebrauchsmusters

195 Das Gebrauchsmuster hat – wie das Patent – dreifache Wirkung:

195a Der positive Inhalt (§ 11 GebrMG): Allein der Gebrauchsmusterinhaber ist befugt, den Gegenstand des Gebrauchsmusters zu benutzen, ein Dritter also nicht. Die konkreten Benutzungsverbote für Dritte sind identisch mit denen eines Erzeugnispatents (Verfahrensgebrauchsmuster gibt es ja bekanntlich nicht, vgl. Rz 155), d.h. jedem Dritten ist es verboten, ohne Zustimmung des Inhabers ein Erzeugnis, das Gegenstand eines Gebrauchsmusters ist, herzustellen, anzubieten, in Verkehr zu bringen oder zu gebrauchen oder zu den genannten Zwecken entweder einzuführen oder zu besitzen (§ 11 I GebrMG).

Ist allerdings das gebrauchsmustergeschützte Erzeugnis vom Gebrauchsmusterinhaber oder von einem legitimierten Dritten, etwa einem Lizenznehmer, in den Verkehr gebracht worden, so ist das Gebrauchsmusterrecht an **diesem** Objekt konsumiert. Es gilt auch hier der **Erschöpfungsgrundsatz**, wie er im Patentrecht dargestellt wurde (Rz 156a).

195b Der negative Inhalt: Dieser ergibt sich aus § 24 GebrMG, der wichtigsten Anspruchsgrundlage des Gebrauchsmustergesetzes. Die Rechtsvoraussetzungen dieser Vorschrift sind:
– Benutzung einer gebrauchsmustergeschützten Erfindung,
– entgegen den §§ 11 bis 14 GebrMG.

Die Rechtsfolgen einer Gebrauchsmusterverletzung entsprechen häufig denen einer Urheberrechtsverletzung. Insoweit kann jeweils auf die Ausführungen der Rz 73a ff. verwiesen werden.

Zunächst gibt § 24 I, S. 1 GebrMG bei Wiederholungsgefahr einen Anspruch auf **Unterlassung**. Der Anspruch besteht auch dann, wenn eine Zuwiderhandlung erstmalig droht (§ 24 I, S. 2 GebrMG).

Wer die Gebrauchsmusterverletzung vorsätzlich oder fahrlässig vornimmt, ist dem Verletzten zum **Schadenersatz** verpflichtet (§ 24 II GebrMG). Was die Festlegung der Schadenshöhe angeht (§ 24 II, S. 2, 3 GebrMG), gilt das Gleiche wie beim Urheberrecht (Rz 73c).

Weitere Ansprüche des Verletzten sind bei Vorliegen bestimmter Voraussetzungen:
- **Vernichtung** der das Gebrauchsmuster verletzenden Erzeugnisse (§ 24a I, S. 1 GebrMG), vgl. Rz 73d
- **Vernichtung** der Geräte, die vorwiegend zur Herstellung der das Gebrauchsmuster verletzenden Erzeugnisse gedient haben (§ 24a I, S. 2 GebrMG), vgl. Rz 73g.
- **Rückruf** der das Gebrauchsmuster verletzenden Gegenstände oder deren
- **endgültiges Entfernen aus den Vertriebswegen** (§ 24a II GebrMG), vgl. Rz 73d, f.
- **Auskunftsanspruch** (§ 24b GebrMG), vgl. Rz 73h.
- **Vorlage von Urkunden** oder **Besichtigung einer Sache** (§ 24c GebrMG), vgl. Rz 73i.
- **Vorlage von Bank-, Finanz- und Handelsunterlagen** (§ 24d GebrMG), vgl. Rz 73j.

Sollte eine Gebrauchsmusterverletzung noch andere gesetzliche Vorschriften betreffen, etwa das BGB, so bleiben diese unberührt (§ 24g GebrMG).

Ansprüche wegen Verletzung des Schutzrechtes **verjähren** in entsprechender Anwendung der allgemeinen Verjährungsvorschriften der §§ 194 ff. BGB auch in 3 Jahren (§ 24f GebrMG).

Der strafrechtliche Schutz: vgl. § 25 GebrMG. Die Strafnormen (§ 25 I, II GebrMG) entsprechen denen der bisher dargelegten Schutzrechte (Rz 73a, 158), desgleichen die Vorschriften über den **Versuch** (§ 25 III GebrMG), den **Strafantrag** (§ 25 IV GebrMG), die **Privatklage** (§ 374 I Ziff. 8 StPO), die **Einziehung** (§ 25 V GebrMG, §§ 74 ff. StGB), die **Beschlagnahme** durch die Zollbehörden (§ 25 a GebrMG) und den **Verfall** (§§ 73 ff. StGB). 195c

Was die Beschränkungen des Schutzumfanges des Gebrauchsmusters angeht, so gilt das gleiche wie beim Patent (Rz 159 f.); § 12 GebrMG entspricht § 11 PatG, § 13 III GebrMG verweist auf die §§ 12, 13 PatG. 195d

4. Übergang des Gebrauchsmusters

Hier ergibt sich die gleiche Problematik wie beim Übergang des Patentrechts. Daher kann darauf verwiesen werden (Rz 161 ff.), so dass wir uns an dieser Stelle mit einer stichwortartigen Darstellung begnügen können. 196

Das Gebrauchsmuster ist vererblich (§ 22 I, 1 GebrMG).

Der Inhaber des Gebrauchsmusters kann sich verpflichten (§§ 453, 433 BGB), dieses entweder unbeschränkt (Veräußerung) oder nur beschränkt (Lizenz) zu übertragen.

Diese Verpflichtung wird dadurch erfüllt, dass das Gebrauchsmuster beschränkt oder unbeschränkt (§ 22 I, 2 GebrMG) übertragen wird (§§ 413, 398 BGB).

197 Es tritt dann ein für die **Gebrauchsmusterlizenz** bedeutsames Problem auf, wenn eine relative – also ungeprüfte – Schutzvoraussetzung nicht gegeben ist, etwa das kritische Merkmal „Neuheit". Ist dann der Gebrauchsmusterlizenzvertrag, der sich somit auf ein bloßes Schein-Registerrecht bezieht, unwirksam? Die traditionelle Rechtsprechung des BGH geht dahin, dass ein Gebrauchsmusterlizenzvertrag so lange wirksam bleibt, wie das Gebrauchsmuster *formell* in Geltung ist und von den Mitbewerbern respektiert wird. So lange nämlich genießt der Lizenznehmer eine Vorzugsstellung, da er den *wirtschaftlichen* Vorteil der Lizenz hat, so dass auch das vertraglich vereinbarte Lizenzentgelt zu entrichten ist (BGH, BB 77, 159 – Werbespiegel).

5. Beendigung des Gebrauchsmusters

Auch beim Erlöschen des Gebrauchsmusters ergeben sich die gleichen Gesichtspunkte wie beim Patent, so dass hier eine kurze Darstellung der wichtigsten Beendigungsgründe genügen mag.

198 Die **Schutzfrist** des Gebrauchsmusters ist wesentlich kürzer als beim Patent (Beleg für „Minipatent"): 10 Jahre (§ 23 I GebrMG). Diese Höchstdauer wird aber nur dann erreicht, wenn Aufrechterhaltungsgebühren entrichtet werden, nämlich für das vierte bis sechste, siebte und achte sowie für das neunte und zehnte Jahr (§ 23 II GebrMG). Nach längstens 10 Jahren wird der Gegenstand des Gebrauchsmusters also gemeinfrei.

199 Das Gebrauchsmuster kann auch auf Grund eines **Löschungsverfahrens** vernichtet werden. Dieses wird vor dem **Patentamt** geführt. Das bedeutet, dass hier ein deutlich kostengünstigeres Verfahren angeboten wird als eine Klage vor dem Patentgericht.

Jeder Dritte kann schriftlich Antrag auf Löschung stellen und wird Erfolg haben, wenn Gründe nach § 15 I Ziff. 1–3 GebrMG vorliegen, Hauptfälle: Die im Registrierungsverfahren nicht geprüften materiellen Kriterien erfinderischer Schritt, gewerbliche Anwendbarkeit, vor allem Neuheit liegen nicht vor. Die Gebrauchsmusterabteilung des DPMA entscheidet in diesem Falle nach mündlicher Verhandlung und Beweisaufnahme durch Beschluss (§§ 15–17 GebrMG). Dagegen findet die **Beschwerde** an das Patentgericht statt (§ 18 I GebrMG). Gegen den Beschluss des Beschwerdesenats des Patentgerichts geht die **Rechtsbeschwerde** an den BGH (§ 18 IV GebrMG). Der rechtskräftige Löschungsbeschluss wirkt ex tunc.

6. Anhang: Topografieschutz

Vom Deutschen Patent- und Markenamt können nach dem **Halbleiterschutzgesetz** dreidimensionale Strukturen von mikroelektronischen Halbleitererzeugnissen (Topografien) geschützt werden (§ 1 I HalblSchG). Dieser Rechtschutz ist im Formellen dem Gebrauchsmusterrecht stark nachgebildet. Geschäftsgang und Verfahren entsprechen denen in Gebrauchsmustersachen (§§ 3, 4 HalblSchG). Das Anmelde- und Registrierungsverfahren wird bei der Gebrauchsmusterstelle durchgeführt.

199a

Was die materielle Seite angeht, so müssen Topografien Eigenart aufweisen. Eigenart definiert das Gesetz als das Ergebnis geistiger Arbeit, das nicht durch bloße Nachbildung hergestellt und nicht alltäglich ist (§ 1 II HalblSchG). Eine Sachprüfung findet hier – wie beim Gebrauchsmuster – nicht statt.

Der Topografieschutz dauert 10 Jahre (§ 5 II HalblSchG).

5. Abschnitt
Designrecht

200 Ab 1. Januar 2014 trägt das altehrwürdige Geschmacksmustergesetz aus dem Jahr 1864 einen neuen Namen: Designgesetz. In der amtlichen Begründung werden für diese Änderung mehrere Gründe genannt: Der Begriff Geschmacksmuster hat sich trotz langjähriger Benutzung in der Allgemeinheit nicht als verständlich erwiesen (man könnte sogar von einer missverständlichen Bezeichnung sprechen, denn um Geschmack im Sinne des Geschmackssinnes geht es hier nun überhaupt nicht). Der Gesetzgeber wollte die Bezeichnung dieses Rechtsgebietes an den nationalen und internationalen Sprachgebrauch anpassen, moderner und verständlicher gestalten und durch eine „anschauliche und adressatengerechte Gesetzessprache die Transparenz des bestehenden Rechts fördern".

Es sei bereits an dieser Stelle erwähnt, dass sich der Name des entsprechenden europäischen Rechts „Gemeinschaftsgeschmacksmuster" (Rz 732 ff.), nicht geändert hat.

1. Wesen und Gegenstand des Designschutzes

1.1 Allgemeines

201 Das eingetragene Design schützt – wie das Erzeugnispatent und das Gebrauchsmuster – ein bestimmtes Ergebnis; auch es ist ein **Ausschließlichkeitsrecht**, ein **absolutes Recht**. Es unterscheidet sich jedoch von diesen beiden Schutzrechten fundamental. Während Patent und Gebrauchsmuster auf dem Gebiet der Technik liegen, geht das eingetragene Design in einen ganz anderen Bereich, nämlich den der Gestaltung: Das eingetragene Design schützt eine gestalterische gewerbliche Leistung.

Abb. 20: Gegenstand des eingetragenen Design

Wir erinnern uns daran, dass der Schutz der Werke der Kunst und der Designschutz in einer gewissen Beziehung stehen, dass es in beiden Fällen um *gestalterische* Tätigkeiten geht (Rz 9) und dass bei Vorliegen der jeweiligen Voraussetzungen ein doppelter Rechtsschutz besteht. Was bedeutet dies für die Umsetzung in der Praxis, also für einen Entwerfer bzw. Unternehmer? Da es oft recht schwer vorhersehbar ist, ob die Gerichte im jeweiligen Einzelfall die für ein Werk der Kunst erforderliche Schöpfungshöhe (§ 2 II UrhG) als erreicht ansehen, ist jedem Entwerfer gestalterischer Leistungen *anzuraten, „auf jeden Fall"* Designschutz herbeizuführen. Er sollte sich nicht darauf verlassen, dass die Gerichte das Vorliegen eines Urheberrechts bejahen. Sollten sie ein solches anerkennen, so stehen Urheberrechtsschutz und Designschutz nebeneinander, was sicherlich nicht schädlich ist. Sollten die Gerichte jedoch die Urheberrechtsfähigkeit verneinen, hat der Urheber doch „wenigstens" Designschutz, vorausgesetzt natürlich, dass alle im Folgenden darzulegenden Kriterien erfüllt sind, die ein eingetragenes Design erfordert.

Die Bedeutung des eingetragenen Designs ist in der Praxis wesentlich größer als man gemeinhin annimmt. In der modernen Industrie- und Dienstleistungsgesellschaft wird das **Design** als qualitätsbestimmende Produkteigenschaft angesehen. In Bezug auf die Gegenstände industrieller Farb- und Formgebung ist daher das eingetragene Design das Schutzrecht der Wahl. In Zeiten zunehmender Homogenisierung der Erzeugnisse ist das Produktdesign ein wichtiger Faktor im Rahmen des modernen Marketings. 202

Darüber hinaus ist das eingetragene Design auf den Gebieten der **Verpackungs-** und der **Werbegestaltung** bedeutsam.

Die Bedeutung des eingetragenen Designs mag auch noch durch Zahlen belegt werden. Im Jahre 2013 wurden beim Deutschen Patent- und Markenamt 55 829 Anträge auf Designschutz gestellt. 297 132 eingetragene Designs befanden sich im Bestand. Über die national erteilten eingetragenen Designs hinaus ist auch noch die große Zahl der Gemeinschaftsgeschmacksmuster mit Wirkung für Deutschland zu bedenken (vgl. Rz 732 ff.).

1.2 Rechtsvoraussetzungen

Für den Designschutz nennt § 2 I DesignG folgende materielle Voraussetzungen: 203
– Design
– Neuheit
– Eigenart.

Wenden wir uns den einzelnen erklärungsbedürftigen Merkmalen zu.

1.2.1 Design

Gegenstand der eingetragenen Designs sind **Designs**. Dies sind zweidimensionale oder dreidimensionale Erscheinungsformen (§ 1 Ziff. 1 DesignG). 204

Wir erkennen bereits hieraus: Gegenstand eines Designs ist – genauso wie wir das auch für das Urheberrecht, das Patent und für das Gebrauchsmuster kennen gelernt haben – eine **konkrete Verkörperung**. Eine abstrakte Idee, ein bestimmter Stil, Motive, Moden und Konzeptionen sind des Designschutzes nicht fähig (BGH, GRUR 87, 903 – LeCorbusier-Möbel). 205

206 Nach § 1 Ziff. 1 DesignG ist ein Design die zwei- oder dreidimensionale Erscheinungsform eines ganzen Erzeugnisses oder eines Teils davon, die sich insbesondere aus den Merkmalen der Linien, Konturen, Farben, der Gestalt, Oberflächenstruktur oder der Werkstoffe des Erzeugnisses selbst oder seiner Verzierung ergibt. Wie das Wort insbesondere zeigt, ist die Enumeration der möglichen Erscheinungsformen „Linien, Konturen …" nicht abschließend.

Designs sind Erscheinungsformen eines *ganzen* **Erzeugnisses** oder eines *Teils* davon (§ 1 Ziff. 1 DesignG).

Nach §1 Ziff. 2 DesignG ist ein Erzeugnis jeder industrielle oder handwerkliche Gegenstand, einschließlich Verpackung, Ausstattung, grafischer Symbole und typografischer Schriftzeichen. Auch diese Aufzählung ist nicht abschließend. Ein Computerprogramm gilt nicht als Erzeugnis.

Im Vordergrund der Designs steht das breite Anwendungsfeld dessen, was an **Farb-** und/oder **Formgestaltung** von den verschiedenen Designer-Berufen geschaffen wird, wie etwa Produkt-, Grafik-, Kommunikations-, Textil-, Schmuck-Design, also Gestaltungsformen jeglicher Art, vom Püppchen bis hin zum Kraftfahrzeug.

Einige Beispiele, die insbesondere in der Rechtsprechung über eingetragene Designs eine Rolle gespielt haben, zunächst für **ganze Erzeugnisse**:
– Kinderspielzeug
– Schmuck,
– Textilien, Stoffe, Bettwäsche, modische Kleidung,
– Lederwaren, Taschen,
– Hausgeräte, Gläser, Geschirr, Besteck, Vasen, Weinkaraffen,
– Elektrogeräte, Elektroschalter, Trockenrasierer, Küchenmaschinen,
– Tapeten, Gardinen, Möbel, Leuchten,
– Unterhaltungselektronikgeräte, Taschencomputer,
– Zugtypen, (z.B. ICE),
– Taschencomputer (z.B. „Apple iPad"), aber auch
– Lebensmittel und Arzneimittel.

207 Auch **Teile** von Erzeugnissen können designgeschützt sein; so wurden von der Rechtsprechung etwa anerkannt:
– Der Glaskörper einer Leuchte .
– Der Scherkopf eines Elektrorasierers .
– Der Zündaufsatz eines Feuerzeugs
– Das Fahrradschutzblech.
– Bei Kraftfahrzeugen: der Kotflügel eines PKW, Felgen , Karosserieformen.

207a Noch einige Bemerkungen zu den **typografischen Schriftzeichen**: Diese werden in den Anwendungsbereich des Designschutzes einbezogen. § 1 Ziff. 2 DesignG nennt die typografischen Schriftzeichen ausdrücklich. Spezieller Schutz wurde hier gewährt, weil es schwierig und langwierig ist, neue Schriftarten zu kreieren. Gegenstand des Rechtsschutzes ist nicht jedes einzelne Schriftzeichen selbst, also nicht jeder einzelne Buchstabe, nicht jede Ziffer, nicht jedes sonstiges Zeichen, sondern die Gesamtheit der eine bestimmte neue Schrift bildenden Buchstaben oder Zeichen (BT-Drucksache 8/3951 Begründung zu Art. 2, Nr. 1); entscheidend ist also der **Gesamteindruck bezüglich der Eigenartigkeit** (vgl. Rz 210).

Die gestalterische Leistung, um die es beim eingetragenen Design geht, wirkt in der Regel **über das Auge** auf den Farb- und/oder Formsinn des Menschen; bei einzelnen Erzeugnissen kann es auch der Tastsinn sein, wie etwa bei Oberflächenstrukturen von Textilien. Eine Wirkung über andere Sinnesorgane scheidet für einen Designschutz aus, auch eine Wirkung über den Geschmackssinn, wie etwa bei einem Gewürz. 208

1.2.2 Neuheit

Ein Design gilt als neu, wenn vor dem *Anmeldetag* kein *identisches Design offenbart* worden ist (§ 2 II DesignG). 209

Drei Kriterien müssen wir hier betrachten: die Identität der Designs, der Anmeldetag, die Offenbarung.

Identität bedeutet zunächst absolute Identität im Sinne von Kongruenz. Diese Identitätsprüfung wird durch Einzelabgleichungen mit ähnlichen Designs im Sinne von fotografischen Vergleichen vorgenommen. Diese Fälle der Identität sind rechtlich unproblematisch. Ein gewitzter Plagiator eines designgeschützten Erzeugnisses wird aber nicht so plump verfahren und dieses deckungsgleich nachahmen, sondern gewisse Abweichungen einfügen. Für derartige Fälle bestimmt § 2 II, 2 DesignG, dass Designs auch dann als identisch gelten, wenn sich ihre Merkmale nur in unwesentlichen Einzelheiten unterscheiden. Wir können es auch von der anderen Seite her sehen: Die Abweichung eines Designs vom bereits eingetragenen Design in unwesentlichen Einzelheiten begründet keine Neuheit des Designs des Nachahmers. Wo die Grenze zwischen unwesentlichen und wesentlichen Einzelheiten von Merkmalen liegt, ist eine schwierige Rechtsfrage, die im Einzelfall letztlich der EuGH zu entscheiden hat. 209a

Der für die Neuheit maßgebende Zeitpunkt ist der **Anmeldetag**. Dies ist nach § 13 DesignG der Tag, an dem die vollständigen Unterlagen (§ 11 II DesignG) beim DPMA eingegangen sind. Wird eine Priorität wirksam in Anspruch genommen (§§ 14, 15 DesignG), so tritt der Prioritätstag an die Stelle des Anmeldetages (§ 13 II DesignG). 209b

Ein Design zu **offenbaren** heißt, es der Öffentlichkeit zugänglich zu machen. Als Beispiele hierfür nennt § 5 DesignG das Bekanntmachen, das Ausstellen und das im Verkehr Verwenden. Eine Ausnahme hiervon macht § 5, 1 DesignG allerdings dann, wenn eine derartige objektive Offenbarung den in der EU tätigen Fachkreisen des betreffenden Sektors im normalen Geschäftsverlauf vor dem Anmeldetag des Designs nicht bekannt sein konnte. Sinn dieser Ausnahme: Der Designschutz von Gestaltungen soll nicht an Vorveröffentlichungen scheitern, die bei dem Entwurf des Designs nicht haben berücksichtigt werden können, weil eine Gestaltung bereits vor so langer Zeit oder einem so entfernten Ort offenbart wurde (vgl. Begr. des BMJ zum Gesetzentwurf des Gechmacksmustergesetzes von 2004, S. 84). 209c

1.2.3 Eigenart

210 Ein Design hat Eigenart, wenn sich der **Gesamteindruck**, den es beim informierten Benutzer hervorruft, von dem Gesamteindruck **unterscheidet**, den ein anderes Design bei diesem Benutzer hervorruft, das vor dem Anmeldetag offenbart worden ist (§ 2 III, 1 DesignG). Bei der Ermittlung des Gesamteindrucks sind zunächst Erscheinungsmerkmale von Erzeugnissen auszuklammern, die ausschließlich durch technische Funktionen bedingt sind (§ 3 I, Ziff. 1 DesignG). Dies ist uns verständlich, denn für diese Fälle sind ja die technischen Schutzrechte, Patent und Gebrauchsmuster, bestimmt.

Der Gesamteindruck ist aus der Sicht des *informierten Benutzers* zu beurteilen. Es kommt also nicht darauf an, wie ein auf dem Gebiet gestalterischer Erscheinungsformen nicht vorgebildeter Betrachter diese Gestaltungsform sieht, auch nicht auf die Perspektive eines Designexperten, sondern auf die Beurteilung eines, mit einem gewissen Maß an Kenntnissen und Designbewusstsein ausgestatteten Durchschnittsbetrachters.

Maßgebendes Kriterium für die Eigenart ist die **Unterschiedlichkeit**. Diese bezieht sich hier nicht auf die Herkunft – um eine solche geht es bei den Marken (vgl. Rz 232) –, sondern auf ähnliche Design. Die Feststellung der Unterscheidung erfolgt in *Einzelvergleichen*, wie uns der Wortlaut von § 2 III, 1 DesignG zeigt. Es geht hier bei der Eigenart also nicht um Eigentümlichkeit oder gar um Originalität, sondern schlicht um die Unterscheidung von Designs.

Lassen Sie uns einen kleinen Blick zurück werfen auf die qualitativen Anforderungen bei den bisher erarbeiteten Schutzrechten: Urheberrechtsfähigkeit setzt das Bestehen eines Werkes voraus (§ 2 II UrhG) und damit eine beträchtliche Schöpfungshöhe (Rz 20 f.). Ein Patent verlangt eine erfinderische Tätigkeit (§ 1 I PatG) und damit ein hohes Maß an Erfindungshöhe (Rz 131). Für ein Gebrauchsmuster ist ein erfinderischer Schritt erforderlich (§ 1 I GebrMG) und damit ein gewisses Maß an Erfindungshöhe (Rz 183). – Eine derartige Gestaltungshöhe ist bei der Eigenart nicht gefordert. Das Designrecht setzt keine vergleichbaren qualitativen Anforderungen voraus. Es ist gleichgültig, ob die Erscheinungsform eines Erzeugnisses unter-, über- oder durchschnittliche Gestaltungshöhe aufweist.

Einen wichtigen Hinweis in Bezug auf die Beurteilung des Kriteriums Eigenart gibt § 2 III, 2 DesignG. Hiernach wird der Grad der Gestaltungsfreiheit des Entwerfers bei der Entwicklung des Designs berücksichtigt. Im Einzelnen kann der Grad der Gestaltungsfreiheit recht eng sein. In solchen Fällen kann ein verhältnismäßig kleiner Unterschied das Merkmal Eigenart erfüllen. Eine solche eng begrenzte Gestaltungsfreiheit kann durch produktspezifische Gegebenheiten bedingt sein, etwa durch technische Zwänge (z.B. bei Werkzeugen) oder durch gebrauchsbedingte Notwendigkeiten (etwa bei Türgriffen). Auch branchenspezifische Gegebenheiten können die gestalterischen Möglichkeiten einengen, wie etwa auf dem Modesektor. Schließlich ist die Freiheit für Neuentwicklungen eingeschränkt, wenn der Entwerfer auf einem bestimmten Gebiet bereits eine Vielfalt von Gestaltungen vorfindet, was bei einer großen Zahl von Ge-

und Verbrauchsgütern der Fall ist, bei denen das Design ein qualitätsmitbestimmendes Merkmal ist. Eine solche hohe Designdichte wurde von Gerichten etwa angenommen bei Damenblusen, Küchenmöbeln, KFZ-Rädern, Schmuckwaren. Bei derartigen Fällen großer Designdichte genügt es, wenn sich das neue Design nur geringfügig von der ähnlichen bisherigen Gestaltung unterscheidet.

1.2.4 Terminologie

Wie wir gesehen haben, benutzt das Designgesetz die Termini Design und eingetragenes Design. § 2 I DesignG im Zusammenhang mit §§ 11 ff. DesignG zeigen: 210a

> Design + Neuheit + Eigenart + Registrierung = eingetragenes Design.

Hieraus ziehen wir den Schluss, dass Design und eingetragenes Design keine identischen Begriffe sind. Das Gesetz nimmt also eine sprachliche Differenzierung vor: Bis zur Eintragung heißt die Erscheinungsform des Erzeugnisses Design, danach eingetragenes Design = geschütztes Design.

Vgl. Fälle 1, 8, 28, 45.

1.3 Schutzausschließungsgründe

Wie beim Patent und beim Gebrauchsmuster, so bestehen auch beim eingetragenen Design bestimmte Ausschlüsse vom Designschutz; die wichtigsten seien hier erwähnt: 211

Vom Designschutz sind Erscheinungsmerkmale von Erzeugnissen ausgeschlossen, die ausschließlich durch deren technische Funktion bedingt sind (§ 3 I Ziff. 1 DesignG). Das leuchtet uns ein, denn dies sind die Fälle, bei denen es allein um Technik geht, und somit die technischen Schutzrechte Patent oder Gebrauchsmuster einschlägig sind. 211a

Designs dürfen nicht gegen die öffentliche Ordnung oder die guten Sitten verstoßen § 3 I Ziff. 3 DesignG); dabei steht in der Praxis Letzteres im Vordergrund. 211b

Gegen die guten Sitten verstoßen Designs, die das Empfinden eines beachtlichen Teils der beteiligten Verkehrskreise zu verletzen geeignet sind, indem sie sittlich, politisch oder religiös anstößig wirken oder eine grobe Geschmacksverletzung enthalten.

Maßgebend ist die Auffassung der jeweils angesprochenen Verkehrskreise. Sind dies die Verbraucher, so kommt es auf die Sicht des *durchschnittlich* informierten, aufmerksamen und verständigen *Durchschnittsverbrauchers* an. Das Empfinden besonders feinfühliger Menschen ist irrelevant, ebenso das abgebrühter Naturen.

Was das Sittlichkeitsempfinden betrifft, so gilt es festzustellen, dass sich hier in weiten Kreisen der Bevölkerung ein stetiger Wertewandel vollzieht. Dies gilt vor allem in

Bezug auf Darstellungen, die das Geschlechtsleben betreffen. Drastische und derbe Schlagworte, frivole Texte, sexbetonte Bilder, die moderne Werbung, öffentliche Veranstaltungen, aber auch Literatur und Fernsehen haben dazu geführt, einst Tabuisiertes – etwa nackte Körper und sexuelle Ausdrucksformen – freizügig zu betrachten.

Aus alledem ergibt sich, so die Rechtsprechung, dass bloße Geschmacklosigkeiten keinen Sittenverstoß darstellen und somit keinen Grund dafür abgeben, eine Schutzrechtsanmeldung zu versagen. Allerdings – es gibt auch hier Grenzen, wie folgender Fall zeigen mag:

Beim Patentamt wurde Designschutz beantragt für eine Trillerpfeife in Form eines erigierten Penis. Dieser „Penistrillerpfeife" wurde die beantragte Eintragung als Design vom Patentamt als gegen die guten Sitten verstoßend nach § 3 I Ziff. 3 DesignG verweigert, was durch das Bundespatentgericht bestätigt wurde. Dieses begründete die Versagung insbesondere damit, dass die Verknüpfung Penis / Pfeife / Blasen Assoziationen bezüglich bestimmter Sexualpraktiken (Fellatio) hervorruft. Dies geht weit über den Rahmen bloßer Geschmacklosigkeit hinaus. Es ist eine nicht hinzunehmende Peinlichkeit und ein unerträglicher Verstoß gegen das durchschnittliche sittliche Empfinden eines beachtlichen Teils des in Betracht kommenden Publikums und damit eine *grobe Geschmacksverletzung*. – Mag das Produkt am Markt vertrieben werden, aber nicht mit Designschutz.

211c Weiterhin sind solche Designs ausgeschlossen, die eine missbräuchliche Benutzung eines der in Art. 6ter der PVÜ aufgeführten Zeichen oder sonstigen Abzeichen, Embleme und Wappen von öffentlichem Interesse darstellen. Hierdurch sollen Zeichen von öffentlichem Interesse vor einer Monopolisierung durch eingetragene Designs bewahrt bleiben (§ 3 I Ziff. 4 DesignG).

2. Entstehen des eingetragenen Designs

212 Liegen die materiellen Voraussetzungen des § 2 I DesignG alle vor, so hat der Entwerfer damit noch keinen Designschutz erworben. Es muss vielmehr noch – wie beim Patent und Gebrauchsmuster – etwas Formelles hinzutreten, nämlich ein Verfahren vor dem **DPMA**. Das eingetragene Design ist also ein förmliches Recht (Rz 6).

Das Verfahren zur Erlangung des Designschutzes sei in den wichtigsten Schritten skizziert. Dabei wollen wir drei Stufen auseinander halten, wobei die erste die entscheidende ist (vgl. Abb. 20a, S. 103).

2.1 Das Anmeldeverfahren

213a Die Anmeldung des Designs zur Eintragung in das Register erfolgt beim **DPMA**, Dienststelle Jena (§ 11 I DesignG).

Die Anmeldung *muss* enthalten (§ 11 II DesignG):
- Einen Antrag auf Eintragung,
- Angaben zur Identität des Anmelders,
- eine zur Bekanntmachung geeignete Wiedergabe des Designs,

Weiterhin *muss* nach § 11 III DesignG die Anmeldung eine Angabe der Erzeugnisse enthalten, in die das eingetragene Design aufgenommen oder bei denen es verwendet werden soll.

Des Weiteren *muss* die Anmeldung den Erfordernissen entsprechen, die in der nach § 26 DesignG erlassenen Rechtsverordnung bestimmt worden sind (§ 11 IV DesignG).

Mit dem Eintragungsantrag ist eine Anmeldegebühr zu zahlen, § 3 I PatKostG.

Die **Entwerfer** des Designs – diesen steht das Recht auf das eingetragene Design zu (§ 7 I DesignG) – oder der **Arbeitgeber** – diesem steht das Recht zu, wenn sein Mitarbeiter das Design in Ausübung seiner Arbeitnehmeraufgaben entworfen hat (§ 7 II DesignG) – stellen den schriftlichen **Antrag** auf Eintragung in das Designregister (§ 11 II Ziff. 1 DesignG) auf einem vom DPMA vorgegebenen Vordruck beim DPMA. Dabei kann die Anmeldung zu einem Zeitpunkt erfolgen, zu dem das Design der Öffentlichkeit bereits zugänglich gemacht worden ist, ohne dass dies bei der Beurteilung der Merkmale Neuheit und Eigenart schädlich ist. Die Anmeldung des Designs muss aber innerhalb der Neuheitsschonfrist von 12 Monaten nachgeholt werden (§ 6 DesignG). Das hat für die Praxis, insbesondere für Anmelder aus saisonabhängigen Wirtschaftszweigen, die größere Mengen von Designs anmelden, Bedeutung. Ein solcher Unternehmer kann zunächst die neuen Erscheinungsformen seiner Erzeugnisse – etwa auf einer Messe – testen und die Erfolgversprechenden erst später zum Designschutz beim DPMA anmelden, allerdings innerhalb von 12 Monaten.

Die zur Bekanntmachung geeignete **Wiedergabe des Designs** besteht in der bildlichen Darstellung, meist durch ein Foto oder auch durch sonstige Techniken, wie etwa Zeichnungen oder Drucke. Das Wort Wiedergabe bringt deutlich zum Ausdruck, dass eine Hinterlegung des Designs im Original grundsätzlich nicht möglich ist.

Zur Erläuterung der Wiedergabe – etwa von Farbwirkungen – *kann* zusätzlich eine Beschreibung beigefügt werden (§ 11 V Ziff. 1 DesignG). Das Wort „Erläuterung" zeigt, dass eine derartige Beschreibung keine schutzbegründende Wirkung hat.

Weiterhin *kann* die Anmeldung zusätzlich ein Verzeichnis enthalten mit der Warenklasse oder den Warenklassen, in die das angemeldete Design einzuordnen ist (§ 11 V Ziff. 3 DesignG).

Mit diesen Ziffern 1 und 3 sind die beiden wichtigsten der fünf fakultativen Anmeldedaten des § 11 V DesignG genannt.

Zur Vereinfachung des Verfahrens für diejenigen, die eine Vielzahl von Designs anmelden und zur Gebührenersparnis können mehrere Designs – bis zu 100 – in einer **Sammelanmeldung** zusammengefasst werden (§ 12 DesignG).

2.2 Das Registrierungsverfahren

213b Nunmehr nimmt das DPMA die Prüfung der Anmeldung vor. Maßgebend ist hier § 16 DesignG.

Das DPMA **prüft** zunächst die **formalen Voraussetzungen** der Anmeldung, die in § 16 I DesignG genannt sind. Dabei geht es zunächst um die bereits dargelegten obligatorischen Erfordernisse nach § 11 II DesignG und um diejenigen, die in der oben genannten Rechtsverordnung nach §§ 11 IV, 26 DesignG festgelegt sind, sowie um die korrekte Bezahlung der Gebühren. Sind diese Anforderungen nicht erfüllt, so setzt das DPMA eine Frist zur Behebung der Mängel. Werden diese nicht fristgerecht beseitigt, so weist das DPMA die Anmeldung durch Beschluss zurück (§ 16 IV DesignG).

Weiterhin **prüft** das DPMA, ob **Eintragungshindernisse** nach § 18 DesignG vorliegen: also ob der angemeldete Gegenstand überhaupt ein Design im Sinne von § 1 Ziff. 1 DesignG ist, ob ein Verstoß gegen die öffentliche Ordnung oder die guten Sitten gegeben ist oder ob das angemeldete Design eine missbräuchliche Benutzung eines der in Art. 6ter der PVÜ zum Schutz des gewerblichen Eigentums aufgeführten Zeichen oder von sonstigen Abzeichen, Emblemen und Wappen von öffentlichem Interesse darstellt (§§ 3 I Ziff. 3 oder 4 DesignG). Stellt das DPMA ein solches Eintragungshindernis fest, so weist es die Anmeldung zurück.

Entspricht die Anmeldung den gesetzlichen Anforderungen, so bestimmt das DPMA, welche **Warenklassen** einzutragen sind (§ 19 II DesignG). Der Designschutz ist nämlich kein pauschaler Schutz für alle Waren schlechthin, sondern nur für bestimmte Warengruppen. Dabei ist die internationale Klassifikation für Designs, die Locarno-Klassifikation, mit ihren 32 Hauptklassen maßgebend (z.B.: Klasse 1 Nahrungsmittel, Klasse 2 Bekleidung ...).

Nunmehr erfolgt die **Eintragung** der eintragungspflichtigen Angaben des Anmelders in das Register.

Durch diese Eintragung ist der **Designschutz entstanden** (§ 27 I DesignG).

Die Eintragung in das Register wird durch das DPMA bekannt gemacht. Diese **Bekanntmachung**, die rein deklaratorisch wirkt, erfolgt mit einer Wiedergabe des eingetragenen Designs (§ 20 DesignG), praktisch mit einer Abbildung, und hat die Funktion einer Information für die Öffentlichkeit. Diese zeitigt zwei bedeutsame Wirkungen: Zum einen wird man in die Lage versetzt, von bestehenden eingetragenen Designs Kenntnis zu nehmen, da jedermann in das Register Einsicht nehmen darf (§ 22 I DesignG). Zum anderen entsteht durch die Bildbekanntmachung eine recht starke Publizitätswirkung, so dass sich „Produktpiraten" schwerlich darauf berufen können, das Design nicht gekannt zu haben, was auch in Bezug auf einen evtl. Schadenersatzanspruch (§ 42 II DesignG) für die Frage des Verschuldens von Bedeutung ist.

Fassen wir zusammen: Durch die Eintragung in das Designregister wird das eingetragene Design begründet; die Bekanntmachung wirkt lediglich deklaratorisch.

Sicherlich ist uns aufgefallen: Die bedeutsamen und zugleich problematischsten Merkmale Neuheit und Eigenart werden überhaupt nicht geprüft. Das Gesetz beschränkt die Prüfung insbesondere auf formale Voraussetzungen. Das DPMA nimmt also insofern **keine materielle Prüfung** vor, insbesondere keine solche, um es noch einmal zu sagen, der problematischen Schutzvoraussetzungen Neuheit und Eigenart des § 2 I DesignG (wir erkennen hier eine Parallele zum Gebrauchsmuster). Es erfolgt auch keine Sachprüfung darüber, ob der Anmelder zur Anmeldung überhaupt berechtigt ist und ob die in der Anmeldung gemachten Angaben richtig sind (§ 19 II DesignG).

2.3 Das Beschwerdeverfahren

Hier gilt das Gleiche wie bei Patent und Gebrauchsmuster. Gegen die Beschlüsse des DPMA kann **Beschwerde** an das Bundespatentgericht eingelegt werden (§ 23 IV DesignG); gegen dessen Beschlüsse findet die **Rechtsbeschwerde** an den BGH statt (§ 23 V DesignG).

213c

1	Anmeldeverfahren/Designstelle – DPMA
	– Anmeldung (§ 11)
2	Registrierungsverfahren – DPMA
	– sehr beschränkte Prüfung der Voraussetzungen (§ 16) – Eintragung (§ 19) – Bekanntmachung (§ 20)
3	Beschwerdeverfahren/Patentgericht/BGH
	– Beschwerde (§ 23 IV, 1) – Entscheidung (§ 23 IV, 2) – Rechtsbeschwerde, BGH (§ 23 V)

Abb. 20a: *Verfahren zur Erlangung des Designschutzes*

In unserem nationalen deutschen Recht gibt es nur diesen einen Weg zur *Entstehung* des Designschutzes – ganz im Gegensatz zum europäischen Gemeinschaftsgeschmacksmusterrecht. Bei Letzterem gibt es nämlich nicht nur die – unserem nationalen Recht entsprechende – Entstehung eines Designschutzes im Sinne eines förmlichen Rechts, das durch amtliches Verfahren charakterisiert ist (vgl. Rz 6), sondern darüber hinaus noch eine solche kraft sachlichen Rechts: das **nicht eingetragene Gemeinschaftsgeschmacksmuster**. Dieses gewährt drei Jahre Rechtsschutz. Es ist vor allem für jene Wirtschaftszweige gedacht, die Produkte mit kurzer Lebensdauer auf den Markt bringen, wie das häufig in der Textilbranche der Fall ist. Dieses nicht eingetragene Gemeinschaftsgeschmacksmuster (wir erinnern uns, es hat seinen Namen behalten), wurde bereits an dieser Stelle in die Thematik einbezogen (später dazu vgl. Rz 734), weil es in der Praxis von recht erheblicher Bedeutung ist.

213d

2.4 Das eingetragene Design im Verletzungsprozess

214 Würdigen wir dieses Verfahren: Es ist – im Gegensatz zum Patent – weder langwierig noch kompliziert. Es hat aber die Nachteile, die wir bereits vom Gebrauchsmuster her kennen: In einem evtl. späteren Prozess über die Verletzung des Designs prüft das **Gericht** die problembeladenen materiellen Schutzvoraussetzungen, insbesondere Neuheit und Eigenart, weil dies bisher nicht geschehen ist. Allerdings hilft hier § 39 DesignG. Hiernach wird zugunsten des Inhabers des eingetragenen Designs vermutet, dass die an die Rechtsgültigkeit eines eingetragenen Designs zu stellenden Anforderungen erfüllt, also insbesondere die Merkmale Neuheit und Eigenart gegeben sind. Diese Vermutung der Rechtsgültigkeit bringt eine Beweiserleichterung nach § 292 ZPO. Der Beweis des Gegenteils ist zulässig. Der Gegner des Inhabers der eingetragenen Designs muss nunmehr beweisen, dass die an dieses eingetragene Design zu stellenden Anforderungen nicht erfüllt sind.

Wir erkennen also: Während das Patent ein „starkes und wertvolles Recht" ist, haben eingetragene Designs (wie auch Gebrauchsmuster) keine sichere, endgültige Wirkung.

3. Rechtswirkungen des eingetragenen Designs

Das eingetragene Design hat – wie das Patent und Gebrauchsmuster – dreifache Wirkung.

3.1 Positiver Inhalt des eingetragenen Designs

215 Das eingetragene Design gewährt seinem Inhaber das ausschließliche Recht, es zu benutzen. Eine Benutzung schließt insbesondere die Herstellung, das Anbieten, das Inverkehrbringen, die Ein- und Ausfuhr, den Gebrauch eines Erzeugnisses, in das das eingetragene Design aufgenommen oder bei dem es verwendet wird, und den Besitz eines solchen Erzeugnisses zu den genannten Zwecken ein (§ 38 I DesignG).

Zwei Probleme stehen hier im Vordergrund:

215a Erstens: Wer ist der **Rechtsinhaber**? Hier ist zunächst von einer formalen Betrachtung auszugehen. Als Rechtsinhaber gilt der in das Register eingetragene Inhaber des eingetragenen Designs (§ 1 Ziff. 5 DesignG). Im Normalfall ist derjenige eingetragen, dem auch das Recht auf das eingetragene Design zusteht. Das sind zum einen der Entwerfer des Designs oder sein Rechtsnachfolger oder die Entwerfer gemeinschaftlich, wenn ein Design gemeinsam entworfen worden ist (§ 7 I DesignG). Hat ein Arbeitnehmer das Design in Ausübung seiner Aufgaben oder nach Weisungen des Arbeitgebers entworfen, so steht das Recht an dem eingetragene Design dem Arbeitgeber (§ 7 II DesignG) zu. Sollte sich – ein Ausnahmefall – ein Dritter unbefugt das Design eines nach § 7 DesignG Berechtigten eintragen lassen – was ja möglich ist, da das

DPMA die Berechtigung zur Anmeldung nicht nachprüft (§ 19 II DesignG) – so gilt dieser Dritte als Rechtsinhaber im Sinne von § 1 Ziff. 5 DesignG. In diesem Falle steht dem nach § 7 DesignG wahren Berechtigten nur der Klageweg nach § 9 DesignG offen, allerdings nur binnen drei Jahre ab Bekanntmachung des umstrittenen eingetragenen Designs.

Zweitens: Was ist **Gegenstand** des Designschutzes und welchen **Umfang** hat er? 215b

Was Schutz als eingetragenes Design genießt, wird in § 37 I DesignG geregelt. Nach dieser Vorschrift wird der Schutz für diejenigen Merkmale der Erscheinungsform eines eingetragenen Designs begründet, die in der *Anmeldung sichtbar* wiedergegeben sind. Daher sollte der Anmelder bei der Bilddarstellung der Gestaltungsmerkmale große Sorgfalt aufwenden. Da also die Erscheinungsform in der Anmeldung und nicht in der Bekanntmachung maßgebend ist, kommt dem Recht der Einsichtnahme in das Register (§ 22 I DesignG) besondere Bedeutung zu.

Der *Schutzumfang* eines eingetragenen Designs erstreckt sich auf jedes Design, das beim informierten Benutzer keinen anderen Gesamteindruck erweckt. Bei der Beurteilung des Schutzumfanges wird der Grad der Gestaltungsfreiheit des Entwerfers bei der Entwicklung seines Designs berücksichtigt (§ 38 II DesignG). Schon der Wortlaut dieser Vorschrift lässt einen sachlichen Zusammenhang mit dem Merkmal Eigenart (§ 2 III DesignG) erkennen (vgl. Rz 210). Bei großer Designdichte auf einem bestimmten Erzeugnissektor ist der Schutzumfang des eingetragenen Designs geringer. Schon bei geringfügigen Abweichungen der Gestaltungsmerkmale des neuen Designs könnte hier eine Klage des Rechtsinhabers des älteren eingetragenen Designs gegen den „Plagiator" erfolglos sein.

3.2 Negativer Inhalt des eingetragenen Designs

In den Schutzbereich, der nach dem soeben dargestellten § 38 DesignG dem Designinhaber ausschließlich vorbehalten ist, darf ein Dritter nicht unbefugt eingreifen. Dem eingetragenen Design kommt eine Sperrwirkung zu, bei der es nicht darauf ankommt, ob der Verletzer von dem geschützten Design Kenntnis hat oder nicht. 216

Dies ist der Grundgedanke der wichtigen Anspruchsgrundlage § 42 I DesignG, die Sanktionen ausspricht, wenn folgende Rechtsvoraussetzungen erfüllt sind: 217
– Benutzung eines eingetragenen Designs
– entgegen § 38 I, 1 DesignG.

Kurzum: Die Verletzung eines eingetragenen Designs ist unzulässig.

Beispiel: Als **Hinführungsbeispiel** wählen wir den gleichen Fall wie beim Urheberrecht (Rz 71). Jenes Signet ist beim DPMA angemeldet und in das Designregister eingetragen worden. Benutzt nun ein anderer Betrieb dieses Zeichen ohne Erlaubnis, etwa in seiner Werbung, so ist dies unzulässig (§ 42 I DesignG).

218 Bei der entscheidenden Frage, ob eine Benutzung entgegen § 38 I 1 DesignG und mithin eine Verletzung eines eingetragenen Designs vorliegt, ist auf die im Rahmen der **Anmeldung** *sichtbar wiedergegebenen* Merkmale der Erscheinungsform des eingetragenen Designs abzustellen. Maßgebend ist also die eingereichte **bildliche Wiedergabe** des Designs (§ 37 I DesignG).

Wird ein geschütztes eingetragenes Design *identisch* von einem Dritten benutzt, so ist ein Verstoß gegen § 42 I DesignG evident.

Problematisch wird es, wenn *Abweichungen* vorliegen. Hier wird eine Benutzung eines eingetragenen Designs durch einen Dritten dann als unzulässig angesehen werden, wenn es objektiv hinreichende Übereinstimmungen gerade in Bezug auf die konkreten Gestaltungsmerkmale gibt, die den schutzfähigen Inhalt des eingetragenen Designs ausmachen. Die Identität wird nicht durch solche Abweichungen ausgeschlossen, die nur bei Anwendung besonderer Aufmerksamkeit durch den informierten Benutzer wahrgenommen werden können denn dann sind sie als unwesentliche Einzelheiten (vgl. § 2 II 2 DesignG) anzusehen. Maßgeblich ist der *Gesamteindruck*; dabei ist von den übereinstimmenden Merkmalen auszugehen und nicht von den unterschiedlichen. Schließlich gilt hier im Grunde das Gleiche, wie wir es beim Urheberrecht kennen gelernt haben (vgl. Rz 72): Je größer die dem eingetragene Design zukommende Eigenart (Rz 210), desto größer ist der Schutzumfang.

Einen weiteren Aspekt, der für die Frage eines Verstoßes gegen § 42 I DesignG von Bedeutung ist, haben wir bereits oben (Rz 210, 215b) erörtert: Je größer die Designdichte in einem Erzeugnissektor ist, desto geringer ist der Schutzumfang.

Ist ein Design für ein Flächenerzeugnis eingetragen worden, so beschränkt sich dessen Schutz nicht auf diese Dimension. Das bedeutet, dass ein Dritter die geschützten Gestaltungsmerkmale dieses zweidimensionalen Designs nicht auf körperliche Erzeugnisse übertragen darf. Dies gilt natürlich auch umgekehrt für das Verhältnis der eingetragenen Raumform in Bezug auf die Flächenform. Anders ausgedrückt: Es besteht **keine Dimensionenbeschränkung** des Schutzumfanges.

219 Bei einem Verstoß gegen § 42 I DesignG, der wichtigsten Anspruchsgrundlage des Designgesetzes, stehen dem Verletzten eine ganze Reihe von Ansprüchen zu. Die Rechtsfolgen einer Verletzung eines eingetragenen Designs entsprechen denen einer Urheberrechtsverletzung. Insoweit kann jeweils auf die Ausführungen der Rz 73a ff. verwiesen werden.

Zunächst gibt § 42 I, S. 1 DesignG gegen den Verletzer einen Anspruch auf **Beseitigung** der Beeinträchtigung.

Bei Wiederholungsgefahr besteht ein Anspruch auf **Unterlassung**. Dieser Anspruch besteht auch dann, wenn eine Zuwiderhandlung erstmalig droht (§ 42 I, S. 2 DesignG).

Wer die Verletzung eines eingetragenen Designs vorsätzlich oder fahrlässig vornimmt, ist dem Verletzten zum **Schadenersatz** verpflichtet (§ 42 II DesignG). Was die Bestimmung der Schadenshöhe angeht (§ 42 II, S. 2, 3 DesignG), gilt das Gleiche wie beim Urheberrecht (Rz 73c).

Weitere Ansprüche des Verletzten sind bei Vorliegen bestimmter Voraussetzungen:
- **Vernichtung** der das eingetragene Design verletzenden Erzeugnisse (§ 43 I, S. 1 DesignG), vgl. Rz 73d
- Anstelle der Vernichtung kann der Verletzer **auf Überlassung** der Vervielfältigungsstücke gegen eine angemessene Vergütung, welche die Herstellungskosten nicht übersteigen darf, in Anspruch genommen werden (§ 43 III DesignG), vgl. Rz 73e.
- **Vernichtung** der Geräte, die vorwiegend zur Herstellung der das eingetragene Design verletzenden Erzeugnisse gedient haben (§ 43 I, S. 2 DesignG), vgl. Rz 73g.
- **Rückruf** der das eingetragene Design verletzenden Gegenstände oder deren
- **endgültiges Entfernen aus den Vertriebswegen** (§ 43 II DesignG), vgl. Rz 73f.

Diese Ansprüche sind aber ausgeschlossen, wenn die Maßnahme im Einzelfall unverhältnismäßig ist. Bei der Prüfung der Verhältnismäßigkeit sind auch die Interessen Dritter zu berücksichtigen (§ 43 IV DesignG).
- **Auskunftsansprüche** (§ 46 DesignG), vgl. Rz 73h.
- **Vorlage von Urkunden** oder **Besichtigung einer Sache** (§ 46a DesignG), vgl. Rz 73i.
- **Vorlage von Bank-, Finanz- und Handelsunterlagen** (§ 46b DesignG), vgl. Rz 73j.

Sollte eine Verletzung eines eingetragenen Designs noch andere gesetzliche Vorschriften betreffen, etwa das BGB, so bleiben diese unberührt (§ 50 DesignG).

Die genannten Ansprüche **verjähren** in entsprechender Anwendung der allgemeinen Verjährungsvorschriften der §§ 194 ff. BGB in 3 Jahren (§ 49 DesignG). 220

Alle diese Ansprüche bestehen jedoch nicht, wenn sie ein mit einem eingetragenen Design versehenes Erzeugnis betreffen, das vom Rechtsinhaber oder mit seiner Zustimmung in einem Mitgliedstaat der EU oder des EWR in den Verkehr gebracht worden ist (§ 48 DesignG). Dann ist der Rechtsschutz an *diesem* Gegenstand verbraucht. Wir sehen sofort, dass es sich hier um den **Erschöpfungsgrundsatz** handelt, den wir von den bereits erarbeiteten Schutzrechten her kennen (Rz 59, 156a, 195a). 221

3.3 Strafrechtlicher Schutz

Die **Strafbarkeit** ergibt sich – inhaltlich den bisher dargestellten Sonderschutzrechten entsprechend – aus § 51 I, II DesignG. Auch hier ist der **Versuch** strafbar (§ 51 III DesignG), liegt ein **Antragsdelikt** vor (§ 51 IV DesignG), gilt das Prinzip der **Privatklage** (§ 374 I Ziff. 8 StPO), erfolgt **Einziehung** (§ 51 V DesignG; §§ 74 ff. StGB) und **Beschlagnahme** durch die Zollbehörden (§ 55 DesignG) sowie **Verfall** (§§ 73 ff. StGB). 222

3.4 Beschränkungen des Schutzumfanges des eingetragenen Designs

Wie beim Urheberrecht und wie bei den technischen Schutzrechten gibt es auch beim eingetragenen Design Beschränkungen des Schutzumfanges; einige Beispiele: 223

§ 40 Ziff. 1 DesignG bestimmt, dass das eingetragene Design tangierende Handlungen im privaten Bereich zu nichtgewerblichen Zwecken zulässig sind, des Weiteren auch Handlungen zu Versuchszwecken (Ziff. 2), unter bestimmten Voraussetzungen auch Wiedergaben zum Zwecke der Zitierung oder der Lehre (Ziff. 3).

Eine weitere Beschränkung der Rechte aus dem eingetragenen Design ergibt sich aus § 41 DesignG. Es geht hier um Parallelentwicklungen identischer Design im Inland, wobei der Entwerfer des früheren – vom späteren völlig unabhängig entwickelten – Designs dieses gutgläubig in Benutzung genommen oder wirkliche und ernsthafte Anstalten dazu getroffen, jedoch kein Design angemeldet hat. In diesem Fall kann der spätere Designschutzinhaber die oben genannten Ansprüche (Rz 219) gegen den Vorbenutzer nicht geltend machen. Der Vorbenutzer ist berechtigt, sein Design zu benutzen.

4. Übergang des eingetragenen Designs

224 Wie das Patent und das Gebrauchsmuster, so ist auch das eingetragene Design vererblich und kann auf andere übertragen werden (§ 29 I DesignG).

Die unbeschränkte Übertragung erfolgt durch Abtretung (§§ 413, 398 BGB). Damit ist das eingetragene Design übergegangen. Die Eintragung des Rechtsübergangs wird auf Antrag ins Designregister eingetragen (§ 29 III DesignG). Diese Eintragung ist rein deklaratorisch. Allerdings wird der Erwerber eines eingetragenen Designs in der Regel daran interessiert sein, sich baldmöglichst eintragen zu lassen. Nur der Eingetragene gilt als Rechtsinhaber (§ 1 Ziff. 5 DesignG) und nur dieser gilt in Sachen eingetragener Designs vor den einschlägigen Behörden als Berechtigter (§ 8 DesignG).

Besondere Vorschriften über Lizenzen an eingetragenen Designs in Bezug auf Inhalt, Art, Dauer und Gebiet enthält § 31 DesignG.

Im Übrigen gelten die Ausführungen über die Lizenzen bei Patenten hier entsprechend (Rz 162 ff.).

Beim eingetragenen Design tritt das gleiche „Scheinrechtsproblem" auf wie beim Gebrauchsmuster (Rz 197), weshalb hier eine Kurzdarstellung genügen mag. – Ausgangspunkt ist § 33 I DesignG. Fehlen etwa die Schutzvoraussetzungen Neuheit oder Eigenart (Ziff. 2), so ist das eingetragene Design nichtig. Dennoch bedeutet dies keine Nichtigkeit des Lizenzvertrages, solange der Lizenznehmer die wirtschaftlichen Vorteile aus diesem genießt.

5. Beendigung des eingetragenen Designs

Zunächst sei die **Zeitdauer** betrachtet: Der Designschutz dauert zunächst 5 Jahre und kann dann durch Bezahlung einer Aufrechterhaltungsgebühr – praktisch gesehen einer Art Verlängerungsgebühr – nach jeweils fünf Jahren bis zu einer Schutzdauer von 25 Jahren (§§ 28 I, 27 II DesignG) verlängert werden.

225

Nach Ablauf der Schutzdauer, also spätestens nach 25 Jahren, ist das eingetragene Design von jedermann benutzbar.

Das eingetragene Design kann auch auf Grund eines erfolgreichen **Nichtigkeitsverfahrens** (§ 33 ff. DesignG) zum Erlöschen führen. Dieses Verfahren ist vergleichbar mit dem Löschungsverfahren beim Gebrauchsmuster (Rz 199). Da auch hier das Verfahren nicht vor dem Patentgericht erfolgt, sondern vor dem **DPMA** durchzuführen ist, ist es recht kostengünstig.

225a

In diesem Verfahren ist zwischen absoluten und relativen Nichtigkeitsgründen zu unterscheiden. Bei den *absoluten* Nichtigkeitsgründen nach § 33 I DesignG, bei denen jedermann befugt ist, das Verfahren zu beantragen (§ 34, 1 DesignG), stehen in der Praxis die Merkmale Neuheit und Eigenart im Vordergrund (Ziff. 1). Wird deren Fehlen festgestellt, so *ist* das eingetragene Design *nichtig*. Bei den *relativen* Nichtigkeitsgründen, bei denen nur der Inhaber des betroffenen Rechts zur Antragstellung berechtigt ist (§ 34, 2 DesignG), geht es vor allem darum, dass Urheberrechte oder eingetragene Designs mit älterem Zeitrang (§ 33 II DesignG) unerlaubt benutzt werden. Wird eine derartige Rechtsverletzung festgestellt, so wird das eingetragene Design *für nichtig erklärt*. – Sowohl bei den absoluten wie bei den relativen Nichtigkeitsgründen ergeht die Entscheidung durch Beschluss des DPMA (§ 33 III DesignG). In beiden Fällen der Nichtigkeit gelten die Schutzwirkungen der Eintragung des Designs als von Anfang an – also ex tunc – nicht eingetreten (§ 33 IV DesignG).

Nach § 36 DesignG wird die Eintragung eines Designs im Designregister insbesondere gelöscht, wenn die Schutzdauer beendet ist (Ziff. 1), bei Verzicht auf Antrag des Rechtsinhabers (Ziff. 2), wenn ein Dritter dies beantragt und eine öffentliche oder öffentlich beglaubigte Urkunde vorlegt, in der der eingetragene Inhaber auf das Design verzichtet (Ziff. 3), auch bei Einwilligung (Ziff. 4) in die Löschung (§§ 9, 33 II, 2 DesignG).

226

6. Abschnitt

Kennzeichenrechte

1. Gegenstand der Kennzeichenrechte

227 Durch das Markengesetz werden geschützt (§ 1 MarkenG):
- **Marken**, seien es Individual- (§§ 3, 4 MarkenG), seien es Kollektiv- (§ 97 MarkenG) Kennzeichen,
- **geschäftliche Bezeichnungen** (§ 5 MarkenG),
- **geografische Herkunftsangaben** (§ 126 MarkenG).

228 Den kollektiven Kennzeichenschutz, also die Kollektivmarken und die geografischen Herkunftsangaben, werden wir im Anhang behandeln; zuerst also zum **Individualschutz**.

229 Verschaffen wir uns zunächst einen Überblick über den umfassenden individuellen Kennzeichenschutz, den unser Recht gibt:
- Schutz des bürgerlichen Namens, insbesondere der natürlichen Person (§ 12 BGB)
- Schutz der Firma (§§ 17 ff., 37 HGB)
- Schutz von Marken (§§ 3, 4 MarkenG)
  - den eingetragenen
  - den benutzten mit Verkehrsgeltung
  - den notorisch bekannten
- Schutz von Unternehmenskennzeichen und Werktiteln (§ 5 I MarkenG)
- Schutz von Geschäftsabzeichen und sonstigen zu Unterscheidung des Geschäftsbetriebs bestimmten Zeichen (§ 5 II, 2 MarkenG).

229a Zunächst kurz zum Schutz des **Namens** einer **natürlichen Person** nach § 12 BGB:

> **Beispiel**
> Das Landgericht München I (Urteil vom 08.03.2007, Aktenzeichen 4 HK O 12806/06) verurteilte einen Fleischgroßhändler, es zu unterlassen, die von ihm hergestellten Schweinswürste mit „Schweini" zu bezeichnen, weil hierdurch das Namensrecht des Fußball-Nationalspielers Schweinsteiger, der häufig „Schweini" genannt wird, verletzt werden würde.

230 Gehen wir von der großen Bandbreite der genannten **gewerblichen** Kennzeichen aus, so haben wir zunächst grundsätzlich zwei verschiedene Arten zu unterscheiden: Die Waren- und Dienstleistungsbezeichnungen einerseits, die Unternehmensbezeichnungen andererseits. Die Waren- und Dienstleistungsbezeichnungen beziehen sich – die Termini sagen es bereits selbst – auf **Waren** und **Dienstleistungen**; es sind dies die Marken nach den genannten drei Arten ihrer Entstehung (§ 4 MarkenG). Die Unternehmensbezeichnungen hingegen individualisieren das **Unternehmen** als solches. Bei Letzteren ist wiederum zu differenzieren. Name und Firma einerseits weisen auf den Inhaber des Unternehmens hin, also auf das Rechtssubjekt. Unternehmenskenn-

zeichen und Geschäftsabzeichen andererseits beziehen sich – wie der Name schon sagt – auf das Geschäft als solches oder dessen Teile, also auf das Rechtsobjekt. Wir kommen also zu folgender Übersicht:

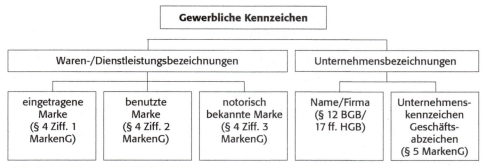

Abb. 21: Arten der gewerblichen Kennzeichen

Zunächst wenden wir uns dem individuellen Markenrecht zu und dann den geschäftlichen Bezeichnungen.

2. Die Marke

2.1 Wesen und Gegenstand der Marke

2.1.1 Allgemeines

2.1.1.1 Begriff und Funktionen der Marke

Jeder Mensch trägt einen Namen. Schon dadurch unterscheidet er sich von anderen. Genauso ist es bei Waren und Dienstleistungen. Sie erhalten eine Bezeichnung, um sich schon dadurch von anderen Waren und Dienstleistungen zu unterscheiden. Dieser **Individualisierung** der Waren und Dienstleistungen dient die Marke. So versteht sich folgender Markenbegriff, der sich aus § 3 MarkenG herleiten lässt: Eine Marke ist ein **Kennzeichen**, das von einem Rechtssubjekt benutzt wird, um seine Waren oder Dienstleistungen von den Waren oder Dienstleistungen anderer Unternehmer zu unterscheiden; kurzum: Die Marke ist ein **produktidentifizierendes Unterscheidungszeichen** am Marktwettbewerb. 231

Diese **Unterscheidungsfunktion** macht das Wesen der Marke aus. Unterscheiden kann man nach verschiedensten Kriterien. So kann eine Marke die Verbraucher auf ein bestimmtes Unternehmen als Herkunftsstätte der gekennzeichneten Ware/Dienstleistung hinweisen (z.B. „Persil, ein Produkt aus dem Hause Henkel"). Diese **Herkunftsfunktion** ist die klassische Funktion der Marke; insbesondere sie war Gegenstand der herkömmlichen Rechtsprechung und wird auch heute noch als Hauptfunktion der Marke angesehen (EuGH, GRUR 2003, 425 – Ansul/Ajax). Diese klassische Funktionslehre erfuhr insbesondere durch das auf EG-Recht beruhende Marken- 232 gesetz von 1994, die Literatur und die Rechtsprechung des EuGH bedeutsame Erweiterungen. Über die klassische Funktion „Herkunft" hinausgehend, wurden weitere ökonomisch wichtige Funktionen als Markenfunktionen anerkannt. Wir sprechen von der Multifunktionalität der Marken. Die Marke identifiziert ein Erzeugnis (**Identifizierungsfunktion**) nach bestimmten Eigenschaften, sie kann Gewähr für die am Markt erworbene Stellung bieten, etwa in Bezug auf Kreditwürdigkeit (**Investitionsfunktion**), auf gleich bleibende oder verbesserte Qualität (**Garantiefunktion**), für Image und guten Ruf. Schließlich ist die Marke das bedeutsamste Instrument der Kommunikation (**Kommunikationsfunktion**) der am Markt Beteiligten, was den Abnehmern gegenüber insbesondere durch die **Werbefunktion** zum Ausdruck kommt (EuGH, GRUR 2009, 756 – L'Oréal-Bellure, BGH, GRUR 2010, 726 – Opel Blitz II).

Diese zunächst theoretisch anmutende Multifunktionslehre kann im Einzelnen sehr praktische Folgen zeitigen: Die Verletzung einer dieser Funktionen kann eine Verletzungshandlung im Sinne von § 14 II MarkenG darstellen (vgl. BGH, vom 14.04.2011, Az. I ZR 33/10 – Große Inspektion für Alle)

232a Verstehen wir diese Ausführungen zur Marke aber nicht falsch. Niemand ist verpflichtet, für seine Ware oder Dienstleistung eine Bezeichnung zu benutzen. Namenlose Produkte, „no names", sind zulässig und am Markt gängig. Wird aber ein Waren- oder Dienstleistungsname gebraucht, so ist dieser nicht zwingend eine Marke. Marken sind vielmehr nur die Bezeichnungen, die nach § 4 MarkenG zur Entstehung gelangt sind. Deren wichtigsten, die eingetragenen Marken, werden häufig mit einem ® versehen; erforderlich ist dies jedoch nicht.

232b Aus diesen Darlegungen erkennen wir den Unterschied zum Schutzgegenstand von Patent und Gebrauchsmuster, der erfinderischen gewerblichen Leistung, und zu dem des eingetragenen Designs, der gestalterischen gewerblichen Leistung.

Vgl. Fall 45.

2.1.1.2 Rechtsnatur und Bedeutung der Marke

233 Die Marke ist – wie das Patent, das Gebrauchsmuster und das eingetragene Design – ein **Ausschließlichkeitsrecht**, ein absolutes Recht. Gegenstand der Marke ist ein Kennzeichen.

Abb. 22: *Gegenstand der Marke*

Die Marke ist ein verselbstständigtes Recht, und zwar sowohl gegenüber der Person des Kaufmanns als auch gegenüber der Ware/Dienstleistung selbst.

Die Selbstständigkeit gegenüber der Person des Gewerbetreibenden zeigt sich darin, dass die Marke im Verkehrsleben Bedeutung hat, ohne dass der herstellende oder vertreibende Unternehmer oder das Unternehmen dem Kunden bekannt zu sein brauchen. So kennen die meisten Verbraucher wohl Marken wie Odol, Badedas, Aspirin. Hingegen dürfte ihnen viel weniger bekannt sein, wer die mit diesen Marken versehenen Waren herstellt: GlaxoSmithKline, Unilever, Bayer Leverkusen. Das Gleiche dürfte zutreffen bei den Marken Dash, Ariel, Lenor, Meister Proper, Pampers und Luvs in Bezug auf Procter & Gamble.

Die Selbstständigkeit der Marken gegenüber der Ware selbst kommt darin zum Ausdruck, dass die Marke jederzeit zur Kennzeichnung von anderen Waren benutzt werden kann. Recht häufig findet eine bekannte Marke immer weitere Verwendung für neue Waren (Dachmarken).

Beispiele

4711: Zunächst wurde diese Marke für Kölnisch Wasser benutzt, später für Parfüm, Seifen, Creme, Puder, Badesalze, Deodorants usw.

Ajax: Diese Marke wurde zuerst für Reinigungspulver mit Chlorbleiche verwendet, dann für Fußbodenreiniger, Allzweckreiniger, Vollwaschmittel, Topf- und WC-Reiniger usw.

Was die **Bedeutung** der Marken angeht, so kann diese kaum hoch genug eingeschätzt werden. Marken sind wichtige Instrumente moderner Marketingpolitik. Sie erleichtern Kommunikationshandlungen am Markt in breitem Umfang, sei es im Rahmen von Werbung, Verkaufsförderung oder PR-Maßnahmen, wie das auch in der bereits dargestellten Herkunfts-, Garantie- und Werbefunktion zum Ausdruck kommt. Hieraus erwächst das Image der Waren und Dienstleistungen und damit auch der betreffenden Unternehmungen. In bekannten Marken stecken immense Vermögenswerte. So wurde beispielsweise der Wert der Marke „Volkswagen" schon vor einigen Jahren von einer Wirtschaftsprüfungsgesellschaft mit 18,8 Milliarden. € angegeben; für die wertvollste Marke der Welt, „Apple" wird gar ein Markenwert von 182,9 Milliarden genannt. 234

Aber auch eine rein quantitative Betrachtung bestätigt die große Bedeutung der Marken. Im Jahre 2013 erfolgten über 64 900 nationale Markenanmeldungen. Hinzu kamen über 4800 IR-Marken (vgl. Rz 291). Im Bestand des DPMA befanden sich nahezu 790 000 Marken. Und dabei ist in diese Betrachtungsweise lediglich die Kategorie angemeldete/eingetragene Marken einbezogen (§ 4 Ziff. 1 MarkenG). Hinzu kommt der in großer Zahl beim HABM erworbene Markenschutz mit Wirkung in Deutschland (vgl. Rz 724 ff.). 235

2.1.1.3 Die Markenkategorien und die Markenfähigkeit

2.1.1.3.1 Markenkategorien

Marken kann man unter den verschiedensten Gesichtspunkten systematisieren. Hier wollen wir zunächst auf die Einteilung nach der **Entstehung** des Markenschutzes eingehen. Danach unterscheiden wir drei Arten von Marken (§ 4 MarkenG): 236
– Marken durch Eintragung
– Marken durch Benutzung mit Verkehrsgeltung
– Marken durch notorische Bekanntheit.

Bei den Marken kraft Eintragung entsteht der Markenschutz durch die **Eintragung** ins Markenregister (§ 4 Ziff. 1 MarkenG).

Bei den Marken kraft Benutzung entsteht der Schutz – ohne jegliche Eintragung –, wenn das Zeichen im geschäftlichen Verkehr innerhalb beteiligter Verkehrskreise als Marke **Verkehrsgeltung** erworben hat (§ 4 Ziff. 2 MarkenG).

Die dritte Markenart schließlich stellt die notorisch oder allbekannten Zeichen dar (§ 4 Ziff. 3 MarkenG). Der Begriff der notorischen Bekanntheit bestimmt sich nach Art. 6 bis der Pariser Verbandsübereinkunft, der PVÜ (vgl. Rz 711 ff.).

Abb. 23:
Entstehung des Markenschutzes

2.1.1.3.2 Markenfähigkeit

237 Für alle drei genannten Markenkategorien gilt Folgendes: Nicht jede Bezeichnung, nicht jedes sonstiges Merkmal ist fähig, ein **produktidentifizierendes Unterscheidungszeichen** im Wirtschaftswettbewerb und damit eine Marke zu sein. Es müssen vielmehr bestimmte Voraussetzungen vorliegen, damit Markenfähigkeit gegeben ist:
- Selbstständigkeit der Marke,
- Einheitlichkeit der Marke,
- abstrakte Unterscheidungseignung der Marke.

- Die Marke ist etwas **Selbstständiges**. Sie ist nicht identisch mit der Ware oder deren Verpackung; sie hat reine Kennzeichnungsfunktion (vgl. Rz 233). Funktionell notwendige Teile einer Ware sind also nicht markenfähig.
- **Einheitlichkeit** der Marke bedeutet: Sie muss mit einem Blick überschaubar sein und einen geschlossenen, bestimmten Gesamteindruck vermitteln. Daran fehlt es z.B. bei einem Text, der aus einer Vielzahl von Sätzen besteht, etwa bei einer Verbraucherinformation. – Ein geschlossener und bestimmter Gesamteindruck wird auch nicht vermittelt bei den „variablen Marken". Dies sind solche Zeichen, für die keine bestimmte Erscheinungsform zur Anmeldung kommt, sondern die in unterschiedlichen Varianten in Erscheinung treten können. So hat der BGH (BGH v. 6.02.

2013, Az. I ZB 85/11) bei einer Markenanmeldung, deren Gegenstand aus waagerechten Balken mit abgerundeten Enden bestand, wobei Länge und Breite dieser Balken variieren können, entschieden, dass mangels Bestimmtheit die Markenfähigkeit nicht gegeben ist (§ 3 I MarkenG). Hinzu kommt der Aspekt, dass der Schutzumfang der Marke – durch die Möglichkeit verschiedener Variationen der Erscheinungsformen – nicht in das Belieben des Anmelders gestellt werden darf.

- § 3 I MarkenG bestimmt, dass Marken geeignet sein müssen, Waren oder Dienstleistungen eines Unternehmens von denjenigen anderer Betriebe zu unterscheiden. Dabei geht es allerdings nur um eine **abstrakte Unterscheidungseignung**, die großzügig zu bestimmen ist. Keine abstrakt unterscheidungsgeeigneten Zeichen sind etwa Worte wie international, euro, med, dent, extra. Eine konkrete Unterscheidungseignung ist erst im Rahmen der absoluten Schutzhindernisse nach § 8 II Ziff. 1 MarkenG (vgl. Rz 255) zu untersuchen.

2.1.1.4 Die Zeichenformen der Marke

Für alle drei soeben dargestellten Markenkategorien besagt § 3 I MarkenG, welche Zeichenformen als Marke in Betracht kommen. Nach dieser Vorschrift können als Marken geschützt werden 238
– **alle** Zeichen,
– die geeignet sind, Waren oder Dienstleistungen eines Unternehmens von denjenigen anderer Unternehmen zu **unterscheiden**.

Alle Zeichen sind dem Markenschutz zugänglich. Das bedeutet: Der Marke steht ein breites Spektrum der Zeichenformen offen, lediglich eingeschränkt durch § 3 II MarkenG. Das Gesetz selbst nennt einige Beispiele für markenfähige Zeichen (§ 3 I MarkenG), nämlich Wörter – auch Personennamen –, Abbildungen, Buchstaben, Zahlen, Hörzeichen, dreidimensionale Gestaltungen einschließlich der Form der Ware oder ihrer Verpackung sowie sonstige Aufmachungen einschließlich Farben und Farbzusammenstellungen. Diese Aufzählung ist nicht abschließend; weitere Zeichenformen sind im Prinzip zulässig, also etwa Tast-, Geschmacks- und Geruchszeichen. 239

Nach dem **äußeren Erscheinungsbild** und nach den jeweiligen **menschlichen Sinnesorganen** unterscheiden wir 240
– Wort-, Bild-, Farb- und Formmarken;
– Hörmarken;
– Geruchs-, Geschmacks- und Tastmarken.

- **Wortzeichen** sind die in der Praxis wichtigsten Marken. Zu diesen gehören auch die **Buchstabenmarken** (z.B. BMW, BASF, B (für Bogner), die **Zahlenmarken** (etwa 4711, quattro) sowie die **Buchstabenzahlenmarken** (wie etwa T2, K2R, H 15). Sie sind in § 3 I MarkenG genannt; ihnen kommt die abstrakte Unterscheidungseignung (vgl. Rz 237) zu. 241

    Unternehmenskennzeichen, die nach § 5 I MarkenG als geschäftliche Bezeichnungen geschützt sind (vgl. Rz 312), können auch als Wortmarken eingetragen werden;

gleiches gilt für **Geschäftsabzeichen** (vgl. Rz 315) und sonstige nach § 5 II, 2 MarkenG geschützte geschäftliche Unterscheidungszeichen.

Als Wortmarken können auch **Werktitel** Schutz genießen, denen nach § 5 III MarkenG Titelschutz zukommt (vgl. Rz 316), also die Titel von Zeitungen, Zeitschriften, Büchern, Filmen, periodisch ausgestrahlten Hörfunk- und Fernsehsendungen.

Wortzeichen können aus **einzelnen Worten** (Persil, Siemens, Allianz) bestehen, aber auch aus zusammengesetzten Worten (Mercedes-Benz, McDonald's), sogar aus mehreren Worten, aus kurzen Sätzen. Letzterenfalls spricht man von **Mehrwortmarken**, speziell von Sloganmarken. Bei diesen spielt häufig das Problem der Unterscheidungskraft eine besondere Rolle. Eine solche liegt immer dann vor, wenn der Werbespruch einen *individualisierenden* Bestandteil beinhaltet, wie etwa bei „Feuer breitet sich nicht aus, hast du *Minimax* im Haus" oder bei „Hoffentlich *Allianz* versichert". Im Einzelnen vgl. hierzu Rz 255e ff.

242 ▪ **Bildmarken** können Abbildungen jeder Art sein, auch Signets. Einige Beispiele: Stern, Tanne, Kaffeemühle, Teekanne, Muschel sowie die renommierten Signets von Banken.

Um eine Folge von bewegten Bildern geht es bei den **Bewegungsmarken** (multimedialen Marken). Es kann sich hier um natürliche Bewegungsvorgänge handeln (etwa ein laufendes Tier) oder um künstliche (Zeichentricks), wie etwa der tanzende gelbe Regenschirm der Commerzbank bei der Wettervorhersage; weitere Beispiele: kurze Spots zur Erkennung der jeweiligen Fernsehanstalten oder deren bestimmte Sendungen. Bewegungsmarken sind als Marken schützbar, wenn sie insbesondere die Kriterien der Markenfähigkeit erfüllen (vgl. Rz 237).

243 ▪ Schließlich können Wortzeichen und Bildzeichen auch zusammengesetzt werden. Man spricht dann von den Wort-Bildzeichen = **Kombinationszeichen**. Diese erfreuen sich großer Beliebtheit; einige bekannte Beispiele: Das Bayerkreuz, das Salamanderzeichen, Hirschmann (Antennen), Osram mit Glühbirne, Mövenpick.

244 ▪ Farben, Farbzusammenstellungen und Farbtöne sprechen die Aufmerksamkeit besonders intensiv an; sie prägen sich stärker ins Gedächtnis ein als etwa Namen. Daher sind die **Farbmarken** von großer Bedeutung für die Praxis; erbitterte Rechtsstreitigkeiten über Farben werden hier geführt, häufig über viele Jahre hinweg. Markenrechtlicher Ausgangspunkt: Farben und Farbzusammenstellungen sind nach § 3 I MarkenG grundsätzlich markenfähig. Die erste Eintragung einer konturlosen Farbmarke war „lila" für Schokoladenwaren auf Grund amtsbekannter Verkehrsdurchsetzung. Der BGH anerkennt die abstrakte Markenfähigkeit von konturlosen konkreten Farben und von Farbenzusammenstellungen, wenn die allgemeinen Kriterien der Markenfähigkeit erfüllt sind (vgl. Rz 237). Das ist aber nur dann der Fall, wenn das Prinzip der Selbstständigkeit der Marke vom Produkt (vgl. Rz 237) nicht verletzt wird. Stellen Farben etwa ein wesensbestimmendes Merkmal des Erzeugnisses dar oder sind sie technisch oder gesetzlich bedingt, so handelt es sich nicht um eine zum Produkt hinzutretende Kennzeichnung, so dass in derartigen Fällen Farben oder Farbzusammenstellungen markenunfähig sind (BGH, WRP 99, 430 Farbmarke gelb/schwarz).

Probleme ergeben sich unter dem Aspekt des Erfordernisses der grafischen Darstellbarkeit nach § 8 I MarkenG (Rz 254) und der fehlenden Unterscheidungskraft (§ 8 II, Ziff. 1 MarkenG, Rz 255).

- Auch **dreidimensionale Gestaltungen** sind markenschutzfähig, einschließlich der Form einer Ware oder ihrer Verpackung, wie etwa Flaschenformen (die Odol-, die Ettal-Likör-Flasche), das Michelin-Männchen, Figuren auf Autokühlern, Kugelform von Pralinen. Für diese Formmarken sind jedoch die Schranken des § 3 II MarkenG zu beachten. Die in den Ziffern 1 bis 3 genannten Fälle, die zur Markenunfähigkeit führen, beziehen sich nur auf körperliche Gegenstände, mithin nur auf Warenmarken, also nicht auf Dienstleistungen. Bei allen drei Ausnahmefällen geht es um folgende Grundideen: Die Marke hat reine Kennzeichnungsfunktion. Sie hat mit dem Wesen der Ware selbst nichts zu tun, weder mit ihrer Art, noch ihrer technischen Funktionalität, noch ihrem Wert. Durch eine Marke dürfen Mitbewerber nicht daran gehindert werden, identische oder ähnliche Waren herzustellen oder zu vertreiben. Als Beispiel hierzu: die bekannten Lego-Spielbausteine. 245

> **Beispiel**
> Diese quaderförmigen Gebilde weisen keine über die Noppen hinausgehende individualisierende Form auf. Die wesentliche Funktion der Noppen ist jedoch eine technische, nämlich die leichte Verbindbarkeit der Einzelteile zu einem stabilen Ganzen und danach die leichte Trennung in die einzelnen Elemente. Eine solche dreidimensionale Gestaltung ist nicht markenschutzfähig. Nach § 3 II, Ziff. 2 MarkenG besteht nämlich kein Markenschutz für ein Zeichen, das ausschließlich aus einer Form besteht, die zur Erreichung einer technischen Wirkung erforderlich ist. Dass eine gleiche technische Wirkung auch durch andere Formen – hier also durch anders gestaltete Noppen – erzielt werden könnte, ändert nichts daran, dass die Lego-Bausteine keinen Markenschutz genießen (BGH v. 16.07.09, AZ I, Az I ZB 53/07). Entsprechend entschied auch der EuGH (EuGH, C – 48 /09 P v. 14.#.2010), der noch besonders darauf hinwies, dass die Anerkennung eines Markenschutzes auf eine Verlängerung der Dauer der technischen Schutzrechte hinauslaufen würde.

- **Hörmarken** sind Zeichen, die, ohne Sprache zu sein, vom Gehör wahrgenommen werden, seien es Töne, Tonfolgen oder bestimmte Geräusche (etwa das Bersten von Glas, das Galoppieren von Pferden). Sie können als Marke geschützt sein, allerdings nur dann, wenn sie markenfähig sind (Rz 237). Dabei geht es vor allem um die Einheitlichkeit der Marke, aber auch um die grafische Darstellbarkeit (Rz 254). 246

Nach dem Prinzip der Einheitlichkeit der Marke darf es sich nicht um längere Melodien handeln, sondern um solche Tonfolgen, die in einem Gesamteindruck erfassbar sind, um so eingeprägt werden zu können.

Die grafische Darstellbarkeit (§ 8 I MarkenG) erfolgt durch Notenschrift oder ein Sonagramm. § 11 MarkenVO verlangt daneben das Einreichen einer klanglichen Wiedergabe der Marke auf einem Datenträger.

- **Geruchs-, Geschmacks- und Tastmarken** sind solche, bei denen die kennzeichenrechtliche Herkunftsfunktion über den Geruchs-, den Geschmacks- oder den Tastsinn realisiert wird. Diese sind, obwohl in § 3 MarkenG nicht ausdrücklich genannt, dem Markenschutz dem Grunde nach zugänglich, allerdings nur, wenn die allgemeinen Kriterien der Markenfähigkeit (vgl. Rz 237) vorliegen. 247

Beispiele Beispiele für **Geruchs- = Riechmarken** (olfaktorische Marken): Duftende Taschentücher, parfümiertes Brief- oder Toilettenpapier, mit Duft versehene Telefonkarten, Disketten, Wolle, Tennisbälle.

Ein Beispiel für **Geschmacksmarken** (gustatorische Marken): Der Geschmack eines Lippenstifts. Der Geschmack von Speisen und Getränken ist hingegen nicht markenschutzfähig, da er wesensbedingt ist.

Ein Beispiel für **Tastmarken** (haptische Marken): Eine besondere Markengestaltung für Blinde.

247a Am Ende dieses Kapitels über die möglichen Zeichenformen sei, um Missverständnissen vorzubeugen, nochmals betont, dass alle diese Zeichen bei abstrakter Unterscheidungseignung als Marke in Betracht kommen *können*. Dies aber nur dann, wenn keine besonderen Unzulässigkeitskriterien vorliegen. Für eine ganze Reihe von den oben genannten, an sich nach § 3 MarkenG möglichen Marken stellt das formale Erfordernis der grafischen Darstellbarkeit eine beachtliche Schranke dar. Daher sei schon an dieser Stelle auf § 8 I MarkenG hingewiesen (Rz 254).

2.2 Die eingetragene Marke

2.2.1 Rechtsvoraussetzungen

248 Wie bei den uns bereits bekannten drei gewerblichen Schutzrechten, so müssen auch hier bestimmte Voraussetzungen vorliegen, damit eine Marke eingetragen wird:
– Es muss sich um ein markenfähiges Zeichen nach § 3 MarkenG handeln,
– es dürfen keine absoluten Schutzhindernisse bestehen (§ 8 MarkenG),
– es darf sich nicht um ein Plagiat einer notorisch bekannten Marke handeln (§ 10 MarkenG) und
– es dürfen keine relativen Schutzhindernisse vorliegen (§§ 9, 42 MarkenG).

Diese vier für die Entstehung einer Marke bedeutsamen Voraussetzungsgruppen wollen wir jetzt beleuchten.

2.2.1.1 Allgemeine Voraussetzungen

249 **Markenfähigkeit** (Rz 237) und Zeichenformen haben wir bereits erörtert (Rz 240 ff.).

250 An dieser Stelle wollen wir lediglich noch die Frage beantworten, **wer** Anmelder und damit evtl. später Inhaber einer eingetragenen Marke sein kann. Dies sind nach § 7 MarkenG:

Juristische Personen also jede AG, GmbH, Genossenschaft (§ 7 Ziff. 2 MarkenG),

Personengesellschaften (§ 7 Ziff. 3 MarkenG), also OHG und KG (§§ 124 II, 161 II HGB).

Natürliche Personen (§ 7 Ziff. 1 MarkenG). Von der Praxis ausgehend sind dies zunächst einmal diejenigen, die einzelkaufmännische Unternehmen führen, die sich sowohl auf Waren als auch auf Dienstleistungen beziehen können. Desgleichen können

Angehörige freier Berufe, also z.B. Steuerberater, Rechtsanwälte, Patentanwälte, aber auch Werbeagenturen Marken erlangen, sei es für sich selbst, oder um sie ihren Mandanten anzubieten. Entsprechendes gilt für Markenkreateure. Aber auch reine Privatleute können Zeicheninhaber sein, also etwa ein Student, eine Hausfrau.

Auch eine **BGB-Gesellschaft** kann eine Marke anmelden (vgl. § 5 III, 2 MarkenVO).

Die eine Marke anmeldenden Unternehmungen können jedwedem Wirtschaftszweig angehören, also etwa der Urproduktion oder der verarbeitenden Industrie – hier sprechen wir von Herstellermarken – oder dem Handel, sei es Groß-, Einzel- oder Versandhandel – hier geht es um die Handelsmarken – oder aber um Dienstleistungsunternehmen – hier handelt es sich um Dienstleistungsmarken –, wie etwa die bekannten Marken von Banken, Versicherungen, Bausparkassen, Handelsauskunfteien, Reiseunternehmen, aber auch die von Werbeagenturen, Reisebüros, Spediteuren etc. 251

2.2.1.2 Absolute Schutzhindernisse

Die absoluten Schutzhindernisse sind im Rahmen des Eintragungsverfahrens vom Patentamt von Amts wegen – also ohne jeglichen Drittantrag – zu prüfen (§ 37 I MarkenG). 252

§ 8 I MarkenG verlangt für Marken eine bestimmte Form: grafische Darstellbarkeit. 253

§ 8 II MarkenG nennt in zehn Ziffern die von einer Eintragung ausgeschlossenen Marken. 253a

Bei den in der Praxis wichtigsten Ziffern 1 bis 3 des § 8 II MarkenG laufen Probleme, in welcher Fragestellung auch immer, sehr häufig auf zwei Aspekte hinaus, die an dieser Stelle vorab skizziert seien: Freihaltebedürfnis und unmittelbarer Produktbezug.

Zum **Freihaltebedürfnis**: Dabei geht es um Folgendes: Bestimmte Bezeichnungen dürfen nicht monopolisiert werden; sie müssen für Konkurrenz und Allgemeinheit zur allgemeinen Kennzeichnung zur Verfügung stehen. Denken wir z.B. an einen Begriff wie Software. Jeder Hersteller, Händler und Benutzer muss diese Erzeugnisse doch Software nennen dürfen. Daher ist diese Bezeichnung für alle freizuhalten.

Zum **unmittelbaren Produktbezug**: Bei der Prüfung der genannten absoluten Schutzhindernisse ist das angemeldete Zeichen nicht isoliert zu betrachten, sondern stets im Zusammenhang mit den konkreten Waren/Dienstleistungen, für die Eintragung beantragt worden ist (§ 32 II, Ziff. 3 MarkenG). Maßgebend ist also der unmittelbare Produktbezug. So ist es zu erklären, dass ein Zeichen, das für verschiedenartige Klassen angemeldet worden war, als Marke für die eine Waren- Dienstleistungsart anerkannt, für die andere hingegen abgelehnt wird.

2.2.1.2.1 Grafische Darstellbarkeit

Die in § 3 MarkenG genannten Zeichen sind dem Grunde nach alle markenfähig. Eine hoch bedeutsame Schranke bringt aber § 8 I MarkenG: Nicht als Marke eintragbar sind solche Zeichen, die sich nicht grafisch darstellen lassen. 254

Grafische Darstellbarkeit einer Marke bedeutet: Zweidimensionale Wiedergabe durch Schriftzeichen in weitestem Sinn, durch Zeichnungen, Abbildungen, Schaubilder, Angaben von mathematischen Funktionen, chemischen Formeln, Notenbildern oder von Farbklassifikationen. Im Einzelnen wird die Art der Wiedergabe in der Markenverordnung geregelt.

Das Erfordernis der grafischen Darstellung verfolgt insbesondere den Zweck, die Marke präzise festzulegen, um den genauen Gegenstand des Schutzes zu bestimmen, den sie ihrem Inhaber gewährt. Dadurch soll jedermann klar und eindeutig in Erfahrung bringen können, welche Registereintragungen bestehen oder beantragt sind, um auf diese Weise einschlägige Informationen über die Rechte Dritter erlangen zu können.

Hiervon ausgehend, fordert der EuGH (27.11.2003, C-283/01 – ShieldMark), dass eine grafische Darstellung klar, eindeutig, in sich abgeschlossen, leicht zugänglich, verständlich, dauerhaft und objektiv sein muss, so dass der Schutzgegenstand der Marke eindeutig festgelegt und definiert ist.

Wird Markenschutz begehrt für einen Gegenstand dreidimensionaler Gestaltung, der ja zweidimensional durch grafische Darstellung beantragt wird, so ist nach den soeben dargelegten Kriterien besondere Vorsicht geboten: Es ist für eine dreidimensionale Gestaltung eine grafische Darstellungsform zu wählen, die eine Deutung des Zeichens nicht in mehr als eine Richtung zulässt (BGH, 28.02.2013, Az. I ZB 56/11).

254a Bei Zeichen, die **visuell wahrnehmbar** sind, treten unter dem Aspekt des § 8 I MarkenG keine Probleme auf, soweit die genannten Kriterien erfüllt sind. Bei den in der Praxis wichtigsten Markenformen, den **Wort-**, den **Bild-** und den **Kombinationszeichen**, entstehen keine Schwierigkeiten, da sie insbesondere mit Hilfe von Figuren, Linien oder Schriftzeichen grafisch dargestellt werden können.

Schwieriger und umstrittener ist die Rechtslage bei den abstrakten **Farbmarken**, einschließlich der Farbtöne und Farbkombinationen. Einigkeit besteht zunächst darin, dass ein bloßes Farbmuster für die eindeutige Identifizierung einer Farbe nicht ausreicht, da sich ein solches Muster – auch je nach Trägermaterial – verändern kann, und damit dem oben genannten Kriterium der Dauerhaftigkeit nicht entspricht. Vielmehr ist die Kennzeichnung nach einem international anerkannten Farbklassifikationssystem wie Pantone, RAL, HKS erforderlich. Auch eine sprachliche Umschreibung der Farbe ist zu ungenau, so dass das Merkmal der Eindeutigkeit nicht erfüllt sein dürfte. Dies gilt nicht nur für Grundfarben, sondern auch für Farbtöne, so wie es etwa für das Magenta der Deutschen Telekom für den Bereich der Telekommunikation anerkannt wurde. Wird für *mehrere* abstrakte und konturlose Farben Markenschutz beantragt – etwa „Blau" und „Gelb" als Firmenfarben für die „Heidelberger Bauchemie" – so ist das Kriterium der grafischen Darstellung nur dann erfüllt, wenn sie systematisch so angeordnet sind, dass die betreffenden Farben in vorher festgelegter und beständiger Weise verbunden sind. Die bloße form- und konturlose Zusammenstellung zweier oder mehrerer Farben oder die Nennung mehrerer Farben in jeglichen denkbaren Formen weist nicht die erforderlichen Merkmale der Eindeutigkeit und Beständigkeit auf (EuGH, GRUR 2004, 858 – Heidelberger Bauchemie). Desgleichen der BGH für das konturlose Farbkombinationszeichen grün/gelb (BGH, I, ZB 86/05 – 5.10.2006,

Farbmarke gelb/grün II). Auch die Deutsche Bahn AG – allerdings in Bezug auf eine Gemeinschaftsmarke (Rz 724 ff.) – scheiterte mit der Anmeldung „ein rotes Band zwischen zwei lichtgrauen Feldern" für die Dienstleistungen "Beförderung von Personen …". Hauptargument: Dieses Zeichen wird von den angesprochenen Verkehrskreisen als ein funktionales oder dekoratives Element angesehen und nicht als Hinweis auf die betriebliche Herkunft. Dabei wurde bestätigt, dass bei der Beurteilung der Eintragbarkeit von Farbzeichen bei Dienstleistungen die gleichen Kriterien anzuwenden sind wie bei Waren (EuGH, 7.12. 2011, Az C- 45/11 P). Erwähnenswert ist, dass das genannte Farbkombinationszeichen als deutsche Marke eingetragen worden ist. – Auch hier sehen wir wieder einmal, wie unterschiedlich rechtliche Wertungen ausfallen können.

Bewegungsmarken können dem Erfordernis der grafischen Darstellung entsprechen, etwa durch die Wiedergabe des Bewegungsablaufs durch eine Vielzahl von zweidimensionalen Abbildungen.

Dreidimensionale Zeichen werden in Fotografie oder Zeichnung angemeldet (siehe auch Rz 254).

Schwierigkeiten unter dem Aspekt grafischer Darstellbarkeit bereiten die Zeichen, die **visuell nicht wahrnehmbar** sind, und deren Wiedergabe durch Hilfsmittel nur *mittelbar* möglich ist. Es sind dies die Hör-, die Geruchs-, die Geschmacks- und die Tastzeichen.

254b

Was die **Hörmarken** angeht, so gilt auch für sie, dass ihnen nur dann Markenschutz zuteil wird, wenn sie sich klar, verständlich, dauerhaft und objektiv grafisch darstellen lassen. *Tonfolgen* bereiten keine Probleme, soweit sie in Notenschrift wiedergegeben werden können. Dabei ist die Marke in einer üblichen Notenschrift darzustellen (§ 11 II MarkenVO). *Lautmalereien* und *Geräusche,* wie etwa der Hahnenschrei, das Brüllen des Metro-Goldwyn-Mayer-Löwen, zerschellendes Glas, oder Geräusche eines Spielautomaten können nicht in Form eines in Takte gegliederten Notensystems grafisch dargestellt werden. Eine bloße Umschreibung in Worten (etwa der Hahnenschrei mit „kukelekuuuu") oder die Hinterlegung einer Hörprobe oder eine Kombination beider Elemente genügen den genannten strengen Anforderungen des EuGH nicht, etwa im Gegensatz zu den USA, wo das Brüllen des M-G-M-Löwen mit Hilfe der einfachen beschreibenden Worte „A Lion roaring" unter Markenschutz gestellt wurde. Was die Darstellung solcher Geräusche durch die sog. *Sonagramme,* also durch die grafische Darstellung akustischer Strukturen, angeht, so reichen diese für die strengen Anforderungen des EuGH im ShieldMark-Urteil nicht aus. Aus diesem Grunde erkennt das DPMA die Wiedergabe von Geräuschen durch Sonagramme nicht mehr an; § 11 MarkenVO beinhaltet Sonagramme nicht mehr.

Die gleiche restriktive Grundtendenz wie bei den Geräuschmarken gilt folgerichtig auch für die **Geruchsmarken**. In seinem Siekmann-Urteil (vom 12.12.2002 – Rs. C-273/00) entschied der EuGH, dass bei Düften den Anforderungen an die grafische Darstellbarkeit weder durch eine chemische Formel, noch durch eine Beschreibung in Worten, noch durch die Hinterlegung einer Probe des Geruchs, noch durch die Kombination dieser Elemente genügt wird. In diesem Sinne entschied das EuG, das Gericht der Europäischen Gemeinschaften erster Instanz (GRUR 2006, 327 – Duft einer reifen Erdbeere), dass die visuell nicht wahrnehmbare Geruchsmarke, die in der Anmeldung mit den Worten „Duft einer reifen Erdbeere" beschrieben und mit der Farbabbildung einer Erdbeere versehen wurde, dem Merkmal der grafischen Darstellbarkeit nicht entspricht und daher nicht markenfähig ist. Die Wortbeschreibung, so das EuG, könne die subjektive Wahrnehmung von Düften nicht ausschließen. Sie sei überdies weder eindeutig noch präzise, da sich der Duft reifer Erdbeeren je nach Sorte unterscheide.

Paralleles gilt für die **Geschmacksmarken**.

Auch **Tastmarken** sind in der Regel nicht grafisch darstellbar. Eine bloße Abbildung des Objekts, das durch den Tasteindruck vermittelt werden soll, ist nicht der Tasteindruck selbst. Eine Beschreibung des Tastgefühls selbst ist nicht ausreichend. Erforderlich sind vielmehr konkrete und bestimmte Angaben über die entscheidenden Eigenschaften, die haptisch wahrgenommen werden können. So wurde vom BGH die Verkleidung eines Kraftfahrzeugsitzes als Tastmarke abgelehnt, weil die mit der Anmeldung eingereichten Fotos keine hinreichend detaillierte und eindeutige Beschreibung der ertastbaren Eigenschaften oder Eindrücke vermitteln. Tastmarken sind mangels grafischer Darstellbarkeit der haptischen Eindrücke nicht eintragbar.

2.2.1.2.2 Fehlende Unterscheidungskraft

255 Wir erinnern uns an § 3 MarkenG, wo als Kriterium der Markenfähigkeit die abstrakte Eignung zur Unterscheidung verlangt wird (vgl. Rz 237). Dort ging es darum, dass ein Zeichen, abstrakt betrachtet, die mögliche Eignung hat, Produkte am Markt zu identifizieren. Gegenstand von § 8 II Ziff. 1 MarkenG ist hingegen die **konkrete Unterscheidungskraft**. Dies ist die einer Marke innewohnende **konkrete Eignung**, vom Verkehr als Unterscheidungsmittel für die angemeldeten Waren/Dienstleistungen eines Unternehmers gegenüber solchen anderer Unternehmer aufgefasst zu werden. Sie entspricht der Hauptfunktion der Marke, die Ursprungsidentität der gekennzeichneten Waren/Dienstleistungen zu gewährleisten. Die Beurteilung der Unterscheidungskraft hat sich daher einerseits an der Auffassung der angesprochenen Verkehrskreise, andererseits an den betreffenden Waren/Dienstleistungen zu orientieren (vgl. EuGH, GRUR 2006, 229 – BioID; BGH GRUR 2005, 417 f. – Berlin-Card). Letzteres bedeutet, dass die Unterscheidungskraft im Hinblick auf jede Waren- oder Dienstleistungsart, für die Markenschutz beantragt wurde, gesondert zu beurteilen ist. Wurde eine Marke für mehrere Waren-/Dienstleistungsklassen angemeldet, so ist es durchaus möglich, dass für die eine Klasse Markenschutz gewährt wird, für die andere nicht (vgl. Rz 253a).

Nach § 8 II Ziff. 1 MarkenG sind von der Eintragung solche Marken ausgeschlossen, denen für die Waren oder Dienstleistungen **jegliche** Unterscheidungskraft fehlt. Wie diese Wortfassung zeigt, ist hier ein großzügiger Maßstab anzulegen, d.h. eine geringe Unterscheidungskraft reicht aus, um dieses Schutzhindernis zu überwinden (BGH, v. 17.10.2013, Az. I ZB 11/13 – grill meister).

Beispiele für **fehlende Unterscheidungskraft** – trotz geringer Anforderungen an dieses Merkmal:

Was **Bildmarken** angeht:

255a

- Einfache geometrische Formen wie Kreis, Dreieck, Quadrat, Punkt, Strich.
- Einfache Gestaltungselemente, wie etwa Verzierungen, Umrandungen, Ornamente (BGH, GRUR 2001, 1153 f. – anti-Kalk).
  Einfache grafische Elemente und Verzierungen reichen nicht aus, um für *Wortzeichen ohne Unterscheidungskraft* das Schutzhindernis des § 8 II, Ziff. 1 MarkenG zu überwinden (BGH v. 14.01.2010, Az. I ZB 32/09 – hey).
- Naturgetreue Wiedergaben von Erzeugnissen, die – ohne jeglichen individualisierbaren Bezug auf ein bestimmtes Unternehmen – lediglich Art und Gattung derartiger Produkte darstellen, wie etwa die naturgetreue Abbildung z.B. eines Turnschuhes, eines Schokoladeriegels, eines Zahnpastastranges, einer Autofelge.
- Entsprechendes gilt für die naturgetreue, perspektivische Darstellung einer Produktverpackung, etwa einer CD-Hülle, ohne jegliche Originalität.
- Die Abbildung eines Bürogebäudes für die Dienstleistung „Immobilienwesen" (BGH, MarkenR 05, 90 – Bürogebäude).

Wegen der großen Bedeutung für die Praxis noch einmal zu den **Farbmarken**. Zwei wichtige Aspekte zu diesem Problemkreis kennen wir bereits. Erstens: Farben sind *abstrakt* zur Unterscheidung geeignet und daher markenfähig im Sinne von § 3 I MarkenG (Rz 244). Zweitens: Farben sind grafisch darstellbar, wie es § 8 I MarkenG erfordert, insbesondere durch Kennzeichnung nach einem international anerkannten Farbklassifikationssystem (Rz 254a). Die größte Hürde ist jedoch § 8 II Ziff. 1 MarkenG, die *konkrete* Unterscheidungseignung. Farben werden als *Unterscheidungszeichen* vom Verkehr nicht notwendig in gleicher Weise wahrgenommen wie die herkömmlichen Wort- und Bildmarken. Verbraucher schließen häufig aus der Farbe eines Produkts nicht auf die Herkunft der Ware/Dienstleistung aus einem bestimmten Unternehmen; Farben wirken zunächst herkunftsneutral. Auch gilt es bei den Farben zu beachten, dass ein Allgemeininteresse an der freien Verfügbarkeit durch alle Wirtschaftskreise besteht (vgl. das Freihaltebedürfnis, Rz 253a). Insbesondere aus diesen Aspekten ergibt sich, so der BGH, dass abstrakten Farbmarken – auch wenn man den oben genannten großzügigen Prüfungsmaßstab zugrunde legt – *im Allgemeinen* die nach § 8 II Ziff. 1 MarkenG erforderliche konkrete Unterscheidungskraft fehlt. Allerdings können *besondere Umstände* gegeben sein, die es rechtfertigen, eine Farbmarke als konkret unterscheidungskräftig zu qualifizieren. Eine solche Beurteilung erfordert eine umfassende Prüfung des Verkehrsverständnisses bei der Wahrnehmung der Farbe in dem einschlägigen Waren- oder Dienstleistungssektor sowie des Interesses der Allgemeinheit an der freien Verfügbarkeit der Farbe, für die Markenschutz begehrt wird. Derartige besonderen Umstände können vorliegen, wenn die Zahl der Waren oder Dienstleistungen, für die eine Farbmarke angemeldet wurde, sehr gering und der maßgebliche Markt sehr spezifisch ist (EuGH, GRUR Int. 2005, 227, Tz 79 – Farbe Orange). – Unter Zugrundelegung dieser Kriterien hat der BGH der Markenanmeldung (der Yello Strom Verw.GmbH) der „Farbe Gelb" für die Warenklassen, die unter dem Oberbegriff Telekommunikation zusammengefasst werden können, nicht stattgegeben. In diesem weiten Bereich werden unterschiedlichste Produkte in großer Zahl von verschiedensten Anbietern offeriert. Hier sind so vielfältige Marktbereiche betroffen, dass sich im Hinblick auf die Unterscheidungsfunktion abstrakter Farben keine

Verkehrsgewohnheiten feststellen lassen. – Was hingegen die Markenanmeldung der "Farbe Gelb" für den Energiebereich angeht, hat der BGH eine konkrete Unterscheidungskraft nicht ausgeschlossen, da hier die genannten besonderen Umstände vorliegen könnten. Auf diesem Sektor ist nämlich die Zahl der Dienstleistungen/Waren, für die die „Farbe Gelb" angemeldet wurde, sehr gering und der maßgebliche Markt sehr spezifisch (BGH, v. 19.11.2009, Az. I ZB 76/08).

Für **Produktformmarken** (man denke etwa an Bounty-Schokoladenriegel, an die Rocher-Kugeln oder an rot-weiß gefärbte Bonbons mit gewölbten Rändern und einer kreisrunden Vertiefung), **Verpackungsformmarken** (besondere Gestaltungselemente für eine Warenverpackung) oder für **Flaschenformmarken** (die Bitburger-Bierflasche mit der sich leicht verjüngenden Form im unteren Teil) gilt im Grunde das Gleiche wie für die Farbmarken. Zunächst ist diesen drei Formmarkenarten gemeinsam, dass es sich um dreidimensionale Gebilde handelt. Bei solchen sind zunächst die Schutzhindernisse des § 3 II MarkenG zu prüfen, also etwa, ob die Form durch die Art der Ware selbst oder technisch bedingt ist (Rz 245). Greift keiner der Schutzausschließungsgründe des § 3 II MarkenG, so gilt Folgendes: Bei diesen dreidimensionalen Marken, die allein aus der Form bestehen, sieht der Verkehr gewöhnlich nur besondere Gestaltungsmerkmale und keinen Hinweis auf die betriebliche Herkunft (BGH, v. 9.07.2009, Az I ZB 88/07 – Rocher-Kugel). Lediglich wenn die Form erheblich von der Norm oder der Branchenüblichkeit abweicht, wenn außergewöhnliche, überraschende, besonders originelle Gestaltungselemente gegeben sind, schließt das Publikum auf die Herkunft aus einem bestimmten Unternehmen, so dass eine konkrete Unterscheidungskraft vorliegen kann (EuGH, GRUR Int. 2004, 631 ff. – dreidimensionale Tablettenform). Von derartigen Ausnahmefällen abgesehen, ist die Markeneintragung solcher Formmarken nur bei Verkehrsdurchsetzung im Sinne von § 8 III MarkenG möglich (Rz 263), wie etwa bei den Rocher-Schokoladenkugeln geschehen.

255b Bei **Wortmarken** gilt Folgendes:

- Nicht unterscheidungskräftig und daher nicht als Marke eintragbar sind Bezeichnungen, deren Begriffsinhalt für die **betreffenden Waren** eine im Vordergrund stehende **Produktbeschreibung** (BGH, WRP 2000, 299 – Radio von hier) oder einen Hinweis auf den Verwendungszweck – wie etwa Streetball – enthält (BGH vom 15.01.2009, Az. I ZB 30/06 – Streetball). Daher sind nicht eintragbar Bezeichnungen wie „Schuhe", „hautaktiv" für Körperpflegemittel, „temperamentvoll" für Kfz-Motoren, „Alles was Recht ist" für die Dienstleistungen Rechtsberatung und Versicherung, "Sicher wohnen ein Leben lang" für das Immobilienwesen (Vgl. Rz 253a). Auch einer bloßen Beschreibung und Bestimmung von Leistungen in einer geografischen Region, wie etwa „DüsseldorfCongress" (BGH v. 15.05.2014, Az I ZB 29/13), fehlt jegliche Unterscheidungskraft.

255c
- Weiterhin sind nicht unterscheidungskräftig **gebräuchliche** Worte der Alltagssprache, sei es der deutschen oder einer fremden Sprache, insbesondere der englischen, die vom Verkehr stets nur als solche, also in ihrem Ursprungssinn, verstanden werden (BGH, WRP 2000, 97 – Fünfer). Dies sind etwa allgemeine betriebswirtschaftliche oder rechtliche Begriffe wie „Firma", „Gesellschaft", „Kaufmann", „Drogist", „Kredit", „Discount", „Rabatt". In einer viel beachteten Entscheidung hat der BGH

die Eintragungsfähigkeit von „FUSSBALL WM 2006" verneint, weil es sich um eine sprachübliche Bezeichnung für ein sportliches Großereignis handle, der die Eignung fehle, als Unterscheidungsmittel für Waren und Dienstleistungen zu fungieren (WRP 06, 1121 f.). Auch Zurufs- und Grußformeln, wie etwa „hey", werden vom Verkehr nicht als Unterscheidungsmittel aufgefasst, scheitern an § 8 II Ziff. 1 MarkenG, und werden nicht als Marke eingetragen (BGH, 14.01.2010, Az. I ZB 32/09).

- Kann dem angemeldeten Wortzeichen für die konkreten Waren/Dienstleistungen kein im Vordergrund stehender beschreibender Begriffsinhalt zugeordnet werden, und handelt es sich auch sonst nicht um ein gebräuchliches Wort der deutschen oder einer bekannten Fremdsprache, das vom Verkehr nur als solches und nicht als Unterscheidungsmittel verstanden wird, so gibt es keinen tatsächlichen Anhalt dafür – es ist ja ein großzügiger Maßstab anzulegen –, dass diesem Zeichen die Unterscheidungseignung und damit jegliche Unterscheidungskraft fehlt, so die stereotype Formulierung des BGH (BGH, GRUR 2002, 64 f. – INDIVIDUELLE). Hiervon ausgehend hat der BGH die Marken „LOOK" und „YES" (GRUR 99, 1093 – YES) jeweils für Tabakerzeugnisse, „FÜNFER" (WRP 2000, 95) für Traubenzucker, „LOGO" (GRUR 2000, 722 f. – LOGO) für eine Vielzahl von Produktgruppen, „PREMIERE" (GRUR 1993, 746 – PREMIERE I) für den Sektor Film, „EASYBANK" für Finanzwesen (EuG, GRUR 2001,528 – EASYBANK) als unterscheidungskräftig und damit als Marken eintragbar angesehen. 255d

- Das Vorliegen einer konkreten Unterscheidungskraft wurde hingegen abgelehnt bei: CLINICWARE für Softwareprodukte für Krankenhäuser, „EUROTAX" für den Sektor Steuerberatung, „EUROHYPO" (EuGH, GRUR 2008, 608 – EUROHYPO), „Investorworld" (EuG, GRUR Int 2001, 239 f. – Investorworld), jeweils für Finanz- und Versicherungswesen, „Today" (BGH, WRP 1998,495 – Today) für eine Vielzahl von Waren des täglichen Bedarfs sowie grill meister als allgemeines Qualitätsversprechen; eine hinzugefügte einfach gestaltete Abbildung einer Grillwurst reicht nicht aus, um die fehlende Unterscheidungskraft zu überwinden (BGH, v. 17.10.2013, Az. I ZB 11/13 – grill meister).

- Diese für Einwortmarken entwickelten Grundsätze gelten auch für Mehrwortzeichen (BGH, GRUR 99, 1003 – FOUR YOU), speziell auch für die Sloganmarken (Rz 241). Da derartige **Wortfolgen** in der Praxis eine große Rolle spielen, wollen wir unser Augenmerk auch auf diese richten. 255e

- Bei den Mehrwortzeichen gilt es zunächst festzuhalten, dass für die Beurteilung der konkreten Unterscheidungskraft nicht nur die relevante Bedeutung der Einzelbestandteile maßgebend ist, sondern auch die der Gesamtheit der angemeldeten Marke.

- Solche Wortfolgen sind problemlos eintragbar, wenn sie einen selbstständigen kennzeichnenden Bestandteil aufweisen, wie etwa „Lass dir raten, trinke **Spaten**", „Hoffentlich **Allianz**-versichert". 255f

Eintragbar sind aber auch solche Werbesprüche, die einen so erheblichen **fantasievollen Überschuss** in der Aussage oder in der sprachlichen Form aufweisen, dass die angesprochenen Verkehrskreise in der Lage sind, mit dem Wiedererkennungseffekt einen Hinweis auf die betriebliche Herkunft zu verbinden. Ein derartiger fantasievoller 255g

Überschuss wurde etwa angenommen bei „Made in Paradise", „Something Special In The AIR", „Mit Uns Kommen Sie Weiter" (GRUR 98, 715), „Anwalt's Liebling" für Versicherungsleistungen.

255h ■ Indizien für die konkrete Unterscheidungseignung können Kürze, eine gewisse Originalität und Prägnanz, Mehrdeutigkeit und daher Interpretationsbedürftigkeit eines Werbespruches sein. Dabei dürfen die Anforderungen an die Eigenart nicht überspannt werden. Unter diesen Aspekten hat der BGH den Slogans „Unter uns", „Radio von hier, Radio wie wir" (WRP 2000, 298 ff.), „Partner with the Best" für elektronische Geräte (WRP 2000, 300) und „REICH UND SCHÖN" für den Filmsektor (BGH, GRUR 2001, 1042 f. – REICH UND SCHÖN) die Unterscheidungseignung nicht versagt.

255i ■ Von mangelnder Unterscheidungskraft ist aber dann auszugehen, wenn der Werbespruch lediglich beschreibende Angaben oder Anpreisungen und Werbeaussagen allgemeiner Art beinhaltet (BGH, WRP 2000, 301 – Partner with the Best), wie etwa bei „Bier muss billig sein", „Die Qualität macht's", „Leistung ohne Hast", „URLAUB DIREKT" (BGH; GRUR 2004, 778 f. – URLAUB DIREKT)für Touristik, „Gute Zeiten – Schlechte Zeiten" (BGH, GRUR 2001, 1043 – Gute Zeiten, Schlechte Zeiten) für Film, Fernsehen und Bücher, „Willkommen im Leben" (BGH vom 4.12.2008 – Az I ZB 48/08 – Willkommen im Leben); hierzu noch zwei Beispiele aus der europäischen Ebene: Eine Gemeinschaftsmarkeneintragung für „THINKING AHEAD" für den Ausbildungs- und Erziehungsbereich wurde vom EuGH abgelehnt, ebenso vom EuG „executive edition" für Hausgeräte (EuG vom 21.01.2011 – T – 310/08).

255k ■ Grundsätzlich nicht unterscheidungskräftig sind nach ständiger Rechtsprechung des BGH längere Wortfolgen. In diesem Sinn blieb folgendem Slogan die Markeneintragung versagt(BGH, v. 01.07.2010, Az. I ZB 35/09):
„Die Vision: EINZIGARTIGES Engagement in Trüffelpralinen
Der Sinn: Jeder weiß WAS wann zu tun ist und was Nicht zu tun ist
Der Nutzen: Alle tun das RICHTIGE zur richtigen Zeit".

255l ■ Fehlt einer Wortfolge die konkrete Unterscheidungskraft, so kann diese bei *Verkehrsdurchsetzung* nach § 8 III MarkenG dennoch als Marke eingetragen werden, wie etwa bei „Vorsprung durch Technik" für Audi geschehen.

255m Zum Schluss noch ein erläuternder Hinweis: Wir bemerken sicherlich, dass in einigen Fällen Markeneintragung und Ablehnung sehr nahe beieinander liegen, wie etwa „Premiere" als Marke eingetragen, „Today" hingegen abgelehnt – „EASYBANK" eingetragen, „EUROHYPO" hingegen abgelehnt – „REICH UND SCHÖN" eingetragen, „Gute Zeiten – Schlechte Zeiten" abgelehnt. Die Grenzziehung ist im Einzelfall – es geht schließlich ja um reine Wertungen - nun einmal recht schwierig. Dabei ist auch nicht zu verkennen, dass sich bei den verschiedenen Anmeldebehörden und auch bei den Gerichten im Laufe der Zeit die Gewichtungen etwas verschieben können. Was die Eintragung von Werbeslogan angeht, scheint es derzeit etwas restriktiver zu laufen, vor allem hinsichtlich der Gemeinschaftsmarken.

2.2.1.2.3 Beschreibende Angaben

Nach § 8 II Ziff. 2 MarkenG sind von der Eintragung Marken ausgeschossen, die ausschließlich aus Zeichen oder Angaben bestehen, die im Verkehr zur Bezeichnung der Art, der Beschaffenheit, der Menge, der Bestimmung, des Wertes, der geografischen Herkunft, der Zeit der Herstellung der Waren oder der Erbringung der Dienstleistungen oder zur Bezeichnung sonstiger Merkmale der Waren oder Dienstleistungen dienen können. In allen diesen Fällen geht es um beschreibende Angaben. Das sind **Produktmerkmalsbezeichnungen**, bei denen im **Allgemeininteresse** an der freien Benutzung von beschreibenden Angaben ein **Freihaltebedürfnis** besteht (vgl. Rz 253). Bei diesem Freihaltebedürfnis geht es nicht um ein hypothetisches oder potenzielles, sondern um ein *aktuelles* oder künftiges in Bezug auf die *konkreten* Waren oder Dienstleistungen, für die Markenschutz begehrt wird (BGH, GRUR 94,634 – Turbo II). Ein darüber hinausgehendes Eintragungshindernis bezüglich eines Freihaltebedürfnisses an allgemeinen, nicht warenbezogenen und in verschiedenen Warenbereichen einsetzbaren Ausdrücken, kann § 8 II Ziff. 2 MarkenG nicht entnommen werden (BGH, GRUR 99, 1094 – FOR YOU).

256

Im Folgenden einige **Beispiele** für nicht eintragbare Angaben.

- Bezeichnungen der Art: gefriergetrocknet, vakuumverpackt; Fleur für kosmetische Inhaltsstoffe (GRUR 92, 607). Lotto als beschreibende Angabe eines Glücksspiels (BGH, WRP 06, 1130 f.), SPA für Mittel der Körper-und Schönheitspflege in Bezug auf den Betrieb von Bädern.
- Bezeichnungen der Beschaffenheit: Edelschliff für Messer; Luxus, de Lux, Make up für Kosmetika; forte, extra, plus, liquide, retard, Depot, Medicon für Pharmaprodukte (GRUR 94, 122 ff.), CottonLine für Textilien (BGH, GRUR 96, 68) sowie Active Line.
- Bezeichnungen der Menge: Liter, Kilogramm, Pfund, Meter, Watt.
- Bezeichnungen der Bestimmung: Für's Herz, Hustenheil für Pharmaka; Skipper (für Boote); CD-Answer (für EDV-Produkte) Iron man, Triathlon (für Sportartikel).
- Bezeichnungen des Wertes: Hochwertig, billig, preiswert, kostbar, wertvoll.
- Bezeichnungen der geografischen Herkunft: Broadway, Donau, Schwarzwald, Argentina, Orient, Asia, Chiemsee (EuGH, GRUR 99, 723 – Chiemsee). Eintragbar hingegen sind Ortsangaben, die nicht ernsthaft als Ort der Herstellung angesehen werden, wie etwa Südpol, Arctic, Olymp, Montblanc.
- Bezeichnungen der Zeit der Herstellung: Märzenbier; Herbst, sonniger September für Wein.
- Bezeichnungen sonstiger Merkmale: Hier geht es um generalklauselartige Umschreibungen für Angaben, die nicht unter die eben genannten Einzelfälle beschreibender Bezeichnungen fallen und für die ein Freihaltebedürfnis besteht, weil sie für den Warenverkehr wichtige und für die umworbenen Abnehmerkreise irgendwie bedeutsame Umstände mit **Bezug auf die betroffenen Waren** beschreiben (BGH, WRP 98, 492 – Bonus).

257

Einige Hinweise noch zu den im Marketing recht beliebten **sprachlichen Neuschöpfungen** von Bezeichnungen: In den Niederlanden wurde unter BIOMILD ein milder

Naturjoghurt vertrieben und dieses Wort als Marke für Lebensmittel, insbesondere Milchprodukte angemeldet.

Betrachtet man die beiden Wortbestandteile isoliert, so sind dies jeweils rein beschreibende Angaben in Bezug auf die Beschaffenheit der angegebenen Waren: bio = biologisch und mild. Separat wären diese beiden Worte also nicht eintragbar (§ 8 II Ziff. 2 MarkenG).

Das Problem: Ändert sich an dieser Rechtslage etwas dadurch, dass die beiden beschreibenden Angaben in einen einzigen neuen Begriff zusammengefasst werden?

Der EuGH (Urteil vom 12.02.2004 – C-265/00) hat diese Frage verneint. Die Summe der Bestandteile besagt inhaltlich nämlich nichts anderes als die bloße Aneinanderreihung der beiden Einzelbestandteile und ist dementsprechend als sprachliche Neuschöpfung wiederum lediglich beschreibend.

Eine derartige sprachliche Neuverbindung von Worten ist nur dann als Marke eintragbar, wenn ein *merklicher Unterschied* zwischen der Neuschöpfung und der bloßen Summe der Bestandteile besteht. Dabei ist vorauszusetzen, dass die Neuschöpfung auf Grund der Ungewöhnlichkeit der Kombination (in syntaktischer und/oder semantischer Art) in Bezug auf die betroffenen Waren einen Eindruck erweckt, der hinreichend von dem abweicht, der bei bloßer Zusammenfügung der ihren Bestandteilen zu entnehmenden Angaben entsteht, und somit über die Summe dieser Bestandteile hinausgeht.

2.2.1.2.4 Übliche Bezeichnungen

258 Als Marken werden solche Bezeichnungen nicht eingetragen, die ausschließlich aus Zeichen oder Angaben bestehen, die im allgemeinen Sprachgebrauch oder in den redlichen Gepflogenheiten zur Bezeichnung der Waren oder Dienstleistungen *üblich* geworden sind (§ 8 II Ziff. 3 MarkenG).

Dieses Schutzhindernis kommt nur dann zum Tragen und ist dementsprechend nur dann zu prüfen, wenn für Bezeichnung das Vorliegen
- der abstrakten Unterscheidungskraft, also des allgemeinen Merkmals der Markenfähigkeit nach § 3 I MarkenG und
- der konkreten Unterscheidungskraft nach § 8 II, Ziff. 1 MarkenG

zu bejahen ist.

Bei § 8 II Ziff. 3 MarkenG handelt es sich um Gattungsbezeichnungen oder um solche Zeichen, die zur Kennzeichnung von Waren oder Dienstleistungen der **angemeldeten Art** im Verkehr üblich geworden sind.

Also auch bei diesen allgemeinen oder sprachüblichen Bezeichnungen stellt der BGH auf den *unmittelbaren Produktbezug* (Rz 253a) ab (BGH, GRUR 98,465 – Bonus). Ein Beispiel: Ein Flügelrad ist als Gattungsbezeichnung nach § 8 II, Ziff. 3 MarkenG für den Eisenbahnverkehr nicht eintragungsfähig, hingegen sehr wohl für Bekleidung.

Die Bedeutung dieser Ziffer 3 erschöpft sich darin, allgemein sprachgebräuchliche oder verkehrsübliche Bezeichnungen **für die jeweils in Frage kommenden Waren** von der Eintragung auszuschließen. Dabei handelt es sich um **Gattungsbezeichnungen**, die angesichts ihres umschreibenden Inhalts von der Eintragung als Marke ausgeschlossen sind, einerseits und um ursprünglich unterscheidungskräftige **Freizeichen**, die von mehreren Unternehmen zur Bezeichnung bestimmter Waren verwendet und deshalb vom Verkehr nicht mehr als kennzeichnend verstanden werden, andererseits (BGH, GRUR 99, 1090 – YES).

Einige Beispiele für nicht eintragbare Gattungsbezeichnungen: Creme, Sirup, Vaseline für Mineralfette, Sekt, Wodka werden als übliche Zeichen nicht als Marken eingetragen (im Gegensatz zu etwa Aspirin oder Perlon, was Marken sind).

Die originalgetreue Wiedergabe der weltbekannten Mona Lisa von Leonardo da Vinci ist nicht als Marke eingetragen worden.

Da weder Freizeichen noch Gattungsbezeichnung, hat der BGH die Marken „Absolut" für Wodka (GRUR 99, 1096), „YES" und „FOR YOU" für Tabakwaren (GRUR 99, 1089; 1093), „Partner with the Best" für elektronische Geräte (WRP 2000, 300) nicht am Eintragungshindernis von § 8 II Ziff. 3 MarkenG scheitern lassen.

2.2.1.2.5 Täuschende Bezeichnungen

Nach § 8 II Ziff. 4 MarkenG sind von der Eintragung als Marken solche Bezeichnungen ausgeschlossen, die geeignet sind, das Publikum insbesondere über die Art, die **Beschaffenheit** oder die **geografische Herkunft** der Waren oder Dienstleistungen zu täuschen. Dabei wird hier eine Anmeldung nur dann zurückgewiesen, wenn die Eignung zur Täuschung **ersichtlich** ist (§ 37 III MarkenG). Das bedeutet, dass das DPMA hier keine schwierigen und umfangreichen Detailprüfungen anzustellen braucht.

259

Zur Täuschung des Publikums geeignet ist eine Marke dann, wenn sie eine Angabe enthält, die nach der Verkehrsauffassung den tatsächlichen Gegebenheiten nicht entspricht. Dies ist dann der Fall, wenn die Aussage objektiv unrichtig ist, oder wenn der Verkehr – trotz objektiver Richtigkeit – damit eine unrichtige Vorstellung verbindet.

Beispiele
- für irreführende Beschaffenheitsangaben: Bild eines Kuhkopfes oder eines Butterfasses für Margarine, Bienenbild für Sirup, ein Stierbild für Kunstleder; cafetino für Kaffeesurrogate,
- für irreführende Herkunftsangaben: Kolumbia für deutsches Mehl, Visite à Paris für deutsches Parfüm, „Duc de Courcelles" für deutschen Schaumwein.

Vgl. Fall 10.

2.2.1.2.6 Gegen gute Sitten verstoßende Bezeichnungen

Marken werden dann nicht eingetragen, wenn sie gegen die öffentliche Ordnung oder gegen die guten Sitten verstoßen (§ 8 II Ziff. 5 MarkenG).

260

Ein Verstoß gegen die öffentliche Ordnung liegt etwa bei Diffamierung von in- oder ausländischen bekannten Personen und Einrichtungen vor. Marken mit ausländerfeindlichem Inhalt sind als diskriminierend nicht eintragbar.

260a

260b Was den Verstoß gegen die guten Sitten angeht, so gilt hier bei der Marke im Wesentlichen das Gleiche wie beim Design. Auf die dort dargestellten grundlegenden Aspekte kann insoweit verwiesen werden (Rz 211b).

Bei der Bewertung des Sittenverstoßes bei Marken tritt noch ein spezieller Aspekt hinzu: Maßgebend ist nicht nur die Sicht der Zielgruppe, die für die Waren/Dienstleistungen in Betracht zu ziehen ist, für welche die Marke angemeldet wurde, sondern auch die Betrachtungsweise der Teile des Publikums, die dem Zeichen im Alltag zufällig begegnen. Dabei ist auch hier Maßstab: eine normal tolerante und durchschnittlich sensible Sichtweise dieser Verkehrskreise.

Gegen die guten Sitten verstoßen Marken – wie bereits dargestellt –, die das Empfinden eines beachtlichen Teils der Verkehrskreise zu verletzen geeignet sind, indem sie sittlich, politisch oder religiös anstößig wirken oder eine *grobe* Geschmacksverletzung enthalten.

Um *religiöse* Anstößigkeit geht es etwa bei „Coran" für Arzneimittel, bei der Abbildung des „Apostel Paulus" für Mittel der Körper- und Schönheitspflege, bei „Messias" für Kleider und Schuhe, bei „Papst Benedikt" für Kondome.

Ereignisse von Weltbedeutung werden nicht selten zum Anlass genommen, um für sich selbst Werbeeffekte zu erzielen; als Beispiel sei die Wahl von Papst Benedikt XVI. genannt. Kurz danach wurde – nicht vom Papst! – eine große Zahl von Zeichen mit „Papst" als Marke angemeldet, so etwa „Papstweizen", „Papstbier", „Markler-Papstbier", „Papst-Benedikt-Torte", „Wir sind Papst" ... Derartige Anmeldungen wurden vom DPMA in der Regel unter dem Aspekt der Sittenwidrigkeit zurückgewiesen, aber auch mit der Begründung „mangelnde Unterscheidungskraft" (Rz 255a bis k).

Was die *sittliche* Anstößigkeit angeht, so sind vulgär-sprachliche Bedeutungsinhalte oder allgemeine sexuelle Bezüge kein Grund zur Markenversagung, auch stellen sie keine grobe Geschmacksverletzung dar. Sexuelle Aussagen hingegen, die massiv – insbesondere geschlechtsspezifisch – diskriminierend sind, oder als die Menschenwürde verletzend verstanden werden, stellen einen unerträglichen Verstoß gegen das sittliche Empfinden dar und sind als Marke daher nicht eintragbar. In diesem Sinne wurden als das Scham- und Sittlichkeitsempfinden in unerträglicher Weise verletzend beurteilt: Schenkelspreizer, Schlüpferstürmer, Busengrabscher sowie die Wortfolge „Ready To Fuck" (BGH, 2.10.2012 Az. I ZB 89/11).

Das Wortzeichen FICKEN (nicht geschlechtsspezifisch) für alkoholische Getränke wurde hingegen als Marke eingetragen.

Wie schmal hier der Grat hier ist, zeigen bereits diese Beispiele.

2.2.1.2.7 Hoheitszeichen als Bezeichnungen

261 Inländische staatliche Hoheitszeichen, Staatswappen, Staatsflaggen, auch solche von Gemeinden, sind als Marken nicht eintragungsfähig (§ 8 II Ziff. 6 MarkenG).

Das Gleiche gilt auch für Wappen, Flaggen oder andere Kennzeichen internationaler zwischenstaatlicher Organisationen (§ 8 II Ziff. 8 MarkenG).

2.2.1.2.8 Amtliche Prüf- oder Gewährzeichen

Nach § 8 II Ziff. 7 MarkenG sind Angaben, die amtliche Prüf- oder Gewährzeichen enthalten, als Marken nicht eintragbar. So sind etwa Stempel über den Feingehalt von Gold- und Silberwaren oder Eichstempel nicht markenschutzfähig.

2.2.1.2.9 Außermarkenrechtliche Eintragungsverbote

Nach § 8 Ziff. 9 MarkenG sind solche Marken nicht eintragungsfähig, deren Benutzung ersichtlich nach sonstigen – bezogen auf die Ziffern 1 bis 8 – Vorschriften im öffentlichen Interesse untersagt werden kann.

Derartige außermarkenrechtlichen Eintragungsverbote können sich aus deutschen Normen ergeben – etwa aus dem Lebensmittel- und Heilmittelwerbegesetz, aus Wein-, Fruchtsaft-, Saatgut-, Sorten- oder sonstigen Produktvorschriften –, aber auch auf Grund internationaler Verbotsvorschriften.

Beispiel: Meldet eine Winzergenossenschaft für seine Weine beim DPMA „Trockenbeerenauslese" als Wortmarke an, so wird dies nach § 8 II, Ziff. 9 MarkenG abgelehnt, da es sich hier um eine nach dem Weingesetz normierte Bezeichnung handelt.

2.2.1.2.10 Bösgläubigkeit

Nach § 8 II Ziff. 10 MarkenG sind von der Eintragung solche Marken ausgeschlossen, die bösgläubig angemeldet worden sind. Hierbei geht es insbesondere um solche Anmeldungen, die als *rechtsmissbräuchlich* oder als *sittenwidrig* zu qualifizieren sind.

Rechtsmissbräuchlich handelt, wer ohne sachlich rechtfertigenden Grund zur Erreichung eines verwerflichen Zweckes seine formale Rechtsposition ausnutzt; unredliche Absicht steht hier also im Vordergrund.

Eine solche Unredlichkeit kann schon darin zum Ausdruck kommen, dass der Anmelder dem DPMA vorsätzlich falsche oder irreführende Angaben macht.

Rechtsmissbrauch kann insbesondere auch unter dem Aspekt des Behinderungswettbewerbs vorliegen. Stellt die Markenanmeldung – im Rahmen einer geschäftlichen Handlung – eine gezielte Behinderung eines Wettbewerbers im Sinne von §§ 4 Ziff. 10, 3 UWG dar (Rz 491 ff. UWG)oder generell eine deliktsrechtliche Behinderung nach §§ 826, 823 BGB, so begründet dies die Böswilligkeit einer Anmeldung.

Eine Behinderung kann etwa darin liegen, dass ein Nichtberechtigter eine bekannte Marke, wie etwa Siemens, Allianz, BMW ... anmeldet. Aber auch Störungen eines sonstigen schutzwürdigen Besitzstandes können als Behinderungswettbewerb und somit als Böswilligkeit zu qualifizieren sein.

2.2.1.2.11 Ausnahmen bei Verkehrsdurchsetzung

Die Eintragungshindernisse für nicht unterscheidungskräftige, beschreibende und übliche Angaben nach § 8 II Ziff. 1, 2, 3 MarkenG können durch **Verkehrsdurchsetzung** überwunden werden. § 8 III MarkenG besagt nämlich, dass eine Eintragung der genannten Zeichen zulässig ist, wenn sie sich in Folge ihrer Benutzung für die Waren oder Dienstleistungen in den beteiligten Verkehrskreisen durchgesetzt haben.

Maßgeblich ist die Durchsetzung in den *beteiligten Verkehrskreisen*. Als solche kommen in erster Linie die Endabnehmer der betreffenden Waren/Dienstleistungen in Betracht, bei Gegenständen des täglichen Bedarfs insbesondere die Verbraucher, aber auch Mitbewerber oder Händler – das breite Publikum sowie Fachkreise.

Maßgeblich ist die Verkehrsdurchsetzung in den beteiligten Verkehrskreisen im gesamten Territorium der Bundesrepublik Deutschland, da die eingetragene Marke ja auch im *gesamten Bundesgebiet* Schutz gibt.

Benutzung bedeutet kennzeichenmäßige Verwendung. Das bedeutet eine Benutzung *„als Marke"*, also in der Weise, dass die betreffenden Waren oder Dienstleistungen als von einem bestimmten Unternehmen stammen von den beteiligten Verkehrskreisen erkannt werden; eine rein beschreibende Verwendung ist nicht ausreichend, so die für das gesamte Verkehrsdurchsetzungsrecht grundlegende Chiemsee-Vorabentscheidung des EuGH (EuGH, GRUR 1999, 723 ff. – Chiemsee).

Zur Feststellung der Verkehrsdurchsetzung bezieht sich der EuGH in der genannten Chiemsee-Entscheidung zunächst auf objektive Marktverhältnisse, wie etwa: der von dem betreffenden Zeichen gehaltene Marktanteil, die Intensität, die geografische Verbreitung und die Dauer der Benutzung der Marke, die Werbeaufwendungen und die hierdurch erreichte Bekanntheit in den umworbenen Verkehrskreisen sowie Erklärungen von Industrie- und Handelskammern oder anderen Berufsverbänden (EuGH, GRUR 2006, 1022 – Wicklerform). Auch der BGH stellt auf die *Gesamtschau* aller für die Verkehrsdurchsetzung relevanter Umstände ab (BGH v. 23.10.2008, Az. ZB. 48/07 – Post II).

Neben die soeben genannten Möglichkeiten zur Feststellung der Verkehrsdurchsetzung tritt die Verkehrsbefragung, also die Demoskopie. Wir sehen also: Diese ist nur eine von mehreren Möglichkeiten zur Feststellung der Verkehrsdurchsetzung.

Was den auf diese Weise festgestellten *Durchsetzungsgrad* angeht, so ist schon wegen der unterschiedlichen Markenformen des § 8 II Ziff. 1 bis 3 MarkenG sowie wegen der verschiedenen Freihaltebedürfnisse nicht von einer Festlegung von festen Prozentsätzen auszugehen. Entscheidend ist vielmehr, dass ein erheblicher Teil der beteiligten Verkehrskreise das Zeichen nicht nur als beschreibende oder übliche Angabe ansieht, sondern zumindest auch als Herkunftshinweis. Deshalb ist, sofern nicht besondere Umstände eine andere Beurteilung rechtfertigen, die Untergrenze für die Annahme einer Verkehrsdurchsetzung nicht unter 50 % anzusetzen. Die Anforderungen sind jedoch umso höher – also über die 50 % hinausgehend – je weniger sich das Zeichen nach seinem spezifischen Charakter als Herkunftshinweis eignet. Das bedeutet, dass für eine Bezeichnung, die die betreffende Ware/Dienstleistung der Gattung nach glatt beschreibt, diese Schwelle weit höher anzusetzen ist, sogar bis hin zur einhelligen Verkehrsdurchsetzung. Hiervon ausgehend wurde bei dem glatt beschreibenden Begriff „Post" ein Durchsetzungsgrad von 84,6 % als ausreichend angesehen (BPatG 26/W v. 28.10.2010); bei der Warenformmarke „Rocher-Kugel" hielt der

BGH einen Durchsetzungsgrad von 60 % für ausreichend (BGH v. 9.07.2009, Az. I ZB. 88/07 – Rocher-Kugel).

Diese Maßstäbe – und keine höheren Anforderungen – sind auch auf die Farbmarken (Rz 244, 254a, 255a) anzuwenden. Dies entschied der EuGH (19.06.2014, Az. C-217, 218/13) im Rechtsstreit zwischen dem Deutschen Sparkassen- und Giroverband und den spanischen Banken Santander über das sog. Verkehrsrot, das die Sparkassen als „Sparkassenrot" wegen Verkehrsdurchsetzung im Bereich der Finanzdienstleistungen für sich reklamieren.

Einige Beispiele für *verkehrsdurchgesetzte* und als solche eingetragene Marken: **263a**
- „MANPOWER", „Ristorante" für Tiefkühlkost (Wortmarken).
- „4711" für Körperpflegemittel, „1" für Fernsehsendungen, „BMW" für Kraftfahrzeuge, „SL" für Sportwagen (Zahlen-/Buchstabenmarken).
- „Rot" für Loseblatttextausgaben von C.H. Beck, „Sonnengelb" für Steuerfachzeitschriften, „Lila" für Schokoladeprodukte, „Gelb" für Post, „Magenta" für Deutsche Telekom, „Blau" für Aral (alles Farbmarken).
- „ERDINGER" für Weißbier, „Warsteiner" für Bier (geografische Herkunft).

Als *nicht* verkehrsdurchgesetzt wurden beurteilt: „REICH UND SCHÖN" für Film und Fernsehen, „LOTTO" für Glücksspiele, „FUSSBALL WM 2006".

Zum Schluss noch ein wichtiger Hinweis: **263b**

Die Verkehrsdurchsetzung im Sinne von § 8 III MarkenG darf nicht verwechselt werden mit der Verkehrsgeltung im Sinne von § 4 Ziff. 2 MarkenG (vgl. Rz 293). An dieser Stelle sei auf drei fundamentale Unterschiede plakativ hingewiesen:
- Verkehrsdurchsetzung bezieht sich auf die Eintragungsfähigkeit einer Marke. Verkehrsgeltung hingegen lässt die Marke direkt entstehen, begründet also den Markenschutz ohne Eintragung.
- An die Verkehrsgeltung werden in der Regel geringere Anforderungen gestellt (niedrigere Verkehrsdurchsetzungsquote).
- Die Verkehrsdurchsetzung bezieht sich auf das gesamte Gebiet der Bundesrepublik Deutschland. Die Verkehrsgeltung kann hingegen regional beschränkt sein, etwa auf Sachsen, und führt *dort*, nur dort, zum Markenschutz (ohne Eintragung).

2.2.1.3 Notorisch bekannte Marken

Von der Eintragung ausgeschlossen ist eine Marke, wenn sie mit einer im Inland im Sinne des Artikels 6bis der PVÜ notorisch bekannten Marke identisch oder dieser ähnlich ist und die weiteren Voraussetzungen des § 9 I Ziff. 1, 2 oder 3 MarkenG gegeben sind (§ 10 I MarkenG). **264**

Nach § 37 I MarkenG werden notorisch bekannte Marken im Eintragungsverfahren geprüft, allerdings nur dann zurückgewiesen, wenn die Notorietät amtsbekannt ist (§ 37 IV MarkenG). Damit kann das Patentamt offenkundigen Missbrauchsfällen entgegentreten.

Notorietät bedeutet das Allbekanntsein einer Marke im Verkehr.

Eine notorisch bekannte Marke genießt in der Regel auch den Rechtsschutz einer im Inland benutzten Marke mit Verkehrsgeltung (§ 4 Ziff. 2 MarkenG). Ein Unterschied besteht allerdings: Die nach § 4 Ziff. 2 MarkenG auf Grund der Verkehrsgeltung geschützten Marke setzt Benutzung im Inland voraus; die notorisch bekannte Marke hingegen lediglich das Vorhandensein der notorischen Bekanntheit im Inland, also keine Inlandsbenutzung.

Bei der Auslegung des Begriffes Notorietät ist Art. 6bis der PVÜ maßgebend (Rz 711).

2.2.1.4 Relative Schutzhindernisse

265 Ein neu angemeldetes Zeichen darf geschützte Rechtspositionen älterer Marken nicht beeinträchtigen. Darum geht es bei den relativen Schutzhindernissen (§ 9 MarkenG). Diese werden nicht, wie die absoluten Schutzhindernisse (§ 8 MarkenG), im Rahmen des Eintragungsverfahrens von Amts wegen geprüft (§ 37 I MarkenG), sondern nur auf Grund eines **Widerspruchs** (§ 42 MarkenG) oder auf Grund einer Klage auf Löschung wegen Nichtigkeit (§ 51 I MarkenG).

§ 9 I MarkenG nennt drei Fälle relativer Schutzhindernisse:

266 Nach § 9 I Ziff. 1 MarkenG besteht ein relatives Schutzhindernis für die neu eingetragene Marke bei
- **Identität** der neuen Marke mit einer Marke mit älterem Zeitrang,
- **Identität** der Waren oder Dienstleistungen der neuen Marke mit den Waren oder Dienstleistungen der älteren Marke.

Beispiel
Seit vielen Jahren ist „Pinimenthol" als Marke für Erkältungspräparate für Unternehmer S eingetragen und wird hierfür benutzt. Nunmehr wird „Pinimenthol" als Marke gleichfalls für Erkältungspräparate für Pharmahersteller P eingetragen.

Hier besteht Identität der Marken und der Waren. Ein Widerspruch des S (§ 42 MarkenG) wird Erfolg haben. Hier genießt die ältere Marke absoluten Schutz.

267 Ein weiteres relatives Schutzhindernis liegt nach § 9 I Ziff. 2 MarkenG dann vor, wenn **wegen**
- der Identität oder **Ähnlichkeit** der neuen Marke mit einer Marke mit älterem Zeitrang und
- der Identität oder **Ähnlichkeit** der Ware oder Dienstleistung der neuen Marke mit den Waren oder Dienstleistungen der älteren Marke
- für das Publikum die **Gefahr von Verwechslungen** besteht.

Beispiel
Abwandlung des obigen Beispiels: Die neue Marke des P für Erkältungspräparate lautet „Pinimenthal". Hier besteht Ähnlichkeit der Marken und Identität der Waren. Wegen der äußerst geringfügigen Abweichung von „o" und „a" am Ende des viele Buchstaben umfassenden Wortzeichens für identische Waren liegt Verwechslungsgefahr vor. Aus diesem Grunde wird auch hier ein Widerspruch (§ 42 MarkenG) des S erfolgreich sein.

Das dritte relative Schutzhindernis nach § 9 I Ziff. 3 MarkenG setzt voraus: **268**
- Identität oder **Ähnlichkeit** der neuen Marke mit einer Marke mit älterem Zeitrang,
- **keine Ähnlichkeit** der Waren oder Dienstleistungen der neuen Marke mit den Waren oder Dienstleistungen der älteren Marke,
- die ältere Marke ist im Inland **bekannt** und
- die Benutzung der jüngeren Marke würde die Unterscheidungskraft oder Wertschätzung der bekannten Marke beeinträchtigen und zwar
- ohne rechtfertigenden Grund in unlauterer Weise.

> **Beispiel**
>
> „4711" ist seit langer Zeit für M als Marke für Mittel der Körper- und Schönheitspflege eingetragen. „4712" wird von einem Fäkalienbeseitigungsunternehmen (F) als Marke eingesetzt.
>
> Es besteht Ähnlichkeit der Marken. Keinerlei Ähnlichkeit hingegen liegt zwischen den Waren, Mittel der Körper- und Schönheitspflege, und der Dienstleistung Fäkalienbeseitigung vor. „4711" hat einen extrem hohen Bekanntheitsgrad und genießt einen guten Ruf, ist somit eine bekannte Marke. Die Benutzung der Marke „4712" für Fäkalienbeseitigung beeinträchtigt die Wertschätzung von „4711" und zwar in unlauterer Weise ohne rechtfertigenden Grund.

Vgl. Fall 11.

Hieraus ergeben sich für den **Schutzumfang** der eingetragenen Marke folgende wichtige Erkenntnisse: **269**

Absoluten Markenschutz gewährt das Gesetz nur bei identischen Bezeichnungen und identischen Waren oder Dienstleistungen; diese Fälle sind recht selten.

Bei identischen oder ähnlichen Zeichen für identische oder ähnliche Waren oder Dienstleistungen besteht Schutz nur bei Verwechslungsgefahr.

Über die Branchengrenzen hinaus gibt es eine Schutzmöglichkeit nur bei bekannten Marken und nur unter bestimmten Bedingungen.

§ 9 MarkenG beinhaltet einige schwierige Rechtsbegriffe, die folgende Fragen herausfordern: **270**

Was bedeutet im Sinne der Ziffer 2
- **Verwechslungsgefahr** wegen
  ähnlicher Marken oder Dienstleistungen?

Was sind im Sinne der Ziffer 3
- **bekannte Marken** und
  die Beeinträchtigungselemente?

2.2.1.4.1 Verwechslungsgefahr

Dies ist ein zentraler Begriff des gesamten Markenrechts. „Verwechslungsgefahr" ist nicht nur im Rahmen der Entstehung einer Marke von Bedeutung, sondern in besonderem Maße auch bei den Markenverletzungen nach § 14 II, Ziff. 2 MarkenG (vgl. Rz 296). Dieser Begriff ist einer der schillerndsten und schwierigsten des Kennzeichnungsrechts. **271**

Verwechslungsgefahr ist ein gemeinschaftsrechtlicher *Rechtsbegriff*, also ein solcher, der letztlich durch den EuGH europäisch auszulegen ist.

Verwechslungsgefahr ist ein abstrakter Gefährdungstatbestand. Effektive Verwechslungen brauchen nicht eingetreten zu sein. Die Möglichkeit fehlsamer Assoziation ist ausreichend.

Bei der Beurteilung des Begriffs Verwechslungsgefahr ist auf den – durch die einander gegenüber stehenden Zeichen hervorgerufenen – **Gesamteindruck** auf die Angehörigen der durch die Werbung angesprochenen jeweiligen Verkehrskreise abzustellen (EuGH, WRP 98, 848 – Gut Springenheide). Sind mehrere Verkehrskreise betroffen – etwa Fachkreise wie Ärzte und Apotheker einerseits, das allgemeine Publikum andererseits –, so kann bei diesen der Gesamteindruck unterschiedlich ausfallen. Bei einer derartigen *gespaltenen Verkehrsauffassung* reicht es für die Annahme einer Verwechslungsgefahr aus, wenn nur bei einem der verschiedenen Verkehrskreise Verwechslungsgefahr zu bejahen ist (BGH vom 1.06.2011, Az. I ZB 52/09 – Maalox/Melox-Gry).

Geht es – wie meistens – um die Zielgruppe *Verbraucher*, so ist auf die Sicht eines durchschnittlich informierten, situationsadäquat aufmerksamen und verständigen Durchschnittsverbrauchers der betreffenden Waren/Dienstleistungen abzustellen.

Wie kann sich nun der Vergleich der sich gegenüberstehenden Zeichen – jeweils als Ganzes und vom Gesamteindruck her betrachtet – für die relevanten Zielgruppen darstellen? Die Rechtsprechung geht hier von folgenden **Graden der Ähnlichkeit** aus: sehr hohe (weit überdurchschnittliche), hohe (überdurchschnittliche), normale (durchschnittliche), geringe (unterdurchschnittliche) oder sehr geringe (weit unterdurchschnittliche). – Das Gleiche gilt auch für **Grade der Kennzeichnungskraft**.

Die Frage, ob eine Verwechslungsgefahr vorliegt, ist unter Berücksichtigung **aller Umstände des Einzelfalles** umfassend zu beurteilen (EuGH, GRUR 98, 387 – Sabèl/Puma). Dabei besteht eine **Wechselwirkung** zwischen folgenden Faktoren: Grad der Ähnlichkeit der Marken, Grad der Ähnlichkeit der gekennzeichneten Waren/Dienstleistungen sowie der Kennzeichnungskraft der älteren Marke (BGH vom 5.02.2009, Az. I ZR 167/06 – Metrobus). Es kann ein geringerer Grad der Ähnlichkeit der erfassten Waren/Dienstleistungen durch einen höheren Grad der Ähnlichkeit der Marken ausgeglichen werden und umgekehrt. Außerdem ist die Verwechslungsgefahr umso größer, je höher die Kennzeichnungskraft ist.

Verwechslungsgefahr liegt, so der EuGH (WRP 99, 806 – Lloyd Schuhfabrik Meyer), dann vor, wenn das angesprochene Publikum auf Grund der sich gegenüberstehenden Zeichen glauben könnte, dass die betreffenden Waren oder Dienstleistungen aus demselben Unternehmen oder gegebenenfalls aus wirtschaftlich oder organisatorisch miteinander verbundenen Unternehmen stammen (BGH, GRUR 2007, 1066 – Kinderzeit), einschließlich der Gefahr, dass die Zeichen gedanklich in Verbindung gebracht werden (§ 14 II Ziff. 2 MarkenG). Letzteres, eine Verwechslungsgefahr im weiteren Sinne, hat der BGH z.B. angenommen im Verhältnis von „Volkswagen" zu „Volks-Inspektion", „Volks-Reifen" und „Volks-Werkstatt" (BGH, v. 11.04.2013, Az. I ZR 214/11).

2. Die Marke

Während es sich bei dem Rechtsbegriff Verwechslungsgefahr als solchem um Gemeinschaftsrecht handelt, ist es Sache des nationalen Rechts des jeweiligen Mitgliedsstaates zu entscheiden, in welcher Weise der zur Beurteilung der Verwechslungsgefahr maßgebliche Sachverhalt zu ermitteln ist: durch demoskopische Gutachten, Verbraucherbefragungen, Umfragen bei Industrie- und Handelskammern, bei Wirtschafts- oder Verbraucherverbänden oder wie auch immer. Der BGH hält die Einholung demoskopischer Gutachten zur Beurteilung der Verwechslungsgefahr grundsätzlich für entbehrlich. Unzulässig ist es jedoch nicht, sich demoskopischer Gutachten zu bedienen; ihnen kommt jedoch lediglich Indizfunktion zu.

272

Verwechslungsgefahr – Ähnlichkeit der Marken

Die Markenähnlichkeit als solche begründet nicht die Verwechslungsgefahr, sondern stets nur im Zusammenhang mit bestehender Identität oder Ähnlichkeit der Waren/Dienstleistungen. Wir erinnern uns an die für die Verwechslungsgefahr maßgebliche Wechselwirkungstheorie (Rz 271). Bei der Beurteilung der Verwechslungsgefahr von sich gegenüberstehenden Marken ist, wie wir bereits wissen, vom **Gesamteindruck** auf den durchschnittlich informierten, situationsadäquat aufmerksamen und verständigen Verbraucher auszugehen (BGH, GRUR 2008, 258 – INTERCONNT/ Interconnect).

273

Da der Gesamteindruck maßgebend ist, dürfen bei den in der Praxis sehr beliebten *Mehrwortzeichen* die für die Verwechselbarkeit in Betracht kommenden Einzelbestandteile nicht rein schematisch herausgegriffen und miteinander verglichen werden. Eine Ausnahme hiervon ist jedoch dann zu machen, wenn ein Einzelbestandteil den Gesamteindruck prägt oder zumindest wesentlich mitbestimmt. So ist bei der neu angemeldeten Marke „FOCUS Air Logistics" (als Wort-Bild wiedergegeben) das Wort „FOCUS" der *prägende* Markenbestandteil. Die Worte „Air" und „Logistics" – zum Grundwortschatz der englischen Sprache gehörend – werden generell dahingehend verstanden, dass es hier um das Thema Transportwesen in der Luft geht. Damit handelt es sich hier lediglich um beschreibende Inhalts- bzw. Bestimmungsangaben, mithin nicht unterscheidungskräftige und freihaltebedürftige Angaben (§ 8 I Ziff. 1, 2 MarkenG). Da sich somit im maßgeblichen Vergleich „FOCUS" und „FOCUS" zwei nach Klang identische Marken gegenüberstehen, wurde hier – bei Ähnlichkeit der Dienstleistungen – Verwechslungsgefahr angenommen und der neuen Marke „FOCUS Air Logistics" die Anerkennung vom DPMA versagt.

Ähnlichkeit kann zwischen allen Markenkategorien des § 4 MarkenG und allen schutzfähigen Zeichen des § 3 MarkenG vorkommen.

Marken können in dreierlei Hinsicht wirken: durch den Klang, durch das Bild und durch den Sinn. Dies sind drei rechtlich gleichwertige Erscheinungsformen. Zur Annahme der Verwechslungsgefahr ist es ausreichend, wenn für einen dieser drei Bereiche Ähnlichkeit besteht.

Stellvertretend für alle anderen möglichen Fallkonstellationen sei im Folgenden die häufigste dargestellt, nämlich die *Verwechslungsgefahr von Wortzeichen mit Wortzeichen*.

Die Wirkung eines Wortzeichens durch den **Klang** ist deswegen groß, weil sich der Klanglaut besonders einzuprägen pflegt. Trotz verschiedener Schreibweise sind daher verwechslungsfähig: Arnaud/Arno, Eau Dol/Odol, Honneur, Honos/Hohner, Wit/Wipp, Nescafé/Löscafé, Luxaflex/Duraflex, BBC/DDC, Alcantara/Amara sowie MaxMara/Amara, Ego/Elgro, CANNON/Canon (WRP 99, 930), Knut, Knud (Eisbär).

Bei der Wirkung durch das **Bild** beruht die Markenähnlichkeit vorwiegend auf dem Schriftbild. Dabei spielt neben der Buchstabenfolge ähnliche Schrifthöhe und -länge eine Rolle. Nach dem Schriftbild sind etwa verwechslungsfähig: Mentor/Meteor, Priamus/Primus, Brisk/Brisa, Pei/Rei; BBC/DDC sowie Nescafé/Löscafé, Victor und Vector, Biosan und Biosana, Calimbo/Calypso.

Wie wir aus mehreren der obigen Beispiele entnehmen können, zeigt sich die Zeichenähnlichkeit sowohl im Schriftbild als auch im Klang; dies ist gar nicht selten. Ein weiteres Beispiel für diese Konstellation: Enzymax und Enzymix (BGH, 24.02.2011, Az. I ZR 154/09).

Wegen der Wirkung durch den **Sinn** wurde Verwechslungsgefahr angenommen bei: Du und Ich/Er und Sie; Schatztruhe/Schatzkiste; Torero/Picador; Playboy/Playmen; Mövenpick/Mövennest.

Als *nicht verwechslungsfähig* wurden hingegen z.B. beurteilt: Quickvit – Quickmix, kleiner Feigling – Frechling, Ballermann 6 – BALLERMANN BALNEARIO 6, alle jeweils für Getränke; babalu – BALUBA für Bekleidungsstücke; ARD-1 – Kabel 1 für audiovisuelle Dienstleistungen.

Vgl. Fälle 11, 13.

Verwechslungsgefahr – Ähnlichkeit von Waren/Dienstleistungen

274 Zunächst sei auch hier wieder an die Wechselwirkungstheorie der Rechtsprechung erinnert (Rz 271, 273), was bedeutet, dass die Produktähnlichkeit nicht isoliert beurteilt werden darf, sondern in der Wechselbeziehung mit der Ähnlichkeit der Marken und deren Kennzeichnungskraft

Von einer **Ähnlichkeit** von Waren oder Dienstleistungen ist dann auszugehen, wenn diese unter Berücksichtigung aller erheblichen Faktoren, die ihr Verhältnis zueinander kennzeichnen, so enge Berührungspunkte aufweisen, dass die beteiligten Verkehrskreise der Meinung sein könnten, dass sie aus demselben oder wirtschaftlich verbundenen Unternehmen stammen (EuGH, GRUR 98, 922 – Canon). Als derartige relevante Faktoren wurden von Gerichten insbesondere herausgestellt: Art und Beschaffenheit der betreffenden Waren/Dienstleistungen, ihre regelmäßige betriebliche Herkunft, ihre wirtschaftliche Bedeutung, ihr Verwendungszweck und ihre Nutzung sowie ihre Eigenart als miteinander konkurrierende oder auch ergänzende Erzeugnisse. Aber auch Herstellungsstätte und Vertriebswege sowie Verkaufs- und Angebotsstätten können als relevante Gesichtspunkte herangezogen werden (BGH, GRUR 99, 164 – John Lobb).

Wir erkennen also: Für die Feststellung der Ähnlichkeit von Waren/Dienstleistungen sind *alle* erheblichen Faktoren zu berücksichtigen. Ein verstärktes Abstellen auf einen Faktor unter Vernachlässigung anderer relevanter Faktoren ist unzulässig (BGH v. 6.11.2013, Az I ZB 63/12 – Desperados/Desperado).

Einige Beispiele für **Ähnlichkeit von Waren**: Butter – Margarine, Kaffee – Tee, Bier – Limonade, Fleisch- und Wurstwaren, Seife – Putz- und Poliermittel; aber auch Wein – Weinbrand (GRUR 91, 147), Fruchtgetränke – Pulver zur Herstellung von alkoholfreien Getränken (GRUR 94, 291 f.), Körperpflegemittel – dermatologische Spezialerzeugnisse, Tennis- und Badmintonschläger, Sportschuhe – Sporthosen. Als einander ergänzende Waren wurden Zigaretten und Raucherartikel angesehen (BGH, GRUR 99, 497 – Tiffany).

Einige Beispiele für **Ähnlichkeit von Dienstleistungen**: Bestimmte Leistungen bei Banken – Versicherungen, Vermietung von Pkws – Personenbeförderung, Reisebüros – Personentransportunternehmen, Hotel- und Restaurantbetrieb, Unternehmensverwaltung – Wirtschaftsprüfung und Unternehmensberatung und insbesondere die Bereiche Telekommunikation und Internetservice, Veranstaltung von Reisen – Reisevermittlung in Form eines Internetportals.

Auch zwischen **Waren** und **Dienstleistungen** kann Ähnlichkeit vorliegen. Dies ist vor allem dann der Fall, wenn bei den beteiligten Verkehrskreisen der Eindruck entstehen kann, die Erzeugnisse stammen aus demselben oder jedenfalls wirtschaftlich verbundenen Unternehmen. Einige Beispiele für derartige Ähnlichkeit: Baumaterialien – mit der Dienstleistung Errichtung von Bauwerken; Kraftfahrzeuge – deren Reparaturen; Waschmittel – Waschen von Wäsche; EDV-Anlagen – Computerprogramme, Lehrmittel – und Musikunterricht (BGH, 19.04.2012, Az. I ZR 86/10 – Pelikan). Ähnlichkeit wurde etwa angenommen zwischen Snick snack als Dienstleistungsmarke für Beherbergung und Verpflegung von Gästen und Schnick Schnack für Spirituosen, Begründung: Vor allem im süddeutschen Raum haben Gastwirte oft eigene Hausbrennereien, deren Produkte sie dann in ihrer Gastwirtschaft ausschenken. Als Gegenbeispiel Zigarren: Zigarren stellen die Wirte nicht her, weshalb die Waren Zigarren und die Dienstleistungen Beherbergung und Verpflegung von Gästen nicht als ähnlich angesehen wurden.

275

Als *keine* ähnlichen Produkte und damit als nicht verwechslungsfähig wurden beurteilt: Kraftfahrzeuge – Spielzeug- und Modellautos, Reinigungsmittel – Schuhwaren, Müsli – Tafelwasser, Präparate der Gesundheitspflege – Waschmittel, Juwelierwaren – Motorradbekleidung, Dienstleistungen im Bereich des Versicherungswesens – Dienstleistungen auf dem Gebiet des Immobilienwesens, Papier zu Kopierzwecken – Printmedien (BGH v. 3.07.2014, Az. I ZB 77/13 – Zoom Zoom).

Verwechslungsgefahr – Kennzeichnungskraft

Auch hier sei zunächst wieder auf die Wechselwirkungstheorie hingewiesen (Rz 271, 273), wonach die Kennzeichnungskraft im Zusammenhang mit den Faktoren Grad der Ähnlichkeit der Marken und Grad der Ähnlichkeit der Waren/Dienstleistungen zu sehen ist.

276

Bei der Beurteilung der Kennzeichnungskraft sind sämtliche relevanten Faktoren zu betrachten. Das sind zunächst die Eigenschaften, die die Marke von Haus aus hat, einschließlich des Umstandes, ob sie beschreibende Elemente in Bezug auf die Waren/Dienstleistungen, für die sie eingetragen ist, aufweist. Weiterhin sind von Bedeutung: Der von der Marke gehaltene Marktanteil, die geografische Verbreitung und die Dauer der Benutzung dieser Marke, die Intensität aller Verkaufsförderungsmaßnahmen, der Werbeaufwand, der Teil des Publikums, der die Waren/Dienstleistungen als von einem bestimmten Unternehmen stammend erkennt, sowie Erklärungen von IHKs oder von anderen Berufsverbänden (EuGH, WRP 99, 808 – Lloyd).

277 Diese umfassende Betrachtungsweise lässt erkennen, dass die Kennzeichnungskraft ein variabler Faktor ist. Es kann nicht allgemein, z.B. durch Rückgriff auf bestimmte Prozentsätze in Bezug auf den Bekanntheitsgrad der Marke, angegeben werden, wann eine Marke hohe Kennzeichnungskraft besitzt (EuGH, WRP 99, 808 – Lloyd)

Weit überdurchschnittliche Kennzeichnungskraft – und hier kann auf alte Rechtsprechung zurückgegriffen werden – haben **starke Marken**, wie etwa Aral, Persil, Odol, Coca-Cola. Hier muss ein großer Abstand gehalten werden. Von Natur aus **schwache Marken**, wie Sonne für Wein, Anker, Krone, Biene für Wachs, ein Herz für herzstärkende Mittel, sowie bei einer Zahl – etwa „1800" –, die als Hinweis auf das Jahr der Firmengründung verstanden werden kann, genießen lediglich unterdurchschnittliche bzw. weit unterdurchschnittliche Kennzeichnungskraft (Rz 271).

278 Je stärker eine Marke ist, umso größer ist der Schutzbereich. Durch den erweiterten Schutzumfang der starken Zeichen wird verhindert, dass Wettbewerber aus diesen einen Vorteil für sich selbst herausschlagen. An ein schwaches Zeichen schleicht sich ein Konkurrent ohnehin weniger heran; letzteres bedarf daher nur eines geringeren Schutzes als das durchschnittliche oder gar das weit überdurchschnittliche, das starke Zeichen.

279 Der erweiterte Schutzumfang von starken Marken zeigt sich in folgenden Fällen, die für verwechslungsfähig erklärt wurden: Vineta mit dem starken Zeichen Nivea, Nista mit Nirosta, Oet mit Oetker, Perso mit Perlon, Kombi-Cola mit Coca-Cola, Löscafé mit Nescafé.

Gerade umgekehrt ist es bei den schwachen Marken. Hier ist der Schutzumfang begrenzt; schon geringe Unterschiede können hier die Verwechslungsgefahr ausschließen, z.B. Germax und Germasol, Softi und Safta, Schlafmond und Schlafwohl.

2.2.1.4.2 Bekannte Marken

280 Es geht hier – wie bei der Verwechslungsgefahr – um einen *gemeinschaftsrechtlichen Begriff*. Auf die dort hierzu gemachten Ausführungen (Rz 271) kann verwiesen werden.

Bekannte Marken genießen erweiterten Schutz (§ 9 I Ziff. 3 MarkenG). Sie wirken über den Ähnlichkeitsbereich der einschlägigen Waren oder Dienstleistungen hinaus, strahlen also auf andere Branchen aus, natürlich nur bei Vorliegen bestimmter Voraussetzungen. Doch was sind nun bekannte Marken? Dieser Rechtsbegriff beinhaltet quantitative und qualitative Elemente.

Was die **quantitativen Elemente** betrifft, so geht es insbesondere darum, ob eine rechtserhebliche Bekanntheitsschwelle überschritten ist und die Marke einem bedeutenden Teil der relevanten Zielgruppe bekannt ist (EuGH GRUR Int 2000, 73 Chevy). Ein bedeutsamer Faktor ist dabei der Bekanntheitsgrad der Marke im Verkehr, der durch demoskopische Gutachten festgestellt werden kann. Allgemein gültige Prozentsätze in Bezug auf den erforderlichen Bekanntheitsgrad gibt es nicht, auch nicht in Bezug auf eine prozentuale Untergrenze. Die maßgeblichen Quoten richten sich nach den relevanten Verkehrskreisen und den jeweiligen Erzeugnissen. Dennoch, mit allen Vorbehalten, sei ein Richtwert für eine Untergrenze des Bekanntheitsgrades genannt: Auf die Gesamtbevölkerung bezogen kann ein Mindestbekanntheitsgrad von 30% ausreichend sein. 281

Ein Zeichen mit originär unterdurchschnittlicher Kennzeichnungskraft, also eine ursprünglich schwache Marke, kann durch entsprechend intensive Marketingmaßnahmen durchaus zu einer Marke mit durchschnittlicher Kennzeichnungskraft – also zu einer normalen Marke – oder sogar zu einer solchen mit überdurchschnittlicher oder gar weit überdurchschnittlicher Kennzeichnungskraft – also zu einer starken Marke – werden. Wir sehen also: Die Kennzeichnungskraft eines Zeichens ist variabel und damit auch der Schutzumfang einer Marke.

Neben diesen quantitativen sind **qualitative Elemente** zu beachten. Maßgebend sind hier Gesichtspunkte wie Dauer und Umfang der Investitionen für Schaffung der Marktdurchsetzung der Marke, Dauer und räumliche Ausdehnung (EuGH – Chevy, vgl. Rz 281); diese Merkmale müssen den Eindruck vermitteln, dass die Marke einen Vermögenswert darstellt, dem Rechtsschutz zukommen soll. Der Schutzumfang ist vom „guten Ruf" der Marke abhängig (vgl. amtl. Begr. BT-Drucksache 12/6581 S. 72). 282

Als bekannte Marken haben Gerichte etwa angesehen: Mercedes, Rosenthal, McDonald's (GRUR 96, 63), Salomon, BMW, Rolls-Royce, Intel.

In einigen Fällen kann ein extrem hoher Bekanntheitsgrad eine allgemeinkundige und daher dem Gericht offenkundige Tatsache darstellen, die nach § 291 ZPO nicht beweisbedürftig ist, so etwa die Drei-Streifen-Kennzeichnung der Weltmarke Adidas (GRUR RR 2001, 303 ff.).

Neben dem Bekanntheitserfordernis verlangt § 9 I Ziff. 3 MarkenG Beeinträchtigungstatbestände, nämlich 283
- das Ausnutzen oder Beeinträchtigen
  - der Unterscheidungskraft oder
  - der Wertschätzung der bekannten Marken
- ohne rechtfertigenden Grund
- in unlauterer Weise.

Erforderlich ist eine tatsächliche und gegenwärtige, nicht nur eine mögliche Ausnutzung oder Beeinträchtigung.

284 Der EuGH hat zunächst entschieden, dass die genannten Beeinträchtigungen *Folge* eines bestimmten Grades der Ähnlichkeit zwischen der bekannten Marke und dem Zeichen sind, auf Grund dessen die beteiligten Verkehrskreise einen Zusammenhang zwischen den beiden Marken sehen, d.h. die beiden miteinander gedanklich verknüpfen, ohne sie jedoch zu verwechseln. Ob eine solche **gedankliche Verknüpfung** vorliegt, ist – wie bei der Verwechslungsgefahr (Rz 272) – unter Berücksichtigung aller relevanten Umstände des Einzelfalles zu beurteilen.

Welches sind nun die Umstände, die für diese gedankliche Verknüpfung maßgebend sind?

Hierzu nannte der EuGH in seiner Intel-Entscheidung (C-252/97 vom 27.11.2008) Folgende:

- **Grad der Ähnlichkeit** der bekannten Marke und des bekämpften Zeichens.
  Die Wahrscheinlichkeit, dass Letzteres die bekannte Marke in Erinnerung ruft, ist umso größer, je ähnlicher die Marken einander sind. Der EuGH wies jedoch besonders darauf hin, dass dieses Kriterium allein – selbst bei Identität der Zeichen – nicht ausreicht, um auf eine gedankliche Verknüpfung zu schließen.
- **Art der Waren/Dienstleistungen,** für die die einander gegenüberstehenden Zeichen jeweils eingetragen sind, einschließlich des Grades der Nähe oder der Unähnlichkeit dieser Waren/Dienstleistungen sowie der betreffenden Verkehrskreise.
- **Ausmaß der Bekanntheit** der bekannten Marke.
- **Grad der** der bekannten Marke innewohnenden oder von ihr durch Benutzung erworbenen **Unterscheidungskraft**.
- **Verwechslungsgefahr** ist zwar nicht zwingend erforderlich, begründet aber, falls sie vorliegt, zwangsläufig eine gedankliche Verknüpfung der beiden Marken.

285 Ist auf Grund dieser Kriterien eine gedankliche Verknüpfung beider Zeichen zu bejahen, so sind die in § 9 I, Ziff. 3 MarkenG genannten Beeinträchtigungskriterien noch nicht erfüllt, sondern müssen wiederum nach den relevanten Umständen des Einzelfalles festgestellt werden. Dabei ist festzuhalten: Je intensiver die gedankliche Verknüpfung ist, desto größer ist die Gefahr, dass die Benutzung der bekämpften Marke die Unterscheidungskraft oder die Wertschätzung der bekannten Marke in unlauterer Weise und ohne rechtfertigenden Grund ausnutzt oder beeinträchtigt.

Nach dem Wortlaut von § 9 I Ziff. 3 MarkenG können bekannte Marken in vierfacher Art und Weise verletzt werden durch:
- Ausnutzung der Unterscheidungskraft
- Beeinträchtigung der Unterscheidungskraft
- Ausnutzung der Wertschätzung
- Beeinträchtigung der Wertschätzung.

Die Übergänge dieser Verletzungshandlungen sind fließend, in Teilbereichen treten Überschneidungen auf.

Bei der *Ausnutzung* bzw. *Beeinträchtigung der Unterscheidungskraft* geht es um die *Ausbeutung der Aufmerksamkeit* bzw. die *Verwässerung* einer bekannten Marke.

Die *Ausnutzung* bzw. *Beeinträchtigung der Wertschätzung* betrifft die *Ausbeutung* bzw. die *Gefährdung des Rufes* einer bekannten Marke.

Rufausbeutung und *Rufgefährdung* werden zusammenfassend als Markenausbeutung bezeichnet: Durch solche wird die Wertschätzung der bekannten Marke verletzt. Dabei versteht man unter Wertschätzung die Vorstellung, die die entsprechenden Verkehrskreise von einem ausgezeichneten Ruf eines Erzeugnisses haben. Dabei geht es, naturgemäß je nach Produkt, um hohe Qualitätsstandards, um besondere Merkmale, wie Exklusivität, Eleganz, Luxus, Prestige, höchste Technologie, aber auch um Sportlichkeit, Fitness, um Ökologie, Umwelt …

Häufig erfolgt die Ausbeutung einer bekannten Marke in der Weise, dass der überragende Ruf eines Erzeugnisses auf ein anderes Produkt übertragen wird. Man spricht hier vom Imagetransfer. Eine solche Rufübertragung wird um so weniger zu bejahen sein, je entfernter die Branchen voneinander sind.

Als unzulässige Markenausbeutung wurden von Gerichten angesehen: Fireman's Friend (Zündholz- und Raucherartikel) gegenüber der bekannten Marke FISHERMAN'S FRIEND; MA Cheri (Kosmetika) – Mon Cheri; Tagesbild (Sendetitel) – Tagesschau; VISA (Kosmetikprodukte) – Visa (Kreditkarte).

Keine unzulässige Rufausbeutung sahen Gerichte hingegen bei: Duplo (Rasierklingen) bezüglich der bekannten Marke Duplo (Schokoladenriegel) – wegen sehr großer Branchenferne.

Recht deftig nehmen sich zum Teil die die Wertschätzung einer bekannten Marke beeinträchtigenden *Markenverunglimpfungen* aus. Einige Beispiele für derartige unzulässige Fälle einer Rufgefährdung:
– Beeinträchtigung der Wertschätzung einer bekannten Marke durch Hervorrufen einer negativen Assoziation, wie etwa bei „MAC Cat" oder bei „MAC Dog" für Katzen- oder Hundefutter in Bezug auf die Marke „McDonald's" (BGH, GRUR 99, 161 ff. – MAC Dog).
– Markenverunglimpfungen, wie z.B. bezüglich „BMW" – „Bums mal wieder", „Lufthansa" – „Lusthansa" oder in Bezug auf „Nivea" mit einer Darstellung in weißen Buchstaben auf blauem Grund mit der Aufschrift „Es tut Nivea als das erste Mal" (BGH, WRP 95, 92 ff. – Markenverunglimpfung II).

Ein weiteres Merkmal von § 9 I Ziff. 3 MarkenG ist die *Unlauterkeit* der vier genannten Verletzungshandlungen. Hier sind Interessenabwägungen erforderlich. **285a**

Schließlich zum letzten Kriterium: Die Verletzungshandlungen bezüglich der bekannten Marke müssen *ohne rechtlichen Grund* erfolgen. Es geht hier um mögliche Rechtfertigungsgründe. Solche könnten sich aus übergeordneten Rechtsnormen ergeben, sei es aus dem GG oder aus übergeordneten Vorschriften des Gemeinschaftsrechts. Hier könnte man etwa an bestimmte Freiheitsrechte denken. **285b**

Zum Schluss wollen wir die relativen Schutzhindernisse des § 9 I MarkenG in folgendem Schaubild zusammenfassen: **285c**

Vorschrift	Nähe der gegenüberstehenden Zeichen	Nähe der gegenüberstehenden Waren oder Dienstleistungen	Verwechslungsgefahr	Weitere Voraussetzungen
§ 9 I Ziff. 1	Identität	Identität	0	0
§ 9 I Ziff. 2	Identität oder Ähnlichkeit	Identität oder Ähnlichkeit	ja	0
§ 9 I Ziff. 3	Identität oder Ähnlichkeit	0	0	– bekannte Marke – Beeinträchtigung von deren 　– Unterscheidungskraft oder 　– Wertschätzung – ohne rechtfertigenden Grund – in unlauterer Weise

Abb. 23a: Systematik des § 9 I Markengesetz

2.2.2 Entstehen der eingetragenen Marke

286 Liegen die bisher erörterten materiellen Voraussetzungen für den Schutz von Marken durch Eintragung vor, so ist die Marke noch nicht entstanden. Es müssen noch – wie bei den bereits besprochenen drei Sonderschutzrechten des Gewerblichen Rechtsschutzes – bestimmte **formelle Voraussetzungen** hinzutreten: ein Verfahren vor dem **DPMA** (vgl. Abb. 24, S. 147). Dieses Eintragungsverfahren (§§ 32–44 MarkenG) beginnt mit der Anmeldung, beinhaltet die Prüfung und Bekanntmachung und das Widerspruchsverfahren.

2.2.2.1 Das Anmeldeverfahren

287 Das Verfahren beginnt mit der schriftlichen Anmeldung der Marke. Diese ist auf vorgeschriebenem Formblatt beim Patentamt einzureichen (§ 32 MarkenG), dabei sind erforderlich:
– Angaben, die es erlauben, die Identität des Anmelders festzustellen,
– eine Wiedergabe der Marke,
– ein Verzeichnis der Waren oder Dienstleistungen, für die die Eintragung beantragt wird,
– die Entrichtung einer Gebühr nach § 3 PatKostG.

Einzelheiten für die Markenanmeldung ergeben sich aus der Markenverordnung (§ 65 MarkenG). Diese enthält auch eine Reihe von internationalen Mindeststandards für Markenanmeldungen und Markeneintragungen, die auf dem Trademark Law Treaty (TLT-Vertrag) beruhen. Diesem Markenrechtsvertrag, am 27.10.1994 in Genf abgeschlossen, ist die Bundesrepublik Deutschland nämlich am 16.10.2004 beigetreten.

Eine kurze Erklärung zu dem Anmeldeerfordernis „ein Verzeichnis von Waren oder Dienstleistungen, für die die Eintragung beantragt wird" (§ 32 II Ziff. 3 MarkenG): Diese Anmeldeanforderung beruht auf folgender Rechtsgrundlage: Eine Marke gibt keinen generellen Rechtsschutz schlechthin, keinen Rechtsschutz für alle Branchen von Waren bzw. Dienstleistungen. Markenschutz wird vielmehr nur für einen bestimmten Bereich, für eine bestimmte **Klasse** von Waren und Dienstleistungen gewährt. Angewandt wird hierbei die internationale Markenklassifikation, auch Nizza-Klassifikation genannt. Hier werden (immer wieder überarbeitet und ergänzt) alle nur denkbaren Waren und Dienstleistungen in 45 Klassen eingeteilt. Zwei Beispiele (von mir ausgewählt unter dem Aspekt der Kürze): für *Waren*: Klasse 15 Musikinstrumente / für *Dienstleistungen*: Klasse 36 Versicherungswesen, Finanzwesen, Unternehmensverwaltung, Büroarbeiten.

2.2.2.2 Das Prüfungs- und Entscheidungsverfahren

Die Markenstelle (§ 56 I, II MarkenG) prüft nicht nur die formellen Anmeldeerfordernisse (§ 36 MarkenG), sondern nach § 37 MarkenG auch die bereits dargestellten materiellen Kriterien in Bezug auf die Zeichenform (§ 3 MarkenG), die absoluten Schutzhindernisse (§ 8 MarkenG) und die amtsbekannte Notorietät älterer Marken (§ 10 MarkenG). Ergibt sich aus keinem dieser Gesichtspunkte Anlass zur Beanstandung für den Prüfer, so erfolgt die Entscheidung, nämlich der Beschluss, die angemeldete Marke in das vom Patentamt geführte **Register** einzutragen. Die Eintragung wird in dem vom DPMA herausgegebenen Markenblatt veröffentlicht (§ 41 MarkenG). Damit ist der Markenschutz entstanden.

288

2.2.2.3 Das Widerspruchsverfahren

Die Markenveröffentlichungen werden insbesondere in den Unternehmen genau studiert. Man will nämlich feststellen, ob neue Marken mit eigenen, früher angemeldeten Marken kollidieren, also, ob relative Schutzhindernisse, die wir ja bereits kennen, vorliegen. In diesem Falle besteht die Möglichkeit des **Widerspruchs** innerhalb von drei Monaten nach der Veröffentlichung (§ 42 I MarkenG). Dieser kann nur auf relative Schutzhindernisse nach § 9 I Ziff. 1 und 2 MarkenG, auf notorisch bekannte Marken (§ 10 i.V.m. § 9 I Ziff. 1–2 MarkenG) und auf § 11 MarkenG gestützt werden (§ 42 II MarkenG). Es ist eine Widerspruchsgebühr nach § 3 I PatKostG zu zahlen.

289

Wird fristgerecht Widerspruch erhoben, so kann der Inhaber der neu eingetragenen Marke die Einrede erheben, dass die ältere Marke nicht benutzt worden ist (§ 43 I MarkenG). In diesem Falle muss der Widersprechende glaubhaft machen, dass seine ältere Marke innerhalb der letzten 5 Jahre benutzt worden ist. Was als Benutzung anzusehen ist, beschreibt § 26 MarkenG.

Ergibt die Prüfung, dass der Widerspruch berechtigt ist, so wird die Eintragung der neuen Marke **gelöscht**, ansonsten wird der Widerspruch zurückgewiesen (§ 43 II MarkenG).

Das Widerspruchsverfahren ist auf eine relativ kurzfristige Erledigung einer großen Zahl von Fällen ausgerichtet; es ist dementsprechend ein kursorisches, das nicht dazu geeignet ist, komplizierte Sachverhalte und Rechtsprobleme umfassend zu klären. Daher wird dem Inhaber der neuen Marke, die auf Grund eines Widerspruches gelöscht worden ist, innerhalb von sechs Monaten die Möglichkeit eröffnet, vor dem ordentlichen Gericht durch die Eintragungsbewilligungsklage gegen den Widersprechenden seine Marke durchzusetzen (§ 44 MarkenG).

2.2.2.4 Das Beschwerdeverfahren

289a Gegen die Beschlüsse der Markenstellen und Markenabteilungen kann Beschwerde an das Patentgericht eingelegt werden (§ 66 I, S. 1 MarkenG). Gegen dessen Entscheidungen durch Beschluss (§ 70 MarkenG) findet die Rechtsbeschwerde an den BGH statt (§ 83 I, S. 1 MarkenG).

Vgl. Abb. 24.

2.2.2.5 Das beschleunigte Verfahren

290 Auf Antrag und gegen Bezahlung einer besonderen Gebühr nach dem PatKostG wird die oben dargestellte Prüfung (§§ 36, 37 MarkenG) beschleunigt durchgeführt (§ 38 MarkenG, § 3 I PatKostG), was vor allem in Bezug auf die internationale Registrierung von Bedeutung ist.

2.2.2.6 Die internationale Marke

291 Anders als die soeben dargestellten nationalen Marken entstehen die IR-Marken. Grundlage hierfür ist das Madrider Markenabkommen, das MMA. Nach Art. 1 II MMA können sich Angehörige der MMA-Staaten in allen anderen Vertragsländern den Schutz ihrer im Ursprungsland eingetragenen oder angemeldeten Marke sichern. Dies geschieht durch Vermittlung der Behörde des Heimatlandes und durch internationale Registrierung beim **Internationalen Büro** der **WIPO** in Genf (vgl. Rz 746). Der große Vorteil: Durch *eine* Anmeldung und *eine* internationale Registrierung entsteht – grundsätzlich – Markenschutz in allen MMM-Staaten, in denen dieser Schutz begehrt wird, und zwar mit gleichem Inhalt und in gleichem Umfang wie eine dort national erteilte Marke.

Die Deutschland tangierenden Vorgänge im Rahmen der IR-Marke werden in den §§ 107 ff. MarkenG geregelt.

Die wichtigsten Aspekte zur IR-Marke werden in den Rz 715 f. skizziert.

Angesichts der großen Erleichterungen im Rahmen des Anmeldeverfahrens ist es wohl recht gut verständlich, dass man sich dieser IR-Marke recht gerne bedient.

Vgl. Fall 52.

1	Anmeldeverfahren/Markenstelle
	– Anmeldung, § 32
2	Prüfungs- und Entscheidungsverfahren/Markenstelle
	– Prüfung nach § 36 – Prüfung nach § 3 – Prüfung nach §§ 8, 10 – Eintragung/Veröffentlichung, § 41
3	Widerspruchsverfahren/Markenstelle – Gericht
	– Widerspruch, § 42 – Entscheidung, § 43 II – Klage, § 44
4	Beschwerdeverfahren/Patentgericht/BGH
	– Beschwerde, § 66 – Entscheidung, § 70 – Rechtsbeschwerde BGH, § 83

Abb. 24: Eintragungsverfahren bei einer Marke

2.2.2.7 Die eingetragene Marke im Verletzungsprozess

Würdigen wir dieses Eintragungsverfahren: Es ist zum Teil kompliziert und kann – insbesondere bei vielen Widersprüchen – etwas langwierig sein, wenn auch nicht in dem Maße wie die Entstehung eines Patentrechts. Der Vorteil ist aber der, dass die formellen und die meisten materiellen Voraussetzungen (§§ 3, 8, 10 MarkenG) von Amts wegen vom Patentamt geprüft werden.

292

In einem evtl. späteren Prozess über die Verletzung der Marke brauchen diese Voraussetzungen nicht mehr untersucht zu werden, ja sie dürfen sogar nicht mehr geprüft werden; das Gericht ist an die Entscheidung des Patentamts gebunden. Ganz anders bei den weiteren materiellen Voraussetzungen, den relativen Schutzhindernissen des § 42 MarkenG. Diese sind ja nicht von Amts wegen geprüft worden. Das Gericht darf sie prüfen; es ist hier an eine Entscheidung des Patentamts nicht gebunden. Daraus ersehen wir den Schutzumfang der Marke.

Die ordentlichen Gerichte sind zu einem kleineren Teil an die Entscheidung des Patentamts nicht gebunden, zu einem größeren Teil (bei §§ 3, 8, 10 MarkenG) hingegen gebunden.

Die Schutzwirkung der Marke ist also groß, allerdings nicht so umfassend wie die des Patents, bei dem das ordentliche Gericht ja bezüglich aller Voraussetzungen an die Entscheidung des Patentamts gebunden ist. Wir erkennen also:

Die eingetragene Marke ist ein „starkes und wertvolles Recht", beinahe so wie das Patent, während Gebrauchsmuster und eingetragenes Design nur beschränkte Wirkung haben.

2.3 Die benutzte Marke kraft Verkehrsgeltung

293 Wir erinnern uns an § 4 Ziff. 2 MarkenG. Danach entsteht Markenschutz durch Benutzung eines Zeichens im geschäftlichen Verkehr, soweit es innerhalb beteiligter Verkehrskreise als Marke **Verkehrsgeltung** erworben hat; kurzum: Markenschutz beruht hier nicht auf der Eintragung sondern auf der Verkehrsgeltung.

Das Entstehen des Markenschutzes kraft Verkehrsgeltung nach § 4 Ziff. 2 MarkenG hat – wie jeglicher andere Markenschutz (§ 4 Ziff. 1, 3 MarkenG) auch – Markenfähigkeit zur Voraussetzung. Das haben wir bereits oben (Rz 237) herausgearbeitet. Dies bedeutet insbesondere, dass das Zeichen *abstrakte Unterscheidungseignung* hat. Zeichen ohne eine solche führen nicht zum Markenschutz kraft Verkehrsgeltung.

Ein weiteres Hindernis für die Entstehung des Markenschutzes kraft Verkehrsgeltung ergibt sich aus § 8 MarkenG, einer Vorschrift, die in den Zusammenhang hier zunächst an sich gar nicht hingehört, da sie sich auf absolute Hindernisse für die Entstehung der Marke durch *Eintragung* bezieht (Rz 255 ff). § 8 III MarkenG unterscheidet zwischen Eintragungshindernissen, die durch Verkehrsdurchsetzung überwunden werden können (§ 8 II Ziff. 1 bis 3 MarkenG), und unüberwindbaren Schutzhindernissen (§ 8 II Ziff. 4 bis 10 MarkenG). Bei Letzteren handelt es sich um Zeichen, die für den Gesetzgeber partout nicht als eingetragene Marken in Betracht kommen. Und dies gilt auch für die Marken kraft Verkehrsgeltung. Sie sehen also: Wir wenden §8 III MarkenG analog für die Marken kraft Verkehrsgeltung an. An einem einfachen Beispiel klargemacht: Staatsflaggen sind als Marken nicht eintragbar (§ 8 II Ziff. 6 MarkenG). In analoger Anwendung gibt es hier auch keinen Markenschutz kraft Verkehrsgeltung.

Nach diesen Verkehrsgeltungshindernissen nun zum eigentlich bedeutsamen Merkmal von § 4 Ziff. 2 MarkenG: **Verkehrsgeltung**.

Die Anforderungen an die Verkehrsgeltung sind geringer als die an die Verkehrsdurchsetzung nach § 8 III MarkenG. Dies ergibt sich schon aus der reinen Wortbetrachtung: Verkehrs**durchsetzung** erfordert einen höheren Bekanntheitsgrad als Verkehrs**geltung**.

Zunächst gilt für die Verkehrsgeltung dem Grunde nach auch das, was wir in Bezug auf die Verkehrsdurchsetzung (§ 8 III MarkenG) bereits kennen gelernt haben (Rz 263): Maßgebend sind die jeweils beteiligten Verkehrskreise, es gibt keine starre Betrachtungsweise, es sind für die Verkehrsbekanntheit keine absoluten Prozentsätze maßgebend, sondern es sind die Umstände des jeweiligen Einzelfalles heranzuziehen. Dabei spielt die **Kennzeichnungskraft** des Zeichens (Rz 276) eine bedeutsame Rolle: Je schwächer die Kennzeichnungskraft ist, umso höher muss der Bekanntheitsgrad im Verkehr sein. Für eigenartige und einprägsame Marken hingegen genügt ein geringerer Grad der Verkehrsbekanntheit.

Auch gilt es hier zu berücksichtigen, dass an die Verkehrsgeltung umso größere Anforderungen zu stellen sind, je notwendiger der Verkehr der Angaben als Hinweis auf Eigenschaften der betreffenden Warenart bedarf. Bei den sog. **glatten Beschaffenheits- und Bestimmungsangaben** ohne Eigenart, an deren Freihaltung ein besonderes Bedürfnis besteht, wird eine sehr hohe Verkehrsbekanntheit gefordert werden.

Nicht so hoch brauchen die Anforderungen gestellt zu werden, wenn der Verkehr an der Freihaltung ein geringeres Bedürfnis hat (BGHZ 30, 357, 372 – Nährbier). Bestimmte Prozentsätze lassen sich daher für den Grad der Bekanntheit nicht festlegen.

Es gibt Stimmen im Schrifttum, die einen Bekanntheitsgrad von 20 bis 25 % als Untergrenze für ausreichend ansehen, und andere, die – je nach den Umständen des Einzelfalles – Werte weit jenseits der 50 % Grenze fordern. Wir sehen uns hier mit einer sehr großen Bandbreite der in den Einzelfällen geforderten prozentualen Bekanntheitsgrade konfrontiert.

> **Beispiele**
>
> Nährbier ist eine Gattungsbezeichnung, die sich in ihrem Wortsinn als glatte Beschaffenheits- und Bestimmungsangabe ohne besondere Eigenart darstellt. Bei einer solchen hat der BGH aus dem oben dargestellten Freihaltebedürfnis heraus hier auf jeden Fall verlangt, dass die überwiegende Zahl der Abnehmer die Herkunft aus einem bestimmten Betrieb sieht. Ein Durchsetzungsgrad von 36 % (durch demoskopische Untersuchung festgestellt) genügte dem Gericht demnach nicht, um die Verkehrsgeltung zu bejahen (BGHZ 30, 357 ff. – Nährbier).
>
> In einem späteren Urteil haben selbst 58,6 % Durchsetzungsgrad nicht ausgereicht, um der sog. glatten Beschaffenheits- und Bestimmungsangabe „Echte Kroatzbeere" (Brombeere) Schutz zukommen zu lassen (BGH, GRUR 75, 67 ff.).

Zum Schluss sei noch auf einen weiteren bedeutsamen Unterschied zu den eingetragenen Marken hingewiesen: Letztere beziehen sich immer auf das gesamte Bundesgebiet. Die Marken nach § 4 Ziff. 2 MarkenG beziehen sich hingegen nur auf den Bereich, in denen sie Verkehrsgeltung haben, sie können *also territorial* begrenzt sein, auf eine bestimmte Region, auf eine bestimmte Großstadt …

Vgl. Fälle 2, 14, 15, 45.

2.4 Die notorisch bekannte Marke

294 Notorische Bekanntheit liegt vor, wenn eine Marke – im Sinne des Art. 6bis der PVÜ – allgemein bekannt ist. Hier sind an dem Bekanntheitsgrad höhere Anforderungen zu stellen als an die soeben dargelegte Verkehrsgeltung bezüglich benutzter Marken (vgl. im Einzelnen Rz 264).

2.5 Rechtswirkungen der Marke

Die Marke hat – wie alle bisher erarbeiteten Schutzrechte – dreifache Wirkung.

2.5.1 Positiver Inhalt der Marke

295 Dem Inhaber einer Marke steht ein ausschließliches Recht zu (§ 14 I MarkenG). Dies gilt für alle Marken im Sinne des § 4 MarkenG, also nicht nur für die eingetragenen, sondern auch für die benutzten mit Verkehrsgeltung sowie für die mit notorischer Bekanntheit. Dabei ist es gleichgültig, ob es sich um eine nationale oder eine IR-Marke

(§ 112 MarkenG) handelt (vgl. Rz 291). Kurz gesagt: Nur der Inhaber einer Marke darf diese benutzen.

2.5.2 Negativer Inhalt der Marke

296 Zunächst geht es hier um § 14 II–VI MarkenG. Auf diese Vorschriften können Unterlassungs- und Schadenersatzansprüche gestützt werden; es sind dies die in der Praxis bedeutsamsten Anspruchsgrundlagen des Markengesetzes gegenüber Verletzern.

Nach § 14 V MarkenG kann der Inhaber einer Marke denjenigen auf **Unterlassung** in Anspruch nehmen, der
- entgegen der Absätze 2 bis 4
- seine Marke benutzt.

Der Unterlassungsanspruch besteht auch dann, wenn eine Zuwiderhandlung erstmalig droht (§ 14 V, S. 2 MarkenG).

Wird diese Verletzungshandlung vorsätzlich oder fahrlässig begangen, so steht dem Inhaber auch ein **Schadensersatzanspruch** zu (§ 14 VI MarkenG). Was die Höhe des Schadensersatzanspruchs angeht, so gilt hier das Gleiche wie beim Urheberrecht (Rz 73) und den anderen Rechten des Gewerblichen Rechtsschutzes.

Nach § 14 II MarkenG ist es Dritten untersagt,
- im geschäftlichen Verkehr
- ohne Zustimmung des Markeninhabers eine der drei folgenden Verletzungshandlungen vorzunehmen:
  - ein mit einer Marke **identisches** Zeichen für **identische** Waren oder Dienstleistungen benutzen,
  - ein mit einer Marke identisches oder **ähnliches** Zeichen für identische oder **ähnliche** Waren oder Dienstleistungen benutzen, wodurch **Verwechslungsgefahr** entsteht,
  - ein mit einer **bekannten** Marke identisches oder ähnliches Zeichen für **nicht ähnliche** Waren oder Dienstleistungen benutzen, wodurch die Unterscheidungskraft oder die Wertschätzung der bekannten Marke ohne rechtfertigenden Grund in unlauterer Weise ausgenutzt oder beeinträchtigt wird.

Diese drei Verletzungshandlungen kommen uns sofort bekannt vor. Es sind die gleichen Kollisionstatbestände, die wir als relative Schutzhindernisse kennen gelernt haben. Auf jene Ausführungen kann daher verwiesen werden (Rz 266 ff.)

296a Über diese Kriterien hinaus besteht ein *ungeschriebenes Tatbestandsmerkmal*, das von der Rechtsprechung entwickelt wurde. Ausgangspunkt ist die Benutzungshandlung, die Gegenstand aller drei Konstellationen des § 14 II MarkenG ist. Diese muss, so die Gerichte, eine *rechtserhebliche Benutzungshandlung* darstellen, die nur dann vorliegt, wenn die Benutzung des Zeichens **markenmäßig** erfolgt und nicht lediglich beschreibenden, funktionellen, ästhetischen oder dekorativen Charakter aufweist (BGH,

GRUR 2005, 419 f. – Räucherkate). Die markenmäßige Benutzung setzt nach der Rechtsprechung des BGH voraus, dass die Bezeichnung im Rahmen des Produkt- oder Leistungsabsatzes jedenfalls *auch* der Unterscheidung der Waren/Dienstleistungen eines Unternehmens von denen eines anderen Unternehmens dient; kurzum: Das Zeichen muss wie eine **Marke** benutzt, mithin als Herkunftshinweis aufgefasst werden.

Bei der Beurteilung, ob eine markenmäßige Benutzung vorliegt, ist auf die Auffassung der durchschnittlich informierten, angemessen aufmerksamen Durchschnittsverbraucher abzustellen.

Eine *nicht* markenmäßige Benutzung läge vor, wenn das Zeichen allein zur Beschreibung der angebotenen Waren und Dienstleistungen verwendet wird, wie z.B. bei dem Wortzeichen BIG PACK für eine großformatige Zigarettenpackung (BGH, WRP 99, 931 f.). In diesem Fall wird das Zeichen vom Verkehr nur als Hinweis zur Unterrichtung des Publikums über Produkteigenschaften und nicht als Herkunftshinweis verstanden. Selbst wenn die Verwendung einer beschreibenden Angabe nach Art einer Marke erfolgen würde, wäre dies gemäß § 23 Ziff. 2 MarkenG grundsätzlich erlaubt, weil ein Interesse an der Freihaltung beschreibender Angaben anerkannt werden muss. – Gleiches wie für Wortzeichen gilt auch für Bildzeichen. So wurde die Abbildung der „Medusa", einer Figur aus der griechischen Mythologie, auf Marmormosaiken als keine markenmäßige Benutzung angesehen (BGH, 24.11.2011, Az. I ZR 175/09 – Medusa), sondern um eine Abbildung rein dekorativen Charakters. Ein weiteres, recht illustratives Beispiel aus der Rechtsprechung gab das sogenannte Fischerdreieck, die Bildmarke des bekannten Wintersportartikelherstellers Fischer. Dieses Unternehmen klagte gegen den Hersteller von Pullovern, auf denen kleine Dreiecke eingearbeitet waren. Das Gericht verneinte eine markenmäßige Verwendung mit der Begründung, der Verkehr nehme diese Dreiecksmuster ausschließlich als Dekoraufdruck oder als reine Verzierung wahr.

Eine markenmäßige Verwendung wurde hingegen angenommen bei der Domain „puremassageoil. com", da dieser Bezeichnung nicht nur reine Adressfunktion zukomme, sondern darüber hinaus ein Hinweis auf die Herkunft der angebotenen Waren zu sehen sei (BGH, vom 31.05.2012, Az. I ZR 135/10 – pjure/pure).

Besteht keine „markenmäßige Benutzung", brauchen die weiteren Voraussetzungen von § 24 II MarkenG nicht mehr geprüft zu werden; eine Markenverletzung liegt dann nicht vor.

Verschiedene Benutzungshandlungen werden in Absatz 3 erläutert. Die dort genannten fünf Ziffern bilden keinen abschließenden Katalog, sondern sind lediglich Beispiele, allerdings sehr praxisrelevante, wie etwa das Verbot, das kollidierende Zeichen auf Waren oder Verpackungen anzubringen, solche in den Verkehr zu bringen, ein- oder auszuführen, das Plagiatzeichen in Geschäftspapieren oder in der Werbung zu benutzen.

Nach Absatz 4 werden bereits gewisse Vorbereitungshandlungen untersagt. Es dürfen im geschäftlichen Verkehr ohne Zustimmung des Markeninhabers keine identischen oder ähnlichen Zeichen auf Aufmachungen oder Verpackungen oder auf Kennzeichnungsmitteln wie Etiketten, Anhängern, Aufnähern oder dergleichen angebracht, angeboten, in den Verkehr gebracht oder ein- und ausgeführt werden. Dieses Verbot gilt allerdings nur dann, wenn die Gefahr besteht, dass diese Gegenstände später in einer Art und Weise benutzt werden, die gegen § 14 II und III MarkenG verstößt.

> **Beispiel**
>
> Unternehmer U stellt Etiketten und Aufnäher her. Bestellt die Firma Lacoste eine Million Aufnäher mit dem bekannten Krokodil und stellt U diese her und liefert sie vertragsgemäß aus, so geschieht dies mit Zustimmung des Inhabers der Marke (§ 14 IV MarkenG).
>
> Stellt U jedoch die bekannten Krokodilaufnäher her, um sie an Plagiatoren von Lacoste-Erzeugnissen zu verkaufen, so verstößt dies gegen § 14 IV, II Ziff. 1 MarkenG.

298 Darüber hinaus stehen dem Inhaber einer Marke bei deren Verletzung im Wesentlichen die gleichen Ansprüche zu (§§ 18 ff. MarkenG), die wir aus dem Urheberrecht, aus dem Patent-, Gebrauchsmuster- und Designrecht bereits kennen. Es sind dies Ansprüche auf **Vernichtung** von widerrechtlich gekennzeichneten Waren (vgl. Rz 73d), auf deren **Rückruf** oder auf deren endgültiges **Entfernen aus den Vertriebswegen** (vgl. Rz 73f) sowie auf **Vernichtung** (§ 18 I, S. 2 MarkenG) von im Eigentum des Verletzers stehenden **Materialien** und **Geräten**, die vorwiegend zur widerrechtlichen Kennzeichnung der Waren gedient haben (vgl. Rz 73g). In allen genannten Fällen ist aber das Prinzip der Verhältnismäßigkeit zu berücksichtigen (§ 18 III MarkenG).

Eine sehr detaillierte Regelung erfahren die **Ansprüche** auf **Auskunft**, auf **Vorlage von Urkunden-, Bank-, Finanz- oder Handelsunterlagen** (§§ 19 bis 19d MarkenG). Diese entsprechen zu großen Teilen denen des Urheberrechts, weshalb auf jene verwiesen werden kann (Rz 83 bis 73l).

Vgl. Fall 11.

2.5.2.1 Ausschluss von Ansprüchen wegen Erschöpfung

299 Den **Erschöpfungsgrundsatz** haben wir schon bei allen bisher erörterten Rechten zur Kenntnis genommen (vgl. z.B. Rz 59). Er gilt auch im Markenrecht. Nach § 24 MarkenG hat der Inhaber einer Marke nicht das Recht, einem Dritten zu untersagen, die Marke für Waren zu benutzen, die unter dieser Marke von ihm oder mit seiner Zustimmung in den Verkehr gebracht worden sind. Diese Konsumtion gilt nicht nur beim Inlandsvertrieb, sondern auch dann, wenn die mit der Marke versehenen Waren in einem der übrigen Mitgliedstaaten der Europäischen Gemeinschaft oder in einem anderen Vertragsstaat des Abkommens über den Europäischen Wirtschaftsraum in den Verkehr gebracht worden sind. Wir haben es bei den Marken also mit einem **gemeinschaftsweiten** Erschöpfungsgrundsatz zu tun. Im Normalfall bedeutet dies für die Praxis, dass Dritte – etwa Importeure, Groß-, Einzel- oder Versandhändler – die mit der Marke des Herstellers versehenen Originalwaren in unveränderter Form gemeinschaftsweit weiterveräußern und auch für diese Werbung treiben dürfen. Wir sehen also: Der Erschöpfungsgrundsatz gilt nach § 24 MarkenG nur in der EU und dem EWR, also nicht international, nicht weltweit. Dies verstößt auch nicht gegen das TRIPS-Abkommen (vgl. Rz 747 ff.); in Art. 6 werden dort Fragen der Erschöpfung grundsätzlich ausgeklammert. Dieses Prinzip der EU/EWR-Erschöpfung kann durch nationale Gesetze nicht anderweitig geregelt werden (EuGH, WRP 98, 851 – Silhouette International Schmied).

Erschöpfung tritt aber nicht ein, wenn sich der Markeninhaber einer Benutzung durch Dritte aus berechtigten Gründen widersetzt, insbesondere wenn der Zustand der Waren verändert oder verschlechtert wird (§ 24 II MarkenG).

Beispiel
H ist ein weltbekannter Hersteller von Markenjeans. Ohne seine Zustimmung färbt ein Einzelhändler (E) die Jeans um und offeriert sie in anderen Farben als sie von H selbst angeboten werden.

Mit dem Verkauf der mit der Marke des H versehenen Jeans durch H an Händler ist an sich das Verbreitungsrecht nach § 24 I MarkenG erschöpft. Hier trifft aber die Ausnahme des § 24 II MarkenG zu. H widersetzt sich der Benutzung seiner Marke im Zusammenhang mit dem weiteren Vertrieb aus berechtigten Gründen. E hat die Originalwaren durch Umfärben verändert und damit die Garantiefunktion beeinträchtigt.

Vgl. Fälle 17, 51.

2.5.2.2 Ausschluss von Ansprüchen bei Nichtbenutzung

Der Markeninhaber kann gegen Dritte keine Unterlassungs-, Schadenersatz-, Vernichtungs- und Auskunftsansprüche geltend machen, wenn er innerhalb der letzten fünf Jahre seine Marke im Inland nicht effektiv benutzt hat (§§ 25 I, 26 MarkenG).

300

Die Grundidee dieser Vorschrift ist uns bereits aus § 43 I MarkenG bekannt (Rz 289): Nur aus ernsthaft benutzten Marken kann man Rechte herleiten. Wie man dort im Eintragungsverfahren einem älteren Markeninhaber, der Widerspruch erhoben hat, die Einrede der Nichtbenutzung seiner Marke innerhalb der letzten 5 Jahre entgegenhalten kann, so kann man dies auch hier im Verletzungsprozess.

2.5.2.3 Ausschluss von Ansprüchen beim Ersatzteilgeschäft

Jeder Hersteller und Händler von Ersatzteilen muss sagen können, um welche Waren es sich handelt, also etwa „Ersatzteile für X". In dem Hinweis auf die Bestimmung einer Ware ist regelmäßig keine Markenverletzung zu sehen (BGH, WRP 05, 219 – Aluminiumräder). Entsprechendes muss für Reparaturwerkstätten gelten.

301

Genießt „X" Markenschutz, so darf den genannten Dritten durch den Markeninhaber daher nicht untersagt werden, diese Bezeichnung zu benutzen, soweit dies nicht gegen die guten Sitten verstößt (§ 23 Ziff. 3 MarkenG).

Der gleiche Grundgedanke gilt in Bezug auf die Befugnis, den eigenen Namen (§ 23 Ziff. 1 MarkenG) und beschreibende Angaben über Merkmale und Eigenschaften zu benutzen (§ 23 Ziff. 2 MarkenG), selbst dann, wenn für diese Markenschutz zu Gunsten eines Dritten besteht.

302

Beispiele
Der Inhaber der Marke „Müller-Milch" kann Herrn Müller nicht untersagen, in X-Stadt ein „Hans Müller"-Lebensmittelgeschäft zu eröffnen (§ 23 Ziff. 1 MarkenG).

Unterstellen wir, dass „Rothaus-Export" Markenschutz genießt. Rothaus könnte einem anderen Bierproduzenten nicht untersagen, dessen Bier als Exportbier zu bezeichnen. Bei dem Begriff „Export" geht es nicht um ein kennzeichnendes Kriterium, sondern um eine Angabe über die Beschaffenheit (§ 23 Ziff. 2 MarkenG).

2.5.2.4 Verschiedene Abwehrsituationen

302a Wir wollen anhand von Beispielen einige typische Abwehrsituationen erörtern:

- **Ältere Marke – jüngerer Warenname**

Fall: W hat seit 2011 die Marke „Dolic" für Mittel zur Körper- und Schönheitspflege eingetragen und für Seifen benutzt. Im Jahr 2014 bringt Unternehmer U eine Seife auf den Markt, die auch die Bezeichnung „Dolic" trägt, aber nicht als Marke eingetragen wird (viele Warennamen sind ja nicht als Marke registriert).

Lösung: U benutzt ein identisches Zeichen – „Dolic" – für identische Waren – Seifen – (§ 14 II Ziff. 1 MarkenG). Alle Voraussetzungen für den Unterlassungsanspruch nach § 14 V MarkenG sind erfüllt.

Fazit: Ältere Marke besiegt den jüngeren Warennamen.

- **Älterer Warenname – jüngere Marke**

Fall: Obiger Sachverhalt gerade umgekehrt: Seife „Dolic", nicht als Marke eingetragen, ist seit 2011 auf dem Markt, allerdings ohne größeren Erfolg. 2014 wird für W die Marke „Dolic" für Mittel zur Körper- und Schönheitspflege eingetragen und für Seifen benutzt (Bösgläubigkeit i.S.v. § 8 II Ziff. 10 MarkenG stand einer Eintragung hier nicht entgegen; vgl. Rz 262a).

Lösung: W kann mit Erfolg gegen U vorgehen: § 14 V MarkenG. Der durch die jahrelange Benutzung der nicht eingetragenen Bezeichnung „Dolic" erworbene Besitzstand des U ist als solcher nicht geschützt. U würde Schutz nach § 4 Ziff. 2 MarkenG nur dann genießen, wenn „Dolic" Verkehrsgeltung hätte. Dies ist aber nicht der Fall, da das Produkt ohne größeren Erfolg am Markt ist. Der nicht eingetragene, wenn auch jahrelang benutzte Name „Dolic" muss der neuen Marke „Dolic" weichen.

Fazit: Die jüngere Marke besiegt hier den älteren Warennamen.

- **Ältere Marke – jüngere Marke**

Fall: Modifikation des Sachverhaltes: W hat seit 2011 die Marke „Dolic" für Mittel zur Körper- und Schönheitspflege eingetragen. 2014 wird für U die Marke „Dolic" eingetragen, gleichfalls für Mittel zur Körper- und Schönheitspflege. W hatte keinen fristgerechten Widerspruch eingelegt (§ 42 MarkenG). Beide benutzen „Dolic" für Seifen.

Lösung: W hat auch hier Erfolg gegenüber U. Es stehen sich zwei eingetragene und benutzte Marken gegenüber. Nunmehr gilt das Prioritätsprinzip, hier der Anmeldetag (§ 6 II MarkenG).

Fazit: Die ältere Marke besiegt die jüngere Marke.

■ Unbenutzte Marke – Warenname

Fall: W hat seit dem Jahr 2008 „Dolic" für Mittel zur Körper- und Schönheitspflege als Marke eingetragen aber nicht benutzt. 2014 bringt Unternehmer U eine Seife auf den Markt, die auch die Bezeichnung „Dolic" trägt, aber nicht als Marke eingetragen ist.

Lösung: Bei dieser Konstellation wird W nicht obsiegen. Zwar sind die Rechtsvoraussetzungen (§ 14 V MarkenG) – wie im Ausgangsfall – erfüllt, aber hier steht § 25 MarkenG entgegen. W hat in den letzten 5 Jahren seine Marke „Dolic" nicht benutzt.

Fazit: Über 5 Jahre nicht benutzte Marken verlieren ihre Rechtswirkungen.

In diesem Zusammenhang sei noch darauf verwiesen, dass ein Markeninhaber nicht alle Zeit der Welt hat, um sich gegen prioritätsjüngere Rechte zur Wehr zu setzen. Hat er deren Benutzung fünf Jahre in Kenntnis geduldet, so hat er seinen Unterlassungsanspruch **verwirkt** (§ 21 MarkenG).

Die **Verjährungsfrist** der in den §§ 14–19 MarkenG genannten Ansprüche beträgt – den Vorschriften der §§ 194 ff. BGB entsprechend – drei Jahre ab Kenntnis der Rechtsverletzung (§ 20 MarkenG).

Vgl. Fälle 12, 13a, 17, 18.

2.5.3 Strafrechtlicher Schutz

Die **Strafbarkeit** einschließlich **Versuch**, **Strafantrag** und **Einziehung** ist in § 143 MarkenG geregelt. **303**

Des Weiteren sei auf die Bußgeldvorschrift des § 145 MarkenG hingewiesen sowie auf die Möglichkeit der Beschlagnahme durch die Zollbehörde bei Ein- und Ausfuhr von Waren, die widerrechtlich mit einem geschützten Kennzeichen versehen sind (§§ 146 ff. MarkenG).

2.6 Übergang der Marke

Wie die bereits bekannten Schutzrechte, so sind auch die Markenrechte vererblich und durch Zession (§§ 413, 398 BGB) übertragbar (§ 27 I MarkenG) und zwar alle drei Markenkategorien des § 4 MarkenG. Der Übergang einer Marke kraft Eintragung wird auf Antrag im Register eingetragen. Diese Eintragung wirkt lediglich deklaratorisch, ist jedoch von Bedeutung für die Geltendmachung von Rechten beim Patentamt, Patentgericht und BGH (§ 28 II MarkenG). **304**

Eine **Markenlizenz**, die sich auf alle drei Markenkategorien des § 4 MarkenG beziehen kann, ist möglich für alle oder nur für einen Teil der Waren oder Dienstleistungen, für die die Marke Schutz genießt; sie kann ausschließlicher oder nicht ausschließlicher Art sein (§ 30 I MarkenG). **305**

Es gilt hier Entsprechendes wie beim Patent (vgl. Rz 163 ff.).

2.7 Beendigung der Marke

306 Der Schutz der eingetragenen Marke ist – im Gegensatz zu Patent, Gebrauchsmuster und eingetragenem Design – **zeitlich nicht begrenzt**. Zwar dauert er zunächst nur zehn Jahre (§ 47 I MarkenG), kann aber um jeweils zehn weitere Jahre verlängert werden (§ 47 II MarkenG).

Wird die Aufrechterhaltungs- = Verlängerungsgebühr nicht entrichtet, so wird die Marke von Amts wegen gelöscht (§ 47 VI MarkenG), weiterhin, wenn die Eintragung des Zeichens hätte versagt werden müssen (§ 50 MarkenG).

307 Auf **Antrag eines Dritten** wird die Marke wegen **Verfalls**, d.h. aus Gründen, die nach der Eintragung eingetreten sind, gelöscht (§ 49 MarkenG). Der wichtigste Grund ist hier die Nichtbenutzung der Marke (vgl. Rz 289) innerhalb eines ununterbrochenen Zeitraums von 5 Jahren (§ 49 I MarkenG). Widerspricht der Markeninhaber, so ist die Löschung im Wege der Klage vor dem ordentlichen Gericht durchzuführen (§§ 53 IV, 55 MarkenG).

308 Weiterhin kann **auf Antrag** eine Marke wegen **Nichtigkeit** wegen absoluter Schutzhindernisse gelöscht werden, wenn sie nach §§ 3, 7, 8 MarkenG gar nicht hätte eingetragen werden dürfen oder wenn der Anmelder bei der Anmeldung bösgläubig war (§ 50 MarkenG). Widerspricht der Markeninhaber, so wird das Löschungsverfahren vor dem ordentlichen Gericht durchgeführt (§ 54 II, 3 MarkenG).

Die Nichtigkeit wegen Bestehens älterer Rechte, also insbesondere wegen relativer Schutzhindernisse (§§ 9–13 MarkenG), kann nur durch **Klage** vor dem ordentlichen Gericht geltend gemacht werden (§§ 51 I, 55 MarkenG). Die Löschung einer jüngeren Marke erfolgt jedoch nicht, wenn der Inhaber einer älteren Marke die Benutzung der jüngeren Marke fünf Jahre lang in Kenntnis dieser Benutzung geduldet hat (§ 51 II MarkenG).

Werden Marken wegen Nichtigkeit gelöscht, so gelten die Markenrechte als von Anfang an nicht eingetreten, also ex tunc (§ 52 II MarkenG). Bei Löschung der Marke wegen Verfalls besteht ex-nunc-Wirkung, wobei der Zeitpunkt der Klageerhebung maßgebend ist (§ 52 I MarkenG).

309 Handelt es sich jedoch um Marken nach § 4 Ziff. 2 MarkenG oder um notorisch bekannte Marken (§ 4 Ziff. 3 MarkenG), so endet der Markenschutz mit dem Verlust der Verkehrsgeltung bzw. des Allbekanntseins, also mit nachlassendem Bekanntheitsgrad.

3. Geschäftliche Bezeichnungen

310 Geschäftliche Bezeichnungen ist der Oberbegriff. Darunter versteht man Unternehmenskennzeichen und Werktitel (§ 5 I MarkenG), Geschäftsabzeichen und sonstige zur Unterscheidung des Geschäftsbetriebes bestimmte Zeichen (§ 5 II, 2 MarkenG).

3.1 Allgemeines

Wie wir bereits wissen (Rz 230), bezieht sich das Unternehmenskennzeichen – wie der Name schon sagt – auf das Unternehmen, die Firma auf den Namen des Kaufmanns (§ 17 HGB). Die Marke ist das Kennzeichen für Waren oder Dienstleistungen.

311

Nun stehen sich im Geschäftsleben diese Arten von gewerblichen Kennzeichnungen häufig nicht so isoliert gegenüber, wie eben abstrakt dargestellt. Nicht selten sind sie untereinander verzahnt. So kann ein Unternehmer seine Firma, etwa auch in abgekürzter Form, als Marke eintragen lassen. Man spricht hier von Firmenmarken.

Beispiele
- Die Firma: Coca-Cola GmbH; die Marke „Coca-Cola".
- Die Firma: Bayerische Motorenwerke AG; die Marke „BMW".
- Die Firma: Lego GmbH; die Marke „Lego".
- Die Firma: Touristik-Union-International; die Marke „TUI".

Eine Marke kann gleichzeitig auch Unternehmenskennzeichen oder Werktitel sein, nämlich dann, wenn der Unternehmer die Bezeichnung nicht nur zur Unterscheidung von Waren oder Dienstleistungen, sondern auch zur Kennzeichnung seines Unternehmens oder z.B. einer Druckschrift benutzt.

Beispiele
- „Spiegel" als Marke für ein politisches Wochenmagazin ist gleichzeitig Titel einer Druckschrift, geschützt nach § 5 MarkenG.
- Adidas" ist Marke für Schuhe, Textilien und Sportartikel und gleichzeitig Unternehmenskennzeichen nach § 5 MarkenG.

So erklärt es sich, dass ein- und dieselbe gewerbliche Bezeichnung mehrfachen Schutz genießen kann.

3.2 Die Unternehmenskennzeichen

Als Unternehmenskennzeichen definiert § 5 II, 1 MarkenG Zeichen, die im geschäftlichen Verkehr als Name, als Firma oder als besondere Bezeichnung eines Geschäftsbetriebes oder eines Unternehmens benutzt werden.

312

Die Begriffe Namen (§ 12 BGB) und Firma (§§ 17 ff. HGB) sind hier nicht erklärungsbedürftig, diese sind uns geläufig. Die besondere Bezeichnung eines **Geschäftsbetriebs** oder eines **Unternehmens** bedeuten sachlich das Gleiche. Was verstehen wir hierunter? Es ist dies ein Kennzeichen, dessen sich ein Unternehmer zur Unterscheidung seines Geschäfts von den Geschäften anderer bedient und das unabhängig von der Firma ist. Rechtsschutz besteht ab **Ingebrauchnahme**.

Wie Name und Firma individualisieren, so müssen hierzu auch die besonderen Bezeichnungen eines Geschäftsbetriebs geeignet sein. Sie müssen von Natur aus unterscheidungskräftig sein, Ihnen muss **Namensfunktion** zukommen.

Gattungsbezeichnungen und **beschreibende Angaben** individualisieren nicht, haben keine originäre Unterscheidungskraft und sind daher nicht ab Ingebrauchnahme geschützt, wie etwa:

Beispiele Silo, Industriebau, „Kaufstätten für Alle", Fundgrube, Management-Seminare, Videorent. Festspiel-, Möbel-, Musik-, Auto- und Discounthaus; auch „Literaturhaus" für einen auf dem Gebiet der Förderung der Literatur, des Buchwesens und neuer Medien tätigen Verein ermangelt es, wie der BGH entschied, der originären Unterscheidungskraft. Desgleichen sind nicht geschützt: „Haute Couture" für hochwertige französische Modeprodukte, „Leasing-Partner", „CottonLine" für Textilunternehmen sowie „WM, Fußball-WM" als Begriff in aller Munde.

313 Zu den Geschäftsbezeichnungen, die hingegen Namensfunktion haben und daher nach § 5 I MarkenG geschützt sind, gehören zum Beispiel:
- die sog. Etablissementsbezeichnungen wie etwa Hotel Schwarzer Adler, Gasthaus zum Hirschen, Einhorn-Apotheke, Rathausdrogerie, Schillertheater, Fahrschule Karo-As
- „Meisterbrand" als Geschäftsbezeichnung für einen Spirituosenhersteller
- „Kores" als Fernschreibkennung
- „Rheinchemie"
- „Reiherstieg-Holzlager"
- „Rialto" für eine Eisbar
- „Medicon" für chirurgische Instrumente
- „Der Spiegel" als Titel einer Zeitschrift.

314 Oft werden Firmenbestandteile – häufig in Alleinstellung – als besondere Bezeichnung eines Geschäftsbetriebs benutzt. Auch hier kommt es auf die Unterscheidungskraft an, die etwa gerichtlich bejaht wurde für „Appel" in Bezug auf Feinkost und „Pfleger" für Arzneimittel.

Der Schutz der besonderen Bezeichnung eines Geschäftsbetriebs nach § 5 II, 1 MarkenG entsteht mit dem Zeitpunkt der Ingebrauchnahme. Dies gilt aber nur für solche, die von Natur aus **unterscheidungskräftig** sind. Ermangelt es einem Zeichen dieser Unterscheidungskraft (Beispiele vgl. Rz 312), so tritt der Schutz nach § 5 MarkenG erst dann ein, wenn es **Verkehrsgeltung** in dem Sinne erlangt hat, dass die beteiligten Verkehrskreise es als Bezeichnung eines bestimmten Unternehmens ansehen. Die Probleme, die Verkehrsgeltung betreffend, sind hier grundsätzlich die Gleichen wie bei § 4 Ziff. 2 MarkenG (vgl. Rz 293); es sind auch hier strenge Anforderungen an den Bekanntheitsgrad zu stellen (Abb. 25, S. 161).

Beispiel „Telekom" als Bezeichnung für ein Telekommunikationsunternehmen ist eine beschreibende Angabe und demgemäß von Haus aus nicht unterscheidungskräftig. Durch Verkehrsgeltung wurde hier aber Rechtsschutz erworben (BGH, GRUR 2004, 514 f. – Telekom).

3.3 Die Geschäftsabzeichen

315 Der besonderen Bezeichnung eines Geschäftsbetriebs stehen solche Geschäftsabzeichen und sonstige zur Unterscheidung des Geschäftsbetriebs von anderen Geschäftsbetrieben bestimmte Zeichen gleich, die innerhalb beteiligter Verkehrskreise als Kennzeichen des Geschäftsbetriebs gelten (§ 5 II, 2 MarkenG).

Wie die Wortfassung zeigt, gehören die Geschäftsabzeichen zu den zur Unterscheidung des Geschäftsbetriebs bestimmten Zeichen. Diese dienen zur Unterscheidung des Geschäfts von anderen Geschäften **in anderer Weise als durch eine namensmäßige** Kennzeichnung. Hierdurch unterscheidet sich § 5 II, 2 von § 5 II, 1 MarkenG. Unter § 5 II, 1 MarkenG fallen – wie wir bereits wissen – alle die Unternehmenskennzeichen, die im Verkehr wie ein Name wirken, also Namensfunktion haben. § 5 II, 2 MarkenG umfasst hingegen solche Bezeichnungen, die **neben** dem Namen als **zusätzliches** Kriterium das Geschäft von anderen Geschäften unterscheiden sollen.

Nach § 5 II, 2 MarkenG sind demnach Kennzeichen geschützt, die in Bildern, Figuren, Symbolen, Ornamenten, Farben bestehen, wie etwa eine rote Blume, eine personifizierte Kaffeekanne, Hausfarben von Unternehmen in konkreter Kombination, z.B. bei den Mineralölgesellschaften oder bei Maggi. Über diese visuell wirkenden Geschäftsabzeichen hinaus genießen auch Worte – soweit sie nicht wie ein Name wirken – Schutz nach § 5 II, 2 MarkenG, wie etwa „Champi-Krone" zur Kennzeichnung des Geschäfts, das ein Getränk aus Bier und Sekt herstellt, „Blumen in alle Welt" als zusätzliches Unterscheidungsmerkmal zu Fleurop. Auch Fernsprechnummern und Telegrammadressen wurden von der Rechtsprechung als nach § 5 II, 2 MarkenG schutzfähig anerkannt, ja sogar die Berufskleidung von Mitarbeitern und speziell lackierte Kraftfahrzeuge oder die Aufmachung eines Ladens.

Die Geschäftsabzeichen und sonstigen unterscheidenden Zeichen genießen den Schutz nach § 5 MarkenG nur dann, wenn sie innerhalb beteiligter Verkehrskreise als Kennzeichen des Geschäftsbetriebs gelten. Es finden hier die gleichen Grundsätze Anwendung, die oben zur Verkehrsgeltung dargestellt wurden (Rz 293); vgl. Abb. 25, S. 152.

Vgl. Fall 45.

3.4 Die Werktitel

Um Missverständnissen vorzubeugen, sei vorab klargestellt: Bei dem Begriff „Werk" geht es hier bei den Werktiteln nicht um den urheberrechtlichen Begriff des Werkes nach § 2 II UrhG (Rz 18 ff.), auch nicht um ein Werk im Sinne des Werkvertrages (§ 631 BGB), sondern um folgenden, eigenständigen, kennzeichenrechtlichen Werkbegriff: Werktitel sind die Namen oder besonderen Bezeichnungen von Druckschriften, Filmwerken, Tonwerken, Bühnenwerken oder sonstigen vergleichbaren Werken (§ 5 III MarkenG). Unter dem Aspekt der Letzteren hat der BGH die Bezeichnung von Computerprogrammen als dem Titelschutz zugänglich erklärt (GRUR 97, 902 – FTOS; GRUR 2000, 126). Auch Bezeichnungen von periodischen Festspielen, Festivals, Ausstellungsreihen und Messen, aber auch von Gesellschaftsspielen, können unter den Begriff der sonstigen Werke fallen. Selbst Teile von Zeitungen, bestimmte Bezeichnungen von Zeitungskolumnen, wie etwa „Stimmt's?" bei der Wochenzeitung „DIE ZEIT", sind titelschutzfähig (BGH, v. 22.03.2012, Az. I ZR 102/11).

316

Die erste – insbesondere wegen der Priorität – wichtige Frage ist nun: Ab welchem Zeitpunkt setzt der Schutz für Werktitel ein? Dies beantwortet sich in gleicher Weise, wie wir das bei den Unternehmenskennzeichen kennen gelernt haben. Besitzt ein

Werktitel die erforderliche **Unterscheidungskraft**, dann setzt der Schutz mit der Ingebrauchnahme ein, ansonsten erst mit dem Erwerb der Verkehrsgeltung.

317 Was die **Unterscheidungskraft** angeht, so kann diese nicht einheitlich für alle in § 5 III MarkenG exemplarisch genannten Werkkategorien definiert werden. Die Gerichte legen hier verschiedene Maßstäbe an.

Was z.B. Zeitungstitel angeht, so werden hier lediglich geringe Anforderungen gestellt. Auf dem Zeitungsmarkt werden nämlich seit jeher Zeitungen unter mehr oder weniger farblosen Gattungsbezeichnungen angeboten. So hat der BGH den Titel „Berliner Morgenpost" als von Natur aus unterscheidungskräftig angesehen (BGH, GRUR 92, 548 – Morgenpost), so dass Schutz bereits mit der Ingebrauchnahme besteht. Hinreichende Unterscheidungskraft wurde auch gesehen bei „Ärztliche Allgemeine", „Die Geschäftsidee", „TV-Spielfilm" und „Look".

Einige weitere Beispiele aus anderen Bereichen von § 5 III MarkenG, bei denen Gerichte Kennzeichnungskraft von Natur aus angenommen haben: „Das Erbe der Guldenburgs" für eine Fernsehserie (BGH, GRUR 93, 693 – Guldenburg), „Radio Stuttgart", auch „Pizza u. Pasta" für ein Kochbuch.

Gehen wir einmal davon aus, dass ein Werktitel von Natur aus unterscheidungskräftig ist, der Titelschutz also **ab Ingebrauchnahme** besteht, so ist die nächste entscheidende Frage: Welches ist hier der **maßgebliche Zeitpunkt**?

Eine bloße Titelbenutzungsabsicht ohne jeglichen Publizitätsakt begründet sicher noch kein Titelrecht.

Umgekehrt liegt unzweifelhaft Ingebrauchnahme zu dem Zeitpunkt der **tatsächlichen Aufnahme der Benutzung** des Werktitels vor, z.B. mit dem Inverkehrbringen einer Zeitschrift, dem Erscheinen eines Buches, der Uraufführung eines Filmes oder dem Ausstrahlen einer Fernsehsendung unter dem jeweiligen Titel, also mit der endgültigen Markteinführung.

Kann dieser eben beschriebene Zeitpunkt vorverlegt werden, so dass bereits vorher Schutzwirkung eintritt? Hierfür spricht das bereits in der Entstehungsphase eines Werkes vorhandene besondere Schutzbedürfnis der beteiligten Verkehrskreise. Zunächst ist der Produzent daran interessiert – schon wegen seiner erheblichen Investitionen – möglichst frühzeitig über den Titel eines geplanten Objekts zu informieren. Auch möchte er Dritte von der Benutzung dieses Titels abhalten oder zum baldigen Widerspruch veranlassen (BGH, GRUR 89, 761 – Titelschutzanzeige). Die letztgenannten Interessen bestehen aber auch auf Seiten der Mitbewerber. Insbesondere aus diesen Gründen heraus haben die Gerichte anerkannt, dass ein Titelschutz bereits vor der tatsächlichen Benutzung in Betracht kommen kann und zwar durch die **öffentliche branchenübliche Ankündigung** des Werkes unter seinem Titel. Als Organe für Titelschutzanzeigen haben Gerichte z.B. akzeptiert das „Börsenblatt für den Deutschen Buchhandel", die Zeitschriften „ZV+ZV", „W+V", „Text-Intern", „Media Spektrum", „Horizont" sowie den im Presse-Fachverlag in Hamburg erscheinenden „Titelschutzanzeiger", auch für Computerprogramme und -spiele mit dem monatlichen Zusatz „Der

Softwaretitel". Es genügt sogar, wenn ein Rechtsanwalt dort einen Titel für einen anonymen Mandanten veröffentlicht, auch im Rahmen einer Sammel-Titelschutzanzeige. Eine derartige Titelschutzanzeige zeitigt allerdings nur dann Rechtswirkung, wenn das Werk in angemessener Frist unter dem Titel erscheint. Was die Angemessenheit des Zeitabstandes nach der Veröffentlichung angeht, so hängt dies von der Art der jeweiligen Werke ab. Die häufig genannte Zeitspanne von 6 Monaten kann nur ein erster Anhalt in Bezug auf Druckschriften sein. Beim Film richtet sich die Angemessenheit i.d.R. nach der Produktionsdauer.

Bloße Pressemitteilungen im redaktionellen Teil einer Zeitung reichen zur Begründung eines Titelschutzes nicht aus (BGH, GRUR 89, 762 – Titelschutzanzeige), ebenso wohl nicht der Beginn von Dreharbeiten unter gleichzeitiger Bekanntgabe des Titels (BGH, GRUR 93, 693 – Guldenburg), auch nicht intern bleibende Vorbereitungs- und Herstellungsmaßnahmen, auch nicht ein Praxistest vor der Markteinführung.

3.5 Unterscheidungskraft – Verkehrsgeltung

Für die Entstehung des Rechtsschutzes nach § 5 MarkenG stehen die Rechtsbegriffe Unterscheidungskraft und Verkehrsgeltung in bestimmter Wechselwirkung. Halten wir uns dies nochmals vor Augen (vgl. Abb. 25).

318

Name und Firma (§ 5 II, 1 MarkenG) haben immer Unterscheidungskraft.

Bei den besonderen Bezeichnungen eines Geschäftsbetriebs (§ 5 II, 1 MarkenG) ist festzustellen, ob Unterscheidungskraft von Haus aus und damit Namensfunktion vorliegt. Falls ja, besteht Schutz ab Ingebrauchnahme; falls nein, erst bei Erwerb der Verkehrsgeltung. Dies gilt genauso für Werktitel (§ 5 III MarkenG).

Bei Geschäftsabzeichen und sonstigen unterscheidenden Zeichen (§ 5 II, 2 MarkenG) ist immer Verkehrsgeltung erforderlich.

Unternehmenskennzeichen und Werktitel mit Namensfunktion	:	+ 0	→	Schutz nach § 5 I MarkenG
Unternehmenskennzeichen und Werktitel ohne Namensfunktion	:	+ Verkehrsgeltung	→	Schutz nach § 5 I MarkenG
Geschäftsabzeichen, sonstige Unterscheidungszeichen	:	+ Verkehrsgeltung	→	Schutz nach § 5 II, 2 MarkenG

Abb. 25: Die Verkehrsgeltung im Rahmen des § 5 MarkenG

3.6 Rechtswirkungen der geschäftlichen Bezeichnungen

Auch die geschäftlichen Bezeichnungen nach § 5 MarkenG haben – wie alle bisher erarbeiteten Schutzrechte – dreifache Wirkung.

3.6.1 Positiver Inhalt

319 Dem Inhaber einer geschäftlichen Bezeichnung steht ein ausschließliches Recht zu (§ 15 I MarkenG). Dies gilt für alle in § 5 MarkenG genannten Kategorien.

3.6.2 Negativer Inhalt

320 Hier geht es zunächst um § 15 II bis V MarkenG. Hierauf können Unterlassungs- und Schadensersatzansprüche gestützt werden.

§ 15 MarkenG erfährt für die geschäftlichen Bezeichnungen, im Gesamten gesehen, eine parallele Ausgestaltung wie wir es in § 14 MarkenG für die Marken kennen gelernt haben. Daran können wir anknüpfen.

§ 15 II MarkenG entspricht § 14 II Ziff. 2 MarkenG. Hauptproblem ist auch hier die **Verwechslungsgefahr**.

Für die Beurteilung der Verwechslungsgefahr ist auf die Identität oder Ähnlichkeit der gegenüberstehenden Bezeichnungen abzustellen. Insoweit kann auf die Erläuterungen zu §§ 9, 14 II Ziff. 2 MarkenG verwiesen werden (Rz 273).

Was die Identität oder Ähnlichkeit der betreffenden Waren/Dienstleistungen angeht, so kommt es hierauf nach dem Wortlaut von § 15 II MarkenG nicht an, im Gegensatz zu § 14 II, Ziff. 2 MarkenG bezüglich der Marken. Dennoch spielt nach der Rechtsprechung zu den Unternehmenskennzeichen die Nähe der Branchen eine Rolle (vgl. Rz 320b). Zur Anschauung hier einige Beispiele vorab:

> **Beispiele**
>
> Keine Verwechslungsgefahr: „Biersdorfer-Sparkauf" als Bezeichnung für ein Möbeleinrichtungshaus unterscheidet sich deutlich von der Unternehmensbezeichnung „Spar", der Kennzeichnung einer bekannten Handelskette. Eine Verwechslungsgefahr ist hier schon wegen Branchenferne nicht gegeben.
>
> Verwechslungsgefahr wurde hingegen angenommen bei
> – „McDonalds" und „McChinese" für Schnellrestaurants (GRUR 92, 460).
> – „Südwestfunk" und „Südwestbild" für ein Redaktionsbüro (WRP 93, 400).
> – „Deutsche Bank" und „Deutsche Direktbank" (WRP 94, 118).

Auf zwei besondere Aspekte sei an dieser Stelle verwiesen: den räumlichen und den sachlichen Schutzbereich:

320a Wir wissen, dass sich der Schutzbereich nach der jeweiligen Kennzeichnungskraft richtet und damit insbesondere nach der Verkehrsbekanntheit. Ist ein Unternehmen nur örtlich bekannt, so ist der Schutz des § 15 I MarkenG räumlich hierauf begrenzt, im Gegensatz zum **räumlichen** Schutz der Marke, die sich auf die gesamte Bundesrepublik erstreckt. Insbesondere bei den sog. Etablissementsbezeichnungen anerkennen die Gerichte den Schutz nur in Bezug auf einen bestimmten Ort oder ein eng verbundenes Wirtschaftsgebiet.

Beispiel
A, Inhaber des Gasthauses „Löwen" in Karlsruhe ist nicht berechtigt, dem X nach § 15 II MarkenG zu untersagen, dessen Gasthaus in Frankfurt auch „Löwen" zu nennen. Es besteht nämlich keine Verwechslungsgefahr, denn die Reichweite der Kennzeichnungskraft eines Gasthauses in Karlsruhe geht sicherlich nicht bis Frankfurt. Anders verhält es sich etwa bei „Holiday Inn", das, nebenbei bemerkt, auch als Marke eingetragen ist.

Bei der Betrachtung des **sachlichen** Schutzbereichs des § 15 MarkenG ist vorab die Feststellung zu treffen, dass nach dem Wortlaut dieser Vorschrift keine Ähnlichkeit der Geschäftstätigkeit erforderlich ist (vgl. Rz 320). Bei der Prüfung der Verwechslungsgefahr spielt dies mittelbar dennoch eine Rolle. Es besteht nämlich eine Wechselwirkung zwischen dem Grad der Ähnlichkeit der Unternehmensbezeichnungen und dem Grad der Branchenverschiedenheit (BGH, WRP 91, 569 – Avon). Sind die Warengebiete identisch oder sehr verwandt, so kann Verwechslungsfähigkeit vorliegen, selbst wenn die Bezeichnungen stärker voneinander abweichen. Sind die Branchen hingegen fremd, dann wird ein besonders hohes Maß an Ähnlichkeit der Bezeichnungen gegeben sein müssen, um Verwechslungsgefahr anzunehmen. Folgende Fälle mögen dies verdeutlichen: 320b

Beispiele
Es stehen sich entgegen der ältere Namen „Zentis", der in weiten Verkehrskreisen als der eines bedeutenden Marmeladen- und Konfitürenherstellers bekannt ist, und die Bezeichnung „Säntis", benutzt für Molkereiprodukte. „Zentis" und „Säntis" weisen sowohl in klanglicher Hinsicht als auch vom Schriftbild her einen hohen Ähnlichkeitsgrad auf. Fruchtjogurt ist Konfitüren und anderen Fruchterzeugnissen branchennah, wird es doch auch aus Grundstoffen hergestellt, die aus Betrieben von Marmeladen- und Konfitürenherstellern stammen. Daher wird ein maßgeblicher Teil des Verkehrs annehmen, das „Säntis"-Jogurt stamme aus einem Betrieb, der mit „Zentis" organisatorisch oder wirtschaftlich verbunden ist. Daher hat der BGH hier eine Verwechslungsgefahr bejaht.

Hingegen wurde – wegen Branchenferne – eine Verwechslungsgefahr verneint zwischen „Koma" als Unternehmensbezeichnung für einen Betrieb der Lebensmittelbranche und „Koma" für eine Füllhalter- und Kugelschreiberfabrik, ebenso bei „Brigitte" (Frauenzeitschrift) und „Partnervermittlung Brigitte".

Anders ausgedrückt: Das Gericht legt bei der Prüfung der Verwechslungsgefahr an den Grad der Ähnlichkeit der Unternehmensbezeichnungen einen umso strengeren Maßstab an, je näher sich die Unternehmen in ihrer Geschäftstätigkeit stehen.

§ 15 III MarkenG verschafft bekannten geschäftlichen Bezeichnungen einen erweiterten Schutzbereich, so wie es auch in § 14 II Ziff. 3 MarkenG für bekannte Marken geschieht; hierauf kann daher verwiesen werden (Rz 280 ff.).

Über § 15 MarkenG hinaus hat der Inhaber geschäftlicher Bezeichnungen Ansprüche nach §§ 18 ff. MarkenG, die wir bereits in Bezug auf Marken kennen; hierauf sei verwiesen (Rz 298). 320c

Im modernen Marketing spielt das „Corporate Identity", frei übersetzt als „Unternehmenspersönlichkeit", als kommunikative Unternehmensstrategie eine große Rolle; der Sinn: das eigene Unternehmen von der Konkurrenz abzuheben. Hierzu gehört u.a., das Schaffen von Werbekonstanten, wie z.B. Signets, Firmenzeichen, Festlegen von Hausfarben, die auf allen Werbemitteln auftauchen sollen, bis hin zur Berufskleidung. Dass § 5 MarkenG gerade unter diesem Aspekt zur Anwendung kommt, liegt auf der Hand. 321

3.6.3 Strafrechtlicher Schutz

322 Wegen Strafbarkeit und Ordnungswidrigkeit sei auf §§ 143 bis 145 MarkenG verwiesen.

Vgl. Fälle 17a, 45.

4. Anhang I – Die Kollektivmarke

323 Beim bisher dargestellten individuellen Markenrecht ist es darum gegangen, dass **einzelne** Rechtssubjekte, insbesondere Unternehmer, mit einer Marke – für Waren oder Dienstleistungen – oder mit einer besonderen geschäftlichen Bezeichnung – für den Geschäftsbetrieb – sich für die *eigene Benutzung* einen Rechtsschutz sichern.

324 Bei der Kollektivmarke hingegen sind es rechtsfähige **Verbände** (§ 98 MarkenG), die Markenschutz vorwiegend aus dem Grunde begehren, um das Zeichen ihren *Mitgliedern zur Benutzung* zur Verfügung zu stellen. Mit Hilfe dieser Kollektivmarken können die Verbandsmitglieder ihre Waren oder Dienstleistungen von denjenigen anderer Unternehmer unterscheiden (§ 97 MarkenG), sei es nach
– betrieblicher Herkunft,
– geografischer Herkunft,
– Art, Qualität oder sonstigen Eigenschaften.

Kollektivmarken können in allen Zeichenformen des § 3 MarkenG auftreten; Wort-, Bild- und Kombinationszeichen stehen hier im Vordergrund.

Kollektivmarken werden in das Markenregister beim DPMA eingetragen. Für sie gelten die Vorschriften über die individuellen Marken (§ 97 II MarkenG), die wir ja kennen. Einige Sonderregeln enthalten die §§ 98 bis 106 MarkenG.

Kollektivmarken sind häufig für Genossenschaften auf dem Gebiet der Landwirtschaft und des Weinbaus eingetragen, aber auch für die Schuh-, Textil- und Nahrungsmittelindustrie zum Teil auch für andere Wirtschaftszweige.

Beispiele: Ein bekanntes (Wort-Bild-)Kollektivzeichen: „Das Sonnenmännchen, Badischer Wein von der Sonne verwöhnt", als Kollektivmarke für den Badischen Weinbauverband eingetragen und von badischen Winzergenossenschaften zur Kennzeichnung ihrer Erzeugerabfüllungen benutzt.
Weitere bekannte Kollektivmarken: das „Deutsche Weinsiegel", „Fleurop", „WK-Möbel".

325 Eine erwähnenswerte Regelung beinhaltet § 99 MarkenG, wonach abweichend von § 8 II Ziff. 2 MarkenG **geografische Herkunftsangaben** als Kollektivmarken schutzfähig sind, also etwa Lübecker Marzipan, Nürnberger Lebkuchen, Aachener Printen, Dortmunder Bier, Bielefelder Wäsche. Allerdings darf der Inhaber der Kollektivmarke einem Dritten die korrekte Benutzung der geschützten Herkunftsmarke nicht untersagen, auch dann nicht, wenn dieser nicht Verbandsmitglied ist (§ 100 MarkenG).

326 Die Kollektivmarke kann – wie wir oben bereits gesehen haben – auch zur Qualitätsunterscheidung dienen. Auf diesem Aspekt beruht die Eintragung von **Gütezeichen**

als Kollektivmarken. Zweck der Gütezeichen ist es, nach den „Grundsätzen für Gütezeichen" des RAL, Deutsches Institut für Gütesicherung und Kennzeichnung in Bonn, die Qualität von Waren oder Leistungen zu kennzeichnen, sowie im Rahmen des technischen Fortschritts und der Markterwartung zu steigern, und dem Verbraucher neutrale, verlässliche Informationen für seine Marktauswahl zu geben. Gütezeichen haben Garantie- und Vertrauensfunktion. Einige bekannte Beispiele für Gütezeichen: das „VDE-Zeichen", das „Wollsiegel" (Garantie für reine Schurwolle), das „Schwurhandzeichen" (für echte Leinenprodukte), das Gütezeichen „RAL-SPIEGEL", „Cu-Gütezeichen" RAL Kupferrohr", das RAL-Gütezeichen Mineralwolle. Wird ein derartiges Gütezeichen als Kollektivmarke angemeldet, so muss dies in der Markensatzung (§ 102 MarkenG) zum Ausdruck kommen. Derartige Gütezeichen als Kollektivmarken können große Werbewirksamkeit entfalten.

Vgl. Fälle 16, 53.

5. Anhang II – Schutz geografischer Herkunftsangaben

5.1 Allgemeines

Geografische Herkunftsangaben sind die Namen von Orten, Gegenden, Gebieten oder Ländern, die im geschäftlichen Verkehr zur Kennzeichnung der **geografischen** Herkunft von Waren oder Dienstleistungen benutzt werden (§ 126 I MarkenG). Es geht hier also, und das ist das entscheidende, um Angaben über die geografische Herkunft von Waren oder Dienstleistungen. Hierin liegt der wesentliche Unterschied zu den Marken, bei denen die **betriebliche** Herkunft von Waren oder Dienstleistungen im Vordergrund steht.

327

Ein weiterer Unterschied zu den Marken und auch zu den geschäftlichen Bezeichnungen: Diese beiden sind **Ausschließlichkeitsrechte** zu Gunsten eines **bestimmten** Inhabers, geografische Herkunftsangaben hingegen sind Rechtspositionen, die **allen** Unternehmen eines bestimmten Gebietes in Bezug auf ihre Waren oder Dienstleistungen zukommen.

Beispiele
„Junghans"-Uhren ist eine Marke und bezieht sich auf die betriebliche Herkunft, nämlich das Unternehmen Junghans; keine andere Uhrenfabrik darf „Junghans" benutzen (§ 14 MarkenG).

„Schwarzwälder Uhren" als geografische Herkunftsangabe darf nicht nur die Firma Junghans verwenden, sondern auch alle anderen Uhrenproduzenten im Schwarzwald (§ 127 I MarkenG).

Geografische Herkunftsangaben können sein:
– Namen von Orten, wie etwa Münchner Bier, Meißener Porzellan, Nürnberger Lebkuchen, Lübecker Marzipan.
– Namen von Gegenden, etwa Lagebezeichnungen, wie sie bei Weinen üblich sind, z.B. Tuniberg, Keulenbuckel, Herrgottsacker.
– Namen von Gebieten, etwa bei Kaiserstühler Wein, Bayerisches Bier, Schwarzwälder Schinken.

- Namen von Ländern, wie etwa bei Scotch Whisky, Made in Germany, aber auch von Erdteilen, wie z.B. bei Orientteppichen.
- Sonstige Angaben oder Zeichen, die zur geografischen Herkunftskennzeichnung verwendet werden. Es geht hier um den **mittelbaren** Bezug auf die Provenienz von Waren oder Dienstleistungen, wie etwa bei den Herkunftssymbolen Berliner Bär, Kölner Dom, Westfalen Roß oder bei bestimmten Gestaltungsformen, etwa einer Bocksbeutelflasche für insbesondere Frankenwein.

5.2 Gattungsbezeichnungen

328 Wie sieht es aber aus bei Bezeichnungen wie etwa Hamburger, Berliner Pfannkuchen, Leipziger Allerlei, Italienischer Salat, Lyoner? Kein Mensch käme auf die Idee anzunehmen, diese seien in Hamburg, Berlin ... hergestellt. Es handelt sich hier also um keine Herkunftsangaben, sondern um Gattungsbezeichnungen.

329 Gattungsbezeichnungen sind solche Bezeichnungen, die zwar eine Angabe über die geografische Herkunft enthalten oder von einer solchen Angabe abgeleitet sind, die jedoch ihre ursprüngliche Bedeutung verloren haben und als Namen von Waren oder Dienstleistungen oder als Bezeichnungen oder Angaben der Art, der Beschaffenheit, der Sorte oder sonstiger Eigenschaften oder Merkmale von Waren oder Dienstleistungen dienen (§ 126 II, 2 MarkenG). Diese Gattungsbezeichnungen sind nicht als geografische Herkunftsangaben geschützt (§ 126 II, 1 MarkenG).

Die Abgrenzung, ob eine geschützte geografische Herkunftsbezeichnung oder ob eine ungeschützte Gattungsbezeichnung vorliegt, ist oft recht schwierig, insbesondere auch deswegen, weil sich eine geografische Herkunftsbezeichnung zu einer Gattungsbezeichnung entwickeln kann, aber auch umgekehrt. Maßgebend ist hier die Verkehrsauffassung. Hierzu nur ein Beispiel: „Steinhäger" wird als ungeschützte Gattungsbezeichnung angesehen. Relokalisierung kann jedoch erfolgen durch die Worte „Echt", „Original", „ur...", so dass die Schutzwirkung wieder eintritt.

5.3 Internationale Herkunftsabkommen

330 Deutschland hat eine ganze Reihe **zweiseitiger Abkommen** über den Schutz von geografischen Herkunftsangaben abgeschlossen. Diese enthalten meist Listen von zu schützenden geografischen Bezeichnungen, die nach Warengebieten geordnet sind, insbesondere bezüglich Wein, Ernährung, Landwirtschaft und gewerblicher Wirtschaft. Die dort jeweils genannten Bezeichnungen sind ausschließlich den Produkten des betreffenden Vertragsstaates vorbehalten, also z.B. nach dem Herkunftsabkommen mit Kuba die Bezeichnung „Cuba", „Havanna" in Bezug auf kubanische Tabakerzeugnisse. Derartige geografische Bezeichnungen genießen Rechtsschutz, unabhängig davon, ob nach der inländischen Verkehrsauffassung eine geografische Herkunftsbezeichnung vorliegt.

5.4 Rechtswirkungen der geografischen Herkunftsangaben

Nach § 128 MarkenG kann derjenige auf Unterlassung in Anspruch genommen werden, der 331
- im geschäftlichen Verkehr
- entgegen § 127 MarkenG
- Namen, Angaben oder Zeichen benutzt.

Wer schuldhaft handelt, ist schadenersatzpflichtig (§ 128 II MarkenG).

Entscheidend ist hier also, ob ein Verstoß gegen § 127 MarkenG vorliegt. Diese Vorschrift beinhaltet drei Fallgruppen:

Erstens: Nach § 127 I MarkenG dürfen geografische Herkunftsangaben – seien es in- 332
oder ausländische – nicht für solche Waren oder Dienstleistungen benutzt werden, die nicht aus den bezeichneten Gebieten stammen, falls eine Irreführungsgefahr besteht. Letztere wird bei wahrheitswidriger Herkunftsangabe in der Regel gegeben sein, ebenso bei einer wettbewerbsrechtlichen Irreführung nach § 5 UWG (vgl. Rz 513 ff.). Wir erkennen hieraus den **bloßen Schutz** der geografischen Herkunftsangaben, der zwar nicht absolut, aber doch sehr weit angelegt ist. Dieser Schutz setzt weder voraus, dass dem Verkehr die geografische Herkunftsausgabe als solche bekannt ist (BGH, GRUR 99, 252 – Warsteiner II), noch dass er mit ihr eine besondere, auf regionale Eigenart zurückzuführende Qualitätsvorstellung verbindet.

Zweitens: Häufig kommt es vor, dass die durch geografische Herkunftsangaben ge- 333
kennzeichneten Waren oder Dienstleistungen besondere Eigenschaften oder **besondere Qualitäten** aufweisen. In diesen Fällen der qualifizierten geografischen Herkunftsangaben dürfen diese nur dann für Waren oder Dienstleistungen dieser Herkunft benutzt werden, wenn diese Eigenschaften oder Qualitäten effektiv vorhanden sind. (§ 127 II MarkenG).

Beispiel: „Bayerisches Bier" ist zunächst eine geografische Herkunftsbezeichnung. Sie weist aber auch auf eine besondere Eigenschaft hin, nämlich nach bayerischer Art, insbesondere dem Reinheitsgebot entsprechend, gebraut. Sollte eine bayerische Brauerei hiernach nicht verfahren, so darf sie die Bezeichnung „Bayerisches Bier" nicht verwenden.

Drittens: Es kommt vor, dass geografische Herkunftsangaben einen **besonderen Ruf** 334
genießen. In diesem Falle dürfen sie für Waren oder Dienstleistungen anderer Herkunft auch dann nicht benutzt werden, wenn **keine Irreführungsgefahr** über die geografische Herkunft besteht. Dies allerdings nur, wenn die Benutzung für Waren oder Dienstleistungen anderer Herkunft geeignet ist, den Ruf der geografischen Herkunftsangabe oder ihre Unterscheidungskraft ohne rechtfertigenden Grund in unlauterer Weise auszunutzen oder zu beeinträchtigen (§ 127 III MarkenG). Es geht hier darum, bekannte oder gar berühmte Herkunftsbezeichnungen gegen Rufausbeutung oder Verwässerung zu schützen. Die parallelen Grundgedanken haben wir bereits im Markenrecht (§ 14 II, Ziff. 3; § 9 I Ziff. 3 MarkenG) kennen gelernt (Rz 284 f.); hierauf sei verwiesen.

Beispiele

Für ein badisches Mineralwasser wird geworben: „Ein Champagner unter den Mineralwässern".

Champagner, nach dem Herkunftsabkommen mit Frankreich geschützt, bezieht sich auf eine geografische Herkunftsangabe, hat einen besonderen Ruf, ist eine berühmte Herkunftsbezeichnung, denn sie hat überragende Verkehrsgeltung und genießt Alleinstellung und besondere Wertschätzung.

Eine Irreführung über die geografische Herkunft besteht hier bei Champagne – Baden nicht.

Die Benutzung von Champagner für ein Mineralwasser ist geeignet, die überragende Werbe- und Kennzeichnungskraft dieser Herkunftsbezeichnung zu verwässern und damit in ihrer Unterscheidungskraft in unlauterer Weise zu beeinträchtigen (vgl. dazu: BGH, GRUR 88, 453 – Ein Champagner unter den Mineralwässern). Das Gleiche gilt, wenn ein Parfüm „Champagne" oder ein Obstwein „Champagner Bratbirne" genannt wird.

335 § 127 IV MarkenG dehnt den Schutzbereich von geografischen Herkunftsangaben auf Abwandlungen und Zusätze aus. So ist es etwa – wie auch der EuGH entschied – nicht zulässig, deutschen Sekt mit dem Herstellungshinweis „Méthode Champenoise" zu versehen; es sind vielmehr Begriffe wie „Klassische Flaschengärung" oder „Traditionelles Verfahren" zu verwenden.

Vgl. Fall 53.

5.5 Gemeinschaftsrechtlicher Schutz von geografischen Angaben

336 Zusätzlich zu den bilateralen Herkunftsabkommen (Rz 330) gilt nach der Verordnung (EU) Nr. 1151/2012 zum Schutz von geografischen Angaben und Ursprungsbezeichnungen für **Agrarerzeugnisse** und **Lebensmittel** in der Europäischen Union ein **gemeinschaftsweiter Schutz** für **geografische Angaben und Ursprungsbezeichnungen**. Diese VO ersetzt die VO (EG) Nr. 510/2006.

Nach Art. 4 dieser VO ist es deren Ziel, eine Regelung für geografische Angaben und Ursprungsbezeichnungen einzuführen, um Erzeuger von Erzeugnissen mit einer Verbindung zu einem geografischen Gebiet zu unterstützen, indem faire Einkünfte gewährleistet werden, indem ein einheitlicher Schutz der Namen im Gebiet der EU als Recht des geistigen Eigentums gewährleistet wird und die Verbraucher klare Informationen erhalten.

Diese VO (EU) gilt nicht für Weine und Spirituosen, da für diese gemeinschaftsrechtliche Sonderregelungen bestehen, sondern nur – wie der Titel besagt – für Agrarerzeugnisse und Lebensmittel.

Das Spektrum des Rechtsschutzes nach dieser VO reicht von Mineralwässern, Bier, Fleisch-, Fischerzeugnissen, Käse, Obst, Gemüse bis hin zu Süß- und Backwaren. Einige Beispiele für geschützte deutsche Erzeugnisse: „Hessischer Apfelwein", „Hopfen aus der Hallertau", „Thüringer Rostbratwurst", „Hessischer Handkäse", „Schrobenhausener Spargel", „Dresdner Christstollen", „Lübecker Marzipan", „Schwarzwälder Schinken".

Dieser Rechtsschutz kann grundsätzlich nur von einer Vereinigung von Erzeugern oder Verarbeitern des Produkts beantragt werden.

Die Prüfung des Antrags erfolgt in zwei Stufen: durch das DPMA auf nationaler Ebene und durch die EU-Kommission auf Gemeinschaftsebene.

Das nationale Prüfungsverfahren ist in §§ 130 ff. MarkenG und §§ 47 ff. MarkenVO geregelt; es beginnt mit einem Antrag beim DPMA. **337**

Führt die Prüfung zum Erfolg, so wird die Bezeichnung in das Register der geschützten geografischen Angaben und der geschützten Ursprungsbezeichnungen eingetragen und im Amtsblatt der EU veröffentlicht. Damit ist diesbezüglicher Rechtsschutz entstanden.

Dieses Schutzsystem hat Vorrang vor dem Schutz von geografischen Herkunftsangaben nach nationalem Recht, auch vor dem Schutz nach bilateralen Herkunftsabkommen (Rz 330).

Wer im geschäftlichen Verkehr Handlungen vornimmt, die gegen diese EU-Schutznormen verstoßen, kann bei Wiederholungsgefahr auf Unterlassung in Anspruch genommen werden. Dieser Anspruch besteht auch dann, wenn eine Zuwiderhandlung erstmalig droht (§ 135 I MarkenG).

Hierzu ein Beispiel aus der Rechtsprechung des EuGH: Für einen in der norditalienischen Region um Parma und Bologna nach einem traditionellen Verfahren hergestellten Hartkäse war „Parmigiano Reggiano" in das genannte EU-Register eingetragen worden. Deutsche Käsehersteller produzierten und vertrieben „Parmesan"-Hartkäse. Der EuGH sah „Parmesan" nicht als Gattungsbegriff an und qualifizierte diese Bezeichnung als Anspielung auf die geschützte Ursprungsbezeichnung „Parmigiano Reggiano". Das bedeutet, dass deutsche Käseproduzenten die Bezeichnung „Parmesan" nicht verwenden dürfen, denn sonst drohen Sanktionen nach § 135 I MarkenG.

Vgl. Fall 53.

6. Kollision von Zeichenrechten

Es ist nicht selten, dass im geschäftlichen Verkehr Kennzeichnungen aufeinander treffen. Dabei ist nicht nur an die 3 Markenarten nach § 4 MarkenG zu denken, sondern auch an die Unternehmenskennzeichen, Geschäftsabzeichen und Werktitel nach § 5 MarkenG sowie an die in § 13 MarkenG genannten Rechte, nämlich Namensrechte (§ 12 BGB, § 17 HGB), das Recht an der eigenen Abbildung, Urheberrechte, Sortenbezeichnungen, geografische Herkunftsangaben sowie sonstige gewerbliche Schutzrechte. Dabei ist davon auszugehen, dass alle diese Kennzeichnungsrechte **gleichwertig** sind, gleichgültig, ob es sich um förmliche Rechte (wie die eingetragene Marke) oder um sachliche Rechte (wie Namensrechte, benutzte Marke mit Verkehrsgeltung, Unternehmenskennzeichen, Werktitel oder Geschäftsabzeichen) handelt. Bei Kollisionsfällen ist dann immer die entscheidende Frage: Wer hat **Vorrang**? Die Lösung der Interessenskonflikte erfolgt durch das Gesetz – etwa die §§ 9, 12 MarkenG – nach dem **Zeitrang**. Hierfür gibt § 6 MarkenG Regelungen: **338**

339 Nach § 6 II MarkenG ist für die Bestimmung des Zeitrangs von angemeldeten oder eingetragenen Marken der Anmeldetag maßgeblich, u.U. der Prioritätstag (vgl. Rz 714).

Für die Bestimmung des Zeitrangs von Rechten im Sinne des § 4 Ziff. 2, 3 MarkenG und der §§ 5, 13 MarkenG ist der Zeitpunkt maßgeblich, zu dem das Recht erworben wurde (§ 6 III MarkenG). Die entscheidende Frage ist also bei diesen Rechten: Wann ist das Recht entstanden? Wir erinnern uns: Name, Firma, Unternehmenskennzeichen und Werktitel mit Namensfunktion entstehen zum Zeitpunkt der Ingebrauchnahme im geschäftlichen Verkehr. Für benutzte Marken und Geschäftsabzeichen ist der Zeitpunkt der Erlangung der Verkehrsgeltung entscheidend.

mit Anmeldung	mit Ingebrauchnahme im geschäftlichen Verkehr	mit Verkehrsgeltung
– eingetragene Marken	– Name – Firma – Unternehmenskennzeichen, Werktitel (§ 5 I MarkenG), falls sie Unterscheidungskraft haben	– benutzte Marken (§ 4 Ziff. 2 MarkenG) – Unternehmenskennzeichen, Werktitel (§ 5 I MarkenG), wenn sie keine Unterscheidungskraft haben – Geschäftsabzeichen (§ 5 II, 2 MarkenG)

Abb. 26: *Beginn des Kennzeichenschutzes*

7. Markenrecht im Internet

7.1 Allgemeines

339a Wie auch das Urheberrecht spielt das Markenrecht im Internet eine immer größere Rolle. Zunächst unterliegt natürlich auch der Name einer Ware oder Dienstleistung, einer Firma, eines Geschäftsbetriebs, einer Domain oder auch ein Logo im Internet dem Markenrechtsschutz. Sodann erleichtern technologische Entwicklungen nicht nur Markenrechtsverletzungen, sondern stellen die Rechtsdurchsetzung vor neuartige Probleme wie beispielsweise im Zusammenhang mit Metatags und Adwords. Und schließlich ist auch die Haftung von Intermediären wie eBay und anderen Internetportalen in den Fokus der Betrachtungen geraten.

7.2 Domain-Names

339b Domain-Namen sind individuelle Adressen von Unternehmen oder Privatpersonen im Internet, präziser im World Wide Web. Sie werden von den zuständigen Vergabestellen (in Deutschland von der DENIC Domainverwaltungs- und Betriebsgesellschaft e.G. mit Sitz in Frankfurt/M) ohne Prüfung vorrangiger Kennzeichenrechte nach dem Prinzip „first come, first served" jeweils nur einmal vergeben und haben weltweite Wirkung. Domains können einen erheblichen wirtschaftlichen Wert haben. So haben begehrte Websites wie business.com oder america.com Verkaufswerte im Millionenbereich erzielt.

Gegenstand dieser Darlegung ist nicht die „Top-Level-Domain", etwa „de", „com", „net" oder auch „eu" (auf Grund der VO EG 874/2004, Registrierung bei EURid, dem Europäischen Register für Internetdomänennamen, wobei nur Unternehmen und natürliche Personen mit Hauptsitz in der EU einen EU-Domänennamen führen dürfen). Hier geht es allein um die „Second-Level-Domain" (etwa „ebay"), da nur diese den individualisierenden Teil des Domain-Namens ausmacht.

Zunächst gilt es festzustellen, dass Domain-Bezeichnungen zwar **elektronische Anschriften** darstellen, die auf einem numerischen Prinzip basieren, aber gleichwohl kennzeichenrechtlichen Schutz genießen, wenn die entsprechenden Voraussetzungen nach dem Markengesetz (§§ 3–5 MarkenG) erfüllt sind.

Werden Marken oder geschäftliche Bezeichnungen als Domain-Namen benutzt, kommt der Domain eine Doppelfunktion zu, nämlich eine Adress- und eine Kennzeichenfunktion.

Aufgrund der Kennzeichenfunktion von Domain-Namen kann es vorkommen, dass eine für ein Unternehmen registrierte Domain mit älteren Kennzeichenrechten eines anderen Unternehmens kollidiert.

Hierbei stehen in der Praxis zwei Fallkonstellationen im Vordergrund: 339c
- Ein Unternehmen meldet ein als Marke oder als geschäftliche Bezeichnung geschütztes Kennzeichen als Domain an. Die Vergabestelle lehnt die Registrierung jedoch ab, weil diese Bezeichnung bereits an ein anderes Unternehmen als Domain-Adresse vergeben worden ist.
- Ein Unternehmen lässt eine ihm gehörige eingetragene Marke oder geschützte Geschäftsbezeichnung auch als Domain-Name registrieren. Ein anderes Unternehmen meldet nunmehr eine *ähnliche* Bezeichnung als Domain an (ein identisches Kennzeichen würde von der Vergabestelle – auch bei Branchenverschiedenheit – abgelehnt). Diese Fallkonstellation wird auch als „Typosquatting" bezeichnet bzw. mit dem Begriff Tippfehlerdomain beschrieben.

Die beiden Kollisionsfälle sind nach dem Markengesetz und darüber hinaus nach dem UWG sowie nach dem Namensrecht und dem Deliktsrecht zu beurteilen.

7.2.1 Domain – eingetragene Marke

Dem Inhaber einer eingetragenen Marke (M) können Beseitigungs- und Unterlassungsansprüche gegen den Inhaber einer Domain-Bezeichnung (D) nach § 14 II MarkenG zustehen, wenn 339d
- M eine prioritätsältere Marke hat,
- diese identisch (Ziff. 1) oder ähnlich (Ziff. 2) ist mit der Domain des D bei identischen (Ziff. 1) oder ähnlichen (Ziff. 2) Waren oder Dienstleistungen beider, sofern wegen der Ähnlichkeit Verwechslungsgefahr besteht oder wenn D für *andere* Waren oder Dienstleistungen eine identische oder ähnliche Domain benutzt wie die

im Inland *bekannte Marke* des M, sofern Unterscheidungskraft oder Wertschätzung der M-Marke in unlauterer Weise beeinträchtigt werden (Ziff. 3) und
- D seine Domain im geschäftlichen Verkehr
- markenmäßig benutzt.

Was die ersten drei Voraussetzungen angeht, so kann auf Rz 296 ff. verwiesen werden.

Die hier im Vordergrund stehende Frage: Stellt es eine markenmäßige Benutzung (vgl. Rz 296a) dar, wenn D eine für M eingetragene Marke als Domain verwendet? Die Frage ist zu bejahen, wenn D unter der betreffenden Domain-Anschrift eine Website führt, auf der er Waren oder Dienstleistungen anbietet. Hat D den Domain-Namen lediglich registrieren lassen, ohne diesen für ein bestimmtes Angebot zu benutzen, ist eine markenmäßige Verwendung dagegen abzulehnen.

Ein **Beispiel** hierzu: Die Domain „Die blauen Seiten" für ein Internetbranchenverzeichnis wurde aufgrund der prioritätsälteren Marke „Gelbe Seiten" untersagt (GRUR 97, 52 – „Blaue Seiten").

7.2.2 Domain – Geschäftliche Bezeichnung

339e Geschäftliche Bezeichnungen sind nach § 5 MarkenG Unternehmenskennzeichen, d.h. Namen, Firmennamen, besondere Bezeichnungen eines Geschäftsbetriebes sowie Werktitel (vgl. Rz 310 ff.).

Dem Inhaber von Unternehmenskennzeichen können Beseitigungs- und Unterlassungsansprüche gegen den Inhaber eines identischen oder ähnlichen Domain-Namens nach § 15 II MarkenG zustehen. Dies ist dann der Fall, wenn das betreffende Unternehmenskennzeichen eine Namensfunktion aufweist, was von den Gerichten bei „Deutsches Theater" (Etablissementsbezeichnung), „Bally-Wulf" oder „Paulaner" angenommen wurde. Ferner muss die Gefahr bestehen, dass es bei den angesprochenen Verkehrskreisen zu Verwechslungen zwischen den gegenüberstehenden Unternehmen kommt, was eine gewisse Branchennähe voraussetzt. Nicht unterscheidungskräftige Unternehmenskennzeichen, etwa rein beschreibende Angaben, genießen den Schutz nach §§ 5, 15 MarkenG erst dann, wenn Verkehrsgeltung vorliegt (vgl. Rz 312 ff). So hat nach einer gerichtlichen Entscheidung die Bezeichnung „sat.-shop" für das Unternehmen eines Telekommunikationsanlagenanbieters keine hinreichende Unterscheidungskraft und ist daher, da keine Verkehrsgeltung bestand, gegen eine Verwendung als Domain durch Dritte („sat-shop.de") nicht geschützt. Aus den gleichen Gründen besteht kein Rechtsschutz für einen Wirtschaftsinformationsdienst gegen die Verwendung des Domain-Namens „wirtschaft-online.de" durch ein anderes Unternehmen.

339f Werktitel (vgl. Rz 316 ff.) mit Unterscheidungskraft genießen ab Ingebrauchnahme, ohne Unterscheidungskraft erst ab Verkehrsgeltung Rechtsschutz.

Als unterscheidungskräftig und daher dem Titelschutz ohne Verkehrsgeltung zugänglich wurden von den Gerichten beispielsweise die Bezeichnungen „Eltern" für eine Zeitschrift für Eltern und „Karriere" für eine Zeitungsbeilage mit berufsbezogenen Informationen angesehen. Die Inhaber der Werktitel konnten deshalb die Verwendung der betreffenden Bezeichnungen als Domain-Namen („eltern.de" bzw. „karriere.de") durch unbefugte Dritte unterbinden.

7.2.3 Domain – UWG

Bezeichnungen, die nicht nach §§ 14, 15 MarkenG oder als Namen nach § 12 BGB geschützt sind, können grundsätzlich als Domain-Namen verwendet werden. Dies gilt nicht nur für Fantasiebegriffe, sondern auch für sonstige Bezeichnungen. Dabei sind jedoch die allgemeinen Regeln des UWG zu beachten, im Rahmen des § 3 UWG etwa der Aspekt der Rufausbeutung, im Rahmen des § 5 UWG etwa der Aspekt der vermeidbaren Herkunftstäuschung.

339g

Problematisch und kontrovers diskutiert wird die Verwendung von beschreibenden Angaben und von **Gattungsbegriffen** als Domain-Namen, wie etwa „rechtsanwälte. de", „zeitarbeit.de", „reise.de" oder „lastminute.de". Besteht hier ein Freihaltebedürfnis für die Konkurrenz oder für die Allgemeinheit? Sind die markenrechtlichen Grundsätze des § 8 II Ziff. 2 MarkenG auf Internet-Adressen übertragbar? Dies könnte durchaus Sinn machen unter dem Gesichtspunkt einer wettbewerbswidrigen Behinderung des Leistungswettbewerbs (§ 4 Ziff. 10 UWG). Der BGH hat eine analoge Anwendung der Grundsätze zum Freihaltebedürfnis indessen abgelehnt mit der Begründung, dass die Auswirkungen einer Markenanmeldung und einer Domain-Registrierung nicht miteinander vergleichbar seien. Eine Markenanmeldung begründe ein ausschließliches Recht, das der Markeninhaber gegen jedermann durchsetzen könne. Deshalb bestehe ein Bedürfnis, bestimmte Begriffe für die Allgemeinheit frei zu halten. Eine derart umfassende Ausschließungswirkung komme der Registrierung einer Domain dagegen nicht zu, da lediglich die Anmeldung einer identischen Domain für Dritte nicht mehr möglich sei, das Zeichen aber im Übrigen frei verwendet werden könne (BGH, NJW 01, 3262 f. – mitwohnzentrale.de).

339h

Die Benutzung von Gattungsbezeichnungen als Domain kann daher nicht unter dem Gesichtspunkt eines Freihaltebedürfnisses als unzulässig erachtet werden.

Domains dürfen bei den angesprochenen Verkehrskreisen keine unzutreffenden Vorstellungen erwecken, was vor allem bei Gattungsbegriffen und beschreibenden Angaben eine Rolle spielen kann. Die Internet-Adresse muss hier thematisch mit den vom Inhaber der Domain angebotenen Waren oder Dienstleistungen in Verbindung stehen.

339i

Ansonsten liegt eine Irreführung und damit ein Verstoß gegen § 5 UWG vor. Lautet die Domain-Bezeichnung etwa „aerztekammer.de", so erwartet der Internet-Nutzer Informationen über Ärzte bzw. deren Organisation. Findet er dort aber die Homepage eines Internet-Brancheninformationsdienstes vor, so sieht er sich getäuscht, was eine Irreführung i.S.v. § 5 UWG darstellt.

In der Verwendung eines Gattungsbegriffes kann ferner auch eine unzutreffende Alleinstellungsbehauptung und damit eine Irreführung nach § 5 UWG zu sehen sein.

339j Neben Gattungsbegriffen ist auch das sog. **Typosquatting** bzw. sind die sog. **Tippfehlerdomains** nach wettbewerbsrechtlichen Gesichtspunkten untersucht worden. So hatte beispielsweise der Anbieter der Website www.wetteronline.de gegen den Betreiber der Seite www.wetteronlin.de unter Berufung auf das UWG geklagt (I ZR 164/12). Ein solches Abfangen von Kunden wird als unlauter bewertet und verstößt konkret gegen das Verbot unlauterer Behinderung gemäß § 4 Nr. 10 UWG. Allerdings sollte beachtet werden, dass in einer derartigen Konstellation keine Verletzung von Namensrechten vorliegt. Schließlich ist www.wetteronline.de ein rein beschreibender Begriff, so dass die für den Namensschutz erforderliche namensmäßige Unterscheidungskraft fehlt.

7.2.4 Domain – Namens- und Deliktsrecht

339k Ein missbräuchliches Verhalten stellt das so genannte **Domain-Grabbing** dar. Hierunter versteht man ein Vorgehen, bei dem ein Unternehmen oder eine Privatperson in der Regel mehrere Domains für sich registrieren lässt, um diese an die Inhaber der entsprechenden Marken oder geschäftlichen Bezeichnungen gegen ein überhöhtes Entgelt zu veräußern.

Charakteristisch für das Domain-Grabbing ist, dass die betreffenden Domains zwar auf Vorrat registriert, aber nicht für das Angebot von Waren oder Dienstleistungen benutzt werden. Mangels einer kennzeichenmäßigen Benutzung können daher keine *markenrechtlichen* Ansprüche (§§ 14, 15 MarkenG) gegen den Domain-Grabber geltend gemacht werden.

Auch *wettbewerbsrechtliche* Ansprüche (z.B. wegen einer unlauteren Behinderung i.S.v. § 4 Ziff. 10 UWG) scheiden zumeist aus, da bei Fehlen eines Unternehmensbezugs das Vorliegen einer geschäftlichen Handlung i.S.v. § 3 UWG verneint werden muss.

Ein Unterlassungsanspruch gegen den Domain-Grabber kann jedoch auf *§ 12 BGB* gestützt werden, der kein Wettbewerbsverhältnis zwischen den Beteiligten voraussetzt.

Nach der Rechtsprechung stellt die Registrierung eines fremden Namens als Domain einen unbefugten Namensgebrauch dar, da der berechtigte Namensträger daran gehindert wird, seinen Namen als Internet-Adresse zu verwenden (BGH, GRUR 02, 622 f. – shell.de, BGHZ 155, 273 f. – maxem.de; BGH WRP 05, 488 f. – mho.de).

Daneben kommt ferner ein Anspruch aus *§ 826 BGB* in Betracht. Nach der Rechtsprechung stellt die Registrierung einer Domain mit dem alleinigen Zweck, den Berechtigten an der Registrierung seines Kennzeichens zu hindern und die Domain an ihn gewinnbringend zu veräußern, eine sittenwidrige Schädigung i.S.v. § 826 BGB dar.

Zu beachten ist, dass der Verletzte gegen den Domain-Grabber nur die *Löschung* der für diesen registrierten Domain rechtlich durchsetzen kann. Ein Anspruch auf Übertragung der betreffenden Domain wird vom BGH hingegen abgelehnt (BGH, GRUR 02, 622 f. – shell.de). Dies kann für den Berechtigten zu dem Problem führen, dass die

Domain an eine dritte Partei fällt, die ihm mit der Registrierung zeitlich zuvor kommt. Um sich hiergegen abzusichern, kann der Berechtigte bei DENIC einen „Dispute"-Eintrag beantragen. Hierfür muss der Berechtigte (etwa durch Vorlage der Markenurkunde) den Nachweis führen, dass ihm ein Recht an der Domainbezeichnung zusteht. Ist die Domain mit dem Dispute-Eintrag versehen, darf sie nicht an Dritte weitergegeben werden.

Vgl. Fall 50.

7.3 Haftungsprinzipien

Wie auch das Urheberrecht wurde das Markenrecht durch die Einführung des Internets vor neue Herausforderungen gestellt und das auch bei Haftungsfragen von Intermediären. Die Fallkonstellationen reichen dabei von Markenpiraterie bei eBay bis hin zu anderweitigen Verstößen gegen das Markenrecht auf Internetportalen. Die Haftungsprinzipien für Intermediäre sind dabei ebenfalls durch das 2007 in Kraft getretene Telemediengesetz (TMG) abgedeckt. Kurz zu Wiederholung: Der Content-Provider, also derjenige, der eigene Informationen ins Netz stellt, haftet für diese nach den allgemeinen urheberrechtlichen Vorschriften (§ 7 I TMG). Der Host-Provider, also derjenige, der fremde Inhalte speichert und für Nutzer bereithält, haftet hingegen grundsätzlich nur dann, wenn er die rechtswidrige Handlung kannte (§ 10 TMG). Der Access-Provider, also derjenige, der für fremde Inhalte den Zugang zum Netz schafft, oder diese übermittelt, haftet nicht (§ 8 I TMG). 339I

7.4 Markenrechtsverletzungen

In jüngster Zeit hat die Frage, wann eine Markenverletzung im Internet erfolgt ist, in zwei typischen Fallkonstellationen beschäftigt. Metatags und Adwords bieten ein erhebliches Missbrauchspotenzial und waren deshalb in den vergangenen Jahren immer wieder Gegenstand von Rechtsstreitigkeiten. Im Vordergrund stand dabei die Frage, ob eine kennzeichenmäßige Benutzung vorliegt, was ja Voraussetzung dafür ist, dass von einer Markenrechtsverletzung überhaupt die Rede sein kann. Zwischenzeitlich zeichnen sich Leitlinien der Rechtsprechung ab, die im Folgenden kurz und thesenartig dargestellt werden. 340a

7.4.1 Metatags

Metatags sind für den Internetnutzer nicht sichtbare Schlüsselbegriffe im Quelltext der Internetseite, die von Suchmaschinen aufgefunden werden und zu einer entsprechenden Trefferanzeige führen. 340b

Nicht selten kommt es vor, dass ein Anbieter von Produkten oder Dienstleistungen die geschäftliche Bezeichnung eines marktstarken Konkurrenten als Schlüsselwort angibt, um seine eigene Seite als Suchergebnis anzeigen zu lassen, wenn ein Internetnutzer den Firmennamen des Konkurrenten in die Suchmaschine eingibt.

Ob die Verwendung eines fremden Kennzeichens als Metatag mit dem Ziel, den Internetnutzer auf den eigenen Geschäftsbetrieb hinzuweisen, gegen das Markengesetz verstößt, ist umstritten.

Nach der Auffassung des OLG Düsseldorf liegt in der Verwendung eines fremden Kennzeichens als Metatag keine kennzeichenmäßige Benutzung, weil die Verwendung des Schlüsselworts für die Internetnutzer nicht wahrnehmbar sei (GRUR-RR 03, 340).

Diese Auffassung wurde vom Bundesgerichtshof aber abgelehnt mit der Begründung, dass es auf die Wahrnehmbarkeit des Metatags nicht ankomme. Maßgeblich sei vielmehr, dass mit Hilfe des Metatags das Ergebnis des Auswahlverfahrens so beeinflusst werde, dass der Internetnutzer zu der betreffenden Internetseite geführt werde. Der Metatag diene dazu, den Internetnutzer auf das eigene Unternehmen und dessen Angebot hinzuweisen (NJW 07, 153 f. – Impuls). Der Bundesgerichtshof nimmt bei Verwendung eines fremden Kennzeichens als Metatag somit eine Markenverletzung an.

Zu beachten ist ferner, dass bei der Verwendung von Metatags auch eine Verletzung von § 6 UWG vorliegen könnte. Denn nach dieser Vorschrift wirbt derjenige vergleichend und dabei unlauter, der den Ruf des von einem Mitbewerber verwendeten Kennzeichens in unlauterer Weise ausnutzt oder beeinträchtigt.

Da Metatags bei den Suchalgorithmen der Suchmaschinenbetreiber zunehmend an Bedeutung verloren haben, hat die Brisanz des Themas in der letzten Zeit erheblich nachgelassen.

7.4.2 Keyword-Advertising

340c **Adwords** sind Schlüsselworte, die bewirken, dass bei ihrer Eingabe in die Suchmaschine von *Google* eine (kostenpflichtige) vierzeilige Werbeanzeige rechts neben dem Suchergebnis erscheint.

Auch hier stellt sich die Frage, ob die Angabe einer fremden geschäftlichen Bezeichnung als Schlüsselwort mit dem Ziel, eine Werbeanzeige mit dem eigenen Warenangebot erscheinen zu lassen, wenn ein Internetnutzer den Begriff in die Suchmaschine von *Google* eingibt, eine Kennzeichenverletzung darstellt.

Anders als bei Metatags hat der Bundesgerichtshof die Auffassung vertreten, dass bei der Nutzung eines fremden Zeichens als Adword eine kennzeichenmäßige Verwendung nicht ohne weiteres angenommen werde könne. Wenn die Anzeige nicht im Suchergebnis selbst, sondern einem hiervon deutlich abgesetzten Werbeblock erscheine, werde beim Publikum nicht der Eindruck erweckt, dass eine geschäftliche Verbindung zwischen dem werbenden Unternehmen und dem Kennzeicheninhaber bestehe.

Weil es hier aber um die Auslegung der europäischen Markenrechtsrichtlinie geht, hat der Bundesgerichtshof die Frage der kennzeichenmäßigen Verwendung dem Europäischen Gerichtshof zur Vorabentscheidung vorgelegt (BGH Beschluss vom 22.01.2009, I IZR 125/07 – Bananabay).

Der EuGH hat entschieden, dass die Nutzung eines fremden Kennzeichens als Keyword nur dann als Markenverletzung anzusehen sei, wenn für den Internetnutzer nicht ersichtlich sei, dass die angebotenen Waren und Dienstleistungen nicht vom Markeninhaber, sondern von einem Dritten stammen (Beschluss vom 26.03.2010, C-91/09). Andernfalls ist die Nutzung eines fremden Kennzeichens als Keyword zulässig. Der EuGH hat damit die Rechtsauffassung des BGH im Ergebnis bestätigt.

7. Abschnitt
UWG

341 Das aktuell geltende, in Folgendem darzustellende UWG beruht auf dem „Ersten Gesetz zur Änderung des Gesetzes gegen den unlauteren Wettbewerb" vom Dezember 2008.

Im September 2014 wurde vom Bundesministerium für Justiz und für Verbraucherschutz ein Entwurf eines „Zweiten Gesetzes zur Änderung des Gesetzes gegen den unlauteren Wettbewerb" vorgelegt. Mit dieser Novellierung sollen „klarstellende Anpassungen im UWG vorgenommen werden", so der Referentenentwurf, wobei „Änderungen in der Rechtsanwendung nicht zu erwarten sind".

Wir können hieraus den Schluss ziehen, dass es sich hier nicht um gravierende Änderungen inhaltlicher Art handelt, sondern vielmehr nur um eine gewisse „Gesetzeskosmetik" im Sinne von Klarstellungen, insbesondere gesetzessystematischer Art.

Dieser Referentenentwurf wird in Grundzügen am Ende der Darstellungen unseres nationalen Rechts kurz vorgestellt werden (Rz 707).

1. Allgemeine Grundlagen des UWG

1.1 Der Wettbewerb

341a Der Name „Gesetz gegen den unlauteren Wettbewerb" fordert geradezu heraus, zunächst die Frage zu stellen: Was ist überhaupt Wettbewerb?

Wettbewerb kommt in den verschiedensten Lebensbereichen vor. So kennen wir etwa den sportlichen, den kulturellen, den wissenschaftlichen und auch den wirtschaftlichen Wettbewerb. Und um *Wirtschaftswettbewerb* geht es beim UWG.

Was ist aber all diesen verschiedenen Wettbewerbsarten gemeinsam? Nun, es müssen gleiche Bedingungen für alle am Wettbewerb Beteiligten herrschen. Machen wir uns dies an zwei Beispielen klar: Wettbewerb im tertiären Bildungsbereich zu fordern, ist sinnlos, wenn den einzelnen Hochschulen völlig verschiedene Mittel zur Verfügung gestellt werden. Oder zum Bereich des Sports: So darf etwa beim Lauf keiner zu früh starten, beim Sprung und Wurf keiner übertreten und beim Ballspiel darf die vorgeschriebene Spieldauer nicht grundlos überschritten werden, kurzum: Für alle Teilnehmer gelten die gleichen Regeln, die auch einzuhalten sind, damit sich kein Wettbewerber einen unberechtigten Vorsprung vor seinen Konkurrenten verschafft. – Und genau so ist es auch beim Wirtschaftswettbewerb. Dabei ist das UWG das wichtigste Gesetz, das die Regeln für den wirtschaftlichen Wettbewerb im Sinne von lauterem Wettbewerb aufstellt.

Doch wann liegt Wirtschaftswettbewerb überhaupt vor?

Zahlreiche Versuche sind unternommen worden, den wirtschaftlichen Wettbewerb zu definieren. Schließlich hat sich die Erkenntnis durchgesetzt, dass eine Definition des Wirtschaftswettbewerbs als reales *Phänomen* nicht möglich ist.

Man kann diesen Begriff z.B. sehr weit fassen.

> **Beispiel**
> Habe ich z.B. € 500 000,– zur Verfügung, so bewerben sich hierum nicht nur Verkäufer von Immobilien, Kraftfahrzeugen, Booten, Gemälden, Kleidung, Nahrungs- und Genussmitteln usw., sondern auch Vermieter, auch Banken, Bausparkassen, Versicherungen, auch Architekten und sonstige Freiberufler, Reinigungen und Reiseveranstalter und viele mehr, faktisch alle Anbieter von Gütern und Dienstleistungen: Sie alle stehen im Wettbewerb um meine € 500 000,–.

Um diesen weiten Wettbewerbsbegriff, letztlich den Kaufkraftwettbewerb, geht es im UWG nicht. Der Wettbewerbsbegriff dieses Gesetzes ist enger und anders strukturiert.

Im modernen UWG geht es nicht mehr wie in der Vergangenheit um eine *Wettbewerbshandlung*, sondern um den Zentralbegriff der *geschäftlichen Handlung* (§ 2 I Nr. 1 UWG), ein Kriterium, das uns in den einzelnen Normen des UWG laufend begleiten wird.

Beim *herkömmlichen* Begriff der Wettbewerbshandlung ging es primär um das Verhältnis der Konkurrenten untereinander (Business to Business = B 2 B). Mitbewerber ist dabei jeder Unternehmer, der mit einem oder mehreren Unternehmern als Anbieter oder Nachfrager von Waren oder Dienstleistungen in einem *konkreten Wettbewerbsverhältnis* steht (§ 2 I Ziff. 3 UWG). Es ging also primär um die horizontalen Beziehungen der Wettbewerber untereinander.

1.1.1 Geschäftliche Handlung im Allgemeinen

Der Begriff geschäftliche Handlung ist ein **Zentralbegriff** des UWG. Definiert wird er in § 2 I Ziff. 1 UWG wie folgt:

342

> Geschäftliche Handlung ist
> – jedes Verhalten einer Person zugunsten des eigenen oder eines fremden Unternehmens
> – vor, bei oder nach einem Geschäftsabschluss,
> – das mit der Förderung des Absatzes oder des Bezugs von Waren oder Dienstleistungen objektiv zusammenhängt;
> als Waren gelten auch Grundstücke, als Dienstleistungen auch Rechte und Verpflichtungen,

Aus dieser Definition, insbesondere durch den Hinweis auf Unternehmen, erhalten wir Zugang zu einer negativen Abgrenzung: Zur geschäftlichen Handlung gehört *nicht* eine rein private, nicht eine amtliche oder eine geschäftsinterne Tätigkeit.

Positiv gewendet ergibt sich aus der Definition: Geschäftliche Handlung ist im Erwerbsleben eine selbstständige, **wirtschaftliche** Betätigung, insbesondere der Kaufleute, aber auch der Freiberufler, sogar u.U. der öffentlichen Hand.

Weiterhin können wir aus der Definition ersehen, dass sich der Begriff geschäftliche Handlung nicht nur auf den Angebotswettbewerb, sondern auch auf den Nachfragewettbewerb bezieht.

Die Definition zeigt uns weiterhin, dass jedes Verhalten *vor*, *bei* oder *nach* einem Geschäftsabschluss in den gesetzlichen Anwendungsbereich fällt. Eine geschäftliche Handlung ist also mit Vertragsschluss noch nicht beendet.

Schließlich erkennen wir aus dem Terminus *„jedes* Verhalten", dass die geschäftliche Handlung nicht nur in einem positiven Tun, sondern auch in einem Unterlassen bestehen kann; zu Letzterem gibt § 5a UWG besondere Hinweise, doch dazu später (Rz 520 ff).

Das Vorliegen einer geschäftlichen Handlung setzt nicht voraus, dass die Absicht verfolgt wird, den eigenen oder fremden Absatz bzw. Bezug zu fördern, also keine sog. Wettbewerbsförderungsabsicht. Die Definition in § 2 I, Ziff. 1 UWG lässt eine subjektive Komponente im Sinne einer derartigen Zielgerichtetheit nicht erkennen. Es genügt vielmehr ein Verhältnis, das mit der Förderung des Absatzes oder des Bezugs oder dem darauf bezogenen Vertragsschluss *objektiv* zusammenhängt.

Beispiel

Hausfrau H. sagt bei einem Kindergartenfest zu anderen Müttern: „Das Waschmittel X ist für verschmutzte Kinderwäsche besser als das Waschmittel Y." Dies ist nicht wettbewerbswidrig. Es ermangelt hier bereits des Merkmals geschäftliche Handlung.

Wirbt hingegen die Waschmittelfabrik X mit der gleichen Äußerung, so liegt eine geschäftliche Handlung vor.

1.1.2 Geschäftliche Handlung im Besonderen

343 Da wir es bei dem Merkmal „geschäftliche Handlung" mit einem Zentralbegriff des UWG zu tun haben, müssen wir uns noch etwas detaillierter damit beschäftigen.

Dabei wollen wir von der herkömmlichen Sichtweise ausgehen, die die horizontalen Beziehungen der Wettbewerber untereinander betrifft (B 2 B).

Hier ist eine geschäftliche Handlung ist dann gegeben, wenn in objektiver Hinsicht ein Verhalten vorliegt, das geeignet ist, den Absatz einer Person zum Nachteil eines anderen Subjekts zu begünstigen. Es muss also eine Wechselbeziehung in der Weise bestehen, dass der eigene Wettbewerb gefördert und der fremde Wettbewerb beeinträchtigt werden *kann*. Das bedeutet, dass ein **konkretes Wettbewerbsverhältnis** zwischen dem geförderten und dem benachteiligten Unternehmen vorliegen muss. Dies bringt das UWG bereits in der Definition des „Mitbewerbers" in § 2 I Ziff. 3 zum Ausdruck.

Ein Wettbewerbsverhältnis wird in der Regel gegeben sein, wenn die Unternehmen gleichen oder ähnlichen Branchen und gleichen Wirtschaftsstufen angehören und sich an denselben Abnehmer- bzw. Lieferantenkreis wenden.

Beispiele

Die oben beschriebene Werbung der Waschmittelfabrik X (Rz 342) bezieht sich auf den Konkurrenten Y; ein Wettbewerbsverhältnis ist damit gegeben und somit eine geschäftliche Handlung.

Drogerien und Apotheken gehören zwar nicht der gleichen Branche an, stehen dennoch in einem Wettbewerbsverhältnis, soweit sie sich mit ihrem Angebot an den gleichen Abnehmerkreis wenden, also in Bezug auf nicht apothekenpflichtige Erzeugnisse, wie etwa Nahrungsergänzungsmittel, Tees oder Kosmetikprodukte.

Ein Wettbewerbsverhältnis kann auch vorliegen bei Unternehmen, die verschiedenen Wirtschaftsstufen angehören. **344**

Beispiele

Ein Hersteller wählt für sein Produkt einerseits den klassischen Vertriebsweg – Großhändler, Einzelhändler, Letztverbraucher –, verkauft es andererseits aber auch selbst ab Werk direkt an den Endverbraucher. Hier stehen Hersteller und Einzelhändler in einem Wettbewerbsverhältnis.

Einzelhändler E vertreibt die Markenerzeugnisse A bis F. Dabei setzt er die Qualitätsmerkmale der Marke des Herstellers H unberechtigt herab. H und E verkaufen unmittelbar zwar nicht an den gleichen Kundenkreis. H verkauft an den Groß- bzw. Einzelhändler, E vertreibt an Endverbraucher. Mittelbar sind aber die Kunden des E auch die Kunden des H, um die er auch häufig selbst wirbt. Sind diese Kunden durch die Äußerungen des E misstrauisch, werden sie die Waren des H nicht kaufen. Der Absatz des H wird damit beeinträchtigt. Die herabsetzende Äußerung des E hat also einen Bezug auf H. Ein Wettbewerbsverhältnis liegt somit vor. Parallel hierzu wurde ein Wettbewerbsverhältnis angenommen zwischen Verleger und Buchhändler, zwischen Spirituosenhersteller und Gastwirt.

Ein Wettbewerbsverhältnis kann im Einzelfall sogar vorliegen, wenn Unternehmen verschiedenen Branchen angehören. Dies ist insbesondere dann der Fall, wenn durch die besondere Art der Werbung selbst ein Wettbewerbsverhältnis geschaffen wird, das von Hause aus zunächst gar nicht besteht. **345**

Beispiele

Ein Kaffeevertriebsunternehmen wirbt bildlich und verbal für seinen Kaffee als Geschenk an Stelle von Blumen: „X-Kaffee können Sie getrost statt Blumen verschenken". Kaffeevertriebsunternehmen einerseits, Blumenhändler und Blumenzüchter andererseits, gehören verschiedenen Branchen an und stehen in der Regel in keinem Wettbewerbsverhältnis. Aber durch diese besondere Art der Werbung, die gerade auf die Substitutionsmöglichkeit abstellt, wird ein Wettbewerbsverhältnis geschaffen (BGH, GRUR 72, 553 – statt Blumen).

Eine Bank veranstaltet für ihre Kunden kostenlos abendfüllende Spielfilme.
Zwischen Banken und Kinos besteht von Hause aus kein Wettbewerbsverhältnis. Aber gerade durch diese Filmvorführungen wird ein solches geschaffen.

Der BGH hat ein Wettbewerbsverhältnis sogar angenommen zwischen einer öffentlich-rechtlichen Fernsehanstalt, die im Rahmen eines Kriminalfernsehspieles für ein Buch eines Kriminalverlages gegen Entgelt geworben hat, und einem Hersteller von Kriminalspielen (BGH, GRUR 90, 615 – Werbung im Programm).

Schwierigkeiten kann die Abgrenzung geschäftliche Handlung – private Tätigkeit vor allem auch im Internet-Bereich bereiten. Hierfür sei die BGH-Entscheidung in GRUR 2009, 871 – Ohrclips ein Beleg: X bot auf der elektronischen Handelsplattform eBay in den Monaten Januar und Februar 51 Gegenstände und Ende Juni bis Anfang Juli desselben Jahres 40 weitere Artikel – jeweils aus dem Schmuck- und Bekleidungssektor – zum Verkauf an; dabei erhielt X 66 positive Feedback-Bewertungen. Der BGH sah in der Dauerhaftigkeit und der Planmäßigkeit der Verkaufstätigkeit und der Konzentration der Artikel auf wenige Produktbereiche sowie in der Vielzahl der Käuferbewertungen eine geschäftliche Handlung des X (in einer früheren Entscheidung – GRUR 2008, 702, Internet-Versteigerung III – hatte der BGH darauf hingewiesen, **345a** dass mehr als 25 Käufer-Feedbacks auf das Vorliegen einer geschäftlichen Handlung schließen lassen).

345b Neben diese herkömmlichen *horizontalen* Beziehungen der Wettbewerber untereinander (B 2 B), die durch das soeben beschriebene konkrete Wettbewerbsverhältnis gekennzeichnet sind, treten die *vertikalen* Beziehungen der Wettbewerber zu den Marktpartnern, zu den Lieferanten, zu den Abnehmern, insbesondere den Verbrauchern (Business to Customers = B 2 C), so wie es der Schutzfunktion des § 1 UWG entspricht.

Diese Doppelfunktion des Wirtschaftswettbewerbs sollte man sich stets vor Augen halten, ebenso das Interesse der Allgemeinheit an einem unverfälschten Wettbewerb.

Vgl. Fall 29.

1.1.3 Anerkennung des Wettbewerbs

346 Der Wettbewerb wird von unserer Rechtsordnung grundsätzlich anerkannt. Unter das Grundrecht der **allgemeinen Handlungsfreiheit** (Art. 2 I GG) fällt auch die **Wettbewerbsfreiheit**. Diese hat aber Grenzen: die Rechte anderer, die verfassungsmäßige Ordnung und das Sittengesetz (Art. 2 I GG). Um diese Schranken geht es bei der Frage, ob der Wettbewerb lauter = erlaubt (rechtmäßig) oder ob er unlauter = unerlaubt (rechtswidrig) ist. Diese Abgrenzung ist das Hauptanliegen des UWG.

347 Der durch Art. 2 I GG anerkannte freie Wettbewerb muss in seinem Bestand erhalten bleiben; er darf nicht durch Monopole ausgeschaltet werden. Dieser Existenzsicherung des freien Wettbewerbs dient das Gesetz gegen Wettbewerbsbeschränkungen (GWB).

Wir erkennen also: GWB und UWG haben verschiedene Zielsetzungen:

Das GWB sichert die **Existenz** des freien Wettbewerbs = dass überhaupt Wettbewerb besteht.

Das UWG sichert die **Qualität** des Wettbewerbs = dass lauterer Wettbewerb besteht.

1.2 Schutzfunktion des UWG

348 Das UWG schützt – wie wir bereits wissen – die unternehmerische Betätigung des einzelnen Mitbewerbers vor gegen ihn gerichteten unlauteren wettbewerblichen Angriffen durch Konkurrenten. Daneben dient das UWG dem Schutz der Abnehmer (Verbraucher) vor Beeinträchtigung durch unlautere Wettbewerbsmaßnahmen sowie dem öffentlichen Interesse, dass den Auswüchsen des Wettbewerbs entgegengetreten wird.

Somit verfolgt das UWG einen dreifachen Zweck:
– Schutz der Mitbewerber
– Schutz der Verbraucher und der sonstigen Marktteilnehmer
– Schutz der Allgemeinheit.

Diese Schutzzwecktrias wird in § 1 UWG normiert, wird also, da an die Spitze des Gesetzes gestellt, besonders hervorgehoben. Dabei kommt auch zum Ausdruck, dass die drei Bereiche gleichberechtigten Schutz genießen.

Betrachten wir diese Schutzzwecktrias ganz kurz in ihrer historischen Entwicklung: Das altehrwürdige UWG von 1909 war zunächst als reiner *Mitbewerberschutz* konzipiert, was ja auch im Namen „Wettbewerb" zum Ausdruck kam. Im Laufe der Zeit wurde durch Rechtsprechung und Schrifttum herausgearbeitet, dass auch die Interessen der *Allgemeinheit* an der Lauterkeit des Wettbewerbs ein zu schützendes Rechtsgut sind. Schließlich wurde – vor allem durch EG-Einfluss – der *Verbraucherschutz* als selbständiger Schutzzweck des Lauterkeitsrechtes herausgestellt. Somit ist nunmehr gefestigt, dass sich das Lauterkeitsrecht auf alle drei Schutzbereiche bezieht.

Nun aber zu diesen drei Schutzbereichen im Einzelnen.

Zum Schutz des Mitbewerbers: **349**

Nach der Begriffsbestimmung von § 2 I Ziff. 3 UWG ist Mitbewerber jeder *Unternehmer*, der mit einem oder mehreren Unternehmern als Anbieter oder Nachfrager von Waren oder Dienstleistungen in einem konkreten Wettbewerbsverhältnis steht (B 2 B). Die Definition des Unternehmers ergibt sich aus § 2 I, Ziff. 6 UWG. Danach ist Unternehmer jede natürliche oder juristische Person, die geschäftliche Handlungen im Rahmen ihrer gewerblichen, handwerklichen oder beruflichen Tätigkeit vornimmt, und jede Person, die im Namen oder Auftrag einer solchen Person handelt.

Mitbewerberschutz bedeutet zunächst vereinfacht ausgedrückt: Kein Konkurrent darf seinen Mitbewerber in wettbewerbswidriger Weise herabwürdigen, belästigen, behindern oder sich – wie dies auch im Sport der Fall ist – durch unsachgerechte Maßnahmen einen Wettbewerbsvorsprung vor den anderen Wettbewerbern verschaffen. Für den letzten Aspekt ein **Beispiel**:

> Ein Möbelgeschäft verkauft unzulässigerweise sonntags. Durch den Verstoß gegen das Ladenschlussgesetz verschafft es sich einen Vorsprung vor den Konkurrenten: unlauter.

Zum Schutz des Verbrauchers: **350**

Auch hier zunächst zur Definition. Diese kennen wir bereits aus dem BGB: Nach § 13 BGB ist Verbraucher jede natürliche Person, die ein Rechtsgeschäft zu einem Zweck abschließt, der weder ihrer gewerblichen noch ihrer selbstständigen beruflichen Tätigkeit zugerechnet werden kann. Dieser Begriffsbestimmung folgt auch das UWG (§ 2 II UWG).

Das UWG will – im Verhältnis B 2 C – den Verbraucher, auch hier zunächst stark vereinfacht dargestellt, vor unzumutbaren Belästigungen und insbesondere vor übermäßiger unsachlicher Beeinflussung bewahren. Auch hierfür ein Beispiel:

> **Beispiel**
> Werber für einen Buch-Club sprechen Passanten in einer engen Gasse an, wo es kaum Ausweichmöglichkeiten gibt. Mit „sanfter Gewalt" wird versucht, die Überraschten in einen in der Nähe stehenden Werbewagen zu nötigen, um dort die Mitgliedschaft perfekt zu machen.
> Dass dies eine massive Belästigung von Verbrauchern darstellt, liegt wohl auf der Hand.

In einem Atemzug mit den Verbrauchern nennt das UWG in seinem § 1 die sonstigen Marktteilnehmer. Dies sind neben Mitbewerbern und Verbrauchern alle Unternehmen, die als Anbieter oder Nachfrager von Waren oder Dienstleistungen tätig sind (§ 2 I Ziff. 2 UWG).

351 *Zum Schutz* des Interesses *der Allgemeinheit* an einem unverfälschten Wettbewerb (§ 1, 2 UWG).

Eine Wettbewerbsmaßnahme hat oft zur Folge, dass sie die Mitbewerber zu gleichartigen Maßnahmen veranlasst. Dies birgt häufig die **Gefahr einer Übersteigerung** („wehe, wenn das alle machen!") in sich.

> **Beispiel**
> Ein Teppichgeschäft wirbt per Telefon bei Privatleuten.
>
> Wenn nur ein Teppichverkäufer einmal bei einem Privatmann anrufen würde, so könnte sich dieser zwar belästigt fühlen, aber dieser **einmalige** Vorgang wäre wohl hinzunehmen. Wenn aber viele oder gar alle Waren- und Dienstleistungsanbieter in dieser Weise werben würden, entstünde eine unvorstellbare, unzumutbare Belästigung des Privatbereiches von Telefoninhabern. Es würde zu einer untragbaren Beunruhigung des privaten Lebens führen, wenn dieses Werbesystem, wie im Falle seiner Anerkennung zu erwarten wäre, Schule machen sollte. Hinzu tritt noch ein objektives Kriterium: Wenn jeder Anbieter per Telefon werben würde, wären die Telefonanschlüsse bald blockiert. Daher sind Werbeanrufe bei Privaten wettbewerbswidrig, nicht nur wegen unzulässiger Belästigung der einzelnen Verbraucher, sondern auch zum Schutz der Allgemeinheit. (§ 7 II Ziff. 2 UWG).

352 Diese drei in § 1 UWG genannten Schutzbereiche werden durch das UWG in gleichem Maße und gleichrangig geschützt. Sie schließen sich nicht gegenseitig aus, sondern sie ergänzen sich. Einmal rückt der eine Schutzbereich, einmal der andere stärker in den Vordergrund. Das letzte Beispiel des Telefonmarketings bei Privatpersonen macht dies deutlich: Im Vordergrund steht der Schutz der Verbraucher gegen Störungen des Privatbereiches durch Werbetelefonate. Daneben besteht auch ein Interesse der Allgemeinheit, derartigen Auswüchsen im Wettbewerb entgegenzutreten.

352a Hieraus haben wir erkannt, dass das UWG den Mitbewerberschutz (B 2 B) und den Verbraucherschutz (B 2 C) in einer *einheitlichen* gesetzlichen Regelung zusammenfasst. Der deutsche Gesetzgeber hält nämlich das Verhalten von Unternehmen am Markt im Grundsatz für nicht teilbar. Ausnahmen, die allein das Verhältnis Unternehmer–Verbraucher betreffen, werden im UWG besonders herausgehoben, wie in §§ 3 II; 3 III mit 30-Punkte-Anhang; 4 Ziff. 2; 5 I, Ziff. 7; 5a II, III, IV UWG.

1.3 Anspruchskonkurrenz

353 Nehmen wir einmal an, V benutzt ein Zeichen, das mit der eingetragenen Marke des U ähnlich ist, und zwar für Waren/Dienstleistungen, die mit denen des U ähnlich sind. In diesem Fall würden wir sicherlich das zunächst auf der Hand liegende Gesetz, das Markengesetz, anwenden und prüfen, ob in dieser Konstellation nach § 14 II Ziff. 2 die Gefahr von Verwechslungen besteht (Rz 271 ff.) mit den uns bekannten Rechtsfolgen.

Daneben könnte man aber auch an eine Täuschungshandlung nach UWG denken, nämlich nach §§ 5 I, 2 Ziff. 1; 5 II; 3 III, Anhang Ziff. 13.

Nach der bisherigen Rechtsprechung des BGH hatte das Markenrecht hier nach dem Prinzip der spezialgesetzlichen Regelung Vorrang. Mit der Entscheidung „Hard Rock Cafe" (BGH, v. 15.08.2013, Az. I ZR 188/11) wurde das Prinzip der Vorrangstellung des individualrechtlichen Schutzes durch die Marke aufgegeben. Das bedeutet, dass nunmehr der individualrechtliche Schutz aus dem Markenrecht und der Schutz aus dem Lauterkeitsrecht des UWG nebeneinander bestehen. – Es bleibt abzuwarten, welche Auswirkungen dieser Paradigmenwechsel konkret auf das Konkurrenzverhältnis zwischen dem Markengesetz und dem UWG haben wird.

1.4 Aufbau des UWG

1.4.1 Grundlagen

In § 1 UWG wird der Schutzzweck des Gesetzes vorangestellt, den wir bereits kennen. **354**

§ 2 UWG definiert wesentliche Begriffe dieses Gesetzes. Auf diese Legaldefinitionen wird in den Folgevorschriften immer wieder zurückgegriffen.

Im weiteren Aufbau wird die strenge Unterscheidung zwischen *Privatrecht* und *öffentlichem Recht* eingehalten.

1.4.2 Privatrecht

1.4.2.1 Verbotstatbestände

Das UWG beinhaltet vier privatrechtliche Verbotstatbestände: **355**

Erstens: **§ 3 I UWG** ist die **Generalklausel**, die wichtigste Vorschrift. Hier findet sich das zentrale Merkmal *„unlauter"*, das ja auch diesem Gesetz den Namen gibt. Es geht hier um das **Lauterkeitsrecht** in Bezug auf geschäftliche Handlungen.

Die Generalklausel des § 3 I UWG wird konkretisiert durch die §§ 4 bis 6 UWG, die eine große Zahl von **Beispielstatbeständen** beinhalten. Diese sind stets in § 3 I UWG zu integrieren, d.h. sie bilden immer nur im Zusammenhang mit § 3 I UWG die Entscheidungsgrundlage. Dabei geht es in § 4 UWG um die unzulässige Beeinträchtigung der Entscheidungsfreiheit von Verbrauchern und sonstigen Marktteilnehmern, in § 5 UWG um Irreführung, in § 5a UWG um Irreführung durch Unterlassung und in § 6 UWG um bestimmte Ausnahmefälle von unlauterer vergleichender Werbung. Hierbei kann *eine* bestimmte geschäftliche Handlung mehrere Beispielstatbestände erfüllen, wobei diese dann jeweils das Merkmal unlauter der Grundlagenvorschrift des § 3 I UWG konkretisieren. Diese Beispielstatbestände beruhen nicht nur auf früherem deutschem Recht, sondern auch auf zwingenden EU-Vorgaben, so dass hier eine EU-richtlinienkonforme Auslegung erforderlich ist.

Zweitens: **§ 3 III UWG** verweist auf einen 30-Punkte-Anhang zum UWG und erklärt, dass die dort aufgeführten geschäftlichen Handlungen **gegenüber Verbrauchern** *stets* unzulässig sind. Bei den hier normierten *per-se-Verboten* der „Schwarzen Liste" kommt es auf die geschäftliche Relevanz der unternehmerischen Maßnahme für den Verbraucher nicht an. Diese Relevanz wird unwiderleglich vermutet, so dass hier eine richterliche Wertung ausgeschlossen ist. Diese „Black List" im Anhang zum UWG wird auch in diesem Grundriss als Anhang kurz dargestellt, nämlich am Ende der privatrechtlichen Verbotstatbestände (Rz 654 ff.).

Drittens: **§ 3 II UWG** bezieht sich nur auf geschäftliche Verhältnisse **gegenüber Verbrauchern** und verbietet Marketingmaßnahmen, wenn sie nicht der für den Unternehmer geltenden *fachlichen Sorgfalt* entsprechen. Diese Vorschrift dient als **Auffangtatbestand** für solche Fälle, die nicht unter § 3 I und III UWG fallen. Da § 3 I UWG mit den zu integrierenden §§ 4 bis 6 UWG sowie § 3 III UWG mit seinem 30-Punkte-Katalog einen extrem weiten Bereich abdecken, bleibt für die Anwendung von § 3 II UWG nur wenig Spielraum. Daher werden wir uns mit dieser Vorschrift nicht weiter befassen.

Viertens: **§ 7 UWG** befasst sich mit unzumutbaren Belästigungen, speziell auch mit dem wichtigen Bereich der elektronischen Kommunikation.

1.4.2.2 Rechtsfolgen und Verfahren

Die privatrechtlichen Rechtsfolgen bei Verstößen gegen §§ 3 I (mit §§ 4, 5, 5a, 6 II), 3 II, 3 III und 7 UWG regeln die §§ 8 bis 11 UWG.

Verfahrensvorschriften beinhalten §§ 12 bis 15 UWG.

1.4.3 Straftatbestände und Ordnungswidrigkeiten

356 Die Straftatbestände werden in §§ 16 bis 19 UWG geregelt, die Ordnungswidrigkeiten in § 20 UWG.

1.4.4 Überblick zum Aufbau des UWG

356a Obige Darlegungen zum Aufbau des UWG sollen durch folgende Übersicht veranschaulicht werden:

Unzulässigkeit von geschäftliche Handlungen	Rechtsfolgen	Strafbarkeit Ordnungswidrigkeiten

– § 3 I UWG – Unlauterkeit
  – § 4 UWG
  – § 5 UWG
  – § 5a UWG
  – § 6 II UWG
– § 3 II UWG – fachliche Sorgfalt
– § 3 III UWG – „Schwarze Liste"
– § 7 UWG – Belästigung
	– § 8 UWG Beseitigung, Unterlassung
	– § 9 UWG Schadensersatz (bei Verschulden)
	– § 10 UWG Gewinnabschöpfung
		§§ 16–19 UWG
		
		§ 20 UWG

Abb. 27: Aufbau des UWG

Am Ende des Überblicks zum Aufbau des UWG seien zusammenfassend und zum Teil wiederholend einige bedeutsame Hinweise zum Gesamtsystem betont. Das Gesetz macht **keine generelle Unterscheidung** zwischen der Unlauterkeit bezüglich der Unternehmer untereinander (B 2 B) einerseits und der im Verhältnis von Unternehmern gegenüber Verbrauchern (B 2 C) andererseits. Der deutsche Gesetzgeber geht von der Unteilbarkeit der Lauterkeit aus (vgl. Rz 352a). Die Verhaltensnormen des UWG gelten also grundsätzlich für beide Bereiche. Einige Ausnahmen beziehen sich allerdings *allein* auf das Verhältnis Unternehmer–Verbraucher (B 2 C), so insbesondere § 3 II, § 3 III mit „Schwarzer Liste" im Anhang, § 5a II bis IV UWG (vgl. Rz 352a). Im Verhältnis Unternehmer–*Verbraucher* (B 2 C) verlangt die EU-Richtlinie über unlautere Geschäftspraktiken (2005/29/EG vom 11.05.2005) *Vollharmonisierung* des Lauterkeitsrechts. Das bedeutet, dass der deutsche Gesetzgeber den vorgegebenen europäischen Standard präzise einhalten muss. Die europäischen Regeln dürfen hier also weder strenger gemacht, noch weniger streng gestaltet werden. Für die europarechtskonforme Vereinbarkeit und die Auslegung in Streitfällen ist letztlich der EuGH zuständig.

356b

1.5 Werbung mit Äußerungen Dritter

Äußerst beliebt sind in der Werbung Gutachten, Veröffentlichungen in Fachzeitschriften, Pressemitteilungen, Äußerungen von Personen, die bei den Umworbenen besonderes Ansehen genießen – wie etwa Wissenschaftler, Autoren, Schauspieler, Sportler –, anerkennende Kundenzuschriften; kurzum: Man wirbt häufig mit den Äußerungen **Dritter**. Durch diese Werbemaßnahmen wird in der Regel der Eindruck der Neutralität, Sachlichkeit und Vertrauenswürdigkeit erweckt.

357

Bei jeder Werbung mit Äußerungen Dritter gilt folgender Grundsatz: Der Werbungtreibende macht die Drittäußerung zur eigenen. Damit wird sie ihm als eigene zugerechnet. Er trägt damit die volle wettbewerbsrechtliche Verantwortung für Form und Inhalt und kann nicht darauf verweisen, dass dies ja von einem anderen so dargestellt worden sei und er das lediglich übernommen habe. Dies gilt auch für wissenschaftliche Meinungen, auch für nicht völlig gesicherte Erkenntnisse.

Beispiel

Beinhaltet die Äußerung des Dritten irreführende Angaben und übernimmt ein Unternehmer diese in seine Werbung, so ist er selbst wegen irreführender Werbung verantwortlich (§§ 3 I, 5 UWG).

Enthält etwa ein neutrales Gutachten einen Vergleich konkurrierender Erzeugnisse – was ja zulässig ist, da der Gutachter zu den Produzenten in keinem Wettbewerbsverhältnis steht –, und wird dies in die Werbung des einen Herstellers eingeführt, so betreibt dieser vergleichende Werbung (§ 6 UWG), deren Zulässigkeit dann im Einzelnen zu prüfen ist.

Problematisch ist häufig eine Werbung mit wissenschaftlich nicht völlig gesicherten Erkenntnissen. Werden solche in die Werbung übernommen und dort als objektiv richtig oder wissenschaftlich gesichert hingestellt, übernimmt der Werbende dadurch, dass er sich für eine bestimmte Auffassung entscheidet, die Verantwortung für deren Richtigkeit. Dies gilt über den Bereich der Gesundheitspflege hinaus.

Eine moderne Variante dieses Problemkreises bietet das Internet mit seinen **Links**.

357a

Auf der eigenen Website einen Verweis auf die eines Dritten zu setzen, ist üblich und ohne Einwilligung des Betroffenen grundsätzlich zulässig.

Eine ganz andere Frage ist die, ob derjenige, der den Link setzt, wettbewerbsrechtlich für den Inhalt der bezogenen Website haftet. Hier kommt es darauf an, *wie* der Linksetzer den fremden Inhalt in seine eigene Botschaft einbindet. Wenn er sich vom Fremdinhalt ausreichend distanziert, kommt eine Haftung für diesen natürlich nicht in Betracht. Wird der Fremdinhalt jedoch als eigener wiedergegeben, so macht der Verweisende den Inhalt der fremden Website zur **eigenen** Aussage und trägt dafür die Verantwortung. Ist der fremde Inhalt nach deutschem Recht unzulässig, so handelt auch der Linksetzer wettbewerbswidrig. Ob das eine oder das andere vorliegt, kann im Einzelfall Probleme bereiten. Bei derartigen Abgrenzungen ist immer von der Sicht der angesprochenen Verkehrskreise, meist der Verbraucher, auszugehen.

1.6 Die Zielgruppen der Werbung

358 Werbung ist hier im weitesten Sinne zu verstehen, im Sinne einer geschäftlichen Handlung (§ 2 I Ziff. 1 UWG). Hierunter fällt auch das, was der Betriebswirt als Verkaufsförderung oder Public Relations bezeichnet. Werbung ist Kommunikation. Eine solche wendet sich an *Dritte*. Maßgebend für jegliche Werbebotschaft ist also, wie diese Adressaten, wie die jeweiligen Zielgruppen diese Botschaft verstehen. Wie der Werbungtreibende selbst seine Aussage auffasst, oder wie er sie verstanden wissen will, darauf kommt es absolut nicht an. Hiervon ausgehend, gilt es jeweils zu prüfen:
– Wer ist die Zielgruppe?
– In welchem Sinn verstehen diese angesprochenen Verkehrskreise die Werbeaussage?

1.6.1 Die Zielgruppen im Einzelnen

359 Was die Adressaten der Werbebotschaft angeht, so kann sich die Werbung richten
- an das **breite Publikum**, sei es an alle Verbraucher in der Bundesrepublik, oder auch nur an Frauen, Männer, an ältere oder jüngere Menschen. Diese an die Allgemeinheit gerichtete Werbung hat ihr Hauptanwendungsgebiet bei der Konsumgüterwerbung.
- an **Fachkreise**, etwa an Ärzte, Händler, Gastwirte, Lackierer, Erzieher und Industrieeinkäufer. Diese an Fachleute gerichtete Werbung spielt eine bedeutsame Rolle bei der Investitionsgüterwerbung.
- an **sowohl das breite Publikum als auch an Fachleute** (z.B. eine Werbung, die sich an Verbraucher, an Händler und an Gastwirte richtet; man denke z.B. an eine Werbung für ein Getränk).

1.6.2 Die Auffassung der Zielgruppen

Als zweites ist die Frage zu stellen, welchen Sinn der soeben festgestellte, nicht unbeachtliche Teil der Zielgruppe der Aussage beilegt.

360

Dabei ist zunächst anzumerken – und dies gilt für alle möglichen Zielgruppen –, dass es nicht auf die Bewertung von besonders begabten, besonders feinfühligen, besonders erfahrenen ... Angesprochenen dieser Verkehrskreise ankommt. Ebenso wenig ist die Beurteilung von besonders unbegabten, besonders unempfindsamen, besonders unerfahrenen ... Angehörigen der betreffenden Verkehrskreise maßgebend. Ausschlaggebend ist vielmehr die Sichtweise der **durchschnittlichen** Angehörigen der jeweils angesprochenen Zielgruppe, so wie es § 3 II, 2 UWG für Verbraucher allgemein und für spezielle Gruppen fordert.

Das breite Publikum als Zielgruppe

Weiterhin gilt es zu bedenken, dass die verschiedenen Zielgruppen Werbeaussagen mit einem unterschiedlichen Grad an Aufmerksamkeit zur Kenntnis nehmen. Wendet sich die Werbebotschaft an das breite Publikum und bezieht sich die Werbung etwa auf geringwertige Konsumgüter, so muss man berücksichtigen, dass angesichts der Fülle von Werbung, die mittels verschiedener Medien auf die Menschen einströmt, die einzelnen Aussagen nicht allzu detailgenau aufgenommen werden.

361

Der Fachmann als Zielgruppe

Ganz anders ist dies aber bei einer Aussage, die sich an Fachkreise wendet: Der Fachkundige – etwa der Arzt, der Händler, der Industrieeinkäufer – betrachtet **sorgfältig**, **kritisch** und **detailgenau**.

362

Werbung für mehrere Zielgruppen

Richtet sich eine Werbung an eine bestimmte Zielgruppe, etwa an Fachleute, so entscheidet nur deren Auffassung und Sprachgebrauch in dem jeweiligen Fachgebiet. Was hier ein nicht unerheblicher Teil der Allgemeinheit versteht, ist ohne Belang.

363

> **Beispiel**
> Ein Anstreichmittel wurde als Emaille-Lack bezeichnet. Darunter kann man mindestens zweierlei verstehen: der Lack sieht aus wie Emaille (was im Streitfall zutraf) oder er hat die Eigenschaften von Emaille (was nicht der Fall war). Entscheidend ist allein das Verständnis der Zielgruppe. Das Gericht hat festgestellt, dass die Abnehmer vorwiegend fachlich geschulte Verwender sind, also Fachkreise. Diese haben die Bezeichnung Emaille-Lack – wie Sachverständige bekundeten – allein auf das Aussehen bezogen, was ja zutreffend war. Eine Irreführung lag somit nicht vor, selbst dann nicht, wenn ein nicht unbeträchtlicher Teil des breiten Publikums die Bezeichnung Emaille-Lack auf – oder auch auf – die Eigenschaften des Lacks bezogen hätte.

Richtet sich die Werbung – wie recht häufig – an mehrere Zielgruppen, z.B. an Händler und an Letztverbraucher, dann sind die Auffassungen beider Kreise zu prüfen. Hier genügt es dann zum Verbot nach § 3 I UWG, wenn – etwa auf § 5 UWG bezogen – nur eine Gruppe irregeführt wird.

364

1.6.3 Bewertung durch den Richter

365 Zum Schluss sei noch die Frage angerissen, **wie** der Richter die Sichtweise der durchschnittlichen Angehörigen der jeweils angesprochenen Zielgruppe feststellt. Häufig wird die **eigene Wahrnehmung** und die **eigene Lebenserfahrung** und **Sachkenntnis** des Richters ausreichen. Dies gilt vor allem dann, wenn er selbst dem durch die Werbeaussagen angesprochenen Kreis angehört, insbesondere also bei der Konsumgüterwerbung.

Kommt es dagegen auf Fachwissen an, wie häufig bei der Investitionsgüterwerbung, so kommt der Richter in der Regel ohne fremde Hilfe nicht aus. Er bedient sich hier der Verkehrsbefragungen, etwa des Ermittlungssystems der Industrie- und Handelskammern oder der Gutachten von Markt- und Meinungsforschungsinstituten, wobei letztere häufig größeren Aussagewert haben, auf der anderen Seite aber zum Teil unverhältnismäßig hohe Kosten verursachen.

Die Beurteilung, ob der Richter die Auffassung der betreffenden Verkehrskreise auf Grund eigener richterlicher Sachkunde ermitteln kann, oder ob es einer Beweisaufnahme – etwa mittels der soeben genannten Institutionen – bedarf, ist ein tatrichterlicher Hergang und daher in der Rechtsmittelinstanz nicht nachprüfbar (BGH v. 17.07. 2013, Az. I ZR 21/12, Einkaufswagen III).

1.6.4 Das Verbraucherleitbild

366 Bei der an die Verbraucher gerichteten Werbung hängt die Reichweite der wettbewerbsrechtlichen Verbotstatbestände in erster Linie von dem zugrunde zu legenden **Verbraucherleitbild** ab.

Beim Verbraucherleitbild geht es um die Frage, ob man von einem Verbraucher ausgeht, der Informationen in Werbehinweisen kritisch prüft oder ob man einen Verbraucher vor Augen hat, der diese Informationen nur oberflächlich zur Kenntnis nimmt.

Der Schutz gegen unlautere Wettbewerbsmaßnahmen ist stärker, wenn bei der rechtlichen Prüfung von Werbehinweisen auf den Verständnishorizont eines eher flüchtigen Verbrauchers abgestellt wird. Umgekehrt ist der Schutz schwächer, wenn bei der rechtlichen Überprüfung der Werbung die Sichtweise eines kritischen Verbrauchers zugrunde gelegt wird.

§ 3 II, S. 2 UWG bestimmt hierzu, wie wir schon wissen, dass auf den *durchschnittlichen* Verbraucher abzustellen ist. Wendet sich die geschäftliche Handlung an eine bestimmte Gruppe von Verbrauchern, etwa an Golfspieler, so ist auf ein durchschnittliches Mitglied dieser Gruppe abzustellen. Ist durch eine geschäftliche Handlung eine auf Grund geistiger oder körperlicher Gebrechen, Alter oder Leichtgläubigkeit besonders schutzbedürftige und eindeutig identifizierbare Gruppe von Verbrauchern angesprochen, so ist auf die Sicht eines durchschnittlichen Mitglieds dieser Gruppe abzustellen, wenn für den Unternehmer vorhersehbar ist, dass seine geschäftliche Handlung nur diese Gruppe betrifft.

Haben wir auf diese Weise die Sicht der maßgebenden Verbrauchergruppe ermittelt, so ist nun zu klären, von welchen Maßstäben die Gerichte bezüglich des durchschnittlichen Mitglieds der jeweiligen Gruppe ausgehen. Der EuGH geht vom **durchschnittlich informierten, situationsadäquat aufmerksamen** und **verständigen** Verbraucher aus (z.B. EuGH, GRUR 2003, 604, 607 – Libertel). Diesem europäischen Verbraucherleitbild haben sich die deutschen Gerichte angeschlossen.

Dieses Verbraucherleitbild ist laufender Konkretisierung durch die Gerichte unterworfen, natürlich unter Beachtung der Rechtsprechung des EuGH.

2. Die Generalklausel des UWG

2.1 Allgemeines

§ 3 I UWG erklärt – unter bestimmten Voraussetzungen – unlautere geschäftliche Handlungen für unzulässig. Diese Vorschrift ist die **Grundlage des Lauterkeitsrechts**. Sie ist die wichtigste Anspruchsgrundlage für die privatrechtlichen Rechtsfolgen, nämlich Beseitigung, Unterlassung, Schadenersatz, Gewinnabschöpfung (§§ 8–10 UWG). Wir erkennen hieraus die **überragende Bedeutung** dieser Vorschrift.

367

2.2 Rechtsvoraussetzungen

§ 3 I UWG hat folgende Tatbestandsvoraussetzungen:
– Vorliegen einer geschäftlichen Handlung
– Unlauterkeit
– Eignung zur spürbaren Interessenbeeinträchtigung von Marktteilnehmern.

368

Die Rechtsfolge: Unlautere geschäftliche Handlungen sind unzulässig mit den Konsequenzen der §§ 8 ff. UWG.

2.2.1 Geschäftliche Handlung

Dieses Tatbestandsmerkmal kennen wir bereits (Rz 341 ff.).

369

2.2.2 Unlauterkeit

Ist eine geschäftliche Handlung unlauter? In dieser Fragestellung liegt der Kern der Problematik des UWG. Sie beinhaltet den Zentralbegriff dieses Gesetzes: die **Unlauterkeit**.

370

Die Bewertungskriterien dieses unbestimmten Rechtsbegriffes mit seiner außerordentlich komplexen Rechtsnatur sind nicht festgeschrieben. Sie waren 1909 andere wie in unserem Jahrzehnt. Politische, wirtschaftliche und soziale Verhältnisse ändern sich, auch tradierte Wertvorstellungen und ethische Auffassungen. Dies gilt zunächst national und umso mehr, wenn noch die starken Einflüsse der EG/EU hinzutreten. Was früher als unanständige Marktgepflogenheit galt, wird heute akzeptiert (ich denke etwa an die Schockwerbung, vgl. Rz 410).

371 Der unbestimmte Rechtsbegriff „unlauter" ist objektiver Natur, d.h. es kommt nicht darauf an, ob sich der Mitbewerber der Unlauterkeit seines Handelns bewusst ist oder nicht.

Bei der Prüfung der Unlauterkeit einer geschäftlichen Handlung hat der Richter alle Umstände des Einzelfalles umfassend zu würdigen.

372 Was die Konkretisierung des Merkmals Lauterkeit nach § 3 I UWG angeht, so haben wir den wichtigsten Aspekt bereits herausgearbeitet (Rz 355): Die Unlauterkeit nach § 3 I UWG wird konkretisiert durch die §§ 4 bis 6 sowie dem Anhang zu § 3 III UWG. In diesen Vorschriften werden viele **Beispielstatbestände** – teils generalklauselartigen Inhalts –normiert, die auf Fallgruppen beruhen, die von Rechtsprechung und Schrifttum im Laufe vergangener Jahrzehnte herausgearbeitet wurden. Hierdurch werden – unter umfangreicher Einbeziehung von EU-Vorgaben – sehr weite Bereiche eines nicht wettbewerbskonformen Marktverhaltens abgedeckt, so dass für die *unmittelbare* Anwendung des Merkmals „unlauter" in § 3 I UWG nicht allzu viel Raum bleibt. Ohne den Bezug auf die Spezialregelungen der §§ 4 bis 6 UWG beschränkt sich die Anwendung des § 3 I UWG auf solche Fälle, bei denen der Unlauterkeitsgehalt der zu untersagenden geschäftlichen Handlung dem Unlauterkeitsgehalt der in den Beispielstatbeständen geregelten unlauteren Handlungen entspricht.

373 Die Straftatbestände der §§ 16 bis 19 UWG stellen keine Beispielstatbestände wie die §§ 4–6 UWG dar. Sie können zur Unlauterkeit nach § 3 I UWG nur über den Weg des § 4 Ziff. 11 UWG führen.

374 Da der unmittelbare Anwendungsbereich der Unlauterkeit nach § 3 I UWG (also der ohne Bezug auf die §§ 4 bis 6 UWG) begrenzt ist, wollen wir uns damit an dieser Stelle nicht weiter befassen. Vielmehr werden wir uns mit der Konkretisierung der Unlauterkeit in den Beispielstatbeständen der §§ 4 bis 6 UWG eingehender beschäftigen (Rz 376 ff.). Dabei wird sich für die Konkretisierung des Merkmals Unlauterkeit folgender Aufbau ergeben:

Darstellung
– der bedeutsamsten Aspekte des 11-Punkte-Katalogs von § 4 UWG
– des Irreführungstatbestandes nach § 5 UWG
– der vergleichenden Werbung nach § 6 UWG.

Eine kurze Erläuterung der Beispielstatbestände des Anhangs zu § 3 III UWG, der „Schwarzen Liste", wird am Ende der Darlegungen des materiellen privatrechtlichen Teils des UWG-Rechts erfolgen – ähnlich wie beim Aufbau dieses Gesetzes

2.2.3 Eignung zur spürbaren Interessenbeeinträchtigung der Marktteilnehmer

Dem Merkmal der Eignung, die Interessen von Mitbewerbern, Verbrauchern oder sonstigen Marktteilnehmern **spürbar** *zu beeinträchtigen* (man spricht hier von der Relevanz- = Bagatellklausel oder auch von der Spürbarkeitsschwelle), steht der Gedanke Pate, dass marginale Wettbewerbsverstöße nicht verfolgt werden sollen. Eine Ahndung soll lediglich bei Vorliegen einer spürbaren Marktbeeinflussung infolge des Wettbewerbsverstoßes erfolgen. Kriterien hierfür sind Art, Schwere, Dauer, Häufigkeit des Verstoßes, Grad der Wiederholungsgefahr, Verschuldensgrad, Marktmacht des Zuwiderhandelnden, Anzahl der Betroffenen sowie die von dem Verstoß ausgehende Nachahmungsgefahr.

375

Als nicht spürbare Beeinträchtigung gelten vor allem Übertretungen von Ge- und Verbotsnormen aus dem Gesetz über Einheiten im Messwesen von 1985 und aus der Preisangabenverordnung (Rz 592 ff.). Einige Beispiele für Angaben, bei denen schon früher Bagatellverstöße angenommen worden sind, und die daher nicht als sanktionswürdig angesehen wurden:
– „PS" statt „KW" (BGH, GRUR 94, 220 – PS-Werbung II),
– „qm" statt „m^2",
– „Zoll" (für Computerbildschirme und -disketten branchenüblich und weltweit verbreitet) statt „Zentimeter",
– Werbung: „Etagenwohnung, 100 m^2, Preis: € 250/m^2". Nach § 1 II PAngVO an sich unzulässig, da der Endpreis, also € 25 000, anzugeben ist.
– „10 000.– € zuzüglich 16 % MwSt."; auch Verstoß gegen § 1 I PAngVO.

Eine spürbare Beeinträchtigung dürfte in der Regel bei der Erfüllung besonders verwerflicher Beispielstatbestände der §§ 4 ff. UWG zu bejahen sein, wie etwa – um nur einige Beispiele zu nennen – bei der Ausübung von Druck (§ 4 Ziff. 1 UWG) sowie bei Verunglimpfung (§ 4 Ziff. 7 UWG), Anschwärzung (§ 4 Ziff. 8 UWG) und gezielten Behinderung (§ 4 Ziff. 10 UWG) von Mitbewerbern.

Schließlich sei auch an dieser Stelle darauf hingewiesen, dass bei den Beispielstatbeständen im Anhang zu § 3 III UWG, also in der „Schwarzen Liste", die Bagatellklausel niemals zu prüfen ist. Relevanz wird hier stets vermutet.

3. Unlauterkeit im Sinne von § 4 UWG

Diese Vorschrift schützt die *geschäftliche Entscheidungsfreiheit* vor einer unangemessenen unsachlichen Beeinflussung vor, bei oder nach Abschluss eines Vertrages über Waren oder Dienstleistungen (vgl. § 2 I Ziff. 1 UWG). Dieser Schutz der Entscheidungsfreiheit bezieht sich nicht nur auf das vertikale Verhältnis Unternehmer/Verbraucher (B 2 C), sondern auch auf das horizontale Verhältnis der Unternehmer untereinander (B 2 B).

§ 4 UWG gibt in elf Ziffern Beispiele (hiervon wurde die Ziffer 6 vom EuGH für unwirksam erklärt) für unlautere geschäftliche Handlungen im Sinne von § 3 I UWG. Das heißt: Ist einer der Beispielstatbestände des § 4 UWG erfüllt, dies sei nochmals betont, so ist lediglich das Kriterium der Unlauterkeit der geschäftlichen Handlung des § 3 I UWG erfüllt. Dies bedeutet, dass in all diesen Fällen auch noch die Spürbarkeitsschwelle (Rz 375) des § 3 I UWG zu berücksichtigen ist.

3.1 Unlauterkeit nach § 4 Ziff. 1 UWG

376 Unlauter handelt derjenige, der geschäftliche Handlungen vornimmt, die geeignet sind, die Entscheidungsfreiheit der Verbraucher oder sonstiger Marktteilnehmer durch Ausübung von **Druck, in menschenverachtender Weise** oder durch **sonstigen unangemessenen unsachlichen Einfluss** zu beeinträchtigen (§ 4 Ziff. 1 UWG).

Zunächst erkennen wir, dass diese Vorschrift nicht nur im vertikalen Verhältnis von Unternehmer zu Verbraucher (B 2 C) gilt, sondern auch im horizontalen Verhältnis der Unternehmer untereinander (B 2 B).

Nicht erforderlich ist es, dass die Entscheidungsfähigkeit *tatsächlich* beeinträchtigt wird. Es genügt nach dem Wortlaut von § 4 Ziff. 1 UWG, wenn die beanstandete Handlung zur Beeinträchtigung der Entscheidungsfreiheit *geeignet* ist, also eine gewisse *objektive* Wahrscheinlichkeit zur Beeinträchtigung besteht. Hierbei reicht jedoch die Eignung zu einer lediglich geringfügigen Beeinträchtigung der Entscheidungsfreiheit nicht aus. Vielmehr ist es notwendig, dass die beanstandete Maßnahme im Kampf der Motive im Rahmen der Entscheidungsfindung **mit** einfließt.

Doch nun zu den Unlauterkeitsmerkmalen im Einzelnen:

3.1.1 Beeinträchtigung durch Druck

Druck bedeutet die Ausübung von physischem oder psychischem Zwang, dem sich der Verbraucher oder sonstige Marktteilnehmer nur unschwer entziehen kann.

Physischer Zwang, etwa durch Anwendung körperlicher Gewalt (z.B. das Hineinzerren in ein Ladengeschäft oder das durch Schläge erzwingen, eine noch offene Rechnung zu bezahlen), durch Freiheitsentzug oder Hausfriedensbruch, um einen Marktteilnehmer zu einer bestimmten geschäftlichen Handlung zu veranlassen, gehört in unserem Kulturkreis – von bestimmten Milieus abgesehen – nicht zu den üblichen Geschäftspraktiken. Die Methoden sind meist subtiler. Daher steht der *psychische* Zwang im Vordergrund.

Psychischer Zwang kann in mannigfacher Weise ausgeübt werden, etwa durch Ausnutzen einer Machtposition, durch Drohung oder durch moralischen Druck.

3.1.1.1 Ausnutzen einer Machtposition

Zunächst ist an eine eigene Machtposition zu denken. So ist etwa die „Empfehlung" eines Arbeitgebers unlauter, seine Arbeitnehmer sollen doch ihre bisherige Krankenkasse verlassen, um dann in die eigene Betriebskrankenkasse zu wechseln.

377

Wettbewerbswidrig ist aber auch das Einspannen fremder Autorität. Unter diesem Gesichtspunkt ist es unlauter, durch den Einsatz etwa von Vorgesetzten, Amtsträgern, Gewerkschaft oder Betriebsrat mit Verbrauchern Geschäfte zu machen.

Ein Einspannen von Gewerkschaft oder Betriebsrat in den Warenabsatz – sei es durch Werbung, Empfehlung, Begutachtung, Warenvorführung, Verteilung von Einkaufsgutscheinen, Sammelbestellungen – ist grundsätzlich unlauter, nicht nur unter dem Aspekt Druck, sondern auch deswegen, weil dies funktionswidrig ist und weil das Vertrauen der Arbeitnehmer ausgenutzt wird.

Unlauter ist es auch, wenn ein Lehrer in der ersten Klasse seine Schüler auffordert, die benötigten Schulutensilien in einem bestimmten Ladengeschäft zu kaufen.

Das letzte Beispiel zeigt, dass „Autorität" nicht schematisch, sondern immer im Zusammenhang mit der angesprochenen Zielgruppe zu sehen ist. Der gleiche Sachverhalt auf eine Abiturklasse übertragen, ergibt eine andere Entscheidung. Dort würde man sich über ein derartiges Ansinnen höchstens amüsieren.

3.1.1.2 Drohung

Unlauter ist es auch, wenn auf den Kunden durch die Art der Gesprächsführung oder durch sonstige, ihn unangenehm berührende oder ihn nötigende Machenschaften derartig stark eingewirkt wird, dass er sich zum Vertragsschluss entschließt, *um sich diesem psychischen Druck zu entziehen*, insbesondere wenn direkt oder indirekt eine Drohung in den Raum gestellt wird, wie etwa:

378

Beispiele
- Die Drohung eines Vertreters im Haustürgeschäft, die Wohnung nicht zu verlassen, bis der Vertrag unterschrieben ist.
- Die Drohung einer Werkstätte, die Service- und Reparaturarbeiten einzustellen, wenn nicht ein Paket Ersatzteile bestellt wird.
- Die Drohung einer Anzeige beim Finanzamt wegen Steuerhinterziehung, wenn dieser Vertrag nicht unterzeichnet wird.
- Die Drohung des Veranstalters bei einer Kaffeefahrt, dass der Bus erst dann heimfährt, wenn der letzte Teilnehmer einen Vertrag unterschrieben hat.

3.1.1.3 Moralischer Zwang

Die Ausübung eines moralischen Drucks erfolgt in der Regel in der Weise, dass man die Betroffenen dem Makel mangelnder sozialer Verantwortung, fehlenden Umweltbewusstseins, mangelnder Solidarität, Hilfsbereitschaft, Dankbarkeit … aussetzt.

378a

Wirbt etwa eine Bierbrauerei damit, dass sie von jedem verkauften Kasten Bier einen Euro in ein Hilfsprojekt in Somalia steckt und dass jeder Biertrinker, der sich da nicht beteiligt, sich an Mensch und Umwelt in Afrika versündigt, so wird hierdurch die betroffene Zielgruppe moralisch unter Druck gesetzt.

3.1.1.4 Anzapfen

379 Einer psychischen Drucksituation kann nicht nur der Verbraucher ausgesetzt sein, sondern auch ein Unternehmer, wie z.B. beim sog. Anzapfen. Hierbei geht um Folgendes: Ein **marktstarker** Händler fordert von einem Hersteller eine **Sonderleistung**, auf die er keinen Rechtsanspruch hat, und stellt dabei, meist verbal geschickt versteckt, einen Bezug auf eine Neu- bzw. Weiterbelieferung her. Vom Produzenten wird etwa gefordert, dass er ein „Eintrittsgeld" entrichtet, einen „Aktionsrabatt", einen Investitions- oder Einrichtungszuschuss oder ein unverzinsliches Darlehen gewährt. Dahinter steht – wenn auch unausgesprochen – der Hinweis, dass die Erfüllung dieser Begehren Voraussetzung für neue bzw. weitere Geschäftsverbindung ist.

Bei all diesen Fallvariationen ist das Entscheidende: Der Händler fordert etwas, ohne dass er selbst eine angemessene *spezifische* **Gegenleistung** erbringt.

Ein derartiges Anzapfen ist wettbewerbswidrig. Die Unlauterkeit ist hier in dem psychischen Druck zu sehen, der auf den Hersteller durch die Ausnutzung der Marktstellung des Händlers ausgeübt wird. Widersteht er dem Ansinnen, so wird er wohl als Lieferant entweder von vornherein gar nicht in Betracht kommen oder als solcher demnächst ausscheiden.

Eine andere Rechtslage ergibt sich jedoch dann, wenn die Aufforderung des marktstarken Händlers eine sachliche Rechtfertigung hat. Dies ist etwa dann der Fall, wenn der Händler speziell im Interesse dieses Herstellers bestimmte verkaufsfördernde Maßnahmen vornimmt, etwa Hervorhebung der Waren *dieses* Unternehmers in seinen Händlerinseraten, seinen Katalogen, Handzetteln, Bestellformularen Schaufenstern, Werbeflächen oder sonstigen Werbeträgern. Hier erbringt der Händler eine spezifische *Gegenleistung*, die der vom Lieferanten geforderten Sonderleistung gegenüber steht. Derartige Fälle, häufig geht es um Werbekostenzuschüsse, sind erlaubt, wenn sie sich in den Grenzen der Verhältnismäßigkeit bewegen.

Vgl. zu diesem Problemkreis auch §§ 19, 20 GWB.

Vgl. Fall 20.

3.1.2 Beeinträchtigung in menschenverachtender Weise

380 Eine geschäftliche Handlung darf die Entscheidungsfreiheit auch nicht in menschenverachtender Weise, d.h. durch Verletzung der Menschenwürde (Art. 1 GG), beeinträchtigen.

Dieses Merkmal soll anhand eines recht makabren Wettbewerbsverstoßes erklärt werden:

Ein Warenhaus wirbt für junge Moden mit Postern und Anzeigen mit dem *Selbstmordmotiv*: Abgebildet werden eine Jeans, die sich erhängt, ein Kleid, das auf Gleisen liegt und ein T-Shirt mit einem Föhn in der Badewanne und jeweils dazu der Spruch „Das Ende für alte Klamotten". Im Hintergrund der jeweiligen Abbildungen ist – gerade noch schemenhaft ein – wohl alter – Mann zu erkennen, der sich eine Pistole an den Kopf hält.

Derartige Geschäfte mit dem *Leben*, dem höchsten Rechtsgut des Menschen zu machen, ist menschenverachtend. Sicherlich liegt in dieser Werbung keine unmittelbare Aufforderung zum Selbstmord. Es gilt aber sozialwissenschaftlich als gesichert, dass die Darstellung von Selbstmordmotiven Nachahmer hervorruft, unabhängig davon, ob ein Mensch oder ein Kleidungsstück abgebildet ist. Besonders makaber sind die Poster mit dem Selbstmord des Kleides auf den Gleisen, die an U-Bahn-Stationen direkt neben den Gleisen angebracht sind.

Zwei weitere Fälle:
- Werbung in einem Fernsehspot für ein Browser-Spiel: „Lerne tausende von netten Menschen kennen – und vernichte sie."
- Eine Elektrogroßhandelskette warb anlässlich der Fußball-WM in Deutschland in einem Werbespot für Sonderangebote. Dabei wurden polnische Fußballfans gezeigt, die in einem Elektronikmarkt groß eingekauft hatten und sich am Ausgang bei den Verkäufern mit Umarmungen überschwänglich für die günstigen Preise bedankten. Nachdem die Polen das Geschäft verlassen hatten, sagte ein Angestellter zum anderen: „Der Pole ist doch ein anständiger Mensch, schau hier, meine Uhr ist noch da". Auf dem nächsten Bild wurde gezeigt, dass alle Angestellten ohne Hosen dastanden.

Im ersten Fall wird – wenn auch nur virtuell –, zur Vernichtung von Menschenleben aufgefordert und damit Gewalt verharmlost, im zweiten Fall wird die polnische Bevölkerung pauschal diskriminiert und herabgewürdigt – beide Male in Menschen verachtender Weise.

3.1.3 Beeinträchtigung durch sonstigen unangemessenen unsachlichen Einfluss

Unter dem Aspekt der unsachlichen Beeinflussung sehen Rechtsprechung und Literatur ein recht breites Spektrum von Fallgruppen. Dabei kann man im Einzelnen trefflich darüber streiten, ob der eine oder andere Fall nicht besser unter dem Gesichtspunkt Druck oder unzumutbare Belästigung (§ 7 I UWG) einzuordnen sei. Eine derartige Diskussion ist für den Praktiker aber müßig. Bei Licht gesehen schließen sich die genannten Merkmale häufig nicht aus, sondern treten nebeneinander, wobei im Einzelfall mal der eine Aspekt mehr im Vordergrund steht, mal der andere (vgl. Rz 373).

Einige der in der Praxis häufig auftretenden Fallkonstellationen, wo die Entscheidungsfreiheit – primär oder zusammen mit anderen Unlauterkeitskriterien – durch unangemessenen unsachlichen Einfluss beeinträchtigt werden kann, seien in Folgendem dargestellt:

3.1.3.1 Verkaufsförderung mittels unentgeltlicher Zuwendungen

382 Unentgeltliche Zuwendungen sind sehr beliebte verkaufsfördernde Maßnahmen, die bei den meisten Adressaten gut ankommen; der Mensch freut sich eben, wenn er etwas geschenkt bekommt, auch über eine Kleinigkeit.

Erhält jemand von einem Anbieter etwas geschenkt, so könnte hierdurch, je nach Situation, die Gefahr entstehen, dass sich der Beschenkte verpflichtet fühlt, beim Schenkenden etwas zu erwerben. Er befände sich dann in einem „**moralischen** oder **psychischen Kaufzwang**" (eine bessere Bezeichnung wäre Abschlusszwang, denn diese Situation kann nicht nur bei Kaufverträgen auftreten). Dabei wäre es gleichgültig, ob dieser Zwang durch ein **Dankbarkeitsgefühl** oder dadurch hervorgerufen wird, weil man sich unanständig, kleinkariert und schäbig vorkommt, wenn man in dieser Lage als „Beschenkter" nichts erwirbt. Daneben könnte der Aspekt des **übertriebenen Anlockens** eine Rolle spielen. Darunter versteht man den Umstand, dass man durch ein Übermaß an Vorteilen einen Anreizeffekt schafft, der geeignet ist, die Entscheidung des Kunden unsachlich zu beeinflussen.

Sie haben sicherlich bemerkt: Ich habe im letzten Absatz konditional formuliert. Dies deswegen, weil das die wichtigsten Argumente der *früheren* Rechtsprechung zu diesem Problemkreis waren. Doch diese dürften in der heutigen Zeit nur noch in absoluten Ausnahmefällen – etwa in einem kleinen Tante Emma-Laden auf dem Dorf – zum Tragen kommen. Heutzutage ist beim Publikum durch die massenhafte Verbreitung von unentgeltlichen Zuwendungen ein Gewöhnungseffekt eingetreten, so dass nunmehr von einer unsachlichen Beeinflussung durch unentgeltliche Marketingmaßnahmen kaum mehr die Rede sein kann.

Bei den verkaufsfördernden Maßnahmen mit unentgeltlichen Zuwendungen stehen in der Praxis im Vordergrund:
- Zugaben
- Werbegeschenke
- Warenproben
- Kopplungsangebote.

383 Die **Zugabe** ist unentgeltlich und ist abhängig von einem Warenbezug, stellt gewissermaßen eine Belohnung für den Erwerb einer Ware oder Dienstleistung dar, ist also akzessorisch. Ein Beispiel: Der Käufer eines Motorrades erhält unentgeltlich einen Schutzhelm **dazu**. Derartige Zugaben sind erlaubt.

3.1.3.1.1 Werbegeschenke

384 Ein Werbegeschenk ist eine Schenkung zu Werbezwecken. Es ist abstrakt, ist also von einem bestimmten Vertragsschluss nicht abhängig. Häufig wird es anlässlich bestimmter Ereignisse (Weihnachten, Geburtstag, Jubiläen) gemacht. Werbegeschenke dienen allgemein der Pflege guter Geschäftsbeziehungen, sei es im Verhältnis von Unternehmungen untereinander, sei es gegenüber Verbrauchern. Über 90% aller deutschen Unternehmen verwenden Werbegeschenkartikel.

Werbegeschenke dienen der **Aufmerksamkeitswerbung**. Eine solche ist wettbewerbsimmanent und daher grundsätzlich zulässig, was sich auch aus Umkehrschluss aus § 4 Ziff. 4 UWG ergibt.

Ergibt sich jedoch in Ausnahmefällen aus den **Gesamtumständen**, die im allgemeinen ihren Niederschlag im Anlass, Zweck und Mittel, in der Art und Ausgestaltung, den Begleitumständen und den Auswirkungen der unentgeltlichen Zuwendung finden, dass die Beschenkten in der Rationalität ihrer wirtschaftlichen Entscheidungen beeinträchtigt werden können, so ist die Werbung mit Werbegeschenken ausnahmsweise unlauter. Maßgebend ist also die subjektive Wirkung des Werbegeschenkes auf den Adressaten. 385

Was die **Person des Beschenkten** angeht, so ist zwischen Verbrauchern und Unternehmern zu unterscheiden. Erstere sind durch ein Werbegeschenk in der Regel leichter verleitbar, ökonomische Entscheidungen nach unökonomischen Aspekten zu treffen und damit unsachlich zu entscheiden als ein Kaufmann, der normalerweise alle Faktoren, die für die Gewinnerzielung maßgebend sind, in seine Überlegungen einbezieht. Aus diesem Grunde hat der BGH entschieden, dass Werbegeschenke im Verhältnis von Unternehmern untereinander weniger streng zu beurteilen sind als im Verhältnis zum Verbraucher. 386

Ist der **Wert** des Geschenkes maßvoll und hält sich im Rahmen des Üblichen – was in der Praxis dem Normalfall entspricht, denn kein Unternehmer hat große Werte zu verschenken –, wird der beschenkte verständige Durchschnittsverbraucher sich nicht genötigt sehen, wegen dieser Zuwendung anstandshalber oder aus einem Gefühl der Dankbarkeit heraus etwas kaufen zu müssen. Die Annahme eines moralischen/psychischen Kaufzwangs und damit einer unangemessenen unsachlichen Beeinflussung durch den Wert des Geschenkes wird daher allenfalls in Ausnahmefällen in Betracht kommen, wenn besondere Umstände vorliegen. 387

Weiterhin könnte im Rahmen der Gesamtumstände die **Art und Weise der Erlangung** des Werbegeschenkes eine Rolle spielen. Doch auch hier ist mit der Annahme eines unangemessenen unsachlichen Einflusses durch das Geschenk äußerste Zurückhaltung geboten. Ausnahmsweise könnte bei einer mehrtägigen Busreise, wo der Teilnehmer zu Beginn ein Geschenk erhält und dem Einfluss des Werbers immer wieder ausgesetzt ist, eine wettbewerbswidrige Beeinflussung angenommen werden. 388

Geldgeschenke haben eine besonders starke Anreizwirkung. 389

Die gleichen Grundgedanken, wie sie für die Werbeschenkungen von Waren entwickelt wurden, gelten auch für **unentgeltliche Werbefahrten** oder sonstige **unentgeltliche Dienstleistungen**. 390

Zusammenfassend kann gesagt werden: Geschenke zum Zwecke der Verkaufsförderung sind in sehr weitem Umfang erlaubt. Die Ausnahmen halten sich in sehr engen Grenzen. 391

Vgl. Fall 44.

3.1.3.1.2 Warenproben

392 Unter Warenproben versteht man das unentgeltliche Zurverfügungstellen von Waren oder Dienstleistungen zum Zwecke der Erprobung. Absolut im Vordergrund steht also der **Erprobungszweck**. Hierdurch unterscheidet sich die Warenprobe vom Werbegeschenk.

Den Kunden mit der Ware selbst von deren Bonität zu überzeugen, ein schlagkräftiges Argument im Rahmen der Verkaufsförderung, ist grundsätzlich nicht unlauter. Eine gleichzeitig hierdurch eintretende, geringfügige Bedarfsdeckung muss in Kauf genommen werden; sie darf aber nicht überwiegen.

393 Proben sind nicht nur für neu auf den Markt gekommene gewerbliche Leistungen zulässig, sondern auch für bereits eingeführte Erzeugnisse.

394 Unlauterkeit liegt nur dann vor, wenn sich die Warenprobe nicht im Rahmen dessen hält, was für den Erprobungszweck erforderlich und ausreichend ist. Dabei müssen wir unterscheiden, ob es sich um Verbrauchsgegenstände oder um nicht verbrauchbare Produkte handelt, ob es um eigens als Muster hergestellte Packungen oder um Originalware geht.

Verbrauchsgegenstände in Probepackungen

395 Werden Probepackungen für zum Verbrauch bestimmte Produkte mit kleinen Mengen oder Stückzahlen eigens als Muster hergestellt, so spricht man von echten Warenproben. Als solche sind etwa zulässig Zahnpasta-, Hautcreme-, Shampoo-, Badezusatz- und Vitamintübchen, deren Inhalt zur in etwa zwei- bis viermaligen Erprobung ausreicht. Dabei kann sich die Probenverteilung auch über einen längeren Zeitraum erstrecken und in breiter Streuung erfolgen.

Verbrauchsgegenstände in Originalpackungen

396 Werden Waren als Proben in Originalpackungen in handelsüblicher Form unmittelbar oder durch Abgabe von Gutscheinen verteilt, so ist dies als solches zwar nicht unzulässig. Es gelten aber strengere Grundsätze. Originalproben müssen sich nicht nur im Rahmen des Erprobungszweckes halten, sondern dürfen auch nicht zu einer Bedarfsdeckung, nicht zu einer Marktverstopfung und damit nicht zu einer Behinderung der Mitbewerber führen. So wurde etwa die Verteilung von 13 000 Gutscheinen für ein Waschmitteldoppelpaket an alle Haushalte einer Kleinstadt für wettbewerbswidrig erklärt, ebenso die Ausgabe von 4,5 Millionen Gutscheinen für 1/4 Liter Wein.

Proben bei der Einführung von verbrauchbaren Produkten

397 Erscheint ein Produkt neu auf dem Markt, so ist die Rechtsprechung bezüglich der Verteilung von Originalwaren zu Probezwecken großzügiger, da eine Konkurrenzbehinderung nicht in Betracht kommt, sondern der Markt oftmals erst erschlossen wird. So hat der BGH das Verteilen von Gutscheinen zum unentgeltlichen Erwerb einer 100-Stück-Packung Allzwecktücher aus Zellstoff (Kleenex) an jeden vierten Haushalt von Wiesbaden für zulässig erklärt.

Wenn es schon erlaubt ist, Warenproben kostenlos zu verteilen, dann ist es erst recht zulässig, zur Erprobung neuer Waren Einführungspackungen mit geringerer Menge anzubieten, die preisgünstiger sind (Probierpreis) als die Normalpackungen.

Proben in Bezug auf nicht verbrauchbare Produkte

Auch Elektrorasierer, Fernsehgeräte, Mikrowellenherde, also Gegenstände, deren Verwendungszweck nicht im Verbrauch, sondern in der Benutzung liegt, können Gegenstand von Warenproben sein. Hier liegt der Erprobungszweck in einer *kurzfristigen Gebrauchsüberlassung*. Mehrmonatige kostenlose Überlassung eines Fernsehgeräts zu Testzwecken ist jedoch zu lang und daher unlauter. 398

Proben in Bezug auf Dienstleistungen

Hier wurde als im Rahmen der Erprobung liegend und daher für zulässig angesehen: Sechs kostenlose Unterrichtsabende zur Einführung in einen Programmierkurs, drei Monate kostenlose Erprobung bei Kreditkarten. 399

Proben bei Presseerzeugnissen

Tageszeitungen dürfen bis zu zwei Wochen als Probeexemplare unentgeltlich verteilt werden; ein vierwöchiger Probebezug ist unzulässig. Eine Ausnahme wird bei Neuvermählten gemacht. Hier sind die Gerichte etwas großzügiger und lassen einmonatige Probegratislieferung zu. 400

Zeitschriften dürfen bis zu drei Nummern kostenlos als Probe verteilt werden.

Die obigen Darlegungen gelten nicht für den *Pharmabereich*. Dort sind Proben nur auf Grund schriftlicher Anforderung zulässig, wobei nicht mehr als zwei Muster eines Fertigarzneimittels pro Jahr in kleinster Packungsgröße an Ärzte, Zahn- und Tierärzte abgegeben werden dürfen (§ 47 III, IV AMG); dabei ist über jede Abgabe gesondert Nachweis zu führen und auf Verlangen der Behörde vorzulegen ist. 401

3.1.3.1.3 Kopplungsangebote

Hierbei handelt es sich um verkaufsfördernde Maßnahmen, bei denen unterschiedliche Waren und/oder Dienstleistungen zu einem Gesamtpreis angeboten werden. Zwei Beispiele: 402

Beispiel
Werbung eines Touristikveranstalters für eine Ski-Pauschalreise mit Unterbringung in einem Ferienclub für x.– Euro. Im Preis enthalten war eine Skiausrüstung für Abfahrt oder Langlauf.
Werbung eines Stromanbieters: Ein Fernsehgerät bei Abschluss eines Stromlieferungsvertrages für zwei Jahre.

Derartige Kopplungsverträge sind grundsätzlich zulässig (BGH, GRUR 2006, 161 – Zeitschrift mit Sonnenbrille); sie sind nicht geeignet, die Rationalität der Nachfrageentscheidung eines verständigen Durchschnittsverbrauchers vollständig in den Hintergrund treten zu lassen. Allerdings können hinzukommende Unlauterkeitskriterien, wie etwa unzureichende Information oder Irreführung, Wettbewerbswidrigkeit begründen. 403

3.1.3.2 Ausnutzen von Gefühlen

404 In diesem Abschnitt geht es um Werbung mit **Emotionen**, durch welche man – wie auch bei der reinen Produktwerbung – positive Nachfrageentscheidungen herbeiführen will. Gefühle mannigfacher Art werden hierfür eingesetzt, sei es etwa durch Ausnutzen von Freundschaften, Vertrauen, sexueller Neugier, Mitgefühl, Hilfsbereitschaft, sozialem Verantwortungsgefühl oder Solidaritätsempfindungen.

Werbung mit *Angst* sei an dieser Stelle ausgeklammert, denn hierfür gibt es eine Spezialregelung in § 4, Ziff. 2 UWG.

Vorab einige grundlegende Bemerkungen:

405 Es gehört zum Bild des modernen Marketings, auf unterschiedlichste Art und Weise auf die Umworbenen einzuwirken, um sie zum Erwerb der angebotenen Leistung zu veranlassen. Wirtschaftswerbung umfasst nicht nur produktbezogene Werbung (eine Werbung mit Sachangaben, insbesondere Eigenschaften und Preis) oder unternehmensbezogene Werbung, sondern auch nicht rational fundierte Werbung, eben Werbung mit Gefühlen. Werbung lebt geradezu vom Ansprechen der emotionalen Ebene.

Maßgebend für die moderne Unlauterkeitsbeurteilung gefühlsbezogener Werbung sind die Benetton-Entscheidungen des Bundesverfassungsgerichts (z.B. BVG, WRP 01, 129 f. – H.I.V. Positive I). Hiernach gilt das Recht der freien Meinungsäußerung des Art. 5 I GG in vollem Umfang auch für die Wirtschaftswerbung. Eine Marketingmaßnahme muss sich nicht auf Produktaussagen oder eine Imagewerbung beschränken, sondern kann auch weitere Informationen einbeziehen, die zum Kauf motivieren sollen. So sind auch politische oder gesellschaftskritische Äußerungen oder Aussagen zu sozialen oder kulturellen Fragen – die sich meist auf der emotionalen Ebene bewegen – im Rahmen der Wirtschaftswerbung erlaubt; das bedeutet: Es muss *kein Sachzusammenhang* der Aussage mit dem Produkt oder dem werbungtreibenden Unternehmen bestehen. Kurzum: Gefühlsbezogene Werbung ist grundsätzlich erlaubt.

Unlauter im Sinne von § 4 Ziff. 1 UWG wird gefühlsbezogene Werbung erst dann, wenn die emotionale Einwirkung auf den normal kritischen, aufmerksamen, verständigen Durchschnittsverbraucher oder sonstigen Marktteilnehmer so stark ist, dass die Rationalität seiner Entscheidung völlig in den Hintergrund gedrängt wird – und dies dürfte in der Praxis recht selten der Fall sein.

Als unlauter kann emotionale Werbung aber auch aus anderen Gesichtspunkten qualifiziert werden, nämlich denen der Irreführung (§ 5 UWG), möglicherweise der Belästigung (§ 7 UWG). Unlauterkeit emotionaler Werbung wegen Irreführung dürfte in der Praxis relevanter sein als wegen Verstoßes gegen § 4 Ziff. 1 UWG.

Betrachten wir das Merkmal Unlauterkeit in Bezug auf gefühlsbezogene Werbung in den in der Praxis bedeutsamsten Konstellationen:

406 ▪ Bei der **produktbezogenen Werbung** ist das Ausnutzen von Emotionen grundsätzlich nicht unlauter im Sinne von § 4 Ziff. 1 UWG. Hier geht es meist um Aspekte sozialer Verantwortung für *Tier* und *Umwelt* und *Mensch*.

Was das Mitgefühl mit *Tieren* angeht, so wurde eine Werbung für Pelzersatzprodukte mit dem Hinweis, dass damit die Leiden und das Töten von Tieren vermieden werden können, nicht beanstandet (BVerfG, 2002, 455 ff. – Artenschutz).

Bei der *Umweltwerbung*, wo es vor allem um Schlagworte wie „bio", „öko", „umweltgerecht", „umweltfreundlich" ... geht, ist die Hürde des § 4 Ziff. 1 UWG in der Regel weniger hoch als die der Irreführung nach § 5 UWG.

Bei der Ausnutzung von Gefühlen in der Werbung in Bezug auf den *Menschen* geht es vorwiegend um dessen sensibelstes Gut: die Gesundheit. Gesundheitswerbung wird von den Gerichten stets streng beurteilt. Doch hier sind zunächst Spezialgesetze maßgebend, nämlich das Heilmittelwerbegesetz mit seinen zahlreichen Werbeverbotsvorschriften und das Lebensmittel-, Bedarfsgegenstände- und Futtermittelgesetzbuch. Was die Lauterkeitsbeurteilung angeht, so steht hier der Aspekt der Angstwerbung nach § 4 Ziff. 2 UWG und das Irreführungsverbot nach § 5 UWG im Vordergrund, erst dann ist an eine unsachliche Beeinflussung nach § 4 Ziff. 1 UWG zu denken.

- Auch Appelle an die soziale Verantwortung im Rahmen der **herstellungsbezogenen Werbung** sind nach § 4 Ziff. 1 UWG grundsätzlich zulässig, so etwa: ohne Tierversuche hergestellt – durch Blinde, Behinderte oder in Entwicklungsländern gefertigt. Auch hier ist das Irreführungsverbot nach § 5 UWG zu beachten. 407

- Auch **vertriebsbezogene Werbung** mit Gefühlen ist grundsätzlich zulässig im Sinne von § 4 Ziff. 1 UWG. Doch kann hier – je nach Lage des Einzelfalls – schon eher Unlauterkeit angenommen werden; hierzu folgendes Beispiel:

  Beispiel
  Unternehmer U, auf dem Gebiet der Zeitschriftenwerbung tätig, setzte hierzu gezielt und systematisch Schwerstsprachbehinderte ein. Diese Werber konnten sich nur dadurch verständlich machen, dass sie dem Umworbenen einen Zettel mit Werbetext überreichten. Durch diese Vertriebsmethode erfolgt ein Appell an das soziale Gewissen des Angesprochenen. Durch den persönlichen Kontakt mit diesem armen Menschen wird beim Umworbenen das Gefühl geweckt, diesen Behinderten unterstützen zu müssen. Eine derartige Beeinflussung des Verbrauchers kann die Rationalität seiner Entscheidung, ein Abonnement abzuschließen, völlig in den Hintergrund treten lassen. Der Umworbene hat hier weder Zeit noch Ruhe, sich rational zu entscheiden.

  Daher hat das Gericht in diesem Fall Unlauterkeit angenommen.

- Schließlich noch zur **erlösbezogenen Werbung.** Hier geht es darum, dass das werbende Unternehmen einen Teil des Erlöses einem sozialen Zweck zukommen oder einer wohltätigen Organisation als „Spende" zufließen lässt. Als Beispiel dazu die bekannte Krombacher-Bier-Werbung: 408

  „Mit jeder Kiste Krombacher, die Sie kaufen, schützen Sie einen Quadratmeter afrikanischen Regenwaldes".

Der BGH (GRUR 2007, 247/251 – Regenwaldprojekt I und II) hat diese Regenwaldaktion unter dem Aspekt des § 4 Ziff. 1 UWG nicht beanstandet. Der verständige Durchschnittsverbraucher, der diese Aussagen in Medien wie Fernsehen, Rundfunk, Zeitschriften zur Kenntnis nimmt, hat Zeit zum Überlegen. Es ist nicht anzunehmen, so der BGH, dass er unter dem Eindruck der Regenwaldaktion von der Prüfung der bestimmenden Warenmerkmale von Qualität und Preis völlig absieht.

Eine derartige – in der Praxis recht beliebte – Sponsoring-Werbung kann jedoch nach § 5 UWG unlauter sein. So kann Irreführung etwa vorliegen, wenn die versprochenen Sponsorenleistungen gar nicht erbracht werden, oder wenn sie hinter den gemachten Zusagen zurück bleiben (vgl. hierzu Fall 26).

409 Zum Schluss noch einige Bemerkungen zu der **geschmacklosen Werbung** und der **Schockwerbung**, die in der Werbepraxis immer wieder eine Rolle spielen.

Werbung, die ein Ärgernis darstellt, weil sie gegen das sittliche Empfinden von Teilen der Bevölkerung verstößt, ist grundsätzlich nicht unlauter im Sinne von § 4 Ziff. 1 UWG, da durch sie, so die Gerichte, die Rationalität der Nachfrageentscheidung nicht vollständig in den Hintergrund tritt.

Dies gilt insbesondere für Werbung, die gegen den guten Geschmack verstößt. Als Beispiele hierfür mögen einige verkaufsfördernde Maßnahmen mit sexistischen Anspielungen dienen:

Beispiele

Alkoholwerbung: Abbildung einer in einem Netz gefangenen Frau neben einer Wodkaflasche mit dem Hinweis: „Hätten Sie nicht Lust, sie gleich zu öffnen?".

Ein Likör in Miniaturflaschen wird unter den Bezeichnungen „Busengrapscher" und „Schlüpferstürmer" mit sexuell anstößigen Bilddarstellungen vertrieben.

Ein Mobilfunkanbieter bewarb seine Preise mit dem Slogan: „Noch billiger zu haben als Frau Schmidt aus der Buchhaltung".

In einem Werbekatalog wird in Hockstellung eine halbnackte Frau inmitten von Autozubehörteilen abgebildet; Überschrift: „Verschleißteile".

Dass es in all diesen geschmacklosen Fällen um eine Diskriminierung der Frau geht, liegt auf der Hand. Die Wort- und Bilddarstellungen vermitteln in obszöner Weise den Eindruck der freien Verfügbarkeit der Frau in sexueller Hinsicht. Sie wird gekränkt, herabgewürdigt, gedemütigt, zum reinen Lustobjekt degradiert. Doch dies allein reicht nicht aus, um eine Unlauterkeit im Sinne von § 4 Ziff. 1 UWG zu begründen. Derartige sexistische Darstellungen sind nämlich aus der Sicht des verständigen Durchschnittsverbrauchers nicht geeignet, seine Entscheidung zugunsten des Erwerbs des umworbenen Produkts zu beeinflussen.

410 Mit entsprechender Begründung ist auch die *Schockwerbung* grundsätzlich erlaubt. Hier denkt man sogleich an das italienische Modeunternehmen Benetton, das in seiner Werbung in drastischer Weise das Leiden von Menschen und Tieren darstellte. Als Beispiele seien genannt:

Beispiele

Die Abbildung eines nackten menschlichen Gesäßes mit dem Stempelaufdruck „H.I.V. POSITIVE", die Darstellung eines arbeitenden Kindes in der Dritten Welt, die Abbildung eines mit einer Ölschicht bedeckten Wasservogels.

In allen Fällen war lediglich der Name des Unternehmens angegeben. Bei einer derartigen Schockwerbung handelt es sich um eine Imagewerbung, bei der durch das Hervorrufen von Entsetzen und Ablehnung bei den Umworbenen Aufmerksamkeitseffekte und *Solidaritätsgefühle* mit dem Werbungtreibenden ausgelöst werden sollen. Hier wurde vom Bundesverfassungsgericht (z.B. WRP 2001, 129 f. – H.I.V. POSITIVE I) der

Schutz der Meinungsfreiheit zugunsten des Werbenden in den Vordergrund gestellt. Dass hier kein Sachzusammenhang dieser Werbung mit den Benetton-Textilangeboten bestand, war nach Auffassung des Gerichts nicht entscheidend (vgl. Rz 405).

3.2 Unlauterkeit nach § 4 Ziff. 2 UWG

Hiernach handelt derjenige unlauter, der geschäftliche Handlungen vornimmt, die geeignet sind, geistige oder körperliche Gebrechen, das Alter, die geschäftliche Unerfahrenheit, die Leichtgläubigkeit oder die Angst oder die Zwangslage von Verbrauchern auszunutzen. 411

Zunächst stellen wir fest, dass sich diese Vorschrift allein auf Verbraucher bezieht (B 2 C).

3.2.1 Ausnutzen von Gebrechen, Alter, Unerfahrenheit, Leichtgläubigkeit

Geistige oder körperliche Gebrechen liegen dann vor, wenn die Beurteilungs- und Entscheidungsfähigkeit des Betroffenen hinter der eines angemessen informierten, aufmerksamen und verständigen Durchschnittsverbrauchers deutlich zurückbleibt, und aus diesem Grund eine Anfälligkeit bezüglich unlauterer geschäftlicher Handlungen besteht. Beispiele hierfür können sein: Mangelnde Seh- oder Hörfähigkeit, Lähmung, Demenz, psychische Störungen, Spielsucht. 411a

Das Kriterium *Alter* ist nicht im Sinne von hohem Lebensalter zu verstehen, sondern bezieht sich primär auf Kinder und Jugendliche. Das Gesetz will diese besonders schützen, denn sie sind leichtgläubig und besonders beeinflussbar. Sie entscheiden oft gefühlsmäßig, spontan und wenig kritisch. Speziell an Kinder oder Jugendliche gerichtete Marketingaktivitäten unterliegen daher einer strengen Beurteilung durch die Gerichte. So hat der BGH eine in einer Jugendzeitschrift veröffentlichte Werbung für Handy-Klingeltöne für unzulässig erklärt, weil dort nur der Minutenpreis, nicht aber die voraussichtlichen Gesamtkosten für das Herunterladen der Klingeltöne angegeben waren (WRP 06, 885 f. – Werbung für Klingeltöne). 411b

Das Merkmal Alter kann sich aber auch auf ältere Menschen beziehen. Dies aber nicht automatisch, sondern nur dann, wenn diese nicht mehr die erforderlichen Einsichten für geschäftliche Handlungen haben wie der uns bekannte Typus Durchschnittsverbraucher.

Das Verbot der Ausnutzung der geschäftlichen *Unerfahrenheit* gilt für die Fälle, in denen der Werbungtreibende erkennen kann, dass der Umworbene nicht die erforderliche Erkenntnis und Reife hat, um die Bedeutung dieses Geschäfts sachgerecht zu beurteilen, und er dennoch diese Situation für seine kommerziellen Zwecke ausnutzt. Dies ist etwa der Fall, wenn einem kapitalschwachen Kunden ein Barkredit angedient wird, der seine finanziellen Möglichkeiten übersteigt. Auch das Aufschwatzen von teuren und umfangreichen Buchreihen ist wettbewerbswidrig, wenn erkennbar ist, dass 411c diese Werke für diese Zielgruppe an sich gar nicht in Betracht kommen und die Raten nur unter großen Opfern aufzubringen sind.

Nach der Rechtsprechung fällt auch das gezielte Ausnutzen der Rechtsunkenntnis der Verbraucher unter diese Fallgruppe (BGH, GRUR 2000, 731 f. – Sicherungsschein; GRUR 03, 252 – Widerrufsbelehrung IV), etwa bei falschen Angaben in der gesetzlich vorgeschriebenen Widerrufsbelehrung bei Online-Angeboten.

Bei den Gruppen Asylbewerber, Aussiedler und Einwanderer, die noch nicht lange in Deutschland leben, wird man häufig geneigt sein, das Merkmal Unerfahrenheit zu bejahen.

411d Bei dem Merkmal *Leichtgläubigkeit* geht es meistens darum, dass die Verbraucher ein besonderes Vertrauen zu einem bestimmten Anbieter haben, das auf seiner besonderen beruflichen Stellung und/oder auf seinen besonderen Kenntnissen und Fähigkeiten beruht. Dieses Vertrauen wird nunmehr dadurch ausgenutzt, dass dem Konsumenten ein Erzeugnis angedient wird, das er gar nicht benötigt oder sogar gefährlich für ihn ist. Zwei Beispiele: Ein Versicherungsvertreter empfiehlt eine Versicherung, die der Kunde gar nicht benötigt. – Ein Anlageberater offeriert ein Zertifikat mit sehr hoher Rendite, ohne auf die hohen Risiken hinzuweisen.

Vgl. Fall 23.

3.2.2 Ausnutzen der Angst

412 Im Zustand der Angst, d.h. in der Vorstellung drohender Gefahr, entscheidet man nicht klaren Kopfes, nicht frei und ungezwungen. Wer diese Situation ausnutzt, um Geschäfte zu machen, handelt unlauter.

Die größten Ängste sind naturgemäß die existenziellen Ängste, also die in Bezug auf Leben und Gesundheit. Daher schreibt § 11 Ziff. 7 HeilmittelwerbeG vor, dass bei der Bevölkerung für Arzneimittel nicht mit Aussagen geworben werden darf, die geeignet sind, Angstgefühle hervorzurufen oder auszunutzen. Ein Verstoß gegen diese Vorschrift würde auch den Tatbestand von § 4 Ziff. 11 UWG erfüllen (vgl. hierzu auch Rz 661).

Aber auch Werbehinweise, die Angstgefühle sonstiger – etwa wirtschaftlicher – Art gezielt einsetzen, um den Absatz zu fördern, sind unlauter.

> **Beispiel**
> So war die während des Golfkrieges geschaltete Werbung eines Ölhändlers unlauter (§ 3 I UWG), die sinngemäß lautete. „Kaufen Sie jetzt noch schnell Heizöl, solange es noch welches gibt! Wer weiß, wie lange die Straße von Hormuz noch schiffbar ist. Dann ist es aus!"
> Hierdurch wurden Heizölkunden veranlasst, sich einzudecken, aber nicht wegen eines tatsächlichen Bedarfs, sondern aus Angst, später kein Öl mehr zu bekommen.

Wenn eine latent vorhandene Angst, etwa in Bezug auf einen schwachen EURO, ausgenutzt wird durch Hinweise von Kapitalanlageberatern wie „Aktienfonds contra Kaufkraftschwund durch schwachen EURO", so war auch dies wettbewerbswidrig, ebenso wie eine Werbung wie „Brillanten gegen Inflation".

Allerdings ist nicht jede Aussage, die eine gewisse Ängstlichkeit hervorrufen kann, unlauter. Wird von einem Hersteller von Sicherheitsanlagen in sachlicher Information wahrheitsgemäß, in nüchterner Sprache und nicht als vollmundiger Angstmacher etwa darauf hingewiesen, dass man sein Haus auf Sicherheit gegen Einbruch überprüfen soll, so ist dies nicht wettbewerbswidrig.

Vgl. Fall 36a.

3.2.3 Ausnutzen einer Zwangslage

Nutzt ein Unternehmer eine überraschende, prekäre oder missliche Situation eines Verbrauchers aus, um selbst Vorteile daraus zu ziehen, so wird dies meist als unangemessene, unsachliche Beeinträchtigung der Entscheidungsfreiheit angesehen. Es geht hier häufig um **Überrumpelung**. Ein typisches Beispiel hierfür bietet der Autounfall: **413**

> **Beispiel**
>
> Ein Autoreparaturunternehmer spricht am Unfallort den Verkehrsunfallgeschädigten unaufgefordert an mit dem Ziel, ihn zum Abschluss eines Abschlepp-, Reparatur- oder Kraftfahrzeug-Mietvertrages zu veranlassen.
>
> Dies ist unlauter. In einer derartigen Zwangssituation ist der angesprochene Unfallgeschädigte in der Regel zu einer ruhigen Überlegung mit einer Abwägung des Für und Wider und damit zu einer freien und sachgerechten Entschließung nicht in der Lage.

Weitere Situationen, die unter das Merkmal Zwangslage fallen können, wären etwa: Trauerfall, Erkrankung, Scheidung, Kündigung.

3.3 Unlauterkeit nach § 4 Ziff. 3 UWG

Nach dieser Vorschrift ist es unlauter und damit unzulässig, den Werbecharakter von geschäftlichen Handlungen zu verschleiern. Positiv formuliert besagt dies: Werbung muss *als solche* erkennbar sein. Dies beinhaltet ein zweifaches Erfordernis: **414**
- Werbung muss **überhaupt** wahrnehmbar sein
- Werbung muss **als Werbung** erkennbar sein.

Vgl. Fall 36a.

Beim ersten Postulat handelt es sich um die sog. **unterschwellige = sublimale Werbung**. Dabei geht es um versteckte Einwirkungen auf die Umworbenen, die von diesen nicht rational wahrgenommen werden können. Dies kann etwa dadurch geschehen, dass Produkte, Marken, Werbetexte … so kurz eingeblendet werden, dass sie von den Zuschauern zwar optisch aufgenommen werden, aber nicht in deren Bewusstseinsebene eingehen. **415**

Durch derartige sublimale Techniken wird das Persönlichkeitsrecht (Art. I GG) berührt, nämlich das Recht auf individuelle Selbstbestimmung. Dieses setzt voraus, dass der Mensch überhaupt die Umstände – hier die Werbemaßnahmen – erkennen kann, um sich dann rational zu entscheiden. Ist der Umworbene sich einer Einwirkung gar nicht bewusst, so wird er quasi als Objekt gesteuert. Dies verstößt nicht nur gegen Art. I GG, sondern ist auch nach §§ 4 Ziff. 3, 3 I UWG unlauter.

Ausdrücklich untersagt sind Techniken der unterschwelligen Werbung durch § 7 III, S. 2 RfStV (der Rundfunkstaatsvertrag ist ein Staatsvertrag zwischen allen deutschen Bundesländern, der einheitliche Regeln für das Rundfunkrecht schafft).

416 Beim zweiten Erfordernis geht es um die Fälle der **getarnten Werbung**, die häufig auch als **Schleichwerbung** bezeichnet werden.

Ist Werbung als solche erkennbar, so geht der Umworbene von der subjektiven Meinung eines seine Leistung anpreisenden Unternehmers aus, wird dies entsprechend würdigen, indem er gewisse Abstriche macht. Erfolgt hingegen eine Information durch eine neutrale Stelle, etwa durch Presse, Funk-, Fernsehen, von einem Wissenschaftler oder aber auch durch ein Unternehmen eines anderen Wirtschaftszweiges, so geht der Angesprochene von einer mehr oder weniger *objektiven, neutralen, sachlichen* Information aus, wird die erwähnten Abstriche also nicht machen. Aus diesem Grunde ist eine Werbemaßnahme unlauter, wenn sie in einer Form betrieben wird, durch die dem Verkehr der wahre Charakter als Werbung verborgen bleibt und der Eindruck erweckt wird, es handele sich dabei um Meinungsäußerungen Dritter. Von dieser Grundlage ausgehend, verstehen sich folgende Arten der getarnten Werbung:

3.3.1 Erkennbarkeit von Werbung in der Presse

417 Um Unklarheiten zu vermeiden, verlangen Landespressegesetze und Gerichte von der Presse strikte **Trennung** von Werbung und redaktionellen Beiträgen. Der Durchschnittsbetrachter muss klar und deutlich erkennen können: Hier handelt es sich um **bezahlte** Wirtschaftswerbung, dort um **redaktionellen** Text mit objektivem Informationswert. Das Erstere darf sich nicht im Mäntelchen des Letzteren verstecken, selbst nicht einmal bei Kreuzworträtseln. Damit haben wir den **Trennungsgrundsatz** herausgearbeitet. Er gehört zu den bedeutsamsten Elementen des gesamten Medienrechts.

418 Diesem Gebot der Trennung von Werbung und redaktionellem Teil kann einmal durch besondere Anordnung und Gestaltung entsprochen sein; der einfachste Fall: Die Werbung erscheint in einem gesonderten Anzeigenteil der Zeitung. Befindet sie sich aber im redaktionellen Text, so kann sie dem Leser als solche durch eine besondere Aufmachung, etwa ihre Bildgestaltung, erkennbar sein. Ein bedeutsamer Hinweis ist der Umfang der Werbeanzeige. Je größeren Raum sie auf einer redaktionellen Textseite einnimmt, je eher ist sie als Werbung erkennbar. Trifft keiner dieser Aspekte *eindeutig* zu, so muss bezahlte Wirtschaftswerbung den deutlichen Hinweis „**Anzeige**" – über dem Inserat stehend – enthalten. Andere Formulierungen wie etwa „Public relations", „Werbereportage", „Promotion", „PR-Anzeige", „PR-Mitteilung" oder „Geschäftliche Information" sind für deutliche Kenntlichmachung des Werbecharakters, so die Gerichte, nicht ausreichend und daher unzulässig.

419 Ein Verstoß gegen diesen presserechtlichen Trennungsgrundsatz begründet in der Regel auch Unlauterkeit nach § 4 Ziff. 3, § 3 I UWG.

Vgl. Fall 48.

3.3.2 Redaktionelle Berichterstattung und getarnte Werbung in der Presse

Wie ist es aber, wenn in einem *redaktionellen* Text Informationen über ein Unternehmen und/oder über seine Erzeugnisse/Dienstleistungen erfolgen? Hier sind insbesondere folgende Ausgangspunkte zu berücksichtigen: Die Presse erfüllt Informationsaufgaben im Rahmen des Art. 5 I, S. 2 GG. Der Leser erwartet im redaktionellen Teil eines Printmediums eine *neutrale und unabhängige* Berichterstattung.

420

Probleme treten dort auf, wo sich der Leser in seinen Erwartungen getäuscht sieht. Dies ist dann der Fall, wenn sich – bei Licht betrachtet – in der redaktionellen Information Werbung versteckt. Die Grenze, wo Sachinformationen im Sinne des Art. 5 GG aufhört und wo Werbung beginnt, ist oft schwer zu ziehen und kann nur im Rahmen einer Gesamtwürdigung von Anlass und Inhalt des Presseartikels erfolgen.

Ein Beispiel zur Verletzung der *Neutralität*: Verfasst ein Unternehmer einen Beitrag über sein Produkt und wird dieser von einer Zeitung unverändert in den redaktionellen Teil übernommen, so liegt hierin eine wettbewerbsrechtliche Verschleierung. Der Leser glaubt nämlich an eigene journalistische Recherchen in einer neutralen Darstellung.

Was die *Unabhängigkeit* betrifft: Kann ein Printmedium nicht frei und unabhängig darüber entscheiden, ob, an welcher Stelle, wann und mit welchem Inhalt eine Berichterstattung über ein Unternehmen erfolgt, so ist auch dies wettbewerbswidrig. Eine solche Abhängigkeit könnte sich ergeben aus gesellschaftsrechtlichen Verflechtungen, aus Geldzahlungen oder sonstigen Gegenleistungen, wie etwa Zusagen von zukünftigen Anzeigenaufträgen.

Kommt man im Rahmen der Gesamtwürdigung zu dem Ergebnis, dass es sich um Werbung im Mantel von redaktioneller Berichterstattung handelt, so ist dies unlauter nach § 4, Ziff. 3 UWG (vgl. hierzu auch Rz 656).

3.3.3 Werbung in Rundfunk, Fernsehen und Telemedien

Der für die Presse herausgearbeitete **Trennungsgrundsatz** gilt auch für Rundfunk und Fernsehen, sowohl für die öffentlichrechtlichen als auch für die privaten Betreiber. § 7 III des Rundfunkstaatsvertrages in der Fassung des 13. Staatsvertrages vom 10.03. 2010 schreibt vor, dass Werbung als solche leicht erkennbar und vom redaktionellen Inhalt unterscheidbar sein muss. Sie muss dem Medium angemessen durch optische oder akustische Mittel oder durch räumliche Trennung eindeutig von anderen Sendungsteilen abgesetzt sein.

421

Entsprechendes gilt für Telemedien (§ 6 TMG). Was die Erkennbarkeit von Werbung im Internet angeht, so gelten die genannten Prinzipien analog, insbesondere bei der Verwendung eines Links, der zu einer Website führt.

Ein Verstoß gegen die genannten Regeln begründet neben der Verletzung des § 4, Ziff. 3 UWG auch eine solche des § 4, Ziff. 11 UWG (Rz 508 ff.).

Da Rundfunkteilnehmer davon ausgehen, dass Programm und Werbung getrennt sind, werden sie getäuscht, wenn der Werbecharakter nicht klar erkennbar ist. Um diese medienrechtlichen und wettbewerbsrechtlichen Aspekte geht es vor allem beim Sponsoring und Product-Placement.

3.3.3.1 Sponsoring

422 Eine gängige Definition von Sponsoring entnehmen wir – hier speziell für den Rundfunk formuliert – § 2 Ziff. 9 RfStV. Danach ist Sponsoring jeder Beitrag einer natürlichen oder juristischen Person oder Personenvereinigung, die an Rundfunktätigkeiten oder an der Produktion audiovisueller Werke nicht beteiligt ist, zur direkten oder indirekten Finanzierung einer Sendung, um den Namen, die Marke, das Erscheinungsbild der Person, ihre Tätigkeit oder ihre Leistungen zu fördern.

Sponsoring ist eine Erscheinungsform der Aufmerksamkeitswerbung und als solche grundsätzlich erlaubt.

Die wichtigsten Arten des Sponsoring: Sport-, Kultur-, Sozio-, Wissenschafts- und Kultursponsoring.

423 **Medienrechtlich** gibt der Rundfunkstaatsvertrag einige bedeutsame Regeln, die sowohl für die öffentlichrechtlichen als auch für die privaten Rundfunk- und Fernsehanstalten gelten. Als imagefördernde Marketingmaßnahme ist Sponsoring zulässig, wenn insbesondere folgende Voraussetzungen erfüllt sind (§ 8 RfStV):
- Bei gesponserten Sendungen muss zu Beginn und am Ende auf die Finanzierung durch den Sponsor in vertretbarer Kürze deutlich hingewiesen werden. Neben oder anstelle des Namens des Sponsors kann auch das Firmenemblem oder eine Marke, ein Hinweis auf seine Produkte oder Dienstleistungen eingeblendet werden (Abs. 1).
- Inhalt und Programmplatz der gesponserten Sendung dürfen vom Sponsor nicht in der Weise beeinflusst werden, dass die redaktionelle Verantwortung und Unabhängigkeit des Rundfunkveranstalters beeinträchtigt werden (Abs. 2).
- Die gesponserten Sendungen dürfen nicht zum Erwerb von Waren oder Dienstleistungen des Sponsors anregen (Abs. 3).
- Wer nicht werben darf (etwa die Tabakwarenindustrie), darf auch nicht sponsern (Abs. 4, 5).
- Nachrichtensendungen und Sendungen zum politischen Zeitgeschehen dürfen nicht gesponsert werden (Abs. 6).
- Diese Regeln gelten auch für das Teleshopping (Abs. 7).

424 Wer gegen diese medienrechtlichen Grundsätze verstößt, handelt in der Regel auch wettbewerbswidrig (§ 4 Ziff. 3 und Ziff. 11, § 3 I UWG).

3.3.3.2 Product-Placement

Unter Produktplatzierung versteht man die gekennzeichnete Erwähnung oder Darstellung von Waren, Dienstleistungen, Namen, Marken oder Tätigkeiten eines Herstellers von Waren oder des Erbringers von Dienstleistungen in Sendungen gegen **Entgelt** oder eine ähnliche Gegenleistung mit dem Ziel der Absatzförderung (§ 2 Ziff. 11 RfStV). Eine derartige Produktplatzierung ist als eine Erscheinungsform der Schleichwerbung **grundsätzlich unzulässig** (§ 7 VII, 1 RfStV). – Es sei betont, dass wir uns hier nicht in der Theorie, sondern auf sehr realem Boden bewegen. Große Summen sind beim Product-Placement schon geflossen. So sind z.B. in den Bienzle- und Schimanski-Tatort-Krimis bezahlte Placements zutage getreten. Auch in der täglichen Vorabend-Serie „Marienhof" und selbst bei Sportsendungen ist es zu massiven Fällen von bezahlter Schleichwerbung gekommen. Die dabei entrichteten Geldsummen sind nicht gerade geringfügig. Allein in der Zeit von Januar 2002 bis Mai 2005 sollen bei den Serien „Marienhof" und „In aller Freundschaft" Gelder von über 1,4 Millionen Euro geflossen sein, so Ermittlungen von Wirtschaftsprüfern.

425

Einige Ausnahmen vom Verbot des Product-Placement machen §§ 15, 44 RfStV. So ist Produktplatzierung im Rundfunk etwa in Filmen, Sportsendungen, und Sendungen der leichten Unterhaltung, die vom Veranstalter nicht selbst produziert wurden, erlaubt. Dies ebenso in den Fällen, in denen kein Entgelt geleistet wird, sondern lediglich bestimmte Waren oder Dienstleistungen kostenlos zur Verfügung gestellt werden.

426

In diesen Ausnahmefällen der §§ 15, 44 RfStV muss Product-Placement jedoch nach § 7 VII RfStV wichtige Voraussetzungen – wie wir diese zum Teil schon vom Sponsoring her kennen (Rz 423) – erfüllen: Die redaktionelle Verantwortung und Unabhängigkeit hinsichtlich Inhalt und Sendeplatz müssen unbeeinträchtigt bleiben. – Die Produktplatzierung darf nicht unmittelbar zum Warenkauf oder zu Dienstleistungen auffordern. – Das Produkt darf nicht zu stark herausgestellt werden. – Auf die Produktplatzierung ist eindeutig hinzuweisen; sie ist zu Beginn und zum Ende der Sendung angemessen zu kennzeichnen.

Im Übrigen ist für die Beurteilung einer Schleichwerbung nach § 4 Ziff. 3 UWG bedeutsam, ob die Produkterwähnung oder das Vorstellen des Erzeugnisses etwa zur Darstellung der realen Umwelt aus journalistischen, dramaturgischen oder künstlerischen Zwecken zwingend erforderlich ist. Hier sind – vorausgesetzt es sind keine Gelder geflossen – die Umstände des Einzelfalles maßgebend.

426a

Dabei kommt es zunächst einmal auf die Art der Programme an, in denen das Produkt dargeboten wird. Bei Nachrichten-, Magazinsendungen oder Talkshows haben Produktplatzierungen weit geringere Rechtfertigung als etwa bei Spielfilmen. Bei Letzteren stellt häufig ein bestimmtes Erzeugnis ein notwendiges Requisit im Handlungsablauf der realen Umwelt dar. Flieht etwa in einem Fernsehkrimi ein Verbrecher, so benutzt er in heutiger Zeit nun einmal ein Auto (dessen Marke vielen Zuschauern erkennbar ist) und keine Pferdekutsche. Derartige notwendige Produktplatzierungen sind wettbewerbsrechtlich nicht zu beanstanden.

427 Von Bedeutung ist aber auch die Art der Darstellung von Produkten im Programm. Erfolgt etwa die Einblendung eines Erzeugnisses in Großaufnahme oder über längere Zeit, obwohl dies von der Dramaturgie her gesehen gar nicht notwendig ist, so spricht in diesen Fällen sehr viel für den Werbecharakter und damit für eine unzulässige Schleichwerbung. Oder wird etwa ein Produkt verbal angepriesen, z.B. bei in einem TV-Film ein vom Zuschauer eindeutig erkennbares Auto als „toller Schlitten", so ist dies als unzulässige Produktplatzierung zu qualifizieren.

428 **Wettbewerbsrechtlich** liegt sowohl beim Sponsoring als auch beim Product-Placement Unlauterkeit nach § 4 Ziff. 3, § 3 I UWG vor, wenn den Marktteilnehmern der Werbecharakter nicht erkennbar ist. Ein Verstoß gegen die medienrechtlichen Grundsätze der Neutralität, Objektivität und Trennung der Werbung vom Programm bedeutet außerdem eine Verletzung einer Marktverhaltensregelung nach § 4 Ziff. 11 UWG, was eine unlautere geschäftliche Handlung nach § 3 I UWG darstellt (vgl. Rz 508 ff.).

429 Wird durch unzulässiges Sponsoring oder unlauteres Product-Placement gegen §§ 4 Ziff 3, 3 I, UWG verstoßen, so können zur Verantwortung gezogen werden
- Hörfunk- und Fernsehgesellschaften, seien es öffentlichrechtliche oder private,
- deren Mitarbeiter,
- die betroffenen Unternehmen,
- die eingeschalteten Werbeagenturen.

430 Die hier herausgearbeiteten Prinzipien gelten sowohl für die öffentlichrechtlichen als auch für die privaten Rundfunkanstalten.

3.3.4 Product-Placement bei Kinospielfilmen und Computerspielen

431 Für Kinospielfilme finden die Vorschriften des RfStV keine Anwendung, so dass für Product Placement nur die wettbewerbsrechtlichen Vorschriften (§§ 4 Ziff. 3; 3 I UWG) zu beachten sind. Die Prinzipien der Objektivität, der Neutralität und der Trennung von Werbung und Programm gelten für Kinofilme nicht so streng wie für das Fernsehen. Doch darf auch hier keine Tarnung von Werbung erfolgen. Massive bezahlte Wirtschaftswerbung unter dem Deckmantel filmischen Handlungsablaufs ist nicht zulässig. Mit einer solchen Tarnung rechnet das Publikum auch bei Kinofilmen nicht, so dass eine diesbezügliche Aufklärung der Kinobesucher erforderlich ist. Daher verlangt der BGH, dass bei Kinofilmen mit stark ausgeprägtem Werbecharakter schon bei deren Ankündigung auf diesen Werbecharakter hingewiesen wird (BGH, WRP 95, 923, 930 – Feuer, Eis & Dynamit I und II).

432 Ähnliches wie für Kinospielfilme gilt auch für das Product-Placement bei Computerspielen – man spricht hier von „In-Game Advertising": Massive bezahlte Werbung führt zur Unlauterkeit nach §§ 4 Ziff. 3, 3 I UWG.

3.3.5 Werbung als private Äußerungen getarnt

Kommerzielles unter dem Deckmantel von Privatem zu verstecken, ist unzulässige getarnte Werbung. So verstößt es etwa gegen §§ 4 Ziff. 3; 3 I UWG, wenn sich in Leserbriefen Werbung als private Meinungsäußerung vorgibt, wenn sich ein Hotel in seinen Bewertungsportalen selbst beste Noten gibt, wenn sich hinter Einträgen bei Wikipedia Wirtschaftswerbung versteckt. **433**

Eine besondere Rolle spielt in diesem Zusammenhang *Werbepost*, die als Privatbriefe getarnt ist. Hier gilt Folgendes: **434**

In jedem Fall des Direct-Mailings muss der Werbecharakter erkennbar sein. Vermittelt ein Werbebrief nach seiner gesamten Aufmachung, insbesondere wegen seines privaten Absenders, den Eindruck eines Privatbriefes, so ist diese Werbeaktion unlauter. Der werbliche Charakter wird hier verschleiert (§ 4 Ziff. 3; § 3 I UWG).

Spätestens nach dem Öffnen des Briefes muss sofort und klar erkennbar sein, dass es sich hier um Werbung handelt. Unlauter ist es also, wenn der Empfänger erst nach dem Durchlesen erkennt, dass es hier um eine Marketingmaßnahme geht.

3.3.6 Werbung mit getarnten wissenschaftlichen Äußerungen

Wird für eine gewerbliche Leistung in einer Weise geworben, dass bei dem Umworbenen der Eindruck entsteht, es handle sich um ein **unabhängiges**, objektives, fachkundiges, wissenschaftliches Urteil, steht aber der werbende Fachmann oder Wissenschaftler zum Werbungtreibenden in einem **sozialen Abhängigkeitsverhältnis**, sei es als dessen Arbeitnehmer, als freier Mitarbeiter oder auf Grund eines einzelnen Auftrages, so wird hier der werbliche Charakter verschleiert. **435**

Daraus ergibt sich: Besteht ein solches Abhängigkeitsverhältnis, so muss auf dieses hingewiesen werden, um den irrigen Eindruck auszuschalten, es handle sich um die unabhängige und unbeeinflusst zu Stande gekommene Ansicht eines besonders Sachkundigen, der man sich unbedenklich anschließen könne. **436**

> **Beispiel**
> Schreibt der im Pharmaunternehmen P angestellte Arzt A einen wissenschaftlichen Beitrag über ein neues Präparat von P in einem medizinischen Fachblatt, so darf der Verfasser nicht als „Dr. A" bezeichnet werden, sondern etwa „Dr. A aus der Firma P".

3.3.7 Verschleierung bei interessanten Arbeitsangeboten

Immer wieder findet man in Zeitungen oder Anzeigeblättern Angebote für hohe Zuverdienstmöglichkeiten, wie etwa: „Idealer Nebenverdienst – monatlich 1500,00 Euro …". Wenn nun der Interessent zum Kauf von Waren bestimmt wird, so verstößt dies gegen §§ 4 Ziff. 3, 3 I UWG wegen Verschleierung des Werbecharakters der Anzeige. **437**

3.4 Unlauterkeit nach § 4 Ziff. 4 UWG

438 Nach dieser Vorschrift handelt derjenige unlauter, der bei Verkaufsförderungsaktionen wie Preisnachlässen, Zugaben oder Geschenken die Bedingungen für ihre Inanspruchnahme nicht **klar** und **eindeutig** angibt. Es geht hier um das **Transparenzgebot**.

439 Gerade diese genannten Verkaufsförderungsmaßnahmen haben große Attraktivität und starke Anlockwirkung. Hieraus resultiert eine nicht unerhebliche Missbrauchsgefahr (BT Drucksache 15/1487, S. 17). Es besteht hier ein *spezieller* Informationsbedarf der Abnehmer.

Mit Preisnachlässen, Zugaben und Geschenken nennt das Gesetz nur Beispielsfälle. Das bedeutet, dass weitere Verkaufsförderungsmaßnahmen im Sinne von Zuwendungen geldwerter Vergünstigungen Gegenstand von § 4 Ziff. 4 UWG sein können. So sind nach dieser Vorschrift insbesondere zu beurteilen: Sommer- und Winterschlussverkäufe, Räumungsverkäufe (wegen Umbaus oder Geschäftsaufgabe), besondere Angebote anlässlich von Geburtstagen, Jubiläen, Geschäftseröffnung, Produkteinführung und zu sonstigen bestimmten Anlässen, auch Kopplungsangebote und Kundenbindungssysteme.

Vorab gilt es klar herauszustellen, dass § 4 Ziff. 4 UWG nicht das gesamte Recht bezüglich der genannten verkaufsfördernden Maßnahmen regelt, sondern nur ein bestimmtes Segment, nämlich nur die *Bedingungen für ihre Inanspruchnahme*.

Der Begriff „Bedingungen für ihre Inanspruchnahme" ist weit zu ziehen. Er bezieht sich zum einen auf die **Berechtigung** zur Inanspruchnahme, zum anderen auf die **Modalitäten** der Inanspruchnahme. Dementsprechend muss der Werbende klar und eindeutig angeben, welcher Personenkreis in den Genuss der Verkaufsförderungsmaßnahme kommen soll, in welchem Zeitraum die Aktion laufen soll und auf welche Waren bzw. Warengruppen sich diese bezieht. Vor allem beim Zeitfaktor können Probleme auftreten. Sieht der Werbende für eine Sonderaktion eine zeitliche Begrenzung vor, so muss der erste und der letzte Kalendertag dieser Maßnahme angegeben werden. Eine Angabe wie „nur 8 Tage gültig" ist nicht klar und eindeutig. Allerdings ist der Anbietende nicht verpflichtet, einen bestimmten zeitlichen Rahmen zu benennen, auch nicht bei einem Räumungsverkauf wegen Geschäftsaufgabe, wegen Umbaus oder beim Sommer-/Winterschlussverkauf.

Bei **Gutscheinen** muss angegeben werden, welchen Einlösewert diese haben. Bei **Zugaben** ist anzugeben, inwieweit ihre Gewährung vom Bezug einer Ware oder Dienstleistung abhängig ist.

Bei Angaben im Rahmen von **Kundenbindungssystemen**, muss klar angegeben werden, welcher Wert dem Berechnungsfaktor (z.B. einem Bonuspunkt) zukommt.

Beispiele

Eine Mineralölgesellschaft wirbt in einem Rundfunkspot mit den Worten „Bei Einsatz von 8 Punkten erhalten Sie den Sprit um 5 Cent je Liter billiger". Die Werbung ist aus sich heraus nicht verständlich. Es bleibt unklar, was der Umworbene genau tun muss, um den Preisnachlass in Anspruch nehmen zu können.

Ein Reiseunternehmen wirbt im Fernsehen mit der Aussage „Zwei Tage im Hotel in Miami für nur 599,– €". Es bleibt indessen unklar, ob der Flug in diesem Preis enthalten ist und um welche Hotelkategorie es sich bei dem Angebot handelt.

Dem Prinzip der Klarheit und Eindeutigkeit ist z.B. auch dann nicht entsprochen, wenn sich mehrere Verkaufsstätten zusammenschließen, eine „City-Card" herausgeben und für diese ganz pauschal mit Gewährung hoher Rabatte werben. Es müssten hier die Bedingungen im Einzelnen genau mitgeteilt werden.

Nicht unter § 4 Ziff. 4 UWG fallen unklare Angaben über die Höhe des verlangten Preises. Insoweit kann aber § 5 UWG (Irreführung) in Betracht kommen.

Vgl. Fall 23.

3.5 Unlauterkeit nach § 4 Ziff. 5 UWG

3.5.1 Grundsätzliches zu Preisausschreiben

In diesem Abschnitt geht es um Preisausschreiben und um Gewinnspiele mit Werbecharakter. Diese sind bei allen Beteiligten extrem beliebt, so dass an dieser Stelle nicht nur der Sektor Klarheit der Teilnahmebedingungen nach § 4 Ziff. 5 UWG, sondern darüber hinausgehend dieses Rechtsgebiet in der *Gesamtschau* kurz dargestellt werden soll. **440**

Unter *Preisausschreiben* versteht man die Aufforderung zur Teilnahme an einem Wettbewerb, bei dem der Gewinner auf Grund einer erbrachten Leistung ermittelt werden soll. Dabei ist es gleichgültig, ob es sich um ein sog. Leistungspreisausschreiben oder ein Nichtleistungspreisausschreiben handelt. Bei Ersterem wird eine bestimmte Leistung gefordert, etwa im Rahmen eines Fantasie-, Mal- oder Fotowettbewerbs oder das Texten eines Werbeverses. Beim Nichtleistungspreisausschreiben hingegen ist die Lösung kinderleicht, also von jedermann ohne weiteres zu erbringen, so dass es hier, bei Licht betrachtet, um eine Art Verlosung geht; eine besondere Spielart des Preisausschreibens ist das *Preisrätsel*. **441**

Unter *Gewinnspiel* versteht man die Aufforderung zur Teilnahme an einer Ausspielung, bei dem der Gewinner durch eine Zufallsentscheidung ermittelt wird. **442**

Bei allen diesen Varianten geht es um aleatorische – also vom Zufall abhängige – Marketingmaßnahmen, die sich die **Spiellust**, einen Trieb, der vielen Menschen immanent ist, zunutze machen.

Den Spieltrieb zum Zwecke eigener Verkaufsförderungsmaßnahmen zu nutzen, ist grundsätzlich wettbewerbskonform, dienen diese Maßnahmen dem Unternehmer doch dazu, auf seine Waren oder Dienstleistungen aufmerksam zu machen bzw. an diese zu erinnern. Hiervon ausgehend hielten die Gerichte schon immer Gewinnspiele, die der bloßen **Aufmerksamkeitswerbung** dienen oder bei denen es im Wesentlichen allein auf den Unterhaltungszweck ankommt, grundsätzlich für erlaubt. Wettbewerbswidrigkeit ist nur dann gegeben, wenn **besondere unlautere Umstände** **443** vorliegen, auf Grund derer sachfremde Einflüsse auf den Kaufentschluss der Angehörigen der angesprochenen Verkehrskreise ein zu starkes Gewicht erlangen.

444 Erlaubt sind diese Preiswettbewerbe selbst dann, wenn ansehnliche Preise, etwa große Reisen, Kraftfahrzeuge oder beachtliche Geldpreise ausgesetzt sind. Die Gerichte sind hier seit jeher recht großzügig und sehen darin allein keine unlautere Beeinflussung.

445 Von diesen Grundgedanken ausgehend, wollen wir uns zunächst einen Überblick über die wichtigsten rechtlichen Grundlagen verschaffen:

446 **Erstens: Schwarze Liste** (Anhang zu § 3 III UWG) *Verbraucher* betreffend:

Unlauter ist das Angebot eines Wettbewerbs oder Preisausschreibens, wenn weder die in Aussicht gestellten Preise noch ein angemessenes Äquivalent vergeben werden (Ziff. 20). Diese Vorschrift beinhaltet einen speziellen Aspekt der Irreführung (5 UWG).

447 **Zweitens: § 4 Ziff. 5 und 6 UWG**

§ 4 Ziff. 5 UWG betrifft das Postulat der Klarheit der Teilnahmebedingungen, also das *Transparenzgebot*.

§ 4 Ziff. 6 UWG verbietet in Bezug auf Verbraucher eine Koppelung des Preiswettbewerbs mit einem Warenbezug. Ein derartiges generelles Koppelungsverbot hat der EuGH jedoch abgelehnt, vielmehr eine Einzelfallprüfung postuliert und insofern diese Ziffer 6 für unwirksam erklärt. Daher werden wir uns mit dem Koppelungsverbot nach dieser Ziffer 6 nicht weiter befassen.

448 **Drittens: Allgemeine Grundsätze der Beurteilung nach §§ 4 Ziff. 1, 5 UWG**

Hier geht es um die besonderen Umstände, die ausnahmsweise Unlauterkeit begründen.

449 **Viertens: § 8a RfStV**

Auch nach dieser Spezialvorschrift gilt für Gewinnspielsendungen und Gewinnspiele im *Rundfunk* der Grundsatz der Zulässigkeit von Preiswettbewerben.

Fünftens: § 6 I Ziff. 4 TMG

Für den Bereich des elektronischen Geschäftsverkehrs gilt das Transparenzgebot, das mit dem von § 4 Ziff. 5 UWG vergleichbar ist.

Sechstens: § 11 I, 1 Ziff. 13 HWG

Was Heilmittel angeht, so verbietet diese Vorschrift außerhalb der Fachkreise eine Werbung mit Preisausschreiben und anderen aleatorischen Verkaufsförderungsmaßnahmen, sofern diese einer unzweckmäßigen oder übermäßigen Verwendung von Arzneimitteln Vorschub leisten.

Doch nun zu den wichtigsten Aspekten im Einzelnen.

3.5.2 Klarheit der Teilnahmebedingungen

Nach § 4 Ziff. 5 handelt derjenige unlauter, der bei Preisausschreiben oder Gewinnspielen mit Werbecharakter die **Teilnahmebedingungen** nicht **klar** und **eindeutig** angibt. Diese Vorschrift soll dem Informationsbedürfnis der angesprochenen Verkehrskreise Rechnung tragen. Wir erkennen sofort, dass es sich hier um eine Parallelvorschrift zu § 4 Ziff. 4 UWG handelt. Hier in der Ziffer 5 wird das *Transparenzgebot* speziell in Bezug auf Preiswettbewerbe postuliert. 450

Wir erkennen weiterhin, dass es sich bei dieser Regelung nicht um die Normierung des gesamten Rechtsgebietes der Preisausschreiben und Gewinnspiele handelt, sondern nur um einen kleinen Sektor. 451

Was die Adressaten dieser Vorschrift angeht, so erkennen wir weiterhin sofort, dass das Gesetz hier nicht nur für das Verhältnis Werbungtreibender – Verbraucher (B 2 C), sondern auch auf das Unternehmer – Unternehmer gilt (B 2 B), also etwa für den Fall, dass ein Hersteller ein Preisausschreiben für Händler durchführt. 452

Der Begriff der „Teilnahmebedingungen" umfasst sowohl die **Teilnahmeberechtigung** als auch die **Modalitäten** der Teilnahme. 453

Was die Teilnahmeberechtigung angeht: Der Werbende muss genau angeben, wer zur Teilnahme zugelassen wird oder wer ausgeschlossen sein soll (z.B. Betriebsangehörige). 454

Zu den Modalitäten: Zunächst muss den Umworbenen klar und deutlich vor Augen geführt werden, wer der Veranstalter ist, dass es sich hier um ein Preisausschreiben/Gewinnspiel mit Werbecharakter handelt, was dieses zum Gegenstand hat, Einsendeschluss, welche Gewinne ausgelobt und wie die Gewinner ermittelt werden (Los, Notar), wie die Benachrichtigung und Gewinnzustellung erfolgt. Schließlich ist der Teilnehmer zu informieren, was er tun muss, um in den Genuss des Gewinns kommen zu können, nämlich die Einsendung der Lösung, etwa per Postkarte, FAX, E-Mail, Telefon, unter Angabe seiner Adresse. 455

Ferner muss der Umworbene auch über etwaige Kosten für die Inanspruchnahme des Preises bzw. Gewinns genauestens informiert werden. 456

Beispiel Als Gewinn bei einem Preissauschreiben mit Werbecharakter wird eine Woche Urlaub in einer Ferienclub-Anlage in der Türkei ausgelobt. Es wird allerdings nicht klargestellt, dass der Gewinner die Kosten für den Flug in die Türkei und für seine Verpflegung aus eigener Tasche bezahlen muss. Dies ist unlauter.

3.5.3 Unzulässige Preisausschreiben als Ausnahme

Preisausschreiben und Gewinnspiele sind im Normalfall wettbewerbsrechtlich nicht zu beanstanden. Diesen Grundsatz haben wir oben bereits herausgearbeitet (Rz 443). Unlauterkeit liegt ausnahmsweise nur dann vor, wenn ganz besondere Umstände vorliegen, die ihrerseits die Unlauterkeit begründen. 457

458 Die entscheidende Frage ist also: Welches sind derartige besondere Umstände, die unlauterkeitsbegründend sind? Es sind dies, so die Gerichte, insbesondere: Irreführung, psychischer/moralischer Kaufzwang, ein übermäßiges Anlocken oder anreißerische Belästigung. Einmal steht das eine Unlauterkeitsmerkmal im Vordergrund, einmal das andere, zum Teil auch in Kombination. Häufig tritt noch erschwerend dazu, dass bestimmte Werbemethoden eine erhebliche Gefahr der Nachahmung durch Konkurrenten begründen, so dass der Wettbewerb entartet und die **Allgemeinheit** betroffen wird.

Hiervon ausgehend einige Beispiele, bei denen **ausnahmsweise** Unlauterkeit von Preisausschreiben und Gewinnspielen angenommen wurde:

459 Zum Geldeinsatz:

Die Teilnahme an einem Gewinnspiel muss unentgeltlich sein. Hat der Teilnehmer einen – wenn auch versteckten – **Geldeinsatz** zu leisten, wie etwa einen „Unkostenbeitrag", eine „Teilnahmegebühr" oder ein ähnliches „Preisgeld", so handelt es sich bei Licht besehen um ein Glücksspiel und die gesamte Aktion ist unlauter (vgl. Rz 508 ff.) und darüber hinaus sogar strafbar (§ 286 StGB). – Das Porto, das ein Teilnehmer aufwenden muss, um die Lösung an den Veranstalter zu senden, ist kein die Unlauterkeit begründender Geldeinsatz.

460 Zum psychischen/moralischen Kaufzwang:

> Beispiel
>
> Eine junge Frau hatte 500,– € beim Preisausschreiben eines großen Wäscheversandhandelsgeschäftes gewonnen. Letzteres schickte einen Verkaufsvertreter, der die Gewinnübergabe zu einem intensiven Verkaufsgespräch nutzte. Dabei stellte er es frei, die 500,– € in bar auszuzahlen oder auf den Kaufpreis anzurechnen. Die Frau bestellte für ca. € 300,– Waren.
>
> Hier ist die Art und Weise der Verteilung der Preise unlauter. Die Preisträgerin wird während des Verkaufsgespräches nicht von dem Gefühl frei sein, man sei, da man nun jetzt viel gewonnen habe, und auch wegen der Anwesenheit des Verkaufsrepräsentanten, anstandshalber verpflichtet, von dem Verkaufsangebot Gebrauch zu machen. Ein derartiger moralischer Kaufzwang, verbunden mit einem gewissen psychischen Druck, birgt die Gefahr eines unsachlichen Einflusses und ist daher wettbewerbswidrig (§ 4 Ziff. 1, § 3 I UWG).

461 Zur Irreführung:

Häufiger als die Fälle der Beeinträchtigung der Rationalität der Kaufentscheidung im Rahmen eines Preisausschreibens oder Gewinnspiels (§ 4 Ziff. 1 UWG) sind die der Irreführung (§ 5 UWG). So sind etwa unlauter: Irreführung über die Gewinnchance – Vortäuschen wertvoller Gewinngegenstände, in der Tat geht es um minderwertige Preise – Erwecken des Eindrucks, die Gewinne beziehen sich auf *eine* bestimmte Werbeveranstaltung, in Wirklichkeit kommen sie erst nach einem halben Jahr bezogen auf eine Vielzahl derartiger Veranstaltungen zur Verteilung – Hervorrufen des Anscheins der Auslobung nur weniger wertvoller Preise, effektiv erhält jeder Teilnehmer eine geringwertige Kleinigkeit. – Kostenloses Wochenende im Nobel-Hotel X gewonnen, An- und Abreise sind jedoch selbst zu bezahlen.

462 Ein Hinweis zum Schluss: Geldpreise sind beliebter als Sachpreise, da man sich mit Geld eben jeden Wunsch erfüllen kann. Daher gehen die Gerichte davon aus, dass ausgesetzte Geldpreise eine besonders starke Anlockwirkung haben. Eine etwas größere Vorsicht ist hier also geboten, um keine unlautere geschäftliche Handlung zu begehen.

Vgl. Fall 35.

3.6 Unlauterkeit nach § 4 Ziff. 7 UWG

Nach dieser Vorschrift ist es unlauter, wenn Kennzeichen, Waren, Dienstleistungen, Tätigkeiten oder persönliche oder geschäftliche Verhältnisse eines Mitbewerbers *herabgesetzt* oder *verunglimpft* werden. Es geht hier um den Schutz des Konkurrenten, den Schutz seiner sog. *Geschäftsehre;* wir bewegen uns hier also im Bereich der geschäftlichen Handlungen der Unternehmer untereinander (B 2 B), die in einem Wettbewerbsverhältnis (Rz 343 ff.) stehen. Daneben besteht hier aber auch ein Interesse der Allgemeinheit an einem unverfälschten Wettbewerb (§ 1, 2 UWG). **463**

§ 4 Ziff. 7 UWG ist ein Unterfall der gezielten Behinderung des § 4 Ziff. 10 UWG, wobei die Ziffer 7 als speziellere Regelung vorgeht.

Gegenstand des Verbots ist eine Herabsetzung oder Verunglimpfung des Konkurrenten im Rahmen seines Geschäftsbetriebes. Unter Herabsetzung versteht man eine Maßnahme, die die Wertschätzung des Betroffenen verringert. Verunglimpfung ist eine gesteigerte Form der Herabsetzung in dem Sinne, dass noch eine gewisse Verächtlichmachung hinzutritt. Ob eine Herabsetzung oder Verunglimpfung vorliegt, beurteilt sich aus der Sichtweise der durchschnittlich informierten, aufmerksamen und verständigen Angehörigen der angesprochenen Verkehrskreise.

Erfolgt eine derartige Herabsetzung oder Verunglimpfung im Rahmen vergleichender Werbung, so ist die Parallelvorschrift des § 6 II Ziff. 5 UWG als Spezialvorschrift anzuwenden.

Gegenstand einer Herabsetzung/Verunglimpfung können sein: Unwahre Tatsachenbehauptungen – wahre Tatsachenbehauptungen – Werturteile.

Das Schutzsubjekt, der betroffene Konkurrent, darf aber, so die Gerichte, nicht isoliert betrachtet werden. Ihm gegenüber steht nämlich das Recht der Meinungsfreiheit (Art. 5 I GG) dessen, der die kritische Äußerung getätigt hat. Dabei ist zu unterscheiden:

Eine Herabsetzung/Verunglimpfung mit unwahren Tatsachenbehauptungen ist immer unlauter; die Grundrechte der Meinungs- und Pressefreiheit schützen den Verunglimpfenden nicht. – Bei einer Herabsetzung/Verunglimpfung mit wahren Tatsachenbehauptungen oder mit Werturteilen ist eine *Interessenabwägung* im Einzelfall erforderlich. Dabei geht es in der Regel um folgende Kriterien: Sachlich berechtigtes Informationsinteresse der Zielgruppe, hinreichender Anlass zu der Kritik, die sich nach Art und Maß im Rahmen des Erforderlichen zu halten hat.

Nach diesen Kriterien ist eine *Schmähkritik*, bei der der Mitbewerber pauschal und ohne erkennbaren sachlichen Bezug abgewertet wird, unzulässig.

Beispiele

Einige **Beispiele** für Unlauterkeit in diesem Sinne:
- Die Konkurrenzware ist: minderwertig, alles Ramsch, Mist, Scheiß des Monats.
- Meine Handwerkskollegen sind alle Pfuscher.
- Fallen Sie nicht auf den Schwindel herein, der durch die Konkurrenten mit Rabatten betrieben wird.
- Von einer Konkurrenzzeitung zu behaupten, sie tauge nur für Toilettenpapier.
- Ein Hersteller von Fertighäusern in Bezug auf die Fertighäuser der Mitbewerber: „Die Steinzeit ist längst vorbei!"
- Einen Konkurrenzsender als Schmuddelsender zu bezeichnen.
- Der Vorwurf unseriöser Machenschaften, wenn keine konkreten Belege genannt werden.
- Der Vorwurf, der Mitbewerber beschäftige nur Scheinselbständige.

464 Eine besondere Rolle spielt hier die sog. **persönliche Werbung**. Das ist eine solche, bei der in besonders negativer Art und Weise auf die Person, persönliche Eigenschaften und Verhältnisse von Konkurrenten hingewiesen wird, um dadurch den eigenen Absatz zu fördern (vgl. Rz 608, 627).

Beispiele

Hinweise auf Krankheiten des Mitbewerbers, auf dessen Vorstrafen, Rasse, Ausländereigenschaft, Partei- oder Religionszugehörigkeit; Behauptungen, wie Konkurrent lebe in undurchsichtigen Familienverhältnissen, bewege sich in zwielichtiger Gesellschaft, sei titelsüchtig, sei kein Fachmann, sei unzuverlässig, behandle seine Mitarbeiter schlecht, treibe in den Konkurs, verstoße gegen das Wettbewerbsrecht, sei ein Halsabschneider, handle betrügerisch, illegal, standeswidrig, oder er sei korrupt.

Diese persönliche Werbung verstößt – auch wenn sie wahr ist – gegen § 4 Ziff. 7 UWG, oder wenn sie im Rahmen vergleichender Werbung erfolgt gegen § 6 II Ziff. 5 UWG. Sie ist – und in diesem Punkte ist man einhelliger Meinung – eine besonders üble Form der Werbung.

3.7 Unlauterkeit nach § 4 Ziff. 8 UWG

465 Es geht hier – wie bei der soeben dargestellten Ziffer 7 – um die Verletzung der **Geschäftsehre**; man spricht in diesem Fall häufig von **Anschwärzung.**

Auch diese Vorschrift bezieht sich allein auf das Verhältnis Unternehmer – Mitbewerber (B 2 B). Auch sie ist ein Unterfall der gezielten Behinderung (§ 4 Ziff. 10 UWG), wobei die Ziffer 8 als speziellere Regelung vorgeht.

Betrachten wir diese etwas sperrig formulierte Vorschrift nach ihren einzelnen Merkmalen:

Nach § 4 Ziff. 8 UWG handelt derjenige unlauter, der
- über einen Mitbewerber,
- sei es
    - über dessen Unternehmen
    - über die Person des Inhabers oder Leiters des Unternehmens oder
    - über dessen Waren oder Dienstleistungen

- Tatsachen
- behauptet oder verbreitet
- sofern diese geeignet sind, den Betrieb des Unternehmens oder den Kredit des Inhabers zu schädigen
- sofern diese Tatsachen nicht erweislich wahr sind.

Kurzum: Die geschäftliche üble Nachrede ist untersagt.

Beispiel Ein Unternehmer behauptet über einen jüngeren Konkurrenten – ohne dies beweisen zu können –, dieser habe sich selbstständig machen müssen, weil er keine Anstellung mehr gefunden habe, da er von seinem bisherigen Arbeitgeber wegen Unterschlagung entlassen worden sei.

Erklärungsbedürftig ist erst die Rechtsvoraussetzung **Tatsachen**. Dies sind **nachprüfbare** Vorgänge. Reine Werturteile scheiden hier somit aus. Die Abgrenzung im Einzelnen ist oft schwierig; entscheidend ist auch hier die Sichtweise der angesprochenen Zielgruppe. **466**

Behaupten einer Tatsache heißt, diese aus eigenem Wissen mitteilen. **467**

Verbreiten bedeutet, eine empfangene Information an Dritte weitergeben.

Eine Quellenangabe oder ein evtl. gemachter Vorbehalt, etwa in Bezug auf ein Gerücht, hilft demjenigen, der übel nachredet, nicht.

Die Tatsachenbehauptung muss *geeignet* sein, den Betrieb des Geschäfts oder den **Kredit** des Inhabers zu **schädigen**. Es genügt jede Art der Beeinträchtigung im gewerblichen Bereich, sei es in der allgemeinen Wertschätzung des betroffenen Unternehmers, sei es in Bezug auf ein konkretes Produkt oder auf eine bestimmte Dienstleistung. **468**

Zum Merkmal *Eignung* zur Geschäfts- oder Kreditschädigung einige Beispiele aus der Rechtsprechung: **468a**

Beispiele
- Die Behauptung fehlender Lieferfähigkeit.
- Namensnennung in einer Schwarzen Liste von Unternehmen mit zweifelhafter Bonität.
- Behauptung: Das Erzeugnis eines Mitbewerbers erfülle nicht die DIN-Normen.
- Behauptung: Konkurrent X habe zweimal pleite gemacht.

Die negative Formulierung, „soweit die Tatsachen **nicht erweislich wahr** sind", gibt eine Beweisregel: **Umkehrung der Beweislast**. Das bedeutet, dass der Nachredende im Streitfall die Wahrheit seiner Behauptung beweisen muss. Bleibt das Beweisergebnis offen, dann geht dies zu seinen Lasten. Derjenige, der kreditgefährdende Tatsachen über einen anderen verbreiten will, sollte sich vorher also genau überlegen, ob er diese auch beweisen kann. Eine segensreiche Voraussetzung! **469**

Diese Beweislasterleichterung gilt nicht in dem Sonderfall einer **vertraulichen Mitteilung**, sofern ein berechtigtes Interesse des Mitteilenden oder des Empfängers an der Mitteilung besteht (§ 4 Ziff. 8 HS 2 UWG); das bedeutet konkret, dass in diesem Fall wieder die allgemeinen Beweisregeln gelten. **470**

Vertraulichkeit liegt vor, wenn die diskrete Behandlung ausdrücklich zur Pflicht gemacht worden ist oder sich aus den Umständen heraus klar und deutlich ergibt.

Vgl. Fall 22.

3.8 Unlauterkeit nach § 4 Ziff. 9 UWG

3.8.1 Allgemeines

471 Es geht hier um die Unlauterkeit eines Angebotes von Waren/Dienstleistungen, die eine Nachahmung der Waren/Dienstleistungen eines Mitbewerbers sind.

Entscheidend ist hier das Merkmal **Nachahmung**. Lassen Sie uns hierüber vorab einige Grundgedanken herausarbeiten:

Menschliche Leistung beginnt nicht beim Stande null, sondern baut auf dem auf, was die Vorwelt erschaffen hat. – Eine Binsenweisheit, die aber für das Verständnis dieses Kapitels förderlich ist. Nachschaffen, nachbauen, nachahmen ..., nennen wir es zunächst wie wir wollen, ist also etwas völlig Normales im menschlichen Leben, auch in der Wirtschaft. So kann bereits an dieser Stelle ganz pauschalierend vorab gesagt werden, dass nachahmender Wirtschaftswettbewerb grundsätzlich erlaubt ist.

Diese zunächst aus der allgemeinen Lebenserfahrung abgeleitete Erkenntnis wird durch Gesetze erhärtet: **Nicht** nachgeahmt werden dürfen lediglich Gegenstände, die einen **Sonderrechtsschutz** genießen. Wir kennen diese bereits. So dürfen nicht nachgeahmt werden: Werke – und die entsprechend geschützten Leistungen – nach dem Urheberrechtsgesetz, geschützte Designs nach dem Designgesetz, geschützte Erfindungen nach dem Patent- und Gebrauchsmustergesetz, bestimmte Kennzeichen nach dem Markengesetz. Besteht ein derartiger Sonderrechtsschutz nicht, so ist die Nachahmung erlaubt. Aus diesem Umkehrschluss haben wir – auch von der gesetzlichen Systematik her – den für das Wettbewerbsrecht äußerst bedeutsamen Grundsatz erkannt: Es besteht **Nachahmungsfreiheit**. Nachahmung ist also grundsätzlich nicht unlauter i.S. von § 3 I UWG. Sie ist es selbst dann nicht, wenn das fremde Arbeitsergebnis mit „Mühen und Kosten" errungen ist, die der Nachschaffende nicht aufzuwenden braucht. **Unzulässigkeit** ist vielmehr nur dann gegeben, wenn – über die bloße Nachahmung hinausgehend – **besondere Umstände vorliegen, die dann ihrerseits die Unlauterkeit begründen.**

In den Fallgruppen a) bis c) werden in § 4 Ziff. 9 UWG die wichtigsten Fälle der die **Unlauterkeit begründenden besonderen Umstände** genannt.

Der Katalog in a) bis c) ist jedoch nicht abschließend.

Wir erkennen also: Im Rahmen des Gewerblichen Rechtschutzes gibt unsere Rechtsordnung nicht nur einen Rechtsschutz gegen Nachahmung aus den uns bekannten Gesetzen (Patent-, Gebrauchsmuster- ...gesetz), sondern auch aus dem UWG, wenn auch nur unter bestimmten engen Voraussetzungen. Wir sprechen hier vom **ergän-**

zenden wettbewerbsrechtlichen Leistungsschutz oder vom **lauterkeitsrechtlichen Nachahmungsschutz**. Gegenstand dieses Rechtsschutzes können Leistungs-und Arbeitsergebnisse aller Art sein.

Bei diesem lauterkeitsrechtlichen Nachahmungsschutz geht es jedoch nicht um individualrechtliche Ausschließlichkeitsrechte wie beim Patent, Gebrauchsmuster ..., sondern um wettbewerbsrechtliche, schuldrechtliche Ansprüche zur Bekämpfung von unlauterer Verwertung einer fremden Leistung; es geht hier um eine Marktverhaltensregelung.

Doch nun schließlich zum Begriff der **Nachahmung** im Einzelnen: Nachahmung setzt voraus, dass dem Erzeugnis des Nachahmers ein Originalprodukt als Vorbild gedient hat und dass sich das Produkt des Nachahmers mehr oder weniger an das Vorbild anlehnt.   472

Dabei werden drei Erscheinungsformen unterschieden:
- Die *identische Nachahmung*, man spricht hier oft auch von der unmittelbaren Leistungsübernahme. Hier wird die fremde Leistung vollständig und unverändert übernommen. Dies geschieht meist durch technische Vervielfältigungsmethoden, etwa durch Kopieren, Scannen, Nachdrucken. So etwa: die identische Übernahme mittels Ablichtung von fremden Werbeprospekten für die eigene Werbung oder von Allgemeinen Geschäftsbedingungen zur eigenen Verwendung.
- Die *nahezu identische Nachahmung*. Hier bestehen geringfügige Abweichungen vom Original, die vom Gesamteindruck her gesehen jedoch kaum ins Gewicht fallen, wie etwa: das Nachgießen einer Plastik, die Nachgüsse von Konkurrenzprodukten.
- Die *nachschaffende Nachahmung*. Hier wird das Original als Vorbild benutzt und mittels eigener Leistung ein Produkt geschaffen, das sich mehr oder weniger an das Original annähert.

Wir sehen, dass hier der Unterschied allein in dem *Grad der Intensität* der Übernahme der fremden Leistung liegt. Zur Anschauung:

Beispiel
Wir gehen auf den „Apfel-Madonna"-Fall zurück (Rz 23): Dort hat der nachahmende Bildhauer das fremde Leistungsergebnis nicht etwa mithilfe eines technischen Verfahrens unmittelbar ausgenutzt, sondern jedes Stück seiner Nachbildung von Hand geschnitzt. Wenn er zunächst auch das Rohmodell mithilfe einer Fräse angefertigt hatte, so wurde doch die Feinarbeit der Schnitzerei von Hand gefertigt. Darin liegt aber eine eigene handwerkliche Leistung. Damit handelte es sich hier um eine nachschaffende Nachahmung und nicht um eine mühelose, unmittelbare Leistungsübernahme.

3.8.2 Schutzvoraussetzungen

§ 4 Ziff. 9 UWG beinhaltet mehrere Rechtsvoraussetzungen, geschriebene und ungeschriebene, die es im Folgenden zu betrachten gilt:

3.8.2.1 Wettbewerbsverhältnis

473 Diese Vorschrift bezieht sich nur auf das Verhältnis von Unternehmern untereinander (B 2 B). Diese müssen in einem konkreten Wettbewerbsverhältnis stehen (was bereits erarbeitet ist, Rz 343 ff).

3.8.2.2 Angebot von nachgeahmten Waren oder Dienstleistungen

474 Der Mitbewerber muss die nachgeahmte Ware/Dienstleistung auf dem Markt anbieten. Hierbei ist „anbieten" in weitestem Sinne zu verstehen, ganz allgemein im Sinne von vermarkten, ist also nicht auf die Fälle von § 145 ff. BGB beschränkt. Was die Nachahmung angeht, so wurde diese soeben dargelegt.

3.8.2.3 Wettbewerbliche Eigenart

475 Dies ist ein ungeschriebenes Merkmal von § 4 Ziff. 9 UWG, das in jahrzehntelanger ständiger Rechtsprechung gefordert wird: Nur Erzeugnisse, die wettbewerbliche Eigenart aufweisen, genießen Nachahmungsschutz. Wettbewerbliche Eigenart liegt vor, wenn die konkrete Ausgestaltung oder bestimmte Merkmale des Erzeugnisses geeignet sind, die angesprochenen Verkehrskreise auf die betriebliche Herkunft oder seine Besonderheiten hinzuweisen.

Wettbewerbliche Eigenart kann in verschiedenen Erscheinungsformen auftreten, etwa in ästhetischen oder in technischen Merkmalen, in Programmen (z.B. ein Möbel- oder Regalsystem), in Sachgesamtheiten (Sandmalkasten, BGH vom 22.03 2012, Az I ZR 21/11), aber auch in Kennzeichen oder Werbeslogan. Sie muss ihren Niederschlag in **konkreten Gestaltungsmerkmalen** gefunden haben, durch die der Verkehr einen Bezug auf einen bestimmten Betrieb herstellt; eine **abstrakte Idee** genießt also **keinen lauterkeitsrechtlichen Nachahmungsschutz.**

Mit dem designrechtlichen Begriff Eigenart (Rz 210) besteht keine Kongruenz.

Maßgebend für die Feststellung der wettbewerblichen Eigenart ist die **Verkehrsauffassung**, die der Richter in der Regel aus eigener Sachkunde beurteilen kann, wobei er alle Umstände des Einzelfalles zu berücksichtigen hat. Dabei ist der **Gesamteindruck** der sich gegenüberstehenden Erzeugnisse auf die angesprochenen Betrachter maßgebend und nicht eine zergliedernde und auf einzelne Elemente abstellende Betrachtung.

Indizien für die Feststellung wettbewerblicher Eigenart können sein: Neuheit, Kostenaufwand für die Herstellung des Produkts, dessen werbliche Präsenz, dessen Marktanteil, dessen Dauer auf dem Markt.

Wettbewerbliche Eigenart erfordert keine besondere Originalität, weder in seiner Gesamtheit, noch in seinen einzelnen Merkmalen. Es muss aber ein besonderes Gepräge vorliegen, das dieses Erzeugnis von anderen Produkten abhebt, so dass die angesprochenen Verkehrskreise auf die Herkunft aus einem bestimmten Unternehmen schließen.

Das Kriterium wettbewerbliche Eigenart dient – grob gesprochen – dazu, den wettbewerbsrechtlichen Leistungsschutz auf schutzwürdige Erzeugnisse zu beschränken, um damit alltägliche Leistungs- und Arbeitsergebnisse davon auszuschließen.

3.8.2.4 Wechselwirkung

Zwischen der wettbewerblichen Eigenart, der Intensität der Nachahmung und den besonderen wettbewerblichen Umständen der lit. a) bis c) von § 4 Ziff. 9 UWG besteht nach ständiger Rechtsprechung eine Wechselwirkung: Je größer die wettbewerbliche Eigenart und je stärker die Intensität der Nachahmung, desto geringer sind die Anforderungen an die besonderen Umstände, die die Unlauterkeit nach den Merkmalen der lit. a) bis c) begründen – und umgekehrt. Das bedeutet etwa: Bei einer identischen oder nahezu identischen Leistungsübernahme (Rz 472) sind relativ geringe Anforderungen an die besonderen unlauterkeitsbegründenden Umstände zu stellen. **476**

Beispiel
Unternehmer U stellt nach einem speziellen Verfahren seit Jahren Kunststoffzähne her, die bei Zahnärzten in beträchtlichem Umfang Verwendung finden. X fertigt Abgüsse dieser Kunststoffprodukte und bringt diese ohne jegliche Veränderung auf den Markt. – Bei dieser nahezu identischen Leistungsübernahme, also einer höchst intensiven Nachahmung, wird man – natürlich unter Berücksichtigung aller weiteren Umstände – geneigt sein, das Vorliegen der die Unlauterkeit begründenden Kriterien von § 4 Ziff. 9 a) UWG zu bejahen.

3.8.2.5 Ausnahme § 4 Ziff. 9 a) UWG

Nach § 4 Ziff. 9 a) UWG handelt der Unternehmer unlauter, der ein Nachahmungsprodukt auf dem Markt anbietet, wenn eine vermeidbare Täuschung der Abnehmer über die betriebliche Herkunft herbeiführt wird. **477**

Es handelt sich hier also darum, dass eine nachgeahmte Leistung angeboten wird, und der Verkehr auf Grund dieser Nachahmung irrigerweise annimmt, das nachgeahmte Arbeitsergebnis stamme aus demselben oder einem mit diesem geschäftlich verbundenen Unternehmen wie die Originalleistung; kurzum: es geht um **Verwechslungsgefahr**. Diese haben wir bereits im Zeichenrecht kennen gelernt (Rz 271 ff.). Es gilt hier das dort Dargestellte entsprechend; wir müssen lediglich an Stelle des Kennzeichens dort das Arbeitsergebnis hier einsetzen. Das bedeutet, dass auch hier die Verwechslungsgefahr im weiteren Sinne genügt.

Eine vermeidbare Täuschung der Abnehmer über die betriebliche Herkunft wird von den Gerichten angenommen, wenn **478**
- die nachgeahmte Leistung wettbewerbliche Eigenart aufweist und
- bekannt ist und
- der Nachahmer nicht die zumutbaren und erforderlichen Verhütungsmaßnahmen ergriffen hat.

479 Ob eine vermeidbare Herkunftstäuschung vorliegt, hängt von der Sichtweise angesprochenen Verkehrskreise ab. Handelt es sich bei der Zielgruppe um Fachleute, so werden diese einer Herkunftstäuschung nicht so leicht unterliegen wie ein nicht sachkundiges Laienpublikum, denn Fachleute betrachten, wie wir wissen, kritischer. (Vgl. hierzu auch Rz 657).

Was die *wettbewerbliche Eigenart* angeht, so wurde diese bereits dargestellt (Rz 475).

480 Zur **Bekanntheit**: Das nachgeahmte Erzeugnis muss bei einem nicht unerheblichen Teil der angesprochenen Verkehrskreise eine gewisse Bekanntheit erlangt haben, denn sonst kann eine Gefahr einer Täuschung nicht bestehen.

481 Zu den *zumutbaren* **Verhütungsmaßnahmen**: Wird eine Leistung, die wettbewerbliche Eigenart und eine gewisse Verkehrsbekanntheit aufweist, nachgeahmt und angeboten, so muss der Nachschaffende, um den Vorwurf der Unlauterkeit zu vermeiden, die erforderlichen und zumutbaren Maßnahmen ergreifen, um der **Gefahr einer Herkunftstäuschung entgegenzutreten**, wie etwa durch Änderung von Materialien, der äußeren Form, Aufmachung, Farbgestaltung, durch besondere Kennzeichen (etwa durch Hausfarben, durch Anbringung der Firmenabkürzung an allen sichtbaren Teilen, Hervorheben von Marke oder Firmennamen). Welche Art und welchen Umfang diese die Irreführung vermeidenden Maßnahmen aufweisen müssen, lässt sich nicht generell und pauschalierend sagen. Der Abstand, der vom Vorbild einzuhalten ist, ergibt sich aus der Abwägung der Interessen: dem Interesse des Erstherstellers, seinen Vorsprung zu halten und vor Herkunftsverwechslungen geschützt zu werden und dem des Nachschaffenden an freier Nutzung nicht geschützter Leistungen. Je objektiv schutzwürdiger die nachgeahmte Leistung durch wettbewerbliche Eigenart und Verkehrsbekanntheit ist, desto stärkere Unterscheidungsmerkmale sind vom Nachahmer zu verlangen. Der zuzumutende Abstand wächst also mit der wettbewerblichen Eigenart und Bekanntheit der Leistung des Erstherstellers (vgl. BGH, WRP 2000, 1031 ff. – Rollstuhlnachbau). Bei der Frage des **zuzumutenden Abstandes** fällt ins Gewicht, ob es um eine Nachahmung
– im technischen Bereich oder
– im ästhetischen Bereich oder
– dem Bereich der Werbung
geht.

482 Im **technischen Bereich** ist für die Beurteilung der Zulässigkeit des Nachbaus technisch-funktionaler Elemente maßgebend, ob diese technisch notwendig oder ob sie technisch bedingt, aber trotz ihrer technischen Funktion frei wählbar und austauschbar sind. In ersterem Falle liegt bei Nachahmung keine wettbewerbliche Eigenart und damit keine Wettbewerbswidrigkeit vor. Sind die maßgeblichen Merkmale hingegen technisch bedingt, aber frei wählbar und austauschbar, so können sie einem Erzeugnis wettbewerbliche Eigenart verleihen (BGH, GRUR 2010, 80, LIKEaBIKE). In diesem Fall kommt es darauf an, ob der *zuzumutende Abstand* eingehalten worden ist. Dabei werden an diesen von den Gerichten keine allzu hohen Anforderungen gestellt. Es genügt eine deutliche Unterscheidung, etwa durch gut wahrnehmbares und dauerhaftes Anbringen der Marke. Was die technischen Gestaltungsmerkmale selbst angeht, so besteht Wahlfreiheit zwischen mehreren technischen Lösungen. Ein Mitbewerber ist nicht gezwungen, auf wirtschaftlich unrationelle, umständliche oder kostspielige Gestaltungen auszuweichen, nur weil eine sachgerechte technische Vorrichtung bereits vorher angewendet worden war. Diese bedeutsamen Grundsätze sind in dem grundlegenden Pulverbehälterfall (BGH, GRUR 68, 591 ff. – Pulverbehälter) entwickelt worden; dort ging es um Folgendes:

> **Beispiel**
>
> Ein führendes Unternehmen auf dem Gebiet der Schweißtechnik baute und vertrieb neue Flammspritzpistolen, zu deren Bestandteilen eine Mischkammer gehörte, auf die ein Vorratsbehälter für Schweißpulver aufgesetzt wird. Dieser Pulverbehälter unterscheidet sich von den früheren Behältern dieser Art dadurch, dass er anstatt aus Metall aus milchig durchsichtigem Kunststoff und aus einem Stück war. Ein Patent- oder Gebrauchsmusterschutz bestand hierfür nicht. Nunmehr brachte ein Konkurrent ebenfalls Flammspritzpistolen mit Mischkammer und Pulverbehälter auf den Markt.
>
> Der BGH hielt den Nachbau in diesem Falle für zulässig. Das Gericht erklärte, dass jeder Unternehmer das Recht hat, den freien Stand der Technik zu benutzen. Der Vertrieb technischer Erzeugnisse, bei denen gemeinfreie Gestaltungsmerkmale nachgebaut werden, ist daher grundsätzlich nicht unlauter. Dabei ist es gleichgültig, ob die vom fremden Erzeugnis übernommenen technischen Merkmale technisch unbedingt notwendig sind oder nicht. Der Nachbau ist dann nicht zu beanstanden, wenn ein vernünftiger Gewerbetreibender, der auch den Gebrauchszweck und die Verkäuflichkeit des Erzeugnisses berücksichtigt, die übernommene Gestaltung dem offenbarten Stand der Technik einschließlich der praktischen Erfahrung als angemessene technische Lösung entnehmen kann. Wettbewerbswidrigkeit wegen vermeidbarer Herkunftstäuschung hat der BGH hier verneint. Der Nachahmer hat seine *Marke* nämlich *deutlich* wahrnehmbar und *dauerhaft* auf seinem Pulverbehälter angebracht, was vor allem den Fachleuten, bei denen dieses Produkt allein vertrieben wird, ins Auge fällt.

483 Im **ästhetischen Bereich** sind die Anforderungen der Rechtsprechung an den *zuzumutenden Abstand* **strenger** als auf technischem Gebiet. Bei ästhetischen Gestaltungsformen verbleibt – selbst bei einer Anpassung an Zeitgeschmack und Moderichtung – in der Regel ein größerer Spielraum für abweichende Gestaltungen, um einen erkennbaren Abstand von dem nachgeahmten Erzeugnis des Mitbewerbers zu schaffen. Im Bereich ästhetischer Leistungen wird nur selten ein sachlich gerechtfertigter Grund zu einer fast identischen Nachahmung anzunehmen sein.

484 Für den **Bereich der Werbung** lassen sich aus obigen Darlegungen einige bedeutsame Erkenntnisse ableiten:

Die wettbewerbliche Eigenart muss, wie wir wissen, ihren Niederschlag in einer ganz *konkreten Ausgestaltung* gefunden haben; eine abstrakte Idee genügt nicht. Eine ungestaltete, bloße Werbeidee genießt daher keinen wettbewerblichen Schutz. Die Nachahmung von Werbemotiv, Werbestil, den Kern der Werbeargumente, Geschmacksrichtungen ist daher nicht unlauter. In diesem Sinne wurde der bloßen Idee, die der Allgemeinheit bekannten Figuren „Die drei Musketiere" in der Werbung zu verwenden, der lauterkeitsrechtliche Nachahmungsschutz versagt.

485 Hat sich die Werbeidee in einer bestimmten Werbemaßnahme konkretisiert, so ist deren Nachahmung grundsätzlich auch nicht unlauter, selbst nicht bei einer Nachahmung sämtlicher Werbemaßnahmen eines Konkurrenten, wenn es sich um allgemein *übliche*, von allen Mitbewerbern in gleicher oder ähnlicher Form benutzte Werbemittel handelt.

Weist eine Werbemaßnahme jedoch wettbewerbliche Eigenart auf, ist sie bekannt und wird der zumutbare Abstand nicht eingehalten, so liegt hier ausnahmsweise Unlauterkeit vor unter dem Gesichtspunkt vermeidbarer Herkunftstäuschung, wie etwa dann, wenn gegenüber dem selben Kundenkreis ein Katalog verwendet wird, der äußerlich dem bekannten Katalog eines Mitbewerbers nach Format, Papier, Farbe, Druck und Gestaltung völlig gleicht.

3.8.2.6 Ausnahme § 4 Ziff. 9 b) UWG

486 Nach § 4 Ziff. 9 b UWG ist es unlauter, nachgeahmte Waren oder Dienstleistungen anzubieten, wenn die Wertschätzung der Originalware oder Originaldienstleistung unangemessen ausgenutzt oder beeinträchtigt wird. Diese Vorschrift ist ein Sonderfall der unlauteren Mitbewerberbehinderung nach § 4 Ziff. 10 UWG.

Tritt zu der wettbewerblichen Eigenart (Rz 475) eines nachgeahmten Erzeugnisses noch eine besondere *Wertschätzung* hinzu und wird diese unangemessen beeinträchtigt, so ist dies ein weiterer Umstand, der ausnahmsweise die Unlauterkeit einer Nachahmung begründen kann.

Unter Wertschätzung ist der **gute Ruf** des Originalprodukts zu verstehen, das „Produktimage". Ein gutes Anschauungsbeispiel hierfür bildet der Fall Tchibo/Rolex (BGH, GRUR 85, 876 ff., Tchibo-Rolex).

Beispiel: Der bekannte Kaffeeröster Tchibo bot in seinen mehreren tausend Filialen und Depot-Geschäften Herren- und Damenarmbanduhren an, die bestimmten Modellen von Rolex (für diese bestand kein Sonderrechtsschutz) täuschend echt nachgeahmt waren und warb hierfür mit entsprechenden Abbildungen. Hiergegen klagte Rolex.

Gute Verarbeitung und typische Gestaltungsmerkmale der Rolex-Modelle, die interessierten Verkehrskreisen bekannt sind, so der BGH, begründen eine schutzwürdige, wettbewerbliche Eigenart. Als teure Markenuhren tritt noch ein besonderer Prestigewert hinzu, so dass aus all diesen Gründen diese Rolex-Modelle einen guten Ruf genießen. Mit den Imitaten benutzt Tchibo das von Rolex geschaffene Image und versucht, mit der billigen Nachahmung den gleichen Eliteeffekt zu erzielen. Damit wird die **Wertschätzung** der nachgeahmten Rolex-Uhren **unangemessen beeinträchtigt**. Dies ist unlauter nach § 4 Ziff. 9 b UWG.

3.8.2.7 Ausnahme § 4 Ziff. 9 c) UWG

487 Nach § 4 Ziff. 9 c UWG handelt derjenige unlauter, der nachgeahmte Waren oder Dienstleistungen anbietet, wenn er die für die Nachahmung erforderlichen Kenntnisse oder Unterlagen unredlich erlangt hat.

Voraussetzung ist auch hier, dass das nachgeahmte Produkt wettbewerbliche Eigenart (Rz 475) aufweist.

Unredlich erlangt sind die Kenntnisse oder Unterlagen etwa durch Verrat von Geschäfts- und Betriebsgeheimnissen (§§ 16 ff. UWG), Erschleichen (Werkspionage), Vertrauensbruch oder durch Erfüllen der Straftatbestände der §§ 242, 246 StGB.

Vgl. Fälle 38, 41, 45.

3.8.2.8 Weitere Unlauterkeitsmerkmale

Die Regelung von § 4 Ziff. 9 UWG ist nicht abschließend. Die von der früheren Rechtsprechung entwickelten Fallgruppen können daher auch heute noch herangezogen werden. Davon sei eine Konstellation im Folgenden kurz dargestellt: 488

Die Planmäßige Nachahmung

Lehnt sich ein Nachahmer aufs Engste an eine Vielzahl von Produkten an, nutzt deren Gütevorstellungen am Markt aus und imitiert diese Erzeugnisse schrittweise und zielstrebig, eines nach dem anderen – immer wieder – so ist eine derartige *planmäßige und systematische Nachahmung* unlauter. Je häufiger die Nachahmungshandlungen stattfinden, umso geringere Anforderungen sind an die wettbewerbliche Eigenart und die Bekanntheit der imitierten Erzeugnisse zu stellen. 489

3.9 Unlauterkeit nach § 4 Ziff. 10 UWG

Nach § 4 Ziff. 10 UWG ist es unlauter, **Mitbewerber** gezielt zu **behindern**. 490

Es geht hier, wie die Formulierung zeigt, ausschließlich um das Verhältnis der Unternehmer untereinander (B 2 B).

Behinderung bedeutet: Beeinträchtigung der wettbewerblichen Entfaltungsmöglichkeiten eines Konkurrenten. Dabei sind die Entfaltungsmöglichkeiten in weitestem Sinne im Rahmen des gesamten Marketings zu sehen, von der Forschung über Planung, Finanzierung, Personaleinsatz, Herstellung, Werbung, Vertrieb bis hin zur Garantie.

3.9.1 Allgemeines

Man unterscheidet generell zwei Arten von Behinderung: 491
- eine Behinderung in Bezug auf *bestimmte Mitbewerber* – die **individuelle Behinderung,**
- eine Behinderung, die den *Bestand* des Wettbewerbs auf einem bestimmten Markt gefährdet – die **allgemeine Behinderung.**

§ 4 Ziff. 10 UWG bezieht sich nur auf die individuelle Behinderung; dies zeigen die Kriterien „Mitbewerber" und „gezielt".

Die Rechtsprechung hat typische Erscheinungsformen des unlauteren individuellen Behinderungswettbewerbs im Sinne der Ziffer 10 herausgearbeitet, von denen wir hier nur wenige näher betrachten werden. Dabei dürfen wir aber nicht schematisch denken. Wir werden hier Kriterien vorfinden, die wir bereits oben (Ziff. 1 bis 9 von § 4 UWG) kennen gelernt haben. Das liegt an der *generalklauselartigen Fassung* der Ziffer 10, die eine ganze Anzahl von wettbewerbsrechtlichen Detailaspekten beinhaltet, die häufig nicht alternativ, sondern additiv auftreten. 492

493 Die von Ziffer 10 nicht erfasste *allgemeine Behinderung* findet ihre Beurteilung über die Generalklausel des § 3 I UWG. Das hat aus dem Grunde so zu erfolgen, weil, wir haben dies schon mehrfach betont, die Tatbestände von § 4 UWG nicht abschließend sind.

Im Folgenden werden wir uns der **individuellen Behinderung** zuwenden.

3.9.2 Unerlaubte Behinderung

494 Auch hier müssen wir stets den Ausgangspunkt vor Augen haben: Es ist dem Wettbewerb eigen, dass geschäftliche Handlungen durchaus geeignet sind, die Konkurrenten zu beeinträchtigen (§ 1 Ziff. 1 UWG; Rz 342 ff.) und damit zu behindern. Um dieses breite Spektrum des Begriffes Behinderung geht es in Ziffer 10 nicht. Nicht jegliche Behinderung ist unzulässig. Durch das Merkmal **„gezielt"** soll nämlich zum Ausdruck gebracht werden, dass eine Behinderung von Mitbewerbern als bloße Folge des Wettbewerbs nicht ausreicht, um den Tatbestand zu verwirklichen. Wettbewerbswidrig ist eine Behinderung vielmehr nur dann, wenn ein Verhalten allein oder überwiegend den **Zweck** verfolgt, einen oder mehrere Konkurrenten zu beeinträchtigen oder gar auszuschalten und objektiv auch geeignet ist, die beabsichtigte Wirkung zu erzielen. Als Beispiel hierfür möge der uralte „Benzinkampf-Fall" dienen:

> *Beispiel*
>
> Mehrere Mitbewerber am Ort hatten die Preise eines Konkurrenten **planmäßig und systematisch** unterboten.
>
> Dem Prinzip des Wettbewerbs entsprechend, ist jeder Unternehmer in seiner Preisgestaltung frei; er darf sogar unter Selbstkosten verkaufen. Darum ging es hier aber nicht. Die jeweilige systematische Unterbietung der Preise des missliebigen Konkurrenten diente offensichtlich dazu, diesen entweder ganz auszuschalten oder ihn zu marktkonformen Preisen zu zwingen.
>
> Dieser zu missbilligende Zweck machte die an sich zulässigen Preisherabsetzungen wettbewerbswidrig.

495 Unlauter – und das ist wettbewerbsrechtlich meist problemlos – sind die Fälle, bei denen Mittel eingesetzt werden, die schon nach ihrer Natur der Behinderung der Wettbewerber dienen, wie etwa Boykott, Verletzung der Geschäftsehre (vgl. auch Rz 465 ff.), Anwendung physischer Gewalt (Sachbeschädigung, Körperverletzung, Brandstiftung) oder psychischer Gewalt (einem Lieferanten wird mit einer Strafanzeige wegen anderer Sache gedroht, wenn er den Mitbewerber des Drohenden weiter beliefere). Da diese Fälle erfreulicherweise doch recht selten sind, werden wir sie nicht weiter vertiefen.

Weitaus größere Schwierigkeiten bereiten die Fälle, bei denen die angewandten *Mittel* an sich den Prinzipien des Wettbewerbs entsprechen, die, isoliert betrachtet, also wettbewerbskonform sind, wo aber bestimmte Unlauterkeitsmerkmale hinzutreten. Diesem subtilen Bereich, wo eine riesige Anzahl von Fällen die Gerichte beschäftigten, wollen wir uns zuwenden und einige Fallgruppen herausarbeiten.

3.9.2.1 Behinderung durch Preiskampf

Der Preis ist der wichtigste Faktor im Konkurrenzkampf. Durch Preisunterbietung kann der Mitbewerber behindert werden. Dies ist jedoch an sich nicht unlauter, denn Preiswettbewerb ist Ausdruck des normalen Wettbewerbs.

496

Der Unternehmer ist in seiner Preisgestaltung frei (nur relativ wenige Vorschriften machen Ausnahmen hiervon, wie etwa §§ 3, 5 Buchpreisbindungsgesetz für Verlagserzeugnisse). Er kalkuliert seine Preise in eigener Verantwortung, er kann die Preise der Mitbewerber unterbieten, kann unter Selbstkosten oder unter Einstandspreis verkaufen oder Waren sogar kostenlos abgeben. Derartige betriebswirtschaftliche Entscheidungen unterliegen nicht der Nachprüfung durch den Richter.

Diese Grundsätze stoßen aber dort an ihre Grenzen, wo die Preisunterbietungen auf die *Eliminierung* von Mitbewerbern ausgerichtet sind. Vernichtungswettbewerb ist die brutalste Form der Behinderung. Ein Beispiel hierfür haben wir soeben kennen gelernt, den „Benzinkampf" (Rz 494).

Dass Preisunterbietungen den alleinigen oder überwiegenden *Zweck* haben, einen Mitbewerber vom Markt zu verdrängen, ist selbst bei Verkäufen unter Selbstkosten in Einzelfällen häufig recht schwierig nachzuweisen. Nur wenn eine *planmäßige* und systematische Preisunterbietung klar auf der Hand liegt, werden Gerichte wettbewerbswidriges Handeln annehmen.

Abgesehen vom unlauteren Vernichtungswettbewerb bestehen weitere Schranken dort, wo besondere, die Unlauterkeit begründende Umstände vorliegen, wie etwa Verdrängungsabsicht, Täuschung, Nötigung, Ausbeutung, Rechts- oder Vertragsbruch. Ein weiteres Beispiel für Unlauterkeit im Preiskampf:

> **Beispiel**
> Die Werbung eines Einrichtungshauses mit einer sogenannten Tiefpreis-Garantie, wonach der garantierte Preis jeweils 13 % unter jedem vorgelegten Mitbewerberangebot liegen soll, stellt eine unlautere Behinderung durch Preiskampf dar. Die Kunden werden dazu veranlasst, ein Konkurrenzangebot bei einem Mitbewerber zu dem alleinigen Zweck einzuholen, sich eine geeignete Grundlage zu verschaffen, den angebotenen Preis von dem betreffenden Einrichtungshaus unterbieten zu lassen.

3.9.2.2 Behinderung durch Betriebsstörung

Es geht hier um Eingriffe in betriebliche Abläufe oder Geschäftsinterna von Mitbewerbern, die sich sowohl auf Personen wie auf Sachen beziehen können. Einige Beispiele:

497

- **Hackerangriffe** auf einen Konkurrenten sind wettbewerbswidrig.
- **Betriebsspionage** ist, wie wir noch sehen werden (Rz 668 ff.), strafbar nach §§ 16 ff. UWG. Aber auch bei Ausspähaktionen, die nicht vom Spionagetatbestand erfasst werden, kann Wettbewerbswidrigkeit vorliegen. Schleust ein Unternehmen einen Dritten in einen Konkurrenzbetrieb ein, um dort irgendwelche Betriebsvorgänge auszukundschaften, so ist dies grundsätzlich unlauter. Dabei kommt es nicht darauf an, dass bestimmte Geschäfts- oder Betriebsgeheimnisse ausspioniert werden sollen. Für die Annahme eines Verstoßes gegen § 4 Ziff. 10 UWG genügt es

schon, wenn der Spion Augen und Ohren offen halten und berichten soll, falls er etwas für seinen Auftraggeber Interessantes erkundet hat.

498 – Unlauter ist auch das **planmäßige Ausforschen** früherer Mitarbeiter des Konkurrenten.

– Unzulässig ist das **Aufhetzen** der Mitarbeiter des Konkurrenten, ihre Unzufriedenheit zu schüren oder sie zur Verweigerung ihrer arbeitsrechtlichen Verpflichtungen zu veranlassen.

499 – Eine besondere Problematik birgt das **Abwerben** von Mitarbeitern des Konkurrenten. Fasst man diesen Begriff neutral, also im Sinne von Wegengagieren, so ist dies natürlich zulässig, auch wenn bessere Konditionen angeboten werden. Erlaubt ist auch der Einsatz von Personalwerbern (Headhuntern). Dies alles ist wettbewerbskonform.

Unlauter wird das Ausspannen nur dann, wenn *besondere Unlauterkeitsmomente* hinzutreten. Einige Beispiele hierfür:

Beispiele

Herabsetzende Äußerungen über den derzeitigen Arbeitgeber, um so den Umworbenen zur Kündigung zu veranlassen.

Das *Verleiten* des bei einem Mitbewerber Beschäftigten zum *Vertragsbruch* wurde früher als wettbewerbswidrig qualifiziert, was heute aber umstritten ist (das bloße Ausnutzen eines Vertragsbruchs wird jedenfalls als nicht unlauter angesehen).

Das Ausspannen eines Mitarbeiters lediglich mit dem Ziel, diesen dem Konkurrenten *zu entziehen*, ohne ihn für das eigene Unternehmen einzusetzen.

Werden immer und immer wieder zahlreiche wertvolle Mitarbeiter ausgespannt, so kann hierin ein *systematisches und planmäßiges Abwerben* liegen und somit eine unlautere Behinderung.

3.9.2.3 Absatz- und Werbebehinderung

500 Auch hier können Unlauterkeitsmerkmale auftreten, die über das normale Maß dessen hinausgehen, was jeder Unternehmer im Rahmen des normalen Wettbewerbs im Bereich seines Absatzes hinnehmen muss. Diese Abgrenzung – zulässige/unzulässige Absatzbehinderung – wollen wir anhand einiger Fallgruppen vornehmen:

501 ▪ Das **Ausspannen von Kunden** des Mitbewerbers ist nur in Ausnahmefällen unzulässig, etwa bei Verleiten zum Vertragsbruch, bei herabsetzenden Äußerungen über den Konkurrenten (wir erkennen hier die gleichen Aspekte wie bei der Abwerbung von Arbeitnehmern), bei irreführenden Praktiken, bei in unlauterer Weise beschafften Kundenlisten.

502 ▪ **Abfangen von Kunden**, die gerade das Geschäft des Konkurrenten betreten wollen, gezieltes Aufstellen eines Werbewagens oder Verteilen von Handzetteln direkt vor der Ladeneingangstür des Wettbewerbers sind unzulässig.

503 Wir wollen einige Praktiken eines Unternehmers betrachten, die er im Verkaufsgeschäft des Konkurrenten vornimmt:

▪ Zulässig ist es, wenn ein Unternehmer bei einem Konkurrenten Waren wie ein normaler Abnehmer erwirbt. Unlauter ist aber das **Aufkaufen der gesamten Konkurrenzware** – etwa bei einem extrem günstigen Sonderangebot –, um den Mitbewerber so als lieferunfähig hinzustellen, was u.U. dann als irreführende geschäftliche Handlung des betroffenen Konkurrenten angesehen werden kann (Rz 530) oder als ein Verstoß gegen Anhang zu § 3 III, Ziff. 5 und 6 UWG zu qualifizieren ist.

- **Testpersonen**, speziell Testkäufer, in Verkaufsräumen des Mitbewerbers einzusetzen, um vor Ort Konkurrenzverhalten, insbesondere die Einhaltung von Vorschriften, festzustellen, wird grundsätzlich nicht als unzulässige Behinderung angesehen. Ein Unternehmer, der sein Angebot in der Öffentlichkeit abgibt, muss solche Testmaßnahmen in Kauf nehmen. Voraussetzung ist jedoch, dass sich die Testbeobachter bzw. Testkäufer wie normale Kunden verhalten. Wenn die Testpersonen den Test jedoch auch dazu benutzen, den zu beobachtenden Mitbewerber hereinzulegen oder der Lächerlichkeit preiszugeben, ist die Testaktion unlauter. Ob das Fotografieren in den Geschäftsräumen der Konkurrenz zulässig ist, war stets umstritten. Im Hinblick auf die fortgeschrittene Technik der Fotografie mit Kleinstkameras, Kameras in Armbanduhren und Mobiltelefonen, wo der eigentliche Vorgang des Fotografierens nicht oder kaum bemerkt wird, wird man heute wohl keine gezielte Betriebsstörung sehen, es sei denn es liegen besondere, die Unlauterkeit begründende Umstände vor.

504

Einige Aspekte zur Werbebehinderung:

Virtuell gesehen: Eine unlautere Werbebehinderung im *Internet* liegt etwa vor, wenn die Webseite des Konkurrenten durch Manipulationen beeinträchtigt wird, sei es durch Erschweren des Zugangs, sei es durch Verfälschung des Inhalts.

505

Physisch gesehen: Es ist unlauter, Werbeplakate des Konkurrenten abzureißen oder zu überkleben oder dessen Werbeprospekte zu beseitigen.

506

3.9.2.4 Weitere Arten unerlaubter Behinderung

Über diese kurz dargestellten Behinderungsfälle hinaus, gibt es eine ansehnliche Zahl weiterer Arten unerlaubter individueller Behinderung, die Gegenstand der Rechtsprechung zu § 4 Ziff. 10 UWG waren.

507

Einige Fälle gezielter Behinderung haben wir bereits oben unter anderen Gesichtspunkten in den Ziffern 1 bis 9 des § 4 UWG kennen gelernt oder werden sie später noch kennen lernen. Dies deshalb, weil die Ziff. 10 von § 4 UWG als eine Art Generalklausel gefasst ist (Rz 492) und weil *eine* geschäftliche Handlung unter verschiedenen Gesichtspunkten Unlauterkeit bewirken kann. In diesem Sinne liegt eine unlautere Behinderung auch im Ausnutzen fremder Leistungen (Rz 471 ff.; § 4 Ziff. 9 UWG), im Anschwärzen (Rz 465 ff.; § 4 Ziff. 8 UWG), in der kritisierenden vergleichenden Werbung (Rz 610 ff.; § 6 UWG), auch im Verstoß gegen Marktverhaltensregeln (Rz 508 ff.; § 4 Ziff. 11 UWG). Da es sich bei all diesen um spezielle Tatbestände handelt, bedarf es im Regelfall keines Rückgriffs auf das allgemeine Behinderungsverbot des § 4 Ziff. 10 UWG.

3.10 Unlauterkeit nach § 4 Ziff. 11 UWG

508 Nach dieser Vorschrift handelt derjenige unlauter, der einer gesetzlichen Vorschrift zuwiderhandelt, die *auch* dazu bestimmt ist, im Interesse der Marktteilnehmer das Marktverhalten zu regeln.

Aus dieser Formulierung können wir zunächst zweierlei entnehmen:
- Gegenstand von Ziffer 11 sind keine Gerichtsurteile, keine Verwaltungsrichtlinien oder -akte, keine Wettbewerbsregeln von Verbänden, keine technischen Regeln, wie etwa DIN-Normen, keine Standesregeln …, sondern allein **gesetzliche** Vorschriften.
- Nicht jedwede Gesetzesverletzung begründet Unlauterkeit. Wettbewerbswidrig sind vielmehr nur Verstöße gegen solche Normen, die zumindest **auch** den Schutz der Interessen der Marktteilnehmer bezwecken.

> *Beispiel*
> Fährt etwa ein Unternehmer auf Dienstreise zu schnell und verursacht dadurch einen Verkehrsunfall, so verletzt er strafrechtliche Vorschriften und haftet zivilrechtlich, begeht jedoch keinen Verstoß gegen § 4 Ziff. 11 UWG. Sein Unfall beeinflusst die Wettbewerbssituation zu seinen Konkurrenten und zu den Verbrauchern nicht.

509 § 4 Ziff. 11 UWG gilt also nur für Gesetzesverstöße, die eine **Marktverhaltensregelung** betreffen. Marktverhalten ist jede Tätigkeit eines Unternehmers, der mit Außenwirkung mit seinen Waren/Dienstleistungen auf dem Markt auftritt, und damit auf Konkurrenten, Verbraucher und sonstige Marktteilnehmer einwirkt. Im Vordergrund stehen hier Absatz, Bezug, Vertragsschluss und Werbung.

Die Formulierung „**auch** dazu bestimmt …" zeigt, dass durchaus noch weitere, also nicht wettbewerbsbezogene Bestimmungszwecke Gegenstand der betreffenden gesetzlichen Vorschrift sein können.

§ 4 Ziff. 11 UWG setzt nicht voraus, dass sich der Zuwiderhandelnde bewusst über die Gesetzesvorschrift hinweggesetzt hat. Vielmehr genügt für die Erfüllung des Tatbestands ein objektiver Verstoß gegen eine Marktverhaltensregelung.

510 Marktverhaltensregelungen sind beispielsweise bei folgenden Vorschriften anzunehmen: § 43a, b BundesrechtsanwaltsO, Normen des Rechtsdienstleistungsgesetzes, § 1 SteuerberatungsG, § 1 II ApothekenG, § 1 HeilpraktikerG, § 10 ArzneimittelG, § 7 II EichG, § 17 I Ziff. 5 Lebensmittel-, Bedarfsgegenstände- und Futtermittelgesetzbuch, § 1 MesswesenseinheitenG, §§ 3 f. HeilmittelwerbeG, §§ 1 f. PreisangabenVO, Lebensmittel- und NährwertkennzeichnungsVO, §§ 1 f. LadenschlussG, §§ 284, 287 StGB.

Keine Marktverhaltensregelungen enthalten hingegen etwa: Umweltschutz- und Tierschutzvorschriften, Steuer- und Straßenverkehrsgesetze, Vorschriften zum Schutz des Geistigen Eigentums, Bestimmungen über die gesetzliche Krankenversicherung, datenschutzrechtliche Bestimmungen und reine Arbeitnehmerschutzvorschriften.

511 Einige Beispiele für die Verletzung marktbezogener Normen:

> *Beispiele*
> Ein Pharmahersteller, der einen Drogisten mit apothekenpflichtigen Arzneimitteln beliefert, handelt wettbewerbswidrig.
> Eine Arzneimittelfabrik wirbt mit Aussagen, die geeignet sind Angstgefühle hervorzurufen. Damit verstößt sie nicht nur gegen § 11 I, Ziff. 7 HeilmittelwerbeG, sondern zugleich gegen §§ 4 Ziff. 11, 3 I UWG.

Eine Werbung für ein Buch im Rahmen eines Kriminalfernsehspiels verstößt gegen das in Rundfunkstaatsverträgen normierte Gebot der Trennung von Werbung und Redaktion (vgl. Rz 422). Durch diese Werbung im Programm werden Marktverhaltensregelungen zum Schutz der Verbraucher missachtet. – Der Verstoß ist damit als unlauter zu qualifizieren.

Eine Schuhcremedose hat einen neuartigen Kippdeckelverschluss, wobei der Luftraum im Deckel das Warenvolumen um mehr als 50 % übersteigt. – Nach § 17a EichG sind Fertigpackungen so zu gestalten, dass sie keine größere Füllmenge vortäuschen als sie enthalten. Dagegen wird hier durch den übergroßen Deckel verstoßen. Dass diese Überdimensionierung technisch bedingt ist, ändert hieran nichts. Der Verstoß gegen die den Verbraucher und den Handelsverkehr schützende Vorschrift des § 17a EichG begründet zugleich einen Verstoß gegen §§ 4 Ziff. 11, 3 I UWG.

Eine unberechtigte Benutzung des Umweltzeichens „Euroblume" (vgl. Rz 591).

Zusammenfassend sei gesagt: Das Marktverhalten der Unternehmer wird nicht nur durch die speziellen lauterkeitsrechtlichen Vorschriften des UWG geregelt, sondern auch durch eine sehr große Zahl **außerwettbewerblicher Normen**, die dann über die Brücke des § 4 Ziff. 11 UWG zu lauterkeitsrechtlichen Sanktionsmöglichkeiten nach § 3 I UWG führen können. – Hierin liegt die große Bedeutung von § 4 Ziff. 11 UWG. **512**

Vgl. Fälle 23, 36a, 44.

4. Unlauterkeit im Sinne von § 5 UWG

4.1 Allgemeines

Mit der **Irreführung** befasst sich das UWG in § 5 und in § 16 I. Es geht in beiden Fällen darum, dass der Unternehmer seine gewerbliche Leistung nicht in sachlich ungerechtfertigter Weise „hochjubeln" darf, also um das Verbot einer Werbung mit einem *„mehr Scheinen als Sein"*. **513**

§ 5 UWG beinhaltet die privatrechtlich sanktionierte Irreführung, § 16 I UWG die verschärfte Form der strafrechtlich relevanten Irreführung.

In diesem Abschnitt geht es um die privatrechtliche Seite, die Irreführung nach § 5 UWG.

4.2 Rechtsvoraussetzungen

Nach § 5 I S. 1 UWG handelt unlauter, wer eine irreführende geschäftliche Handlung vornimmt. – Wir erkennen sofort: Es geht hier um die Durchsetzung des **Wahrheitsgebots** im Wettbewerb. **514**

Mit dem Merkmal „unlauter" wird auf die Grundlagenvorschrift § 3 I UWG verwiesen und gezeigt, dass § 5 UWG in § 3 I UWG zu integrieren ist.

Nach § 5 I, S. 2 UWG ist eine geschäftliche Handlung irreführend, wenn sie unwahre Angaben beinhaltet oder sonstige zur Täuschung geeignete Angaben über nachfolgend beschriebene Umstände enthält:

In der Zusammenschau kommen wir somit zu folgenden **Rechtsvoraussetzungen** des in den § 3 I UWG integrierten § 5 UWG:
- Vorliegen einer geschäftlichen Handlung
- Vorliegen von Angaben, welche
- irreführend sind, seien es
  - unwahre oder
  - sonstige zur Täuschung geeignete Angaben
- Eignung zur spürbaren Interessenbeeinträchtigung (§ 3 I UWG).

515 Sind diese Kriterien erfüllt, so ergibt sich als **Rechtsfolge** die Unlauterkeit der betreffenden geschäftlichen Handlung (§ 3 I UWG) mit den Konsequenzen der §§ 8 ff. UWG.

Kurzum: Aussagen müssen im Wirtschaftsleben den Prinzipien der Wahrheit und Klarheit entsprechen. Werbung mit irreführenden Angaben ist nicht erlaubt.

Ein **Hinführungsbeispiel:** Ein Unternehmer wirbt für sein Produkt mit bestimmten Eigenschaften. Diese sind effektiv aber nicht vorhanden: unzulässig nach §§ 5, 3 I UWG.

516 Die Kriterien geschäftliche Handlung (Rz 341 ff.) und die Relevanzklausel Eignung zur spürbaren Wettbewerbsbeeinträchtigung (Rz 375) sind bereits dargestellt, wobei der Spürbarkeitsklausel, wie sogleich zu zeigen ist, hier im Rahmen von § 5 UWG keine eigenständige Bedeutung zukommt.

Die irreführenden Angaben müssen *geeignet* sein, die angesprochenen Verkehrskreise in ihrer Marktentschließung, meist geht es um Kaufentscheidungen, in wettbewerblich relevanter Weise *zu beeinflussen*. Diese **wettbewerbsrechtliche Relevanz** ist ein **ungeschriebenes Merkmal**, ein wichtiges Kriterium, das von den Gerichten seit jeher stets gefordert wird. Es darf aber nicht missverstanden werden. Wettbewerbliche Relevanz, häufig spricht man auch von **geschäftlicher Relevanz**, bedeutet nicht, dass der irreführenden Angabe ein besonderes oder gar entscheidendes Gewicht zukommen muss. Es ist vielmehr ausreichend, dass, die irreführende Angabe für die Umworbenen irgendwie von Bedeutung ist, also dass sie in die Überlegungen, in den Kampf der Motive, ob man sich dem beworbenen Leistungsangebot zuwenden will, einbezogen wird und dass sie dabei positiv zu wirken geeignet ist. Wir haben erkannt: Es genügt eine *Eignung* zur Beeinflussung der Marktentscheidung, eine *tatsächliche* Beeinflussung ist *nicht erforderlich*.

Dieses Merkmal „geschäftliche Relevanz" stellt eine *spezifische Bagatellschwelle* des Irreführungstatbestandes dar, so dass für die Fälle des § 5 UWG die Notwendigkeit einer Prüfung des allgemeinen Relevanzmerkmals des § 3 I UWG entfällt.

517 Die weiteren Voraussetzungen des § 5 UWG, nämlich das Vorliegen einer **Angabe**, deren **Unwahrheit** oder deren **Eignung zur Täuschung** sollen nachstehend in den Rz 518 bis 598 näher erörtert werden.

4.2.1 Angaben

Angaben sind **nachprüfbare Aussagen**. Sie müssen einen bestimmten **Aussagegehalt** aufweisen. Das Ausdrucksmittel wird in aller Regel die Sprache sein. Wie § 5 III 2. Alt. UWG zeigt, kommen neben der Sprache auch andere Ausdrucksformen in Betracht, wie etwa Bild, Ton oder Form.

518

> **Beispiel:** Wenn bei einer Rundfunkwerbung für Eierteigwaren – deutlich hervorgehoben – Hühnergegacker ertönt, so weist dies auf die Verwendung von Frischeiern – im Gegensatz zu Trockenei – hin.

Nachprüfbare Aussagen sind **Tatsachenbehauptungen**. Reine Werturteile dagegen sind als bloße Meinungsäußerungen nicht nachprüfbar und sind daher keine Angaben in diesem Sinne. Äußerungen, die sich zunächst im Gewande eines Werturteils darstellen, aber auf einen nachprüfbaren Kern zurückzuführen sind, sind als Angaben zu qualifizieren. Die Abgrenzung zwischen Angaben, Aussagen ohne Aussagegehalt und Meinungsäußerungen ohne Tatsachenkern kann im Einzelfall sehr schwierig sein. Hierzu einige Beispiele:

519

- „Linoleum hat die Schlacht um den Artikel Linoleum gewonnen" hat keinen Aussagegehalt, ist daher nicht als Angabe anzusehen.
- Dasselbe gilt auch für „AEG ... – den und keinen anderen". Es ist dies lediglich ein suggestiver Kaufappell.
- „Mutti gibt mir immer nur das Beste" als Werbung für Kindernährmittel wurde als eine nicht nachprüfbare Anpreisung angesehen und ist damit keine Angabe.
- „Ein wunderbares Erzeugnis ..." ist ein reines Werturteil und damit keine Angabe. Derartige reine Werturteile kommen in der Praxis eher selten vor.
- „Deutschlands beliebtester Spinat". Hier wird eine Frage des Geschmacks angesprochen, also eine ausgesprochen subjektive Angelegenheit. Folglich haben wir es nicht mit einer Angabe zu tun.
- „A-Produkt kostet weniger als B-Erzeugnis" ist dagegen objektiv nachprüfbar, also eine Tatsachenbehauptung und damit eine Angabe.
- Für eine Spezialbaumaschine wurde in Fachzeitschriften und auf Plakaten auf einer Fachausstellung mit dem Slogan „unschlagbar" geworben. Obwohl sich diese Qualifikation bei oberflächlicher Betrachtung zunächst im Gewande eines Werturteils aus dem Gebiet des Sportes darstellt, hat der BGH diese Aussage als nachprüfbare Angabe angesehen. Die Werbung, die sich an Fachleute richtet, betraf nämlich ein technisches Erzeugnis, für das es objektive Leistungsmaßstäbe gibt, die eine konkrete Nachprüfung ermöglichen.

Zur Täuschung geeignete Angaben erfolgen meist durch positives Tun, insbesondere durch Wort und Bild. Aber auch **Unterlassungen**, etwa durch Verschweigen von relevanten Tatsachen oder durch Unvollständigkeiten, *können* irreführend sein. Um diese Problematik geht es in § 5a UWG

520

Der Aufbau dieser Vorschrift ist nicht sehr übersichtlich, daher einige grundlegende Erklärungen:
- § 5a I UWG gilt für *alle* Marktteilnehmer, also sowohl für das Verhältnis Unternehmer – Unternehmer (B 2 B) als auch Unternehmer – Verbraucher (B 2 C).

§ 5a Absätze 2 bis 4 UWG gelten nur im Verhältnis *Unternehmer – Verbraucher* (B 2 C).

- Zum einen besagt § 5a UWG in seinen Absätzen 1 und 2, dass auch das *Verschweigen* von Tatsachen *irreführend* sein *kann*.
  Zum anderen postuliert § 5a UWG in seinen Absätzen 3 und 4 *Informationspflichten* in Bezug auf Verbraucher. In dem speziellen Fall der Werbung mit *konkreten Angeboten* für Waren und Dienstleistungen bestehen nach einem Katalog mit fünf Punkten ausdrückliche Informationspflichten. Für geschäftliche Handlungen jeglicher Art sind die allgemeinen Informationspflichten des § 5a IV UWG zu beachten.

521 § 5a I UWG gibt Beurteilungskriterien für Irreführung durch Verschweigen. Danach sind insbesondere zu berücksichtigen

- die Bedeutung der verschwiegenen Tatsache für die geschäftliche Entscheidung nach der Verkehrsauffassung sowie
- die Eignung des Verschweigens zur Beeinflussung der Entscheidung.

Hierzu einige Beispiele aus der Rechtsprechung:

Beispiele

Bei Auslaufmodellen liegt Irreführung dann vor, wenn der Anbieter auf diesen Umstand nicht hinweist, die entsprechende Zielgruppe einen entsprechenden Hinweis jedoch erwartet. Letzteres ist der Fall etwa bei modischer Bekleidung, hochwertigen Geräten der Unterhaltungselektronik, bei Haushaltsgroßgeräten.

Bei reimportieren Kraftfahrzeugen hat der KFZ-Händler auf diesen Umstand hinzuweisen, sei es unter dem Gesichtspunkt, dass inländische Werkstätten in diesen Fällen die vom Hersteller gewährleistete Gratisinspektion nicht durchführen oder unter dem Aspekt, dass die zunächst ins Ausland gelieferten Autos in nicht unwesentlichen Ausstattungsmerkmalen abweichen.

Ein Möbelhändler, der in Inseraten Brautleuten Wohnungen anbietet, muss darauf hinweisen, dass der Abschluss eines Mietvertrages vom Möbelkauf abhängig gemacht wird.

Irreführung durch Unterlassung liegt auch dann vor, wenn das Publikum mit einem Markenprodukt bestimmte *Gütevorstellungen* verbindet, die nunmehr wegen Stoff- oder Eigenschaftsänderung nicht mehr vorhanden sind und wenn eine hinreichende Aufklärung der Umworbenen unterblieben ist.

Beispiel

Die bekannten, traditionell aus Kubatabaken hergestellten Davidoff-Zigarren zeichneten sich durch einen kräftigen Geschmack aus. Nunmehr wurden die Davidoff-Zigarren mit einem Mal aus Tabaken aus der Dominikanischen Republik gefertigt, die einen deutlich leichteren Geschmack aufweisen.

Davidoff hätte hier unübersehbar und unmissverständlich auf die geänderte Herkunft hinweisen müssen. Eine derartige Aufklärung war jedoch unterblieben. Dieses Unterlassen ist einem irreführenden positiven Tun gleichzusetzen.

522a Erklärungsbedürftig ist auch § 5a III UWG. Diese Vorschrift ist nicht anwendbar für jene Bereiche, die der Betriebswirt als PR oder als Verkaufsförderung qualifiziert, sondern nur für eine geschäftliche Handlung, durch die „konkrete Angebote" gemacht werden; die umgesetzte EG-Richtlinie spricht hier von einer „Aufforderung zum Kauf". Beide Termini sind missverständlich. Es geht hier nämlich nicht um den engen Begriff des Angebots im Sinne der §§ 145 ff. BGB, auch nicht um eine Aufforderung in dem Sinne, dass der Umworbene seinerseits eine Offerte abgeben solle (also nicht um eine invitatio ad offerendum), sondern es genügt jede Erklärung eines Unternehmers, auf Grund derer sich der durchschnittliche Verbraucher zum Erwerb einer Ware oder Inanspruchnahme einer Dienstleistung entschließen kann. Dies ist immer dann der Fall, wenn der Anbieter die für den Vertrag wesentlichen Merkmale (die essentialia negotii) bereits in seiner Werbung bekannt gibt. Bei einer solchen *konkreten* Werbung – im Vordergrund steht hier das Verhältnis Händler/Verbraucher (B 2 C)– treffen den Werbenden die ausdrücklichen *Informationspflichten*, die in dem nicht abschließenden 5-Punkte-Katalog des § 5a III UWG festgelegt sind, sofern sie sich nicht unmittelbar aus den Umständen ergeben.

§ 5a IV UWG postuliert die Beachtung weiterer Informationspflichten, die sich aus gemeinschaftsrechtlichen Vorschriften ergeben (diese sind bei uns bereits in vielerlei Gesetzen umgesetzt, etwa im BGB, in der PreisangabenVO, im Telemediengesetz…). **522b**

Ein Verstoß gegen diese Informationspflichten stellt in aller Regel eine Irreführung dar. **522c**

Die Angaben müssen einen **geschäftlichen Bezug** haben. Das bedeutet, dass die Angaben mit dem Geschäftsbetrieb des Werbenden in irgendeiner Beziehung stehen, wobei eine mittelbare Beziehung ausreichend ist. **523**

Der Begriff des geschäftlichen Bezugs ist weit auszulegen. Ein geschäftlicher Bezug wird nur bei rein privaten, öffentlichrechtlichen oder rein betriebsinternen Äußerungen nicht vorliegen.

Das Gesetz gibt in § 5 I, 2, Ziff. 1 bis 7 UWG einen **Katalog von Fallgruppen** bezüglich zur Täuschung geeigneter **Angaben**, der jedoch nicht abschließend ist. Die wichtigsten Angaben seien hier genannt:

Zunächst geht es um Irreführung über wesentliche Merkmale der Ware oder Dienstleistung, um die sog. **produktbezogene Irreführung** (§ 5 I, 2, Ziff. 1 UWG), wie Verfügbarkeit, Art, Ausführung, Zusammensetzung, Verfahren und Zeitpunkt der Herstellung oder Erbringung, Zwecktauglichkeit, Verwendungsmöglichkeit, Menge, Beschaffenheit, betriebliche Herkunft, von der Verwendung zu erwartende Ergebnisse oder Ergebnisse von Tests der Waren oder Dienstleistungen. Zu nennen sind ferner Angaben über den Anlass des Verkaufs, den Preis, die Art und Weise der Preisberechnung und die Bedingungen, unter denen die Waren geliefert oder die Dienstleistungen erbracht werden.

Irreführung über den Preis (§ 5 I, 2, Ziff. 2 UWG) ist wohl das für die Praxis bedeutsamste Merkmal.

Um **unternehmensbezogene Irreführung** geht es in § 5 I, 2, Ziff. 3 UWG. Hier werden Angaben über die Person, Eigenschaften oder Rechte des Unternehmers genannt wie Identität, Vermögen, seine geistigen Eigentumsrechte, seine Befähigung oder seine Mitgliedschaften, Auszeichnungen und Ehrungen.

Einige dieser Fallgruppen der Irreführung werden in Folgendem erläutert werden.

4.2.2 Irreführung

524 Irreführend ist eine Angabe dann, wenn eine **Diskrepanz** besteht zwischen einerseits der Wirklichkeit und andererseits der Vorstellung der angesprochenen Verkehrskreise, also der Adressaten der Werbebotschaft. Zuerst gilt es also, die einschlägige Zielgruppe zu ermitteln. Geht es wie so häufig um das Verhältnis B 2 C, so ist nach dem oben dargestellten Verbraucherleitbild auf die durchschnittlich informierten und verständigen Verbraucher abzustellen, die mit situationsadäquater Aufmerksamkeit wahrnehmen (vgl. Rz 366). Hiernach gilt es festzustellen, welche Vorstellung bei einem Teil dieser Verkehrskreise durch die Angabe erweckt wird. Der entscheidende Schritt ist dann der Vergleich, ob zwischen Realität und Zielgruppensicht Übereinstimmung besteht.

Dabei ist es zur Erfüllung des Merkmals Irreführung nicht erforderlich, dass eine Täuschung der Umworbenen bereits eingetreten ist, sondern es genügt, dass die Angabe **geeignet** ist, bei diesen irrige Vorstellungen hervorzurufen. Anders ausgedrückt: Die bloße **Gefahr** einer **Irreführung** reicht aus.

525 Wir haben erkannt: Es ist für die Beurteilung der Irreführung maßgebend, wie die Adressaten der Werbebotschaft die Angaben verstehen. Wie der Werbungtreibende selbst seine Aussage auffasst, oder wie er sie verstanden wissen will, darauf kommt es nicht an.

Die Problemkreise zu den Zielgruppen haben wir im Einzelnen bereits oben (Rz 358–366) erörtert.

525a Bei der Feststellung der Sichtweise der Zielgruppe ist es nicht erforderlich, dass die Gesamtheit der angesprochenen Verkehrsteilnehmer die Angabe in bestimmtem Sinne auffasst, sondern es genügt, wenn dies bei einem **nicht unerheblichen Teil** der Fall ist. Wo die Grenze liegt, lässt sich nicht schematisch festlegen. Es muss vielmehr immer auf die Gesamtumstände des konkreten Einzelfalls abgestellt werden.

Mit allen Vorbehalten sei dennoch eine Faustformel für diese **Irreführungsquote** genannt: Es dürfte ausreichend sein, wenn etwa 1/4 bis 1/3 der angesprochenen Verkehrskreise einer Fehlvorstellung unterliegt.

In diesem Zusammenhang sei noch erwähnt, dass der EuGH in seinen Entscheidungen zum europäischen Verbraucherleitbild den nationalen Gerichten ausdrücklich die Möglichkeit eingeräumt hat, die Irreführungsgefahr im Wege von Verbraucherbefragungen und Sachverständigengutachten festzustellen.

526 Zusammengefasst: Wenn wir festgestellt haben, wer die angesprochene Zielgruppe ist und welchen Sinn ein nicht unerheblicher Teil derselben der Werbeaussage beilegt, muss ermittelt werden, ob diese Auffassung mit der Wirklichkeit in Einklang steht. Ist dies der Fall, so liegt keine Irreführung vor. Wenn jedoch eine Diskrepanz gegeben ist, so haben wir es mit irreführenden Angaben zu tun.

527 Eine solche Diskrepanz kann aus zwei Gründen vorliegen, weshalb man **zwei Hauptgruppen irreführender Werbung** unterscheidet:

- Die Werbeaussage selbst ist bereits *objektiv* (absolut) *unrichtig*:
  Hauptgruppe 1: **unwahre Werbung** (§ 5 I, S. 2, 1. Alt. UWG).
- Die Aussage an sich ist objektiv (absolut) richtig, also wahr. Die Umworbenen missverstehen sie aber, etwa weil sie mehrdeutig oder unvollständig ist:
  Hauptgruppe 2: **missverständliche Werbung** = relative/*subjektive Unrichtigkeit*. Das Gesetz spricht hier von sonstigen zur Täuschung geeigneten Angaben (§ 5 I, S. 2, 2. Alt. UWG).

Vgl. Fall 26.

4.2.2.1 Unwahre Werbung

Zur Erläuterung der Irreführung im Sinne der Hauptgruppe 1, also der objektiv unrichtigen Werbung, wollen wir uns **einige Beispiele** ansehen.

Dabei halten wir uns aus Gründen der Übersichtlichkeit an die Reihenfolge des Gesetzes und stellen *exemplarisch* einige wichtige Aspekte heraus, nämlich:
- aus § 5 I, S. 2, Ziff. 1 UWG, wo es um die angebotene *Ware oder Dienstleistung* geht, die Umstände: Verfügbarkeit, Verfahren der Herstellung, Beschaffenheit sowie geografische oder betriebliche Herkunft (**produktbezogene Irreführung**),
- aus § 5 I, S. 2, Ziff. 2 UWG, die Umstände und Bedingungen des *Angebots* betreffend, nämlich den Anlass des Verkaufs, **Preise** oder Berechnung der Preise,
- aus § 5 I, S. 2, Ziff. 3 UWG, der sich auf das *werbende Unternehmen* bezieht, Angaben zur Identität des Werbungtreibenden, über dessen geistige Eigentumsrechte, zu dessen Befähigung und dessen Auszeichnungen (**unternehmensbezogene Irreführung**).

Die in Folgendem aufgeführten Beispiele sind überwiegend der früheren Rechtsprechung entnommen, sind jedoch in der Praxis heute noch relevant.

4.2.2.1.1 Unwahre Angaben über die Verfügbarkeit

- Werden zum gewöhnlichen Verbrauch bestimmte Waren, wie etwa Nahrungsmittel, Wein oder Sekt, in der Werbung besonders herausgestellt, etwa als Sonderangebote, so müssen diese Gegenstände in angemessener Menge zur Befriedigung der zu erwartenden Nachfrage vorrätig sein. Angemessen ist im Regelfall ein *Vorrat von zwei Tagen* (vgl. hierzu auch Anhang zu § 3 III UWG Ziff. 5). Erfüllt der Werbungtreibende diese Anforderungen nicht, so liegt **irreführende Werbung über die Verfügbarkeit** der angebotenen Waren vor.

- Werden, etwa im Schaufenster eines Textilgeschäftes, bestimmte Kleidungsstücke zu Sonderangebotspreisen angeboten, müssen diese in allen gängigen Größen vorhanden sein. Die Gerichte fordern, dass bei besonders preisgünstig angebotenen Waren wenigstens ein Exemplar in jeder gängigen Größe vorhanden sein muss. Andernfalls ist die Werbung irreführend, weil das Publikum über die Verfügbarkeit der Ware getäuscht wird. Man spricht insoweit auch von einer „**Lockvogelwerbung**".

– Unzulässig ist es auch, mit einem Vorrat von 1000 Damen-Wintermänteln in allen Größen zu werben, wenn nur 200 Stück auf Lager sind.
– Lidl warb für den Verkauf extrem preisgünstiger Bundesbahntickets (Kurzfassung): „Schnäppchentickets vom 19. bis 28. Mai". Bereits nach kürzester Zeit waren die Fahrscheine in allen Filialen vergriffen. Diese Aktion war irreführend, da man mit Fug annehmen durfte, dass die billigen Fahrscheine 10 Tage lang zu erwerben seien und nicht nur für wenige Stunden.

Vgl. Fälle 27, 37.

4.2.2.1.2 Unwahre Angaben über das Verfahren der Herstellung

531
– Bei der Bezeichnung „Bäckernudeln" wird vom Publikum erwartet, dass die Nudeln von einem Bäcker hergestellt wurden. Handelt es sich in Wirklichkeit um ein Industrieerzeugnis, liegt eine Irreführung über die Herstellungsart vor.
– Unzulässig ist auch die Werbung mit dem Begriff „Handarbeit" für ein fabrikmäßig hergestelltes Produkt oder die Werbung mit der Bezeichnung „Maßarbeit" für Massenkonfektionsware.

4.2.2.1.3 Unwahre Angaben über die Beschaffenheit

532
– Wird eine Maschine mit bestimmten Leistungsdaten angepriesen (bestimmte technische Daten wie z.B. Umdrehungen, Stückzahl pro Minute usw.) und ist sie nicht in der Lage, diese zu erbringen, so sind die Leistungsangaben und damit auch die darauf aufgebaute Werbung objektiv unrichtig.
– Es ist irreführend, wenn in einer Werbung Fernsehgeräte beworben werden mit dem Hinweis auf eine 100 Hz Black Matrix Bildröhre, wenn die so beworbenen Geräte über diese technische Ausstattung in Wahrheit nicht verfügen.
– Das Gütezeichen „Echtes Leder" darf nicht für Kunstleder verwendet werden, die Bezeichnung „Silber" nicht für Gegenstände mit 90er Auflage.
– Kunstpelz darf nicht als Pelz, Halbleinen nicht als Leinen, Kunstseide nicht als Seide, ein limonadeartiges Getränk nicht als Bräu angeboten werden.
– Unzulässig ist es ferner, nicht genormte Materialien als genormte zu bewerben oder die Bezeichnung „Markenqualität" für anonyme Waren zu verwenden.
– Schließlich ist die Benutzung der Bezeichnung „Medical" für Kosmetikartikel unzulässig.

Vgl. Fälle 21, 36.

4.2.2.1.4 Unwahre Angaben über die geografische oder betriebliche Herkunft

533
Die geografischen Herkunftsangaben erfahren eine Spezialregelung in den §§ 126 ff. MarkenG, die wir bereits kennen gelernt haben (Rz 331 ff.). Hier wollen wir also lediglich die Herkunftsangaben beleuchten, die – über den Individualschutz (§§ 4, 5 MarkenG) hinausgehend – inhaltlich etwas über den Hersteller der Waren bzw. den Erbringer der Dienstleistungen aussagen. Einige Beispiele:

- Die Werbeaussage „Qualitätsmode unverschämt günstig dank eigener Produktion" ist irreführend, wenn das ganze Sortiment oder ein großer Teil davon von anderen Produzenten bezogen worden ist.
- Ein Rechenzentrum wirbt: „Wir übernehmen Datenverarbeitung für Betriebe und freie Berufe. Größte Diskretion ist garantiert, denn die Datenverarbeitung erfolgt allein durch uns". In Wirklichkeit werden die Kundendaten an andere Datenverarbeitungsunternehmen zur Verarbeitung weitergegeben. Hierin liegt eine Unwahrheit über die Herkunft der Dienstleistung.

Die geografische Herkunftsangabe **„Made in Germany"** gilt als Gütesiegel, das Hersteller im Rahmen ihrer Produktwerbung gerne benutzen, denn deutsche Erzeugnisse genießen als qualitativ hochstehend weltweit einen guten Ruf. Diesem starken Verkaufsargument „Made in Germany" kommt wachsende Bedeutung zu angesichts steigender Globalisierung und auch unter den Aspekten der zum Teil skandalösen Arbeitsbedingungen und einem unzulänglichen Umweltschutz in den sog. Niedriglohnländern.

533a

Schon aus diesen Gründen ist der Hinweis auf den Produktionsstandort Deutschland von besonderer wettbewerbsrechtlicher Relevanz (Rz 515).

Maßgebend ist es auch hier zunächst festzustellen: Wie verstehen die angesprochenen Verkehrskreise (vgl. Rz 358 ff.) die geografische Herkunftsangabe „Made in Germany"?

Die Verkehrsauffassung geht nicht davon aus, dass alle Schritte von der Produktidee bis hin zum fertigen Erzeugnis in Deutschland vollzogen werden. Anders ausgedrückt: Nicht 100% der Ware muss in Deutschland gefertigt sein; Rohstoffe und einzelne Komponenten können durchaus aus dem Ausland bezogen werden.

Es ist aber erforderlich, dass die zentralen Herstellungsvorgänge, bei denen das Erzeugnis seine aus der Verkehrssicht *wesentlichen Bestandteile* oder *bestimmenden Eigenschaften* erhält, in Deutschland erfolgen. In der Literatur wird zum Teil neben den genannten qualitativen auch auf quantitative Bewertungskriterien abgestellt, nämlich auf den Wertschöpfungsanteil.

Wenden wir diese Kriterien auf das immer beliebte Beispiel Auto an: Hier muss die für die Funktion und den Wert dieses Produkts entscheidende Endfertigung in Deutschland stattfinden; Einzelkomponenten können durchaus aus dem Ausland bezogen werden.

Anhand der Rechtsprechung einige Beispiele:

Beispiele

Eine Werbung mit „Made in Germany" ist *zulässig* ist, auch wenn Rohstoffe, Einzelteile, Halbfabrikate (wie etwa Rohlinge eines Schmiedekolbens) oder gar einzelne Baugruppen aus dem Ausland stammen.

Eine Werbung mit „Made in Germany" ist *nicht erlaubt*: Wenn nur die bloße Planung und der Entwurf in Deutschland stattfinden, die gesamte Fertigung hingegen im Ausland. – Wenn z.B. das Besteck vollständig im Ausland hergestellt, in Deutschland lediglich poliert wurde. – Wenn das Produkt im Ausland gefertigt worden ist, in Deutschland lediglich Qualitätskontrolle und Verpackung durchgeführt werden.

Diese gleichen Grundsätze gelten auch für Werbehinweise wie „Deutsche Markenware", „Deutsches Erzeugnis", „Germany", auch für die Abbildung der „deutschen Flagge".

Zum Schluss noch ein Hinweis zum werbenden *Unternehmen* selbst. Obige Darlegungen gelten nicht nur für deutsche Unternehmen. Auch ausländischen Unternehmen ist die geografische Herkunftsangabe „Made in Germany" erlaubt, wenn sie tatsächlich in Deutschland produzieren, etwa in einer inländischen Zweigniederlassung.

4.2.2.1.5 Unwahre Angaben über den Anlass des Verkaufs

534 — Unzulässig ist es (§ 5 I, S. 2, Ziff. 2 UWG), mit dem Verkauf von Insolvenzwaren zu werben, wenn ein Insolvenzverfahren in Wahrheit gar nicht stattfindet.

— Ferner darf nicht mit Bezeichnungen wie „Ausverkauf", „Gelegenheitskauf", „Notverkauf" geworben werden, wenn die Besonderheit der Situation und die damit verbundenen Kaufvorteile in Wahrheit nicht bestehen.

4.2.2.1.6 Unwahre Angaben über den Preis oder die Berechnung des Preises

535 — Das Verkaufspersonal nennt einen bestimmten günstigen Preis oder ein solcher ist am Regal ausgezeichnet oder beworben worden, an der Kasse wird aber ein höherer Preis gefordert: irreführend im Sinne von Unwahrheit (§ 5 I, S. 2. Ziff. 2 UWG).

— Unzulässig ist eine Werbung mit Anpreisungen wie „auf Grund billigen Einkaufs außerordentlich niedrige Preise", „radikal reduzierte Preise", „Tiefstpreise", „Spottpreise", „einmalig günstig", wenn in Wirklichkeit der normale, branchenübliche, Preis verlangt wird. Ebenso darf nicht mit „Preisherabsetzung" geworben werden, wenn eine solche tatsächlich nicht durchgeführt wurde.

— „Wollt Ihr den totalen Ausverkauf? Wir haben ihn! Preisnachlässe zwischen 40 und 95 % !!!" Diese Werbung ist objektiv unrichtig, wenn die Preise um höchstens 30 % herabgesetzt worden sind.

— Eine Preisgegenüberstellung von einem „statt"-Preis oder einem durchgestrichenen höheren Preis und dem jetzt geforderten niedrigeren Preis ist unwahr, wenn der Werbende den als vorher gültig herausgestellten Preis überhaupt nicht gefordert hat.

— Ein Textilgeschäft stellt im Schaufenster einen Mantel mit der Preisangabe 350,– € aus. Den Kaufinteressenten wird indessen erklärt, es handle sich bei diesem Objekt um ein unverkäufliches Ausstellungsstück. Diese Mäntel seien im Geschäft nur für 550,– € zu erwerben. Durch das Ausstellen wird zum Ausdruck gebracht, der Mantel werde für 350,– € zum Verkauf angeboten. Dies ist in Wirklichkeit aber nicht der Fall. Die Ankündigung ist also objektiv unrichtig und damit irreführend. Es handelt sich hier um einen Fall der Lockvogelwerbung in Bezug auf den Preis.

Vgl. Fall 36.

4.2.2.1.7 Unwahre Angaben über die Identität des Werbenden

536 — Ein rechtlich selbstständiger Unternehmer, der in den Geschäftsräumen eines anderen Unternehmens seine gewerbliche Tätigkeit entfaltet, etwa der Betreiber ei-

nes Friseurgeschäfts in einem Kaufhaus, darf in seiner Werbung nicht den Eindruck erwecken, er gehöre zu dem anderen Unternehmen (§ 5 I, S. 2, Ziff. 3 UWG).
- Hier lassen sich auch die Fälle zuordnen, in denen Internetbenutzer über die Identität des Werbenden und den Geschäftsgegenstand getäuscht werden. So sieht sich ein Internetbenutzer irregeführt, wenn er unter der Domain-Adresse „www.aerztekammer.de" die Homepage eines Internet-Branchen-Informationsdienstes vorfindet.

4.2.2.1.8 Unwahre Angaben über geistige Eigentumsrechte des Werbenden
- Die Werbung mit DBP, DBGM oder Markenschutz ist unwahr, wenn in Bezug auf das betreffende Erzeugnis überhaupt kein patentamtlicher Schutz besteht (§ 5 I S. 2, Ziff. 3 UWG).

537

4.2.2.1.9 Unwahre Angaben über die Befähigung des Werbenden
- Wer die Meisterprüfung nicht mit Erfolg abgelegt hat, darf in der Werbung nicht die Bezeichnung „Meister" verwenden (§ 5 I, S. 2, Ziff. 3 UWG).
- Eine geschützte Berufsbezeichnung (Arzt, Rechtsanwalt, Wirtschaftsprüfer) darf nur führen, wer die erforderlichen Prüfungen bestanden hat und zur Ausübung des jeweiligen Berufes zugelassen ist.
- Akademische Grade dürfen in der Werbung nur verwendet werden, wenn dem Werbenden der Titel tatsächlich von einer Hochschule verliehen worden ist.
- Die Bezeichnung „Sachverständiger für Bauwesen" ist irreführend, weil hierdurch der Eindruck erweckt wird, dass der Werbende in allen Bereichen des Bauwesens Experte sei.

538

4.2.2.1.10 Unwahre Angaben über Auszeichnungen des Werbenden
- Unzulässig ist die Werbung mit der Anpreisung „Großer Preis 2015 DLG prämiert", wenn der Werbende an dem betreffenden Leistungswettbewerb gar nicht teilgenommen hat (§ 5 I, S. 2, Ziff. 3 UWG).
- Ebenso darf nicht mit „tausende von Anerkennungsschreiben" geworben werden, wenn in Wahrheit nur 50 oder 100 Schreiben vorliegen.

539

4.2.2.2 Missverständliche Werbung

Auch wenn die Angabe – etwa nach dem reinen Wortsinn – objektiv richtig ist, also eine Irreführung im Sinne der ersten Hauptgruppe, der objektiv unwahren Werbung, nicht vorliegt, kann sie, wie wir bereits wissen, von der Zielgruppe dennoch falsch verstanden werden: Die Werbung ist hier **subjektiv** (relativ) unrichtig (§ 5 I, S. 2, 2. Alt.).

540

Diese zweite Hauptgruppe, die missverständliche Werbung, kann im Einzelfall erhebliche Schwierigkeiten bereiten. Folgende Fallgruppen missverständlicher Werbung mögen uns diese Problematik verdeutlichen.

4.2.2.2.1 Werbung mit Selbstverständlichkeiten

541 Hier geht es um Folgendes: Bestimmte, meist kleine Verkehrskreise, die Insider, kennen einen bestimmten Umstand; er ist für sie eine Selbstverständlichkeit. Weite Kreise der Bevölkerung kennen diesen Sachverhalt nicht. Wird nun dieser Umstand in der Werbung groß herausgestellt, so wird bei den weiten Bevölkerungskreisen – eben wegen ihrer Unkenntnis – häufig der Eindruck erweckt, es handele sich hierbei um etwas ganz Besonderes. Da dies in Wirklichkeit nicht der Fall ist, ist ihr Eindruck subjektiv unrichtig. Daher ist eine solche Werbung mit Selbstverständlichkeiten irreführend. Hierzu folgende Beispiele:

> **Beispiele**
>
> „Bohnekamp mit feinem Weingeist" ist auf dem Flaschenetikett der Spirituose besonders herausgestellt. Die Angabe „Weingeist" besagt nach dem Gesetz, wie die Fachkreise, die Insider wissen, lediglich, dass das angebotene Getränk von Äthylalkohol hergestellt ist und solchen enthält. Die Bezeichnung „Weingeist" ist damit objektiv richtig; sie bekundet etwas, was selbstverständlich, was Standard ist, weil zum Wesen der Spirituosen gehörig. Ein nicht unbeachtlicher Teil des breiten Publikums, an das sich diese Werbung richtet, nimmt jedoch an, dass es mit der schlagwortartigen Hervorhebung des Wortes „Weingeist" auf dem Etikett eine besondere Bewandtnis haben müsse, weil anderenfalls kein Anlass zu einer solchen Art der Ankündigung bestünde. Dadurch wird zwangsläufig die Vorstellung erzeugt, die so gekennzeichnete Spirituose besitze eine Eigenschaft oder Beschaffenheit, die sie gegenüber anderen Erzeugnissen dieser Art hervorhebe. Nach den Feststellungen einer Meinungsumfrage haben 34 Prozent der Befragten „Weingeist" als Hinweis auf einen aus Wein oder Weintrauben hergestellten Alkohol angesehen. Da dies für Bohnekamp aber nicht zutraf, wurde diese Art der Werbung als irreführend untersagt.
>
> In einer groß angelegten Werbeaktion bietet ein Schuhhaus „Markenschuhe mit Preis- und Qualitätsgarantie" an. Zur Qualitätsgarantie ist vermerkt: „Bei einer berechtigten Reklamation erhalten Sie kostenlos Ersatz". – Nach §§ 437 Ziff. 1, 439 BGB steht dem Käufer einer mangelhaften Sache das Recht auf Lieferung einer mangelfreien Sache, also auf kostenlosen Ersatz, zu. Dies ist zwar für den juristisch Ausgebildeten eine Selbstverständlichkeit, nicht aber für die breite Bevölkerung, an die sich diese Werbung richtet. Bei einem nicht unerheblichen Teil dieser Zielgruppe entsteht der falsche Eindruck, dass durch die Qualitätsgarantie etwas ganz Besonderes, über die normale Gewährleistung Hinausgehendes, angeboten wird. Dies ist aber irreführend (vgl. hierzu auch § 3 III, Anhang Ziff. 10).
>
> Eine Brotfabrik wirbt: „... Tiefenbacher Bauernbrot, hergestellt aus garantiert nicht chemisch behandelten Mehlen". – Ein nicht unbeträchtlicher Teil der angesprochenen Verkehrskreise wird aus dieser Werbung schließen, dass nur das „Tiefenbacher Bauernbrot" – im Gegensatz zu anderen Broten – unter Verwendung von Mehlen hergestellt sei, die keine chemische Behandlung erfahren haben. Werden nun auch bei Mitbewerbern ausschließlich nicht chemisch behandelte Mehle verwendet, so ist diese Werbung irreführend.
>
> Eine Zahnbürste wird in der Werbung stark herausgestellt als „Massagebürste, Spezialborste". – Nicht unbeachtliche Teile des durch diese Angaben angesprochenen Publikums werden hierin einen besonderen Vorteil gegenüber anderen sich auf dem Markt befindlichen Zahnbürsten annehmen. Wenn bei den anderen Zahnbürsten aber das gleiche Material verwendet wird und auch sonst keine nennenswerten Unterschiede bestehen, liegt in dieser Werbeaussage eine Irreführung.

Vgl. Fall 20.

4.2.2.2.2 Werbung mit mehrdeutigen Aussagen

542 Mehrdeutige Aussagen sind in der Werbepraxis nicht selten, scheinen sie doch für den Werbungtreibenden einen doppelten Vorteil zu bringen: Die Chancen stehen gut, dass der Umworbene die Aussage in dem für den Werbenden günstigen Sinn versteht; der Werbungtreibende kann sich im Konflikt auf die rechtlich korrekte Deutung zurückziehen. Diesem „Doppelspiel" schiebt das Richterrecht jedoch einen Riegel vor, wie folgende Beispiele zeigen:

Beispiele

Unternehmer U wirbt mit „Einziger Vollproduzent in E".
„Vollproduzent" ist eine Wortneuschöpfung. In einem solchen Fall müssen zur Beurteilung alle Auslegungsmöglichkeiten herangezogen werden, die sich für einen durchschnittlich informierten, verständigen Verbraucher, an den sich diese Werbeaussage ja richtet, ergeben, der über das für ihn bisher unbekannte Wort nachdenkt. Denkbare Auslegungen von „Vollproduzent" können etwa sein: 1. Ein Unternehmen, das ein Erzeugnis von seinen Ausgangsstoffen bis zum Endprodukt alles in einer Hand hat, somit selbst produziert. 2. Ein Unternehmen, das alle Produkte dieser Art bearbeitet, also selbst produziert. 3. Ein Unternehmen, das alle Formen derartiger Erzeugnisse entwirft und ausführt, also nicht andernorts vorgefertigten Produkten nur den letzten Schliff gibt, sie also lediglich komplettiert.
Bei derartiger Mehrdeutigkeit in der Werbung muss eine Irreführung schon dann angenommen werden, wenn nicht **alle** vernünftigen möglichen Deutungen zutreffen. Unklarheiten gehen zulasten des Werbungtreibenden. Da U die Ausgangsstoffe kaufte, also nicht selbst produzierte, ist bereits die erste Auslegungsmöglichkeit nicht erfüllt, so dass die Werbung von U schon aus diesem Grunde irreführend ist.

Ein Kfz-Händler wirbt für ein Modell, das zu diesem Zeitpunkt in dieser Form nicht mehr gebaut wird mit „fabrikneu". – Der Ausdruck „fabrikneu" ist mehrdeutig. Man kann darunter zunächst nur verstehen, dass das Kfz ungebraucht ist, dass es keine durch lange Standzeit bedingten Mängel aufweist und/oder dass das Modell dieses Fahrzeugs weiterhin unverändert hergestellt wird, also keine Änderungen in der Technik und der Ausstattung aufweist. Der BGH geht davon aus, dass alle genannten Umstände vorliegen müssen. Da im Streitfall zum Zeitpunkt der Werbung mit „fabrikneu" bereits ein Nachfolgemodell auf Band gelegt war, ist für das umworbene Kfz das Merkmal der Modellneuheit nicht mehr gegeben. Die Werbung ist damit irreführend.

Eine langjährige Garantie ist an sich unbedenklich. Geht jedoch die Garantie über die normale Lebensdauer des Produktes hinaus oder ist sie für den Kunden praktisch bedeutungslos, so liegt hierin eine Irreführung.

Bei einer Werbung mit **„neu"** oder entsprechenden Begriffen ist generell Vorsicht geboten. Sie muss zunächst wahr sein. So ist es irreführend, wenn ein Geschäft nach vorübergehender Schließung mit „Neu-Eröffnung" wirbt; das ist nämlich eine Wieder-Eröffnung. – Des Weiteren muss klar erkennbar sein, worin konkret die Neuerung liegt: bezieht sie sich auf das ganze Produkt, nur einen bestimmten Teil oder bestimmte Funktionen? – Nur geringfügige Veränderungen, auch im Verhältnis zur Konkurrenz betrachtet, rechtfertigen eine Neuheitswerbung nicht. – Insbesondere ist noch an den Zeitfaktor zu denken. Sicherlich ist es jedermann eingängig, dass 5 Jahre nach Einführung eines Produkts dieses nicht mehr mit „neu" beworben werden darf. Welches ist nun aber der richtige Zeitraum? Diese Frage kann nicht schematisch mit einer bestimmten Zeitspanne beantwortet werden. Das hängt vielmehr von der jeweiligen Branche und der Warenart ab und muss im Einzelfalle festgelegt werden. Langlebige Produkte sind hier anders zu beurteilen als Gegenstände des täglichen Bedarfs, die rasch verbraucht werden. So haben Gerichte bei Zeitungen einen Zeitraum von länger als 3 Monaten für unzulässig erachtet, wogegen im Pharmabereich die Neuheitswerbung ein Jahr lang als erlaubt angesehen wurde, was bei Fernsehgeräten wiederum zu lange ist.

Vgl. Fälle 19, 20, 21.

4.2.2.2.3 Blickfangwerbung

Ein Möbelhaus wirbt für **Schlafzimmer** (Fettdruck) mit wertvollen Holzfurnieren, bestehend aus mehreren Gegenständen – darunter eine Frisierkommode – zu einem Gesamtpreis von € 6000,–. Dabei wird die Frisierkommode auch als Einzelobjekt verkäuflich angeboten (dies alles in Normaldruck) zu € **500,–** (Fettdruck).

Nimmt man diese Anzeige im *Detail* zur Kenntnis, so ist sie objektiv richtig: Das gesamte Schlafzimmer einschließlich Kommode kostet € 6000,–, die Frisierkommode als Einzelstück € 500,–.

Entscheidend ist aber – wie wir bereits wissen – das Verständnis des aufmerksamen, verständigen, durchschnittlichen Verbraucher, an die sich diese Werbebotschaft richtet. Hiervon ausgehend sind bei dieser so genannten Blickfangwerbung die besonders herausgestellten Angaben zunächst isoliert zu betrachten, d.h. Schlafzimmer und € 500,–. Dieser Blickfang ist objektiv unrichtig und nach traditioneller Rechtsprechung unlauter, da das gesamte Schlafzimmer ja € 6000,– und nicht € 500,– kostet. Die jüngere Rechtsprechung hat diese Beurteilung anhand der rein isolierten Betrachtungsweise dahingehend relativiert, dass eine klare und eindeutige Aufklärung einen Irrtum ausschließen kann. Allerdings muss der aufklärende Hinweis auch in den Blickfang gestellt werden. Von einem derartigen, deutlich klarstellenden Hinweis war in unserem Schlafzimmerfall aber keine Rede, so dass es dabei bleibt, diese Werbung als unlauter zu qualifizieren. Dies gilt hier um so mehr, als der Blickfang an sich eine dreiste Lüge darstellt, die auch nach der jüngeren Rechtsprechung nicht hinzunehmen ist und nicht durch aufklärende Hinweise klargestellt werden kann.

Recht häufig sind die weniger massiven Fälle, bei denen der Blickfang selbst nicht eindeutig ist. Hier muss durch einen entsprechenden Hinweis – etwa durch einen Sternchen-Vermerk – Klarheit geschaffen werden.

Vgl. Fälle 23, 43.

4.2.2.3 Unwahre / missverständliche Werbung

544 Nicht selten kommt es vor, dass in bestimmten Bereichen Eignung zur Irreführung – je nach Konstellation – zum einen Mal der Hauptgruppe objektive Unrichtigkeit = unwahre Werbung und zum anderen Mal der Hauptgruppe subjektive Unrichtigkeit = missverständliche Werbung zuzuordnen ist. Dieser „Mischgruppe" wollen wir uns nunmehr zuwenden und hierzu einige in der Praxis bedeutsame Marketinginstrumente besprechen.

4.2.2.3.1 Irreführung in Bezug auf den Preis

545 Meist ist der Preis das wichtigste Kriterium für den Käufer. Günstige Preise rufen bei den Verbrauchern einen starken Kaufanreiz hervor. Daher nimmt der Preis eine dominante Stellung im Rahmen des gesamten Marketing ein.

Aus diesem Grunde wollen wir uns an dieser Stelle nochmals mit dem Preis beschäftigten und zwar mit den verfeinerten und daher auch rechtlich schwierigeren Methoden einer Täuschung. Einige grobe Gesetzesverstöße bei der Werbung mit dem Preis haben wir bereits kennen gelernt (Rz 535), die *Preismanipulationen*. Das waren die Fälle der Irreführung im Sinne von Unwahrheit.

546 Eine besondere Rolle spielen die **Preisgegenüberstellungen**. Es geht hier darum, dass ein höherer Ausgangspreis einem niedrigeren Neupreis, den man effektiv fordert, gegenübergestellt wird.

Die Art und Weise dieser im Marketing sehr beliebten Preisgegenüberstellung ist mannigfach, wie etwa: „Bisher ... € – jetzt ... €"; „Statt ... € – ... €"; „x % reduziert, jetzt € ... "; durchstrichene Preise (~~100~~/80 €).

Preisgegenüberstellungen kommen in zweifachem Bezug vor:
- Beim **Eigenpreisvergleich** ist der höhere Ausgangspreis der Preis, den der *Anbieter* früher *selbst* gefordert hat.
- Beim **Drittpreisvergleich** ist der Ausgangspreis der eines *anderen*, also etwa des Konkurrenten, des Herstellers oder der Testpreis eines Testinstituts.

Für beide Arten der Preisankündigung gilt das Prinzip der **Preiswahrheit** und der **Preisklarheit**. Sind beide erfüllt, so sind beide Arten der Preisgegenüberstellung grundsätzlich erlaubt.

Diese Grundsätze gebieten es, einige wichtige Aspekte zu beachten:

Der Verbraucher muss klar erkennen können, welches der Ausgangspreis ist, also ob es um einen Eigen- oder einen Drittpreisvergleich geht. Ist dies nicht der Fall, so handelt es sich um **mehrdeutige Vergleichspreise**, und diese sind irreführend. 547

Gesetzlich definiert ist nur ein Preis: der Gesamtpreis. Nach § 1 PAngVO ist dies der Preis, den der Letztverbraucher zu zahlen hat, unabhängig von einer Rabattgewährung.

Recht häufig tauchen andere Preisbezeichnungen auf, die der Verbraucher nicht genau einordnen kann, wie etwa „Listenpreis". Versteht man darunter die „Liste" des Herstellers, des Großhändlers oder gar die des Händlers, also seinen eigenen früheren Preis? Dieser Ausdruck ist also mehrdeutig und daher irreführend. Ähnlich verhält es sich mit Angaben wie Katalogpreis oder wie „mittlerer-, regulärer-, circa-, Normal-, Richt- oder Bruttopreis". Alle diese Termini sind nicht erlaubt.

Wird für Waren oder Dienstleistungen mit **„Tiefpreisen"** geworben, müssen diese tatsächlich besonders preisgünstig, d.h. im Bereich des unteren Preisniveaus angeboten werden. Gleiches gilt für eine Preiswerbung wie „Sparpreise", „Traumpreise", „Wahnsinnspreise", „irre Preise", „Superpreise", „Preisbrecher".

Nach den Prinzipien der Preiswahrheit und Preisklarheit sind auch die sog **Mondpreise** zu betrachten. Dies sind bewusst überhöht angesetzte, im Grunde gar nicht gewollte Ausgangspreise, die den effektiv geforderten Preisen gegenübergestellt werden. Hierdurch wird eine drastische Preissenkung vorgetäuscht. Dies ist irreführend. 548

Ein weiterer sehr bedeutsamer Aspekt ist der **Zeitfaktor**. 549

Machen wir uns dieses Problem am Beispiel der **Preisschaukelei** klar. Es geht hier darum, dass Preise *willkürlich kurzfristig* herabgesetzt und dann wieder angehoben werden – und dies immer wieder –, um dann jeweils mit einer *Preisherabsetzung zu werben*. Eine solche Werbung mit schaukelnden, jeweils herabgesetzten Preisen war, da Kunden irregeführt – zumindest verunsichert – werden, schon immer wettbewerbswidrig. Nach der Rechtsprechung des BGH muss der alte Preis über einen angemessenen Zeitraum ernsthaft gefordert werden.

550 Um die Bekämpfung derartiger mit Preissenkungen im Zusammenhang stehender Missbräuche zu erleichtern, stellt § 5 IV 1 UWG die Vermutung auf, dass es irreführend ist, mit einer Preissenkung zu werben, wenn der ursprüngliche Preis nur für eine unangemessen kurze Zeit gefordert worden ist. Es ist somit Sache des mit der Preissenkung Werbenden, die Vermutung der Irreführung im konkreten Einzelfall zu entkräften.

In der Praxis ist häufig nur schwer nachweisbar, wie lange der ursprüngliche Preis von dem Werbenden tatsächlich verlangt wurde. Daher bürdet § 5 IV 2 UWG dem Werbenden auf, im Streitfall den Beweis für die Zeitdauer, in der der ursprüngliche Preis gefordert wurde, zu erbringen.

551 Welche Zeitspanne für den alten Preis maßgebend ist, hängt von den Umständen des Einzelfalles ab, insbesondere von der Art der Erzeugnisse. Bei langlebigen Wirtschaftsgütern, etwa Fernsehgeräten oder Waschmaschinen, müssen die Preise bis zu sechs Monaten verlangt worden sein, bei schnelllebigen, etwa Modeartikeln, sind kürzere Zeiten ausreichend.

Vgl. Fälle 31, 43.

4.2.2.3.2 Irreführung in Bezug auf besondere Aktionen

552 Es geht hier um besonders herausgestellte und beworbene Aktionen, meist des Einzelhandels. Im Vordergrund stehen hier die herkömmlichen verkaufsfördernden Maßnahmen, die *früher gesetzlich reglementiert* waren und die sich zu allen Zeiten allgemeiner Beliebtheit erfreuen, wie etwa Räumungsverkäufe – wegen bestimmter Notsituationen, wie Wasser-, Feuer-, Sturmschäden –, wegen Geschäftsaufgabe wegen Umzugs oder Umbaus, die Jubiläumsverkäufe und die Sommer- und Winterschlussverkäufe.

553 Des Weiteren ermangelt es nicht besonderer Aktionen, die dem schöpferischen Geist von Marketingspezialisten entsprangen:

554 Das sind einmal die Aktionen, die an *bestimmte Ereignisse* anknüpfen, wie etwa die Eröffnungswerbung („Zur Geschäftseröffnung auf alles 15 %"), die Inventurwerbung („Wir haben Inventur gemacht und alle Preise bis zu 40 % herabgesetzt"), die Geburtstagswerbung („Ein Jahr im Revier, so danken wir").

555 Zum Anlass einer besonderen Verkaufsaktion werden häufig auch *bestimmte Zeiten* gemacht, wie „Osterpreise", „Sommer, Sonne und verreisen – alles träumt von solchen Preisen", „Räumung der Läger um jeden Preis, Frühjahrsneuheiten brauchen Platz, daher jetzt tolle Angebote", „Sparpreiswoche von … bis", „Mo-Di-Mi-Preise".

Aber auch reine *Phantasiekonstrukte* können zur Grundlage einer Sonderveranstaltung gemacht werden: „Festival der kleinen Preise", „Jubel-Trubel-Fest der Preise", „Aktion Rotstift", „Blaulichtaktion", „Aktion brutale Preise".

556 Bei allen genannten Fällen geht es um den **Anlass des Verkaufs i.S.v. § 5 I, S. 2, Ziff. 2 UWG**. Hierüber hinaus sind aber auch noch die *Sonderangebote, die Rabatte* *und Zugaben* – dies sind neben entgeltlichen Hauptleistungen gewährte unentgeltliche Nebenleistungen – im Rahmen dieses Abschnitts zu nennen.

Für alle Fälle gilt eines gemeinsam: Sie sind grundsätzlich erlaubt. Allerdings dürfen keine zur Täuschung geeigneten Angaben vorliegen (§ 5 I UWG) – und darum geht es im Folgenden:

Irreführend sind *Scheinaktionen*: Solche liegen dann vor, wenn der Unternehmer den angekündigten Preisvorteil gar nicht gewährt, sondern die gleichen Preise wie bisher fordert. 557

Irreführung kann auch in Bezug auf den *Anlass* der Sonderaktion vorliegen. So wird etwa massiv getäuscht, wenn mit einem „Räumungsverkauf wegen Geschäftsaufgabe" geworben wird, während der Werbende überhaupt nicht daran denkt, seinen Betrieb endgültig zu schließen (vgl. hierzu auch Rz 659). 558

Irreführung kann sich auch auf den *Zeitfaktor* beziehen. Der Unternehmer ist nicht verpflichtet, seiner Sonderaktion einen konkreten zeitlichen Rahmen zu geben. Begrenzt er jedoch seine Veranstaltung zeitlich, so ist er daran gebunden und darf sie nicht vorzeitig für beendet erklären. 559

4.2.2.3.3 Irreführung in Bezug auf Werbung mit Testergebnissen

In § 5 I, S. 2 Ziff. 1 a.E. UWG werden die Ergebnisse oder wesentlichen Bestandteile von Tests der Waren oder Dienstleistungen als irreführungsrelevante Angaben ausdrücklich genannt. 560

Testmarketing ist bei den Werbungtreibenden sehr beliebt, weil der Werbung mit Testergebnissen hohe Werbewirksamkeit zukommt. 561

In Wechselwirkung dazu steht die Beliebtheit von Tests beim Publikum. An erster Stelle ist hier die bundeseigene **„Stiftung Warentest"** zu nennen, deren Wertung sich der Leser in der Regel unbedenklich anschließt, selbst wenn diese Institution ausnahmsweise einmal einen Prozess verliert.

Werbung mit Testergebnissen ist grundsätzlich zulässig. Voraussetzung ist allerdings, dass der Test von einem unabhängigen, neutralen, anerkannten Institut in einem sachgerechten Verfahren durchgeführt wurde und dass die dort ermittelten Ergebnisse in der Werbung richtig wiedergegeben werden unter Benennung der Fundstelle der Veröffentlichung. 562

Unbedenklich zulässig ist eine Werbung mit einem Waren- oder Dienstleistungstest dann, wenn der getestete Werbungtreibende den Testbericht *vollständig* wiedergibt, sei es etwa im Rahmen eines Prospektes, durch Handzettel oder durch Auslage beim Warenangebot. 562a

Eindeutig irreführend – und zwar unter dem Aspekt der **unwahren Werbung** – sind z.B. folgende Testmanipulationen: 563

- Die gewerbliche Leistung ist überhaupt nicht getestet worden.
- Die Testergebnisse sind falsch wiedergegeben.
- Der Test ist wegen Produktänderung nicht mehr aktuell.
- Der Test bezieht sich gar nicht auf das beworbene Produkt.

564 Irreführend ist es auch, wenn bei einer Werbung mit Testergebnissen auf einen alten Test verwiesen wird, der durch einen jüngeren überholt ist, denn die umworbene Zielgruppe geht davon aus, dass sie aktuelle Informationen erhält.

565 Rechtlich schwieriger sind die Fälle, bei denen **Selektionen** vorgenommen werden. Solche bieten sich häufig an, da eine vollständige Wiedergabe des Tests aus Gründen der Praktikabilität nicht in Betracht kommt.

Sind in der Werbung etwa nur *günstige Einzelteile* des Tests hervorgehoben, so drängt sich den Umworbenen häufig der Eindruck auf, dass sich diese Bonitäten auf den Gesamttest beziehen. Den Verbrauchern wird dann durch das Verschweigen ungünstiger Daten ein schiefes Gesamtbild vermittelt, und dies ist irreführend (vgl. Rz 520 f.).

566 Recht beliebt ist das **isolierte Herausstellen** des **Gesamtprädikats**, wie etwa „Stiftung Warentest: Gesamturteil gut".

Dies ist wettbewerbsrechtlich unbedenklich, wenn die Werbung etwa folgenden klarstellenden Hinweis enthält: Insgesamt getestet waren 12 Produkte, davon 1 mit „sehr gut", 2 mit „gut", 7 mit „zufriedenstellend" und 2 mit „mangelhaft". Das Entscheidende hierbei haben wir erkannt: Es wird die Gesamtzahl der getesteten Produkte sowie die jeweilige Zahl der einzelnen Urteile genannt und der Rang, den das beworbene Produkt einnimmt. Damit ist der *Stand* des umworbenen Produkts im Verhältnis zu den mitgetesteten Konkurrenzerzeugnissen klar *erkennbar*.

Wie ist aber die Rechtslage, wenn dieser klarstellende Hinweis fehlt?

- Eine isolierte Werbung mit dem **Gesamturteil „sehr gut"** ist stets zulässig, auch dann, wenn diese Note mehrfach vergeben wurde. Die Verbraucher gehen nämlich nicht davon aus, dass dieses Prädikat nur einmal erteilt wird.
- Wesentlich problematischer ist die isolierte Werbung mit **„gut"**. Hier kann keine allgemein gültige Aussage gemacht werden. Es ist vielmehr auf die Umstände des Einzelfalles abzustellen. Dabei geht der BGH in seiner Beurteilung davon aus, dass „gut" in den Augen der Umworbenen eine *über dem Durchschnitt* liegende Qualität bedeutet.
- Geht man von obigem Beispiel aus, so ist die isolierte Werbung mit „gut" *auch ohne* den klarstellenden Zahlenhinweis zulässig. „Gut" liegt in dieser Konstellation – nur wenige mit „sehr gut" oder „gut", die Mehrzahl „zufriedenstellend" oder schlechter – besser als der Notendurchschnitt.
- Anders sieht es bei einer isolierten Werbung mit „gut" in folgendem Fall aus: Von 22 Kameras waren 11 mit „sehr gut", 10 mit „gut" und 1 mit „zufriedenstellend" getestet worden. Dies hat der BGH als irreführend erklärt, weil „gut" *hier* unter dem Notendurchschnitt liegt. In diesem Fall hätte ein klarstellender Zahlenhinweis erfolgen müssen.

Ist ein Test recht alt, etwa 5 Jahre, wird dieses Alter aber deutlich zum Ausdruck gebracht, hat die Ware keine Veränderungen erfahren und ist zwischenzeitlich kein neuer Test erfolgt, so ist eine Werbung auch mit diesem alten Test zulässig.

567

Die Stiftung Warentest hat Empfehlungen zur „Werbung mit Testergebnissen" herausgegeben. Diese Empfehlungen sind wettbewerbsrechtlich zwar nicht zwingend. Ihre Einhaltung ist jedoch anzuraten, da gewisse Auswirkungen auf die Rechtsprechung unverkennbar sind.

568

4.2.2.3.4 Irreführung in Bezug auf die Gesundheit

Leben, Körper, Gesundheit sind die wichtigsten Güter des Menschen. Dementsprechend sensibel sind die rechtlichen Beurteilungskriterien dieser Bereiche. Die Anforderungen an Richtigkeit, Eindeutigkeit und Klarheit von Werbeaussagen sind hier sehr streng.

569

Zunächst gilt es hier eine Reihe strenger gesetzlicher Spezialregelungen zu beachten, wie etwa § 8 Arzneimittelgesetz, § 3 Heilmittelwerbegesetz, §§ 11, 27 Lebensmittel-, Bedarfsgegenstände- und Futtermittelgesetzbuch, § 6 Nährwert-KennzeichnungsVO in Bezug auf schlankmachende, schlankheitsfördernde oder gewichtsverringernde Eigenschaften sowie eine große Zahl weiterer Vorschriften, die sich auf bestimmte Lebensmittel beziehen. Ein Verstoß gegen diese Normen wird in der Regel als Ordnungswidrigkeit sanktioniert, in schweren Fällen sogar als Straftat. Darüber hinaus liegt, wie wir wissen, nach § 4 Ziff. 11 UWG Unlauterkeit (§ 3 I UWG) vor, denn bei allen diesen genannten Spezialvorschriften geht es um Marktverhaltensregelungen.

Ziff. 18 der „Schwarzen Liste", Anhang zu § 3 III UWG (Rz 355) erklärt eine unwahre Angabe, eine Ware oder Dienstleistung könne Krankheiten, Funktionsstörungen oder Missbildungen heilen, für unzulässig,

Was die über diese Sonderregelungen hinausgehenden Irreführungsangaben in Bezug auf die Gesundheit betrifft, so geht es im UWG um § 5 I, 2 Ziff. 1 mit seinen Merkmalen **Zwecktauglichkeit, Verwendungsmöglichkeit** sowie **von der Verwendung zu erwartende Ergebnisse**.

570

Zunächst zur unangenehmsten Art der irreführenden Gesundheitswerbung: Das ist die, die Gesundheit vorgibt, in Wirklichkeit das Erzeugnis jedoch gesundheitsschädigend sein kann, so etwa eine Werbung für Spirituosen mit „Flensburger Doktor" oder „Ein gesunder Genuss".

Irreführend ist es auch, wenn für ein „medizinisches Badesalz" mit einer Wirkung geworben wird, die nicht eintritt, ebenso wenn bei Arthrose-Kranken fälschlicherweise der Eindruck erweckt wird, das beworbene Mittel lindere die Schmerzen oder wenn bei einem Mittel gegen Zellulitis in unzutreffender Weise in der Werbung behauptet wird, „Problemzonen – Bauch, Beine, Po – wirken sichtbar vermindert".

Nicht selten wird mit gesundheitsfördenden Wirkungen geworben, die *wissenschaftlich umstritten* sind. Dies ist irreführend, wenn der Werbungtreibende nicht in der Lage ist, die wissenschaftliche Absicherung seiner Angaben zu belegen.

571

572 Noch ein Wort zur Terminologie: Die Silben „*med*" oder Bezeichnungen wie „*Medicus*" oder „*medico*" rufen die Vorstellung hervor, dass es sich bei diesem Erzeugnis um etwas *Medizinisches* handelt. Ist dies nicht der Fall, wie etwa bei einem Herrenanzug, so ist dies irreführend.

4.2.2.3.5 Irreführung in Bezug auf Werbeveranstaltungen

573 Das Standardbeispiel hierfür sind die sog. **Kaffeefahrten**: Es wird eingeladen zu einer Tagesfahrt, häufig mit Bussen, zu bestimmten Sehenswürdigkeiten oder Ereignissen, dazu Mittagessen, Kaffeetafel, evtl. noch Butter, Kekse, Schokolade … und noch dazu ein kleines Geschenk und dies alles zu einem äußerst günstigen Preis. Unterwegs sehen sich die Teilnehmer dann mit einer Verkaufs- und Werbeveranstaltung konfrontiert. Teilnehmer sind meist Rentner, Hausfrauen, einfache Leute, also ein Personenkreis, der wegen Alters oder geringerer geschäftlicher Erfahrung erhöhte Schutzbedürftigkeit genießt.

574 Ob derartige Maßnahmen zulässig sind, hängt stets von den Umständen des Einzelfalles ab. Dabei stehen die Aspekte
– deutlicher Hinweis auf den Charakter der Fahrt,
– Fahrpreis,
– Intensität der Bearbeitung der Teilnehmer,
im Vordergrund.

– Verkaufs- und Werbefahrten dürfen **nicht als Ausflugsfahrten getarnt** werden, ansonsten liegt Irreführung nach § 5 I UWG vor. Daher muss in der Werbung, sei es in Hauswurf-Einladungskarten, Zeitungen oder Anzeigenblättern eindeutig, unmissverständlich und unübersehbar zum Ausdruck gebracht werden, dass mit der Fahrt eine *Werbe-/Verkaufsveranstaltung* verbunden und die Teilnahme daran freiwillig ist. Werden die Vorzüge der Fahrt in den Blickfang (vgl. Rz 543) gestellt, so muss dies genauso für den werblichen Charakter erfolgen.
Reine Verkaufsfahrten müssen als solche bezeichnet werden, nicht als Werbefahrten.

– Die Fahrten dürfen nicht kostenlos oder zu einem Scheinpreis durchgeführt werden. Zwar ist es erlaubt, sie sehr preisgünstig anzubieten, jedoch darf kein *grobes* Missverhältnis zwischen dem Gebotenen und dem Entgelt bestehen. So ist ein Tagesausflug mit komplettem Essen und Kaffeetafel für vier Euro als unzulässig anzusehen. Fahrpreise zu nur einem Bruchteil der Normalpreise des insgesamt Angebotenen können moralischen Kaufzwang begründen.

– Gerade die o.g. Teilnehmer derartiger Fahrten sind, wie dargelegt, der Irreführungsgefahr stärker ausgesetzt als der Durchschnitt der erwachsenen Gesamtbevölkerung. Aggressive Verkaufswerbung, Bedrängung und Überrumpelung (vgl. Rz 413) sind besonders bei diesem Personenkreis zu vermeiden.

Derartige Fahrten sind in der Regel als Freizeitveranstaltungen i.S. von § 312 I Ziff. 2 BGB anzusehen, so dass den Teilnehmern, die dort Verträge als Verbraucher abschließen, ein Widerrufsrecht nach § 355 BGB zusteht. Darüber sind sie zu belehren. Geschieht dies nicht, so liegt Unlauterkeit vor (§ 4 Ziff. 11 UWG).

Irreführung ist auch dann gegeben, wenn zu einer Filmveranstaltung eingeladen wird, die sich dann als Film**werbe**veranstaltung für Kochgeräte entpuppt.

Diese Fälle der Irreführung erfüllen in der Regel zugleich den Tatbestand der unlauteren Verschleierung des Werbecharakters von geschäftlichen Handlungen (§ 4 Ziff. 3 UWG).

4.2.2.3.6 Irreführung in Bezug auf Alleinstellungswerbung

Es geht hier darum, dass ein Unternehmer mit einer *führenden Stellung am Markt* in der Weise wirbt, dass er eine Spitzenstellung für sich **allein** reklamiert. Eine solche kann sich auf das Produkt oder auf das Unternehmen beziehen.

Eine derartige Alleinstellungswerbung kann in verschiedener sprachlicher Ausdrucksweise vorkommen, etwa in einem Superlativ (**größter** oder bedeutendster Hersteller von …, das meistgekaufte Produkt) oder durch das Benutzen des bestimmten Artikels (**das** führende Unternehmen von …, **das** Erzeugnis auf dem Gebiet …) oder durch Adjektive wie erste, einzigartige, **einmalige**, unerreichbar, konkurrenzlos, exklusiv bei …, weit überlegen oder durch Substantive wie Erster, Spitze, Wunder, Weltpremiere oder durch Ausdrücke aus der Welt des Sports, wie etwa „**die Nr. 1**".

Eine Alleinstellungswerbung verstößt nicht gegen § 5 UWG, so die Gerichte, wenn sie **wahr** ist, und wenn der mit der Alleinstellung zum Ausdruck gebrachte **Vorsprung beachtlich** und **dauerhaft** ist.

Beispiele
- Die Aussagen „X, Die große Wirtschaftszeitung", „Sport-Bild: Europas größte Sportzeitschrift" sind nicht irreführend, wenn die Auflagen dieser Blätter beträchtlich und offenkundig über einen längeren Zeitraum über denen der Konkurrenz liegen.
- Entsprechendes gilt etwa für „X, Europas größte Versandhausgruppe" oder „Y, Europas Nr. 1 bei Bremsen" unter den Aspekten des Umsatzes und des Warenangebotes.
- Die Werbung eines Möbeleinzelhändlers „Das Möbelerlebnis im Westen" ist als Alleinstellungswerbung irreführend, wenn sich im Einzugsgebiet dieses Werbungtreibenden verschiedene Möbelhäuser mit wesentlich größerer Ausstellungsfläche befinden.
- Erinnern wir uns an den Fall zurück, bei dem für eine Spezialbaumaschine mit „unschlagbar" geworben wurde (Rz 363). Nachdem der BGH dies als nachprüfbare Aussage und damit als eine Angabe nach § 5 UWG angesehen hatte, folgerte er weiter, dass diese Werbung von einem nicht unbeträchtlichen Teil der Fachleute, an die sie sich richtete, als ernst gemeinte Inanspruchnahme der alleinigen technischen und/oder wirtschaftlichen Spitzenleistung angesehen wurde. Da eine solche in der Tat aber nicht bestand, handelte es sich hier nicht um eine zulässige Alleinstellungswerbung, sondern um irreführende, nach § 5 UWG verbotene Werbung.
- U-Preisgarantie: „Sie erhalten Ihr Geld zurück, wenn Sie innerhalb von 5 Tagen nachweisen, dass Sie die bei uns gekauften Artikel bei gleichen Leistungen anderswo billiger bekommen". Diese Werbung enthält keine unzulässige Alleinstellung. Die Umworbenen verstehen diese Preisgarantie nicht dahingehend, dass U seine Waren am billigsten verkaufe, sondern so, dass sie anderswo nicht billiger erworben werden können. Voraussetzung ist allerdings, dass eine echte Vergleichsmöglichkeit gegeben ist.
- Die Werbung eines Internetdienstleisters mit der Aussage „Europas größter Onlinedienst" ist auch bei prozentualer Marktführerschaft irreführend, wenn dieser nur in den Ländern Deutschland und Österreich vertreten ist.

4.2.2.3.7 Irreführung in Bezug auf eine Spitzengruppenwerbung

577 Auch eine Spitzengruppenwerbung kann sprachlich in verschiedener Weise zum Ausdruck kommen, etwa durch den unbestimmten Artikel wie z.B. „**einer** der größten Hersteller von …", „ein Spitzenerzeugnis". In der Werbung recht beliebt ist der so genannte negative Komparativ: „Es gibt keinen besseren …", „Nichts wäscht reiner als …". Bei diesem **negativen Komparativ** wird nicht behauptet, man stehe allein an der Spitze, man sei der „Beste", sondern man lässt es zu, dass auch andere die eigene Bonitätsstufe erreichen; diese aber liegt in der Spitzengruppe. Eine derartige Spitzengruppenwerbung ist nicht irreführend, wenn sie **wahr** ist, d.h. wenn es zutrifft, dass man mit der jeweils reklamierten Eigenschaft in der Spitzengruppe liegt. Dabei ist es aber erforderlich, dass man einer im **Wesentlichen geschlossenen Spitzengruppe** angehört, die vor den übrigen einen beachtlichen Vorsprung hat.

> **Beispiele**
>
> Eine Kaffeerösterei wirbt: „E … eine der größten Kaffeeröstereien von …". Sie hat einen Marktanteil von 9 %, ein Mitbewerber einen solchen von 16 % und ein weiterer einen von 20 %; die restlichen einen geringeren. – Mit ihrer Werbung behauptet E, sie gehöre zu einer Spitzengruppe. Zwar liegt sie mit ihrem Marktanteil – absolut gesehen – an dritter Stelle. Dies allein genügt jedoch für die Zulässigkeit dieser Werbung nicht. Es muss vielmehr eine Gruppe von Unternehmen vorliegen, die untereinander einen relativ geringen Abstand halten, und zu dieser Gruppe muss E gehören. Dies ist hier jedoch nicht der Fall. E liegt hinter den beiden Marktführern um etwa die Hälfte zurück. Wenn sich E dennoch in die Gruppe der Größten einreiht, so liegt hierin für die angesprochenen Verkehrskreise eine Irreführung.
>
> Der Werbeslogan „S – eines der reinsten Mineralwässer der Erde" erweckt den Eindruck, dass diese Mineralwässer zu einer Spitzengruppe von Mineralwässern gehören, die „reiner" sind als die anderer Mitbewerber. Dabei ist „rein" nicht lediglich als subjektives Werturteil bezüglich des Geschmacks zu bewerten, sondern als objektiv nachprüfbare Tatsachenbehauptung. Da nun das S-Mineralwasser keinen spürbaren Vorsprung anderen Mineralwässern gegenüber aufweist, handelt es sich hier um eine irreführende Spitzengruppenwerbung.

4.2.2.3.8 Irreführung in Bezug auf Werbung mit Schutzrechten

578 Hinweise auf ein bestehendes Urheberrecht, Patent, Gebrauchsmuster, eingetragenes Design, eine Marke sind in der Praxis sehr häufig. Sie haben insbesondere folgende Funktionen: Zunächst dienen sie dazu, Konkurrenten auf diese Rechte aufmerksam zu machen. Des Weiteren verfolgen sie oft den Zweck – und so sieht es der Rechtsverkehr auch häufig –, dass die Produkte eben wegen ihres Schutzes konkurrenzlos seien bzw. besondere Vorzüge aufweisen. Hieraus wird verständlich, dass man Schutzrechte gern zum Gegenstand von Werbeaussagen macht.

579 Unproblematisch sind die Fälle, bei denen mit einem der genannten Schutzrechte geworben wird, während es in Wirklichkeit gar nicht besteht. Dies ist objektiv unwahr und damit als irreführend unzulässig. Im Übrigen ist eine differenzierte Betrachtungsweise geboten.

580 Werden in Bezug auf ein **Urheberrecht** Angaben wie „Gesetzlich geschützt", „Behördlich geschützt", „Geschützt" gemacht, so erweckt dies bei einem nicht unerheblichen Teil der angesprochenen Verkehrskreise den Eindruck, eine Behörde habe dieses Schutzrecht erteilt, was – wie wir wissen (Rz 6, 51) – ja nicht zutrifft, da lediglich das Vorliegen der materiellen Voraussetzungen für das Entstehen des Urheberrechts maßgebend ist. Derartige Angaben sind daher irreführend und nach § 5 UWG untersagt.

Diese Ausführungen gelten entsprechend für die benutzte Marke (§ 4 Ziff. 2 MarkenG), denn auch sie beruht nicht auf einer behördlichen Erteilung, sondern auf der Verkehrsgeltung.

581

Bei einem erteilten **Patent** sind etwa folgende Hinweise erlaubt: „Patent", „Patentschutz", „Patentiert", „Patentamtlich geschützt", „Gesetzlich geschützt", „Geschützt", „Nachahmung verboten", „DBP" (Deutsches Bundespatentamt) und „Ges.gesch.".

582

Irreführend ist es hingegen, wenn für ein Patent, das vom Europäischen Patentamt erteilt wurde, mit „Worldwide Patent" geworben wird. Hierdurch wird nämlich suggeriert, dass auch außerhalb der europäischen Staaten Patentschutz bestünde.

Ist ein Patenterteilungsverfahren noch nicht abgeschlossen, so muss bei einer Patent-Werbung deutlich auf diesen Umstand hingewiesen werden. Eine Werbung mit „Patent" wäre in diesem Fall objektiv unrichtig, eine Werbung wie „D.P.a." oder „DPa" nicht deutlich genug und damit irreführend.

Besteht ein **Gebrauchsmusterschutz**, so sind etwa folgende Angaben zulässig: „Gebrauchsmuster", „Gebrauchsmusterschutz" sowie die gebräuchliche Abkürzung „DBGM". Bei den Angaben „Patentamtlich geschützt", „Gesetzlich geschützt", „Geschützt" nimmt ein nicht unerheblicher Teil der Bevölkerung an, dass die Schutzrechtsverleihung auf Grund vorangegangener sachkundiger Prüfung erfolgt sei. Da in Wirklichkeit beim Gebrauchsmuster – wie wir wissen (Rz 189 ff.) – wesentliche Voraussetzungen vom DPMA gar nicht geprüft werden, liegt hier eine irreführende Schutzrechtsberühmung vor, die nach § 5 UWG unzulässig ist. Eine Ausnahme hiervon mag nur dann gelten, wenn sich die Hinweise ausschließlich an patentrechtserfahrene Fachkreise richten.

583

Bei einem **eingetragenen Design** sind etwa folgende Angaben zulässig: „eingetragenes Design", „Designschutz", „geschütztes Design". Angaben wie etwa „Gesetzlich geschützt", „Im Inland geschützt", „Geschützt", verstoßen gegen § 5 UWG aus den gleichen Gründen, wie diese eben in Bezug auf das Gebrauchsmuster dargestellt worden sind (Rz 213b).

584

Bei einer **Marke** sind etwa folgende Hinweise gebräuchlich und zulässig: „Marke", „Markenschutz", „Handelsmarke", „Schutzmarke", „R", wobei letzteres meist in einem Kreis steht. Die Angaben „Gesetzlich geschützt", „Geschützt", „Erteiltes Schutzrecht schützt vor Nachahmung", weisen – wie uns bekannt – auf einen Patentschutz hin. In Bezug auf eine Marke sind sie daher irreführend, es sei denn, sie sind so eindeutig auf die Marke angelegt, dass die Zielgruppe den Schutz auf das Zeichen und nicht auf den technischen Bereich bezieht.

585

Vgl. Fall 9.

4.2.2.3.9 Irreführung in Bezug auf umweltbezogene Werbung

Je stärker das soziale Verantwortungsgefühl breiter Schichten der Bevölkerung für den Schutz der Umwelt gewachsen ist, desto größer ist die Wirkung einer umweltbezogenen Werbung geworden. Umweltargumente können zu erheblicher Umsatzsteigerung beitragen.

586

Die Gerichte billigen Umweltmarketing dann, wenn den Prinzipien von Wahrheit und Klarheit entsprochen ist; dabei legen sie recht strenge Maßstäbe an.

587 Befassen wollen wir uns hier mit der Werbung mit dem deutschen Umweltzeichen, dem „Blauen Umweltengel", auch mit selbst geschaffenen Umweltzeichen, wo vor allem Sonne, Blumen und grüne Farben eine Rolle spielen, und schließlich mit Umweltbegriffen wie umweltfreundlich, -gerecht, -verträglich, -schonend, natürlich, naturrein, biologisch sowie verschiedenen Wortverbindungen mit Bio und Öko.

Alle derartigen Zeichen und Begriffe haben eines gemeinsam: Sie sind nicht genau bestimmt, so dass in weiten Kreisen der Bevölkerung in Einzelheiten Unklarheit über deren Bedeutung und Inhalt herrscht, was zur Folge hat, dass in diesem Bereich die Irreführungsgefahr besonders groß ist. Des Weiteren gilt es zu bedenken, dass die mit Umweltargumenten beworbenen Produkte nicht in jeder Hinsicht, sondern meist nur in Teilbereichen umweltgerechter sind als andere vergleichbare Erzeugnisse, so dass es also nur um eine „relative Umweltfreundlichkeit" geht.

Insbesondere aus diesen Aspekten ergibt sich, dass auf diesem Gebiet ein gesteigertes **Aufklärungsbedürfnis** besteht. Was hierzu notwendig ist, bestimmt sich im Einzelfall nach der Art des Erzeugnisses und dem Grad und Ausmaß seiner Umweltfreundlichkeit.

588 Was das älteste Umweltzeichen der Welt **„Blauer Umweltengel"** angeht, so wird dieses vom Deutschen Institut für Gütesicherung und Kennzeichnung (**RAL**) in Bonn, einem gemeinnützigen eingetragenen Verein, vergeben. Voraussetzung hierfür ist der Antrag des Produzenten, eine positive Entscheidung durch die „Jury Umweltzeichen", die das Produkt anhand der „Grundsätze zur Vergabe von Umweltzeichen" überprüft hat. Zwischen RAL und dem Hersteller wird dann ein Zeichenbenutzungsvertrag abgeschlossen, der den Produzenten berechtigt, den „Blauen Engel" zu benutzen. Das Entscheidende ist dabei, dass das Umweltzeichen einen Zusatz enthält, welcher auf die ganz konkreten Umweltvorzüge des betreffenden Produktes hinweist.

Hiervon ausgehend ist eine Werbung mit dem „Blauen Engel" nur dann zulässig, wenn er an den Werbungtreibenden verliehen wurde und dieser den Zusatz der konkreten Umweltvorzüge exakt und so deutlich hervorhebt, dass auch einem durchschnittlichen Betrachter erkennbar ist, in welcher Beziehung die Anerkennung als Umweltzeichen erfolgt ist. Eine bloße Werbung mit dem „Blauen Engel" ohne präzise **Angabe des Grundes** der Verleihung ist irreführend.

589 Dem Grunde nach Entsprechendes gilt für die pauschalen Begriffe „**umweltfreundlich**" …, „**natürlich**" …, „**Bio**", „**Öko**". Es sind hier exakt die Eigenschaften nach Inhalt und Umfang anzugeben, derentwegen man sich des jeweiligen Prädikats bedient; ansonsten liegt Irreführung vor.

Beispiele

Einige **Beispiele** aus einer Vielzahl von Urteilen:
– „Entdecken Sie, wie umweltbewusst die neuen X-Automodelle der Zukunft begegnen".
– „Schützt unsere Umwelt! Wie wir von K".
– „Riesenauswahl an umweltfreundlichen Produkten. Was die Umwelt schützt und der Gesundheit nützt", in einer Werbebroschüre eines Verbrauchermarktes, in der u.a. Reinigungs- und Waschmittel beworben wurden.

- „Bio-Pack. Für eine bessere Umwelt".
- „Bioclean; aus natürlichen Rohstoffen" nebst Darstellung einer stilisierten Sonne für Reinigungsprodukte.
- Werbung für Ziegel mit „baubiologisch richtig" und „gesund durch konsequente Baubiologie".

In all diesen Fällen wurde eine Aufklärung des Verbrauchers, aus welchen konkreten Gründen eine besondere Umweltfreundlichkeit vorliegen soll, nicht gegeben, so dass die Gerichte das Merkmal Irreführung als erfüllt ansahen.

Unabhängig von mangelnder Aufklärung liegt Irreführung auch dann vor, wenn nicht der höchstmögliche Effizienzgrad dessen erreicht wird, den ein nicht unbeträchtlicher Teil der Umworbenen unter dem jeweiligen umweltbezogenen Begriff zu verstehen vermag.

Beispiele

Auch hierzu einige **Beispiele** aus der umfangreichen Rechtsprechung:
- Die Werbung eines Herstellers von Toilettenpapier mit den Worten „aus Altpapier" sah der BGH als irreführend an, weil besagter Hygiene-Krepp nicht zu 100 %, sondern lediglich überwiegend aus Altpapier bestand.
- Als „besonders umweltfreundlich" bezeichnete ein Reinigungsunternehmen seine Reinigungsmethoden. Da es Fluor-Kohlen-Wasserstoff in seinem Betrieb verwandte, erkannte das Gericht auf Irreführung.
- Für eine Creme darf mit „Naturkosmetik" nur dann geworben werden, wenn sie ausschließlich aus natürlichen Inhaltsstoffen besteht.
- Die Werbung für ein „Biolarium", so wurde ein Solarium bezeichnet, für ein „bio-natürliches Sonnenspektrum", das „bio-natürliche Bräune" verschafft, wurde als irreführend angesehen, insbesondere wegen der unrichtigen Vorstellungen, die im Hinblick auf die Natürlichkeit vermittelt wurden.

Vgl. Fall 21.

Auch auf der Ebene der Europäischen Union wurde ein Umweltzeichen geschaffen. Am 23.03.1992 hat die EG eine „Verordnung (Nr. 880/92) betreffend ein gemeinschaftliches System zur Vergabe eines Umweltzeichens" erlassen. Das Vergabesystem ist streng formalisiert; es ist vergleichbar mit dem Verfahren beim deutschen „Blauen Engel" durch RAL. Das europäische Umweltzeichen für umweltfreundliche Produkte ist die „Europäische Blume" oder „Euroblume".

Das Vergabeverfahren führen *nationale* Institutionen eigenverantwortlich durch, bei uns das Bundesumweltamt und RAL.

Die „Euroblume" und der deutsche „Blaue Umweltengel" können nebeneinander verwendet werden (Koexistenz der Umweltzeichen).

4.3 Irreführung nach Spezialgesetzen

4.3.1 Irreführung in Bezug auf Preisangaben

Irreführung zu vermeiden und Preiswahrheit und Preisklarheit zu garantieren, ist Sinn und Zweck der **Preisangabenverordnung**.

Diese Verordnung bezieht sich *nicht* auf die Preisgestaltung, denn hier ist der Unternehmer frei. Sie bezieht sich lediglich darauf, **wie** der – bereits festgelegte – Preis dem Letztverbraucher zu übermitteln ist, also wie – der Name der VO sagt es präzise – die **Angabe** des Preises zu erfolgen hat.

Die VO findet Anwendung für denjenigen, der Letztverbrauchern gewerbs- oder geschäftsmäßig Waren oder Leistungen anbietet (§ 1 I S. 1 PAngV).

Letztverbraucher ist derjenige, der die Ware/Leistung nicht weiter umsetzt, sondern für sich verwendet. Wir erkennen, dass unter diesen weiten Begriff auch gewerbliche oder selbständig beruflich tätige Abnehmer oder auch die öffentliche Hand fallen, also nicht nur Verbraucher im Sinne von § 13 BGB. Allerdings schränkt § 9 I, Ziff. 1 PAngV den Anwendungsbereich in Bezug auf die selbständigen gewerblichen, beruflichen und behördlichen Verwender stark ein, so dass in der Praxis im Vordergrund der Anwendung dieser VO die **Verbraucher** stehen.

Die PAngV gibt zunächst Grundvorschriften und stellt darüber hinaus für bestimmte Branchen noch spezielle Anforderungen auf, um dann am Schluss Verstöße als Ordnungswidrigkeiten zu sanktionieren (§ 10 PAngV).

In der PAngV wird ein Dreifaches geregelt:
- **ob** überhaupt ein Preis anzugeben ist,
- **welcher** Preis anzugeben ist,
- **wie** der Preis bekannt zu geben ist.

4.3.1.1 Erforderlichkeit der Preisangabe

593   Bei der Frage, **ob** ein Preis anzugeben ist, unterscheidet die PAngV folgende zwei Konstellationen:
- Der Unternehmer bietet gewerbs- oder geschäftsmäßig Letztverbrauchern einzelne Waren oder Leistungen an.
- Er wirbt öffentlich hierfür.

Im ersten Falle ist der Anbieter zur Preisangabe **stets verpflichtet** (§ 1 I PAngV). Der **Begriff des Anbietens** geht hier weit über das Angebot im Sinne der §§ 145 ff. BGB hinaus. Er umfasst jede Erklärung eines Kaufmanns, die vom Verkehr in einem rein tatsächlichen Sinn als Offerte an Kaufinteressenten verstanden wird. Hierbei ist es erforderlich, dass aus der Sicht der potentiellen Kunden der Inhalt des Rechtsgeschäfts – wenn auch rechtlich noch unverbindlich – so konkret zum Ausdruck kommt, dass ein Vertragsschluss ohne Weiteres möglich wäre. Einige Beispiele für Angebote in diesem Sinne: Auslagen in Schaufenstern oder auf Regalen, Zusenden von Warenkatalogen.

Zum zweiten Fall: Wer **öffentlich wirbt**, sei es in Zeitungen, Prospekten, Plakaten, Rundfunk, Fernsehen oder wie auch immer, ist hingegen **nicht verpflichtet**, Preise anzugeben; es steht ihm frei, ob er dies tut oder nicht.

4.3.1.2 Inhalt der Preisangabe

Welcher Preis anzugeben ist, ergibt sich gleichfalls aus § 1 I PAngV: Es ist dies der **Gesamtpreis**, also der Preis, der einschließlich der Umsatzsteuer und einschließlich sonstiger Preisbestandteile (z.B. Überführungskosten) zu zahlen ist. Geht es um **Fernabsatzverträge** (§ 312b I BGB), sind zusätzliche Erfordernisse zu beachten (§ 1 II PAngV): Es ist anzugeben, dass die für Waren/Leistungen geforderten Preise die Umsatzsteuer und sonstige Preisbestandteile enthalten und ob zusätzlich Fracht-, Liefer- oder Versandkosten oder sonstige Kosten anfallen.

594

Dieser Gesamtpreis ist aber nicht nur dann anzugeben, wenn der Unternehmer Waren/Leistungen **anbietet**, sondern auch dann, wenn er sich dazu entschlossen hat, in seiner **Werbung** in Zeitungen etc. Preise anzugeben (wozu er aber nicht verpflichtet ist).

Werden Waren in Fertigpackungen, offenen Packungen oder als Verkaufseinheiten ohne Umhüllungen nach Gewicht, Volumen, Länge oder Fläche angeboten, so ist, um den *Letztverbrauchern* einen *besseren Preisvergleich* zu ermöglichen, noch ein Weiteres zu beachten (§ 2 I PAngV). In unmittelbarer Nähe des Gesamtpreises ist der **Grundpreis** anzugeben. Dies ist der Preis je Mengeneinheit einschließlich der Umsatzsteuer und sonstiger Preisbestandteile (§ 2 I PAngV). Die Mengeneinheit für den Grundpreis ist jeweils 1 Kilogramm, 1 Liter, 1 Kubik- oder Quadratmeter (§ 2 III, 1 PAngV). Bei Waren, die üblicherweise nur in ganz kleinen Mengen abgegeben werden, dürfen als Mengeneinheit für den Grundpreis 100 Gramm oder Milliliter angegeben werden. Entsprechendes gilt im umgekehrten Verhältnis für Waren, die man nur in großen Mengen abzugeben pflegt (§ 2 III, 2, 4 PAngV).

Bei Elektrizität, Gas und Fernwärme ist 1 Kilowattstunde und für den Mengenpreis bei Wasser 1 Kubikmeter zu verwenden (§ 3 PAngV).

4.3.1.3 Art und Weise der Preisangabe

Wie die Preise anzugeben sind, bestimmt für den **Handel** § 4 PAngV. Waren, die in Schaufenstern, Schaukästen, innerhalb oder außerhalb des Verkaufsraumes, auf Verkaufsständen oder in sonstiger Weise **sichtbar** ausgestellt werden, und Waren, die vom Verbraucher unmittelbar entnommen werden können, sind durch Preisschilder oder Beschriftung der Ware auszuzeichnen (§ 4 I PAngV).

595

Waren, die in anderer Weise – also nicht sichtbar – im Verkaufsraum zum Verkauf bereitgehalten werden, sind entweder nach Abs. I auszuzeichnen oder dadurch, dass die Behältnisse oder Regale, in denen sich die Waren befinden, beschriftet werden oder dass Preisverzeichnisse angebracht oder zur Einsichtnahme aufgelegt werden (§ 4 II PAngV).

Waren, die nach **Katalogen** oder Warenlisten – dies trifft insbesondere auf den **Versandhandel** zu – oder auf Bildschirmen angeboten werden, sind dadurch auszuzeichnen, dass die Preise unmittelbar bei den Abbildungen oder Beschreibungen der Waren oder in mit den Katalogen oder Warenlisten im Zusammenhang stehenden Preisverzeichnissen angegeben werden (§ 4 IV PAngV).

596 Auch wer **Leistungen** anbietet, hat Preisverzeichnisse aufzustellen und im Geschäftslokal anzubringen (§ 5 I PAngV).

Weitere Vorschriften enthält die PAngV für Kredite (§ 6) für Gaststätten und Beherbergungsbetriebe (§ 7) sowie für Tankstellen und Parkplätze (§ 8).

597 Wer gegen die Vorschriften der PAngV verstößt, handelt ordnungswidrig gemäß § 10 PAngV.

Die Vorschriften der Preisangabenverordnung betreffen Marktverhaltensregelungen. Ein Verstoß gegen solche begründet, wie wir wissen, Unlauterkeit nach § 4 Ziff. 11 i.V.m. § 3 I UWG (Rz 508 ff.). Soweit eine Eignung zur spürbaren Interessenbeeinträchtigung von Marktteilnehmern vorliegt (§ 3 I UWG), bedeutet ein Verstoß gegen eine Norm der PAngV nicht nur eine Ordnungswidrigkeit (§ 10 PAngV), sondern zugleich eine Unlauterkeit (§§ 4 Ziff. 11, 3 I UWG).

4.3.2 Irreführung in Bezug auf sonstige Spezialgesetze

598 Das Verbot der irreführenden Werbung, das in § 5 UWG seinen generellen Niederschlag gefunden hat, erfährt unter speziellen Gesichtspunkten in einigen Sondergesetzen eine Konkretisierung, etwa in § 8 des Arzneimittelgesetzes sowie § 3 des Heilmittelwerbegesetzes in Bezug auf *Arzneimittel*, im Lebensmittel-, Bedarfsgegenstände- und Futtermittelgesetzbuch (LFBG) in § 11 für *Lebensmittel*, in § 19 für *Futtermittel*, in § 27 für *kosmetische Mittel* und in § 33 für *sonstige Bedarfsgegenstände*, in § 25 des Weingesetzes in Bezug auf *Wein*, in § 7 II Eichgesetz in Bezug auf *überdimensionierte Verpackungen*.

5. Unlauterkeit von Werbevergleichen

599 Bei den Werbevergleichen muss vorab eine fundamentale Unterscheidung herausgestellt werden:
– Beinhaltet der Vergleich eine *erkennbare Bezugnahme auf Mitbewerber* oder
– ist der Werbevergleich *allgemein* gehalten, d.h. ohne Konkurrenzbezug.

Nur der erste Fall, also der des erkennbaren Mitbewerberbezugs, ist in § 6 UWG geregelt. Beim allgemeinen gehaltenen Werbevergleich geht es vor allem um den Systemvergleich und den Warenarten-/Dienstleistungsvergleich. Diese Vergleichsarten fallen schon begrifflich nicht unter § 6 I UWG, sondern sind nach § 3 I i.V.m. § 4 Ziff. 7, 8, 10 UWG zu beurteilen. Wir werden hierauf noch zurückkommen.

Wenden wir uns nun dem in der Praxis bedeutsamsten Problemkreis zu, nämlich dem der erkennbaren Bezugnahme: der vergleichenden Werbung.

5.1 Allgemeines zu § 6 UWG

§ 6 UWG regelt das in der Praxis äußerst bedeutsame Gebiet der **vergleichenden Werbung**.

599a

Diese Vorschrift beruht auf EG-Recht, das ins UWG transferiert wurde und einen Paradigmenwechsel brachte. Dennoch ist das „frühere deutsche Recht" der vergleichenden Werbung nicht völlig gegenstandslos geworden. Wir werden dann und wann darauf zurückgreifen, sei es für eine bestätigende Begründung, sei es um Gegensätze herauszuarbeiten, sei es um an früher entschiedenen Fällen aktuelle Rechtslagen zu erörtern.

§ 6 I UWG definiert den **Begriff** „vergleichende Werbung".

§ 6 II UWG beinhaltet in sechs Ziffern **Verbotstatbestände** unlauterer vergleichender Werbung. Aus Umkehrschluss ergibt sich: Was nicht unter diese Verbote fällt, ist erlaubt.

Die Zusammenschau beider Absätze ergibt also: **Vergleichende Werbung** ist grundsätzlich **zulässig**.

Einen wichtigen Hinweis für das Verhältnis von Irreführung nach § 5 UWG zur vergleichenden Werbung nach § 6 UWG gibt § 5 III UWG. Danach sind Angaben nach § 5 I, 2 UWG auch Angaben im Rahmen vergleichender Werbung. Das bedeutet, dass Irreführung auch im Rahmen vergleichender Werbung unzulässig ist.

5.1.1 Das Wahrheitsproblem

Zunächst eine Vorbemerkung: Sind die Angaben, die einer vergleichenden Werbung zu Grunde liegen **unwahr**, so ist uns die Rechtsfolge bereits bekannt: Unzulässigkeit nach § 5 bzw. § 16 I UWG. Um Unwahrheit geht es in diesem Kapitel also nicht. Hier steht allein die Frage an, inwieweit aufgestellte Behauptungen, welche **wahr** sind, trotz Wahrheit nicht erlaubt sind. Wir können also in Folgendem davon ausgehen, dass die zu beurteilenden Werbevergleiche wahr sind – eine äußerst bedeutsame Prämisse.

600

5.1.2 Begriff

§ 6 I UWG definiert vergleichende Werbung als jede Werbung, die unmittelbar oder mittelbar einen Mitbewerber oder die Erzeugnisse oder Dienstleistungen, die von einem Mitbewerber angeboten werden, erkennbar macht. Wie unschwer zu erkennen, ist der Begriff der vergleichenden Werbung hier sehr weit gefasst.

601

Diese weite Begriffsbestimmung zeigt, dass der Terminus „vergleichende *Werbung*", im reinen Wortsinne verstanden, falsch, zumindest irreführend ist. Dieser eingebürgerte Begriff gilt nämlich nicht nur für den Sektor im Rahmen des Marketing-Mix, den der Ökonom als klassische Werbung bezeichnet, sondern für das gesamte Marketing, soweit es sich um unternehmerische Maßnahmen zu Wettbewerbszwecken handelt, insbesondere also auch für die Gebiete der Verkaufsförderung und der Public-Relations.

602 Aus der Definition der vergleichenden Werbung in § 6 I UWG ergibt sich, dass es bei der vergleichenden Werbung auf die konkrete **Erkennbarkeit** entscheidend ankommt. Das bedeutet, dass für die angesprochenen Verkehrskreise ein **Bezug auf einen oder mehrere individualisierbare Mitbewerber** ersichtlich ist. Das Vorliegen eines Werbevergleiches ist grundsätzlich dann zu verneinen, wenn die beanstandete Werbeaussage so allgemein gehalten ist, dass sich den angesprochenen Verkehrskreisen eine Bezugnahme auf Mitbewerber nicht aufdrängt, sondern diese sich nur reflexartig daraus ergibt, dass mit jeder Hervorhebung eigener Vorzüge in der Regel unausgesprochen zum Ausdruck gebracht wird, dass nicht alle Konkurrenten die gleichen Vorteile zu bieten haben. Im Einzelnen liegen hier oft große Probleme, was wir uns in Folgendem veranschaulichen wollen.

603 Einfach liegen die Fälle, in denen der **Name** des Konkurrenten **genannt** wird: „Meine Ware ist besser als die des **X**". Hier haben wir es eindeutig mit konkreter Erkennbarkeit zu tun, deutlicher geht es nicht. Doch derartige plumpe Fälle einer Bezugnahme sind relativ selten.

604 Eine Werbung, die sich auf eine **anonyme Vielzahl** von Konkurrenten bezieht, ist keine vergleichende Werbung; es fehlt hier an der konkreten Bezugnahme auf einen oder mehrere bestimmte Mitbewerber.

> **Beispiele**
> Die Werbung „Täglich Kukident-2-Phasen" bezieht sich nicht auf konkret erkennbare andere Zahnprothesenreinigungsmittel. Es handelt sich vielmehr um einen Appell, dieses Produkt täglich zu benutzen. In einem ähnlichen Fall, „AEG Lavamat, den und keinen anderen" sieht der BGH eine feststehende Redensart der Umgangssprache im Sinne eines ausdrücklichen Kaufappelles; daher schließt das Publikum nicht auf bestimmte andere Erzeugnisse.

605 Schwierigkeiten können die Fälle bereiten, die im Niemandsland zwischen den beiden genannten Extrempositionen liegen. Dies sind diejenigen, bei denen aus den **Umständen** heraus konkrete Mitbewerber **erkennbar** sind.

Geht es etwa bei einer Werbeaussage in Bezug auf Kraftfahrzeuge um die „mit dem Stern", so liegt es auf der Hand, dass sich dies auf Mercedes bezieht, ohne dass Mercedes bei Namen genannt wird. Die Erkennbarkeit ergibt sich hier aus dem **hohen Bekanntheitsgrad** dieser Marke. Doch so einfach liegen die Fälle häufig nicht.

606 Ein weiterer Umstand, der für die Erkennbarkeit maßgebend sein kann, ist die **Zahl der Konkurrenten**. Sind es wenige, so wird man eher eine erkennbare Bezugnahme annehmen als bei einer sehr großen Anzahl. Als weitere Umstände, die Mitbewerber konkret erkennen lassen, kommen etwa **räumliche Nähe, enger zeitlicher Zusammenhang** mit Konkurrenzwerbung, auch bestimmte **Marktverhältnisse,** etwa eine Marktführerschaft, oder hohe Marktanteile in Betracht. Es genügt sogar, wenn die tangierten Mitbewerber nur im Wege einer Andeutung oder einer Anspielung kenntlich gemacht werden, auch wenn in witziger Weise.

5. Unlauterkeit von Werbevergleichen

Zwei Beispiele aus der Rechtsprechung:

Beispiele

„Gütermann's Nähseide ist die beste". Die Erkennbarkeit sah man darin, dass nur ein wirklicher Wettbewerber vorhanden war, auf den sich der Slogan bezog.

Ein Pharmaunternehmen warb für sein marktschwaches Ginko-biloba-Erzeugnis: „K ist mit 27 % Gehalt an Ginkoflavonglykosiden das Präparat mit der höchsten Wirkstoffkonzentration", „NEUER Konzentrationsmaßstab gesetzt". Dagegen wendete sich die Konkurrenz, die bei den genannten Phytopharmaka über 90 % Marktanteile verfügte.

Obwohl hier eine namentliche Nennung nicht erfolgte, sah das Gericht aus dieser Marktstruktur heraus eine gezielte Bezugnahme. Die angesprochenen Verkehrskreise kennen nämlich die am Markt führenden Präparate und deren Wirkstärke.

Die in der Praxis häufigsten Fälle nach § 6 I UWG sind diejenigen, bei denen das Konkurrenzprodukt in irgendeiner Weise gegenüber dem eigenen Erzeugnis herabgesetzt wird (etwa: A-Produkt des Unternehmens A ist besser, preisgünstiger ... als X-Erzeugnis des Produzenten X). Unter § 6 I UWG fallen aber auch die Konstellationen, bei denen man sich an ein bekanntes Produkt anhängt – natürlich, um von dessen Bonität zu profitieren (A-Produkt des Unternehmens A ist eben so gut wie das (renommierte) Erzeugnis X des Unternehmens X, ist nach Art von X ...); man spricht hier von **anlehnender Werbung**. Aber auch die Fälle der sog. **persönlichen Werbung** sind nach § 6 I UWG zu beurteilen; das sind die, bei denen im Rahmen eines Vergleiches persönliche Verhältnisse eines Mitbewerbers herabgesetzt werden (A behauptet, X sei korrupt, unfachmännisch, sei ein Halsabschneider ...). – Sie haben es bemerkt: In allen diesen Fällen liegt **Erkennbarkeit** vor. 607

Im Einzelnen können sich Abgrenzungsschwierigkeiten ergeben. Wollen wir unseren Blick etwas schärfen, insbesondere unter den Aspekten von Werbesprüchen aus der Praxis und von häufig vorkommenden Werbeformen.

- „Spalt schaltet den Schmerz ab", „In Asbach-Uralt ist der Geist des Weins", „Von höchster Reinheit". Diese Werbesprüche enthalten keine Bezüge auf Mitbewerber; sie befassen sich lediglich mit der eigenen Leistung.
- Carstens SC: „Es gibt nichts Schöneres als einen Herrenabend mit SC. Doch!! Einen Herrenabend mit Damen und SC". Vergleichende Werbung liegt hier nicht vor. Verglichen werden nicht SC und Konkurrenzerzeugnisse, sondern zwei verschiedene Formen gesellschaftlichen Zusammenkommens.
- „Das beste Persil, das es je gab", „Nie gab es besseres Sunil", „Nur Pattex klebt wie Pattex", „X zeigt, dass man Gutes noch verbessern kann". Hier wird ein Vergleich mit der eigenen, nicht mit der fremden Ware gezogen. Vergleichende Werbung ist daher bei derartigen sehr beliebten **Eigenvergleichen** nicht gegeben.
- „Kauf den Fisch beim Spezialisten, Nordsee", „Hoffentlich Allianz-versichert", „Am besten gleich zur Volksbank", „Sieh alle Möbellager durch ... und kaufe dann bei Schulenburg", „Lavamat, den und keinen anderen!". Derartige Appelle an das Publikum stellen keine erkennbare Bezugnahme auf bestimmte Konkurrenten dar. Solche **Werbeimperative** sind daher erlaubt.
- **Werbefloskeln**, also Redensarten allgemeiner Art, wie sie in der Werbung häufig auftreten, werden vom Publikum, das an plakative Werbesprache gewöhnt ist, häufig nicht als gezielter Hinweis auf bestimmte Mitbewerber aufgefasst. Sprüche

wie „Wir halten, was unser Ruf verspricht" oder „Kein Geld verschenken – an ... denken" oder „Wir machen den Weg frei!" sind so allgemein und unbestimmt, dass Gerichte hierin keine Erkennbarkeit sahen.

– Anpreisung der eigenen Ware X, verbunden mit der Aufforderung „Vergleichen, vergleichen und nochmals vergleichen ..., dann werden Sie doch bei uns kaufen". Eine derartige allgemeine **Aufforderung** an die Umworbenen zu einem **Selbstvergleich** ist schon rein begrifflich keine vergleichende Werbung; kann aber eine solche werden, wenn sie einen Mitbewerber individualisiert und damit erkennbar macht.

608 Kommt man zu dem Ergebnis, dass keine Erkennbarkeit gegeben ist, so ist die wahre Aussage problemlos zulässig, falls keine sonstigen Unlauterkeitsaspekte vorliegen. Ist eine **konkret erkennbare Bezugnahme** jedoch gegeben, so gilt es, den Werbevergleich im Einzelnen weiter zu analysieren.

Vgl. Fälle 29, 30, 31.

5.2 Unlautere vergleichende Werbung

609 Den Grundsatz haben wir bereits herausgearbeitet: Vergleichende Werbung ist erlaubt.

610 Vergleichende Werbung ist ausnahmsweise dann unlauter (§ 6, § 3 I UWG), wenn folgende Rechtsvoraussetzungen erfüllt sind:
– Vorliegen einer geschäftlichen Handlung,
– Vorliegen einer vergleichenden Werbung (§ 6 I UWG),
– Verstoß gegen Verbotstatbestände in § 6 Abs. 2 Ziff. 1 bis 6 UWG,
– Eignung zur spürbaren Interessenbeeinträchtigung.

611 Bereits erörtert sind die Kriterien geschäftliche Handlung (Rz 341 ff.), vergleichende Werbung (Rz 601 ff.) und Eignung zur spürbaren Beeinträchtigung von Interessen von Marktteilnehmern (Rz 375). Es verbleibt also allein, die Verbotstatbestände zu beleuchten.

5.2.1 Verbotstatbestände

612 Jedem der 6 Verbotskriterien des § 6 II UWG kommt eine eigenständige Funktion zu, jedes Verbot ist gesondert zu untersuchen. Trifft auch nur eines zu, so ist der Werbevergleich unlauter.

5.2.1.1 Vergleichbarkeit von Waren oder Dienstleistungen

613 Vergleichende Werbung muss Waren oder Dienstleistungen für den **gleichen Bedarf** oder **dieselbe Zweckbestimmung** vergleichen (§ 6 II Ziff. 1 UWG). Gleicher Bedarf und dieselbe Zweckbestimmung liegen dann vor, wenn die Waren/Dienstleistungen wirklich untereinander *substituierbar* sind (EuGH, GRUR 2011, 159 Rn 28 – Lidl/Vierzon Distribution).

Der Gedankenansatz ist hier zunächst recht einfach: Man hat Äpfel mit Äpfeln und nicht mit Birnen zu vergleichen. Aber so schlicht ist es häufig nicht. Die unbestimmten Rechtsbegriffe „gleicher Bedarf" und „dieselbe Zweckbestimmung" räumen dem Richter im Streitfall einen beträchtlichen Ermessensspielraum ein.

Problemlos zulässig ist ein Vergleich **identischer Produkte**; so ist es nach Ziff. 1 nicht unlauter, wenn Drogist A seinen Preis für eine ganz bestimmte Hautlotion mit dem Preis der Drogerie B für das gleiche Produkt vergleicht. Es geht hier um Waren für den gleichen Bedarf, auch für dieselbe Zweckbestimmung.

Aber auch **nicht identische Erzeugnisse** können Gegenstand eines nach Ziff. 1 unzulässigen Vergleiches sein. Dies ist etwa dann der Fall, wenn bei den verglichenen Produkten, wie wir soeben gesehen haben, Austauschbarkeit besteht. So hat der BGH schon in einer frühen Preisvergleichsentscheidung die Vergleichbarkeit von Heizöl, Erdgas, Fernwärme mit Nachtstrom bejaht und mithin als nicht unlauter erklärt.

Verdeutlichen wir uns die Problematik an dem beliebten Beispiel Auto und zwar an einem Vergleich eines Opel Corsa mit einem Mercedes S-Klasse in Bezug auf Preis und technische Daten.

614

Geht man allein von der Hauptfunktion Fortbewegungsmittel aus, so liegt hier Vergleichbarkeit vor. Doch macht dies Sinn?

Diese Frage sollte nach Sinn und Zweck dieser Vorschrift beantwortet werden, die ja EU-Recht ist. Nach dem 5. Erwägungsgrund der einschlägigen RL zählt das Recht auf **Unterrichtung** zu den fundamentalsten Rechten des **Verbrauchers**. Entscheidend kommt es also darauf an, worüber ein durchschnittlich informierter, aufmerksamer und verständiger Durchschnittsverbraucher unterrichtet werden will. Ein Kunde, der sich nur einen Kleinwagen leisten kann, interessiert sich in der Regel überhaupt nicht für Vergleichsdaten mit Luxuskarossen; das Gleiche gilt umgekehrt erst recht. Für den Kaufanwärter – um im Bild zu bleiben – eines Kleinfahrzeugs ist informativ etwa ein Vergleich des Opel Corsa mit einem Ford KA, für den Interessenten eines hochpreisigen Wagens hingegen ein Vergleich eines Mercedes S-Klasse mit etwa einem BMW der 7er-Reihe. Das bedeutet, dass nicht auf ein abstraktes Informationsinteresse – nach technischen, ingenieurwissenschaftlichen und preislichen Aspekten – abzustellen ist, sondern auf ein konkretes, einzelfallbezogenes Interesse. Hier also Vergleiche von Kleinwagen untereinander, von Mittelklassefahrzeugen untereinander und schließlich von hochpreisigen Autos untereinander.

Man sieht hieraus also, dass es bei der Vergleichbarkeit nach Ziff. 1 nicht nur auf die Hauptfunktion ankommt, sondern auch auf andere Funktionen, etwa andere Technik, Sicherheit, Qualität, Ausstattung, mehr Raum, aber auch Preis und Prestige.

Andererseits dürfen die Merkmale „gleicher Bedarf oder dieselbe Zweckbestimmung" auch nicht zu eng ausgelegt werden. Es genügt, wenn aus der Sicht der verständigen Angehörigen der jeweiligen Zielgruppe ein *hinreichender Grad von Austauschbarkeit* besteht (EuGH, GRUR 2007, 69 – LIDL). Eine solche Substituierbarkeit wurde von Gerichten z.B. bejaht bei einem Vergleich von Müsli- und Schokoladeriegeln, von Mineral-

und Leitungswasser sowie bei Presseerzeugnissen die Reichweite von Publikationen, auch wenn die Verbreitungsgebiete nicht ganz identisch sind.

Vgl. Fälle 31, 33.

5.2.1.2 Objektiver Vergleich von wesentlichen, nachprüfbaren ... Eigenschaften

615 Nach § 6 II Ziff. 2 UWG hat vergleichende Werbung objektiv wesentliche, relevante, nachprüfbare und typische Eigenschaften oder den Preis dieser Waren oder Dienstleistungen zu vergleichen, ansonsten besteht Unlauterkeit.

Die Kriterien objektiv, wesentlich, relevant, nachprüfbar und typisch – der EuGH bezeichnet diese als die Haupteigenschaften einer Ware/Dienstleistung – überschneiden sich teilweise; sie sind trotzdem selbständige und daher jeweils im Einzelnen zu prüfende Tatbestandskriterien. Ob eine Eigenschaft diese Voraussetzungen erfüllt, beurteilt sich aus der Sicht der Angehörigen der jeweils angesprochenen Zielgruppe.

Die Kriterien objektiv, wesentlich, relevant, nachprüfbar und typisch müssen kumulativ erfüllt sein, ansonsten liegt Unlauterkeit vor.

§ 6 II Ziff. 2 UWG ist der wichtigste der sechs Ausnahmetatbestände. Einige Kriterien sind hier erklärungsbedürftig.

616 Eine zulässige vergleichende Werbung muss sich auf **Eigenschaften** von **Waren und Dienstleistungen** beziehen, also nicht auf Person oder persönliche Verhältnisse eines Mitbewerbers. Das bedeutet, dass *persönliche Werbung* nicht hierunter fällt.

Das **Kriterium** Eigenschaften ist weit auszulegen. Hierunter sind nicht nur wertbildende Faktoren, wie etwa physische Beschaffenheit, Qualitätsdaten, Arbeitsleistung, Funktionsweisen ... , zu verstehen, sondern darüber hinaus alle Merkmale, die aus der Sicht des informierten, aufmerksamen und verständigen Marktteilnehmers für eine Nachfrageentscheidung von Bedeutung sein können, wie etwa Art und Ort der Herstellung, Umsatzzuwächse, TÜV-Prüfung, bei Presseerzeugnissen etwa Auflagen- und Reichweitezahlen, bei einem Hotel Ausstattung, Zahl der Zimmer, Schwimmbad, Parkplatz ...

617 Vergleichende Werbung vergleicht **objektiv**. Dieses Merkmal ist – schon rein sprachlich gesehen – den anderen Eigenschaftskriterien vorangestellt, sozusagen vor die Klammer gesetzt.

Da ein objektiver Vergleich von Waren und Dienstleistungen gefordert wird, darf ein Werbevergleich nicht subjektiv, nicht imagebezogen sein (A-Produkt ist moderner als B), auch nicht geschmacksbezogen (A schmeckt/riecht besser als B).

Diese Beispiele zeigen, dass sich der Vergleich nicht aus subjektiven Wertungen ergeben darf, sondern vielmehr aus objektiven Feststellungen. Ein Vergleich, der auf messbaren oder beschreibbaren Eigenschaften basiert, wie etwa Herstellungsjahr, Größe, Gewicht, Inhaltsstoffe, Herkunft, Kraftstoffverbrauch ..., entspricht dem Gebot der Objektivität.

Nur **nachprüfbare** Eigenschaften von gewerblichen Leistungen dürfen verglichen werden. Nachprüfbar bedeutet: dem Beweis zugänglich. Beweisbar sind nur **Tatsachen**. Diese müssen Grundlage für eine sachlich vergleichende Gegenüberstellung sein. Trifft dies nicht zu, sondern werden lediglich in bloßen Pauschalierungen und unsubstanziiert Darstellungen verglichen, so ist dies unlauter, wie etwa bei „Die bessere Zeitung", „Wir haben den Preiskiller, sonst niemand", „Bei uns kaufen Sie günstiger ein". 618

Das Merkmal nachprüfbar grenzt *Tatsachenbehauptungen gegenüber Werturteilen* ab. Letztere sind nicht erlaubt. Werbevergleiche, die auf subjektiven Wertungen, Empfindungen und Einschätzungen beruhen, stellen also keine zulässige vergleichende Werbung dar.

Der BGH fordert unter dem Aspekt der Nachprüfbarkeit auch, dass der Vergleich für die angesprochene Zielgruppe nachvollziehbar ist. Dabei ist dem mündigen und aufgeklärten Verbraucher durchaus ein gewisser Aufwand und Eigeninitiative zuzumuten.

Vgl. Fälle 31, 40.

Vergleichende Werbung ist nur dann zulässig, wenn es sich bei den genannten objektiven Kriterien um **wesentliche**, **relevante** und **typische** Eigenschaften handelt. 619

Dabei steht die Wesentlichkeit im Vordergrund. **Wesentlich** ist eine Eigenschaft dann, wenn sie sich auf Hauptkriterien einer gewerblichen Leistung bezieht. Unwichtige und bedeutungslose Eigenschaften führen nicht zu der bezweckten Unterrichtung. Maßgebend ist die Sichtweise eines durchschnittlich informierten, aufmerksamen und verständigen Angehörigen der jeweils angesprochenen Verkehrskreise. Aus einer Nebensächlichkeit kann man sich keinen zutreffenden Gesamteindruck eines Produktes verschaffen. Wird etwa bei einem Trockenrasierer das Merkmal Farbe verglichen, so wäre dies keine wesentliche Eigenschaft, auch keine relevante und keine typische, etwa im Gegensatz zu den Aspekten Tiefenrasur und Hautverträglichkeit.

Relevant ist eine Eigenschaft dann, wenn sie aus der Sicht des betroffenen Marktteilnehmers einen Einfluss auf seine Entscheidungen in Bezug auf Vertragsabschlüsse hat (BGH, GRUR 05, 172 f. – Stresstest).

Schließlich ist noch **Typizität** der Eigenschaft gefordert. Das bedeutet, dass sich der Vergleich auf solche Eigenschaften beziehen muss, die die Eigenart der verglichenen Produkte prägen und damit repräsentativ oder aussagekräftig für den Wert als Ganzes sind (BGH, GRUR 2004, 607 ff. – Genealogie der Düfte). Maßgebend ist auch hier die Beurteilung aus der Sicht der Angehörigen der jeweils angesprochenen Zielgruppe.

In § 6 II Ziff. 2 UWG wird der **Preis** besonders hervorgehoben. Dementsprechend müssen auch die Angaben über den Preis dem Objektivitätsgebot genügen und wesentlich, relevant, nachprüfbar und typisch sein. 620

Da der Preis im Rahmen eines Erwerbsvorganges in der Regel der wichtigste Entscheidungsfaktor ist, hat die grundsätzliche Zulässigkeit von Preisvergleichen die weitreichendste Bedeutung aller zulässigen Vergleiche. Daher hier nochmals der Hinweis auf § 5 III UWG, wonach Angaben im Sinne von § 5 I, 2 UWG auch Angaben im Rahmen 621 vergleichender Werbung sind. Für den Preisvergleich bedeutet dies, dass er nicht irreführend sein darf. Ansonsten liegt ein Verstoß gegen § 5 UWG und damit gegen § 3 I UWG vor (vgl. Rz 535, 545 ff., 599a).

5.2.1.3 Keine Verwechslungen

622 Nach § 6 II Ziff. 3 UWG ist vergleichende Werbung unlauter, wenn der Vergleich zu einer Gefahr von Verwechslungen führt, sei es
- zwischen dem Werbenden und einem Mitbewerber oder
- zwischen den von diesen angebotenen Waren oder Dienstleistungen oder
- zwischen den von ihnen verwendeten Kennzeichen.

Den dieser Vorschrift zugrunde liegenden Gedanken kennen wir bereits aus dem Kennzeichenrecht, aus § 9 I Ziff. 2, § 14 II Ziff. 2, § 15 II MarkenG (vgl. Rz 267). Doch dort wird nur der kennzeichenmäßige Gebrauch erfasst. Die vergleichende Werbung zählt in der Regel nicht dazu. Daher diese Erweiterung.

§ 6 II Ziff. 3 UWG erfasst nicht nur die Gefahr von Verwechslungen im Kennzeichenbereich, sondern darüber hinaus auch Arten der Verwechslungsgefahr zwischen Werbendem und einem Mitbewerber sowie von deren gewerblichen Leistungen, wie etwa Verwechslungen im Rahmen der Produktgestaltung.

5.2.1.4 Keine unlautere Beeinträchtigung des Rufes eines Kennzeichens

623 Vergleichende Werbung ist unlauter, wenn der Werbevergleich den Ruf des von einem Mitbewerber verwendeten Kennzeichens in unlauterer Weise ausnutzt oder beeinträchtigt (§ 6 II Ziff. 4 UWG).

Unter **Ruf** ist jede positive Wertvorstellung zu verstehen, die die angesprochenen Verkehrskreise mit einem Kennzeichen verbinden, wie etwa auf Grund besonderer Qualität der Waren oder deren Exklusivität oder der Größe, der Leistungsfähigkeit, der Tradition eines Unternehmens; kurzum: Es geht um das Ansehen des Kennzeichens im Verkehr.

Eine **unlautere Rufausnutzung** liegt dann vor, wenn im Rahmen eines Werbevergleichs durch die Verwendung des fremden Kennzeichens die Wertvorstellung vom fremden Produkt auf das eigene Erzeugnis übertragen wird; man spricht hier gerne vom „Imagetransfer". Mindestvoraussetzung hierfür ist, dass bei der betreffenden Zielgruppe eine Assoziation zwischen dem Werbenden und dem betroffenen Mitbewerber hervorgerufen wird.

Unter einer **unlauteren Rufbeeinträchtigung** versteht man die im Rahmen eines Werbevergleichs erfolgte Herabsetzung oder gar Verunglimpfung des Kennzeichens des Mitbewerbers.

5.2.1.5 Keine Herabsetzung der Mitbewerber

Vergleichende Werbung ist unlauter (§ 6 II Ziff. 5 UWG), wenn durch den Werbevergleich Waren, Dienstleistungen oder persönliche oder geschäftliche Verhältnisse eines Mitbewerbers herabgesetzt oder verunglimpft werden.

624

Eine gewisse Herabsetzung der Konkurrenzleistung ist jeder vergleichenden kritisierenden Werbung immanent. Ein Hervorheben der eigenen Vorzüge wirkt nämlich – zumindest als Reflex – zulasten des betroffenen Mitbewerbers. Wenn nun zu Zwecken der Verbraucherunterrichtung vergleichende Werbung grundsätzlich erlaubt wird, so muss es sich bei dem Herabsetzungs- und Verunglimpfungsverbot der Ziff. 5 um eine über das notwendige Maß hinausgehende Herabsetzung handeln. Es müssen daher über die mit jedem Werbevergleich verbundenen negativen Wirkungen hinaus *besondere Umstände* hinzutreten, die den Vergleich in unangemessener Weise abfällig, abwertend und unsachlich erscheinen lassen (BGH, WRP 99, 414 – Vergleichen Sie), insbesondere kränkende, besonders abfällige, aggressive, gehässige, ironisch oder der Lächerlichkeit preisgebende Angaben, wie etwa Mitbewerber X bewege sich in zwielichtiger Gesellschaft, sei ein Verlierer, arbeite generell schlampig, sei unzuverlässig oder treibe sein Unternehmen in die Insolvenz. Herabsetzend bzw. verunglimpfend sind auch Qualitätsvergleiche wie etwa: das Konkurrenzerzeugnis sei „minderwertig", sei „Mist", sei ein „Schwindelmittel".

Vgl. Fälle 31, 40.

5.2.1.6 Keine Darstellung als Imitation

Nach § 6 II Ziff. 6 UWG ist vergleichende Werbung unlauter, wenn Ware oder Dienstleistung als Imitation oder Nachahmung einer Ware oder Dienstleistung mit geschütztem Kennzeichen dargestellt wird.

625

Eine solche Imitationswerbung ist nur dann unlauter, wenn ein Produkt in einem über die Erkennbarkeit des § 6 I UWG hinausgehenden, hohen Grad an Deutlichkeit als Imitation beworben wird (BGH, GRUR 2008, 628 – Imitationswerbung).

Einige Beispiele für unzulässige Imitationsvergleiche: Mein Produkt A wirkt „wie ...", „ähnlich wie ...", ist „eben so gut wie ...", „identisch mit ...", baugleich mit ..." (hierbei bedeutet... jeweils die Bezeichnung eines **bekannten** Originalprodukts).

In der Praxis spielt diese Vorschrift die größte Rolle im Parfümgeschäft (Duft des Originalparfüms – Vergleichslisten von Duft-Imitatoren). Daher spricht man bei dieser Ziffer 6 häufig von der „Parfümklausel". – Diese soll hier nicht weiter vertieft werden, da ein derartiger Imitationsvergleich meist schon nach § 4 Ziff. 9, § 6 II, Ziff. 3, 4, 5 UWG unlauter ist.

5.3 Bezugnehmende Werbung in der Gesamtschau

626 Gehen wir von dem weiten Gebiet der kommunikativen Marketingmaßnahmen (Werbung) aus, die in irgendeiner Weise auf Mitbewerber oder deren Erzeugnisse **Bezug nehmen**, so ergeben sich privatrechtlich gesehen folgende Konstellationen:
- Bezugnehmende Werbung kann einen *Mitbewerber* oder *dessen Ware/Dienstleistung* **konkret erkennen lassen**.
- Bezugnehmende Werbung kann aber auch **ohne konkrete Erkennbarkeit** eines *Konkurrenten* oder dessen *Waren/Dienstleistungen* erfolgen.

Diese Konstellationen wollen wir in der Gesamtschau kurz beleuchten.

5.3.1 Bezugnahme bei konkreter Erkennbarkeit

627 Betrachten wir hier zunächst den in der Praxis bedeutsamsten und umfangreichsten Bereich: **Konkret erkennbarer Bezug** auf Konkurrenzware/Dienstleistung **in negativer Weise** (einfachster Fall: Werbung des Unternehmers U: Mein U-Erzeugnis ist besser, preiswerter... als das Konkurrenzprodukt X des Unternehmens X). Dieses Rechtsgebiet haben wir soeben bearbeitet. Es geht hier um **vergleichende Werbung** nach § 6 UWG (Rz 599 ff.) mit dem Fazit: Vergleichende Werbung ist zulässig, falls keine Ausnahmetatbestände nach § 6 II UWG greifen.

628 Nun kommt es aber auch vor, dass in **positiver Weise** auf Waren/Dienstleistungen des Mitbewerbers **erkennbar Bezug** genommen wird. Es geht hier um die sog. **anlehnende Werbung** (Rz 606): Die Konkurrenzleistung ist ausgezeichnet, renommiert, anerkannt. Aber das eigene Erzeugnis ist „ebenso gut", „die echte Alternative", „nach Art von ...", „nach gleichem System", „nach dem Vorbild von ...", „identisch mit ...", „Ersatz für ...", „riecht wie ...", „Substitut", a la (z.B. Cartier) oder in welcher sprachlichen Ausdrucksweise oder in welchem Bild auch immer man für die Gleichwertigkeit wirbt. Man bedient sich also der Vorzüge des bekannten Mitbewerbers als Vorspann für die eigene Leistung, man schneidet sich ein Stück seines guten Rufes ab. An weniger Renommierte hängt man sich sicherlich nicht an.

Bei dieser anlehnenden Werbung ist eine differenzierte Betrachtungsweise erforderlich.

Eine Anlehnung durch *pauschale Gleichstellung* („A-Produkt ist ebenso gut wie –das sehr bekannte – X-Erzeugnis") ist unlauter. Nach § 6 II Ziff. 2 UWG ist nämlich ein Vergleich nur in Bezug auf *eine oder mehrere Eigenschaften* von Waren oder Dienstleistungen erlaubt, nicht in Bezug auf die gesamte Leistung schlechthin.

Bezieht sich die Anlehnung hingegen auf *bestimmte Eigenschaften*, so ist anlehnende Werbung nach § 6 II Ziff. 2 an sich zulässig. Eine gewisse Beschränkung kann sie möglicherweise durch Ziff. 3 erfahren: Es darf durch die Anlehnung keine Verwechslung verursacht werden. Die bedeutsamste Hürde ist jedoch § 6 II Ziff. 4, wonach die Wertschätzung eines gewerblichen Kennzeichens eines Mitbewerbers nicht in unlauterer

Weise ausgenutzt werden darf (vgl. Rz 623). Unlauterkeit kann aber auch nach § 6 II, Ziff. 6 UWG vorliegen, nämlich als unzulässige Imitationswerbung (vgl. Rz 625).

Schließlich gilt es noch die Fälle zu betrachten, bei denen es um die **konkret erkennbare Bezugnahme** auf den **Konkurrenzunternehmer** selbst geht. Es handelt sich hier um die sog. **persönliche Werbung** im Rahmen eines Werbevergleiches.   629

Hier wird, wie wir bereits wissen (Rz 606), in negativer Weise auf die Person, persönliche Eigenschaften und Verhältnisse eines bestimmten Bewerbers Bezug genommen, um dadurch den eigenen Absatz zu fördern. Beispiele hierzu kennen wir (vgl. Rz 464).

Nach § 6 II Ziff. 2 UWG ist die erlaubte vergleichende Werbung auf Eigenschaften von *Waren oder Dienstleistungen* beschränkt. In Bezug auf Personen und persönliche Verhältnisse stellt diese Ziffer also keinen Erlaubnistatbestand dar.

Die Ziffer 5 von § 6 II UWG, wonach „persönliche" Verhältnisse eines Mitbewerbers nicht herabgesetzt werden dürfen, untersagt die persönliche *vergleichende* Werbung, was dem *allgemeinen* Verbot der Herabsetzung der persönlichen Verhältnisse der Mitbewerber (§ 4 Ziff. 7 UWG) entspricht (vgl. Rz 464). Dabei ist § 6 II, Ziff. 5 UWG eine Spezialregelung zu § 4 Ziff. 7 UWG.

5.3.2 Bezugnahme ohne konkrete Erkennbarkeit

Nehmen wir folgendes Hinführungsbeispiel: Vergleich konventionell gebautes Haus – Fertighaus. Hier geht es um einen **abstrakten Werbevergleich** verschiedener Bauweisen, weder ein bestimmter Mitbewerber ist individuell erkennbar, noch ein bestimmtes Konkurrenzprodukt.   630

Dieses Beispiel führt uns zum **Systemvergleich**. Unter einem solchen versteht man einen Vergleich, bei dem verschiedene technische oder wirtschaftliche Systeme einander gegenübergestellt werden, **ohne** dass **Mitbewerber konkret erkennbar** sind. Mangels dieser Erkennbarkeit, dies sei hier nochmals betont, liegt schon rein begrifflich keine vergleichende Werbung vor. Für diese Fallkonstellation gibt es keine EG-Vorgaben; die Richtlinie 2006/114 EG regelt allein die irreführende und vergleichende Werbung. Also gilt rein nationales Recht. Anzuwenden ist hier die Generalklausel des § 3 I UWG.

Hiernach sind Systemvergleiche zulässig, wenn sie *wahr* und *sachlich* sind und sich darauf beschränken, *Vor- und Nachteile der Systeme* darzulegen. Einige Beispiele für zulässige Systemvergleiche:

Beispiele
- Vergleich zwischen luft- und wassergekühltem Motor.
- Vergleich zwischen Mehrwegflaschen und Getränkedosen im Hinblick auf Umweltbelastung.
- Vergleich zwischen verschiedenen Heizmöglichkeiten, etwa mit Heizöl, Erdgas, Solar- und Elektroheizung, sei es unter dem Gesichtspunkt der Umweltverträglichkeit oder der Wirtschaftlichkeit.
- Vergleich von privatem Einzelhandel mit dem Genossenschaftssystem; zwischen Versand- und sonstigem Einzelhandel.

– Vergleich verschiedener Herstellungs- bzw. Vertriebssysteme.
– Vergleich des Barzahlungs- mit dem Abzahlungskauf.
– Vergleich von Werbeformen, wie Direkt- und Anzeigenwerbung.
– Bei Rückenschmerzen: Vergleich von Schmerztabletten mit Wärmepflastern.

Unzulässige Systemvergleiche sind unlauter nach § 3 I UWG.

631 Den gleichen Beurteilungsgrundsätzen wie der Systemvergleich unterliegt der – von diesem zum Teil recht schwer abgrenzbare – **Warenartenvergleich**, etwa der Vergleich von koffeinfreiem und koffeinhaltigem Kaffee, von echtem Rum und Rumverschnitt, von Holz- und Kunststofffurnieren, von (Beton-)Dachsteinen mit Dachziegeln (BGH, GRUR 86, 548 – Dachsteinwerbung), von Vollkornmehl und normalem Weißmehl unter dem Aspekt von Vitaminen und Ballaststoffen.

632 Eine weitere Fallgruppe eines Werbevergleiches einer Bezugnahme **ohne konkrete Erkennbarkeit: Die pauschale Abwertung von Mitbewerbern und von konkurrierenden Leistungen** (etwa: Möbelunternehmen U wirbt: „Wir bieten keine Lockangebote wie viele Möbelfirmen, die Ihnen später unbedingt etwas Teures verkaufen wollen"). Dabei ist es gleichgültig, ob es sich um eine Herabwürdigung der Konkurrenz in ihrer Gesamtheit handelt oder um eine Vielzahl von Mitbewerbern.

Wir erkennen sofort: § 6 UWG ist mangels konkreter Erkennbarkeit nicht anwendbar. Maßgebend für die rechtliche Beurteilung sind hier zunächst die Sondertatbestände der §§ 4, ZIff. 7; 5 UWG (Rz 463), letztlich aber der Grundtatbestand § 3 I UWG. Das bedeutet, dass sich auch hier die Aussagen im Rahmen wahrer und sachlicher Erörterung halten müssen und nicht in unangemessener Weise abfällig oder abwertend sein dürfen. Daher sind unnötige Kritik an der Konkurrenz oder pauschale Abwertungen, etwa durch kränkende, gehässige, ironische, der Lächerlichkeit preisgebende Angaben, unlauter (§ 3 I UWG).

Beispiele Einige **Beispiele** für unlautere pauschale Abwertung aus der Rechtsprechung:
– Rundfunkspot eines Reiseanbieters: „Tut uns leid, dass wir erst jetzt auf den deutschen Markt kommen. Aber wir mussten erst über die Preise der Konkurrenz lachen."
– „Die gesamte Konkurrenz ist übperteuert"
– „Lieber zu X als zu teuer".
– „Unser preiswertester Kaffee schmeckt besser als bei Vielen das Beste vom Besten".
– Brauerei B: „Wir sind keine anonyme AG. Unsere Geschäftspolitik ist stabil und wird vom Inhaber persönlich bestimmt und nicht durch Aktionäre …".
– Aussage gegenüber der Konkurrenz: „Die Steinzeit ist vorbei".

Vgl. Fall 40.

6. Unzumutbare Belästigungen im Sinne von § 7 UWG

6.1 Allgemeines

Es geht hier um das weite Feld, das der Betriebswirt als *Direktmarketing* bezeichnet, d.h. um die Werbeformen, bei denen Verbraucher und sonstige Marktteilnehmer – insbesondere Unternehmungen – *individuell* angesprochen werden (im Gegensatz zur Massenwerbung, wie etwa TV, Radio, Anzeigen, die sich an das breite Publikum wendet). Bei diesen individuell umworbenen Marktteilnehmern sollen Privatsphären bzw. betriebliche Abläufe in sinnvollem Maße geschützt werden. Dabei geht es hier *nicht* um die *Inhalte* der Werbebotschaft, sondern um die **Art und Weise des Herantretens** an die anzusprechenden Marktteilnehmer. Dies darf **nicht belästigend** sein. § 7 UWG beinhaltet hierzu eine Reihe Regelungen, die sich nach den jeweiligen Kommunikationsformen richten, in denen die Direktmarketingmaßnahmen betrieben werden.

633

Nach § 7 I UWG ist eine geschäftliche Handlung, die einen Marktteilnehmer in **unzumutbarer Weise belästigt**, unzulässig.

Neben der Generalklausel des § 3 I UWG, neben § 3 II und 3 III UWG ist § 7 UWG der vierte selbstständige privatrechtliche UWG-Tatbestand einer unzulässigen geschäftlichen Handlung.

Zunächst gilt es, sich einen Überblick über den Aufbau von § 7 UWG zu verschaffen: **§ 7 I S. 1 UWG** ist die Grundlagenvorschrift, die „kleine Generalklausel". Für diese Vorschrift ergeben sich folgende Rechtsvoraussetzungen:

– Vorliegen einer geschäftlichen Handlung,

– Belästigung eines Marktteilnehmers,

– in unzumutbarer Weise.

Dieser Grundtatbestand wird durch den Beispielsfall des § 7 I S. 2 UWG dahingehend ergänzt, dass insbesondere eine erkennbar unerwünschte Werbung nicht zulässig ist. Bei § 7 I UWG geht es insbesondere um die Fallgruppen: Ansprechen in der Öffentlichkeit, unbestellte Waren/Dienstleistungen und um Haustürwerbung.

§ 7 II UWG beinhaltet in vier Nummern *Spezialtatbestände*, vor allem die elektronische Kommunikation betreffend, bei deren Vorliegen **stets** eine unzumutbare Belästigung vorliegt. Das bedeutet, dass bei Erfüllung dieser Tatbestände *ohne Wertungsmöglichkeit* von der Unzulässigkeit der betreffenden geschäftlichen Handlung auszugehen ist.

§ 7 II, Ziff. 1 UWG bezieht sich insbesondere auf Werbung mit Briefen, Katalogen, Prospekten.

Bei § 7 II, Ziff. 2 UWG geht es um Werbung per Telefon.

§ 7 II, Ziff. 3 UWG regelt Werbung mit automatischen Anrufmaschinen, Faxgeräten und elektronischer Post.

Mit anonymer elektronischer Werbung befasst sich schließlich § 7 II, Ziff. 4 UWG.

§ 7 III UWG gibt eine Ausnahmeregelung zu Absatz 2, Ziff. 3 in Bezug auf eine Werbung mit elektronischer Post.

6.2 Rechtsvoraussetzungen

634 Im Zentralpunkt stehen die unzumutbaren Belästigungen.

Bei den **Belästigungen** geht es, wie wir soeben herausgearbeitet haben, um die Beeinträchtigung der privaten oder geschäftlichen Sphäre durch die **Art und Weise des Herantretens** an die jeweiligen Marktteilnehmer und nicht um belästigende Inhalte der Werbebotschaft.

635 Nicht jede Belästigung ist **unzumutbar**. Dem Adressaten einer Werbebotschaft wird als Mitglied einer Kommunikationsgesellschaft ein gewisses Maß an Beeinträchtigung zugemutet. Es ist hier eine Interessenabwägung vorzunehmen: Berechtigtes wirtschaftliches Interesse an Absatz/Nachfrage eines Unternehmers hier, Wahrung der privaten/geschäftlichen Sphäre dort. Ein Beispiel: Zusendung eines Werbebriefs. Zumindest ein Element ist für den Empfänger belästigend: die Entsorgung. Doch dies, so die Rechtsprechung, ist im Normalfall hinzunehmen.

Das entscheidende Problem für Gesetzgeber und Gerichte ist das der Grenzziehung im Rahmen des Kriteriums Zumutbarkeit. Dabei spielen insbesondere eine Rolle: Intensität des Eindringens in die private/geschäftliche Sphäre (etwa grob aufdringliche Werbung), die Gefahr der Summierung der Belästigung („Wehe, wenn dies alle tun") sowie die Möglichkeit, die Marketingmaßnahme in schonenderer Weise durchzuführen.

Ob nun im Einzelfall eine Belästigung unzumutbar ist, richtet sich nicht nach dem subjektiven Empfinden des einzelnen Empfängers der Botschaft, sondern nach der Auffassung des durchschnittlichen Marktteilnehmers, und zwar der normal informierten, angemessen aufmerksamen und verständigen Adressaten. Richtet sich die Marketingmaßnahme an eine bestimmte Gruppe, etwa alte Menschen, Jugendliche, Kranke, Ausländer, Sportler, Fachleute, so ist auf den Durchschnitt dieser Gruppe abzustellen. Doch diese Beurteilungsmaßstäbe sind uns bereits bekannt (vgl. Rz 358 ff.).

6.3 Unzumutbare Belästigungen nach § 7 I UWG

6.3.1 Ansprechen in der Öffentlichkeit

636 Es geht hier um das gezielte individuelle Ansprechen von Verbrauchern auf Straßen, Plätzen, in Geschäftspassagen, Einkaufszentren, Parks, Bahnhöfen, Flugplätzen, Sportplätzen …, kurzum: an öffentlich zugänglichen Orten. Diese Marketingmaßnahme ist durchaus beliebt, erreicht man doch mit geringem personellem Aufwand eine große Anzahl von Kunden, um mittels *persönlichen* Kontakts geschäftliche Handlungen vorzunehmen.

Eine unzumutbare Belästigung ist immer dann anzunehmen, wenn der Werber sich *nicht als solcher* zu erkennen gibt. Ist der Werber jedoch als solcher erkennbar – etwa durch Bekleidung oder besondere Abzeichen –, so ist Wettbewerbswidrigkeit nur dann gegeben, wenn der Werber *nachhaltig* auf den Angesprochenen *einwirkt*, ihn etwa mit sich zerrt, ihn zum Betreten eines Verkaufswagens nötigt, ihn am Weitergehen hindert, ihn an einem Ort angeht, wo kaum Ausweichmöglichkeiten bestehen, etwa in einer engen Gasse, oder wenn er den erkennbar zum Ausdruck gebrachten Willen des Umworbenen, nicht weiter angesprochen zu werden, missachtet.

Das Ansprechen von Passanten auf Jahrmärkten oder Messen ist grundsätzlich zulässig; hieran ist man seit jeher gewöhnt.

Das Verteilen von Werbematerial, auch von kleinen Werbegeschenken, in der Öffentlichkeit ist unbedenklich.

Das gezielte Ansprechen in der Öffentlichkeit zum Zwecke von Meinungsumfragen ist grundsätzlich zulässig, da es nicht um eine geschäftliche Handlung geht. Allerdings ist hier Vorsicht am Platze, da es nicht selten vorkommt, dass sich im Gewande einer Meinungsumfrage reine Wirtschaftswerbung versteckt.

6.3.2 Zusenden unbestellter Waren

Das Zusenden unbestellter Waren, für die normalerweise eine Bezahlung erwartet wird, ist grundsätzlich unzulässig (§ 7 I UWG). Der Empfänger wird in eine Entscheidung gedrängt – bezahlen, zurückschicken oder aufbewahren? –, in der er sich absolut nicht sehen möchte. Häufig gesellt sich zu dieser Unsicherheit noch eine gewisse Trägheit nach dem Motto: Ich bezahle und gehe damit allen Unannehmlichkeiten aus dem Wege. **637**

Diese wettbewerbsrechtliche Beurteilung erfährt auch keine Änderung durch § 241a BGB, der bestimmt, dass durch Lieferung unbestellter Sachen kein Anspruch des Absenders gegen einen Verbraucher-Adressaten begründet wird.

Ausnahmsweise hat der BGH das unbestellte Zusenden einer Serie von Künstlerpostkarten als zulässig erachtet, weil es sich um geringwertige Gegenstände des täglichen Bedarfs handelte und der Absender ausdrücklich darauf verwiesen hatte, dass eine Zahlungs-, Aufbewahrungs- oder Rückgabepflicht nicht besteht. In diesem Fall lagen die oben genannten, die Wettbewerbswidrigkeit begründenden Umstände nicht vor.

Einen zusätzlichen Schutz für die Verbraucher in dieser Fallkonstellation bringt Ziff. 29 der „Schwarzen Liste" nach § 3 III UWG (Rz 355).

6.3.3 Unbestellte Dienstleistungen

Wird eine unbestellte Dienstleistung erbracht, bei der der Empfänger davon ausgehen muss, dass eine Bezahlung erwartet wird, so ist auch dies – wie das Zusenden unbestellter Waren – grundsätzlich unzulässig. **638**

Es besteht allerdings ein Unterschied zu dem Fall des Zusendens unbestellter Ware, denn hier kommt eine Rückgabe oder Aufbewahrung naturgemäß nicht in Betracht.

Der wichtigste Punkt ist jedoch gemeinsam, nämlich die Auseinandersetzung mit der entscheidenden Frage, ob man zu zahlen hat oder nicht, und dies begründet auch hier grundsätzlich Wettbewerbswidrigkeit.

Eine Ausnahme machen die Fälle geringwertiger Dienstleistungen, wie etwa das unaufgeforderte Nachprüfen des Luftdrucks oder das Säubern der Autoscheiben an der Tankstelle, um hierfür ein Trinkgeld zu erhalten. Diese Fälle sind vergleichbar mit dem vom BGH erlaubten unbestellten Zusenden geringwertiger Gegenstände.

6.3.4 Haustürwerbung

639 Haustürvertrieb ist eine sehr intensive Art der Werbung, geht es dabei doch um ein – zumindest versuchtes – Eindringen in die Privatsphäre der Verbraucher. Insoweit ist man sich dem Grunde nach über den Belästigungsfaktor einig. Aber ist diese Belästigung unzumutbar? Haustürwerbung ist wohl die rechtlich umstrittenste Vertriebstechnik.

Einfach sind die Fälle, bei denen der Wohnungsinhaber erkennbar zum Ausdruck bringt, dass er Haustürgeschäfte ablehnt, wie etwa durch Hinweise an der Türe wie „Betteln und Hausieren verboten" oder „keine Vertreterbesuche". Wird dies missachtet, so handelt es sich um eine unzumutbare Belästigung, die nach § 7 I UWG unzulässig ist. Das Gleiche gilt auch im geschäftlichen Bereich, etwa wenn ein Unternehmen Vertreterbesuche zeitlich beschränkt, wie z.B. „Vertreterbesuche nur von 14 bis 16 Uhr".

Bestehen aber derartige Verbotshinweise nicht, so geht die Rechtsprechung davon aus, dass Haustürwerbung grundsätzlich erlaubt ist, Hauptargument: die uralte Tradition, „das war seit jeher zulässig" (BGH, GRUR 2004, 699 ff. – Ansprechen in der Öffentlichkeit I).

Diese Auffassung ist in der Literatur jedoch sehr umstritten. Hauptargument: Die Belästigung des Wohnungsinhabers sei bei unerbetenen Hausbesuchen wegen des Überraschungseffekts und des persönlichen Kontakts deutlich massiver als bei den unerbetenen Telefonanrufen, welche, wie wir sehen werden, unzulässig sind.

6.4 Unzumutbare Belästigungen nach § 7 II UWG

6.4.1 Allgemeines

640 Die Spezialtatbestände des § 7 II UWG beziehen sich auf Marketingmaßnahmen mittels **Fernkommunikationsmittel**. Dies sind Kommunikationsmittel, die zur Anbahnung oder zum Abschluss eines Vertrages zwischen einem Verbraucher und einem Unternehmer ohne gleichzeitige Anwesenheit der Vertragsparteien eingesetzt werden können (vgl. § 312b, II BGB).

Die in den vier Nummern des § 7 II UWG genannten Maßnahmen sind **stets** als eine unzumutbare Belästigung anzusehen. Das bedeutet, dass hier – ohne Berücksichtigung der Umstände des Einzelfalles und die Auswirkungen auf die Entscheidungsfreiheit der Betroffenen – eine unzumutbare Belästigung anzunehmen ist. Die Relevanzklausel (Rz 375) darf hier nicht geprüft werden. Der Richter hat hier keine Wertungsmöglichkeit.

6.4.2 Belästigung durch Telefonwerbung nach § 7 II, Ziff. 2 UWG

Werbung für Waren/Dienstleistungen per Telefon ist weit weniger aufwändig und preisgünstiger als das Versenden von Werbematerial oder gar Außendienstmitarbeiterbesuche. Daher ist Telefonmarketing eine weit verbreitete Werbeform; es hat sich zum Massengeschäft entwickelt. „Werbung und Verkauf per Telefon" wird in Seminaren gelehrt. 641

Dabei kommt es für die Beurteilung der rechtlichen Situation, wie wir bereits wissen (Rz 633), nicht darauf an, was der Inhalt des Telefonates ist. Es ist gleichgültig, ob ein Produkt beworben wird, ob ein Erzeugnisse bereits am Telefon verkauft werden soll, ob lediglich der aktuelle oder potenzielle Bedarf eines Produktes vorab festgestellt werden soll oder ob Vertriebsaktivitäten von Außendienstmitarbeitern vorbereitet und unterstützt werden.

Zunächst sollten wir betonen, dass es in Folgendem allein um die Frage der Zulässigkeit **unaufgeforderter**, überraschender Werbetelefonate geht (sog. cold callings) geht. Hatte ein Kunde einen Unternehmer um telefonischen Kontakt gebeten, so hat er damit in einen solchen eingewilligt, so dass von einer Wettbewerbswidrigkeit keine Rede sein kann.

Mit dem Anschluss an das Telefonnetz und mit der Bekanntgabe seiner Telefonnummer in Telefonverzeichnissen gibt der Telefoninhaber weder ausdrücklich noch stillschweigend Generalkonsens, durch Anrufe jeglichen Inhalts durch jedweden Dritten angesprochen zu werden.

Fragt der Telefonkontakter den Umworbenen gleich zu Beginn, ob er mit einem Werbegespräch einverstanden sei, so ist diese Frage rechtlich unerheblich, denn die Störung hat bereits mit dem Anruf begonnen.

Die bisherigen einleitenden Feststellungen gelten für das Telefonmarketing sowohl für das Verhältnis Werbungtreibende – Verbraucher (B 2 C) als auch für das Unternehmer – Unternehmer (B 2 B). Im Folgenden ist jedoch zwischen den beiden Konstellationen zu unterscheiden.

6.4.2.1 Telefonwerbung gegenüber Verbrauchern

642 Telefonwerbung gegenüber **Verbrauchern** (B 2 C) ist **ohne deren Einwilligung unzulässig** (§ 7 II Ziff. 2 UWG). Zur Begründung: Durch den telefonischen Werbekontakt wird der Angerufene in seiner Ruhe gestört oder aus seiner Beschäftigung herausgerissen, kurzum: in seiner Privatsphäre gestört. Das Entscheidende ist dabei, dass man sich einem Telefonanruf nicht entzieht. Man nimmt das Gespräch entgegen, denn man rechnet mit einem Anruf einer Person, mit der man in Beziehung steht. Will nun ein Anbieter seine Waren/Dienstleistungen telefonisch anpreisen, so sieht man dies als ein *Eindringen in seine Individualsphäre* an und ärgert sich; man fühlt sich *belästigt*, zumindest ein nicht unbeträchtlicher Teil der Anschlussinhaber. Eine derartige Belästigung stellt einen Missbrauch privater Telefonanschlüsse dar.

643 Nach § 7 II Ziff.2 UWG ist eine unzumutbare Belästigung **stets** anzunehmen bei einer Telefonwerbung gegenüber einem **Verbraucher ohne** dessen **vorherige ausdrückliche Einwilligung**.

644 Die Einwilligung des privaten Anschlussinhabers muss also **vor dem Anruf** vorliegen, sie muss **ausdrücklich** sein. Dies ist etwa dann der Fall, wenn der angerufene Privatmann selbst um die werbende fernmündliche Information nachgesucht hat (z.B.: „bitte benachrichtigen Sie mich telefonisch, wenn die neue ...-Kollektion eingetroffen ist"), oder wenn er bei der Aufnahme des Geschäftskontakts ausdrücklich erklärt hat, in Zukunft mit einer „telefonischen Betreuung" einverstanden zu sein.

645 Eine *stillschweigende Einwilligung* durch konkludentes Verhalten vor dem Werbeanruf erfüllt das Kriterium ausdrücklich *nicht*.

Nicht ausdrücklich und daher wettbewerbswidrig ist ein Telefonanruf etwa, wenn
– der private Kunde dem gewerblichen Anrufer früher einmal neben seiner Adresse auch seine Telefonnummer mitgeteilt hatte,
– ein Verbraucher bei der schriftlichen Bitte um Übersendung von *Informationsmaterial* seinen privaten Briefbogen verwendet, in dem im Briefkopf neben der Anschrift die Telefonnummer angegeben ist,
– ein privater Verbraucher auf einer vom Unternehmer vorgedruckten „Anforderungskarte" die Übersendung von Prospekten begehrt, denn man wollte eben *nur schriftliches* Informationsmaterial,
– *rechtsgeschäftliche Beziehungen* zwischen dem Werbeanrufer und dem Verbraucher in der Vergangenheit einmal bestanden (der Kunde hatte vor zwei Jahren nach einer Weinprobe einige Flaschen Wein und Sekt bestellt),
- das Werbetelefonat vorher schriftlich angekündigt wurde und der Privatmann hierauf geschwiegen hat. Das Schweigen ersetzt nicht sein ausdrückliches Einverständnis. Gleiches gilt auch bei Telefonanrufen, die einen Vertreterbesuch vorbereiten sollen.

Ziehen wir ein Fazit aus dem Problemkreis Telefonmarketing gegenüber *Verbrauchern:* Werbeanrufe sind nur in engsten Grenzen erlaubt. Die gesetzliche Regelung ist hier sehr streng. Der Schutz der Privatsphäre hat eindeutigen Vorrang vor den werblichen Interessen der Wirtschaft. Unzulässiges Telefonmarketing stellt sogar eine Ordnungswidrigkeit nach § 20 I UWG dar (Rz 678a).

Diese Grundgedanken reflektieren sogar ins AGB-Recht. So hat der BGH (WRP 99, 660 ff. – Einverständnis mit Telefonwerbung) entschieden, dass eine AGB-Klausel, in der der Kunde erklärt, dass er mit einer über die bestehende Geschäftsverbindung hinausgehenden Telefonwerbung in Bezug auf Leistungen des Vertragspartners einverstanden ist, eine unangemessene Benachteiligung im Sinne von § 307 I BGB enthält und daher unwirksam ist.

646

6.4.2.2 Telefonwerbung gegenüber sonstigen Marktteilnehmern

Was das unerbetene Telefonmarketing gegenüber sonstigen Marktteilnehmern angeht – vorwiegend geht es hier um Telefonwerbung gegenüber Unternehmen (B 2 B) –, so werden hier zum Teil andere Maßstäbe angelegt.

647

Um Missverständnissen vorzubeugen, sei vorab folgender Hinweis gemacht: Nicht jeder Anruf über den geschäftlichen Telefonanschluss ist dem geschäftlichen Bereich zuzurechnen. Erhalten Mitarbeiter an ihrem Arbeitsplatz Werbeanrufe privater Art, wie es zum Teil auf dem Gebiet der Anlagenberatung vorkommt, so sind diese unter dem Aspekt Telefonwerbung bei Verbrauchern zu sehen und daher strenger zu beurteilen.

Bei unerbetenem Telefonmarketing gegenüber **Gewerbetreibenden** und Freiberuflern gelten zum Teil andere Bewertungskriterien wie die, die wir soeben bei der Telefonwerbung gegenüber Verbrauchern kennen gelernt haben. Die Interessenlage ist zum Teil eine andere. Der Gesichtspunkt des nicht Hinnehmbaren der Belästigung ist hier schwächer ausgeprägt als es im Individualbereich der Verbraucher der Fall ist. Ein Unternehmer rechnet viel eher mit Anrufen unbekannter Personen als ein Privater. Ein Gewerbetreibender erwartet nicht nur Anrufe seiner Arbeitnehmer, seiner Lieferanten und seiner Abnehmer, sondern darüber hinaus auch solche, die generell seine **Geschäftszwecke** betreffen.

648

Trotz dieser zum Teil abweichenden Interessenlage kann auch die Telefonwerbung im geschäftlichen Bereich nicht ohne weiteres als zulässig angesehen werden. Auch von Unternehmern sind Werbetelefonate nicht uneingeschränkt hinzunehmen, weil sie zu Beeinträchtigungen führen können. Die Telefonapparate werden hierdurch zeitweilig blockiert und die Mitarbeiter ihrer normalen Beschäftigung entzogen. In einem stets weiteren Umsichgreifen der Telefonwerbung liegt die Gefahr einer nicht mehr erträglichen Beeinträchtigung eines normalen Ablaufs des Geschäftsbetriebes. In solchen Fällen werden Unternehmen zum Teil in der geschäftlichen Sphäre belästigt.

Unter Abwägung solcher Aspekte ist nach § 7 II Ziff. 2 a.E. UWG Werbung mit Telefonanrufen bei Unternehmern unzulässig, wenn nicht **zumindest** deren **mutmaßliche Einwilligung** vorliegt. Bei der Feststellung der mutmaßlichen Einwilligung kommt es vor allem auf den *Grad des Interesses* an, das der Unternehmer dem Werbeanruf entgegenbringt.

649

Besteht zwischen dem Inhalt des Telefonats und dem Unternehmenszweck nur ein *allgemeiner Sachbezug*, so ist dies nicht ausreichend. Es muss vielmehr ein konkreter, aus dem *Interessenbereich* des Angerufenen herzuleitender Grund vorhanden sein, der dieses Werbetelefonat rechtfertigt. Ein Beispiel mag dies verdeutlichen:

Beispiel
Ruft ein Weingut unaufgefordert bei einer Maschinenfabrik an, um dort seine Gewächse zu offerieren, so hat dies mit dem eigentlichen Geschäftszweck – Herstellung und Vertrieb von Maschinen – nichts zu tun. Dies selbst dann nicht, wenn dieses Unternehmen zu Weihnachten an Kunden Wein verschenken sollte. – Wirbt das Weingut aber bei einem Weinhändler, so ist dieser Anruf zulässig; dieser Anruf liegt im Interessenbereich des telefonisch Umworbenen.

Die Zulässigkeit von Werbeanrufen ist also nur dann zu vermuten, wenn sie sich auf die **eigentliche geschäftliche Tätigkeit** des Angerufenen beziehen. In obigem Beispiel der Maschinenfabrik bedeutet dies also die Vermutung der Zulässigkeit von Werbetelefonaten in Bezug auf Metallwaren, Maschinenteile, Halbzeug und sonstige Gegenstände, soweit sie sich auf Maschinenbau beziehen, nicht aber in Bezug auf Büromaterial.

Bei Bestehen laufender Geschäftsbeziehung ist die Zulässigkeit von Werbeanrufen zu vermuten, bei einmaligem Geschäftskontakt nur dann, wenn der Anruf in kurzem zeitlichen Abstand zum vorherigen Vertrag steht.

Ganz allgemein kann eines gesagt werden: Bei einem objektiv ungünstigen Angebot ist eine mutmaßliche Einwilligung eher zu verneinen (BGH, GRUR 2007, 607 – Telefonwerbung für „Individualverträge") als bei einer günstigen Offerte.

Entscheidend kommt es immer darauf an, ob nach den Umständen des Einzelfalles die Annahme gerechtfertigt ist, dass der Umworbene den Anruf erwartet oder ihm jedenfalls positiv gegenübersteht. In letzterem Falle ist oft der Aspekt bedeutsam, ob der Umworbene gerade bei diesem Angebot auf telefonischem Wege angesprochen werden wollte oder dies eher schriftlich erwartet hätte.

Der Anrufende trägt stets das Risiko der Fehleinschätzung.

Vgl. Fall 49.

6.4.3 Belästigung durch Fax ... nach § 7 II, Ziff. 3 UWG

650 Hier geht es um Werbung unter Verwendung von automatischen Anrufmaschinen, Faxgeräten oder elektronischer Post (E-Mail, SMS, MMS).

Wer in dieser Weise wirbt, bedarf der **vorherigen ausdrücklichen Einwilligung** des Adressaten. Dabei ist Einwilligung jede Willensbekundung, die ohne Zwang für den konkreten Fall und in Kenntnis der Sachlage erfolgt und mit der die betroffene Person billigt, dass personenbezogene Daten, die sie betreffen, verarbeitet werden (BGH, GRUR 2008, 923 – Faxanfrage im Autohandel).

Die Einwilligung muss also für den konkreten Fall vorliegen. Das bedeutet, dass durch die Angabe einer Faxnummer oder einer E-Mail-Anschrift kein Generalkonsens gegenüber jedermann zur Zusendung von Werbung angenommen werden darf.

Das Tatbestandsmerkmal vorherige ausdrückliche Einwilligung zeigt, dass eine mutmaßliche Einwilligung, wie sie nach Ziffer 2 für Telefonanrufe im Verhältnis Unternehmer – Unternehmer ausreichend ist, bei Ziffer 3 in keinem Falle ausreicht; der Schutzbereich ist hier insoweit größer.

§ 7 II, Ziff. 3 UWG gilt sowohl im Verhältnis Unternehmer – Verbraucher (B 2 C) als auch im Verhältnis Unternehmer – Unternehmer (B 2 B), also für alle Marktteilnehmer.

Im Übrigen gelten hier viele Aspekte, die wir bei der Telefonwerbung kennengelernt haben, in gleicher oder ähnlicher Weise.

Für die Werbung mittels **elektronischer Post** nach der Ziffer 3 von § 7 II UWG bringt § 7 III UWG eine Sonderregelung. Danach ist elektronische Werbung zulässig, wenn 651
- der Unternehmer im Zusammenhang mit dem Kauf einer Ware/Dienstleistung vom *Kunden* dessen elektronische Postadresse erhalten hat,
- der Unternehmer diese Adresse zur Direktwerbung für eigene Waren/Dienstleistungen verwendet,
- der Kunde der Verwendung nicht widersprochen hat und wenn
- der Kunde bei Erhebung der Adresse und bei jeder Verwendung klar und deutlich darauf hingewiesen wird, dass er der Adressenverwendung jederzeit widersprechen kann, ohne dass hierfür andere als die Übermittlungskosten nach den Basistarifen entstehen.

6.4.4 Belästigung durch Briefkastenwerbung nach § 7 II, Ziff. 1 UWG

Diese Vorschrift bezieht sich auf Werbung mit für den *Fernabsatz* geeigneten Mitteln der kommerziellen Kommunikation, die nicht unter die – bereits besprochenen – Ziffern 2 und 3 fallen. Faktisch gesehen geht es hier um Werbung via Briefkasten, also um Werbebriefe, Prospekte, Kataloge, Postwurfsendungen, Handzettel, Anzeigenblätter ... 652

Eine weitere wichtige Prämisse: § 7 II, Ziff. 1 UWG gilt nur im Verhältnis Unternehmer – *Verbraucher* (B 2 C).

Grundsätzlich ist eine derartige Werbung **erlaubt**, denn die Beeinträchtigung der Privatsphäre des Verbrauchers wird hier als schwach angesehen. Es geht hier nämlich nicht um eine intensive Art der Werbung, bei der der Umworbene persönlich angesprochen wird; auch kann er unschwer erkennen, dass es sich hier um eine Werbung handelt, kann sich dieser sofort entziehen und das Material dementsprechend gleich wegwerfen. Bleibt also noch das Problem der Entsorgung, und diese wird dem Verbraucher zugemutet.

Dieses sog. Direct-Mailing ist nach § 7 II Ziff. 1 UWG jedoch stets unzulässig, wenn der Verbraucher **hartnäckig angesprochen** wird, obwohl er es **erkennbar nicht wünscht**.

Der Begriff „Ansprechen" könnte missverständlich sein. Er bedeutet hier nicht persönliche Ansprache im Sinne eines persönlichen Gesprächs, sondern ist zu verstehen als „durch ein Fernkommunikationsmittel an ihn persönlich gerichtet", nämlich in seinen

Briefkasten. „Hartnäckiges" Ansprechen bedeutet wiederholtes Ansprechen, zweimal reicht aus.

Das entscheidende Kriterium ist aber, dass die Werbung **erkennbar** unerwünscht ist. *Sperrvermerke* in der Nähe des Briefkastens, wie etwa „Keine Werbung", „Keine Reklame", „Keine Anzeigenblätter" … weisen auf den entgegenstehenden Willen des Verbrauchers hin. Natürlich ist auch eine individuelle Erklärung – telefonisch oder schriftlich – gegenüber dem betreffenden Werbetreibenden möglich. Bedeutsam ist vor allem die Meldung zur sog. **Robinson-Liste**, ein Verzeichnis des Deutschen Direktmarketingverbandes in Wiesbaden, dessen Mitglieder verpflichtet sind, den Widerspruch des Verbrauchers zu beachten. Auch für Nichtmitglieder des Verbandes steht dieser Weg offen.

Wird trotz derartiger Sperrvermerke beim Verbraucher Werbung eingeworfen, so ist dies stets eine unzumutbare Belästigung und daher unzulässig.

6.4.5 Belästigung wegen Verschleierung nach § 7 II, Ziff. 4 UWG

653 Bei dieser Vorschrift geht es um das Verbot anonymer elektronischer Werbung. Sinn der Norm: Der Werbende muss sich zu seiner Werbung bekennen; der Adressat der Werbung soll die Möglichkeit haben, sich an den Werbenden zu wenden.

Gegenstand dieser Vorschrift sind *Nachrichten*. Dies sind Informationen, die zwischen einer endlichen Zahl von Beteiligten über einen öffentlich zugänglichen elektronischen Kommunikationsdienst ausgetauscht oder weitergeleitet werden (§ 2 I, Ziff. 4 UWG). Dazu gehören Telefonanrufe, Fax-, E-Mail- und SMS-Nachrichten.

Eine Werbung mittels dieser Kommunikationsmittel muss eine *gültige Adresse* (Post-, E-Mail-Anschrift, Telefon-, Faxnummer) enthalten, an die sich der Empfänger halten kann, um den Werbenden zur Einstellung solcher Werbung aufzufordern, ohne dass hierfür andere als die Übermittlungskosten nach Basistarifen entstehen.

Weiterhin darf derartige Werbung die Identität des Werbenden nicht *verschleiern*; dies bedeutet das Verbot, eine Schein- oder Tarnadresse anzugeben.

Die elektronische Werbung darf die Identität des Werbenden auch nicht *verheimlichen*. Ein Verheimlichen liegt vor, wenn überhaupt kein Name genannt wird oder ein solcher, aus dem sich die Identität des Werbenden nicht ergibt.

7. Tatbestände des Anhangs zu § 3 III UWG

654 Das UWG verfügt über einen Anhang mit einem aus 30 Ziffern bestehenden Katalog mit Regelbeispielen für wettbewerbswidrige geschäftliche Handlungen (vgl. Rz 355). § 3 III UWG verweist auf diese „Schwarze Liste" und erklärt die dort (leider recht unsystematisch) aufgeführten geschäftlichen Handlungen gegenüber Verbrauchern für

„stets unzulässig". Auf die Eignung zur Beeinträchtigung der Interessen von Mitbewerbern, Verbrauchern oder sonstigen Marktteilnehmern bzw. auf die Eignung zur Beeinträchtigung der Entscheidungsfreiheit des Verbrauchers kommt es hier also nicht an.

Viele der im Anhang aufgeführten Regelbeispiele weisen nur eine vergleichsweise geringe praktische Relevanz auf. Es sollen deshalb nur die wichtigsten Tatbestände herausgegriffen und kurz erläutert werden.

Ziffer 2 des Anhangs untersagt die Verwendung von **Gütezeichen, Qualitätskennzeichen** und dergleichen, wenn diese ohne Genehmigung erfolgt. Derartige Produktkennzeichnungen werden vom Publikum regelmäßig als Hinweis auf eine durch Verbände, Gütegemeinschaften oder sonstige neutrale Stellen garantierte Qualitätskontrolle verstanden. Hat eine solche Kontrolle in Wahrheit nicht stattgefunden, ist hierin eine Irreführung der Verkehrskreise zu sehen. 655

Ziff. 5 des Anhangs beinhaltet das Thema Werbung mit Lockangeboten in der speziellen Ausprägung der Irreführung über die Verfügbarkeit der Waren (vgl. § 5 I, 2, Ziff. 1 UWG); den Werbungtreibenden treffen hier bestimmte **Aufklärungspflichten**. 655a

Wird im Handel für bestimmte Waren geworben, weckt dies beim Verbraucher die Erwartung, dass diese für einen angemessenen Zeitraum in einer Menge vorhanden sind, die die zu erwartende Nachfrage deckt.

Aus Satz 2 der Ziffer 5 ist abzuleiten, dass der Warenvorrat so bemessen sein muss, dass er im Regelfall für zwei Tage ausreicht. Ansonsten muss der Händler die Kunden in deutlicher Form darüber *aufklären*, dass er nach dem normalen Lauf der Dinge nicht in der Lage sein wird, die Waren für einen angemessenen Zeitraum bereit zu stellen. Nichts sagende Zusätze wie „freibleibend" oder „solange Vorrat reicht" dürften insoweit nicht ausreichend sein.

Hat der Händler einen entsprechenden Vorbehalt unterlassen und reicht das Warenangebot nicht für zwei Tage, trägt er die Darlegungs- und Beweislast dafür, dass er von der Angemessenheit des Warenvorrats ausgehen durfte.

Vgl. Fälle 27, 37.

Eine weitere Form der Irreführung über die Verfügbarkeit der angebotenen Waren wird in **Nr. 7 des Anhangs** angesprochen. Danach ist es untersagt, wahrheitswidrig mit einem zeitlich sehr **begrenzten Warenangebot** zu werben, um den Kunden zu einem spontanen, unüberlegten Geschäftsabschluss zu bewegen. 655b

Ziffer 10 des Anhangs behandelt einen Unterfall einer irreführenden Werbung mit Selbstverständlichkeiten. Danach stellt es eine unzulässige geschäftliche Handlung dar, bestimmte vom **Gesetz** eingeräumte **Rechte** (z.B. die zweijährige Gewährleistung beim Kauf einer Ware oder das Widerrufsrecht des Warenbestellers) als **besonderen Vorteil** des Angebots herauszustellen (vgl. Rz 541). 655c

Ziffer 11 des Anhangs steht in Zusammenhang mit dem in § 4 Ziff. 3 UWG geregelten Verbot verschleierter Werbung. Der Tatbestand verbietet **redaktionell gestaltete Bei-** 656

träge in Presse, Rundfunk und Fernsehen, die von einem Unternehmen bezahlt sind und der Verkaufsförderung dienen, ohne als Werbung erkennbar zu sein (vgl. Rz 417 f.).

657 Bei der **Ziffer 13 des Anhangs** handelt es sich um einen Spezialfall zu § 4 Ziff. 9a UWG, der den wettbewerblichen Leistungsschutz regelt. Danach ist es unzulässig für Waren zu werben, die denjenigen eines Mitbewerbers ähnlich sind, soweit der Werbende damit die **Absicht** verfolgt, die Verkehrskreise **über die betriebliche Herkunft** der Ware zu **täuschen** (vgl. Rz 474).

Im Unterschied zu § 4 Ziff. 9a UWG wird hier nicht gefordert, dass es sich um eine „Nachahmung", also um ein Plagiat des Originalprodukts des Mitbewerbers handelt Vielmehr genügt Ähnlichkeit der gegenüberstehenden Waren. Andererseits genügt bei dem Regelbeispiel nicht das objektive Vorliegen einer vermeidbaren Herkunftstäuschung. Es muss vielmehr auf Seiten des Werbenden Täuschungsvorsatz gegeben sein.

658 **Ziffer 14 des Anhangs** untersagt die Einführung, den Betrieb oder die Förderung von **Schneeball- und Pyramidensystemen** (vgl. Rz 666). Solche Formen progressiver Werbung zeichnen sich dadurch aus, dass den Kunden Provisionen in Aussicht gestellt werden, wenn sie neue Kunden vermitteln, die dem Veranstalter ihrerseits wieder neue Kunden zuführen müssen. Bei fortgeschrittenem Stand der Veranstaltung reißt die Kette ab, so dass nachfolgende Teilnehmer finanziell geschädigt werden. Es handelt sich um eine besondere Form der Ausnutzung der Spielleidenschaft der Kunden (§ 4 Ziff. 1 UWG).

Bei Vorliegen der Voraussetzungen des § 16 II UWG ist ein derartiges Verhalten sogar strafbar.

659 Mit der **Ziffer 15 des Anhangs** möchte der Gesetzgeber **unwahre Angaben** über eine angeblich bevorstehende **Geschäftsaufgabe** oder einen **Umzug des Geschäfts** unterbinden. Derartige Ankündigungen üben eine große Anziehungskraft aus, weil die Verbraucher davon ausgehen, dass das betreffende Unternehmen gezwungen ist, in kürzester Zeit seine Waren abzustoßen, so dass mit besonders günstigen Angeboten zu rechnen ist. Es handelt sich somit um einen speziell geregelten Fall der Irreführung i.S.v. § 5 UWG (vgl. Rz 552, 558).

Von einer Geschäftsaufgabe darf in der Werbung nur gesprochen werden, wenn der gesamte Betrieb endgültig aufgegeben wird. Nicht ausreichend ist die bloße Aufgabe eines Betriebsteils bzw. einer bestimmten Warengattung oder die bloße Änderung der Rechtsform bzw. die Veräußerung des Betriebs an einen Nachfolger.

660 **Ziffer 17 des Anhangs** wendet sich gegen die weit verbreitete Unsitte, Verbrauchern **wahrheitswidrig** vorzumachen, sie hätten einen Preis **gewonnen** bzw. die **Inanspruchnahme des Gewinns von** einer **Geldzahlung** oder der Übernahme von Kosten **abhängig zu machen**. Die Vorschrift ergänzt § 4 Ziff. 5 UWG.

661 **Ziffer 18 des Anhangs** korrespondiert mit § 3 Ziff. 1 HWG und verbietet es, **wahrheitswidrig** zu behaupten, eine Ware sei zur **Heilung von Krankheiten** (z.B. Krebs), Funktionsstörungen (z.B. Impotenz) oder von Missbildungen (z.B. Narben) geeignet.

Schließlich untersagt die **Ziffer 21** der „Schwarzen Liste", Waren oder Dienstleistungen als **„gratis", „umsonst", „kostenfrei"** usw. zu bezeichnen, wenn für die Inanspruchnahme der Leistung gleichwohl Kosten anfallen, die nicht in Zusammenhang mit dem Eingehen auf das Angebot stehen bzw. unvermeidbar sind. Der Tatbestand regelt einen Unterfall der Irreführung und zielt auf sog. **Internet-Abo-Fallen** (z.B. SIMSEN.de, Lebenserwartung.de, IQ-Fieber.de) ab. Diese sind dadurch gekennzeichnet, dass sich der Kunde, um das scheinbar kostenlose Angebot nutzen zu können, registrieren muss, wodurch ein entgeltpflichtiger Vertrag mit zumeist einjähriger Laufzeit zustande kommt. Die Kostenpflichtigkeit des Angebots ist in Teilnahmebedingungen enthalten, die sehr häufig an versteckter Stelle auf der Internet-Seite platziert sind und von den Kunden regelmäßig nicht zur Kenntnis genommen werden.

662

Vgl. Fall 23.

8. Wettbewerbsrechtliche Straftatbestände und Ordnungswidrigkeiten

Besonders schwere Verstöße gegen das Wettbewerbsrecht werden **strafrechtlich** sanktioniert. Es geht dabei um die §§ 16–19 UWG.

663

§ 20 UWG beinhaltet **Bußgeldnormen**.

Diese Vorschriften stellen eine Ausnahme von der im Grundsatz deliktsrechtlichen Ausgestaltung des UWG dar.

8.1 Strafbare Irreführung

In § 16 I UWG erkennen wir Rechtsvoraussetzungen des § 5 UWG und darüber hinaus Kriterien, die besonders verwerfliche Umstände beinhalten, welche die Strafbarkeit begründen. So ist nach § 16 I UWG derjenige strafbar, der

664

– in der Absicht, den Anschein eines besonders günstigen Angebots hervorzurufen,
– in öffentlichen Bekanntmachungen oder in Mitteilungen, die für einen größeren Kreis von Personen bestimmt sind,
– durch unwahre Angaben
– irreführend wirbt.

Kurzum: **Wissentlich unwahre** Werbung ist strafbar.

Erklärungsbedürftig ist hier lediglich das Merkmal *öffentliche Bekanntmachungen*. Dies sind solche, die sich an die Allgemeinheit richten, wie etwa Plakate – sei es in Schaufenstern oder an Litfaßsäulen –, Werbeanzeigen in Zeitungen und Zeitschriften, Flugblätter, Werbung in Funk und Fernsehen; wir können pauschalierend sagen: in der Werbung.

665

8.2 Progressive Kundenwerbung

666 Wer kennt nicht die sog. Kettenbriefe, die von Zeit zu Zeit das Land lawinenartig überrollen? Worin liegt die Problematik des hier zugrunde liegenden **Schneeballsystems**? Man geht davon aus, dass man selbst wieder Briefe bzw. Karten erhält – und zwar in vermehrtem Maße –, wenn man der Aufforderung, selbst solche zu schreiben, nachkommt. Diese Annahme geht recht häufig fehl, insbesondere bei fortgeschrittenem Stand der Progression. Es besteht also die Gefahr der **Irreführung** und Schädigung unter Ausnutzung der Spiellust.

Das ist wenig diskussionswürdig im privaten Sektor, wo es um die Kleinigkeiten von Karten und Briefen geht.

Anders sieht es aber im gewerblichen Bereich aus, wenn mit diesem System Geschäfte gemacht werden. Dies ist höchst verwerflich; häufig wird sogar der Tatbestand des Betruges (§ 263 StGB) erfüllt sein.

667 Nach § 16 II UWG wird derjenige unter Strafe gestellt, der es
- im geschäftlichen Verkehr unternimmt,
- Verbraucher zur Abnahme von Waren, Dienstleistungen oder Rechten durch das Versprechen zu veranlassen,
- sie würden vom Veranstalter selbst oder von einem Dritten besondere Vorteile erlangen,
- wenn sie andere zum Abschluss gleichartiger Geschäfte veranlassen,
- die ihrerseits nach der Art dieser Werbung derartige Vorteile für eine entsprechende Werbung weiterer Abnehmer erlangen sollen.

Kurzum: Eine Vertriebsform im Sinne eines Schneeballsystems ist unzulässig (vgl. hierzu Rz 658).

> **Beispiel**
> Unternehmer U bewegt seine privaten Kunden (A) zum Kaufabschluss dadurch, dass er ihnen eine Provision zusagt, wenn A dem U weitere Abnehmer (B) zuführen, die ihrerseits zu den gleichen Bedingungen für U weitere Käufer (C) aufbringen sollen ... bis hin zur letzten Abnehmergruppe Z.
>
> Allerdings: Die letzten Kunden Z wird es mit einer an Gewissheit grenzenden Wahrscheinlichkeit nicht geben, weil die Kette vorher abreißt, etwa hinter E. Die E Folgenden wären hier die Düpierten.

Vgl. Fall 34.

8.3 Verrat und Verwertung von Geschäftsgeheimnissen und Vorlagen

8.3.1 Allgemeines

668 Gegenstand dieses Kapitels ist im weitesten Sinne die Produktpiraterie. Über 50 Milliarden Schäden erleidet auf diese Weise die deutsche Wirtschaft jährlich.

Die folgenden Vorschriften dienen dazu, Unternehmen auf bestimmten Gebieten zu schützen.

Die §§ 17 ff. UWG schützen Geschäfts- und Betriebsgeheimnisse sowie Vorlagen und Vorschriften technischer Art unter verschiedenen Aspekten. Doch zuerst die Frage: Was verstehen wir unter einem Geschäfts- oder Betriebsgeheimnis?

Unter einem **Geschäfts-** oder **Betriebsgeheimnis** ist jede Tatsache zu verstehen, die in Zusammenhang mit einem Geschäftsbetrieb steht, nicht offenkundig ist, nur einem eng begrenzbaren, vom Betriebsinhaber bestimmten Personenkreis bekannt oder zugänglich ist und deren Geheimhaltung dem Willen und dem berechtigten wirtschaftlichen Interesse des Betriebsinhabers entspricht. 669

> **Beispiele**
> **Geschäftsgeheimnisse** beziehen sich auf den *kaufmännischen* Verkehr. Als solche wurden von Gerichten angesehen: Bilanzen, Absatz- und Werbemethoden, Kundenlisten, Lieferdaten, Marketingkonzeptionen, geheime Software, beabsichtigte Vertragsabschlüsse.
> **Betriebsgeheimnisse** betreffen *technische* Abläufe wie geheime Verfahren, Know-how, Fertigungsmethoden, Konstruktionszeichnungen, Rezepturen, Wirkungsanalysen.

Die Unterscheidung im Einzelnen hat wettbewerbsrechtlich keine Bedeutung. 670

Vorlagen sind Gegenstände, die bei der Herstellung neuer Sachen als Vorbild dienen sollen. **Vorschriften technischer Art** sind Anweisungen über einen technischen Vorgang. § 18 UWG nennt als Beispiele Zeichnungen, Modelle, Schablonen, Schnitte und Rezepte.

8.3.2 Verrat von Geschäftsgeheimnissen

Nach § 17 I UWG ist derjenige strafbar, der 671
- als eine bei einem Unternehmen beschäftigte Person
- während der Geltungsdauer des Dienstverhältnisses
- ein Geschäfts- oder Betriebsgeheimnis,
- das ihr in Zusammenhang mit dem Dienstverhältnis anvertraut oder zugänglich geworden ist,
- unbefugt an jemand mitteilt,
- sei es
  – zu Zwecken des Wettbewerbs oder
  – aus Eigennutz oder
  – zugunsten eines Dritten oder
  – in der Absicht, dem Inhaber des Unternehmens Schaden zuzufügen.

Kurzum: Ein Mitarbeiter darf keine Geschäfts- oder Betriebsgeheimnisse verraten; Täter ist also der Mitarbeiter.

> **Beispiel**
> Ein Mitarbeiter in der Konstruktionsabteilung einer Maschinenfabrik teilt einem Konkurrenzunternehmen Einzelheiten über die Entwicklung einer bedeutsamen Neukonstruktion mit und kassiert dafür € 10 000,–.

Erklärungsbedürftig ist allein das Merkmal des **unbefugten Mitteilens**. Mitteilung ist 672 jede beliebige Bekanntgabe, welche die Ausnutzung des Geheimnisses irgendwie ermöglicht. Unbefugt ist sie dann, wenn der Mitarbeiter die Schweigepflicht, die ihre Wurzel in der arbeitsrechtlichen Treuepflicht hat, verletzt.

Eine Schweigepflichtverletzung liegt nicht vor, wenn der Arbeitgeber die Erlaubnis zur Mitteilung gegeben hat oder wenn eine öffentlich-rechtliche Pflicht zur Offenbarung des Geheimnisses besteht, etwa im strafrechtlichen Bereich.

In besonders schweren Fällen droht Freiheitsstrafe bis zu 5 Jahren. Dies sind Fälle gewerbsmäßigen Handelns und die, bei denen der Täter weiß, dass das Geheimnis im Ausland verwertet werden soll (§ 17 IV UWG).

8.3.3 Verwertung von Geschäftsgeheimnissen

673 Nach § 17 II 1. Alt. UWG ist derjenige strafbar, der
- sich ein Geschäfts- oder Betriebsgeheimnis durch
  - Anwendung technischer Mittel,
  - Herstellung einer verkörperten Wiedergabe des Geheimnisses oder
  - Wegnahme einer Sache, in der das Geheimnis verkörpert ist,
- unbefugt verschafft oder sichert.

Nach § 17 II 2. Alt. UWG wird der bestraft, der
- ein Geschäfts- oder Betriebsgeheimnis, dessen Kenntnis er erlangt hat
  - durch Geheimnisverrat eines Mitarbeiters nach § 17 I UWG oder
  - durch eigene oder fremde Handlung nach § 17 II 1. Alt. UWG oder
  - sich sonst unbefugt verschafft oder gesichert hat,
- unbefugt verwertet oder jemandem mitteilt.

In beiden Alternativen ist es für eine Strafbarkeit erforderlich, dass die Handlungen zu Zwecken des Wettbewerbs, aus Eigennutz, zugunsten eines Dritten oder in der Absicht geschehen, dem Inhaber des Unternehmens Schaden zuzufügen.

Die Straferschwerung des § 17 IV UWG gilt auch hier.

Kurzum: Es ist verboten, das Geschäftsgeheimnis eines anderen, das man auf unredliche Weise erlangt hat, zu verwerten oder einem Dritten mitzuteilen. Hierzu folgende

Beispiele

Der Konkurrenzunternehmer (vgl. obiges Hinführungsbeispiel, Rz 671) benutzt die Detailinformationen des technischen Mitarbeiters, um im eigenen Hause eine entsprechende Neukonstruktion zu fertigen.

Ein Unternehmer heuert einen „Fachmann" an, der bei der Konkurrenz eindringt und dort Konstruktionsunterlagen entwendet. Auf Grund dieser fertigt er das Produkt im eigenen Hause. Bei diesem brutalen Fall von Betriebsspionage verstößt der Unternehmer durch eigene Handlung gegen Strafgesetze (Diebstahl, Hausfriedensbruch) und erfüllt den Tatbestand von § 17 II UWG.

Der subtilere Fall der Betriebsspionage ist der, dass ein Mitarbeiter eingeschleust wird, um Betriebsgeheimnisse auszuspionieren. Liegen diese außerhalb seiner arbeitsvertraglichen Tätigkeit, hat er sich die Kenntnisse also erschlichen, so hat er sich diese unbefugt verschafft.

8.3.4 Verwertung von Vorlagen

Nach § 18 UWG ist strafbar, derjenige, der **674**
- Vorlagen oder Vorschriften technischer Art,
- die ihm im geschäftlichen Verkehr anvertraut worden sind,
- sei es
  - zu Zwecken des Wettbewerbs oder
  - aus Eigennutz
- unbefugt verwertet oder jemandem mitteilt.

Kurzum: Es ist verboten, anvertraute Vorlagen eines anderen zu verwerten oder Dritten mitzuteilen.

Beispiele
Kosmetikproduzent K hatte ein attraktives Modell für eine neue Kunststoffflasche für seine Schaumbäder entwickelt. Mit der C-Kunststoff- und Formenbau-GmbH hat K einen Vertrag geschlossen, wonach C die Form für die Kunststoffflaschen nach den Zeichnungen des K zu bauen hat, wobei diese Zeichnungen ausschließlich für K verwendet werden dürfen.

C hält sich jedoch nicht daran und baut auch für eine Waschmittelfabrik für deren Flüssigwaschmittel eine Form nach den Zeichnungen von K; unzulässig nach § 18 UWG.

Das Verwerfliche ist hier der **Vertrauensbruch**. Daher ist die entscheidende Frage: Ist die Vorlage „im geschäftlichen Verkehr **anvertraut**"? Dies ist dann der Fall, wenn vertraglich vereinbart ist, die Vorlage oder die Vorschrift technischer Art nur im Interesse des Anvertrauenden zu benutzen oder wenn sich dies aus den Umständen ergibt. Dass es sich bei dem anvertrauten Gegenstand um ein Geschäfts- oder Betriebsgeheimnis handelt, ist nicht erforderlich.

8.3.5 Verleiten und Erbieten zum Geheimnisverrat

Nach § 19 I UWG ist derjenige strafbar, der **675**
- jemanden zu bestimmen versucht, eine Straftat nach §§ 17, 18 UWG zu begehen oder
- zu einer solchen Straftat anstiftet,
- sei es
  - zu Zwecken des Wettbewerbs oder
  - aus Eigennutz.

Nach § 19 II UWG hat derjenige mit Strafe zu rechnen, der **676**
- sich bereit erklärt oder
- das Erbieten eines anderen annimmt oder
- mit einem anderen verabredet,
- eine Straftat nach den §§ 17, 18 UWG zu begehen oder zu ihr anzustiften
- sei es
  - zu Zwecken des Wettbewerbs oder
  - aus Eigennutz.

8.3.6 Die strafrechtlichen Sanktionen

677 Verstöße gegen die §§ 16, 17, 18, 19 UWG werden wegen ihrer Tragweite mit beträchtlichen Freiheitsstrafen von zwei bis fünf Jahren geahndet oder mit Geldstrafen belegt.

In den Fällen der §§ 17, 18 und 19 UWG bedarf es eines **Strafantrages** des Geschädigten, damit der Wettbewerbsverstoß verfolgt werden kann, es sei denn dass die Staatsanwaltschaft wegen des besonderen öffentlichen Interesses an der Strafverfolgung ein Einschreiten von Amts wegen für geboten hält.

678 Das Verfahren als solches kennen wir. Daher sei es nur schlagwortartig skizziert: Polizei – Staatsanwaltschaft – Strafprozess – Urteil.

8.3.7 Bußgeld

678a Wer schuldhaft *Verbrauchern* gegenüber (B 2 C) unzulässiges Telefonmarketing betreibt, also eine unzumutbare Belästigung gem. § 7 II Ziff. 2 UWG begeht, handelt ordnungswidrig nach § 20 I UWG. Eine solche Ordnungswidrigkeit kann nach § 20 II UWG mit einer Geldbuße bis zu 300 000,00 € geahndet werden. Die hier zuständige Behörde ist die Bundesnetzagentur für Elektrizität, Gas, Telekommunikation, Post und Eisenbahnen. Diese verhängte mehrfach sehr hohe Bußgelder, insbesondere gegen Call-Center und deren Auftraggeber.

9. Die Durchsetzung wettbewerbsrechtlicher Ansprüche

679 Wie wir erkannt haben, stehen bei Verstößen gegen Vorschriften des UWG **zivilrechtliche Ansprüche** im Vordergrund. Die privatrechtlichen UWG-Verbotsnormen sind vom Grundsatz her deliktsrechtlich ausgestaltet. Hiervon ausgehend, ergeben sich insbesondere folgende Fragen:
– welches sind die Ansprüche?
– wer ist klagberechtigt?
– wie läuft das Verfahren ab?

Diese Fragenkreise sollen im Folgenden skizziert werden.

9.1 Die einzelnen Ansprüche

680 Wie wir bereits gesehen haben, können bei Verstößen gegen die einzelnen Verbotstatbestände als Rechtsfolgen Beseitigungs-, Unterlassungs- und Schadenersatzansprüche in Betracht kommen. Anschließend wird noch kurz auf den Gewinnabschöpfungsanspruch eingegangen werden.

Im Einzelnen:

9.1.1 Beseitigungs- und Unterlassungsansprüche

Gemäß § 8 UWG kann derjenige, der § 3 oder § 7 UWG zuwiderhandelt, zunächst auf Beseitigung und bei Vorliegen von Wiederholungsgefahr auf Unterlassung in Anspruch genommen werden.

Beseitigung bedeutet, dass der durch das wettbewerbswidrige Verhalten bestehende Störungszustand wieder rückgängig gemacht werden muss (etwa durch Widerruf einer ehrkränkenden oder kreditschädigenden Äußerung über einen Konkurrenten).

Ein **Unterlassungsanspruch** besteht bereits dann, wenn eine derartige Zuwiderhandlung gegen § 3 oder § 7 UWG droht (§ 8 I 2 UWG).

Da die Beispielstatbestände der §§ 4, 5 und 6 UWG Konkretisierungen der Generalklausel des § 3 I UWG darstellen, ist bei Vorliegen der in § 4 UWG genannten Beispielstatbestände sowie im Falle einer irreführenden oder einer unzulässigen vergleichenden Werbung somit ein Beseitigungs- und Unterlassungsanspruch gegeben. Dasselbe gilt bei einer nach § 7 UWG unzulässigen belästigenden Werbemaßnahme.

Wird der Wettbewerbsverstoß von einem Mitarbeiter oder einem Beauftragten eines Geschäftsbetriebes begangen, so sind der Unterlassungs- und der Beseitigungsanspruch auch gegen den Inhaber des Unternehmens begründet (§ 8 II UWG).

9.1.2 Schadensersatzansprüche

Darüber hinaus bestehen gemäß § 9 UWG bei Verstößen gegen die Vorschriften der §§ 3 I (i.V.m. §§ 4, 5, 6 UWG) oder § 7 UWG Schadensersatzansprüche unter der Voraussetzung, dass auf Seiten des Zuwiderhandelnden ein Verschulden vorliegt, also Fahrlässigkeit oder Vorsatz.

Für ein vorsätzliches Handeln reicht es dabei nicht aus, wenn der Zuwiderhandelnde sämtliche Tatsachen, aus denen sich die Unzulässigkeit seines Verhaltens ergibt, kennt. Vielmehr setzt Vorsatz auch das Bewusstsein der Unzulässigkeit, bei § 3 I, der Generalklausel des UWG, das der Unlauterkeit voraus.

Weiterhin ist zu beachten, dass die Zurechnung des Verhaltens von Mitarbeitern und Beauftragten nach § 8 II UWG nicht für Schadensersatzansprüche gilt. Insoweit muss auf die allgemeinen Bestimmungen (insbesondere §§ 31, 831 BGB) zurückgegriffen werden.

Der Umfang des Schadenersatzes richtet sich nach den §§ 249 ff. BGB.

§ 9, S. 2 UWG regelt das sog. **Presseprivileg**. Danach können Schadensersatzansprüche gegen verantwortliche Personen von periodischen Druckschriften (z.B. Verleger, Redakteure) nur geltend gemacht werden, wenn diese vorsätzlich gehandelt haben.

Periodische Druckschriften sind Zeitungen, Zeitschriften und sonstige, auf wiederkehrendes (nicht notwendig regelmäßiges) Erscheinen angelegte Druckwerke.

Ein vorsätzlicher Verstoß läge beispielsweise vor, wenn der Verleger einer Zeitschrift den Inhalt einer wettbewerbswidrigen Anzeige aktiv mitgestaltet hat oder wenn er effektiv wusste, dass die von ihm veröffentlichte Werbeanzeige irreführende Angaben enthält.

9.1.3 Der Gewinnabschöpfungsanspruch

684 Die zivilrechtlichen Ansprüche auf Beseitigung, Unterlassung und Schadensersatz bei Verstößen gegen § 3 I UWG (mit §§ 4, 5, 6 UWG) und § 7 UWG werden ergänzt durch das Instrument der Gewinnabschöpfung.

Gemäß § 10 I UWG kann derjenige, der wettbewerbswidrig gehandelt hat, auf Herausgabe des dadurch erzielten Gewinns in Anspruch genommen werden. Dieser wird dann dem Bundeshaushalt zugeführt. Der Tatbestand setzt eine vorsätzliche Zuwiderhandlung sowie eine Gewinnerzielung zu Lasten einer Vielzahl von Abnehmern voraus. Unter den Begriff des Abnehmers fallen dabei nicht nur die Verbraucher, sondern alle Marktteilnehmer.

Durch das Merkmal „zu Lasten" wird klargestellt, dass der Tatbestand nur eingreift, wenn der Gewinnerzielung unmittelbar ein Vermögensnachteil der Abnehmer gegenübersteht.

Hieran wird es fehlen, wenn der vom Zuwiderhandelnden erzielte Preis angemessen ist und der Abnehmer auch keinen sonstigen Nachteil erlitten hat.

Aktiv legitimiert zur Geltendmachung des Gewinnabschöpfungsanspruchs sind die in § 8 III Ziff. 2 bis 4 genannten Institutionen, also Wettbewerbsverbände, Verbraucherverbände, IHK's und Handwerkskammern.

685 Durch die Regelung des Gewinnabschöpfungsanspruchs soll der Schutz gegen wettbewerbswidrige Praktiken verbessert werden. Wettbewerbsverstöße sollen sich nicht mehr lohnen.

Dem § 10 UWG liegt folgende Erwägung zugrunde: In der Vergangenheit ist es häufig vorgekommen, dass Gewerbetreibende bewusst gegen die Normen des UWG verstoßen haben, weil sich ihr wettbewerbswidriges Verhalten, auch nach Abzug von Abmahnungs- und Prozesskosten, immer noch rechnete und erhebliche Gewinne erzielt werden konnten. In Fallkonstellationen, in denen eine Vielzahl von Abnehmern geschädigt wurde, die Schadenshöhe im Einzelfall aber gering war (z.B. bei einer irreführenden Werbung über die Beschaffenheit eines Produkts), haben die Betroffenen von einer Rechtsverfolgung regelmäßig abgesehen, weil der hierfür erforderliche Aufwand und die anfallenden Kosten in keinem Verhältnis zu ihrem Schaden gestanden hätten. Diese Rechtsdurchsetzungslücke soll durch die Regelung in § 10 UWG geschlossen werden.

Der Gewinnabschöpfungsanspruch ist dem deutschen Recht nicht fremd. Ähnliche Regelungen finden sich etwa im Kartellrecht.

Die Höhe des Anspruchs bemisst sich nach dem durch den Wettbewerbsverstoß zu Lasten der Abnehmer erzielten Gewinn. Dieser errechnet sich aus den Umsatzerlösen abzüglich der Herstellungskosten der erbrachten Leistungen sowie abzüglich eventuell angefallener Betriebskosten. Gemeinkosten und sonstige Kosten, die auch ohne das wettbewerbswidrige Verhalten angefallen wären, bleiben dabei außer Betracht. Abzugsfähig sind demgegenüber erbrachte Schadensersatzleistungen an einzelne Abnehmer oder Mitbewerber und Zahlungen auf Grund staatlicher Sanktionen (z.B. geleistete Geldstrafen), wobei die aufgrund der Zuwiderhandlung angefallenen Prozesskosten nicht berücksichtigt werden dürfen (§ 10 II 1 UWG). 686

Im Streitfall muss der Gewinn von dem erkennenden Gericht gemäß § 287 ZPO geschätzt werden.

9.2 Anspruchsberechtigung und Klagerecht

Wer bei der Geltendmachung von Schadenersatzansprüchen aktiv legitimiert ist, liegt auf das Hand: der unmittelbar Geschädigte. 687

Bei der (klageweise) Geltendmachung von Beseitigungs- und Unterlassungsansprüchen ist die Frage der Aktivlegitimation schwieriger zu beurteilen. Dies hängt mit folgenden Erwägungen zusammen: 688

Obwohl das UWG neben den Konkurrenten auch die Verbraucher, die sonstigen Marktteilnehmer und die Allgemeinheit schützt (vgl. § 1 UWG), ist nicht jedermann zur Durchsetzung wettbewerbsrechtlicher Ansprüche legitimiert.

Eine Popularklage ist bei Wettbewerbsverstößen nicht zulässig. Zur gerichtlichen oder außergerichtlichen Geltendmachung von Beseitigungs- und Unterlassungsansprüchen in den Fällen der §§ 3 und 7 UWG sind nach der Vorschrift des § 8 III Ziff. 1–4 UWG nur folgende Personen bzw. Einrichtungen berechtigt:
– jeder Mitbewerber
– rechtsfähige Verbände zur Förderung gewerblicher Interessen,
– bestimmte Verbraucherverbände,
– Industrie- und Handelskammern bzw. Handwerkskammern.

Als **Mitbewerber** gelten nach der gesetzlichen Definition in § 2 I, Ziff. 3 UWG diejenigen Unternehmen, die mit dem Unternehmen des Zuwiderhandelnden als Anbieter oder Nachfrager von Waren oder Dienstleistungen in einem konkreten Wettbewerbsverhältnis stehen. 689

Wenn also das Unternehmen A in seiner Werbung die Waren des Konkurrenten B in unsachlicher Weise kritisiert oder als minderwertig bezeichnet, ist B als **Mitbewerber** und zugleich **unmittelbar Verletzter** berechtigt, hiergegen vorzugehen.

Der Anspruch auf Unterlassung kann ferner von Unternehmen geltend gemacht werden, die mit dem Unternehmen des Zuwiderhandelnden beim Bezug oder Absatz von Waren bzw. Dienstleistungen in Wettbewerb stehen. Zwischen diesen **Mitbewerbern**, 690 also den gegenüberstehenden Unternehmen, muss also ein konkretes Wettbewerbsverhältnis bestehen (vgl. Rz 342 ff.). Dies ist der Fall, wenn die Unternehmen den gleichen Kundenkreis haben und sich mit ihren Angeboten behindern können (BGH, GRUR 99, 69 f. – Preisvergleichsliste II). Nur abstrakt betroffene Mitbewerber haben demgegenüber kein schutzwürdiges Eigeninteresse an der Geltendmachung von Abwehransprüchen, da ihnen die Möglichkeit offen steht, einen anspruchsberechtigten Wirtschafts- oder Verbraucherverband zur Bekämpfung des Wettbewerbsverstoßes einzuschalten.

691 Der Unterlassungsanspruch kann auch geltend gemacht werden von rechtsfähigen **Verbänden zur Förderung gewerblicher Interessen**, (§ 8 III Ziff. 2 UWG). Diese Vorschrift ist von großer praktischer Bedeutung. In vielen Fällen will der einzelne Konkurrent das Risiko eines Wettbewerbsprozesses wegen der Kosten und evtl. sonstiger Nachteile nicht eingehen. Hier kann er die zuständigen Wirtschaftsverbände, seien es Dach-, Spitzen-, Fachverbände oder Wettbewerbsvereinigungen einschalten, die recht häufig einschreiten. So erklärt es sich, dass viele Wettbewerbsprozesse von Verbänden geführt werden.

Rechtsfähige **Verbände** (§ 8 III Ziff. 2 UWG) sind dann zur Klage befugt, wenn
- ihnen eine erhebliche Zahl von Unternehmen angehört, die Waren oder gewerbliche Leistungen auf demselben Markt vertreiben wie der Verletzer,
- sie nach ihrer personellen, sachlichen und finanziellen Ausstattung imstande sind, ihre satzungsmäßigen Aufgaben der Verfolgung gewerblicher Interessen tatsächlich wahrzunehmen,
- die Zuwiderhandlung die Interessen ihrer Mitglieder berührt.

692 Was den Begriff der **Erheblichkeit der Mitgliederzahl** angeht, so kann dieser nicht von vornherein abstrakt festgelegt werden. Es gibt auch keine generelle Mindestzahl. Es muss vielmehr in jedem konkreten Einzelfall festgestellt werden, ob dem Verband eine für das Wettbewerbsgeschehen auf dem in Rede stehenden sachlichen und räumlichen Markt repräsentative Anzahl von Mitbewerbern der betroffenen Branche angehört. Das ist immer dann der Fall, wenn dem Verband übergeordnete Institutionen, wie etwa IHK's oder Wirtschaftsverbände, als Mitglieder angehören, die ihrerseits wieder eine große Zahl einschlägiger Mitglieder haben (BGH, WRP 96, 1102 f. – Großimporteur). Wird die Erheblichkeit der Mitgliederzahl im Wettbewerbsprozess bestritten, muss der Verband seine Angehörigen namentlich benennen. Die Vorlage einer anonymen Mitgliederliste reicht insoweit nicht aus.

693 Die Organisation und **Ausstattung** muss so angelegt sein, dass der Verband seine Aufgaben in personeller, sachlicher und finanzieller Hinsicht auch tatsächlich erfüllen kann. Dies ist beispielsweise nicht der Fall, wenn für Abmahnungen stets ein Rechtsanwalt beauftragt werden muss, weil der Verband über keine rechtskundigen Mitarbeiter verfügt (vgl. BGH, WRP 94, 737 – Verbandsausstattung II). Der Verband muss vielmehr eine eigene funktionierende Geschäftsstelle besitzen und Mitarbeiter, die die erforderlichen Kenntnisse auf dem Gebiet des Wettbewerbsrechts aufweisen. Die hierfür anfallenden Kosten müssen aus eigenen Mitteln (Mitgliedsbeiträge/Spenden etc) aufgebracht werden, so dass man nicht auf die erzielten Abmahngebühren angewiesen ist.

Die Zuwiderhandlung muss das **gemeinsame Interesse** der Angehörigen der betroffenen Branche berühren. Eine wesentliche Beeinträchtigung des Wettbewerbs ist demgegenüber nicht erforderlich. Aufgrund der bei Wettbewerbsverstößen generell bestehenden Nachahmungsgefahr wird diese Voraussetzung wohl meist bejaht werden können.

694

Eine Wettbewerbsvereinigung, die die Kriterien nach § 8 III Ziff. 2 UWG mit Sicherheit erfüllt, ist die **Zentrale zur Bekämpfung unlauteren Wettbewerbs** (die sog. Wettbewerbszentrale) mit Hauptsitz in Bad Homburg und 5 Büros in Berlin, Dortmund, Hamburg, München und Stuttgart. Ihr gehören über 1600 Mitglieder an, darunter alle IHK's, die Handwerkskammern und etwa 400 Verbände. Sie arbeitet mit den Spitzenverbänden der Wirtschaft zusammen. Die Wettbewerbszentrale ist die größte Selbstkontrollinstitution zur Durchsetzung des Rechts gegen unlauteren Wettbewerb. Jedermann kann sich bei ihr über einen Wettbewerbsverstoß beschweren. Hieraus erklärt sich die große Zahl von Beschwerden, die jährlich dort eingehen. Im Vordergrund ihres Bemühens steht zwar die gütliche Einigung. Dennoch führt die Wettbewerbszentrale eine große Zahl von Wettbewerbsprozessen.

695

Vgl. Fälle 36, 39.

In den Fällen der §§ 3 und 7 UWG kann der Anspruch auf Beseitigung und Unterlassung auch von *qualifizierten Einrichtungen zum Schutze von Verbraucherinteressen* geltend gemacht werden (§ 8 III Ziff. 3 UWG). Diese Vorschrift regelt somit die Anspruchsberechtigung von **Verbraucherverbänden.** Dies entspricht der Zielsetzung des UWG, neben den Mitbewerbern und sonstigen Marktteilnehmern auch die Interessen der Verbraucher zu schützen.

696

Voraussetzung ist, dass der betreffende Verband in die vom Bundesverwaltungsamt geführte Liste qualifizierter Einrichtungen nach § 4 des Unterlassungsklagengesetzes oder in das Verzeichnis der Kommission der Europäischen Gemeinschaften nach Art. 4 der Richtlinie 98/27/EG des Europäischen Parlaments und des Rates vom 19.05.1998 über Unterlassungsklagen zum Schutz der Verbraucherinteressen eingetragen ist.

Gemäß § 4 II des Unterlassungsklagengesetzes setzt die Eintragung in die Liste qualifizierter Einrichtungen voraus, dass es zu den satzungsmäßigen Aufgaben des Verbandes gehört, die **Interessen der Verbraucher durch Aufklärung und Beratung** nicht gewerbsmäßig und nicht nur vorübergehend wahrzunehmen. Ferner wird verlangt, dass der Verband andere verbraucherschützende Verbände oder mindestens 75 natürliche Personen als Mitglieder aufweist und seit mindestens einem Jahr besteht.

Was die Struktur der Verbraucherverbände angeht, gilt dem Grunde nach das gleiche wie für die eben dargestellten Wirtschaftsverbände. Sie müssen für die Erfüllung der Aufgaben der Verbraucheraufklärung, -beratung und Rechtsverfolgung über die erforderlichen personellen, sachlichen und finanziellen Ressourcen verfügen und dürfen nicht lediglich ein Scheindasein führen bzw. ausschließlich über ihre Anwälte tätig werden. Sichtbarstes Indiz hierfür ist das Vorhandensein von entsprechenden Räumlichkeiten.

697 Aus der großen Zahl von Verbraucherschutzverbänden seien nur die Verbraucherzentralen in den Bundesländern hervorgehoben.

698 Um dem Unwesen der – vor allem in der Vergangenheit agierenden – sog. **Gebühren-** bzw. **Abmahnvereine** einen Riegel vorzuschieben, deren Hauptzweck nicht in der Verbraucherberatung, sondern in der Wahrnehmung eigener Gebühreninteressen liegt, bestimmt § 8 IV UWG, dass die Geltendmachung des Anspruchs auf Beseitigung und Unterlassung unzulässig ist, wenn sie unter Berücksichtigung der gesamten Umstände als missbräuchlich anzusehen ist. Dies trifft insbesondere dann zu, wenn die Rechtsverfolgung vorwiegend dazu dient, gegen den Zuwiderhandelnden einen Anspruch auf Ersatz von Aufwendungen oder Kosten der Rechtsverfolgung entstehen zu lassen.

699 Schließlich sind die **Industrie- und Handelskammern** und die Handwerkskammern zur Geltendmachung der Unterlassungsansprüche legitimiert (§ 8 III Ziff. 4 UWG).

700 Geht nun weder ein Mitbewerber, noch ein Wirtschaftsverband, noch ein Verbraucherverband, noch eine IHK, noch eine Handwerkskammer gegen eine unzulässige geschäftliche Handlung vor, so gilt der uralte Satz: **Wo kein Kläger, da kein Richter**. So erklärt es sich, dass man im Wirtschaftsleben recht häufig Wettbewerbsverstöße erkennen kann, die ungeahndet bleiben.

Vgl. Fall 39.

9.3 Das Verfahren

701 Gemäß § 12 I 1 UWG sollen die zur Geltendmachung von Wettbewerbsverstößen Berechtigten (d.h. der unmittelbar Verletzte, die Wettbewerbs- und Verbraucherschutzverbände sowie die IHKs, vgl. Rz 689 ff.) den wettbewerbswidrig Handelnden zunächst durch eine **Abmahnung** verwarnen.

Durch die Formulierung „soll" wird klargestellt, dass es sich hierbei nicht um eine Rechtspflicht, sondern lediglich um eine Obliegenheit handelt.

Das Abmahnverfahren hat sich in der Praxis als äußerst zweckmäßiges Instrument der außergerichtlichen Streitbeilegung erwiesen. 90–95 % aller wettbewerbsrechtlichen Streitigkeiten werden durch dieses Instrument erledigt, ohne dass es zu einem kostspieligen und zeitaufwändigen Prozess kommt.

Die Abmahnung hat den Sinn, den wettbewerbswidrig Handelnden auf die Wettbewerbswidrigkeit seines Verhaltens hinzuweisen und ihn für die Zukunft zu verpflichten, den bereits begonnenen oder drohenden Verstoß gegen das Wettbewerbsrecht zu unterlassen.

Die Abmahnung hat aber auch einen kostenrechtlichen Hintergrund. Wenn der Berechtigte ohne vorherige Abmahnung sofort das Gericht in Anspruch nimmt, läuft er Gefahr, dass der Verletzer den geltend gemachten Unterlassungsanspruch im Prozess sofort anerkennt. Dies hat zur Folge, dass der Berechtigte gemäß § 93 ZPO sämtliche

Prozesskosten zu tragen hat. Es ist daher in jedem Falle sinnvoll, den wettbewerbswidrig Handelnden vor der Einleitung gerichtlicher Schritte abzumahnen.

Nur soweit von vornherein klar ist, dass die Abmahnung erfolglos bleiben wird (z.B. bei wiederholten, absichtlichen Verstößen gegen das Wettbewerbsrecht) oder wenn die vorherige Durchführung des Abmahnverfahrens wegen der besonderen Dringlichkeit des Falles unzumutbar ist, kann ohne die negative Kostenfolge des § 93 ZPO auf eine vorherige Abmahnung des Verletzers verzichtet werden.

Die Abmahnung kann formfrei (z.B. telefonisch) erfolgen, sollte aber aus Beweisgründen in schriftlicher Form abgefasst sein. Ein Abmahnschreiben muss den folgenden Mindestinhalt aufweisen:
- Darstellung des konkret beanstandeten wettbewerbswidrigen Verhaltens
- kurze rechtliche Würdigung des Sachverhaltes
- Aufforderung zur Abgabe einer strafbewehrten Unterlassungsverpflichtungserklärung
- Fristsetzung zur Abgabe der Erklärung
- Androhung gerichtlicher Schritte für den Fall der Nichtabgabe der Erklärung.

Der wichtigste Teil des Abmahnschreibens ist die Aufforderung zur Abgabe einer **strafbewehrten Unterlassungsverpflichtungserklärung**, die von dem Abmahnenden in aller Regel vorformuliert wird. Darin hat sich der Verletzer verbindlich zu verpflichten, den konkreten Wettbewerbsverstoß zukünftig zu unterlassen und für jeden Fall der Zuwiderhandlung gegen die Verpflichtung, eine Vertragsstrafe in bestimmter Höhe zu bezahlen. Sinn der Unterlassungsverpflichtungserklärung ist die Beseitigung der Wiederholungsgefahr.

Die Unterlassungsverpflichtung muss mit einer *Vertragsstrafe* in ausreichender Höhe bewehrt sein, da ansonsten die Wiederholungsgefahr nicht ausgeschlossen wird. Die Höhe der Vertragsstrafe richtet sich nach der Schwere des Verstoßes, der Finanzkraft des Verletzers und dem wirtschaftlichen Interesse des Berechtigten. Die von einem Kaufmann im Betrieb seines Handelsgewerbes versprochene Vertragsstrafe ist verbindlich und nicht nach § 343 BGB herabsetzbar (§ 348 HGB). Ist die Vertragsstrafe jedoch so hoch angesetzt, dass sie in einem außerordentlichen Missverhältnis zu der Bedeutung der Zuwiderhandlung steht, und dass ihre Durchsetzung einen Verstoß gegen das das gesamte Rechtsleben beherrschende Prinzip von Treu und Glauben darstellt, kann sie vom Gericht gemäß § 242 BGB auf einen Gesamtbetrag herabgesetzt werden, der Treu und Glauben gerade noch entspricht. Als Richtwert nennt hier der BGH das Doppelte der nach § 343 BGB angemessenen Vertragsstrafe (BGH, I ZR 168/05 – Kinderwärmekissen, vom 17.07.2008). Dieses Urteil bezog sich zwar auf die Verwirkung einer Vertragsstrafe im Bereich des Designrechts; es ist jedoch für alle Gebiete des Gewerblichen Rechtsschutzes relevant, bei denen es um eine strafbewehrte Unterlassungsverpflichtung geht. – Man sieht also: Es macht keinen Sinn, eine unverhältnismäßig hohe Vertragsstrafe festzulegen.

In der Praxis ist es üblich, dass dem Verletzer bei leichten Wettbewerbsverstößen auf Verlangen eine **Aufbrauchsfrist** für die bei ihm vorhandenen Werbematerialien eingeräumt wird. Üblich ist insoweit ein Zeitraum von drei bis sechs Monaten.

Soweit die Abmahnung berechtigt ist, kann der Abmahnende die bei ihm angefallenen Aufwendungen (z.B. Rechtsanwaltskosten) von dem Verletzer gemäß § 12 I 2 UWG ersetzt verlangen.

Im Falle einer unberechtigten Abmahnung macht sich der Abmahnende dagegen schadensersatzpflichtig, da hierin ein Eingriff in den eingerichteten und ausgeübten Gewerbebetrieb i.S.v. § 823 I BGB zu sehen ist.

Vgl. Fälle 18, 36 und Anhang.

702 Wird die strafbewehrte Unterlassungsverpflichtungserklärung von dem Verletzer nicht abgegeben, ist Veranlassung zur Einleitung gerichtlicher Schritte gegeben.

Da bei Wettbewerbsverstößen in der Regel große Eile geboten ist, wird anstelle der Erhebung einer Unterlassungsklage zumeist der Weg des beschleunigten Verfahrens gewählt, also der Erlass einer **einstweiligen Verfügung** (§§ 935 f. ZPO) beantragt. In aller Regel sind die Landgerichte sachlich zuständig. In diesem Falle entscheiden die Kammern für Handelssachen bzw. Spezialkammern für Wettbewerbsstreitigkeiten (§ 13 I, II UWG). Gemäß § 14 I UWG ist in örtlicher Hinsicht das Gericht zuständig, in dessen Bezirk der Antragsgegner seine gewerbliche Niederlassung hat. Unter den Voraussetzungen des § 14 II UWG ist außerdem das Gericht zuständig, in dessen Bezirk die wettbewerbswidrige Handlung begangen worden ist.

Die von §§ 935 und 940 ZPO geforderte besondere Dringlichkeit bzw. Eilbedürftigkeit der Rechtssache (der so genannte Verfügungsgrund) wird bei Wettbewerbsstreitigkeiten gemäß § 12 II UWG vermutet.

Im einstweiligen Verfügungsverfahren sind alle streiterheblichen Tatsachen glaubhaft zu machen, d.h. durch präsente Beweismittel (z.B. eidesstattliche Versicherungen von Zeugen) zu belegen (§§ 936, 920 II ZPO).

Soweit alle formellen und materiellen Voraussetzungen (Verfügungsantrag, Verfügungsanspruch, Glaubhaftmachung) erfüllt sind, wird das Gericht in aller Regel ohne vorherige mündliche Verhandlung die einstweilige Verfügung erlassen und dem Verletzer unter Androhung von Zwangsgeld bzw. Zwangshaft aufgeben, das wettbewerbswidrige Verhalten zu unterlassen.

Der Antragsteller muss die einstweilige Verfügung dann binnen eines Monats durch Zustellung des Titels im Parteibetrieb (d.h. per Gerichtsvollzieher) vollziehen, da ansonsten eine Vollstreckung der Verfügung nicht mehr zulässig ist (§§ 936, 929 II ZPO).

Der Antragsgegner hat die Möglichkeit, gegen die einstweilige Verfügung den Rechtsbehelf des Widerspruchs einzulegen und so eine nachträgliche mündliche Verhandlung zu erzwingen (§§ 936, 924 I, II ZPO).

Nach Durchführung der mündlichen Verhandlung entscheidet das Gericht durch Urteil, das wiederum durch das Rechtsmittel der Berufung angegriffen werden kann.

Das einstweilige Verfügungsverfahren kann sich für den Betroffenen äußerst negativ auswirken, da ihm unter Androhung von Zwangsgeld bzw. Zwangshaft eine Werbemaßnahme untersagt wird, ohne dass er Gelegenheit hatte, zuvor seinen Standpunkt vor Gericht zu vertreten. Aus diesem Grunde hat die Praxis das Rechtsinstitut der **Schutzschrift** entwickelt. Wenn der Betroffene damit rechnet, dass gegen ihn ein einstweiliges Verfügungsverfahren in die Wege geleitet wird, kann er einen Schriftsatz (Schutzschrift) bei den zuständigen Gerichten hinterlegen, in dem er seine Argumente gegen den erwarteten Antrag vorbringt und das Gericht ersucht, nicht ohne vorherige mündliche Verhandlung zu entscheiden.

Bei der Schutzschrift handelt es sich somit um eine Art Vorwegverteidigung mit dem Ziel, die Abweisung des Verfügungsantrags zu erreichen oder zumindest vom Gericht vor der Entscheidung über den Antrag angehört zu werden.

Im Regelfall wird das Gericht eine bei ihm hinterlegte Schutzschrift nicht ignorieren und nach Eingang des Verfügungsantrags kurzfristig eine mündliche Verhandlung anberaumen.

Die einstweilige Verfügung hat den Nachteil, dass sie nur einen *vorläufigen Titel* schafft und den Rechtsstreit zwischen den Parteien nicht endgültig erledigt.

703

Um eine endgültige Erledigung zu erreichen, sollte der Antragsteller dem Antragsgegner ein so genanntes **Abschlussschreiben** übersenden. Zwar besteht keine Rechtspflicht zur Übermittlung eines Abschlussschreibens, doch riskiert der Antragsteller ansonsten die Auferlegung aller Kosten, wenn der Antragsgegner im Hauptprozess ein sofortiges Anerkenntnis abgibt (§ 93 ZPO).

In dem Abschlussschreiben wird der Antragsgegner aufgefordert, innerhalb einer angemessenen Frist unter Verzicht auf den Rechtsbehelf des Widerspruchs (§§ 936, 924 ZPO), das Recht zur Beantragung einer Fristsetzung zur **Hauptsacheklage** (§§ 936, 926 ZPO) sowie das Recht zur Stellung eines Aufhebungsantrags (§§ 936, 927 ZPO) die einstweilige Verfügung als endgültige Regelung anzuerkennen. Gibt der Antragsgegner die Erklärung ab, entfällt das Rechtsschutzinteresse für eine Hauptsacheklage (BGH, GRUR 91, 76 f. – Abschlusserklärung). Der Rechtsstreit ist damit endgültig erledigt.

Verweigert der Antragsgegner dagegen die Abgabe der Abschlusserklärung, ist der Antragsteller gehalten, Klage zur Hauptsache zu erheben, da durch das einstweilige Verfügungsverfahren nur eine Hemmung der Verjährung herbeigeführt wird (§ 204 Ziff. 9 BGB). Andernfalls läuft der Antragsteller Gefahr, dass der Antragsgegner nach dem Ablauf der sechsmonatigen Verjährungsfrist (§ 11 I UWG) einen Antrag gemäß §§ 936, 927 ZPO stellt und die Aufhebung der einstweiligen Verfügung durchsetzt.

Vgl. Formulare im Anhang.

9.4 Wettbewerbsverstöße im Internet

Internet ist kein juristischer Freiraum. Dort gelten die gleichen Wettbewerbsvorschriften wie in anderen Medien auch. Es ist grundsätzlich nicht anders zu bewerten, wenn ein deutsches Unternehmen im Internet gegen Wettbewerbsregeln verstößt, wie wenn es z.B. in einer deutschen Zeitschrift das gleiche UWG-Verbot nicht beachtet.

704

Allerdings waren für elektronische Informations- und Kommunikationsdienste spezielle Regeln erforderlich, die nunmehr durch das am 1.03.2007 in Kraft getretene Gesetz zur Vereinheitlichung von Vorschriften über bestimmte elektronische Informations- und Kommunikationsdienste zusammengefasst werden. Von zentraler Bedeutung ist dabei das Telemediengesetz (TMG), das das alte Teledienstegesetz abgelöst hat. Dessen Zweck bestand darin, einheitliche wirtschaftliche Rahmenbedingungen für die verschiedenen Nutzungsmöglichkeiten der elektronischen Informations- und Kommunikationsdienste zu schaffen.

Was den EU-Raum angeht, ist die E-Commerce-Richtlinie (ECRL) 2000/31/EG des Europäischen Parlamentes und des Rates vom 8.06.2000 maßgebend. Diese wurde im TMG in nationales Recht umgesetzt.

9.4.1 Haftung bei Wettbewerbsverstößen

705 Wenn ein deutscher Unternehmer im Internet mit einer Marketingmaßnahme gegen das UWG verstößt, ergibt sich die Frage: **Wer** ist hier verantwortlich?
- Zunächst ist es *dieser Unternehmer* selbst. Das ist selbstverständlich und ergibt sich aus der jeweiligen Verbotsvorschrift.
- Wie steht es aber mit dem *Diensteanbieter*, durch den diese gesetzwidrige Marketingmaßnahme durch Internet verbreitet wird. Ist dieser Provider für unzulässige **fremde Inhalte** verantwortlich?

Bei der Beantwortung dieser Frage ist differenziert vorzugehen.
- Der Diensteanbieter, der lediglich die Technik zu einem Internet-Zugang bereitstellt, ist nach § 8 I TMG für fremde Informationen grundsätzlich *nicht* verantwortlich. Dieser **Accessprovider** haftet nur dann nach allgemeinen zivil- und strafrechtlichen Vorschriften, wenn seine Tätigkeit über die automatisierte Zugangsvermittlung hinausgeht. Dies ist dann der Fall, wenn er die Übermittlung veranlasst, den Adressaten der übermittelten Information ausgewählt und die übermittelten Informationen ausgewählt oder verändert hat.
- Die Verantwortlichkeit des Diensteanbieters, der fremde Inhalte für Nutzer speichert, ist in §§ 7 bis 10 TMG geregelt. Danach haftet dieser **Hostprovider** nur dann, wenn er positive Kenntnis von der rechtswidrigen Handlung oder Information hat und ihm im Falle von Schadensersatzansprüchen Tatsachen und Umstände bekannt sind, aus denen die rechtswidrige Handlung oder die Information offensichtlich wird. § 10 I Ziff. 2 TMG normiert für den Hostprovider die Pflicht, eine sofortige Zugangssperre oder Löschung zu veranlassen, sobald er von der rechtswidrigen Handlung oder der Information Kenntnis erlangt.
- Diensteanbieter, die eine automatische, zeitlich begrenzte Zwischenspeicherung von Informationen ermöglichen, um die Datenübermittlung effizienter zu gestalten („**Caching**"), sind unter den Voraussetzungen des § 9 TMG ebenfalls nicht für fremde Inhalte verantwortlich.

Diensteanbieter i.S. der §§ 8 bis 10 TMG sind grundsätzlich nicht verpflichtet, die von ihnen übermittelten oder gespeicherten Informationen zu überwachen oder nach Umständen zu forschen, die auf eine rechtswidrige Tat hinweisen (§ 7 II 1 TMG).

Nur am Rande sei auf die Selbstverständlichkeit hingewiesen, dass der Diensteanbieter für **eigene Informationen**, die er zur Nutzung bereithält, nach den allgemeinen Gesetzen haftet (§ 7 I TMG).

9.4.2 Verfolgung von Wettbewerbsverstößen

Nach welchen Kollisionsregeln, wie und wo, können im Internet verbreitete UWG-Verstöße geahndet werden? Das sind hier die maßgeblichen Fragen. 706

Problematisch sind Rechtsverstöße via Internet auf Grund des Umstandes, der das Wesen von Internet ausmacht: die **Grenzüberschreitung**. Von jedem Land der Erde aus können Marketingmaßnahmen verbreitet und auch abgerufen werden. Verschiedenste Rechtsordnungen können also tangiert sein.

Maßgebend für uns ist das Internationale Privatrecht, das innerhalb der EU durch die **Rom II-Verordnung** vereinheitlicht worden ist. Die Verordnung ist am 11.09.2009 in Kraft getreten und gilt in allen Mitgliedstaaten mit Ausnahme Dänemarks.

Nach Art. 6 I Rom II-VO ist auf außervertragliche Schuldverhältnisse aus unlauterem Wettbewerbsverhalten das Recht des Staates anzuwenden, in dessen Gebiet die Wettbewerbsbeziehungen oder die kollektiven Interessen beeinträchtigt worden sind oder wahrscheinlich beeinträchtigt werden. Beeinträchtigt ein solches Verhalten dagegen nur die Interessen eines bestimmten Wettbewerbers (z.B. bei Sabotageakten gegen den Mitbewerber), greift die allgemeine Kollisionsnorm des Art. 4, wonach das Recht des Staates anwendbar ist, in dem der Schaden eintritt (Erfolgsort).

Bei Wettbewerbsverletzungen im Internet gilt somit im Grundsatz die **Marktortregel**. Maßgeblich für die Bestimmung des anwendbaren Rechts ist danach der Ort der *wettbewerblichen Interessenkollision* (BGHZ 35, 329 ff. – Kindersaugflaschen). Dies ist der Ort der spürbaren Einwirkung auf die Marktgegenseite, also jeder Ort, an dem die wettbewerbswidrige Internet-Werbung abrufbar ist.

Diese Prinzipien werden für den EU-Raum durch § 3 TMG modifiziert. Diese Vorschrift beruht auf § 3 II ECRL. Nach § 3 II TMG gilt das **Herkunftslandprinzip**. Danach dürfen *Teledienste*, die in Deutschland von Diensteanbietern geschäftsmäßig angeboten oder erbracht werden, die in einem anderen Staat der EU niedergelassen sind, *nicht eingeschränkt* werden. Das bedeutet, dass strengeres deutsches Recht eine bestimmte Werbung, die in einem EU-Staat dem dortigem Recht gemäß ins Netz gestellt wird, nicht weitergehend reglementieren darf. Ein Telemedienanbieter wird sich somit im Zweifel ein Niederlassungsland in der EU aussuchen, das ein möglichst geringes Schutzniveau aufweist.

In Art. 1 IV ECRL wird jedoch klar gestellt, dass hierdurch weder der internationale Gerichtsstand noch das Kollisionsrecht geregelt werden sollen. Das heißt, dass es bei der Marktortregel bleibt, dass also der ausländische Diensteanbieter vor einem deutschen Gericht nach deutschem Wettbewerbsrecht verklagt werden kann. Der EU-Ausländer könnte dann aber einwenden, dass das deutsche Recht ihn stärker reglementiere als das Recht seines Herkunftslandes, was ja nach § 3 II TMG eine Beschränkung des freien Dienstleistungsverkehrs von Telediensten wäre. Diese berechtigte Einwendung wäre jedoch nach § 3 V TMG unbeachtlich, wenn es sich bei den strengeren deutschen Normen um *Schutzvorschriften* handelt in Bezug auf

- die öffentliche Ordnung, speziell Straftaten, Ordnungswidrigkeiten, Jugendschutz, diskriminierende Hetze wegen Rasse, Geschlecht, Glauben oder Nationalität sowie die Verletzung der Menschenwürde betreffend,
- die öffentliche Sicherheit, insbesondere der Wahrung nationaler Sicherheits- und Verteidigungsinteressen,
- die öffentliche Gesundheit,
- die Interessen der Verbraucher, einschließlich des Schutzes der Anleger.

Weiterhin ist erforderlich, dass diese wichtigen Rechtsgüter ernsthaft und schwerwiegend in Gefahr sind und dass die strengere deutsche Regelung in einem angemessenen Verhältnis zu diesen Schutzzielen steht.

Sind diese Ausnahmekriterien alle erfüllt, kann sich der ausländische Telediensteanbieter aus einem EU-Land nicht auf das Herkunftslandprinzip des § 3 II TMG berufen. Vielmehr ist dann das strengere deutsche Recht anzuwenden.

Da die Vorschrift des § 3 V TMG auf Art. 3 IV ECRL beruht, ist sie durch den EuGH zu interpretieren.

Vgl. Fall 46.

9.5 Verjährung

Ansprüche aus dem UWG auf Unterlassung und Schadenersatz unterliegen einer kurzen Verjährung: 6 Monate (§ 11 UWG).

9.6 Entwurf einer UWG-Novellierung

707 Die Richtlinie 2005/29/EG hat das Recht auf dem Gebiet „unlauterer Geschäftspraktiken von Unternehmern gegenüber Verbrauchern" (B 2 C) auf europäischer Ebene weitgehend harmonisiert.

Diese sog. UGP-Richtlinie wurde bei uns national umgesetzt durch das „Erste Gesetz zur Änderung des Gesetzes gegen unlauteren Wettbewerb", das seit 30.12.2008 in Kraft ist, und von den Gerichten richtlinienkonform angewendet wurde. Dennoch „besteht", so der Gesetzesentwurf des Bundesministeriums der Justiz und für Verbraucherschutz, „bei einzelnen Punkten noch Klarstellungsbedarf gesetzessystematischer Art, um eine vollständige Rechtsangleichung im Gesetzeswortlaut zu erzielen". Daher wurde im September 2014 ein Referentenentwurf eines „Zweiten Gesetzes zur Änderung des Gesetzes gegen den unlauteren Wettbewerb" vorgelegt (Rz 241).

Schon diese Darlegungen zeigen, dass es hierbei nicht um gravierende inhaltliche Änderungen geht, sondern dass lediglich Klarstellungen gesetzessystematischer Art im Vordergrund stehen.

Im Folgenden seien die wichtigsten Änderungvorschläge kurz dargestellt:
- Die allgemeine Generalklausel des § 3 I UWG bekommt eine neue Struktur. Sie enthält nur noch die **Rechtsfolge** der Unlauterkeit: **Unzulässigkeit**. Das Spürbarkeitsmerkmal (Rz 375) entfällt.
- Das im UWG bedeutendste Merkmal **Unlauterkeit** ergibt sich *ausschließlich* aus den Spezialtatbeständen der §§ 4, 4a, 5 und 6 UWG oder aus den Generalklauseln der Absätze 2 (Bereich B 2 C) oder 4 (Bereich B 2 B) von § 3 UWG.
- § 4a UWG wird – dem Wortlaut der UGP-Richtlinien entsprechend – neu eingefügt. Gegenstand dieser Vorschrift sind die aggressiven geschäftlichen Handlungen, d.h. diejenigen, die geeignet sind, die Entscheidungsfreiheit wesentlich zu beeinflussen, insbesondere durch Druck, Nötigung oder Ausnutzung einer Machtposition. Diese Regelungen gelten für alle Bereiche, also sowohl im Verhältnis Unternehmer – Verbraucher (B 2 C) als auch in dem von Unternehmer – Unternehmer (B 2 B). Die Neuregelungen nach § 4 a UWG beziehen sich, wie wir sofort erkennen, auf die Bereiche, die § 4 Ziff. 1 und 2 UWG betreffen. Daher sollen diese beiden Ziffern entfallen.
- § 5a UWG, Irreführung durch Unterlassen, wird neu gefasst. Wesentliche inhaltliche Änderungen ergeben sich nicht.

Ziehen wir aus den vorgesehenen Änderungen ein kurzes Fazit: Substanzielle Änderungen sind nicht zu erwarten.

8. Abschnitt
Internationale und europäische Aspekte

1. Allgemeines

708 Das internationale Urheberrecht und der internationale Gewerbliche Rechtsschutz weisen zwar Parallelen auf, beruhen jedoch auf verschiedenen Rechtsgrundlagen. Daher wollen wir beide getrennt betrachten.

2. Zum internationalen und europäischen Gewerblichen Rechtsschutz

709 Vorab ist folgende wichtige Feststellung zu treffen, die für das Verständnis dieses Kapitels von grundlegender Bedeutung ist: Der nationale Gewerbliche Rechtsschutz gilt nur in **territorialer Begrenzung**, d.h. er ist nur in dem Staat wirksam, in dem er erteilt wird.

> *Beispiel:* Ein Patent, das in Frankreich erteilt wurde, gilt nur dort. In Schweden z.B. zeitigt es keinerlei Rechtswirkungen. Das ist uns wohl ganz schnell verständlich, denken wir doch nur an die Grenzen der Souveränität eines Staates, an die Schranken seiner Herrschafts- und Regelungsgewalt.

710 Auf Grund der Globalisierung, der engen Verflechtungen der Märkte der einzelnen Staaten, insbesondere unter dem Aspekt des gemeinsamen Marktes im Rahmen der EU, besteht oft ein starkes Bedürfnis, die gewerblichen Schutzrechte über die einzelnen Staatsgrenzen hinaus auszudehnen. Diesem Zweck dient der internationale und europäische Gewerbliche Rechtsschutz. Im Vordergrund stehen hier wichtige völkerrechtliche Verträge.

2.1 Pariser Verbandsübereinkunft

711 Ausgangspunkt dieser Verträge ist die bedeutende **Pariser Verbandsübereinkunft zum Schutz des gewerblichen Eigentums** (= PVÜ) von 1883. Ihr gehören rund 180 Staaten an, darunter auch Deutschland seit 1903. Die PVÜ wurde durch zahlreiche Nebenabkommen ergänzt, deren Mitgliederzahlen schwanken.

Die Mitgliedsstaaten bilden einen „Verband zum Schutz des gewerblichen Eigentums" (Art. 1 I PVÜ). Er hat zum Gegenstand: „die Erfindungspatente, die Gebrauchsmuster, die gewerblichen Muster oder Modelle (= unsere eingetragenen Designs), Fabrik- oder Handelsmarken, Dienstleistungsmarken, den Handelsnamen und die Herkunftsangaben oder Ursprungsbezeichnungen sowie die Unterdrückung des unlauteren Wettbewerbs" (Art. 1 II PVÜ). Wir sehen also, die PVÜ umfasst unseren Gewerblichen Rechtsschutz.

Die PVÜ schafft kein einheitliches Recht des Gewerblichen Rechtsschutzes für alle Mitgliedsstaaten. Sie legt vielmehr fest, dass in allen Verbandsstaaten die Angehörigen von Mitgliedsstaaten wie eigene Staatsangehörige behandelt werden **(Inländerbehandlung = Assimilation)**. „Sie haben den gleichen Schutz wie diese und die gleichen Rechtsbehelfe gegen jeden Eingriff in ihre Rechte" (Art. 2 I PVÜ). Hierin liegt die Hauptbedeutung der PVÜ. 712

Beispiel: Ein Deutscher meldet in Ägypten ein Patent an. Dort wird er behandelt wie ein Inländer (Assimilationsprinzip). Sein Patentantrag wird also nach ägyptischem Patentrecht geprüft und beschieden. Dabei ist es durchaus denkbar, dass das Patent in Ägypten erteilt wird, während es bei uns versagt wird (oder umgekehrt). Auch Inhalt, Umfang, Rechtswirkungen und Dauer seines Patents richten sich dort nach ägyptischem Recht.

Für **Marken** gibt Art. 6 quinquies A. I PVÜ eine äußerst bedeutsame Erleichterung: 713

„Jede im Ursprungsland vorschriftsmäßig eingetragene Fabrik- oder Handelsmarke soll **so, wie sie ist**, unter den nachstehenden Vorbehalten, in den anderen Verbandsländern zur Hinterlegung zugelassen und geschützt werden". Es erfolgt also keine Einzelprüfung der Marke nach den jeweils eigenen Gesetzen, sondern sie wird übernommen, so wie sie ist = telle-quelle. Man spricht hier von **Telle-quelle-Schutz** der Marken. Nach Buchstabe B dieses Art. darf dieser Schutz nur in ganz bestimmten Fällen verweigert werden.

Die Verbandsangehörigen genießen für technische Schutzrechte 12 Monate, für die übrigen Sonderschutzrechte 6 Monate **Priorität** in der Weise, dass für die Anmeldung im fremden Staat der Zeitpunkt der Anmeldung im Heimatstaat entscheidend ist (Art. 4 A. I, C. I PVÜ). 714

Beispiel: Ein Deutscher meldet beim DPMA in München am 2.1. ein Patent an, das später auch erteilt wird. Am 1.7. meldet ein Ägypter den gleichen Gegenstand zum Patent in Ägypten an. Am 1.10., also innerhalb des Prioritätsjahres, meldet der Deutsche sein Patent in Ägypten an unter Inanspruchnahme des deutschen Hinterlegungsdatums. Der Deutsche genießt Prioritätsrecht nach Art. 4 PVÜ in Ägypten, obwohl *dort* der Ägypter zuerst angemeldet hat.

Vgl. Fall 52.

2.2 Madrider Markenabkommen

Durch das **Madrider Markenabkommen** (= MMA) von 1891 wurde, über den Tellequelle-Schutz der Marken nach Art. 6 PVÜ hinaus, eine wesentliche Erleichterung durch internationale Registrierung geschaffen. Es geht hier um die **IR-Marken** (vgl. Rz 291). 715

Das MMA ist ein bedeutsamer völkerrechtlicher Vertrag, in dem rund 80 Staaten einen „besonderen Verband für die internationale Registrierung von Marken" bilden. Deutschland gehört diesem MMA seit Jahrzehnten an; die USA sind erst nach langem Zögern im Jahr 2003 beigetreten.

Da auch die EG seit 1.10.2004 MMA-Mitglied ist, wird zwischen dem EG-Gemeinschaftsmarkensystem (Rz 724 ff.) und dem internationalen MMA-System eine wichtige Verbindung geschaffen: Durch *einen* Antrag kann der Anmelder einer Gemeinschaftsmarke internationale Registrierung in allen MMA-Staaten erlangen, auf die sich der Schutz erstrecken soll – ein bedeutsamer Schritt hin zu einer „Weltmarke".

716 Verfahrensvorschriften für die Umsetzung von MMA bei uns enthalten die §§ 107 ff. MarkenG.

Im Einzelnen gilt: Es ist nicht erforderlich, dass man seine Marke in allen Staaten, in denen man Schutz begehrt, einzeln anmeldet. Das MMA schafft vielmehr den Vorteil, dass durch **eine einzige Registrierung beim Internationalen Büro der WIPO** (vgl. Rz 746) in Genf der Marke in allen gewünschten Verbandsländern Telle-quelle-Schutz zukommt.

Die Schutzdauer beträgt 20 Jahre; sie kann verlängert werden (Art. 6 MMA).

716 Hieraus ergibt sich für die internationale Registrierung einer deutschen Marke folgender Weg:
(1) Eintragung der Marke beim DPMA in München, evtl. beschleunigt nach § 38 MarkenG.
(2) Antrag beim DPMA auf internationale Registrierung, unter Benennung der einzelnen Länder, auf die sich die internationale Registrierung erstrecken soll (§ 108 MarkenG).
(3) Dieser Antrag wird von dort an das Internationale Büro in Genf weitergeleitet.
(4) In Genf wird die Marke ohne Prüfung international registriert und in dem Blatt „Les Marques internationales" veröffentlicht. Damit ist der Telle-quelle-Schutz grundsätzlich erreicht.
(5) Das Internationale Büro informiert die einschlägigen nationalen Behörden der Drittstaaten, in denen der IR-Markenschutz begehrt wird.
(6) Bei jenen wird die international registrierte Marke in gleicher Weise geprüft wie eine dort national angemeldete Marke, insbesondere also auf absolute und relative Schutzhindernisse. Kommt eine nationale Behörde dabei zum Ergebnis, dass die IR-Marke nationalen Vorschriften widerspricht, so wird ihr der Schutz verweigert.
(7) Erfolgt keine Schutzverweigerung, so hat die IR-Marke die gleiche Wirkung wie eine im jeweiligen Drittstaat national erteilte Marke.

Vgl. Fall 52.

2.3 Haager Abkommen

717 Das Haager Designabkommen (HMA) über die internationale Hinterlegung gewerblicher Muster und Modelle, das sind unsere eingetragenen Designs, ist ein völkerrechtlicher Vertag vom 6.11.1925, dem Deutschland 1928 beigetreten ist. Das HMA wurde 2003 durch die Genfer Fassung novelliert und trägt nunmehr den Titel **Haager Abkommen über die internationale Eintragung gewerblicher Muster oder Modelle**. Dieser Neufassung trat Deutschland 2010 bei. Diesem völkerrechtlichen Vertrag gehören derzeit rund 60 Verbandsländer an.

Grundlage des HMA ist die PVÜ (Rz 711 ff.) betreffend gewerblicher Muster oder Modelle, deren Bestimmungen jede Vertragspartei einzuhalten hat (Art. II, 2 HMA).

Dieses Abkommen bringt für den Schutz von Designs durch Eintragung beim Internationalen Büro in Genf (Rz 746) große Erleichterungen.

Jeder Angehörige eines Staates, der Vertragspartei des HMA ist, ist berechtigt, eine internationale Anmeldung einzureichen (Art. 3 HMA), sei es beim internationalen Büro direkt oder bei der zuständigen nationalen Behörde (Art. 4 I HMA).

Entspricht die Anmeldung den geforderten Kriterien (Art. 5 HMA), so trägt das Internationale Büro jedes angemeldete Muster oder Modell in das internationale Register ein (Art. 10 I HMA) und veröffentlicht es nach sechs Monaten (Art. 10 III HMA) im „International Designs Bulletin" auf der Webseite des Internationalen Büros.

Die Wirkungen der internationalen Eintragung ergeben sich aus Art. 14 I HMA. Danach hat die internationale Eintragung bei jeder benannten Vertragspartei mindestens dieselbe Wirkung wie ein nach dem Recht dieses Vertragsstaates ordnungsgemäß eingereichter Antrag auf Schutzerteilung.

Die internationale Eintragung gilt zunächst für 5 Jahre, gerechnet ab Datum der Eintragung (Art. 17 I HMA) und kann um weitere Zeiträume von 5 Jahren erneuert werden bis zur maximalen Schutzdauer bei den jeweiligen Vertragsstaaten (Art. 17 III HMA). Die jeweiligen Erneuerungen werden im internationalen Register eingetragen und veröffentlicht (Art. 17 V HMA).

Da die internationale Eintragung in den jeweiligen Vertragsstaaten dieselben Rechtswirkungen zeitigt wie ein nach dem nationalen Recht dieser Vertragsparteien den gewerblichen Muster oder Modellen gewährter Schutz (Art. 14 II a HMA), gilt für die internationale Eintragung z.B. auch bei uns die wichtige Vorschrift des § 39 DesignG: Zugunsten des Rechtsinhabers wird die Rechtsgültigkeit seines eingetragenen Designs *vermutet*.

Im Jahre 1999 ist die EG als zwischenstaatliche Organisation dem HMA beigetreten. Das hat die große praktische Bedeutung, dass jede internationale Eintragung, in der die EG benannt ist, dieselbe Wirkung hat als wäre die Eintragung als Gemeinschaftsgeschmacksmuster beim HABM (vgl. Rz 732) erfolgt.

2.4 Multilaterale Patentabkommen

Seit vielen Jahren liefen multilaterale Verhandlungen mit dem Ziel, über die Ansatzpunkte der PVÜ hinausgehende Gemeinsamkeiten auf dem Gebiet des **Patentwesens** zu erreichen.

Ausgangspunkt aller diesbezüglichen Überlegungen war der missliche Umstand, dass ein Erfinder sein Patent bei allen Staaten, in denen er Patentschutz begehrte, in der jeweiligen Landessprache separat anmelden und nach den dort jeweils geltenden

– voneinander abweichenden – Vorschriften prüfen lassen musste. Dieses komplizierte und aufwändige Verfahren sollte gemeinschaftlich vereinfacht werden.

Darüber hinaus wollte man das materielle Patentrecht, also etwa Vorschriften über Inhalt, Umfang, Wirkung, Übertragung und Dauer der Patente, vereinheitlichen, dies insbesondere in den EG-Mitgliedsstaaten (Rz 723).

719 Ein erster Schritt in Richtung eines **einheitlichen Anmeldeverfahrens** und der Neuheitsrecherche wurde vollzogen durch den „Vertrag über die internationale Zusammenarbeit auf dem Gebiet des Patentwesens" **(Patent Cooperation Treaty = PCT)**, unterzeichnet am 19.06.1970 durch 20 Staaten. Darunter befanden sich u.a. die EG-Länder sowie Japan, USA und Russland. Die Zahl der PCT-Mitglieder hat sich zwischenzeitlich mehr als versiebenfacht. In der Bundesrepublik Deutschland trat PCT am 24.01.1978 in Kraft. Die bedeutsamsten Aspekte zu PCT:

PCT schafft die Möglichkeit, mit **einer einzigen** internationalen Anmeldung die Wirkung einer nationalen Anmeldung in **allen** im Antrag angegebenen PCT-Vertragsstaaten, den sog. Bestimmungsstaaten, zu erreichen; dazu kommen Vereinfachungen auf dem Gebiet der internationalen Recherche.

Die internationale Anmeldung wird zentral behandelt. In dieser „internationalen Phase" erfolgen Formalprüfung, Erstellung des internationalen Rechercheberichts und Veröffentlichung der Anmeldung.

Für einen deutschen Patentanmelder bedeutet dies praktisch: Er meldet sein Patent beim Deutschen Patentamt oder beim Europäischen Patentamt in deutscher Sprache international an und bezeichnet dabei die PCT-Bestimmungsstaaten, in denen er Schutz begehrt. Die **Internationale Recherchenbehörde** – für die beim DPMA eingegangenen PCT-Anmeldungen ist dies das Europäische Parlament – führt die internationale Recherche durch. Diese Recherche dient der Ermittlung des für die Anmeldung einschlägigen Standes der Technik. Die Internationale Recherchebehörde erstellt den internationalen Recherchenbericht. Dieser enthält die Klassifikation der Erfindung und die Angabe der einschlägigen Druckschriften. Gleichzeitig mit diesem Recherchenbericht erstellt diese Behörde einen schriftlichen Bescheid, die „written opinion" des Recherchenprüfers, der dazu Stellung nimmt, ob die materiellen Voraussetzungen der Neuheit, erfinderischen Tätigkeit und gewerblichen Anwendbarkeit für die beanspruchte Erfindung vorzuliegen scheinen. Das Internationale Büro der WIPO (vgl. Rz 746) in Genf veröffentlicht 18 Monate nach dem Prioritätszeitpunkt die internationale Anmeldung.

Vor Ablauf von 3 Monaten nach Erstellung des internationalen Rechercheberichts oder 22 Monaten ab Prioritätsdatum *kann* Antrag auf internationale vorläufige Prüfung gestellt werden, ein besonders Verfahren, das mit einem vorläufigen und nicht bindenden Gutachten über das Vorliegen der materiellen Patentkriterien endet. Dies geschieht, wenn die internationale Anmeldung beim DPMA erfolgte, durch das Europäische Patentamt.

Mit dem Recherchenbericht nebst „written opinion" des Recherchenprüfers bzw. dem unverbindlichen Gutachten auf Grund der speziell beantragten internationalen vorläufigen Prüfung ist die „internationale Phase" nach PCT abgeschlossen.

Innerhalb von 30 Monaten nach Prioritätsdatum hat der Anmelder bei den zuständigen Behörden des jeweiligen Bestimmungsstaates die „nationale Phase" einzuleiten. Die endgültigen Patentprüfungs- und Erteilungsverfahren erfolgen dann – wie bisher – durch die jeweiligen nationalen Patentbehörden auf Grund der jeweiligen nationalen Vorschriften und werden durch PCT nicht berührt.

Ein weiterer bedeutsamer Schritt vollzog sich in Bezug auf ein **einheitliches Patenterteilungssystem** (also über die bloße einheitliche internationale Anmeldung und Recherchierung nach dem PCT weit hinausgehend). Es unterzeichneten am 5.10.1973 14 europäische Staaten das **Europäische Patentübereinkommen** (= EPÜ) in München, weshalb es oft auch Münchener Übereinkommen genannt wird. Unter den Signatarstaaten befand sich auch die Bundesrepublik Deutschland. Bei uns ist das EPÜ seit 1979 in Kraft. Der Europäischen Patentorganisation (EPO) gehören derzeit 38 Staaten an. Hinzu treten 2 Staaten, die mit der EPO assoziiert sind, die sog. Erstreckungsstaaten. 720

Im Mittelpunkt der EPO steht das Europäische Patentamt (EPA) mit Sitz in München, das für die Erteilung der europäischen Patente zuständig ist. Daneben ist das EPA Anmeldeamt und mit der vorläufigen Prüfung beauftragte Behörde nach PCT (RZ 719).

Europäische Patente können nicht nur von Staatsangehörigen der genannten Mitgliedsländer angemeldet werden, sondern auch von solchen aus allen anderen Ländern der Welt. Die meisten Anmeldungen beim EPA in München kommen aus USA.

Europäische Patente erfreuen sich weltweit großer Beliebtheit. Nur eine Zahl mag dies belegen: Im Jahre 2013 wurden mehr als 265 000 europäische Patentanmeldungen beim EPA eingereicht.

Zusammenfassend kann festgestellt werden, dass sich heute wesentliche Erleichterungen ergeben. Einem deutschen Erfinder stehen für seine Patentanmeldung in Bezug auf Deutschland und sonstige PCT-/EPÜ-Länder verschiedene Wege offen. Einer europäischen bzw. internationalen (PCT) Anmeldung wird recht häufig eine nationale vorgeschaltet, also eine solche beim DPMA in München. 721

Betrachten wir das Patentwesen in der Gesamtschau: 721a

Weltweit bestehen Millionen von Patenten. Dazu werden jährlich immense Zahlen von Erfindungen neu zu Patenten angemeldet.

Anmelder von gleichen Anmeldegegenständen müssen sich in verschiedenen Staaten auf die unterschiedlichen Patentsysteme und jeweiligen nationalen Besonderheiten einstellen, eine missliche Lage.

Dass angesichts dieser Situation *weltweite* Harmonisierung auf dem Gebiet des Patentwesens anzustreben ist, liegt theoretisch gesehen auf der Hand, ist de facto jedoch ein steiniger Weg – zu groß sind oft stark divergierend nationale Eigeninteressen.

Völkerrechtliche Verträge haben bereits gewisse Fortschritte gebracht, vor allem im *formellen* Recht, im Bereich der Patentanmeldungen. Wir denken hier an die PVÜ (Rz 711), den PCT (Rz 719), die EPÜ (Rz 720), auch an TRIPS (Rz 747).

Aber auch im *materiellen* Patentrecht werden Schritte unternommen: Zunächst im Rahmen der EU das Gemeinschaftspatent, das endlich in greifbarer Nähe ist (Rz 723). Weitere Bestrebungen in Bezug auf internationale Harmonisierung erfolgen etwa in der „Tegernsee-Gruppe", der die Leiter der Patentämter der wichtigsten Industriestaaten sowie das EPA angehören. Weniger Gerechtigkeits- als Zweckmäßigkeitsaspekte stehen hier im Vordergrund. Erste Ergebnisse zeigen, dass bei einer Harmonisierung des materiellen Patentrechts die Gebiete Neuheitsschonfrist (Rz 129) und Vorbenutzungsrecht (Rz 159) zu priorisieren sind.

Weitere Ansätze internationaler Zusammenarbeit sind vorhanden.

Auch zwischen einzelnen Staaten und Organisationen erfolgt ein Austausch in verschiedener Tiefe, von den Bereichen Ausbildung über Patentinformationen bis hin zu Kooperations- und Erstreckungsabkommen. Wichtige Antriebskräfte sind hier WIPO (Rz 746) und EPA.

Das – sehr schwer zu erreichende – Ziel ist der Aufbau eines globalen Patentsystems.

2.5 Sonderrechtsschutz im Rahmen der EU

722 Rechtsharmonisierung ist ein wichtiges Ziel im Rahmen der EU. Eine Konsequenz hieraus ist es, auf den Gebieten des Patent-, Marken- und Designschutzes Gemeinschaftsrechte schaffen. Die Entwicklung bei den einzelnen Schutzrechten vollzog/vollzieht sich in verschiedenen Stadien.

Bei diesen Gemeinschaftsrechten geht es – und das sei bereits vorweg besonders betont – nicht nur um eine Harmonisierung in Bezug auf die Entstehung, d.h. die Rechtserteilung, wie bei PCT und EPA, sondern vor allem in Bezug auf die materielle Seite, also insbesondere auf *Schutzwirkungen* und *Schutzdauer*.

2.5.1 Gemeinschaftspatente

723 Über PCT und EPÜ hinausgehend, war es Ziel der Mitgliedsstaaten des Gemeinsamen Marktes, ein für alle geltendes einheitliches Patent mit gleicher Schutzwirkung zu schaffen. So wurde am 15.12.1975 in Luxemburg durch die EG-Mitgliedsstaaten ein EG-Patentabkommen geschlossen, das **Gemeinschaftspatentübereinkommen** (= GPÜ), auch Luxemburger Übereinkommen genannt. Durch dieses wird das vom **Europäischen** Patentamt in München erteilte **Europäische Patent** für den gesamten Bereich des Gemeinsamen Marktes zu einem **Gemeinschaftspatent** zusammengefasst. Dieses Community patent gilt als einheitliches Patent, das im Hoheitsgebiet aller Mitgliedsstaaten die gleiche Wirkung hat, und nur für das Gebiet aller Mitgliedsstaaten erteilt, übertragen, für nichtig erklärt werden und erlöschen kann. Es ist ein autonomes, von den nationalen Vorschriften der Mitgliedsstaaten unabhängiges Recht.

Das Gemeinschaftsrecht, das bei Marken und Designs längst gelungen ist, konnte bei den Patenten bisher nicht realisiert werden. Das äußerst sinnvoll konzipierte Gemeinschaftspatent war jahrzehntelang politisch umkämpft, die nationalen Interessen waren – insbesondere aus wirtschaftlichen Aspekten – zu divergierend. Mal schien eine politische Einigung in Sicht, mal schien das Europäische Gemeinschaftspatent zum Scheitern verurteilt. In jeder der Vorauflagen dieses Grundrisses musste eine neue – andere – „Wasserstandsmeldung" abgegeben werden.

Endlich wird nun das Europäische Gemeinschaftspatent realisiert. Das Europäische Parlament und der Rat der EU haben grünes Licht gegeben, die Ratifizierung durch die 25 involvierten EU-Staaten – außer Italien und Spanien – steht an.

Die Hauptstreitpunkte sind beseitigt: Was die *Sprachregelung* angeht, so kann das Gemeinschaftspatent in jeder EU-Sprache eingereicht, muss später aber zumindest auf Englisch, Französisch, Deutsch übersetzt werden. Für Rechtstreitigkeiten, die das EU-Patent betreffen, ist das einheitliche *Europäische Patentgericht* zuständig, das seinen Sitz in *Paris* haben wird, mit Außenstellen in München und London.

Die amtliche Bezeichnung dieses Gemeinschaftspatents: **„Europäisches Patent mit einheitlicher Wirkung"**. Es regelt Entstehung, Inhalt, Umfang, Rechtswirkungen, Übertragung, Dauer und Durchsetzung.

Für die *Erteilung* dieses Gemeinschaftspatents, also für dessen Entstehung, ist das Europäische Patentamt in München zuständig.

Die nationalen Patentschutzsysteme werden durch das Europäische Patent mit einheitlicher Wirkung nicht tangiert (Koexistenz der nationalen Patentschutzsysteme und des europäischen Patentschutzsystems).

2.5.2 Gemeinschaftsmarken

Die ersten Schritte des EU-Gemeinschaftsrechts auf dem Gebiet der Sonderschutzrechte des Gewerblichen Rechtsschutzes waren beim Markenrecht unternommen worden. Die GemeinschaftsmarkenVO (GMVO) (EG) Nr. 40/94 vom 20.12.1993 schuf die Rechtsgrundlage für eine europäische Gemeinschaftsmarke. Durch ein einziges Eintragungsverfahren kann für das gesamte Gebiet der EU Markenschutz erlangt werden. Zuständig ist das Harmonisierungsamt für den Binnenmarkt (Marken, Design und Modelle) in Alicante/Spanien (HABM = Amt). Dieses nahm im Jahr 1996 seine Arbeit auf. **724**

Inhaber von Gemeinschaftsmarken können alle natürlichen oder juristischen Personen sein, einschließlich Körperschaften des öffentlichen Rechts (Art. 5 GMVO), also nicht nur Angehörige der EU-Staaten. **725**

Die Gemeinschaftsmarke erfreut sich großer Beliebtheit, wie nur eine Zahl belegen mag: Beim HABM werden jedes Jahr rund 100 000 Gemeinschaftsmarken neu eingetragen.

726 Die Gemeinschaftsmarke ist **einheitlich**. Sie hat einheitliche Wirkung für die gesamte Gemeinschaft und kann nur für das gesamte Gemeinschaftsgebiet eingetragen werden (Art. 1 II GMVO).

Die Gemeinschaftsmarke ist gemeinschaftlich nicht nur in Beziehung auf ihre Entstehung, sondern auch in Bezug auf Inhalt, Umfang, Rechtswirkungen, Übertragung, Dauer und Durchsetzung.

727 Von Deutschen kann die Gemeinschaftsmarke nicht nur beim HABM angemeldet werden, sondern auch beim DPMA in München (Art. 25 I GMVO).

728 Die Rechtsvorschriften über Entstehung, Wirkung und Dauer der Gemeinschaftsmarke sind mit denen der deutschen Marke häufig identisch, zumindest sehr ähnlich. Verwunderlich ist dies nicht, da das deutsche Markenrecht auf EG-Recht beruht. Einige markante Beispiele für diese Identität bzw. Ähnlichkeit:
- Deutsche Marke und Gemeinschaftsmarke sind *Unterscheidungszeichen* (vgl. Rz 231 ff.): § 3 MarkenG – Art. 4 GMVO.
- Gegenstand beider Marken können *alle Zeichen* sein, die sich grafisch darstellen lassen (vgl. Rz 241): §§ 3, 8 I MarkenG, Art. 4 GMVO).
- Zwingende Prüfung *absoluter Eintragungshindernisse* (vgl. Rz 252 ff.): § 8 MarkenG – Art. 7 GMVO.
- Berücksichtigung relativer *Eintragungshindernisse bei Widerspruch* (vgl. Rz 265 ff.): §§ 9, 42 MarkenG – Art. 8 GMVO.
- Deutsche Marke und Gemeinschaftsmarke sind **Ausschließlichkeitsrechte** (vgl. Rz 233): § 14 I MarkenG – Art. 9 I GMVO.
- Beide Marken haben **gleiche Rechtswirkungen** (vgl. Rz 295 ff.): § 14 II MarkenG – Art. 9 GMVO.
- Die Schutzdauer beider beträgt **10 Jahre** mit jeweils entsprechender Verlängerungsmöglichkeit (vgl. Rz 306): § 47 MarkenG – Art. 46 f. GMVO.
- Nationale Kollektivmarken (§§ 97 ff. MarkenG) – Gemeinschaftskollektivmarken (Art. 64 GMVO).

729 Allerdings weisen die nationale deutsche Marke und die Gemeinschaftsmarke auch einige signifikante Unterschiede auf, z.B.:
- Bei der eingetragenen deutschen Marke erfolgt nach §§ 41, 42 MarkenG das Widerspruchsverfahren erst nach der Eintragung ins Markenregister (vgl. Rz 289). Bei der Gemeinschaftsmarke hingegen ist der Widerspruch der Eintragung vorgeschaltet (Art. 42 ff. GMVO).
- Nach deutschem Markenrecht gibt es nach § 4 MarkenG drei Markenkategorien zur Erlangung des Markenschutzes (vgl. Rz 236 ff.). Die Gemeinschaftsmarke wird allein durch Eintragung erworben (Art. 6 GMVO).

730 Das Gemeinschaftsmarkenrecht ersetzt die nationalen Markenrechte nicht, sondern tritt neben sie. Einzelstaatliche nationale Marken können also neben Gemeinschaftsmarken bestehen (Grundsatz der Koexistenz der beiden Markensysteme).

731 Die GemeinschaftsmarkenVO schafft nicht nur Vereinfachungen und Vereinheitlichung im Anmeldeverfahren und in materieller Hinsicht, sondern auch bei der Rechtsdurch-

setzung unter dem Aspekt der Prozessökonomie: Werden Verletzungsklagen zwischen den selben Parteien wegen derselben Handlungen bei Gerichten verschiedener Mitgliedstaaten anhängig gemacht, zum einen gestützt auf eine nationale Marke, zum anderen auf die gleiche Gemeinschaftsmarke, so hat das später angerufene Gericht – unter jeweils bestimmten Voraussetzungen – sich für unzuständig zu erklären bzw. das Verfahren auszusetzen (Art. 105 I GMVO).

Vgl. Fälle 52, 53.

2.5.3 Gemeinschaftsgeschmacksmuster

Nach dem Gemeinschaftsmarkenrecht ist das EU-Gemeinschaftsgeschmacksmuster (dieses trägt heute noch diesen Namen, während das deutsche Geschmacksmuster, wie wir wissen, in Design umbenannt wurde) geschaffen worden. Grundlage hierfür war die VO Nr. 6/2002 des Rates vom 12.12. 2002. Diese verfolgt die gleichen Grundprinzipien wie das Gemeinschaftsmarkenrecht (vgl. Rz 724 ff.), weshalb sich hier einige Vergleiche anbieten: 732

Ein **einheitliches System für die Erlangung**, ein **einheitlicher Schutz** mit **einheitlicher Wirkung** (vgl. Erwägungsgründe (1) der VO) ist die Leitschnur sowohl für das Gemeinschaftsgeschmacksmuster wie für die Gemeinschaftsmarke.

Auch für das Gemeinschaftsgeschmacksmuster ist das Harmonisierungsamt für den Binnenmarkt (HABM) zuständig.

Das Gemeinschaftsgeschmacksmuster ist ausgesprochen beliebt, was sich durch nur eine Zahl belegen lässt: Beim HABM werden jährlich etwa 80 000 Gemeinschaftsgeschmacksmuster neu eingetragen.

Auch das Gemeinschaftsgeschmacksmuster ersetzt die national eingetragenen Designs nicht, sondern tritt neben sie (Grundsatz der Koexistenz).

Auch das Gemeinschaftsgeschmacksmuster gewährt seinem Inhaber ein Ausschließlichkeitsrecht.

Auch das Gemeinschaftsgeschmacksmuster kann außer beim HABM beim DPMA angemeldet werden.

Die Vorschriften über Entstehung, Wirkung und Dauer des Gemeinschaftsgeschmacksmusters sind häufig mit den deutschen Regelungen identisch, zumindest recht ähnlich. Das verwundert uns sicherlich auch hier nicht, da auch unser Designrecht auf EU-Recht beruht. Einige Beispiele für diesen Gleichklang: 733
– Die **Schutzvoraussetzungen** von Gemeinschaftsgeschmacksmuster und deutschem eingetragenen Design sind identisch, nämlich Neuheit und Eigenart
 (Art. 4-6 GGVO – § 2 DesignG).
– Die **Schutzausschließungsgründe** sind die gleichen
 (Art. 8, 9 GGVO – § 3 DesignG).

- **Anmeldung, Eintragung** ins Register und **Bekanntmachung** sind gleich
  (Art. 36 ff., 45 ff., 49 GGVO – §§ 11, 19 II, 20 DesignG).
- In beiden Fällen erfolgt **keine materielle Prüfung**
  (Art. 45 GGVO – § 19 II DesignG).
- Es bestehen die **gleichen Rechtswirkungen**
  (Art. 19 GGVO – § 38 DesignG).
- Die **Erschöpfung** ist in gleicher Weise geregelt
  (Art. 21 GGVO – § 48 DesignG).
- Die **Schutzdauer** beträgt in beiden Fällen höchstens 25 Jahre
  (Art. 12 GGVO – § 27 II DesignG).

734 Es gibt aber auch einige signifikante Unterschiede zwischen dem Gemeinschaftsrecht und dem nationalen deutschen Designrecht. Der für die Praxis bedeutsamste sei hier erwähnt:

Das Gemeinschaftsgeschmacksmuster beinhaltet **zwei Schutzformen**: das eingetragene und das nicht eingetragene (vgl. Rz 213d). Das Letztere – mit einer Schutzdauer von nur drei Jahren (Art. 11 I GGVO) – soll Wirtschaftszweigen dienen, die Designs für Erzeugnisse hervorbringen, die häufig nur eine kurze Lebensdauer auf dem Markt haben und denen Schutz ohne Anmeldeformalitäten gewährt werden soll. Der Schutz des nicht eingetragenen Gemeinschaftsgeschmacksmusters beginnt mit dem Tag, an dem es der Öffentlichkeit innerhalb der Gemeinschaft erstmals zugänglich gemacht wurde (Art. 11 I GGVO). Dies ist dann der Fall, wenn es in solcher Weise bekannt gemacht, ausgestellt, im Verkehr verwendet oder auf sonstige Weise offenbart wurde, dass dies den in der Gemeinschaft tätigen Fachkreisen im normalen Geschäftsverlauf bekannt sein konnte (Art. 11 II GGVO). Das nicht eingetragene Gemeinschaftsgeschmacksmuster ist kein Ausschließlichkeitsrecht, sondern gibt seinem Inhaber lediglich dann ein Verbietungsrecht, wenn die beanstandete Benutzung das Ergebnis einer *Nachahmung* des geschützten Musters ist (Art. 19 II GGVO). – Unser deutsches Designrecht hat dieses Rechtsinstitut des nicht eingetragenen Geschmacksmusters nicht aufgenommen.

735 Zum Schluss noch einige Aspekte zur Rechtsdurchsetzung:

Jeder Mitgliedstaat der EU hat für sein Gebiet Gerichte erster und zweiter Instanz zu benennen, die für Gemeinschaftsgeschmacksmusterklagen ausschließlich zuständig sind (Art. 80, 81 GGVO). Diese nationalen **Gemeinschaftsgeschmacksmustergerichte** haben die Vorschriften der Gemeinschaftsgeschmacksmusterverordnung anzuwenden (Art. 88 I GGVO).

Aus Gründen der Prozessökonomie soll das „forum shopping" weitmöglichst verhindert werden. Hier geht es darum, dass zwischen *denselben* Parteien wegen *derselben Handlung* in verschiedenen EU-Staaten Klagen erhoben werden, bei denen beim einen Gericht Verletzung eines Gemeinschaftsgeschmacksmusters, beim anderen Verletzung eines national eingetragenen Designs geltend gemacht wird. Bei derartigen parallelen Klagen hat sich das später angerufene Gericht von Amts wegen für unzuständig zu erklären (Art. 95 I GGVO), so wie wir dies soeben bei den Marken kennengelernt haben (Rz 731).

3. Zum internationalen Urheberrecht

Hier gelten die gleichen Ausgangspunkte wie beim internationalen Gewerblichen Rechtsschutz: Das Urheberrecht gilt nur in territorialer Begrenzung. Auch die Werke der Literatur, Wissenschaft und Kunst drängen oft über die Staatsgrenzen hinaus. Hier liegt die Bedeutung des internationalen Urheberrechts. 736

Wie beim internationalen Gewerblichen Rechtsschutz, so bestehen auch hier völkerrechtliche Verträge; die bedeutsamsten wollen wir skizzieren.

3.1 Revidierte Berner Übereinkunft

Ausgangspunkt dieser internationalen Abkommen auf dem Gebiet des Urheberrechts ist die Berner Übereinkunft von 1886, zu deren Gründerstaaten Deutschland gehörte. Sie wurde mehrfach revidiert, so dass man von der Revidierten Berner Übereinkunft (= RBÜ) spricht. Ihr gehören die meisten Staaten der Welt an. 737

Die Mitgliedsstaaten bilden einen **Verband** zum Schutz der Rechte der Urheber an ihren Werken der Literatur und Kunst (Art. 1 RBÜ).

Auch bei der RBÜ ist der wichtigste Grundsatz das **Assimilationsprinzip**. In allen Verbandsstaaten werden die Urheber aus Mitgliedsstaaten wie die eigenen Staatsangehörigen behandelt (Art. 5 RBÜ). Wir können das obige Beispiel einer Patentanmeldung in Ägypten (vgl. Rz 712) abwandeln und hier parallel anwenden: 738

Beispiel
Das Buch eines deutschen Autors wird übersetzt und in Ägypten veröffentlicht. Dieses Werk ist dort nach ägyptischem Urheberrecht geschützt (Art. 5 RBÜ).

Die RBÜ gibt über das Assimilationsprinzip hinaus bestimmte **Mindestrechte**, die dem Urheber in einem fremden Verbandsland selbst dann zustehen, wenn dessen Rechtsordnung den eigenen Staatsangehörigen diese Rechte nicht gewährt (Art. 8 ff. RBÜ). 739

Die **Schutzdauer** umfasst (seit der Brüsseler Revisionskonferenz von 1948) grundsätzlich die Lebenszeit des Urhebers und 50 Jahre nach seinem Tode (Art. 7 RBÜ). 740

3.2 Welturheberrechtsabkommen

Die RBÜ hat sich bewährt. Man hat es jedoch seit Beginn als Mangel empfunden, dass die USA, die UdSSR und eine Anzahl insbesondere amerikanischer, asiatischer und afrikanischer Staaten nicht Mitglied geworden sind. Nach 1945 nahm die UNESCO den Gedanken einer **Weltkonvention** für Urheber auf. Schließlich wurde 1952 das Welturheberrechtsabkommen (= WUA) unterzeichnet, dem sich die Bundesrepublik 1955 angeschlossen hat. Dem WUA gehören rund 100 Staaten an, darunter auch die USA und Russland. 741

742 Der Zusammenschluss der Länder in dem WUA ist **loser**, der Schutz der Urheber geringer als bei der RBÜ. Es wird beim WUA nämlich kein Staatenverband wie bei der RBÜ gebildet, sondern die Mitgliedsstaaten werden lediglich verpflichtet, alle notwendigen Bestimmungen zu treffen, um einen ausreichenden und wirksamen Schutz der Urheber zu gewähren (Art. I WUA). Die den Urhebern durch das WUA eingeräumten Mindestrechte sind von geringerem Niveau als bei der RBÜ.

743 Das wesentliche Element beim WUA ist auch das **Assimilationsprinzip** (Art. II WUA).

744 Das WUA stellt – im Gegensatz zur RBÜ – gewisse **Formerfordernisse** auf. Verlangt ein Vertragsstaat als Voraussetzung für den Urheberrechtsschutz die Erfüllung bestimmter Förmlichkeiten, so hat er diese als erfüllt anzusehen, wenn alle ausländischen Werkstücke von der ersten Veröffentlichung des Werkes an den **Copyrightvermerk** tragen. Dieser besteht aus dem Kennzeichen © in Verbindung mit dem Namen des Inhabers des Urheberrechts und der Jahreszahl der ersten Veröffentlichung. Kennzeichen, Name und Jahreszahl sind in einer Weise und an einer Stelle anzubringen, dass sie den Vorbehalt des Urheberrechts genügend zum Ausdruck bringen (Art. III WUA).

745 Das WUA berührt die RBÜ nicht (Art. XVII WUA). Beide internationalen Abkommen stehen **selbstständig nebeneinander**, d.h. ein Staat, so auch die Bundesrepublik, kann beiden angeschlossen sein.

4. Weltorganisation für geistiges Eigentum

746 Die „World Intellectual Property Organization" = die WIPO (französisch die OMPI), gegründet am 14.07.1967, ist eine Dachorganisation für internationale Übereinkommen auf dem Gebiet des gewerblichen, literarischen und künstlerischen Eigentums und hat den Status einer Sonderorganisation der Vereinten Nationen. Über 180 Staaten sind Mitglieder der WIPO. Das Verwaltungsorgan ist das **Internationale Büro** in Genf. Aufgabe der WIPO: Weltweite Förderung des Schutzes des geistigen Eigentums durch Zusammenarbeit der Länder.

Unter Federführung von WIPO wurden bedeutsame multilaterale Abkommen zum internationalen Schutz von Patenten, Marken, Designs und Urheberrechten abgeschlossen. Als Beispiele hierfür seien zwei WIPO-Internetverträge genannt:

Im Jahr 1996 wurde von der WIPO ein Sonderabkommen verabschiedet zur Anpassung nationaler Urheberrechte an die Anforderungen des digitalen Zeitalters. Der sog. *WIPO-Urheberrechtsvertrag* (WIPO Copyright Treaty, WCT) wurde mittlerweile von 88 Verbandsländern ratifiziert. Unter anderem regelt der Vertrag den Einbezug von Computerprogrammen und Datenbanken in die Werkliste der urheberrechtsfähigen Werke ebenso wie die gesamte Thematik der technischen Kopierschutzvorrichtungen.

Ein weiterer Internet-Vertrag unter der Ägide der WIPO ist der **WIPO-Vertrag über Darbietungen und Tonträger** (WPPT). Er wurde ebenfalls im Jahr 1996 verabschiedet und vereinheitlicht weltweit die Rechte der ausübenden Künstler und Tonträgerhersteller.

WIPO gibt auch technische Hilfen und unterstützt Mitgliedstaaten bei der Einführung eines wirkungsvollen Rechtsschutzes auf dem Gebiet des Geistigen Eigentums.

5. TRIPS-Abkommen

Das Übereinkommen über handelsbezogene Aspekte der Rechte des geistigen Eigentums (Agreement on Trade-Related Aspects of Intellectual Property = TRIPS) vom 15.04.1994 ist als Anhang 1C des Übereinkommens zur Errichtung der Welthandelsorganisation, der World Trade Organization = WTO, zum 1.01.1995 in Deutschland und 79 weiteren Staaten, darunter alle EU-Länder, in Kraft getreten. Die Mitgliederzahl hat sich bis heute mehr als verdoppelt. **747**

TRIPS ist von großer Bedeutung für den weltweiten Schutz des geistigen Eigentums.

Unter „geistigem Eigentum" versteht TRIPS insbesondere: Urheberrechte mit verwandten Schutzrechten, Marken, geografische Angaben, gewerbliche Muster und Modelle (unsere Designs) sowie Patente (TRIPS Art. 1 II i.V.m. Teil II).

Die Zielfunktion von TRIPS ergibt sich insbesondere aus seiner Präambel: **748**

- Verzerrungen und Behinderungen des internationalen Handels zu verringern, und unter Berücksichtigung der Notwendigkeit, einen wirksamen und angemessenen Schutz der Rechte des geistigen Eigentums zu fördern sowie sicherzustellen, dass die Maßnahmen und Verfahren zur Durchsetzung der Rechte des geistigen Eigentums nicht selbst zu Schranken für den rechtmäßigen Handel werden.

- Eine der gegenseitigen Unterstützung dienende Beziehung zwischen der WTO und der WIPO (vgl. Rz 746) sowie anderen einschlägigen internationalen Organisationen aufzubauen. **749**

TRIPS verpflichtet die Vertragsstaaten, für die genannten Rechte des geistigen Eigentums Normen betreffend die Verfügbarkeit, den Umfang und die Ausübung von Rechten des geistigen Eigentums (Art. 9–40 TRIPS), also einen bestimmten materiellen Schutz zu schaffen und eine effektive Rechtsdurchsetzung zu Gewähr leisten (Art. 41– 61 TRIPS). Hierbei geht es um bestimmte **Mindeststandards** in dem Sinne, dass die Mitglieder in ihr nationales Recht grundsätzlich einen umfassenderen Schutz als den durch TRIPS geförderten aufnehmen dürfen (Art. 1 I TRIPS).

Zentrale Anliegen von TRIPS sind die Inländerbehandlung (Art. 3) und die Meistbegünstigung (Art. 4). Was den Grundsatz der **Inländerbehandlung** angeht, kann auf Rz 686 verwiesen werden. Das Prinzip der **Meistbegünstigung** bedeutet, dass die Angehörigen eines TRIPS-Landes in Bezug auf die genannten Schutzrechte des geistigen Eigentums grundsätzlich nicht schlechter gestellt werden dürfen als die Angehörigen eines anderen TRIPS-Staates. **750**

751 Nach Art. 68 wird ein **Rat** für TRIPS errichtet; dessen Hauptaufgaben: Überwachung der Wirkungsweise von TRIPS, insbesondere die Erfüllung der Verpflichtungen durch die Mitglieder, deren Konsultationen und deren Unterstützung zur Streitbeilegung sowie Zusammenarbeit mit der WIPO (vgl. Rz 746).

Im Gegensatz zu vielen anderen internationalen Verträgen besteht bei TRIPS ein starkes Durchsetzungsvermögen. Staaten, die ihre gewerblichen Schutz- und Urheberrechte nicht TRIPS-gerecht gestalten, können durch die WTO zur Rechenschaft gezogen werden, etwa durch das Verhängen von Handelssanktionen.

752 Details zu TRIPS brauchen hier nicht dargelegt zu werden, da unsere einschlägigen Gesetze dem von TRIPS geforderten Schutzniveau entsprechen. Von Bedeutung ist TRIPS vor allem für Länder mit einem auf dem Gebiet des geistigen Eigentums gering entwickelten Rechtsschutz.

Vgl. Fall 51.

Fälle mit Lösungen

Vorbemerkung

Die Lösung der Fälle erfolgt nach der üblichen juristischen Arbeitsweise, also in folgenden Arbeitsschritten:
1. Aufsuchen der Entscheidungsgrundlage
2. Herausholen der Rechtsvoraussetzungen
3. Subsumtion
4. Ergebnis

Bei allen Lösungen sind die einzelnen Rechtsvoraussetzungen durch **halbfett** hervorgehoben. Dies kann vor allem dann eine Hilfe bedeuten, wenn die Arbeitsschritte 2 und 3 zusammengefasst werden, was sich häufig anbietet.

Die Lösungen sind nicht in Form einer bis ins Detail gehenden Designlösung abgefasst, sondern geben die einzelnen gedanklichen Schritte und die Begründungen lediglich kurz wieder.

Die Fälle sind von geringen bis zu höheren Schwierigkeitsgraden ausgewählt.

Im erläuternden Teil wird auf die einschlägigen Fälle verwiesen; bei den Fall-Lösungen erfolgen Rückverweisungen auf den entsprechenden darstellenden Teil, wodurch die Überprüfung des Erarbeiteten erleichtert werden soll.

Fall 1

In der Werbeabteilung des Autoantennenherstellers H ist der Werbespruch „Super-Autofahrer hören super mit der Super-Antenne" kreiert worden. Da man mit diesem Slogan ganz stark in die Werbung einsteigen will, fragt man sich dort, ob für diesen Spruch ein Urheberrecht besteht, wie man sich dieses schützen lassen kann, oder ob es noch andere Schutzmöglichkeiten gibt.
Nehmen Sie bitte Stellung zu diesen Fragen.

Lösung

1. Vorab sei festgestellt, dass man sich ein Urheberrecht nicht schützen lassen kann. Urheberrechte sind keine förmlichen Rechte. Zu deren Entstehung verlangen die einschlägigen Gesetze kein Verfahren, keinen Antrag, keine amtliche Prüfung, keine behördliche Erteilung oder Registrierung. Urheberrechte sind vielmehr sachliche Rechte, die automatisch entstehen, wenn bestimmte materielle Voraussetzungen erfüllt sind (Rz 6, 51).

2. Ob für „Super-Autofahrer hören super mit der Super-Antenne" ein *Urheberrecht* besteht, richtet sich allein danach, ob sich dieser Werbespruch als ein **Werk** darstellt. Von den in § 2 I UrhG beispielhaft aufgezählten 7 Werkarten käme hier ein Sprachwerk (§ 2 I Ziff. 1 UrhG) in Betracht.

Der Umstand, dass dieser Slogan zu Werbezwecken verwendet werden soll, steht einem Urheberrechtschutz nicht entgegen. Das Urheberrecht ist zweckneutral, d.h. urheberrechtlichen Schutz genießt ein Werk ohne Rücksicht darauf, welchem Zweck es dient (Rz 18).

Einziges Problem ist hier also, ob dem Werbespruch Werkscharakter zukommt. Bei der Beurteilung dieser Frage ist von § 2 II UrhG auszugehen. Danach sind Werke persönliche geistige Schöpfungen. Schöpferisch handelt nur derjenige, der etwas über der Masse des Alltäglichen Liegendes schafft. Dass es sich bei dem Slogan „Super-Autofahrer hören super mit der Super-Antenne" lediglich um einen kurzen Satz handelt, steht der Anerkennung eines Werks an sich nicht entgegen. In der bloßen Betonung des Umstandes, dass ein bestimmter Gegenstand dem Benutzer von großem Nutzen ist, liegt jedoch keine schöpferische Leistung. Vom Inhalt her gesehen, ist dies etwas völlig Alltägliches. Laufend trifft man – vor allem in der Werbung – auf derartige Hinweise. Diesem Spruch fehlt die erforderliche Schöpfungshöhe. Daran ändert auch nichts die wiederholte Benutzung des Wortes „super". Daher stellt sich dieser Slogan nicht als persönliche geistige Schöpfung dar und erfüllt somit nicht die an ein Werk zu stellenden Anforderungen (Rz 20 ff.).

Dieser Werbespruch genießt also keinen Urheberrechtschutz.

3. Ein Schutz auf Grund des *Patent-* oder *Gebrauchsmustergesetzes* scheidet gleichfalls aus. Bei einem Werbespruch handelt es sich nicht um eine nach § 1 PatG und § 1 GebrMG erforderliche **Erfindung** auf dem Gebiet der Technik (Rz 125 ff., 176 ff.), es ermangelt der Technizität.

4. Ein Designschutz ist auch nicht möglich. Das *Designgesetz* schützt allein **Designs**. Das sind zwei- bzw. dreidimensionale Erscheinungsformen eines Erzeugnisses (§ 1 Ziff. 1 DesignG). Darum geht es bei einem Werbeslogan nicht (Rz 204 ff.).

5. Schließlich könnte man noch an Markenschutz durch Eintragung denken. Slogans sind diesem zwar durchaus zugänglich. Dies aber nur dann, wenn der Werbespruch einen differenzierenden Bestandteil enthält (Rz 255 ff.), denn Marken dienen der **Unterscheidung** (§ 3 MarkenG). Dies ist aber bei vorliegendem Slogan nicht der Fall. Auch das Wort „super" hat keine Unterscheidungskraft; es ist lediglich eine Beschaffenheitsangabe (vgl. § 8 II Ziff. 2 MarkenG). Eine Anmeldung als Marke ist also auch nicht anzuraten.

Zusammenfassend kann gesagt werden, dass der Werbespruch „Super-Autofahrer hören super mit der Super-Antenne" weder Schutz nach dem Urheberrecht noch als Marke genießt, und dass er auch sonst nicht geschützt werden kann.

Fall 2

H, Hersteller von Porzellanwaren, hat vor Kurzem eine asymmetrische Blumenvase entwickelt. Diese wurde anschließend in großer Zahl in den Verkehr gebracht. Designschutz war beim DPMA nicht beantragt worden.

Bald darauf zeigte auch X auf einer Fachmesse asymmetrische Blumenvasen.

H klagt gegen X auf Unterlassung des Vertriebs derartiger Vasen. Mit Erfolg?

Lösung

Die Unterlassungsklage des H gegen X ist dann erfolgreich, wenn H für seine asymmetrische Vase Schutz nach dem Urheberrecht (§ 97 I UrhG) oder dem Markenrecht (§ 14 V Ziff. 2 MarkenG) genießt.

1. Der Vase des H kommt dann *Urheberrechtsschutz* zu, wenn sie als **Werk** der bildenden Kunst anzusehen ist (§ 2 I Ziff. 4 UrhG). Maßgebend hierfür ist, ob sie sich als *persönliche geistige Schöpfung* darstellt (§ 2 II UrhG).

Da eine Vase Gebrauchszwecken dient, geht es hier um angewandte Kunst, eine der Arten der Bildenden Kunst.

Der Umstand, dass die Vase zu *gewerblichen Zwecken* entwickelt wurde und bei den Abnehmern zu Gebrauchszwecken bestimmt ist, hindert die Entstehung eines Urheberrechtsschutzes nicht. Das Urheberrecht ist nämlich zweckneutral (Rz 18).

Bei Gebrauchsgegenständen, wie etwa hier bei Vasen, sind die Gerichte bei der Anerkennung eines Urheberrechtsschutzes recht zurückhaltend.

Entscheidend dafür, ob eine individuelle Schöpfung vorliegt, ist bei Werken der Kunst der *ästhetische Gehalt*. An diesen stellen die Gerichte bei Kunstwerken recht hohe Anforderungen. Der ästhetische Gehalt des Werkes muss einen solchen Grad erreicht haben, dass nach der im Leben herrschenden Anschauung der für Kunst empfänglichen und mit Kunstanschauungen einigermaßen vertrauten Kreise von einer „künstlerischen" Leistung gesprochen werden kann. Dieser für ein Kunstwerk erforderliche recht hohe Grad ästhetischen Gehalts ist bei der Vase des H nicht erreicht. Asymmetrische Formen sind in der Kunst nichts Außergewöhnliches. Sie haben in Zeichnungen, Malereien und auch in der Plastik allgemein Verbreitung gefunden. Daher kann bei der Vase des H nicht von einer persönlichen geistigen Schöpfung gesprochen werden. Schutz nach dem Urheberrechtsgesetz scheidet daher aus (Rz 20 ff., 24).

2. Der Unterlassungsanspruch des H könnte auf §§ 14 V; 4 Ziff. 2 MarkenG gestützt werden. Nach § 4 Ziff. 2 MarkenG entsteht Markenschutz durch **Benutzung** eines Zeichens im **geschäftlichen Verkehr**, soweit dieses innerhalb beteiligter Verkehrskreise **Verkehrsgeltung** erworben hat. Da die asymmetrische Vase des H nicht lange auf dem Markt ist, dürfte der für die Verkehrsgeltung erforderliche Bekanntheitsgrad noch nicht erreicht sein.

Aber auch aus einem anderen Grunde scheitert hier die Unterlassungsklage auf jeden Fall: Nach § 3 II Ziff. 1 MarkenG sind dem Markenschutz solche Zeichen nicht zugänglich, die ausschließlich aus einer Form bestehen, die durch die Art der Ware selbst bedingt ist. Darum geht es hier. Die Käufer erwerben die Vasen speziell wegen der besonderen asymmetrischen Formgestaltung. Letztere ist es nämlich, die das Wesen dieser Vasen ausmacht. Eine Marke hingegen ist ein Kennzeichnungsmittel, also eine *Zutat* zu einer Ware (Rz 245).

3. Die Klage des H gegen X hat keinen Erfolg. Für die asymmetrische Blumenvase des H ist sowohl Urheberrechtsschutz als auch Markenschutz versagt. Auch ein Verstoß gegen § 4 Ziff. 9 i.V.m. § 3 I UWG wegen *Nachahmung* kommt nicht in Betracht. Nachahmung ist grundsätzlich zulässig. Besondere Umstände, die Unlauterkeit begründen könnten, sind hier nicht ersichtlich (Rz 473 ff.).

Fall 3

K, ein bekannter Künstler, hatte einen seriösen „weiblichen Akt" gemalt. Dieses Gemälde, ein Kunstwerk, hat er an E für € 12 000,– verkauft und übereignet.

Als K erfährt, dass E das Gemälde als Exponat in die ganz üble Ausstellung „Pornografie für Erwachsene" gegeben hat, verlangt er von E die sofortige Entfernung aus jener Ausstellung. Zu Recht?

Lösung

Das Verlangen des K, das Gemälde aus der „Porno-Ausstellung" zu entfernen, stellt sich als ein Beseitigungsanspruch dar. Als Anspruchsgrundlage hierfür kommt § 97 I UrhG in Betracht (Rz 71 ff.).

Nach dieser Vorschrift kann von demjenigen Beseitigung der Beeinträchtigung verlangt werden, der das **Urheberrecht** eines anderen **verletzt** und zwar **widerrechtlich**.

Nach dem Sachverhalt stellt sich das Gemälde als Kunstwerk dar; es ist ein Werk der bildenden Kunst (§ 2 I Ziff. 4 UrhG). K als Schöpfer des „weiblichen Akts" ist der Urheber (§ 7 UrhG), der für sein Werk Urheberrechtsschutz genießt (§ 1 UrhG). Dieses Urheberrecht umfasst nach § 11 UrhG nicht nur die materiellen Interessen des K, sondern auch die geistigen und persönlichen Beziehungen zu seinem Werk, das Urheberpersönlichkeitsrecht. Um letzteres geht es hier.

Die Frage, ob dieses Urheberpersönlichkeitsrecht, ein absolutes Recht, verletzt ist, beurteilt sich hier nach § 14 UrhG. Danach hat der Urheber das Recht, eine **Entstellung** oder eine **andere Beeinträchtigung** seines Werkes zu verbieten, die geeignet ist, seine berechtigten geistigen oder persönlichen **Interessen** am Werk zu **gefährden**. Um eine Entstellung des Werkes des K geht es hier nicht; es wird nicht übermalt oder sonst in seinen Wesenszügen verfälscht. Es erfährt aber eine Beeinträchtigung in anderer Weise. Als Exponat in der ganz üblen „Porno-Ausstellung" wird das seriöse Gemälde an einem herabwürdigenden Ort gezeigt, so dass die Urheberehre des K tangiert ist. Fraglich ist also nur noch, ob dies geeignet ist, die berechtigten geistigen und persönlichen Interessen des K an seinem Gemälde zu gefährden. Dies macht eine Abwägung der Interessen des K mit denen des E erforderlich. E als Eigentümer des Gemäldes kann mit diesem grundsätzlich nach seinem Belieben verfahren (§ 903 BGB); er kann es also grundsätzlich überall ausstellen. Es ist ihm aber zuzumuten, das seriöse Bild nicht an einen solchen Ort zu geben, bei dem der Schluss nahe liegt, K sei ein „Porno-Maler". Insoweit sind in diesem Interessenkonflikt zwischen dem Urheberrecht einerseits und dem Eigentum andererseits den Interessen des Urhebers Vorrang einzuräumen. Die Befugnisse des Eigentümers sind hier *insoweit* durch das Urheberrecht zu begrenzen. Da somit sämtliche Voraussetzungen des § 14 UrhG erfüllt sind, ist das Urheberpersönlichkeitsrecht des K verletzt (Rz 54 ff.).

Widerrechtlichkeit ist hier gegeben. Rechtfertigungsgründe zu Gunsten des E sind nicht ersichtlich.

Da somit sämtliche Rechtsvoraussetzungen des § 97 I UrhG vorliegen, ist K berechtigt, von E Beseitigung der Beeinträchtigung seiner Urheberehre zu verlangen, also Entfernung des Gemäldes aus der „Porno-Ausstellung".

Fall 4

Zur Fachmesse möchte die Maschinenfabrik M einen neuen Werbeprospekt herausbringen, in dem das ganze Produktionsprogramm abgebildet ist. Dementsprechend beauftragt M den Werbefotografen W, alle Maschinen zu fotografieren. Ein schriftlicher Vertrag wird nicht geschlossen, besondere mündliche Abreden sind nicht getroffen. Die Aufnahmen sind zur Zufriedenheit; das vereinbarte Honorar wird entrichtet. Mittels der Fotos des W wird der Prospekt angefertigt.

Ein bestimmtes Foto (X) gefällt bei M besonders gut. Man benutzt dieses daher als Werbekonstante auf allen Werbemitteln, von der Visitenkarte an über Briefbögen, Rechnungen, Plakate, bis hin zur Werbung in Fachzeitschriften und an Messeständen.

Als W dies erfährt, fordert er von M ein zusätzliches angemessenes Honorar für eine derartige Benutzung des X-Fotos. Mit Erfolg?

Lösung

Als Anspruchsgrundlage für das begehrte Benutzungshonorar kommt § 97 I UrhG in Betracht.

Nach dieser Vorschrift kann u.a. Schadensersatz gefordert werden. Eine der drei Berechnungsarten, die für einen Geldersatzanspruch anerkannt sind, ist das Verlangen einer *angemessenen Lizenzgebühr*. Derjenige, der rechtswidrig in Rechtspositionen anderer eingreift, darf nämlich nicht besser stehen, als er stünde, wenn er die Rechte rechtmäßig erworben hätte. In letzterem Falle hätte er aber eine angemessene Lizenzgebühr zahlen müssen (Rz 71 ff.).

W kann somit dann ein Nutzungshonorar im Sinne einer angemessenen Lizenzgebühr fordern, wenn M ein **Urheberrecht** oder ein **anderes nach dem UrhG geschütztes**

Recht des W **verletzt** hat und zwar **widerrechtlich** und **vorsätzlich oder fahrlässig** (§ 97 I, 1 UrhG).

Ob W an dem X-Foto ein Urheberrecht nach § 2 I Ziff. 5 UrhG zusteht, hängt davon ab, ob sich dieses als Lichtbild**werk** darstellt. Das ist bei Industriefotos äußerst fraglich. Diese schwierige Abgrenzung braucht hier jedoch nicht vorgenommen zu werden, denn für Lichtbilder gelten die Vorschriften für Lichtbildwerke entsprechend (§ 72 I UrhG), so dass dem W auf jeden Fall ein *Schutzrecht als Lichtbildner* zusteht (§ 72 II UrhG) (Rz 111).

Problematisch ist die Frage, ob M das Schutzrecht des W an dem X-Foto dadurch *verletzt*, dass er es auf all seinen Werbemitteln benutzt. Entscheidend ist hier die Frage, *wem* die Rechte zustehen, das X-Foto in dieser Art und Weise und in diesem Umfang zu nutzen. Sind dies bereits Nutzungsrechte des M, so liegt keine Rechtsverletzung vor. Stehen die Rechte hingegen noch W zu, so verletzt M diese dadurch, dass er das X-Foto auf allen Werbemitteln benutzt.

Eine schriftliche Vereinbarung über eine Einräumung von Nutzungsrechten zugunsten von M ist nicht abgeschlossen, mündliche Abreden hierüber sind nicht getroffen. Für derartige Fälle gilt die wichtige Auslegungsregel des § 31 V UrhG. Danach bestimmt sich nach dem von beiden Partnern zugrunde gelegten *Vertragszweck* Nutzungsart, Inhalt und Umfang des eingeräumten Nutzungsrechts. Dies entspricht der von den Gerichten schon seit langer Zeit entwickelten sog. *Zweckübertragungstheorie*. Diese geht davon aus, dass das Urheberrecht weitmöglichst beim Urheber verbleibt und nur insoweit auf andere übergeht, als der Vertragszweck es erforderlich macht. Zweck des Vertrages zwischen M und W war die Verwendung der durch W gefertigten Fotos für Prospekte. Also wurde M nur in Bezug auf die Prospektwerbung das Nutzungsrecht der Vervielfältigung und Verbreitung der Fotos eingeräumt; die Nutzungsbefugnisse des M sind hierauf inhaltlich beschränkt. Benutzt M nunmehr das X-Foto darüber hinaus für *weitere* Werbemittel, so verletzt er insoweit das Schutzrecht des W.

M handelt *widerrechtlich*; für Rechtfertigungsgründe zu seinen Gunsten ist kein Anhalt.

Auch liegt ein Verschulden seitens M vor, zumindest in der Schuldform der *Fahrlässigkeit*. Die Rechtsprechung stellt hier strenge Anforderungen zulasten des M. M trifft eine Prüfungspflicht in Bezug auf die Rechtslage.

Da somit alle Rechtsvoraussetzungen des § 97 I 1 UrhG erfüllt sind, steht W gegen M ein Schadensersatzanspruch zu, den er in Form einer angemessenen Lizenzgebühr geltend machen kann. Sein Anspruch auf ein angemessenes Nutzungshonorar ist in diesem Sinne berechtigt.

Fall 5

Die Schokoladenfabrik W verkauft Katzenzungen für Kinder in einer besonders gestalteten Dünnkarton-Verpackung. Dort ist eine Straßenkreuzung dargestellt, auf der eine als Verkehrspolizist verkleidete Katze den Verkehr regelt. Der Karton ist so geschickt gefaltet und geschlitzt, dass sich die mit Bärchen und Entchen besetzten Autos, die in die Richtung der Katze fahren, beim Zug an einer seitlich angebrachten Lasche hin- und her bewegen. Dabei bewegen sich auch die Arme der Katze.

Halten Sie diese Verpackung wegen ihres Mechanismus für schutzfähig?

Lösung

Design- und Markenschutz sind hier nicht zu erörtern, da sich die Fragestellung nur auf den *Mechanismus* der Verpackung bezieht und damit auf den technischen Sektor beschränkt ist. Hier kommt also lediglich Patent- oder Gebrauchsmusterschutz in Betracht.

1. Nach § 1 PatG ist das Patent ein Schutzrecht für eine **neue, gewerblich anwendbare Erfindung**, die auf einer **erfinderischen Tätigkeit** beruht. Letzteres ist identisch mit dem, was man auch als Erfindungshöhe bezeichnet. Diese ist dann gegeben, wenn sich die Erfindung für den Fachmann nicht in nahe liegender Weise aus dem Stand der Technik ergibt (§ 4 PatG), wenn also ein hohes Maß an Erfindungsqualität vorliegt. An dieser Erfindungshöhe dürfte es hier fehlen. Ein einfacher Schiebemechanismus erfüllt diese strenge Rechtsvoraussetzung wohl nicht, so dass ein Patentschutz schon aus diesem Grunde nicht in Betracht kommt (Rz 124 ff., 131).

2. Gegenstand des Gebrauchsmusters sind **Erfindungen**, die **neu und gewerblich anwendbar** sind und auf einem **erfinderischen Schritt** beruhen (§ 1 I GebrMG).

Die Schiebevorrichtung, die die Autos und Katzenarme hin und her bewegt, könnte die Merkmale der Erfindung und des erfinderischen Schritts, der Erfindungshöhe, erfüllen. Dies vor allem deswegen, weil an den Grad der Erfindungshöhe hier beim Gebrauchsmuster geringere Anforderungen gestellt werden als beim Patent (Rz 183).

Die Verpackungen sind gewerblich anwendbar; sie werden in einem Gewerbebetrieb, einer Kartonagenfabrik, hergestellt und in einem anderen Gewerbebetrieb, hier in einer Schokoladenfabrik, benutzt (§ 3 II GebrMG).

Hängt die Schutzfähigkeit somit also von der Neuheit ab (§ 3 I GebrMG). Darüber, ob der Mechanismus über den Stand der Technik hinausgeht, können hier allgemein gültige Aussagen kaum gemacht werden; Bedenken könnten hier allerdings durchaus auftreten.

Da die Voraussetzung Neuheit bei der Anmeldung nicht geprüft wird (§ 8 I, 2 GebrMG) – ebenso wenig wie die Merkmale erfinderischer Schritt und gewerbliche Anwendbarkeit – werde ich die Anmeldung als Gebrauchsmuster beim DPMA durchführen.

Fall 6

Erfinder E hat sich die Erfindung eines komplizierten Klappverschlusses für Verpackungen durch Patent schützen lassen.

E hat mit dem Verpackungshersteller L einen Lizenzvertrag über diesen Verschluss abgeschlossen; darin ist u. a. vereinbart: ... „E überträgt L die ausschließliche Lizenz, für die Dauer des Patents die Klappverschlüsse herzustellen oder herstellen zu lassen und zu vertreiben ..."

Schon nach kurzer Zeit entstanden Unstimmigkeiten, die sich immer mehr zuspitzten, so dass E den L kurzerhand aufforderte, die Herstellung und den Vertrieb der Klappverschlüsse einzustellen.

a) Ist dieses Unterlassungsbegehren des E berechtigt?

b) Ein Dritter (D) stellt die Klappverschlüsse unbefugterweise her und vertreibt sie. Da E wegen der Unstimmigkeiten nichts dagegen zu unternehmen gedenkt, fragt L an, ob er selbst berechtigt ist, gegen D vorzugehen.

Lösung

a) Als Anspruchsgrundlage für E bietet sich § 139 PatG an (Rz 157).

Danach kann der **Patentinhaber** von demjenigen, der entgegen den §§ 9–13 PatG seine **patentierte Erfindung benutzt**, Unterlassung fordern.

E ist jedoch in Bezug auf Herstellung und Vertrieb der Klappverschlüsse kein Rechtsinhaber mehr. Diese beiden Rechte wurden durch den Lizenzvertrag von dem Patent des E abgespalten und auf L übertragen (§§ 413, 398 BGB). Dies war nach § 15 I, 2 PatG zulässig, da nach dieser Vorschrift eine *beschränkte Übertragung* des Patents möglich ist (RZ 162 ff.).

E kann daher von L keine Unterlassung fordern.

b) E hatte in dem Lizenzvertrag dem L die *ausschließliche* Herstellungs- und Vertriebslizenz übertragen. Auf Grund dieser ausschließlichen Lizenz ist L berechtigt, gegen D wegen der Schutzrechtsverletzung vorzugehen (Rz 165).

Fall 7

Im Unternehmen des U wurde ein völlig neuartiger Mechanismus für Sicherheitsskibindungen entwickelt. Ein Fachmann erklärt, dass diese Erfindung sowohl patent- als auch designschutzfähig sei.

Wird U den Patent- oder den Designschutz bevorzugen?

Lösung

Nach dem Sachverhalt kann davon ausgegangen werden, dass die materiellen Voraussetzungen sowohl für ein Patent (§ 1 PatG) als auch für ein Gebrauchsmuster (§ 1 GebrMG) vorliegen.

Bei der Frage, ob Patent- oder Gebrauchsmusterschutz zu bevorzugen sei, gilt es, die wichtigsten Vor- und Nachteile beider *technischen Schutzrechte* gegeneinander abzuwägen.

In Bezug auf die *Entstehung* der Rechte hat das Gebrauchsmuster Vorteile. Das DPMA/ Gebrauchsmusterstelle prüft nur die formellen und die absoluten Schutzvoraussetzungen. Eine Prüfung der schwierigen relativen Schutzvoraussetzungen Neuheit und Erfindungshöhe findet nicht statt (§ 8 I, 2 GebrMG). Das Einspruchsverfahren fehlt. Aus diesen Gründen erfolgt die Gebrauchsmustereintragung schneller als die Patenterteilung. Auch die Gebühren sind für das Gebrauchsmuster geringer (Rz 143 ff., 185 ff.).

Diese Vorteile des Gebrauchsmusters wirken sich im *Verletzungsprozess* aber sehr nachteilig aus. Die beim DPMA ungeprüft gebliebenen relativen Schutzvoraussetzungen sind jetzt vom Richter zu prüfen. Dabei kann sich durchaus etwa herausstellen, dass das Gebrauchsmuster nicht neu ist. In diesem Falle verliert der Gebrauchsmusterinhaber den Prozess, und dies, obwohl für ihn das Schutzrecht eingetragen ist. Dies kann einem Patentinhaber nicht widerfahren. Beim Patent sind die Rechtsvoraussetzungen des § 1 PatG vom DPMA geprüft und dürfen vom Richter nicht mehr geprüft werden. Das Patent hat im Verletzungsprozess damit weitaus stärkere Wirkung als das Gebrauchsmuster (Rz 153, 193).

Ein weiteres Argument, das zu Gunsten des Patentes spricht, ist die Schutzdauer. Die Schutzfrist reicht beim Patent bis zu zwanzig Jahren (§ 16 PatG), beim Gebrauchsmuster hingegen nur bis zu zehn (§ 23 GebrMG) (Rz 168, 198).

Aus all diesen Gründen wird U den Patentschutz bevorzugen.

Fall 8

H ist Hersteller von Kinderwagen. Bisher produzierte er recht konventionelle Kinderwagenformen. Da nun in der letzten Zeit der Umsatz stark stagnierte, entschloss er sich, auf moderne, fetzige und am Kinderwagenmarkt bisher nicht dagewesene Formen umzustellen und wählte die Form eines Bobs.

Kann er sich diese neue Form des „Kinderwagenbobs" schützen lassen?

Lösung

Da sich die Fragestellung allein auf die Schutzmöglichkeit der Formgestaltung der Kinderwagen bezieht, geht es hier allein um den Designschutz.

Ein solcher setzt voraus, dass es sich um ein **Design** handelt, das **neu** und **eigenartig** (Rz 203 ff.) ist, das beim **DPMA angemeldet** und dort **registriert** ist.

Ein Design ist eine zwei- oder dreidimensionale Erscheinungsform eines Erzeugnisses (§ 1 Ziff. 1 DesignG), die Bobform eines Kinderwagens ist eine dreidimensionale.

Nach dem Sachverhalt ist die Form eines Bobs für Kinderwagen neu.

Maßgebendes Kriterium für das Merkmal eigenartig ist die *Unterschiedlichkeit* (Rz 210). Da es andere Bobformen für Kinderwagen gar nicht auf dem Markt gibt, kann es zu einer Unterscheidung gar nicht kommen, so dass dieser Bobform Eigenart zukommt.

Führt H das Anmeldeverfahren nach §§ 11 ff. DesignG korrekt durch (Rz 213a), so erfolgt beim DPMA das Registrierungsverfahren nach §§ 16 ff. DesignG (Rz 213b). Dabei werden die in der Regel problematischen materiellen Voraussetzungen Neuheit und Eigenart *nicht* geprüft.

Wenn die vom DPMA lediglich zu prüfenden formalen Voraussetzungen erfüllt sind, wovon hier auszugehen ist, erfolgt die Eintragung der angemeldeten Bobform für Kinderwagen in das beim DPMA geführte Register für eingetragene Designs (§§ 19 f. DesignG).

Mit dieser Eintragung ist der von H begehrte Designschutz für den „Kinderwagenbob" entstanden (§ 27 I DesignG).

Fall 9

U bringt Zellstofftaschentücher in einer speziellen Aufreißpackung auf den Markt. Auf der Verpackung befindet sich folgender Aufdruck: „Verpackung patentamtlich geschützt".
In der Tat besteht für die Verpackung ein Gebrauchsmusterschutz und ein Designschutz.
Ist dieser Aufdruck zulässig?

Lösung

Die Frage beantwortet sich nach §§ 5, 3 I UWG.

Danach kommt es darauf an, ob U im Rahmen einer **geschäftlichen Handlung irreführende Angaben** macht, die die Interessen von Marktteilnehmern spürbar beeinträchtigen (Rz 375).

Der Vertrieb von Waren, deren Verpackung den Hinweis trägt, dass sie „patentamtlich geschützt" ist, ist eine geschäftliche Handlung.

Die Angabe „patentamtlich geschützt" bezieht sich auf die geistigen Eigentumsrechte des U (§ 5 I, 2 Ziff. 3 UWG).

Bei der Beantwortung der Frage, ob diese Angabe irreführend ist, kommt es maßgeblich darauf an, in welcher Weise das DPMA bei der Entstehung des *Gebrauchsmusters* tätig wird. Im Gegensatz zum Patenterteilungsverfahren nimmt das DPMA hier keine Prüfung von bedeutsamen Voraussetzungen des Gebrauchsmusters vor (§ 8 I, 2 GebrMG). Da nun aber ein nicht unbeachtlicher Teil des angesprochenen Publikums (Rz 360) unter „patentamtlich geschützt" den Umstand versteht, dass das DPMA eine amtliche Prüfung der wesentlichen Voraussetzungen vorgenommen hat, liegt eine Irreführung vor (Rz 190, 583 f.).

Entsprechendes gilt für das *eingetragene Design*. Auch hier werden vom Patentamt wesentliche materielle Rechtsvoraussetzungen nicht geprüft, § 16, 19 II DesignG (Rz 213b).

Bei dieser Irreführung über geistige Eigentumsrechte geht es nicht um eine Bagatellsache und daher um eine spürbare Interessenbeeinträchtigung.

Der Aufdruck „Verpackung patentamtlich geschützt" ist damit nach §§ 5, 3 I UWG unzulässig. Weder das Gebrauchsmuster noch das eingetragene Design rechtfertigen diese Angabe.

Fall 10

U ist Hersteller von Fruchtessenzen. Er meldet beim Patentamt in vorschriftsmäßiger Weise die Bezeichnung „Zitrona" für einen Zitronenextrakt an.

Wird „Zitrona" Markenschutz erlangen?

Lösung

Voraussetzung für die die Erlangung des Markenschutzes ist das Vorliegen **der formellen Kriterien** des § 36 MarkenG und der **materiellen Voraussetzungen** des § 3 MarkenG. Weiterhin dürfen weder **absolute Schutzhindernisse** nach § 8 MarkenG, die von Amts wegen zu beachten sind, **noch relative Schutzhindernisse** nach § 42 MarkenG, die nur bei Widerspruch relevant sind, gegeben sein.

Die formellen Voraussetzungen des § 36 MarkenG liegen vor, denn U hat „Zitrona" in vorschriftsmäßiger Weise angemeldet.

Auch die materiellen Voraussetzungen der Grundvorschrift des § 3 MarkenG sind gegeben. „Zitrona" ist ein **Wortzeichen**, das abstrakt geeignet ist, Waren des U von denjenigen anderer Unternehmen zu **unterscheiden** (Rz 237, 241 ff.)

Nach § 8 II Ziff. 2 MarkenG sind von der Eintragung als Marken u.a. solche Zeichen ausgeschlossen, die aus Wörtern bestehen, die **Angaben über die Beschaffenheit** enthalten. Derartige Beschaffenheitsangaben müssen nämlich im Interesse der Allgemeinheit für alle *freigehalten* und dürfen nicht für einen Einzelnen monopolisiert werden (Rz 256).

Würde U seinen Zitronenextrakt „Zitrone" nennen, so wäre dies eine Angabe über die Beschaffenheit seiner Ware, nämlich aus der Zitrone herrührend. Die Abweichung „Zitrona" ist jedoch so gering, dass das Publikum den Bezug auf Zitrone sofort erkennt, so dass die Beschaffenheitsangabe durch diese geringfügige Abweichung nicht in ihrem Wesen verändert wird.

Da somit in dieser Beschaffenheitsangabe ein absolutes Schutzhindernis nach § 8 II Ziff. 2 MarkenG vorliegt, wird das DPMA die Anmeldung des U zurückweisen (§ 37 I MarkenG).

Fall 11

Unternehmen U will eine Schuhcreme auf den Markt bringen und diese SEA nennen.

U stellt fest, dass eine Marke SEA für Werkzeuge, Absperrorgane und Absperrschieber bereits seit 1960 im Register des DPMA für X als Marke eingetragen und stets verlängert worden ist.

a) Kann U die Schuhcreme – ohne sie als Marke schützen zu lassen – SEA nennen, ohne ein erfolgreiches Vorgehen durch X befürchten zu müssen?

b) Nunmehr meldet U SEA beim Patentamt als Marke für seine Schuhcreme an. SEA wird dort als Marke eingetragen. Ist der Widerspruch, den X hiergegen fristgerecht erhebt, Erfolg versprechend?

Lösung

Vorab ist zu erwähnen, dass es jedem Unternehmer freisteht, ob er seine Ware mit seinem Namen, seiner Firma, einer Marke versieht, oder ob er eine Bezeichnung für seine Waren wählt – wie etwa unter Fall a –, die keinen derartigen Schutz genießt.

a) Als Anspruchsgrundlage für ein erfolgreiches Vorgehen kommt für X § 14 V MarkenG in Betracht.

Nach dieser Vorschrift kann derjenige auf Unterlassung in Anspruch genommen werden, der entgegen § 14 II MarkenG ein Zeichen benutzt.

Es geht hier um zwei **identische Zeichen**, nämlich um SEA. Aber die **Waren** sind **weder identisch** noch **ähnlich**. Werkzeuge, wie Absperrorgane und Absperrschieber, und Schuhcreme haben keinerlei Berührungspunkte. Diese stehen sich technisch und wirtschaftlich in keiner Weise nahe, so dass das Publikum aus dem gleichen Zeichen SEA nicht auf eine gleiche Ursprungsstätte schließt (Rz 296).

Daher verstößt U weder gegen Ziffer 1 noch Ziffer 2 des § 14 II MarkenG, aber auch nicht gegen dessen Ziffer 3, da SEA für Werkzeuge keine **bekannte Marke** ist; es fehlt hier der hohe Bekanntheitsgrad.

U muss somit nicht befürchten, dass X erfolgreich gegen ihn vorgeht.

b) Ob der Widerspruch des X gegen die Eintragung von SEA für Schuhcreme Erfolg versprechend ist, entscheidet sich nach § 42 MarkenG.

X hat den Widerspruch fristgerecht eingelegt, also innerhalb von 3 Monaten nach dem Tag der Veröffentlichung der Eintragung von SEA (§ 42 I MarkenG).

Nach dem hier allein einschlägigen § 42 II Ziff. 1 MarkenG kann der Widerspruch nur darauf gestützt werden, dass nach § 9 I das ältere Zeichen SEA des X und das jüngere

SEA des U sich auf **identische** oder **ähnliche** Waren beziehen. Dies ist aber bei Schuhcreme und Werkzeugen – wie bereits oben dargelegt – nicht der Fall.

Der Widerspruch des X gegen die Marke SEA des U ist nicht Erfolg versprechend. Die jüngere Marke SEA wird nicht gelöscht.

Fall 12

Für U ist seit dem Januar 2009 die Marke TAKLO für Putz- und Poliermittel in die Markenrolle eingetragen.

Im Januar 2012 beginnt das Chemiewerk W den Vertrieb eines Bodenreinigungsmittels, das – ohne als Marke eingetragen zu sein – auch TAKLO genannt wird.

a) Ist U berechtigt, von W Unterlassung der Bezeichnung TAKLO zu verlangen?

b) Ist das Verlangen von U für den Fall berechtigt, dass für W Ende 2010 TAKLO für Bodenreinigungsmittel in die Markenrolle eingetragen worden ist?

c) Ändert sich die Rechtslage im Ausgangsfall, wenn W sein Bodenreinigungsmittel TAKLOB nennt?

Lösung

a) Anspruchsgrundlage für das Unterlassungsbegehren ist § 14 V MarkenG.

Nach dieser Vorschrift kann von demjenigen Unterlassung verlangt werden, der entgegen § 14 II MarkenG ein Zeichen benutzt.

W benutzt TAKLO **im geschäftlichen Verkehr**, nämlich beim Vertrieb seines Erzeugnisses. Putz- und Poliermittel einerseits und Bodenreinigungsmittel andererseits sind **identische** bzw. ähnliche Waren; sie dienen dem gleichen Zweck: der Reinigung. W benutzt die Bezeichnung TAKLO, also die **identische Bezeichnung**, die für U bereits seit 2009 als Marke geschützt ist. Hierzu hat W keine Berechtigung, keine **Zustimmung** des U, insbesondere hat W keine Lizenz (Rz 296).

Da somit alle Rechtsvoraussetzungen von § 14 V, II MarkenG erfüllt sind, ist U berechtigt, von W Unterlassung der Bezeichnung TAKLO zu verlangen.

b) Auch hier ist § 14 V, II MarkenG Entscheidungsgrundlage. W versieht auch in diesem Falle **im geschäftlichen Verkehr** eine **identische** oder **ähnliche Ware** mit dem **bereits geschützten Zeichen** TAKLO. Der Umstand, dass W seine Bezeichnung TAKLO als Marke schützen ließ, gibt ihm noch kein Recht der Benutzung gegenüber dem für U früher eingetragenen Zeichen TAKLO. Es gilt hier das *Prioritätsprinzip* nach § 6 MarkenG (Rz 339).

W kann also auch in diesem Falle von U auf Unterlassung in Anspruch genommen werden.

c) Als Anspruchsgrundlage für diese Fallkonstellation kommt auch § 14 V, 14 II Ziff. 2 MarkenG in Betracht.

Es geht hier, wie oben bereits begründet, um **identische** oder **ähnliche** Waren, nämlich Reinigungsmittel.

Die **Bezeichnungen** TAKLO und TAKLOB sind zwar nicht identisch, sind sich aber sehr **ähnlich**.

Wegen der Ähnlichkeit der Zeichen TAKLO und TAKLOB und der Identität bzw. Ähnlichkeit der Waren besteht hier **Verwechslungsgefahr**. Diese ergibt sich schon aus der Wirkung vom *Klang* her. Das „B" am Wortende ist ein schwacher Konsonant, der bei etwas nachlässiger Aussprache häufig gar nicht vernommen wird. Die den Klang tragenden Wortteile TA-KLO sind gleich. Aber auch von der Wirkung vom *Wortbild* her gesehen, liegt Verwechslungsgefahr vor. Das Schriftbild ist beinahe gleich. Die beiden Zeichen haben die gleichen Buchstaben und damit die gleiche Schrifthöhe und Schriftlänge bis auf den nachklappenden Buchstaben „B" (Rz 271 ff.).

U ist also auch in diesem Falle berechtigt, von W gemäß § 14 V, II Ziff. 2 MarkenG Unterlassung zu begehren.

Fall 13

Für eine bekannte Hotel-Kette (H) ist „Holiday Inn" als Marke eingetragen.

Y eröffnet ein Hotel unter der Bezeichnung „Honeyday Inn". Der Schriftzug von „Honeyday Inn" ist dem von „Holiday Inn" sehr ähnlich.

H klagt gegen Y auf Unterlassung. Mit Erfolg?

Lösung

H könnte seinen Unterlassungsanspruch auf § 14 V MarkenG stützen. Nach dieser Vorschrift kann derjenige auf Unterlassung in Anspruch genommen werden, der entgegen § 14 II MarkenG eine Marke benutzt. Die geschützte Marke kann sich, wie hier, auch auf Dienstleistungen beziehen.

Die **Dienstleistungen** von H und Y sind **identisch**. In beiden Fällen handelt es sich um Hotelgewerbe.

Die **Marken** von H. „Holiday Inn", und von Y, „Honeyday Inn", sind ähnlich.

Nach § 14 II Ziff. 2 MarkenG genießt H dann Schutz, wenn wegen der Identität der Dienstleistungen und der Ähnlichkeit der Bezeichnungen **Verwechslungsgefahr** besteht.

„Holiday Inn"-Hotels sind über die ganze Welt verteilt. Auch in der Bundesrepublik sind sie sehr zahlreich und haben einen hohen Bekanntheitsgrad. „Holiday Inn" hat daher große Kennzeichnungskraft und ist somit eine starke Marke. Je stärker aber ein Zeichen ist, umso größer ist der Schutzbereich, der ihm zukommt, d.h. andere Bezeichnungen müssen von diesem einen beträchtlichen Abstand halten (Rz 278).

Der Abstand von „Honeyday Inn" zu „Holiday Inn" ist nicht ausreichend. Vom Klang her sind beide Zeichen verwechslungsfähig. Die tragenden Wortteile „day" und „Inn" werden gleich ausgesprochen. Holi und honey klingen ähnlich, nicht nur für denjenigen, der der englischen Sprache nicht kundig ist. Aber auch vom Schriftbild her besteht Verwechslungsgefahr. Die Schriftzüge beider Bezeichnungen sind sehr ähnlich. Die ersten beiden Buchstaben und die tragenden Wortteile „day Inn" sind identisch. Die Abweichungen „li-ney" fallen gegenüber den umfangreicheren identischen Teilen nicht ins Gewicht. Jedenfalls ist diese Verschiedenheit nicht geeignet, den von einem starken Zeichen erforderlichen beträchtlichen Abstand herbeizuführen.

H hat Y keine **Zustimmung** erteilt, die Bezeichnung „Honeyday Inn" zu benutzen.

Da somit alle Rechtsvoraussetzungen von § 14 V, II Ziff. 2 MarkenG erfüllt sind, wird die Klage von H gegen Y Erfolg haben.

Fall 13a

Der Unternehmer Daniel Krause betreibt seit 1985 unter der Firma „Daniel K." drei kleine, regional bekannte, Modeboutiquen im Raum Heidelberg. Er ist Inhaber der im Jahr 1998 eingetragenen deutschen Wortmarke 39820081 „Daniel K.", die für die Waren „Parfümerien, Brillen, Bekleidung, Gürtel, Kopfbedeckungen und Schuhwaren" (Klassen 03, 09, 25) Schutz genießt.

Der Sänger Daniel Küblböck aus dem niederbayrischen Eggenfelden, der bei dem TV-Wettbewerb „Deutschland sucht den Superstar" bis in das Finale vorgedrungen war und bei seinem jugendlichen Publikum Kultstatus besitzt, vermarktet seit dem Frühjahr 2003 Musik-CDs und Fanartikel ebenfalls unter der Bezeichnung „Daniel K.". Zu den Fanartikeln, die zu Preisen zwischen 6,– und 19,– € ausschließlich über das Internet vertrieben werden, gehören Baseball-Caps, Mousepads, T-Shirts und Schlüsselanhänger, die mit dem Foto des Superstars versehen sind.

Der Unternehmer Daniel Krause bangt um das Image seines Geschäftsbetriebes, zumal er sich auf Kunden zwischen 30 und 40 Jahren mit gehobenem Geschmack und dickerem Geldbeutel spezialisiert hat. Er möchte die Vermarktung der Fanartikel durch Daniel Küblböck unter der Bezeichnung „Daniel K." daher schnellstmöglich stoppen.

Konnte Daniel Krause dem Sänger Daniel Küblböck damals die weitere Benutzung des Zeichens „Daniel K." untersagen?

Lösung

a) Ein Unterlassungsanspruch des Daniel Krause gegen Daniel Küblböck könnte sich aus **§ 14 V MarkenG** ergeben.

Die Vorschrift würde eingreifen, wenn Daniel Küblböck durch die Benutzung des Zeichens „Daniel K." im geschäftlichen Verkehr ältere Markenrechte des Daniel Krause verletzt hätte.

Daniel Krause ist Inhaber der Marke „Daniel K.".

Daniel Küblböck handelte im **geschäftlichen Verkehr**, weil er unter diesem Zeichen Musik-CDs und sog. Merchandising-Artikel herausgebracht hat. Die Benutzung des

Zeichens „Daniel K." erfolgte **ohne Zustimmung** des berechtigten Markeninhabers Daniel Krause.

Im markenrechtlichen Schrifttum ist seit jeher umstritten, ob § 14 V MarkenG den *kennzeichenmäßigen Gebrauch* des betreffenden Zeichens voraussetzt. Dies kann im vorliegenden Falle aber dahingestellt bleiben, da Daniel Küblböck seine CDs und Merchandising-Artikel mit dem Zeichen „Daniel K." versieht, um diese von den Erzeugnissen anderer Hersteller zu unterscheiden. Er benutzt das Zeichen somit nach Art einer Marke.

Die für Daniel Krause eingetragene Marke genießt **Priorität** gegenüber dem von Daniel Küblböck verwendeten Zeichen, da diese bereits seit 1998 im Markenregister eingetragen ist.

Der Unterlassungsanspruch des § 14 V MarkenG setzt ferner voraus, dass die Voraussetzungen des § 14 II Ziff. 1–3 MarkenG gegeben sind.

§ 14 II Nr. 1 MarkenG verlangt, dass von dem Zuwiderhandelnden ein identisches Zeichen für identische Waren benutzt wird. **Zeichenidentität** ist im vorliegenden Falle gegeben, da sowohl Daniel Krause als auch Daniel Küblböck die Bezeichnung „Daniel K." verwenden.

Es besteht zum Teil auch **Warenidentität**, weil sich die von Daniel Küblböck vertriebenen Produkte „T-Shirts" und „Baseballcaps" unter die für Daniel Krause geschützten Warengattungen „Bekleidung" bzw. „Kopfbedeckungen" subsumieren lassen.

In Bezug auf diese Waren ist somit ein Unterlassungsanspruch des Daniel Krause gegeben.

In Bezug auf die weiteren von Daniel Küblböck auf den Markt gebrachten Waren „Mousepads" und „Schlüsselanhänger" wäre **§ 14 II Ziff. 2** MarkenG zu prüfen, der Identität oder Ähnlichkeit der gegenüberstehenden Zeichen, Identität oder Ähnlichkeit der gegenüberstehenden Waren sowie Verwechslungsgefahr zwischen den konkurrierenden Bezeichnungen voraussetzt. Nach der vom BGH entwickelten *Wechselwirkungstheorie* müssen im vorliegenden Falle die zu vergleichenden Waren einen großen Abstand voneinander aufweisen, da die gegenüberstehenden Zeichen identisch sind. Andererseits dürfte der prioritätsälteren Marke des Daniel Krause nur ein geringer Schutzumfang zukommen, da die Bezeichnung „Daniel K." nur eine schwache Kennzeichnungskraft und überdies nur eine regionale Bekanntheit aufweist. Nachdem es sich im einen Falle um Billigartikel für jugendliche Fans, im anderen Falle um hochwertige Bekleidungswaren und Accessoires für gehobene Käuferschichten handelt, muss die Warenähnlichkeit und damit die **Verwechslungsgefahr** zwischen den konkurrierenden Bezeichnungen verneint werden (Rz 271 f.). § 14 II Ziff. 2 MarkenG greift im vorliegenden Falle somit nicht ein.

Auch die Voraussetzungen des **§ 14 II Ziff. 3 MarkenG** sind nicht erfüllt, da es sich bei dem für Daniel Krause geschützten Zeichen nicht um eine „im Inland bekannte Marke" handelt.

Der Unterlassungsanspruch kann somit nur auf § 14 II Ziffer 1 gestützt werden.

Der Daniel Krause zustehende Unterlassungsanspruch ist nicht ausgeschlossen, da für die in §§ 20 bis 26 MarkenG aufgeführten **Schutzausschließungsgründe** keine Anhaltspunkte bestehen.

Es kann damit festgehalten werden, dass Daniel Krause dem Sänger Daniel Küblböck die weitere Benutzung des Zeichens „Daniel K." für die Waren „T-Shirts" und „Baseballcaps" untersagen kann.

b) Da Daniel Krause die Bezeichnung „Daniel K." auch als Firmenname verwendet, könnte darüber hinaus auch ein Unterlassungsanspruch gemäß **§ 15 IV MarkenG** begründet sein.

Wegen der Verschiedenheit der zu vergleichenden Geschäftsbereiche (Vertrieb von Merchandising-Artikeln einerseits, Verkauf von hochwertigen Bekleidungswaren und Accessoires andererseits) wird man aber nicht annehmen können, dass der Verkehr irgendwelche geschäftlichen Zusammenhänge zwischen den Unternehmen von Daniel Krause und Daniel Küblböck vermuten wird. Mangels Verwechslungsgefahr ist ein Unterlassungsanspruch gemäß § 15 IV MarkenG daher im vorliegenden Falle zu verneinen.

Fall 14

Das Unternehmen U bringt ein Mundwasser in einer Flaschenform auf den Markt, die mit der bekannten Odol-Mundwasser-Flasche identisch ist.

Ist die Firma L, die Herstellerin von Odol, berechtigt, U die Benutzung der Flasche für Mundwasser auch dann zu untersagen, wenn für die Odol-Flasche keine Marke eingetragen ist?

Lösung

Grundlage für den Unterlassungsanspruch von L ist § 14 V MarkenG.

Nach dieser Vorschrift kann L der U die Benutzung der Flasche für Mundwasser dann untersagen, wenn U gegen ein Markenrecht der L verstößt. Daher gilt es zunächst zu prüfen, ob der L bezüglich der Odol-Mundwasser-Flasche Markenschutz zusteht.

Nach § 4 MarkenG entsteht Markenschutz nicht nur durch die Eintragung einer Marke in das vom Patentamt geführte Register (§ 4 Ziff. 1 MarkenG), sondern auch durch die **Benutzung eines Zeichens im geschäftlichen Verkehr**, soweit **Verkehrsgeltung** vorliegt (§ 4 Ziff. 2 MarkenG).

Als Marken können nach § 3 I MarkenG auch **Verpackungen** geschützt sein. L benutzt die Odol-Mundwasser-Flasche als Verpackung im Rahmen des Warenvertriebs, somit im geschäftlichen Verkehr. Diese Flasche hat einen **hohen Bekanntheitsgrad** und hat damit als **Marke Verkehrsgeltung** erworben.

Die Flaschenform, die U auf den Markt bringt, ist identisch mit der Odol-Mundwasser-Flasche von L, die Markenschutz genießt.

Sowohl bei U als auch bei L geht es um Mundwasser, also um **identische Waren**.

L hat **keine Zustimmung** für dieses Vorgehen von U gegeben, insbesondere U keine Lizenz hierfür erteilt (Rz 296).

Da somit alle Voraussetzungen von § 14 II Ziff. 1, V MarkenG erfüllt sind, ist L berechtigt, U die Benutzung der Odol-Flaschenform zu untersagen.

Fall 15

Adidas (A), eine weltbekannte Sportartikelfirma, versieht seit vielen Jahren ihre Sportschuhe mit drei Zierriemen, die mit einigem Abstand parallel zueinander vom Ausschnitt des Schuhes zu der hinter der Ballenpartie befindlichen Höhlung verlaufen und von anderer Farbe wie ihr Untergrund sind.

Ein Im- und Exportgeschäft (X) vertreibt u.a. Sportschuhe, die vier Riemen aufweisen, die gleich verlaufen wie die eben beschriebenen A-Riemen. Die X-Schuhe sind rot, die vier Riemen haben eine weiße Farbe.

A verlangt von X Unterlassung des Vertriebs derartiger Sportschuhe. Zu Recht?

Lösung

Der geltend gemachte Anspruch könnte sich aus § 14 V MarkenG rechtfertigen. Diese Vorschrift bezieht sich auf § 14 II MarkenG, der voraussetzt, dass A bezüglich der drei Zierriemen Markenschutz genießt.

Nach § 3 MarkenG können Gegenstand einer Marke auch **Aufmachungen** sein, soweit § 3 II MarkenG nicht entgegensteht. Zu prüfen ist also zunächst, ob es sich bei den drei Adidas-Streifen um eine Marke im Sinne von § 3 MarkenG handelt und damit Schutz vorhanden ist.

Eine Marke ist ein Kennzeichnungsmittel der Ware, ist also etwas, was über das Wesen der Ware selbst hinausgeht, ist eine „äußere Zutat" zu der Ware. Dies darf aber nicht so verstanden werden, dass die Aufmachung körperlich von der Ware getrennt sein müsste. Auch ein körperlicher Teil der Ware kann Markenschutz genießen, wenn er begrifflich vom Wesen der Ware unterscheidbar ist. Soweit es sich bei den drei Riemen um reine „Zierriemen" handelt, so gehören diese nicht zum Wesen von Sportschuhen. Es ist für solche nämlich völlig gleichgültig, wie viele derartiger Streifen sie tragen, ob und in welcher Farbe, ob parallel verlaufend oder wie auch immer. Sollten die Riemen jedoch technisch bedingt sein (§ 3 II, Ziff. 2 MarkenG), etwa um die Festigkeit des Schuhes zu erhöhen, also im Sinne von „Halteriemen", so wäre die Entscheidung keine andere. denn auch hier wäre die Anordnung von gerade drei mit einigem Abstand parallel zueinander laufender Riemen nicht allein durch den technischen Zweck der Ware bedingt, sondern willkürlich gewählt. Da die drei Riemen somit begrifflich von den Sportschuhen selbst zu unterscheiden sind, können sie Markenschutz genießen (Rz 245).

Die drei Adidas-Streifen haben höchsten Bekanntheitsgrad und damit **Verkehrsgeltung**. Dies wurde von Gerichten bereits mehrfach festgestellt. Damit ist bezüglich der drei Streifen für A Markenschutz entstanden (§ 4 Ziff. 2 MarkenG).

Nachdem nun die erste Rechtsvoraussetzung nach § 14 II MarkenG, nämlich Markenschutz zu Gunsten von A, feststeht, sind die weiteren Kriterien von § 14 II, hier Ziff. 2, MarkenG zu prüfen.

Hier geht es jeweils um Sportschuhe, also um **identische Waren**.

A verwendet bei Sportschuhen als geschütztes Zeichen drei, X hingegen vier parallel laufende Seitenriemen. Die **Kennzeichnungsmittel** sind also nicht identisch, aber **ähnlich**.

Wegen der Identität der Waren und der Ähnlichkeit der Zeichen besteht hier **Verwechslungsgefahr**. Ein nicht unbeträchtlicher Teil der angesprochenen Verkehrskreise wird bei der Betrachtung der Vier-Riemen-Schuhe annehmen, dass sie von A stammen, denn der Verlauf der Riemen ist gleich (Parallel in gleichen Abständen, schräg von oben nach unten), beide Riemen haben gezackte Ränder und beide heben sich durch die Farbgebung vom Untergrund deutlich ab. Der Umstand, dass die X-Schuhe vier Riemen haben, tritt demgegenüber zurück. Dabei fällt noch folgender Aspekt erschwerend ins Gewicht: Je mehr Streifen angebracht werden, desto schwieriger wird es für den Verkehr, sie auf einen Blick zu erfassen. Damit ist die Gefahr einer Verwechslung gegeben (Rz 271 ff.).

Da X von A keine **Zustimmung** hatte, Vier-Riemen-Schuhe zu vertreiben, ist auch die letzte Voraussetzung von § 14 II Ziff. 2 MarkenG erfüllt.

Damit ist das Unterlassungsbegehren des A gegen X nach § 14 V MarkenG berechtigt.

Vgl. zu diesem Fall: BGH, GRUR 59, 423 f. – Fußballstiefel; GRUR 73, 368 f., BGH, GRUR 86, 252 f. – Sportschuhe.

Fall 16

Auf vielen Weinflaschen aus badischen Erzeugergebieten findet sich ein kreisrunder Aufkleber von etwa 4 cm Durchmesser mit 3 Ringen, einer schwarzen Traubenranke und dem badischen Wappen in der Mitte. Der umrandende Text lautet: „Gütezeichen für Bad. Qualitätswein – Verliehen v. Badischen Weinbauverband – ges. gesch."

Um welchen gesetzlichen Schutz handelt es sich bei diesem „ges. gesch."?

Lösung

Häufig werden Gütezeichen gem. §§ 97 ff. MarkenG geschützt. Hiernach können *rechtsfähige Verbände* **Kollektivmarken** anmelden, die in den Geschäftsbetrieben ihrer Mitglieder zur Kennzeichnung der Waren dienen sollen (Rz 323 ff.).

Der badische Weinbauverband hat sich diese Kollektivmarke beim Patentamt schützen lassen.

Der Weinbauverband seinerseits verleiht dieses Gütezeichen einzelnen Erzeugern, die dieses Kollektivzeichen zur Kennzeichnung ihrer Qualitätsweine benutzen.

Bei dem „ges. gesch." handelt es sich also um den Schutz als Kollektivmarke (die Bezeichnung ges. gesch. verstößt nicht gegen § 5 i.V.m. § 3 I UWG, da hier klar erkennbar ist, dass es sich um eine Marke handelt und nicht etwa um eine Erfindung).

Fall 17

Unternehmer M produziert und vertreibt Süßwaren, insbesondere Schokoladenriegel. Er hat „MARS" mit seinem charakteristischen, besonderen Schriftbild als Marke eingetragen, ebenso den Slogan „MARS macht mobil, bei Arbeit, Sport und Spiel".

X produziert und vertreibt Scherzartikel. In einer Faltschachtel nach Art eines Streichholzbriefchens ist ein Kondom verpackt. Auf der Vorderseite der Schachtel: die Abbildung eines MARS-Schoko-Riegels mit dem originalgetreuen MARS-Schriftzug und den Worten „macht mobil". Auf der Innenseite der Schachtel: die weiterführenden Worte „bei Sex, Sport und Spiel".

M klagt gegen X auf Unterlassung. Mit Erfolg?

Lösung

Rechtsgrundlage für einen Unterlassungsanspruch von M gegen X ist § 14 V MarkenG.

Voraussetzung ist hier die Benutzung einer Marke entgegen den Absätzen zwei bis vier. Maßgebend ist hier zunächst § 14 II Ziff. 3 MarkenG.

M ist Inhaber des Wort-Bildzeichens „MARS" und des Slogans „MARS macht mobil bei Arbeit, Sport und Spiel"; beides sind eingetragene Marken.

X hat die *Mars*-Scherzartikel hergestellt und vertrieben, mithin im **geschäftlichen Verkehr** gehandelt. Dies geschieht ohne Zustimmung von M.

X **benutzt** das **identische Zeichen** MARS; desgl. den geschützten Slogan „MARS macht mobil bei Arbeit, Sport und Spiel" in ähnlicher Weise. Die Benutzungshandlungen sind darin zu sehen, dass X die Marken auf den Schachteln und damit auf **Verpackungen anbringt** und diese als Scherzartikel in den **Verkehr bringt** (§ 14 III Ziff. 1, 2 MarkenG).

Die Waren, um die es hier geht, Süßwaren und Kondome, sind **nicht ähnlich**.

Bei MARS und dem MARS-Slogan handelt es sich um im Inland **bekannte Marken**, davon ist der BGH ausgegangen. Werden diese zur Beschriftung von Präservativ-Packungen verwendet, so ist dieser Umstand geeignet, die Werbewirksamkeit von MARS zu beeinträchtigen und darüber hinaus – wenigstens in Teilen der Bevölkerung – ein negatives Image zu schaffen. Damit wird die Wertschätzung von MARS **ohne rechtfertigenden Grund** in **unlauterer Weise** beeinträchtigt.

Da somit alle Rechtsvoraussetzungen von § 14 V, II, III MarkenG erfüllt sind, ist das Unterlassungsbegehren von M dem Grunde nach gerechtfertigt.

Diesem Ergebnis könnte jedoch der **Erschöpfungsgrundsatz** des § 24 I MarkenG entgegenstehen, der das Verbietungsrecht in Bezug auf die Benutzung der Marke durch Dritte ausschließt. M hat seine Schoko-Riegel unter Verwendung seiner Marke MARS im Inland in den **Verkehr gebracht.** Hierdurch wird nicht nur das Recht des Markeninhabers zur Anbringung des Zeichens an der Ware selbst und deren Vertrieb verbraucht, sondern auch sein Recht zur ausschließlichen Werbung hierfür. Es muss nämlich auch dem mit dem Vertrieb befassten Handel ermöglicht werden, unter der betreffenden Marke absatzpolitisch vernünftige Maßnahmen zu treffen, insbesondere zu werben. Um eine derartige *bedürfnisgerechte* Verwendungsweise geht es hier aber gerade nicht. X benutzt MARS zum Zwecke des Vertriebs seiner eigenen Scherzartikel, also anderer Produkte, und zwar in *verunglimpfender* Weise. Damit wird die Wertschätzung von Mars in unlauterer Weise beeinträchtigt, so dass sich M der Benutzung von MARS aus berechtigten Gründen widersetzt (§ 24 II MarkenG). Konsumtion ist somit nicht eingetreten (Rz 299).

Da eine Erschöpfung nach § 24 I MarkenG nicht vorliegt, steht M der oben begründete Unterlassungsanspruch (§ 14 V MarkenG) gegen X zu.

Vgl. zu diesem Fall: BGH: WRP 94, 495 ff. – Markenverunglimpfung I sowie WRP 95, 92 ff. – Markenverunglimpfung II.

Fall 18

Die Firma Impuls Medienmarketing GmbH bietet seit einigen Jahren im Internet unter dem Domainnamen *„impuls.de"* eine für private Kunden kostenlose Beratungsdienstleistung an. Dabei geht es um einen Kostenvergleich zwischen 35 privaten Krankenversicherungen. Die Kunden können die Konditionen ihres eigenen Vertrages mit den Angeboten anderer Krankenversicherer vergleichen, um gegebenenfalls zu einem günstigeren Versicherer zu wechseln.

X war früher Kooperationspartner und freier Mitarbeiter der Firma Impuls Medienmarketing GmbH. Er bietet nunmehr im Internet unter der Adresse *„private-krankenversicherung-im-vergleich.de"* ebenfalls eine Beratung an, die es dem Kunden ermöglicht, die Kosten und Leistungen verschiedener privater Krankenversicherungen zu vergleichen.

Seit kurzem verwendet X die Bezeichnung *„Impuls"* als Metatag. Metatags sind für den Internetnutzer nicht sichtbare Schlüsselbegriffe im Quelltext der Internetseite, die von Suchmaschinen aufgefunden werden und zu einer entsprechenden Trefferanzeige führen. X erreicht damit, dass Kunden, die das Wort „Impuls" in eine Suchmaschine (z.B. *„google"*) eingeben, auch auf sein Angebot hingewiesen werden.

Die Firma Impuls Medienmarketing GmbH sieht hierin eine Verletzung ihrer Kennzeichenrechte.

Kann die Firma Impuls Medienmarketing GmbH erfolgreich gegen die Verwendung der Bezeichnung *„Impuls"* durch X als Metatag rechtlich vorgehen?

Lösung

Der Firma Impuls Medienmarketing GmbH könnte ein **Unterlassungsanspruch** aus **§ 15 IV MarkenG** gegen X zustehen (Rz 320 f.).

Die Vorschrift setzt zunächst voraus, dass der Anspruchsteller Inhaber einer **geschäftlichen Bezeichnung** i.S. **des § 5 MarkenG** ist. Bei der Bezeichnung „Impuls" handelt es sich um einen unterscheidungskräftigen Firmenbestandteil, der geeignet ist, im Verkehr als schlagwortartiger Hinweis auf das Unternehmen der Impuls Medienmarketing GmbH zu dienen. Es liegt somit ein Unternehmenskennzeichen i.S.v. § 5 II MarkenG vor, das gemäß § 15 I MarkenG absoluten Schutz genießt.

Der Anspruchsgegner X hat im **geschäftlichen Verkehr** gehandelt, weil er mit Hilfe des Zeichens „Impuls" seinen Absatz steigern wollte. Die Benutzung des Zeichens „Impuls" erfolgte **ohne Zustimmung** der Firma Impuls Medienmarketing GmbH als berechtigter Zeicheninhaberin.

Hoch umstritten ist die Frage, ob die Verwendung eines Zeichens als Metatag eine **kennzeichenmäßige Benutzung** darstellt.

Das OLG Düsseldorf hat dies verneint mit der Begründung, dass die Verwendung kennzeichenrechtlich geschützter Begriffe als Metatag für die Internetnutzer nicht wahrnehmbar sei. Folglich fehle es an einer Benutzung zur Bezeichnung einer eigenen Dienstleistung bzw. des eigenen Unternehmens (GRUR-RR 03, 340).

Demgegenüber vertritt der BGH die Auffassung, dass es auf die fehlende Wahrnehmbarkeit des Metatags nicht ankomme. Maßgeblich sei allein der Umstand, dass mit Hilfe des Metatags das Auswahlverfahren beeinflusst und der Nutzer zu der betreffenden Internetseite geführt werde. Der Metatag diene dazu, den Internetnutzer auf das eigene Unternehmen und dessen Angebot hinzuweisen (NJW 07, 153 f. – Impuls).

Folgt man der Auffassung des BGH wäre im vorliegenden Falle eine kennzeichenmäßige Benutzung zu bejahen, da X den Metatag gezielt dazu verwendet, die Kunden auf seine eigene Internetdienstleistung aufmerksam zu machen.

Die Firma Impuls Medienmarketing GmbH kann sich auf die **Priorität** ihres Unternehmenskennzeichens „Impuls" berufen, da sie dieses schon seit einigen Jahren benutzt.

Der Unterlassungsanspruch des § 15 IV MarkenG setzt ferner voraus, dass durch die Benutzung des jüngeren Zeichens die Gefahr von Verwechslungen mit der für den Anspruchsteller geschützten älteren geschäftlichen Bezeichnung begründet wird (§ 15 II MarkenG).

Kriterien für die Beurteilung der **Verwechslungsgefahr** (Rz 271 ff.) sind die Ähnlichkeit der gegenüberstehenden Bezeichnungen und die Nähe der gegenüberstehenden Branchen.

Im vorliegenden Falle hat X das Unternehmenskennzeichen der Firma Impuls Medienmarketing GmbH in identischer Form in derselben Branche verwendet. Beide Unternehmen sind darauf spezialisiert, den Kunden die Vor- und Nachteile verschiedener privater Krankenversicherungen im Vergleich vorzustellen. Es besteht daher die Gefahr, dass der Internetnutzer das Angebot des X mit dem der Firma Impuls Medienmarketing GmbH verwechselt und sich näher mit diesem befasst. Verwechslungsgefahr ist somit zu bejahen.

Dass die Verwechslungsgefahr bei einer näheren Befassung mit den betreffenden Internetseiten ausgeräumt werden könnte, soll nach dem BGH keine Rolle spielen (BGH a.a.O.).

Die **Schutzausschließungsgründe** der §§ 20 bis 24 MarkenG greifen im vorliegenden Falle nicht ein. Insbesondere kann sich X nicht auf eine privilegierte Nennung eines fremden Kennzeichens gemäß § 23 Ziff. 2 MarkenG berufen, da es ihm nicht darum ging, auf Merkmale oder Eigenschaften seiner eigenen Dienstleistung hinzuweisen.

Da somit alle Voraussetzungen des § 15 IV MarkenG gegeben sind, kann die Firma Impuls Medienmarketing GmbH dem X die weitere Benutzung des Zeichens „Impuls" als Metatag untersagen.

Fall 19

Zeitschrift Z wirbt bei Insertionskunden: „In den letzten 4 Jahren Auflagensteigerung von 28 %".

Diese Auflagensteigerung hatte im fraglichen Zeitraum tatsächlich stattgefunden. Dabei wurden rund 25 % Steigerung vor 4 Jahren erzielt, die restlichen 3 % verteilten sich in etwa gleichmäßig auf die letzten 3 Jahre.

Ist diese Werbemaßnahme von Z zulässig?

Lösung

Die Zulässigkeit dieser Werbung beurteilt sich nach § 5 I i.V.m. § 3 I UWG.

Die Werbemaßnahme des Z stellt eine **geschäftliche Handlung** dar. Informationen über die Auflagenhöhe bzw. -steigerung unterrichten über die Verbreitung der Zeitschrift. Davon hängt deren Werbewirkung ab, was für die Insertionskunden von entscheidender Bedeutung ist. Damit dient diese Werbung der Absatzförderung (§ 2 I Ziff. 1 UWG; Rz 342 ff.).

Eine Aussage über eine Auflagensteigerung ist eine **Angabe** über die Beschaffenheit einer Zeitschrift (§ 5 I, 2 Ziff. 1 UWG). Unter Angaben versteht man nachprüfbare Aussagen, die einen Aussagegehalt haben. Auflagensteigerungen sind nachprüfbar und sagen etwas über die Verbreitung einer Zeitschrift aus. Die Werbung „28 % Auflagensteigerung in 4 Jahren" ist also eine Angabe (Rz 518 ff.).

Problematisch ist somit allein die Frage, ob die Angabe von Z **irreführend** ist. Irreführung kann in 2 Hauptgruppen auftreten: Die Angabe ist schon objektiv unrichtig, d.h.

unwahr (§ 5 I, 2, 1. Alt. UWG) oder sie ist subjektiv unrichtig, d.h. für die umworbenen Kunden missverständlich, weil sie zur Täuschung geeignete Angaben enthält (§ 5 I, 2, 2. Alt. UWG). Die erste Gruppe liegt hier nicht vor; die Angabe über die 28 % Auflagensteigerung in den 4 Jahren ist objektiv richtig (Rz 527 ff.).

Bei der Prüfung, ob wir es mit einer sonstigen zur Täuschung geeigneten, einer *missverständlicher Werbung* (Rz 540 ff.) zu tun haben, ist davon auszugehen, wie ein nicht unbeträchtlicher Teil der durch diese Werbung angesprochenen Personenkreise diese Werbeaussage versteht (Rz 358 ff.). Wenn in der Werbung der Aspekt der Expansion besonders herausgestellt wird, wie etwa hier mit „28 % Auflagensteigerung in 4 Jahren", so bezieht ein nicht unbeachtlicher Teil der Zielgruppe, hier der Insertionskunden, diese Erhöhung insbesondere – zumindest auch – auf die letzte Zeit. Nur die gegenwärtige Auflagenhöhe und die daraus abzuleitenden Zukunftserwartungen sind für den potenziellen Insertionskunden interessant. Ein Auflagensprung, der *vor Jahren* stattgefunden hat, ist für die heutige Entscheidung, die Werbung in dem einen oder anderen Printmedium zu schalten, für einen Werbungtreibenden irrelevant. – Hiervon ausgehend, wird sich ein nicht unbeachtlicher Teil der angesprochenen Insertionskunden sagen, dass auch im letzten Jahr eine beachtliche Auflagensteigerung – etwa in der Größenordnung von 7 % – stattgefunden hat. Dies ist jedoch nicht der Fall; hier trat mit nur ca. 1 % Erhöhung nahezu eine Stagnation ein. Es besteht somit eine Divergenz zwischen der Vorstellung eines nicht unbeträchtlichen Teiles der Zielgruppe und der Realität. Damit liegt Irreführung im Sinne einer missverständlichen Werbung vor. Es ist nicht erlaubt, in der Werbung nicht mehr aktuelle Umstände als aktuell erscheinen zu lassen.

Bei dieser Irreführung über die Auflagensteigerung handelt es sich nicht um eine Bagatelle, vielmehr um eine geschäftliche Handlung, die in **spürbarer** Weise zu einer **Interessenbeeinträchtigung** der Marktteilnehmer geeignet ist.

Da somit alle Rechtsvoraussetzungen des § 5 I UWG erfüllt sind, ist diese Werbung von Z nach § 3 I UWG nicht zulässig.

Fall 20

Der am Markt für spezielle Werkzeuge führende, große Werkzeughersteller und -händler W (Jahresumsatz ca. 15 Milliarden €, 50 000 Mitarbeiter weltweit) feierte sein 50-jähriges Firmenjubiläum. Aus diesem Anlass fand ein großes Jubiläumsfest in der Konzernzentrale statt, zu dem 2000 Gäste eingeladen waren.

Zur Finanzierung der Jubiläumsaktivitäten verschickte die Firma W im April ein Rundschreiben an alle ihre Lieferanten, in welchem sie um einen finanziellen Beitrag („Bonus") in Höhe von 5 % des Jahresumsatzes des jeweiligen Lieferanten bat.

In dem Rundschreiben wurde erwähnt, dass die Lieferanten der langjährigen Partnerschaft mit der Firma W viel zu verdanken hätten und mit der Leistung des Beitrags die Geschäftsbeziehung weiter „festigen" könnten. Ein Teil des Geldes fließe in die Neuauflage der Produktkataloge, was letztlich auch den Lieferanten zugutekomme.

Wie ist das Verhalten der Firma W wettbewerbsrechtlich zu beurteilen?

Lösung

a) Das Verhalten der Firma W könnte gegen §§ 4 Ziff. 1, 3 I UWG verstoßen. Danach ist es verboten, die Entscheidungsfreiheit von Verbrauchern oder Marktteilnehmern durch Ausübung von Druck, in menschenverachtender Weise oder durch sonstigen unsachlichen Einfluss zu beeinträchtigen.

Die von § 3 I UWG verlangte **geschäftliche Handlung** liegt vor, weil sich W mit dem Rundschreiben einen finanziellen Vorteil verschafft und damit den eigenen Absatz fördert (§ 2 I, Ziff. 1 UWG).

Die an die Lieferanten gerichtete „Bitte" um Leistung eines finanziellen Beitrags für das anstehende Firmenjubiläum ist als **Ausübung von Druck** zu qualifizieren. Ein derartiges Verhalten wird auch *„Anzapfen"* genannt (Rz 379). Gemeint sind damit Fälle, in denen ein marktstarker Händler oder Hersteller von seinen Lieferanten bestimmte Einkaufsvorteile (Rabatt, Eintrittsgeld, Zuschuss o.ä.) fordert, ohne dafür eine adäquate Gegenleistung zu erbringen.

Dabei werden den Lieferanten, mehr oder weniger deutlich, gravierende Nachteile angedroht, falls sie der Forderung des Händlers bzw. Herstellers nicht nachkommen. Es handelt sich somit um einen Missbrauch der Nachfragemacht.

Die von der Firma W verlangten umsatzabhängigen Einmalzahlung war sachlich nicht gerechtfertigt, da die Ausrichtung des Firmenjubiläums allein ihre Angelegenheit ist.

Zwar sollte nach den Ankündigungen der Firma W ein Teil der von den Lieferanten zu leistenden Beiträge in die Neuauflage der Produktkataloge fließen, was letztlich auch den Lieferanten selbst zugutekäme. Allerdings handelt es sich hierbei nur um einen mittelbaren Vorteil, der die Leistung eines Beitrags von 5 % des Jahresumsatzes nicht zu rechtfertigen vermag. Es fehlt im vorliegenden Falle somit an der Erbringung einer markt- und leistungsgerechten Gegenleistung.

Aus der Bemerkung, dass die Leistung des Beitrags der Festigung der Geschäftsbeziehung diene, muss der Gegenschluss gezogen werden, dass sich diese lockern könnte, falls der jeweilige Lieferant dem Wunsch der Firma W nicht nachkommt. Es wird somit für den Fall der Nichtzahlung in subtiler Weise mit dem Abbruch der Geschäftsbeziehung gedroht.

Neben dem wirtschaftlichen Druck wird auch noch **moralischer Druck** auf die Lieferanten ausgeübt durch den Hinweis, dass diese wegen der langjährigen Partnerschaft der Firma W zum Dank verpflichtet seien.

Das Verhalten der Firma W ist geeignet, die **Entscheidungsfreiheit** der Lieferanten als „Marktteilnehmer" i.S.v. § 2 I Ziff. 2 UWG zu **beeinträchtigen**.

Es besteht eine hohe Wahrscheinlichkeit, dass ein Teil der Lieferanten den von der Firma W verlangten Beitrag nicht aufgrund einer rational-kritischen Erwägung, sondern allein im Hinblick auf die Aufrechterhaltung der Geschäftsbeziehung zahlen wird.

Wegen der starken Marktmacht der Firma W und der Vielzahl der betroffenen Lieferanten muss auch die **Eignung zur spürbaren Wettbewerbsbeeinträchtigung** bejaht werden.

Das Rundschreiben der Firma W verstößt daher gegen §§ 4 Ziff. 1, 3 I UWG.

b) Durch die Erzielung des ungerechtfertigten Einkaufsvorteils werden die Mitbewerber der Firma W in ihrer Absatztätigkeit **behindert**. Es liegt somit gleichzeitig ein Verstoß gegen die Vorschrift des § 4 Ziff. 10 UWG vor (Rz 504).

Das Verhalten der Firma W ist somit in zweifacher Hinsicht als wettbewerbswidrig anzusehen.

Fall 21

Ein Unternehmen (U), das u. a. Düngekeile und Düngestäbchen vertreibt, warb auf Vor- und Rückseite der Verpackungen – teils blickfangmäßig herausgestellt – mit den Angaben „biologisch düngen", „naturgemäß düngen" und „biologische Wirkungsweise".

Diese genannten Düngemittel enthielten sowohl aus der Natur gewonnene Stoffe als auch chemisch synthetisierte Langzeitstickstoffe.

Haben Sie wettbewerbsrechtliche Bedenken?

Lösung

Wettbewerbsrechtliche Bedenken könnten sich hier nach §§ 5 I, 2 Ziff. 1; 3 I UWG ergeben.

Die „Bio-Hinweise" auf den Verpackungen sind **geschäftliche Handlungen** (§ 2 I Ziff. 1 UWG).

„Biologisch düngen", „naturgemäß düngen" und „biologische Wirkungsweise" sind **Angaben** über die Beschaffenheit (§ 5 I, 2, Ziff. 1 UWG) der Düngestäbchen. Angaben sind nachprüfbare Aussagen (Rz 518 ff.). Dies trifft auf die genannten „Bio-Hinweise" zu.

Irreführung ist dann gegeben, wenn eine zur Täuschung geeignete Angabe über die Beschaffenheit vorliegt (§ 5 I, 2, 2. Alt. UWG). Dies ist dann der Fall, wenn eine Diskrepanz zwischen der Vorstellung der Umworbenen einerseits und der Realität andererseits vorliegt (Rz 527 ff.).

Es besteht die Gefahr, dass von mindestens einem Viertel bis zu einem Drittel der Zielgruppe – hier die Verbraucher, auch die Allgemeinheit (Rz 525a) –, an die sich diese Werbung richtet, „biologisch düngen", „naturgemäß düngen", „biologische Wirkungsweise" so verstanden wird, dass die angebotenen Düngemittel *nur* natürliche, d.h. aus der Natur selbst gewonnene Substanzen enthalten.

Realität hingegen ist, dass die angebotenen Düngemittel neben natürlichen Substanzen auch chemische Stoffe beinhalten, nämlich chemisch synthetisierte Langzeitstickstoffe.

Damit besteht eine Diskrepanz zwischen der Vorstellung der Zielgruppe und der Realität und damit eine Irreführung.

Diese recht dreisten irreführenden Verpackungsangaben sind geeignet, die Interessen der Marktteilnehmer (§ 3 I UWG) **spürbar zu beeinträchtigen**.

Gegen diese „Bio-Hinweise" auf der Verpackung bestehen somit wettbewerbsrechtliche Bedenken.

Fall 22

Die Unternehmen A und B stellen Schuhschmuck und Schuhschnallen her. A beliefert seit vielen Jahren die Schuhfabrik X. B versuchte seit längerem mit X ins Geschäft zu kommen. Aus diesem Grunde übersandte B verschiedentlich Musterkarten mit aufgezogenen Mustern an den Einkäufer (S) von X und suchte S wiederholt persönlich auf. Alle diese Bemühungen waren jedoch vergeblich. Aus Verärgerung darüber schrieb B an den Direktor von X – unter Vorlage des bisherigen Briefwechsels mit S – u. a.: „Ich kann mir nicht denken, dass diese ablehnende Haltung mit Ihrem Einverständnis geschehen soll. Sicher interessiert es Sie aber zu erfahren, dass A besonders gut mit Ihrem Einkäufer S steht und dass dieses gute Verhältnis noch besonders an Weihnachten gepflegt wird ..."

Als A hiervon erfuhr, wurde die Frage geprüft, ob ein Vorgehen gegen B Erfolg versprechend sei, insbesondere auch unter dem Gesichtspunkt, dass A dem S – wie anderen Einkäufern auch – zu Weihnachten ein Feuerzeug im Wert von 10,– DM geschenkt hat, wobei das Feuerzeug den Aufdruck der Marke von A trug.

Wird ein Vorgehen von A gegen B erfolgreich sein?

Lösung

Die Frage beantwortet sich anhand von § 4 Ziff. 8 UWG i.V.m. § 3 I UWG.

Nach dieser Vorschrift handelt derjenige unlauter, der im Rahmen einer **geschäftlichen Handlung** über den **Unternehmer** oder ein Mitglied der Unternehmensleitung **Tatsachen behauptet** oder **verbreitet**, die den **Betrieb des Unternehmens** oder den **Kredit des Unternehmers zu schädigen** geeignet sind, sofern der Verbreitende die **Wahrheit der Behauptung nicht beweisen kann** (Rz 465 ff.).

B ist ein Konkurrent von A; er stellt – wie A – Schuhschmuck und Schuhschnallen her. Der Brief an X soll B die Möglichkeit verschaffen, mit X endlich ins Geschäft zu kommen. Das Schreiben an X stellt somit eine geschäftliche Handlung dar (§ 2 I Ziff. 1 UWG).

Die Behauptung des B, A stehe mit dem Einkäufer von X besonders gut, und dieses gute Verhältnis werde noch besonders an Weihnachten gepflegt, stellt eine Tatsachenbehauptung dar. Es wird, bei Licht besehen, behauptet, A selbst als Unternehmer oder ein Mitglied der Unternehmensleitung – von diesem Personenkreis werden Art und Umfang von Werbegeschenken festgelegt – habe durch große, nicht im Rahmen des Üblichen liegende Weihnachtszuwendungen an S die gute Geschäftsverbindung zwischen A und X erkauft.

Diese Tatsachenbehauptung ist geeignet, den Betrieb oder den Kredit des A zu schädigen, wird ihm doch ein Verhalten angelastet, das nicht nur gegen die guten kaufmännischen Sitten, sondern u. U. auch gegen das Schmiergeldverbot des § 299 StGB verstößt.

Entscheidend ist also die Frage, ob B den Wahrheitsbeweis in Bezug auf die strittige Behauptung erbringen kann, A habe seine guten Geschäftsverbindungen mit X durch *Schmieren* des S mit großen, nicht üblichen Weihnachtsgeschenken erkauft. Das ist zu verneinen. Eine psychologische Beeinflussung des S durch dieses Feuerzeug als Weihnachtsgeschenk kann nicht angenommen werden. Ein Werbegeschenk mit einem Verkehrswert von 10,– DM hält sich im Rahmen des kaufmännisch Üblichen. Dies umso mehr, als der Wert durch den Werbeaufdruck mit der Marke noch gemindert wird. Das Verhalten des A gegenüber dem S ist also nicht zu beanstanden.

Dieser recht massive Wettbewerbsverstoß stellt eine **spürbare Beeinträchtigung der Interessen** der Mitbewerber (§ 3 I UWG) dar.

Da somit alle Voraussetzungen der §§ 4 Ziff. 8, 3 I UWG erfüllt sind, wird ein Vorgehen von A gegen B erfolgreich sein.

Eine Einschränkung nach § 4 Ziff. 8 nach Semikolon UWG unter dem Aspekt der Wahrnehmung berechtigter Interessen des B kommt nicht in Betracht, denn das Schreiben von B an X war nicht vertraulich.

Anmerkung zur Bewertung der DM 10,–: Dieser uralte Fall stammt aus dem Jahre 1956. Auf heutige Verhältnisse hochgerechnet wäre der zulässige Wert eines Werbegeschenkes zugunsten eines Einkäufers zu Weihnachten um einiges höher.

Vgl. zu diesem Fall: BGH, GRUR 59, 31 – Feuerzeug.

Fall 23

Der gewiefte Geschäftsmann F rief den Onlinedienst www.simsen.de ins Leben und warb auf seiner Homepage mit dem optisch stark hervorgehobenen Text: *„100 Frei-SMS sofort"*. Um die 100 kostenlosen SMS versenden zu können, mussten die Kunden ihre persönlichen Daten in ein Online-Formular eintragen und anschließend auf einen „Anmelden"-Button klicken. Ganz unten auf der betreffenden Internetseite befand sich ein Link mit „Teilnahmebedingungen", der allerdings bei der Standardbildauflösung von 1024 x 768 kaum sichtbar war. Dort stand Folgendes zu lesen:

„Für den 14-tägigen Testzugang ist ein Betrag von 0,– € zu entrichten. Der hieran anschließende monatliche Kundenbeitrag beträgt 7,– € (inklusive Mehrwertsteuer) und berechtigt zum Versand von 100 SMS pro Monat. Der Kundenbeitrag ist jeweils für ein Jahr im Voraus zu entrichten und wird dem Kunden entsprechend in Rechnung gestellt."

Eine Widerrufsbelehrung war in den Teilnahmebedingungen nicht enthalten.

Die Kunden, die sich auf der Homepage angemeldet hatten, erhielten nach Ablauf der 14-tägigen „Erprobungsphase" eine Rechnung über 84,– €.

Wie ist das Geschäftsmodell von F wettbewerbsrechtlich zu beurteilen?

Lösung

a) Die Werbeaktion von F könnte gegen **§ 3 III UWG in Verbindung mit Nr. 21 des Anhangs** zu diesem Gesetz verstoßen.

Danach müsste eine **„geschäftliche Handlung gegenüber Verbrauchern"** gegeben sein (**§ 3 III UWG**).

Dies liegt vor, da F mit der Marketingaktion seinen Absatz zum Nachteil von anderen SMS-Anbietern steigert und da sich die Werbung primär an private Kunden richtet.

Ferner müsste eine Ware oder Dienstleistung als „gratis", „umsonst", „kostenfrei" oder dergleichen angeboten worden sein, obwohl hierfür von den Kunden tatsächlich Kosten zu tragen sind, die nicht unvermeidbar mit der Inanspruchnahme des Angebots verbunden sind (**Anhang Nr. 21**).

Bei Betrachtung der blickfangmäßig hervorgehobenen Aussage *„100 Frei-SMS sofort"* musste das Publikum davon ausgehen, dass es ohne weitere Bedingungen 100 SMS geschenkt bekommt.

Tatsächlich aber ist im Falle der Registrierung spätestens nach 14 Tagen ein entgeltpflichtiger Vertrag über SMS-Dienstleistungen mit vergleichsweise ungünstigen Konditionen und einjähriger Laufzeit zustande gekommen.

Es kann nicht unterstellt werden, dass das Publikum vor Inanspruchnahme des kostenlosen Dienstes die Teilnahmebedingungen zur Kenntnis genommen hat, zumal diese am unteren Bildrand der Internetseite versteckt und zudem kaum lesbar waren. Zur Aufklärung der Kunden hätte deshalb im Blickfang selbst ein deutlicher Hinweis auf die vertragliche Bindung (z.B. durch Sternchen oder vergleichbare Zeichen) erfolgen müssen. In diesem Falle hätte mit an Sicherheit grenzender Wahrscheinlichkeit ein großer Teil des Publikums Abstand von dem betreffenden Geschäft genommen.

Da die im Anhang zu § 3 III UWG aufgeführten geschäftlichen Handlungen **stets** unzulässig sind, ist die Eignung zur spürbaren Interessenbeeinträchtigung nach § 3 I UWG nicht erforderlich.

Die Werbeaktion des F ist somit als unzulässig zu erachten.

b) Die Werbeaktion des F könnte ferner gegen **§§ 4 Ziff. 2, 3 I UWG** verstoßen. Danach sind Werbemaßnahmen verboten, die darauf abzielen, die geschäftliche Unerfahrenheit von Verbrauchern auszunutzen (Rz 411). Hierunter fällt auch das gezielte Ausnutzen der Rechtsunkenntnis von Verbrauchern.

Beurteilungsmaßstab ist der durchschnittlich informierte und verständige Verbraucher (§ 3 II 2 UWG).

Bezüglich der allgemeinen Voraussetzungen **„geschäftliche Handlung"** kann auf die unter a) gemachten Ausführungen verwiesen werden.

Ein Ausnutzen der Rechtsunkenntnis der Verbraucher liegt vor, wenn der Handelnde die rechtliche Unsicherheit potenzieller Vertragspartner ausnutzt, um sie zu einem geschäftlichen Verhalten zu veranlassen, das sie bei Kenntnis der wahren Rechtslage nicht oder nicht zu diesen Bedingungen vorgenommen hätten.

Im vorliegenden Falle hat F die Verbraucher bewusst nicht darüber aufgeklärt, dass sie das Vertragsverhältnis binnen 14 Tagen nach seinem Zustandekommen widerrufen können (§§ 355, 312d II BGB). Es ist davon auszugehen, dass ein nicht unerheblicher Teil der Verkehrskreise den verlangten Jahresbeitrag von 84,– € entrichtet hat, weil er sich vertraglich gebunden fühlte und keine Möglichkeit sah, das ungewollte Vertragsverhältnis wieder zu beenden.

Durch die Werbeaktion des F hat eine Vielzahl von Verbrauchern einen Vermögensschaden erlitten. Seine Handlung ist daher **geeignet**, die **Interessen** der **Verbraucher spürbar zu beeinträchtigen (§ 3 I UWG)**.

Das Verhalten des F ist somit gemäß § 4 Ziff. 2 UWG i.V.m. § 3 I UWG als unlauter zu erachten.

c) Es kommt weiterhin ein Verstoß gegen **§§ 4 Ziff. 4, 3 I UWG** in Betracht (Rz 438 f.). Die Norm soll den Verbraucher vor unsachlicher Beeinflussung durch unzureichende Information über die Bedingungen der Inanspruchnahme von Verkaufsförderungsmaßnahmen wie Preisnachlässen, Zugaben oder Geschenken schützen. Sie trägt dem speziellen Informationsbedarf bei Verkaufsförderungsmaßnahmen Rechnung, da diese eine große Anziehungskraft auf die Verbraucher ausüben und somit ein großes Missbrauchspotential eröffnen.

Bezüglich der allgemeinen Voraussetzungen **„geschäftliche Handlung"** und **„Eignung zur spürbaren Interessenbeeinträchtigung"** kann auf die unter b) gemachten Ausführungen verwiesen werden.

Im vorliegenden Falle hat F den Kunden 100 SMS kostenlos zur Verfügung gestellt, um diese zur weiteren Inanspruchnahme seiner Dienste zu veranlassen. Es liegt somit eine **Verkaufsförderungsmaßnahme** in Form einer Zugabe oder eines Geschenks vor. (Ob die 100 Frei-SMS an den Abschluss eines Vertrages gekoppelt sind oder unabhängig hiervon gewährt werden, ist nicht ganz klar. Letztlich kann die Frage aber offen bleiben).

F hat in seinen Teilnahmebedingungen klargestellt, dass die Kunden nach Ablauf der 14-tägigen „Testphase" für die Inanspruchnahme des SMS-Dienstes einen Beitrag von monatlich 7,00 € entrichten müssen. Es bleibt indessen unklar, wann genau der Vertrag zustande kommen soll (mit der Registrierung oder erst nach Ablauf von 14 Tagen) und wie der Kunde diesen wieder beenden kann.

Ferner sind die Teilnahmebedingungen ganz unten auf der betreffenden Internetseite versteckt und bei üblicher Bildauflösung nur schwer lesbar.

Es fehlt somit im vorliegenden Falle an der **klaren und eindeutigen Angabe der Bedingungen für die Inanspruchnahme** des kostenlosen SMS-Dienstes.

Auch unter diesem Aspekt ist die Marketingmaßnahme des F als unlauter anzusehen.

d) Die Werbeaktion des F könnte ferner als ein Verstoß gegen **§§ 4 Ziff. 11, 3 I UWG** zu qualifizieren sein(Rz 508 f.). Nach dieser Vorschrift ist es unlauter, gegen eine gesetzliche Bestimmung zu verstoßen, die *auch* dazu bestimmt ist, das Marktverhalten im Interesse der Marktteilnehmer zu regeln.

Unter diese Marktverhaltensregelungen fallen auch Normen, die gesetzliche Informationspflichten vorsehen und damit dem Schutz der Verbraucher dienen sollen (BGH, GRUR 00, 731 f. – Sicherungsschein).

Im vorliegenden Falle hat F die Kunden nicht über ihr gesetzliches Widerrufsrecht nach § 355 BGB belehrt und damit gegen § 312d BGB verstoßen. Hierbei handelt es sich um eine Norm, die im Interesse der Verbraucher das Marktverhalten der Marktteilnehmer regeln soll.

Der Tatbestand der §§ 4 Ziff. 11, 3 I UWG ist damit erfüllt.

e) Das Verhalten des F könnte schließlich gegen das in **§ 5 UWG** verankerte **Irreführungsverbot** verstoßen. Diese Vorschrift tritt jedoch hinter die speziellere Norm des § 3 III UWG i.V.m. Nr. 21 des Anhangs zurück.

Das Geschäftsmodell des F muss nach alledem als unzulässig angesehen werden.

Fall 24

In einem Einzelhandelsunternehmen sind die beiden Inhaber A und B zerstritten. B scheidet deswegen aus. Um ihn auszuzahlen, beabsichtigt A einen Räumungsverkauf durchzuführen, um dann mit den verbliebenen und neu zu beschaffenden Waren das Geschäft allein weiter zu betreiben.

A entwirft folgendes Inserat:

„Liquidationsverkauf
vom 1.–20. Oktober …
stark reduzierte Preise,
sensationelle Angebote von …
(Einzelangaben)."

Ist dem A anzuraten, mit dieser Anzeige zu werben?

Lösung

Diese Frage ist nach §§ 5 I, 2, 3 I UWG zu beantworten

Eine Werbung mit der entworfenen Anzeige wäre eine **geschäftliche Handlung**, denn sie soll den Warenabsatz des A fördern (§ 2 I Ziff. 1 UWG).

Bei dieser Anzeige geht es um **Angaben** über den Anlass des Verkaufs nach § 5 I, 2, Ziff. 2 UWG (Rz 518 ff., 534). Angaben sind nachprüfbare Aussagen. Das ist bei den in der Anzeige übermittelten Informationen der Fall.

Bei dem Merkmal **Irreführung** kommt es darauf an, wie die von dieser Anzeige angesprochenen Verkehrskreise, also die durchschnittlich informierten, verständigen Verbraucher als potenzielle Käufer (Rz 358 ff.), diese Verkaufsförderungsaktion auffassen. Unter „Liquidation" versteht man schlechthin die Vernichtung von Existenzen. Dies bedeutet hier, dass das Einzelhandelsunternehmen von A und B *endgültig* beendet wird, also völlig vom Markt verschwindet. Um eine solche Aufgabe des gesamten Geschäftsbetriebes geht es hier aber *nicht*. A will das Unternehmen mit den nach dem Räumungsverkauf verbliebenen und neu zu beschaffenden Waren *fortsetzen*. Seinen „Liquidationsverkauf" möchte A lediglich als eine *vorübergehende* verkaufsfördernde Maßnahme einsetzen mit dem Ziel, Geld für die Auszahlung des B zur Verfügung zu bekommen. Damit führt A über den Anlass des Verkaufes irre.

Ausverkäufe üben besonders starke Anreize auf Verbraucher aus. Verstöße auf diesem Gebiet **beeinträchtigen** daher den **Wettbewerb** zum Nachteil der Mitbewerber in **spürbarer Weise** (§ 3 I UWG).

Da somit die Rechtsvoraussetzungen der §§ 5 I, 3 I UWG erfüllt sind, ist dem A davon abzuraten, die geplante „Liquidationsverkaufs-Werbung" durchzuführen.

Fall 25

Im Bekleidungshaus B sind die Warenangebote auf drei Stockwerke verteilt. Im ersten Geschoss befinden sich Kinderkleider, im zweiten Damen- und im dritten Herrenmoden. Jede Abteilung hat eine separate Kasse.

Aus Rationalisierungsgründen beabsichtigt B, eine Zentralkasse am Ausgang des Geschäftes einzurichten. Vom beratenden Innenarchitekten erfährt er, dass die bisherigen drei Kassen mit Zahltischen in einfachster Weise entfernt werden können. Für das Aufstellen der zukünftigen Zentralkasse mit Ablagen und Packtischen sind – etwa vier Stunden lang – gewisse Schreinerarbeiten erforderlich.

B überlegt sich, ob er diesen beabsichtigten „Umbau" zum Anlass eines Räumungsverkaufes machen könnte. Eine besondere Aktion zu starten, hält er für sein Haus ohnehin für längst fällig.

Würden Sie dem B raten, für einen „Räumungsverkauf wegen Umbaus" zu werben?

Lösung

Die Beantwortung dieser Frage beurteilt sich gemäß §§ 5, 3 I UWG.

Eine Werbung mit Räumungsverkauf wegen Umbaus ist eine **geschäftliche Handlung**, denn B will hierdurch seinen Absatz fördern (§ 2 I Ziff. 1 UWG).

Eine derartige Werbung stellt eine **Angabe** über den Anlass des Verkaufs dar (§ 5 I, 2 Ziff. 2 UWG). Angaben sind nachprüfbare Aussagen (Rz 518 ff.), was hier zutrifft. Es ist nachprüfbar, ob ein Umbau stattfindet.

Problematisch ist also allein das Kriterium **Irreführung**. Auszugehen ist hierbei davon, was die durchschnittlich informierten, verständigen Verbraucher, unter einem „Räumungsverkauf wegen Umbaus" verstehen. Mindestens ein Viertel bis ein Drittel dieser angesprochenen Zielgruppe (Rz 525a) verstehen unter Umbau einen substanziellen Eingriff in das *Gebäude,* sei es durch Errichtung, Abbruch oder Veränderung baulicher Anlagen.

Die drei Kassen mit Zahltischen, die herausgerissen werden sollen, sind keine mit dem Erdboden verbundenen baulichen Anlagen, so dass das Gebäude an sich überhaupt nicht tangiert wird.

Selbst wenn die zukünftige Zentralkassenanlage mit Ablagen und Packtischen großzügiger gestaltet werden sollte als die bisherigen jeweiligen Einzelkassen, so gilt hier dennoch nichts anderes. Es geht auch hier nicht um substanzielle Eingriffe in das Gebäude, sondern um nur wenige Stunden Schreinerarbeit an beweglichen Sachen.

Das bloße Herausnehmen oder Einfügen von Mobiliar stellt keinen Umbau dar und rechtfertigt daher keine Werbung mit einem Räumungsverkauf wegen Umbaus.

Die verkaufsfördernde Maßnahme eines Räumungsverkaufs übt auf die Verbraucher einen besonders starken Anreiz aus. Verstöße in diesem Bereich **beeinträchtigen die Interessen** der **Mitbewerber** in **spürbarer** Weise (§ 3 I UWG).

Da somit alle Tatbestandsmerkmale des § 5 I UWG erfüllt sind, würde ich dem B nicht raten, eine Werbung mit Räumungsverkauf wegen Umbaus zu starten (§ 3 I UWG).

Fall 26

Die Brauerei K warb unter Beteiligung des bekannten Fernsehmoderators Günther Jauch für den Verkauf des von ihr hergestellten Biers „Krombacher" mit einer Aktion *„Krombacher Regenwaldprojekt"*. In den bundesweit veröffentlichten Werbeanzeigen und Fernsehspots waren folgende Hinweise enthalten:

„*Für jeden verkauften Kasten Krombacher fließt eine Spende in die Regenwaldstiftung des WWF, um einen Quadratmeter Regenwald in Afrika nachhaltig zu schützen.*"

In Flyern, die jedem Krombacher Bierkasten beigelegt waren, befand sich zudem die Angabe:

„*1 Kasten = 1 m²*".

K verwendete einen Teil seiner Umsatzerlöse zur Unterstützung der Regenwaldstiftung des WWF (World Wide Fund for Nature). Die genaue Höhe der Spenden ist indessen unbekannt geblieben. Ebenso blieb offen, wie der angekündigte Schutz des Regenwaldes konkret verwirklicht werden sollte.

Wie ist die Werbekampagne von K wettbewerbsrechtlich zu beurteilen?

Lösung

1. Die Werbeaktion von K könnte gegen **§ 4 Ziff. 1 UWG** verstoßen. Danach ist es verboten, die **Entscheidungsfreiheit** der Verbraucher durch **unangemessenen unsachlichen Einfluss zu beeinträchtigen**.

Eine **geschäftliche Handlung** ist gegeben, da K mit dem propagierten Regenwald-Projekt ihren Umsatz steigern möchte (§ 2 I Ziff. 1 UWG).

a) In ihren Werbehinweisen ruft die Brauerei K das Publikum dazu auf, mit dem Kauf eines Kastens Krombacher Bier einen Quadratmeter Regenwald zu retten.

Sie appelliert damit an das soziale Gewissen und das Verantwortungsbewusstsein der Verbraucher. Hierin könnte ein unlauteres **Ausnutzen von Gefühlen** zu sehen sein.

Die frühere Rechtsprechung sah derartige Appelle an das Verantwortungsgefühl als wettbewerbswidrig an, wenn kein sachlicher Zusammenhang zwischen dem beworbenen Produkt und dem verfolgten sozialen Zweck bestanden hat.

Durch die Entscheidungen des Bundesverfassungsgerichts zur Benetton-Werbung (siehe Rz 408) ist diese Rechtsprechung jedoch obsolet geworden. Aus heutiger Sicht ist gefühlsbetonte Werbung grundsätzlich erlaubt, auch wenn ein Sachzusammenhang zwischen Ware und sozialem Engagement nicht festgestellt werden kann.

Eine Ausnahme gilt allerdings dann, wenn der Appell an die Gefühle des Publikums so intensiv ist, dass dieses von einer rational-kritischen Würdigung der angepriesenen Ware abgehalten wird.

Im vorliegenden Falle ist der Aufruf zur Rettung des Regenwaldes aber nicht so dramatisch gestaltet, dass sich der Verbraucher seinen Gefühlen nicht mehr entziehen kann bzw. nicht mehr in der Lage ist, bei seiner Kaufentscheidung eine rationale Entscheidung zu treffen.

Es kann daher nicht von einer unlauteren Gefühlsausnutzung ausgegangen werden.

b) Die Werbekampagne der K könnte ferner unter dem Aspekt der **Wertreklame** als wettbewerbswidrig anzusehen sein. Eine solche liegt vor, wenn den Kunden unentgeltliche Vergünstigungen (Werbegeschenke, Zugaben, Warenproben etc.) geboten werden, um diese zum Kauf einer Ware zu bewegen (Rz 382). Hierunter fallen auch sogenannte **Kopplungsangebote**, bei denen unterschiedliche Waren und/oder Dienstleistungen zu einem Gesamtangebot zusammengefasst werden.

Im vorliegenden Falle hat K den Absatz des von ihr hergestellten Bieres mit der Förderung ökologischer Zwecke verknüpft, so dass von einem Kopplungsangebot gesprochen werden kann.

Nach der Rechtsprechung ist es aber noch nicht zu beanstanden, wenn die Kaufentscheidung der Verbraucher nicht allein auf wirtschaftlichen Überlegungen, sondern auch auf der Möglichkeit beruht, mit dem Kauf soziale oder ökologische Zwecke zu fördern. Die Schwelle zur Unterlauterkeit nach § 4 Ziff. 1 UWG wird vielmehr erst überschritten, wenn der Einfluss der Sponsoring-Leistung ein solches Ausmaß erreicht, dass er die freie Entscheidung des Verbrauchers zu beeinträchtigen vermag (BGH, WRP 07, 303 f. – Regenwaldprojekt I).

Dies wird man im vorliegenden Falle verneinen müssen. Der von dem Regenwald-Projekt des K ausgehende zusätzliche Kaufanreiz ist nicht so stark, dass die Verbraucher von der Prüfung der Angebote der Konkurrenz abgehalten werden. Die Anwendung der Vorschrift des § 4 Ziff. 1 UWG scheidet damit aus.

2. Die von K geschaltete Werbekampagne könnte indessen **irreführend** i.S.v. **§ 5 UWG** sein.

Wegen des Vorliegens einer **geschäftlichen Handlung** kann auf die unter 1. gemachten Ausführungen verwiesen werden.

Die von K gemachten Werbeaussagen enthalten nachprüfbare Tatsachen und dienen erkennbar der Verkaufsförderung. Das Vorliegen einer **Angabe** ist somit zu bejahen.

Eine **Irreführung** wäre gegeben, wenn ein Viertel bis ein Drittel der angesprochenen Verkehrskreise die Werbung falsch interpretieren würde. Dabei ist auf den durchschnittlich informierten und verständigen, situationsadäquat aufmerksamen Verbraucher abzustellen (Rz 366).

Im vorliegenden Falle ist die von K durchgeführte Werbeaktion in zweifacher Hinsicht als intransparent anzusehen. So wird den Verbrauchern verschwiegen, welcher genaue Betrag vom Entgelt für den gekauften Bierkasten für den propagierten umweltpolitischen Zweck abgeführt wird. Hierin könnte eine Täuschung über den tatsächlichen Wert der von K erbrachten Zusatzleistung zu sehen sein.

Der BGH hat in den Entscheidungen Regenwaldprojekt I und II (WRP 07, 303 f. und 308 f.) indessen ausgeführt, dass ein Unternehmen, das in seiner Werbung für den Fall des Erwerbs seiner Produkte die Förderung eines sozialen Zwecks verspreche, über Details dieser Leistung nicht aufklären müsse. Im Regelfall werde der Verbraucher nur erwarten, dass das werbende Unternehmen zeitnah eine Unterstützungsleistung erbringe, die so erheblich ist, dass sie die werbliche Herausstellung rechtfertige. Darüber hinaus ergebe sich grundsätzlich keine Verpflichtung des Werbenden zu aufklärenden Hinweisen über den Wert der Unterstützungsleistung. Der Gesetzgeber habe sich im Rahmen der UWG-Reform ausdrücklich gegen ein allgemeines Transparenzgebot entschieden.

Weiterhin wird den Verbrauchern bei der fraglichen Werbekampagne vorenthalten, wie der Schutz eines Quadratmeters Regenwald durch den Kauf eines Kasten Biers tatsächlich umgesetzt werden soll. Auch hierin könnte eine Irreführung der Verkehrskreise gesehen werden.

Durch die Werbeaussage „*1 Kasten = 1 m²*" wird bei den Kunden der Eindruck erweckt, dass mit dem Kauf eines Kastens Krombacher Bier ein Quadratmeter einer bestimmten vom Holzeinschlag bedrohten Regenwaldfläche real gesichert würde. Tatsächlich aber erschöpft sich das Engagement von K in der allgemeinen monetären Unterstützung verschiedener Aktionen des WWF, so dass zwischen der Anzahl der verkauften Kästen Bier und dem Umfang der geschützten Fläche lediglich eine mittelbare Beziehung besteht. Es besteht damit eine Diskrepanz zwischen der Vorstellung der Umworbenen und der Realität.

Die von K versprochene Förderung eines Umweltprojekts ist geeignet, die **Marktentschließung** der Verbraucher positiv zu **beeinflussen**.

Anhaltspunkte für einen Ausschluss des Irreführungsverbots (Interessenabwägung oder Verhältnismäßigkeitsprüfung) sind nicht ersichtlich.

Wegen des Umfangs der Werbeaktion und der bestehenden Wiederholungsgefahr ist das Verhalten von K **geeignet**, die **Interessen** der Mitbewerber **spürbar zu beeinträchtigen** (§ 3 I UWG).

Die von K geschaltete Werbekampagne ist somit als wettbewerbswidrig zu erachten. Die weiteren Rechtsfolgen ergeben sich aus den §§ 8–10 UWG.

Fall 27

Die Kaufhauskette K betreibt zahlreiche Filialen im gesamten Bundesgebiet. In einer groß angelegten Anzeigenaktion in allen überregionalen Tageszeitungen wirbt K mit dem Hinweis „Große Boss Frühjahrsaktion – Besuchen Sie unsere Sonderflächen". Unter dem blickfangmäßig hervorgehobenen Text befindet sich eine fotografische Abbildung eines Herrenanzugs mit der daneben stehenden Angabe „Zum Beispiel eleganter Boss-Nadelstreifenanzug statt bisher 399,– € für nur noch 199,– €".

Drei Tage nach dem Erscheinen der Zeitungsanzeigen war der abgebildete Nadelstreifenanzug in zahlreichen Filialen nur noch in den Größen 26, 28, 98 und 102 erhältlich.

Von insgesamt 40 Boss-Artikeln, die auf den Sonderflächen angeboten wurden, waren 4 Artikel im Preis reduziert.

Wie ist die Werbeaktion der Kaufhauskette K wettbewerbsrechtlich zu beurteilen?

Lösung

1. Die Werbeaktion könnte gegen das in **§ 3 III UWG** in Verbindung mit **Nr. 5 des Anhangs** zum UWG enthaltene Verbot der **Lockvogelwerbung** verstoßen. Mit dieser Form von Werbung verfolgt der Werbende das Ziel, möglichst viele Kunden in seine Geschäftsräume zu locken und damit gerade auch den Umsatz von nicht verbilligten oder gar überteuerten Waren zu steigern.

Es handelt sich um eine **geschäftliche Handlung** (§ 2 Ziff. 1 UWG) **gegenüber Verbrauchern** (§ 3 III UWG), da die Kaufhauskette K mit der betreffenden Werbeaktion ihren Warenabsatz steigert und sich die Werbung gezielt an Privatkunden wendet.

Gemäß Nr. 5 des Anhangs zum UWG ist es als wettbewerbswidrig zu erachten, wenn der Unternehmer verschweigt, dass er nach dem normalen Lauf der Dinge nicht in der Lage sein wird, die Waren für einen angemessenen Zeitraum in angemessener Menge bereitzustellen.

Wenn kein entsprechender Vorbehalt des Unternehmens erfolgt, darf der Kunde somit davon ausgehen, dass die Ware in ausreichender Menge zur Verfügung steht, um die zu erwartende Nachfrage zu decken.

Die beworbene Ware muss im Verkaufsraum oder einem angeschlossenen Lager so bereitgehalten werden, dass der Kunde auf diese sofort zugreifen kann.

Bei Warenhausketten müssen die beworbenen Waren in allen Filialen vorhanden sein, wenn die Werbung keine entsprechende Einschränkung enthält. Filialen können sich nicht die Warenbestände anderer Filialen nutzbar machen.

Bei Kleidungsstücken erwarten die angesprochenen Verkehrskreise, dass diese in allen gängigen Größen vorgehalten werden.

Die Vorratsmenge muss so bemessen sein, dass die Ware für einen Zeitraum zur Verfügung steht, den der Kunde aufgrund des Angebots erwarten kann. Aus Nr. 5 S. 2 des Anhangs zum UWG ist zu schließen, *dass* es ausreichend sein soll, wenn die beworbene Ware zwei Tage lang verfügbar ist. Die Regel darf aber nicht schematisch angewendet werden. Vielmehr hängt die Dauer der Verfügbarkeit der Ware von den Umständen des konkreten Einzelfalles ab (z.B. davon, ob es sich um haltbare oder leicht verderbliche Waren oder ob es sich um teure Waren bzw. Billigartikel handelt).

Steht fest, dass die betreffende Ware entgegen der Verbrauchererwartung nicht in ausreichender Menge vorhanden war, hat der Werbende, um einer Haftung zu entgehen, darzulegen, dass die Lieferschwierigkeiten für ihn unvorhersehbar waren und dass er seine kaufmännischen Sorgfaltspflichten eingehalten hat.

Im vorliegenden Falle war der in der Werbeanzeige abgebildete Nadelstreifenanzug bereits nach drei Tagen nicht mehr in allen Filialbetrieben in den gängigen Größen (48, 50, 52, 54) erhältlich.

Bei der Frage, ob der von der Kaufhauskette K vorgehaltene Warenvorrat ausreichend war oder nicht, ist von entscheidender Bedeutung, wie die angesprochenen Verkehrskreise die in Rede stehenden Werbehinweise auffassen.

Bei einer bundesweit beworbenen „großen Frühjahrsaktion" auf eigens eingerichteten Sonderflächen, wird das Publikum berechtigterweise die Erwartung hegen, dass der in der Werbeanzeige abgebildete Herrenanzug zumindest für einen Zeitraum von einer Woche in allen Filialbetrieben und in allen gängigen Größen verfügbar ist.

Da dies nicht der Fall war und von der Kaufhauskette K auch keine entlastenden Umstände für die Lieferschwierigkeiten vorgetragen wurden, muss die Werbeaktion als verbotene Lockvogelwerbung i.S.d. Nr. 5 des Anhangs zum UWG eingestuft werden (Rz 655a). Eine solche ist *stets* unzulässig (§ 3 III UWG).

2. Die Werbeaktion der Kaufhauskette K muss aber noch unter einem anderen Aspekt als wettbewerbswidrig qualifiziert werden, nämlich nach § 5 I, 2, Ziff. 2 UWG als **Irreführung** über den Preis.

Durch die Worte „Frühjahrsaktion" und die beispielhafte Angabe einer Preisreduzierung für einen Nadelstreifenanzug wird bei einem nicht unerheblichen Teil der Verkehrskreise (Rz 358 ff.) der Eindruck erweckt, dass bei der Kaufhauskette K für einen gewissen Zeitraum das Gesamtangebot an Boss-Artikeln im Preis erheblich herabgesetzt ist.

Tatsächlich werden aber nur 10 % des Sortiments an Boss-Artikeln zu einem verbilligten Preis angeboten. Auch insoweit könnte man von einer Art „Lockvogelwerbung" sprechen.

Die Lockvogelwerbung ist geeignet, sowohl die **Interessen** der **Mitbewerber** als auch die der **Verbraucher spürbar zu beeinträchtigen** (§ 3 I UWG).

Diese „Frühjahrsaktion" ist somit wettbewerbswidrig.

Fall 28

In einer Schmuckfirma (S) wurde ein „Wechselring" entwickelt, der auf einer anerkannten Schmuckmesse als Weltneuheit sensationell gefeiert wurde.

Der Ring ist zerlegbar, Weite und Steinbesatz lassen sich ändern und sind austauschbar.

„Äußerst praktisch und sparsam", so warb S stolz, „denn so kann jeder in der Familie immer einen neuen Ring tragen."

S möchte möglichst schnell, unbürokratisch und preisgünstig Rechtsschutz für seinen Wechselring herbeiführen.

Was würden Sie S raten?

Lösung

In dieser Situation bieten sich sowohl technischer Rechtsschutz als auch Designschutz an. Beide Schutzbereiche schließen sich nicht aus, sondern können an ein und demselben Erzeugnis nebeneinander stehen (Rz 12 f.).

Als technische Sonderschutzrechte kommen Patent und Gebrauchsmuster in Betracht. Da ein schnelles und preiswertes Verfahren intendiert ist (Rz 175), ist hier zu einem Gebrauchsmuster zu raten.

1. Beim *Gebrauchsmuster* geht es um die technische Funktionalität, also um die Zerlegbarkeit des Wechselringes, um die Änderungsmöglichkeit und Austauschbarkeit von Weite und Steinbesatz.

Der Wechselring stellt eine **Erfindung** dar (§ 1 GebrMG). Diese ist **neu** (§ 3 GebrMG), denn es ist ja von einer Weltneuheit die Rede. Die Erfindung beruht auf einem erfinderischen Schritt, wobei hier an den Grad der Erfindungshöhe geringere Anforderungen gestellt werden als beim Patent (Rz 183). Schließlich ist die Erfindung **gewerblich anwendbar**, (§ 3 II GebrMG); der Wechselring wird in einem Gewerbebetrieb hergestellt.

Da die häufig problematischen Voraussetzungen Neuheit und erfinderischer Schritt beim DPMA im Registrierungsverfahren sachlich nicht geprüft werden (§ 8 I, 2 GebrMG), wird dort die Wechselring-Erfindung recht schnell als Gebrauchsmuster eingetragen.

2. Beim *eingetragenen Design* geht es nicht um die technische Funktion des Ringes, sondern um dessen Erscheinungsform (§ 1 Ziff. 1 DesignG). Designschutz setzt voraus: ein Design, das **neu** ist und **Eigenart** hat (§ 2 I DesignG).

Bei dem Wechselring geht es um eine dreidimensionale Erscheinungsform eines ganzen Erzeugnisses und somit um ein Design (§ 1 Ziff. 1 DesignG). Dieses Design dürfte auch neu sein und Eigenart haben, wie sich aus dem Sachverhalt ergibt.

Da im Rahmen des Eintragungsverfahrens beim DPMA eine Sachprüfung der oft schwierigen Schutzvoraussetzungen Neuheit und Eigenart nicht erfolgt (§§ 16, 18 DesignG), ist auch hier eine Eintragung als eingetragenes Design recht schnell zu erreichen.

Dem S ist somit anzuraten, beim DPMA sowohl Gebrauchsmuster- als auch Designschutz herbeizuführen.

Fall 29

Unternehmer X wirbt in einer Zeitschrift für seinen X-Kaffee. In der Anzeige ist die Überschrift „Statt Blumen" herausgestellt. Darunter befindet sich die Abbildung einer Frau hinter einem Kaffeegeschirr und einer Blumenvase mit zwei stilisierten Blumen, die in einem Oval die Aufschrift X-Kaffee aufweisen. Unter dieser Darstellung heißt es u. a.: „Alle Tage einen nicht alltäglichen Kaffee – X-Kaffee –"; neben der Darstellung befindet sich in dem Begleittext als erster Satz: „X-Kaffee könnten Sie getrost statt Blumen verschenken".

Das Blumenhaus V beanstandet diese Werbung.

Wie ist zu entscheiden?

Lösung

Entscheidungsgrundlage ist § 3 I UWG.

Nach dieser Vorschrift besteht die Beanstandung des V zu Recht, wenn sich die Werbung des X als **geschäftliche Handlung** darstellt, die **unlauter** und geeignet ist, die **Interessen** von Marktteilnehmern **spürbar** zu **beeinträchtigen**.

Geschäftliche Handlung ist jedes Verhalten zugunsten eines Unternehmens, das mit der Förderung des Absatzes objektiv zusammenhängt (§ 2 I, Ziff. 1 UWG). Dieses Kriterium setzt ein *Wettbewerbsverhältnis* voraus (Rz 341 ff.). Hier ist dieses deswegen besonders problematisch, weil X als Kaffee-Unternehmen und V als Blumenhändler verschiedenen Branchen angehören und damit normalerweise nicht in Wettbewerb stehen. Das Entscheidende an diesem Fall ist aber, dass X gerade durch seine Werbung auf die Möglichkeit hinweist, Blumen als Geschenkartikel durch Kaffee zu ersetzen. Damit schafft X durch diese Werbung *selbst* ein Wettbewerbsverhältnis zum Blumenhandel, obwohl ein solches im Normalfall nicht besteht (Rz 345).

Unlauterkeit ist unter dem Aspekt der Zulässigkeit *vergleichenden Werbung* zu prüfen. Die Aufforderung des X, X-Kaffee statt Blumen zu verschenken, könnte nämlich dahingehend verstanden werden, dass X sich an die überragende Stellung der Blumen als Geschenkartikel anhängt und davon profitierend seinen Kaffee mit Blumen vergleicht. Ein derartiger Werbevergleich liegt aber nicht vor.

§ 6 I UWG versteht unter vergleichender Werbung jede Werbung, die unmittelbar oder mittelbar die Erzeugnisse, die von einem Mitbewerber angeboten werden, *erkennbar* macht. Hier fehlt es aber an einem konkreten Bezug auf einen oder mehrere Konkurrenten. Bei der unübersehbar großen Zahl von Blumenhändlern und -züchtern kann nicht von einem hinreichend abgrenzbaren und individualisierbaren Kreis erkennbarer Betroffener die Rede sein. Schon rein begrifflich liegt keine vergleichende Werbung vor (Rz 601 ff.), so dass deren Zulässigkeit im Einzelnen gar nicht mehr zu untersuchen ist.

Da auch sonst keine Unlauterkeitsmerkmale zu erkennen sind, ist diese Werbung von X nicht zu beanstanden.

Fall 30

In einer mittelgroßen Stadt hatten sich 10 Optiker zu einer Leistungsgemeinschaft zusammengeschlossen.

Im gleichen Ort eröffnete N ein Optiker-Fachgeschäft, trat jedoch der Leistungsgemeinschaft nicht bei. Er warb in einer bestimmten Tageszeitung 6 Wochen lang massiv mit besonders preisgünstigen Brillen und mit seiner Qualität.

Wenige Tage darauf warben die in der Leistungsgemeinschaft zusammengeschlossenen Optiker (O) in der gleichen Zeitung mit dem fett gedruckten Werbespruch „Bei uns hat Qualität auch Stil".

N begehrt von den O Unterlassung. Zu Recht?

Lösung

Entscheidungsgrundlage für das Unterlassungsbegehren des N ist § 6 i.V.m. § 3 I UWG.

Die Werbung der O ist eine **geschäftliche Handlung**, die dazu dient, ihren Absatz zu fördern (§ 2 I Ziff. 1 UWG).

Verbleibt somit nur zu untersuchen, ob die O mit ihrem Werbespruch „Bei uns hat Qualität auch Stil" unzulässige **vergleichende Werbung** betreiben. Dabei gilt es zunächst zu untersuchen, ob eine solche rein begrifflich überhaupt vorliegt.

Nach § 6 I UWG ist vergleichende Werbung dann gegeben, wenn die Werbung die Produkte des Mitbewerbers *erkennbar* macht. Dies ist nicht nur dann der Fall, wenn der Konkurrent beim Namen genannt wird, also wenn er *unmittelbar erkennbar* ist, sondern auch dann, wenn aus den Umständen heraus zu erkennen ist, wer gemeint ist, also wenn der Mitbewerber *mittelbar erkennbar* ist. So liegt es hier. Zwischen der Anzeigenkampagne des N einerseits und dem Inserat der O andererseits besteht ein unmittelbarer zeitlicher und räumlicher Zusammenhang. Die Anzeigen erscheinen binnen weniger Tage und zwar in der gleichen Zeitung. Auch inhaltlich bestehen Abhängigkeiten: Der eine wirbt mit Qualität, die anderen mit Qualität und Stil. Aus diesem zeitlichen, räumlichen und inhaltlichen Zusammenhang wird ein nicht unerheblicher Teil der angesprochenen Verkehrskreise die Werbung der O als eine „Gegenreklame" gegen die vorherige massive Werbung von N erkennen, sozusagen ein Kampf der „Alteingesessenen gegen den Neuen". Damit ist N den Umworbenen konkret erkennbar; vergleichende Werbung ist damit gegeben (Rz 601 ff.).

Nach § 6 UWG ist vergleichende Werbung im Prinzip zulässig. Dieser Grundsatz erleidet jedoch starke Einschränkungen durch einen Katalog von 6 Verbotstatbeständen (§ 6 II UWG). Nach § 6 II Ziff. 5 UWG darf vergleichende Werbung die Konkurrenz weder *herabsetzen* noch verunglimpfen und hat nach Ziff. 2 *eine* oder *mehrere* wesentliche, relevante, nachprüfbare und typische *Eigenschaften* zu vergleichen. Keine der beiden Voraussetzungen ist gegeben. Durch die Werbeanzeige der O werden den Lesern des Blattes nicht etwa Einzelumstände mitgeteilt, die sie in die Lage versetzen, Vergleiche anzustellen und sich selbst ein Urteil über die Brillen zu bilden. Vielmehr wird ganz allgemein behauptet „bei uns hat Qualität auch Stil". Das ruft bei den Umworbenen den Eindruck hervor, dass die von N angebotenen Brillen – im Gegensatz zu denen der O – keinen Stil hätten. Dies ist nicht nur recht aggressiv, sondern vor allem eine pauschale Abqualifizierung des N. Dabei gilt es zu bedenken, dass sich diese pauschale Abwertung auf ein Merkmal bezieht, das gerade bei der fraglichen Ware mit im Vordergrund steht. Dem Stil einer Brille kommt nämlich wesentliche Bedeutung zu. Brillen sind heute nicht mehr nur optische Hilfsmittel. Sie prägen vielmehr durch Form, Farbe, Material und ähnliches das Aussehen eines Menschen in nicht unerheblicher Weise. Es kommt daher wesentlich darauf an, dass eine Brille neben der Qualität auch Stil hat, d.h. eine zu dem jeweiligen Typ ihres Trägers passende geschmackvolle Ausdrucksform und Gestaltung.

Da diese Werbung der O geeignet ist, die Interessen der Mitbewerber in **spürbarer Weise zu beeinträchtigen**, sind alle Verbotskriterien erfüllt.

Diese vergleichende Werbung ist unlauter (§ 3 I UWG). Der Unterlassungsanspruch des N gegen die O ist nach §§ 8, 3 I UWG begründet.

Fall 31

In der ersten Aprilwoche des Jahres 2007 zeigte die Baumarktkette *Praktiker* im Fernsehen einen circa 15 Sekunden dauernden Werbespot, der sehr schnell große Bekanntheit erlangte.

Darin tritt der bekannte Fernsehschauspieler Manfred Lehmann vor die Kamera und sagt mit ernstem Gesicht im Stile eines Nachrichtensprechers: *„Überraschung in der Baumarktbranche! Obi ist preiswert."*

Es folgt eine kurze Pause. Sodann werden zwei große Querbalken mit den Worten „April, April" eingeblendet. Daraufhin bricht der Schauspieler in schallendes Gelächter aus und schlägt sich auf die Schenkel.

Zum Schluss sagt eine Männerstimme: *„Praktiker- Hier spricht der Preis!"*

Bei einem vom MDR durchgeführten Preisvergleich war bei 50 getesteten Artikeln *Globus* in 29 Fällen günstiger als alle anderen Baumärkte. Auf Platz 2 lag *Praktiker*, der 11 mal den preiswertesten Artikel im Angebot hatte. *Obi* lag bei 8 Artikeln gefolgt von *Toom* und *Hagebaumarkt* mit jeweils 6 Artikeln.

Wie ist der Werbespot von *Praktiker* wettbewerbsrechtlich zu beurteilen?

Lösung

a) Bei der Werbeaktion von *Praktiker* könnte es sich um einen Fall unzulässiger vergleichender Werbung handeln. Es ist deshalb **§ 6 UWG** (Rz 599 f.) heranzuziehen.

Dieser setzt zunächst das Vorliegen einer **geschäftlichen Handlung** (§ 3 I UWG) voraus. Eine solche ist gegeben, da *Praktiker* mit seiner Marketingmaßnahme seinen Absatz zum Nachteil von *Obi* und anderen Baumärkten steigert (§ 2 I, Ziff. 1 UWG).

Nach der in § 6 I UWG enthaltenen Legaldefinition liegt **vergleichende Werbung** vor, wenn die Werbung einen Mitbewerber erkennbar macht. Dies ist hier der Fall, weil die Baumarktkette *Obi* namentlich genannt wird. Ferner bedarf es eines Vergleichs zwischen den gegenüberstehenden Unternehmen. Auch diese Voraussetzung ist erfüllt. Die Kernaussage der Werbung besteht darin, dass *Praktiker* den Baumarktkunden günstigere Preise als *Obi* bietet (*„Hier spricht der Preis"*).

Vergleichende Werbung ist nur zulässig, wenn diese nicht gegen eines oder mehrere der in § 6 II UWG enthaltenen Verbote verstößt.

Nach **§ 6 II Ziff. 1 UWG** ist vergleichende Werbung unzulässig, wenn der Vergleich sich nicht auf **Waren oder Dienstleistungen** für den gleichen Bedarf bezieht. Werden nur die geschäftlichen Verhältnisse des Werbenden und seines Mitbewerbers verglichen (sog. unternehmensbezogener Vergleich) führt dies nach h.M. zur Unzulässigkeit des Vergleichs.

Im vorliegenden Falle werden nicht konkrete Waren oder Dienstleistungen einander gegenübergestellt. Vielmehr bezieht sich der Vergleich auf das allgemeine Preisniveau der beiden Baumarktketten. Die Werbung verstößt daher gegen § 6 II Ziff. 1 UWG.

§ 6 II Ziff. 2 UWG untersagt Vergleiche, die nicht **objektiv** auf bestimmte Eigenschaften oder den Preis von **Waren oder Dienstleistungen** bezogen sind. Das bedeutet, dass die Angaben für den Nachfrager nachvollziehbar und ohne größeren Aufwand nachprüfbar sein müssen. Pauschalaussagen, die keinen Rückschluss auf konkrete Eigenschaften oder den Preis bestimmter Produkte zulassen, verstoßen demnach gegen das in § 6 II Ziff. 2 UWG enthaltene Objektivitätserfordernis (vgl. Rz 618). Da im vorliegenden Falle nur der Durchschnittspreis von nicht näher bezeichneten Waren miteinander verglichen wird, ist die Werbung auch unter diesem Aspekt als unzulässig zu erachten.

Nach **§ 6 II Ziff. 5 UWG** ist ein Werbevergleich ferner unzulässig, wenn er die persönlichen oder geschäftlichen Verhältnisse eines Mitbewerbers **herabsetzt oder verunglimpft**. Hierfür müssen über die jedem Werbevergleich immanente Herabsetzungswirkung hinaus besondere Umstände hinzutreten, die den Vergleich in unangemessener Weise abfällig, abwertend oder unsachlich erscheinen lassen (Rz 624).

Durch die Aussage *„Überraschung in der Baumarktbranche! Obi ist preiswert"* und der anschließenden Einblendung der Worte *„April, April"* wird zum Ausdruck gebracht, dass die Preise des Konkurrenten überteuert seien und dass dies bei den Verbrauchern bekannt sei.

Durch die Art der Darstellung mit lautem Gelächter und Schenkelschlagen soll *Obi* verspottet und ins Lächerliche gezogen werden. Es handelt sich somit um eine glatte Verunglimpfung, die unter § 6 II Ziff. 5 UWG fällt.

Durch den unangemessenen Werbevergleich werden die **Interessen** des **Mitbewerbers** *Obi* **spürbar beeinträchtigt**.

b) Vom Wortlaut her würde im vorliegenden Falle auch die Vorschrift des **§ 4 Ziff. 7 UWG** passen. Sie tritt indessen hinter die speziellere Regelung des § 6 II Ziff. 5 UWG zurück, der sich auf Herabsetzungen und Verunglimpfungen im Rahmen von Werbevergleichen bezieht.

c) Die Werbeaktion von *Praktiker* könnte ferner **irreführend** sein und damit gegen **§ 5 UWG** (Rz 513 f.) verstoßen.

Hinsichtlich der allgemeinen Voraussetzung **„geschäftliche Handlung"** ist auf die unter a) gemachten Ausführungen zu verweisen.

Die Werbeaktion von *Praktiker* wäre **irreführend**, wenn sie zur Täuschung geeignete Angaben über die in § 5 I, 2 Ziff. 1 bis 7 genannten Umstände enthalten würde.

Die von *Praktiker* gemachten Aussagen zielen darauf ab, das Preisniveau der von *Obi* angebotenen Waren als überhöht und das Preisniveau der eigenen Waren als vergleichsweise niedrig erscheinen zu lassen. Hierbei handelt es sich um Tatsachen, die durch entsprechende Vergleichstests nachgeprüft werden können. Das Vorliegen einer **Angabe** muss somit bejaht werden.

Die Werbeaktion von *Praktiker* wäre **zur Täuschung geeignet**, wenn die nahe liegende Gefahr bestehen würde, dass sie bei einem nicht unerheblichen Teil der Verkehrskreise zu einer Fehlvorstellung führt. Es ist somit ein subjektiver Maßstab zugrunde zu legen. Nach der neueren Rechtsprechung ist eine Irreführungsquote von einem Viertel bis einem Drittel erforderlich (Rz 525a).

Die Werbeaktion richtet sich vornehmlich an private Heimwerker. Abzustellen ist auf einen durchschnittlich informierten und verständigen Verbraucher, der die Werbung mit situationsadäquater Aufmerksamkeit zur Kenntnis nimmt (Rz 366).

Durch die Aussage „*Hier spricht der Preis*" wird beim Publikum der Eindruck erweckt, dass *Praktiker* Preisführer sei oder sich zumindest im unteren Preissegment bewege, während die Baumarktkette *Obi* ein wesentlich höheres Preisniveau aufzuweisen habe.

Legt man den vom MDR durchgeführten Preisvergleich zugrunde, liegt *Praktiker* aber mit weitem Abstand hinter dem Konkurrenten *Globus*, der die Preisführerschaft für sich in Anspruch nehmen kann. Innerhalb des Hauptfeldes kann sich *Praktiker* nicht entscheidend von *Obi* und den beiden anderen Mitbewerbern absetzen.

Da das Preisniveau ein wichtiger Marketingfaktor ist, ist die irreführende Werbung von *Praktiker* **geeignet**, die **Marktentscheidung** der Verbraucher positiv **zu beeinflussen**.

Ein Ausschluss des Irreführungsverbots aufgrund einer Interessenabwägung oder Verhältnismäßigkeitsprüfung ist nicht gegeben.

Der von *Praktiker* geschaltete Werbespot stellt somit eine Irreführung über den Preis (§ 5 I, 2 Ziff. 2 UWG) dar.

Die irreführende Werbeaktion ist geeignet, die **Interessen** sowohl der **Mitbewerber** als auch der **Verbraucher spürbar** zu **beeinträchtigen** (§§ 3 I, 8 UWG).

Die Werbeaktion von *Praktiker* ist damit unzulässig und künftig zu unterlassen (§§ 3 I, 8 UWG).

Fall 32

Sportfachgeschäft S in einer mittelgroßen Stadt wirbt für seine Tennisschläger X, die aus Werkstoffen der neuesten Hightechlinie bestehen, die angeblich das zur Zeit Mögliche in der Racket-Technologie verkörpern: „Billige Composite Rackets (Y), Grafite-Fiberglas, muten wir Ihnen nicht zu", wie sie Ihnen die örtliche Konkurrenz anbietet.

Ist dies wettbewerbsrechtlich zulässig?

Lösung

Die Beurteilung erfolgt nach § 6 i.V.m. 3 I UWG, wobei hier die allein problematische Frage im Raum steht, ob **vergleichende Werbung** vorliegt und diese evtl. unzulässig ist.

Vergleichende Werbung nach § 6 I UWG ist jede Werbung, die unmittelbar oder mittelbar die Waren, die von einem Mitbewerber angeboten werden, *erkennbar* macht. Eine solche Erkennbarkeit liegt hier vor. S vergleicht sein Leistungsangebot (X) mit dem der örtlichen Konkurrenz (Y). Dies ist in einer mittelgroßen Stadt eine leicht überschaubare Zahl von Sportfachgeschäften (Rz 605).

Diese vergleichende Werbung ist grundsätzlich zulässig. Allerdings darf dabei gegen keines der sechs Verbotskriterien des § 6 II UWG verstoßen werden.

Nach § 6 II Ziff. 2 UWG hat vergleichende Werbung eine oder mehrere wesentliche ... *nachprüfbare Eigenschaften* zu vergleichen. In der Aussage „Billige Y-Rackets muten wir Ihnen nicht zu" steckt die *pauschale* Behauptung der Minderwertigkeit der Y-Schläger. Diese Aussage bezieht sich also nicht auf *einzelne Eigenschaften* der Rackets. Auch ist sie schlagwortartig und nicht so substantiiert, dass sie vom Verbraucher *nachgeprüft* werden kann. Schon nach diesen beiden Aspekten liegt ein Verstoß gegen § 6 II Ziff. 2 UWG vor.

Des Weiteren kommt ein Verstoß gegen § 6 II Ziff. 5 UWG in Betracht. Hierauf stellte der BGH ab. „Billige Y-Rackets muten wir Ihnen nicht zu" beinhaltet implizit die Behauptung, diese Tennisschläger seien technisch überholt und minderwertig. Ein derartiger Vergleich, in dem das Konkurrenzangebot als minderwertig herausgestellt wird, ist wettbewerbswidrig. Diese Herabsetzung geht hier nämlich über den normalen Rahmen der Herabsetzung einer Konkurrenzleistung, die jedem Werbevergleich immanent ist, hinaus.

Da Verbotskriterien des § 6 II UWG sowie die weiteren Rechtsvoraussetzungen **geschäftliche Handlung** (§ 2 I, Ziff. 1 UWG) und Eignung zur **spürbaren Interessenbeeinträchtigung** der Marktteilnehmer (§ 3 I UWG) erfüllt sind, ist diese Werbung von S unzulässig nach §§ 6, 3 I UWG.

(Dieser Fall entspricht BGH, WRP 98, 718 – Testpreis-Angebot).

Fall 33

A, ein wöchentlich erscheinendes kostenloses Anzeigenblatt, warb damit, dass es eine vierfach höhere Auflage hat als die in der betreffenden Region führende Tageszeitung T (was implizit bedeutet, dass eine Werbung bei A Erfolg versprechender ist als bei T).
Dagegen setzt sich T zur Wehr. Zu Recht?

Lösung

T könnte sich gegen A mit Erfolg zur Wehr setzen, wenn ihr ein Anspruch auf Unterlassung derartiger Werbung nach §§ 6, 3 I, 8 UWG zusteht. Voraussetzung dafür ist, dass A mit seiner Werbung wettbewerbswidrig handelt.

Wettbewerbswidrigkeit könnte hier vorliegen wegen unzulässiger **vergleichender Werbung**. Dabei ist zunächst zu prüfen, ob überhaupt vergleichende Werbung als solche vorliegt.

Vergleichende Werbung ist nach § 6 I UWG eine solche, die *Mitbewerber erkennen lässt*. Dies ist hier der Fall. A verweist auf die viermal höhere Auflage als T. Durch Namensnennung der T ist *unmittelbare Erkennbarkeit* gegeben.

Diese vergleichende Werbung ist grundsätzlich erlaubt. Nach § 6 II UWG darf aber keines der sechs Verbotskriterien erfüllt sein.

Von diesen ist hier Ziff. 1 ins Auge zu fassen. Danach hat vergleichende Werbung Waren oder Dienstleistungen für den *gleichen* Bedarf oder *dieselbe* Zweckbestimmung zu vergleichen (Rz 613 f.). Zunächst ist eine entgeltliche Zeitung, die *täglich* erscheint, etwas anderes wie ein unentgeltlich verteiltes *Wochen*blatt. Auch was die Auflagenzahl und damit die Werbewirksamkeit betrifft, besteht Unvergleichbarkeit. Im Wochenblatt erscheint Werbung nur einmal wöchentlich, in der Tageszeitung werktäglich, auch wenn evtl. mit verschiedenen Schwerpunkten. Hier wird gegen das Prinzip „nur Vergleichbares vergleichen" verstoßen und damit gegen § 6 II Ziff. 1 UWG.

Da auch die weiteren Voraussetzungen von § 6 UWG erfüllt sind, nämlich **geschäftliche Handlung** (§ 2 I, Ziff. 1 UWG) und Eignung zur **spürbaren Interessenbeeinträchtigung** der Marktteilnehmer (§ 3 I UWG), ist die Werbung von A unzulässig (§§ 6, 3 I UWG).

T setzt sich somit zu Recht zur Wehr.

Fall 34

Zitat aus „Der Spiegel" 1972, Nr. 22, Seite 104 f.: Überschrift „Ich bin tot": „... Die US-Firma H, obwohl als Kosmetik-Unternehmen eingetragen, macht ihr Geschäft in erster Linie mit dem Verkauf von Titeln und Lizenzen. Das System: Wer H-Produkte verkaufen will, zahlt zunächst einen bestimmten Betrag an die Firma. Dafür erhält er ein bescheidenes Lager an Kosmetik-Produkten und – wichtiger noch – das Recht, seinerseits H-Konzessionen zu vergeben.

Findet er jemanden, der eine Unterkonzession erwerben will, so sind ihm einige hundert Dollar Provision sicher. Dieselbe Summe wird fällig, wenn sich der Unterkonzessionär entschließt, Oberkonzessionär zu werden. Zum Oberkonzessionär darf der Unterkonzessionär aufrücken, wenn es ihm gelingt, selbst Unterkonzessionäre anzuwerben ..."

Wären diese Vertriebsmethoden mit unserem UWG vereinbar?

Für die Lösung dieses Falles ist davon auszugehen, dass H dieses Vertriebssystem auf Privatpersonen aufbaut.

Lösung

1. Bei dieser Vertriebsform von H handelt es sich um das System der *progressiven Kundenwerbung*, das sog. *Schneeballsystem*. Dieses ist zunächst unter dem **strafrechtlichen** Tatbestand des § 16 II UWG zu beurteilen (Rz 666 f.).

Durch das beschriebene Vertriebssystem und die Werbung hierfür hat es H im **geschäftlichen Verkehr** unternommen, **Verbraucher** – es ist ja von Privatpersonen auszugehen – zur **Abnahme von Waren**, nämlich von Kosmetikprodukten, und insbesondere von **Rechten**, den Lizenzen, gegen Entgelt **zu veranlassen**. Dabei hat H den Umworbenen das **Versprechen** gegeben, sie **würden besondere Vorteile erlangen**, nämlich mehrere 100 Dollar Provision, wenn sie **andere zum Abschluss gleichartiger Geschäfte veranlassen, die ihrerseits derartige Vorteile für eine entsprechende Werbung weiterer Abnehmer erlangen sollen**.

Da somit alle Rechtsvoraussetzungen von § 16 II UWG erfüllt sind, wäre H wegen dieses Vertriebssystems bei uns strafbar.

2. Des Weiteren läge ein **privatrechtlicher** Verstoß gegen § 4 Ziff. 1 i.V.m. § 3 I UWG vor.

Dieses Vertriebssystem der progressiven Kundenwerbung ist *unlauter*. Die Kunden werden zu Vertragsabschlüssen verlockt, die sie bei ruhiger Überlegung nie getätigt hätten. Dies vor allem deswegen, weil bei diesem Schneeballsystem der Abnehmerkreis lawinenartig anschwillt, so dass es für jeden weiteren Konzessionär äußerst schwierig ist, weitere Unterkonzessionäre anzuwerben. Wie sachfremd dieses System ist, zeigt auch der Umstand, dass man lieber nach neuen Lizenznehmern Ausschau hält, als man Produkte verkauft. Damit wird die Entscheidungsfreiheit der jeweils beteiligten Verbraucher durch unangemessenen unsachlichen Einfluss beeinträchtigt.

Bei diesem heftigen Wettbewerbsverstoß kann an der Eignung zur spürbaren Interessenbeeinträchtigung der Marktteilnehmer (§ 3 I UWG; Rz375) kein Zweifel bestehen.

3. Diese Vertriebsform des H wäre bei uns also in doppelter Weise unzulässig: strafrechtlich nach § 16 II UWG, privatrechtlich nach §§ 4 Ziff. 1, 3 I UWG.

Fall 35

Der Schokoladenhersteller S wirbt mit Handzetteln, die Zeitungen beigelegt und die in allen Lebensmittelgeschäften erhältlich sind, wie folgt:

Auf der Vorderseite des Handzettels ist ein Geschenkkorb dargestellt. Darin liegt u.a. eine Packung „Sprengel-Erfrischungsstäbchen zum Schmunzeln". Auf dieser Packung ist eine Orange und eine Zitrone abgebildet. Beide sind als Personen stilisiert, schmunzeln und knabbern an den Sprengel-Stäbchen. Diese beiden schmunzelnden Früchte stehen außerdem noch neben bzw. in dem Geschenkkorb. Der Werbetext hierzu lautet: „Gewinnen Sie im 100 000-Euro-Sommerquiz mit Sprengel. Jede Woche 100 Schmunzel-Körbe. Sprengel."

Auf der Rückseite des Handzettels steht u.a.: „Spielen Sie mit: Vielleicht schmunzelt auch Ihnen das Glück. Denn 10 Sommerwochen lang gibt es jede Woche 100 Schmunzel-Körbe zu gewinnen. Wert je 100 Euro! Die Gewinnchancen sind groß. Aber vorher: die richtige Quizfrage ankreuzen, Teilnahmeschein ausschneiden ..." (Die weiteren Teilnahmebedingungen entsprechen denen anderer Preisausschreiben.) Der auszuschneidende Teilnahmeschein lautet: „Quizfrage: Woran erkennt man Sprengel-Erfrischungsstäbchen sofort? Bitte die richtige Lösung ankreuzen.

☐ An den Orangen- und Zitronen-Saftgläsern
☐ An den Orangen- und Zitronenscheiben
☐ An der schmunzelnden Orange und Zitrone

Name, Wohnort ..."

Wie beurteilen Sie dieses Preisausschreiben?

Lösung

Die Antwort gibt § 3 I UWG.

Diese Werbung stellt eine **geschäftliche Handlung** (§ 2 I Ziff. 1 UWG) dar, denn dies ist ein Verhalten, das geeignet ist, Warenabsatz fördern.

Diese Werbemaßnahme von S ist ein *Preisausschreiben*. Ist ein solches **unlauter**? Preisausschreiben sind grundsätzlich zulässig (Rz 440 ff.), da es sich dabei um Aufmerksamkeitswerbung handelt. Es soll nämlich durch das Preisausschreiben dem Kunden ein Unternehmen oder eine Ware bekannt gemacht werden. Nur ausnahmsweise ist Wettbewerbswidrigkeit anzunehmen, nämlich dann, wenn besondere verwerfliche

Umstände hinzutreten. Das Gesetz nennt solche in § 4 Ziff. 5 UWG. Diese liegen hier jedoch nicht vor, denn dieses Preisausschreiben ist nicht unklar. Auch weitere, die Wettbewerbswidrigkeit begründenden Umstände sind nicht ersichtlich. Zwar ist die Quizfrage äußerst leicht. Schon jedes Kind kann sie auf Grund der Abbildung auf der Vorderseite des Handzettels, wo die „schmunzelnden" Orangen und Zitronen sogar doppelt dargestellt sind, dahingehend beantworten, dass man Sprengel-Erfrischungsstäbchen sofort an der schmunzelnden Orange und Zitrone erkennt. Dies schadet jedoch nichts. Die Gerichte fordern für die Zulässigkeit eines Preisausschreibens nicht, dass der Teilnehmer bei der Lösung eine wirkliche Leistung zu erbringen hat.

Daraus ergibt sich, dass das Preisausschreiben von S nicht unlauter und damit wettbewerbsrechtlich nicht zu beanstanden ist.

Fall 36

In der Illustrierten „Goldenes Blatt" ist eine doppelseitige Werbeanzeige der Firma Bettwäsche Müller GmbH & Co. KG (M) enthalten mit der blickfangmäßig hervorgehobenen Überschrift „Spitzenqualität zum Spitzenpreis". Es folgt eine fotographische Abbildung, auf der eine Seniorin zu sehen ist, die sich auf ihrem Sofa in eine Wolldecke eingehüllt hat und sich sichtlich wohl fühlt.

In dem darunter stehenden Fließtext heißt es sodann: „Bestellen Sie die Rheumalind Naturdecke jetzt zum besonders günstigen Preis von nur 99,– €!"

Bei der beworbenen Textilie handelt es sich um eine handelsübliche ca. 1,80 m × 1,40 m große Decke, die zu 85 % aus Baumwolle und zu 15 % aus Polyacryl besteht und allenfalls eine durchschnittliche Qualität aufweist.

Der von der Firma M verlangte Preis von 99,– € entspricht in etwa dem für derartige Artikel üblichen Marktpreis.

Die Firma Weber Textilien GmbH (W), die u. a. auch Wolldecken in ihrem Sortiment führt, hat Bedenken gegen die rechtliche Zulässigkeit der beschriebenen Werbung.

a) Wie ist die Zulässigkeit der von der Firma M durchgeführten Werbeaktion unter wettbewerbsrechtlichen Gesichtspunkten zu beurteilen?

b) Wie könnte die Firma W gegen die Werbeaktion rechtlich vorgehen?

Lösung

a) Die Werbeaktion der Firma M könnte gegen § 5 UWG verstoßen.

Voraussetzung hierfür wäre zunächst, dass die Werbeaktion eine **geschäftliche Handlung** darstellt. Dies ist der Fall, da mit den betreffenden Werbeaussagen der Warenabsatz der Firma M objektiv gefördert wird (vgl. § 2 I Ziff. 1 UWG).

Weiterhin müssten die in der Werbebeilage gemachten Angaben **irreführend** sein. Das wäre der Fall, wenn sie unwahre oder zur Täuschung geeignete Angaben enthalten würden.

Unter **Angaben** sind nachprüfbare Aussagen zu verstehen. Diese sind zur Täuschung geeignet, wenn ein *nicht unerheblicher Teil der Verkehrskreise*, an die sich die Werbung richtet, einer Fehlvorstellung unterliegt. Die Rechtsprechung verlangt im Regelfall, dass mindestens ein Viertel bis ein Drittel der betreffenden Verkehrskreise irregeführt werden müssen. Wenn, wie im vorliegenden Falle, eine gesundheitsbezogene Werbung vorliegt, dürfte eine Irreführungsquote von einem Viertel ausreichen (Rz 525a).

Die in Rede stehende Werbemaßnahme der Firma M ist gleich in mehrfacher Hinsicht als irreführend zu erachten.

Zunächst wird durch die Bezeichnung „Rheumalind" bei den angesprochenen Verkehrskreisen – dies sind hier vornehmlich ältere Menschen – der Eindruck erweckt, dass die beworbene Decke Rheuma lindern könne. Da die Decke aus Baumwolle und Polyacryl zusammengesetzt ist, erscheint es indessen ausgeschlossen, dass diese eine therapeutische Wirkung zu entfalten vermag. Es handelt sich somit um eine Irreführung über die „Zwecktauglichkeit" bzw. „die von der Verwendung der Ware zu erwartenden Ergebnisse" (§ 5 I, 2 Ziff. 1 UWG).

Ferner wird durch die Bezeichnung „Naturdecke" bei den Verkehrskreisen die Vorstellung hervorgerufen, dass die Decke ausschließlich aus natürlichen Materialien bestehe und keine synthetischen Zusätze enthalte. Tatsächlich weist die beworbene Decke aber einen Anteil von 15 % Polyacryl auf. Es handelt sich somit um eine Irreführung der Verkehrskreise über die „Zusammensetzung" bzw. die „Beschaffenheit" der Ware (§ 5 I, 2 Ziff. 1 UWG; Rz 532).

Weiterhin wird durch die Bezeichnung als „Spitzenprodukt" vorgegeben, dass die in Rede stehende Textildecke in Bezug auf die Qualität zur Spitzengruppe dieser Warengattung gehöre (vgl. BGH GRUR 61, 538 f. – Feldstecher). Tatsächlich verfügt diese aber nur über eine durchschnittliche Qualität. Auch hier handelt es sich um eine Irreführung über die Beschaffenheit der Ware (§ 5 I, 2 Ziff. 1 UWG).

Schließlich wird durch die Worte „besonders günstiger Preis" bzw. „Spitzenpreis" beim Publikum der Eindruck erweckt, dass das Angebot der Firma M im Vergleich zu den Angeboten der Konkurrenz im Bereich des untersten Preisniveaus liege (vgl. OLG München WRP 85, 580; Rz 535). Dies trifft aber ersichtlich nicht zu, so dass eine Irreführung über den Preis i.S.v. § 5 I, 2 Ziff. 2 UWG gegeben ist.

Bei den von der Firma M verwendeten Begriffen „Spitzenprodukt" bzw. „Spitzenpreis" handelt es nicht lediglich um reklamehafte Übertreibungen, da diese einen konkreten, nachprüfbaren Tatsachenkern aufweisen.

Es ist somit davon auszugehen, dass durch die betreffende Werbemaßnahme bei einem nicht unerheblichen Teil der Verkehrskreise eine Vorstellung erzeugt wird, die von der Realität wesentlich abweicht.

Die irreführenden Werbeaussagen der Firma M sind geeignet, sowohl die **Interessen** der **Mitbewerber** als auch die der **Verbraucher spürbar** zu **beeinträchtigen**.

Wegen des Verstoßes gegen das in § 5 UWG geregelte Irreführungsverbot ist die betreffende Werbeaktion als „unlauter" i.S.v. § 3 I UWG und damit als unzulässig zu qualifizieren.

b) Die Firma W wäre gemäß § 8 III Nr. 1 UWG berechtigt, gegen die Firma M einen Unterlassungsanspruch geltend zu machen. Sie ist als **Mitbewerber** (Rz 689) anzusehen, da sie ebenfalls Decken anbietet und mit der Firma M deshalb in Wettbewerb steht (vgl. § 2 I Ziff. 3 UWG).

Um in einem eventuellen Prozess keine Kostennachteile zu erleiden, sollte die Firma W der Firma M zuvor eine schriftliche Abmahnung (Rz 701) übersenden und ihr Gelegenheit geben, den Streit durch Abgabe einer strafbewehrten Unterlassungsverpflichtungserklärung beizulegen (vgl. § 12 I UWG). Sie kann aber auch einen Wettbewerbsverband bitten, die Firma M abzumahnen. Die durch die Abmahnung anfallenden Kosten kann die Firma W nach Maßgabe des § 12 I 2 UWG von der Firma M ersetzt verlangen.

Sollte sich die Firma M weigern, die geforderte Unterlassungsverpflichtungserklärung abzugeben, hätte die Firma W die Möglichkeit, bei dem zuständigen Landgericht eine einstweilige Verfügung zu beantragen oder eine Unterlassungsklage zu erheben.

Die erstere Möglichkeit wäre vorzuziehen, da bei einem Klageverfahren erst nach einigen Monaten mit einer gerichtlichen Entscheidung gerechnet werden könnte und der Firma W daran gelegen sein dürfte, die betreffende Werbung möglichst schnell zu unterbinden.

Fall 36a

Das börsennotierte Pharmaunternehmen P-AG hat vor einigen Jahren ein Präparat auf Mistelbasis zur Behandlung von Krebs auf den Markt gebracht, das leider nur schleppenden Absatz findet.

Da Werbung für Krebspräparate nach dem Heilmittelwerbegesetz streng untersagt ist, kommt der Vorstand der P-AG auf die Idee, zur Steigerung der Verkaufszahlen des Mistelpräparates eine Ad hoc-Mitteilung gemäß § 15 WpHG* in einem Börsenpflichtblatt zu veröffentlichen, mit dem folgendem Inhalt:

„Krebs überrollt die BRD. Mehr als 20 000 Menschen gehen in Deutschland jährlich elend an Krebs zugrunde. Tendenz steigend! Nunmehr ist endlich der Durchbruch in der Krebstherapie gelungen durch die neuartige Wirkstoffkombination CTX. Das aus Mistelextrakt gewonnene Präparat macht bisher übliche Heilverfahren wie Chemotherapie oder Bestrahlungen mit ihren schrecklichen Nebenwirkungen überflüssig."

Die Meldung wird in den Wirtschaftsnachrichten von nahezu allen Tageszeitungen erwähnt. Tatsächlich steigert sich die Nachfrage nach dem Mistelpräparat in kürzester Zeit um das Zehnfache, obwohl in allen von der P-AG eingeholten Langzeitstudien kein therapeutischer Effekt des Mittels feststellbar war.

Kann der Pharmahersteller U, der ebenfalls Mittel für die Krebstherapie produziert, wegen der Veröffentlichung der Ad hoc-Mitteilung gegen die P-AG wettbewerbsrechtlich mit Erfolg vorgehen?

(* Gemäß § 15 WpHG sind börsennotierte Unternehmen verpflichtet, alle Neuigkeiten, die den Aktienkurs erheblich beeinflussen können, unverzüglich zu veröffentlichen, damit alle Aktionäre über denselben Kenntnisstand verfügen können).

Lösung

a) Die Veröffentlichung der Ad hoc-Mitteilung könnte gegen das in **§ 4 Ziff. 3** i.V.m. **§ 3 I UWG** enthaltene Verbot der Verschleierung des Werbecharakters verstoßen.

Eine **geschäftliche Handlung** (Rz 341 ff.) liegt unproblematisch vor, da die P-AG mit der Veröffentlichung ihre Absatzzahlen steigert, was sich zum Nachteil des Pharmaherstellers U auswirkt (§ 2 I, Ziff. 1 UWG).

Eine **Verschleierung des Werbecharakters** ist anzunehmen, wenn eine Werbemaßnahme so getarnt wird, dass der Verbraucher nicht erkennen kann, dass er es mit Werbung zu tun hat. Maßgebend ist dabei die Sichtweise eines durchschnittlich informierten, situationsadäquat aufmerksamen und verständigen Verbrauchers (Rz 414 ff.).

Ein derartiges Verhalten wird missbilligt, weil der Verbraucher objektiv und neutral erscheinenden Äußerungen und Handlungen typischerweise größere Bedeutung und Beachtung zumisst als kommerziellen Werbemitteilungen.

Mit der Veröffentlichung der Ad hoc-Mitteilung verfolgt die P-AG das Ziel, unter dem Deckmantel einer Börseninformation Werbung für das von ihr hergestellte Krebspräparat zu machen.

Zwar werden die angesprochenen Verkehrskreise im vorliegenden Falle nicht von einer neutralen Information ausgehen, da die Ad hoc-Mitteilung nicht von einer unabhängigen Stelle, sondern von der P-AG selbst stammt. Die Verbraucher werden die Ad hoc-Mitteilung aber dennoch als objektive und sachliche Information auffassen, da es sich um eine gesetzlich vorgeschriebene Pflichtmitteilung handelt, die der gleichmäßigen Unterrichtung der Kapitalanleger dient. Die Verbraucher werden somit über den wahren Charakter der Ad hoc-Mitteilung getäuscht, so dass eine Verschleierung des Werbecharakters bejaht werden muss.

Aufgrund der besonderen Schwere und Tragweite des Verstoßes muss das Verhalten der P-AG als geeignet angesehen werden, die **Interessen** der **Mitbewerber** und der **Verbraucher spürbar** zu **beeinträchtigen** (§ 3 I UWG).

Die Voraussetzungen der §§ 4 Ziff. 3, 3 I UWG sind somit erfüllt.

b) Mit der Veröffentlichung der Ad hoc-Mitteilung könnte die P-AG ferner gegen das in **§§ 5, 3 I UWG** enthaltene **Irreführungsverbot** verstoßen haben.

Bezüglich der allgemeinen Voraussetzungen **der geschäftliche Handlung** und der Eignung zur **spürbaren Beeinträchtigung** der **Interessen** der **Mitbewerber** und **Verbraucher**, kann im folgenden auf die unter a) gemachten Ausführungen verwiesen werden.

Die Veröffentlichung der P-AG wäre irreführend, wenn sie **unwahre** oder zur **Täuschung geeignete Angaben** enthalten würde.

Die Ad hoc-Mitteilung ist als **Angabe** zu qualifizieren, da sie nachprüfbare Informationen über das von der P-AG hergestellte Krebspräparat enthält und, wie soeben festgestellt, der Verkaufsförderung dienen soll.

Bei dem Merkmal der **Irreführung** kommt es darauf an, wie die angesprochenen Verkehrskreise, hier Ärzte und betroffene Patienten, die Werbung auffassen. Dabei ist auf einen durchschnittlich informierten, situationsadäquat aufmerksamen und verständigen Verbraucher abzustellen. Es genügt, wenn ein nicht unerheblicher Teil der angesprochenen Verkehrskreise durch die Werbung in die Irre geführt wird. Hierbei ist nach neuerer Rechtsprechung eine Irreführungsquote von einem Viertel bis einem Drittel zugrunde zu legen (Rz 525a).

Die in der Ad hoc-Mitteilung der P-AG enthaltenen Angaben sind in zweifacher Hinsicht unwahr. Zum einen wird das in Rede stehende Krebspräparat als „neuartig" bezeichnet, obwohl dieses schon seit einigen Jahren auf dem Markt ist. Zum anderen wird das Präparat als Alternative für die klassischen Heilverfahren Chemotherapie und Bestrahlung dargestellt, obwohl in den von der P-AG eingeholten Langzeitstudien keine therapeutische Wirksamkeit des Präparats festgestellt werden konnte.

Es ist deshalb davon auszugehen, dass mindestens ein Viertel bis ein Drittel der angesprochenen Verkehrskreise einer Fehlvorstellung unterliegen werden. Die Werbemaßnahme der P-AG ist daher als irreführend zu qualifizieren.

Wie die drastische Zunahme der Nachfrage zeigt, ist die Irreführung geeignet, die **Marktentscheidung** der Verbraucher positiv **zu beeinflussen**. Ein Ausschluss des Irreführungsverbots infolge einer Interessenabwägung oder Verhältnismäßigkeitsprüfung kommt nicht in Betracht. Somit sind alle Voraussetzungen des § 5 UWG gegeben.

c) Die Werbemaßnahme der P-AG könnte ferner gegen **§ 4 Ziff. 2 UWG** verstoßen. Danach ist es unlauter, die **Angstgefühle** der Verbraucher **auszunutzen**, um sie zum Abschluss eines Geschäfts zu bewegen (Rz 412). Allerdings kann nicht jeder Hinweis auf real bestehende oder drohende Gefahren als Angstausnutzung angesehen werden. Die Grenze zur Unlauterkeit ist aber überschritten, wenn die Informationen für den Verbraucher schwer nachprüfbar sind und der Appell an das Angstgefühl so stark ausgeprägt ist, dass die Rationalität der Nachfrageentscheidung in den Hintergrund tritt.

Die von der P-AG veröffentlichte Ad hoc-Mitteilung spricht gezielt eine existenzielle Angst des Menschen an, nämlich die Angst vor Krankheit und Tod. Dabei wird der Hinweis auf das steigende Krebsrisiko nicht in sachlich-nüchterner Form vorgebracht. Vielmehr wird mit reißerischen Formulierungen (*„Krebs überrollt die BRD. 20 000 Menschen ... gehen elend zugrunde. Tendenz steigend! Übliche Heilverfahren ... mit schrecklichen Nebenwirkungen ...."*) versucht, Angstgefühle beim Verbraucher zu erzeugen oder zu verstärken. Hinzukommt, dass die in der Mitteilung enthaltenen Angaben von den Verbrauchern nicht oder nur schwer nachprüfbar sind. Es ist daher davon auszugehen, dass ein nicht unerheblicher Teil der Verbraucher durch die Werbung von einer rational-kritischen Prüfung des angepriesenen Krebspräparats abgehalten wird.

Die Werbemaßnahme der P-AG muss deshalb auch unter dem Aspekt der Angstausnutzung als unlauter qualifiziert werden.

d) Das Verhalten der P-AG könnte ferner gegen **§ 4 Ziff. 11 UWG** verstoßen. Nach dieser Bestimmung handelt unlauter, wer gegen eine gesetzliche Vorschrift verstößt, die auch dazu bestimmt ist, das Marktverhalten im Interesse der Marktteilnehmer zu regeln (Rz 508 ff.). Damit soll verhindert werden, dass sich einzelne Individuen über die vom Gesetz gezogenen Schranken des Marktes hinwegsetzen. Die Norm muss daher zumindest *auch* die Gegebenheiten auf einem bestimmten Markt festlegen und so gleiche rechtliche Voraussetzungen für die auf dem Markt tätigen Mitbewerber schaffen.

Die von der P-AG veröffentlichte Ad hoc-Mitteilung verstößt gegen die Vorschrift des **§ 11 Ziff. 7 Heilmittelwerbegesetz**, wonach es verboten ist, für Arzneimittel mit Aussagen, die Angstgefühle hervorrufen oder ausnutzen, zu werben. Darüber hinaus verstößt die Werbemaßnahme auch gegen **§ 12 I Heilmittelwerbegesetz**, der außerhalb der Fachkreise die Werbung für Arzneimittel zur Verhütung oder Beseitigung von Geschwulstkrankheiten verbietet.

In beiden Fällen handelt es sich um Werbebeschränkungen für die Hersteller von Arzneimitteln, die zum Schutz der Verbraucher dienen und deshalb als Marktverhaltensregelungen i.S.d. § 4 Ziff. 11 UWG anzusehen sind.

Mit der Veröffentlichung der Ad hoc-Mitteilung handelt die P-AG ferner **§ 15 des Wertpapierhandelsgesetzes** zuwider, der die wahrheitsgemäße Bekanntgabe neuer kursbeeinflussender Tatsachen voraussetzt. Zweck der Vorschrift ist es, einen identischen Informationsstand der Marktteilnehmer durch schnelle und gleichmäßige Unterrichtung des Marktes zu fördern und so die Bildung unangemessener Börsenpreise zu vermeiden (BT-Drs. 12/7918). Auch bei dieser Vorschrift handelt es sich somit um eine Marktverhaltensregelung, die unter § 4 Ziff. 11 UWG fällt.

Die P-AG hat somit gleich mehrfach gegen Vorschriften mit wettbewerbsbezogener Schutzfunktion verstoßen. (Im Falle des Verstoßes gegen § 15 Wertpapierhandelsgesetz wäre U allerdings wegen § 8 III Ziff. 1 UWG nur anspruchsberechtigt, wenn er hiervon selbst betroffen wäre, also seinerseits Anteile an seinem Pharma-Unternehmen auf dem Kapitalmarkt vertreiben würde).

Subjektive Voraussetzungen sind nicht zu prüfen, da für die Erfüllung des Tatbestandes von § 4 Ziff. 11 UWG ein objektiver Verstoß gegen eine Marktverhaltensregelung genügt.

Das Verhalten der P-AG ist somit als ein Verstoß gegen § 4 Ziff. 11 UWG zu qualifizieren.

Als Ergebnis kann somit festgehalten werden, dass der Pharmahersteller U wegen der Veröffentlichung der Ad hoc-Mitteilung einen Unterlassungs- und Beseitigungsanspruch gegen die P-AG geltend machen kann.

Fall 37

Der große Lebensmitteldiscounter L, der schon eine Vielzahl von Sektsonderangeboten durchgeführt hatte, warb in Zeitungen und Prospekten:

„**Große Sektaktion**
Nur für kurze Zeit!
Riesenrabatt!
Für Furrorio, den bekannten Riesling-Sekt, Brut, der vorzüglich schmeckt,
nur 3,– Euro.
Dies ist so preiswert, dass wir Furrorio nur in kleinen Mengen abgeben können.
Vor dieser Aktion kostete Furrorio 6,– Euro und danach wieder.
Furrorio macht Furore."

Der Sekt ist von sehr ansprechender Qualität, der Preis in der Tat extrem günstig.

Furrorio (F) ist eine Drittmarke einer renommierten Sektkellerei, speziell für große Lebensmittelketten, und erst kurz auf dem Markt.

Der Furrorio-Sekt war bereits nach vier Stunden ausverkauft.

Wie beurteilen Sie diese Aktion wettbewerbsrechtlich?

Lösung

Bei der wettbewerbsrechtlichen Beurteilung dieser F-Sekt-Aktion ist zu unterscheiden zwischen der Werbeanzeige an sich und dem Umstand, dass der F-Sekt bereits nach vier Stunden ausverkauft ist.

I. Was die Werbeanzeige angeht:

Als Entscheidungsgrundlagen kommen hier §§ 3 I, 3 III, 4, 5 UWG in Betracht.

Nach der Grundlagenvorschrift § 3 I UWG sind **unlautere geschäftliche Handlungen** unzulässig, wenn die **Eignung zur spürbaren Interessenbeeinträchtigung der Marktteilnehmer** vorliegt.

Die F-Sekt-Werbung ist eine **geschäftliche Handlung**, da L durch diese seinen Absatz fördern möchte (§ 2 I Ziff. 1 UWG).

Was das Merkmal **unlauter** angeht, so ist dieses unter folgenden Aspekten zu prüfen:
– Qualität des Sektes
– Preis des Sektes
– Bekanntheit des Sektes
– Abgabe nur in kleinen Mengen
– Abgabe nur für kurze Zeit.

1. F-Sekt wird als vorzüglich beworben. In der Tat ist die *Qualität* des Sektes sehr ansprechend. Die Werbeaussage des L trifft also zu; eine Irreführung nach § 5 UWG kommt somit nicht in Betracht. Sonstige Unlauterkeitsmerkmale sind diesbezüglich nicht ersichtlich.

2. Gleiches gilt für die Aussage über den *Preis*. 3,– Euro für eine Flasche qualitativ hochwertigen Sekt können durchaus als preiswert bezeichnet werden, so dass auch hier § 5 UWG nicht greift.

Beide Angaben sind zulässig.

3. F wird als *bekannter* Sekt beworben. Die Bekanntheit eines Erzeugnisses ist nicht explizit in der Aufzählung der produktbezogenen, für eine *Irreführung* relevanten, wesentlichen Merkmale in § 5 I, 2, Ziff. 1 UWG erwähnt; diese Beispiele sind aber nicht abschließend. Die Bekanntheit einer Ware ist ein wesentliches Merkmal; es ist für einen Kaufentschluss mitbestimmend.

Die Qualifikation als bekanntes Erzeugnis trifft für F-Sekt nicht zu. Bekanntheit setzt eine gewisse Marktdurchdringung voraus. Eine solche kann hier aber wohl nicht vorliegen, denn F ist erst seit kurzer Zeit auf dem Markt.

Die Werbeaussage „bekannter Sekt" ist somit *irreführend* und damit **unlauter** (§§ 5 I, 2 Ziff. 1, 3 I UWG).

4. Die F-Sekt-Aktion gilt nur für *kurze Zeit*. Diese Aussage ist anhand des Transparenzgebotes des § 4 Ziff. 4 UWG zu prüfen. Nach dieser Vorschrift handelt derjenige unlauter, der **Verkaufsförderungsmaßnahmen** wie **Preisnachlässe** nicht **klar und eindeutig** angibt (Rz 446 ff.).

Diese Sekt-Aktion stellt eine Verkaufsförderungsaktion im Sinne eines Preisnachlasses dar, denn vor diesem Spezialangebot kostete F-Sekt 6,– Euro und danach wiederum 6,– Euro, was richtigerweise auch mit dem Anzeigenhinweis auf einen Riesenrabatt wiedergegeben wird.

Dieser Preisnachlass wird nur für „kurze Zeit" gewährt. Wird eine zeitliche Beschränkung genannt – was an sich nicht notwendig ist –, so muss diese den Verbraucher deutlich erkennen lassen, für welchen Zeitraum er die Vergünstigung erhält, präzise nach Datum, vom ersten bis zum letzten Tag. Dieser Anforderung entspricht die Angabe „nur für kurze Zeit" nicht, sie ist nicht klar und eindeutig. Damit handelt L unter dem Aspekt der zeitlichen Beschränkung **unlauter** (§§ 4 Ziff. 4, 3 I UWG).

5. Abgabe nur in kleinen Mengen: Auch diese Angabe ist nach § 4 Ziff. 4 UWG zu prüfen. Für diese mengenmäßige Beschränkung gilt zunächst Entsprechendes wie für die soeben dargestellte zeitliche Beschränkung. Die Angabe „Abgabe nur in kleinen Mengen" gibt dem Verbraucher keinen präzisen Hinweis auf die genaue Zahl der erwerbbaren Flaschen des F-Sektes und ist damit nicht klar und eindeutig.

Auch hierin liegt ein Verstoß gegen das Transparenzgebot des § 4 Ziff. 4 UWG.

Das Werbeinserat des L ist somit als **geschäftliche Handlung** unter mehrfachen Aspekten **unlauter**. Schon aus diesem Grund ist auch das letzte Kriterium des § 3 I UWG, **die Eignung zur spürbaren Interessenbeeinträchtigung von Marktteilnehmern**, als erfüllt anzusehen.

II. Was den Ausverkauf des F-Sektes nach bereits vier Stunden betrifft:

Hier ist zuerst die Ziffer 5 der „Schwarzen Liste", des Anhangs zu § 3 III UWG, zu untersuchen.

1. Nach dieser Vorschrift ist es eine als Lockangebot unzulässige geschäftliche Handlung, wenn
- **Waren im Sinne des § 5a III** zu einem bestimmten **Preis angeboten werden**
- **und der Unternehmer nicht darüber aufklärt**,
- dass er **Gründe für die Annahme** hat,
- er werde **nicht in der Lage** sein, diese Ware für einen **angemessenen Zeitraum** in **angemessener Menge** zum genannten Preis **bereitzustellen**.

Bei der Offerte „vorzüglicher Rieslingsekt, Brut", zu 3,– Euro handelt es sich um Waren im Sinne von § 5a III UWG. Hier werden nämlich die wesentlichen Merkmale genannt, auf Grund derer ein durchschnittlich informierter, aufmerksamer und verständiger Verbraucher das Geschäft abschließen kann. Als Preis sind die 3,– Euro genannt. Als erfahrener Anbieter derartiger Sekt-Aktionen hätte L hinreichende Gründe zur Annahme gehabt, dass der Vorrat von F-Sekt zu den genannten Konditionen für eine angemessene Zeit – das sind 2 Tage – nicht ausreicht. In diesem Falle hatte L die Pflicht, hierüber **aufzuklären**. Dies hat L nicht getan, denn der Hinweis „nur für kurze Zeit" ist zu unpräzise und genügt hier nicht. Die Verletzung dieser **Aufklärungspflicht** begründet die **Unlauterkeit** (Rz 655a).

L hat jedoch – bei einer Bevorratung von unter 2 Tagen – die Möglichkeit, die Angemessenheit nachzuweisen (Ziff. 5, 2 „Schwarze Liste"). Das kann er etwa dadurch, dass er seinerseits darlegt und beweist, dass die Nachfrage unerwartet hoch war.

Gelingt dem L dieser Nachweis nicht, so ist diese F-Sekt-Aktion per se unzulässig (§ 3 III UWG). Die Spürbarkeitsklausel des § 3 I UWG (Rz 375) ist hier nicht anzuwenden.

2. Schließlich ist die unzureichende Bevorratung noch unter dem Gesichtspunkt einer produktbezogenen Irreführung nach § 5 I, 2 Ziff. 1 UWG) zu prüfen.

Die F-Sekt-Aktion ist – wie oben bereits dargelegt – eine **geschäftliche Handlung**.

Angaben sind nachprüfbare Aussagen; um solche geht es hier.

§ 5 I, 2 Ziff. 1 UWG nennt – neben vielen anderen wesentlichen produktbezogenen Merkmalen – die **Verfügbarkeit** der Waren. Der durchschnittlich informierte, situationsadäquat aufmerksame und verständige Verbraucher versteht eine Werbung wie die für den F-Sekt dahingehend, dass dieses Erzeugnis in angemessener Menge für eine angemessene Zeit vorrätig ist. Ein Warenvorrat für 4 Stunden ist viel zu kurz und damit nicht angemessen. Daher liegt *Irreführung* und somit **Unlauterkeit** vor.

Die Spürbarkeitsklausel ist hier – im Gegensatz zu der „Schwarzen Liste" – zu prüfen. Dabei wird man bei einem solchen Lockangebot zu dem Ergebnis kommen, dass eine Eignung zu einer spürbaren Interessenbeeinträchtigung der Marktteilnehmer zu bejahen ist (Rz 375).

Damit verstößt L gegen §§ 5 I, 2 Ziff. 1, 3 I UWG.

III. Zusammenfassend ist zu sagen, dass die F-Sekt-Aktion in mehrfacher Hinsicht unlauter und damit unzulässig ist.

Fall 38

Unternehmer U hat vor vier Wochen – mit bisher mäßigem Erfolg – ein technisches Gerät auf den Markt gebracht. Ein Patent- oder Gebrauchsmusterschutz hierfür besteht nicht. Nunmehr stellt V auf einer Messe ein ähnliches Erzeugnis aus, auf dem dauerhaft und deutlich sichtbar die Firmenbezeichnung „V" angebracht ist.

Würden Sie U empfehlen, dem V den Vertrieb seines Produktes zu verbieten?

Lösung

Da U keinen Sonderrechtsschutz – insbesondere kein Patent und kein Gebrauchsmuster – für sein technisches Gerät hat, kommt als Anspruchsgrundlage allein der wettbewerbliche Leistungsschutz nach § 4 Ziff. 9 i.V.m. § 3 I UWG in Betracht.

V nimmt mit dem Vertrieb des betreffenden Gerätes eine **geschäftliche Handlung** vor (§ 2 I Ziff. 1 UWG). Problematisch ist also lediglich, ob er dadurch, dass er ein *ähnliches* technisches Erzeugnis wie das des U vertreibt, das Merkmal der **Unlauterkeit** erfüllt. Dies ist unter dem Gesichtspunkt der *Nachahmung* einer fremden Leistung zu untersuchen.

Nachahmung ist grundsätzlich nicht unlauter. Dies ergibt sich aus Umkehrschluss aus den Sonderschutzrechten des Gewerblichen Rechtsschutzes. Unlauterkeit liegt ausnahmsweise nur dann vor, wenn besondere Umstände hierfür gegeben sind. Drei derartige, die Unlauterkeit begründende besondere Umstände nennt § 4 Ziff. 9 UWG (Rz 473).

Erstens: Zunächst liegt hier keine *vermeidbare Herkunftstäuschung* (§ 4 Ziff. 9a UWG) vor. Eine solche setzt u.a. voraus, dass das nachgeahmte Erzeugnis im Verkehr eine gewisse Bekanntheit erlangt hat und dass der Nachahmende die ihm zumutbaren und erforderlichen Maßnahmen nicht ergriffen hat, um eine Täuschung der Abnehmer über die betriebliche Herkunft zu vermeiden (Rz 474, 479). Beide Merkmale sind hier nicht erfüllt. Das Gerät des U ist nicht hinreichend bekannt; es ist erst seit 4 Wochen auf dem Markt und dies noch mit mäßigem Erfolg. Darüber hinaus hat V Maßnahmen zur Vermeidung einer Verwechslungsgefahr mit dem Gerät des U getroffen, denn sein Erzeugnis trägt dauerhaft und deutlich sichtbar die Bezeichnung „V".

Zweitens: Das nachgeahmte Gerät des U genoss keine *Wertschätzung* (§ 4 Ziff. 9b UWG). Es war erst seit vier Wochen auf dem Markt und das mit mäßigem Erfolg (Rz 485).

Drittens: Es gibt im Sachverhalt keinerlei Hinweise darauf, dass V die für die Nachahmung erforderlichen Kenntnisse oder Unterlagen in *unredlicher Weise erlangt* hätte (§ 4 Ziff. 9c UWG).

Diese drei gesetzlichen Ausnahmetatbestände sind zwar nicht abschließend. Weitere die Unlauterkeit begründenden Umstände sind aber nicht ersichtlich. Somit verbleibt es beim Grundsatz der Nachahmungsfreiheit.

V handelt also nicht unlauter und verstößt daher beim Absatz seines Gerätes nicht gegen § 3 I UWG. Es ist dem U also nicht zu empfehlen, dem V den Vertrieb seines Erzeugnisses zu verbieten.

Fall 39

In X-Stadt, einer mittelgroßen Stadt, pflegt das große Bekleidungshaus A in seinen Schaufenstern Bekleidungsgegenstände zu extrem niedrigen Preisen auszuzeichnen. Kaufinteressenten gegenüber lehnt A jedoch den Verkauf zu diesen Preisen ab. Darüber ärgert sich besonders der Kunde K.

1. D, ein kleinerer Konkurrent des A, will aus persönlichen Gründen, auch weil er das Prozessrisiko scheut, nicht selbst gegen A vorgehen.

Gibt es eine andere Möglichkeit, gegen A einzuschreiten?

2. Kann der Privatkunde K gegen A vorgehen?

Lösung

1. Die Antwort gibt § 8 III UWG.

Nach dieser Vorschrift können nicht nur **Mitbewerber** (§ 8 III Ziff. 1 UWG) gegen den wettbewerbswidrig Handelnden vorgehen, sondern auch rechtsfähige **Verbände zur Förderung gewerblicher oder selbständiger beruflicher Interessen** (§ 8 III Ziff. 2 UWG), **qualifizierte Einrichtungen zum Schutz der Verbraucherinteressen** (§ 8 III Ziff. 3 UWG) sowie Industrie- und Handelskammern (§ 8 III Ziff. 4) (vgl. Rz 689 ff.).

Dem D, der nicht selbst gegen A vorgehen will, ist demnach anzuraten, sich an einen Unternehmerverband, zu wenden. Dabei sollte D darauf achten, dass er sich an einen Verband hält, dem eine erhebliche Zahl von Gewerbetreibenden der gleichen Branche angehört. Weiterhin muss die personelle, sachliche und finanzielle Ausstattung des Verbandes so angelegt sein, dass er seine satzungsmäßigen Aufgaben der Verfolgung gewerblicher Interessen auch tatsächlich wahrzunehmen in der Lage ist (§ 8 III, Ziff. 2 UWG).

D kann sich aber auch an seine IHK wenden.

Verband oder IHK werden dann nach ihrem Ermessen gegen A wegen Verletzung der §§ 5, 3 I UWG unter dem Gesichtspunkt der Irreführung durch Lockvogelwerbung vorgehen.

2. Der K als Privatkunde, als Verbraucher, hat hingegen kein Klagerecht. Eine Popularklage bei Wettbewerbsverstößen gibt es nicht (Rz 688). Ihm wäre zu raten, sich an einen Verbraucherschutzverband zu wenden (§ 8 III, Ziff. 3 UWG), der dann nach seinem Ermessen entscheidet, ob er gegen A vorgeht.

Fall 40

„Unser preiswertester Kaffee schmeckt wesentlich besser als bei vielen das Beste vom Besten!"
Sehen Sie wettbewerbsrechtliche Probleme bei dieser Werbung?

Lösung

Wettbewerbsrechtliche Bedenken könnten sich aus §§ 3 I, 6 UWG ergeben, nämlich unter dem Aspekt unzulässiger **vergleichender Werbung**.

Hier ist zunächst die Frage zu stellen, ob überhaupt ein Werbevergleich vorliegt. Nach § 6 I UWG ist dies der Fall, wenn Mitbewerber oder die von ihnen angebotenen Waren unmittelbar oder mittelbar erkennbar sind. Nach dieser sehr weit gefassten Definition ist diese Frage zu bejahen. Die Zahl der Kaffeeanbieter ist nicht so groß, dass man von einer Vielzahl im Sinne einer Anonymität sprechen könnte. Sie ist vielmehr relativ begrenzt und für den Verbraucher, der ja durch diese Werbung angesprochen wird, überschaubar (Rz 605). Daher kann von einer *mittelbaren Erkennbarkeit* ausgegangen werden.

Vergleichende Werbung ist grundsätzlich zulässig.

Zu prüfen ist hier also lediglich, ob einer der sechs Ausnahmetatbestände von § 6 II UWG vorliegt.

Nach § 6 II Ziff. 2 UWG muss sich vergleichende Werbung *objektiv* auf Eigenschaften von Waren oder Dienstleistungen beziehen. Das bedeutet, dass der Werbevergleich objektiv Nachprüfbares zum Gegenstand haben muss (Rz 615 ff.). Das ist hier nicht der Fall. „Schmeckt wesentlich besser als ..." bezieht sich nicht auf Objektives, nicht auf Tatsachen, sondern auf subjektives Geschmacksempfinden.

Ein weiteres Unzulässigkeitskriterium tritt noch hinzu: Der Vergleich ist *herabsetzend* (§ 6 II Ziff. 5 UWG). Zwar setzt jede kritisierende vergleichende Werbung – schon rein begrifflich – die Mitbewerber in gewisser Weise herab. Das muss sich aber in angemessenem Rahmen halten (Rz 624). Hier werden aber Konkurrenzerzeugnisse in gehässiger, nahezu kränkender und aggressiver Weise herabgewürdigt.

Mit den Ziffern 2 und 5 des § 6 II UWG sind somit zwei Ausnahmetatbestände erfüllt. Diese Werbung stellt daher eine unlautere **geschäftliche Handlung** (§ 2 I Ziff. 1 UWG) im Sinne von § 3 I UWG dar. Da es sich hier nicht um eine Bagatellsache und damit um eine **spürbare Beeinträchtigung** der Interessen der Mitbewerber handelt, sind alle Kriterien von § 3 I UWG erfüllt.

Diese Werbung ist daher unzulässig.

Fall 41

Unternehmer U war Hersteller von Zier- und Tafelgeräten. Etwa 1000 verschiedene Erzeugnisse wurden hergestellt und vertrieben; sie waren drei Stilrichtungen zugeordnet: Perlrand, Empire und glattes Design. Alle diese Produkte waren in den Abnehmerkreisen relativ unbekannt.

U bot sein Unternehmen – oder auch einzelne Teile davon – zum Verkauf an. Auf Anraten seines Anwaltes hatte U alle Kaufinteressenten eine „Geheimhaltungserklärung" unterschreiben lassen, Stillschweigen über Geschäftsinterna von U zu wahren und aus den erlangten Kenntnissen bei Nichterwerb keine eigenen Vorteile zu ziehen.

X, einer der Kaufinteressenten, zeigte sich besonders ambitioniert und studierte Herstellungsmethoden und Verkaufszahlen, weit über ein normales Maß hinausgehend, sehr intensiv. Er intendierte zunächst, die Stilrichtungen Perlrand und Empire zu erwerben. Als man hier keine Einigung erzielte, wollte er Perlrand allein haben. Auch hier einigte man sich nicht, vor allem nicht über den Preis.

Zwischenzeitlich übernahm K den gesamten Geschäftsbetrieb des U mit allen Rechten und Pflichten und führte ihn in vollem Umfang weiter.

Kurze Zeit danach brachte X drei Tellerarten der Stilrichtung Perlrand auf den Markt. Diese waren eine vollständige Imitation der Teller des U. Diese drei Teile hatten über 40 % des Gesamtumsatzes des U ausgemacht.

K als Rechtsnachfolger des U klagt auf Unterlassung des Vertriebs dieser drei Perlrand-Teller. Wie beurteilen Sie die Erfolgsaussichten dieser Klage, wenn

a) für die damals völlig neuartigen, sehr individuell geprägten drei Teller der Stilrichtung Perlrand für U vor acht Jahren beim DPMA ein eingetragenes Design erteilt und die Aufrechterhaltungsgebühr bezahlt wurde,

b) kein Designschutz bestand?

Lösung

a) K als Rechtsnachfolger von U stützt seinen Unterlassungsanspruch auf §§ 42 I, 38 I DesignG.

Danach kann K als nunmehriger Designschutzinhaber von X Unterlassung begehren, wenn X entgegen § 38 I, 1 DesignG das **eingetragene Design** des K **benutzt**.

Voraussetzung ist also zunächst, dass überhaupt ein eingetragenes Design besteht. Zunächst ist das Merkmal **Design** erfüllt (§ 1 Ziff. 1 DesignG), denn bei den drei Tellern handelt es sich um dreidimensionale Erscheinungsformen eines ganzen Erzeugnisses. Diese waren damals „völlig neuartig", also neu (§ 2 II DesignG) und hatten wohl auch **Eigenart** (§ 2 III DesignG), da sie „sehr individuell" geprägt waren. Da diese Designs vor acht Jahren beim DPMA eingetragen und die Aufrechterhaltungsgebühr bezahlt wurde (§§ 27, 28 DesignG), besteht für die drei Perlrand-Teller Designschutz. X brachte die identischen drei Perlrand-Teller auf den Markt, die für K designgeschützt waren. Bei dieser Benutzungshandlung geht es um ein **Inverkehrbringen**, das ausschließlich dem K als Inhaber der eingetragenen Designs zusteht (§ 38 I DesignG). Eine **Zustimmung** zum Vertrieb dieser drei Teller hatte K dem X nicht gegeben.

Damit hat X die eingetragenen Designs des K verletzt. Da Wiederholungsgefahr besteht, wird eine Unterlassungsklage des K gegen X erfolgreich sein.

b) Wenn kein Designschutz und somit kein Sonderrechtsschutz besteht, der einen Unterlassungsanspruch rechtfertigen könnte, kommt hier allein wettbewerblicher Leistungsschutz in Betracht, nämlich §§ 4 Ziff. 9; 3 I UWG.

Im Vertrieb der drei Perlrand-Teller ist eine **geschäftliche Handlung** zu sehen (§ 2 I Ziff. 1 UWG). X und K sind unmittelbare Wettbewerber, beide bieten diese Tellerarten an (Rz 341 ff.).

Handelt X mit dem Vertrieb der drei Teller, die identisch nachgeahmt wurden, **unlauter**? Das ist hier die entscheidende Frage. Für deren Beantwortung gibt § 4 UWG, der einen nicht abschließenden Katalog von Beispielen unlauteren Wettbewerbs gibt, in Ziff. 9 a bis 9 c Hinweise.

Zuerst muss das Prinzip herausgestellt werden: Nachahmung ist grundsätzlich erlaubt (Rz 473). Das ergibt der Umkehrschluss aus dem Nachahmungsverbot bei bestehenden Sonderschutzrechten. Der genannte § 4 Ziff. 9 a–c UWG nennt also *Ausnahmen* vom Grundsatz der Nachahmungsfreiheit.

Nach Buchstabe a handelt der Nachahmer **unlauter**, wenn er mit seinen angebotenen Plagiat-Waren eine *vermeidbare Täuschung* der Abnehmer über die betriebliche *Herkunft* herbeiführt. Eine derartige Irreführung über die Herkunftstätte ist nur dann anzunehmen, wenn die nachgeahmte Leistung bekannt ist und wettbewerbliche Eigenart aufweist (Rz 474 ff.). Da sich aus dem Sachverhalt aber ergibt, dass alle Erzeugnisse von U, später von K, bei den Abnehmern relativ unbekannt sind, greift die Ausnahme des § 4 Ziff. 9 a UWG nicht.

Nach § 4 Ziff. 9 b UWG ist Nachahmung ausnahmsweise dann nicht erlaubt, wenn die *Wertschätzung* der nachgeahmten Waren unangemessen ausgenutzt oder beeinträchtigt wird. Es geht hier um die Ausbeutung des guten Rufes des Nachgeahmten. Einen solchen kann aber auch nur der haben, der bekannt ist. Daher scheidet auch der zweite Ausnahmetatbestand aus.

Schließlich handelt auch derjenige unlauter, der die für die Nachahmung erforderlichen Kenntnisse oder Unterlagen *unredlich* erlangt hat (§ 4 Ziff. 9 c UWG; vgl. Rz 486). Vordergründig betrachtet trifft auch dieser Ausnahmetatbestand nicht zu. X ist zu den für die Nachahmung erforderlichen Daten nicht etwa durch Betriebsspionage oder durch sonstige Erschleichung fremder Betriebsgeheimnisse gekommen. Alles hatte U dem X als Kaufinteressenten, der sich als besonders ambitioniert darstellte, freiwillig gezeigt. Diese bereitwillige und weit über das normale Maß erfolgte Offenlegung betrieblicher Verhältnisse schuf ein besonderes *Vertrauensverhältnis* zwischen U und X. Dieses hat X dadurch verletzt, dass er ausgerechnet die drei Teller auf den Markt brachte, von denen er aus den Unterlagen des U genau wusste, dass diese drei Produkte mit über 40 % die bei weitem umsatzstärksten Erzeugnisse waren. Zu diesem Vertrauensbruch kommt noch hinzu, dass X sich in der „Geheimhaltungserklärung" dazu verpflichtet hatte, aus den durch die Einblicke in die Geschäftsunterlagen des U erworbenen Kenntnissen keine eigenen Vorteile zu ziehen. Da X somit die für die Nachahmung erforderlichen Kenntnisse unredlich verwendet hat, handelte er unlauter.

Diese unlautere geschäftliche Handlung ist auch geeignet, die **Interessen** des Mitbewerbers K **spürbar zu beeinträchtigen** (Rz 375).

Da Wiederholungsgefahr besteht, kann K den X auf Unterlassung in Anspruch nehmen (§ 8 I UWG).

Fall 42

Anlässlich seines 40-jährigen Firmenjubiläums wirbt das große Elektroeinzelhandelsgeschäft E in Tageszeitungen und auf Flyern für mehrere Elektrogeräte mit äußerst günstigen Preisen und offeriert „darüber hinaus alle sonstigen geführten Waren zu 20% unter dem Listenpreis".
Wettbewerbsrechtlich zulässig?

Lösung

Vorab ist festzustellen, dass eine *Sonderaktion als solche* aus Anlass eines 40-jährigen Firmenjubiläums nicht zu beanstanden ist.

Das Problem besteht hier allein darin, ob die Werbung mit einer Rabattierung von 20 % unter dem Listenpreis zulässig ist. Dies beurteilt sich nach §§ 5 I, 1, 2, Ziff. 2 i.V.m. § 3 I UWG.

Nach § 5 I, 1 UWG handelt derjenige *unlauter*, der eine irreführende geschäftliche Handlung vornimmt.

Eine **geschäftliche Handlung** ist hier gegeben, denn E will mit dieser Jubiläumsaktion seinen Absatz fördern (§ 2 I Ziff. 1 UWG).

Nach § 5 I, 2 UWG muss es sich um **Angaben**, dies sind nachprüfbare Aussagen, handeln (Rz 518 ff.). Dies ist hier der Fall: Ob Preise reduziert sind, ist nachprüfbar.

Irreführend sind Angaben u.a. dann, wenn sie zur Täuschung geeignete Aussagen enthalten über die Art und Weise, in der der Preis berechnet wird (§ 5 I, 2, Ziff. 2 UWG). Das *Transparenzgebot* steht hier im Vordergrund: Ist hier klar und eindeutig erkennbar, wie sich die Preise im Einzelnen berechnen?

Bei der Beantwortung dieser Frage ist auf die Sichtweise der durch diese Werbung angesprochenen Zielgruppe abzustellen (Rz 358 ff.). Dies sind hier die Verbraucher (§ 2 II UWG, § 13 BGB). Maßgebend ist also: Wie verstehen durchschnittlich informierte, sozialadäquat aufmerksame und verständige Verbraucher diese Werbeaussage? – Diese werden sich mit großer Sicherheit die Frage stellen, welches denn die für die Preise maßgebliche Liste ist, etwa die der Hersteller, die der Elektrogroßhändler, von denen E seine Waren bezieht, oder gar die Liste von E selbst. Dies zeigt, dass die Angabe über den Ausgangspreis, von dem sich der Nachlass jeweils errechnet, nicht klar erkennbar, sondern *mehrdeutig* ist. Diese Art und Weise der Preisberechnung ist vom Verbraucher nicht nachvollziehbar (Rz 547).

Eine solche mehrdeutige Angabe wie Listenpreis ist missverständlich und damit zur Täuschung geeignet. Somit liegt hier eine Irreführung über den Preis vor.

Da der Preis in der Regel der bedeutendste Faktor für die Kaufentscheidung ist, ist diese Werbung von E geeignet, die **Interessen** der Verbraucher – aber auch der Mitbewerber – **spürbar zu beeinträchtigen** (§ 3 I UWG).

Diese Jubiläumsaktion des E ist somit unlauter (§§ 5 I, 2, Ziff. 2; 3 I UWG). Daneben ist auch an einen Verstoß gegen das Transparenzverbot nach § 4 Ziff. 4 UWG zu denken.

Fall 43

Der Apotheker A wirbt in einer Werbebeilage zu einer regionalen Tageszeitung mit der durch Fettdruck optisch stark hervorgehobenen Überschrift *„Aktuelle Angebote dieses Monats. Jetzt zugreifen, solange Vorrat reicht!"* für 10 verschiedene Kalzium- und Magnesium-Präparate, die teils apothekenpflichtig, teils frei verkäuflich sind. Bei den drei apothekenpflichtigen Präparaten befindet sich rechts neben der Preisangabe ein winziges Sternchen. Ganz rechts am äußersten Rand des Prospekts wird das Sternchen in Kleinstschrift mit den Worten *„gesetzliche Preisbindung"* erläutert.
Ist die Werbeaktion des A wettbewerbsrechtlich zulässig?

Lösung

Die Zulässigkeit der Werbeaktion ist anhand **§ 5 UWG** zu beurteilen.

Hierfür müsste zunächst eine **geschäftliche Handlung** (§ 3 I UWG) vorliegen. Dies ist zu bejahen, da A mit der betreffenden Werbeaktion objektiv seinen Warenabsatz steigert (§ 2 I Ziff. 1 UWG).

Die Werbeaktion des A müsste **irreführend** sein, also unwahre oder zur Täuschung geeignete Angaben enthalten.

Unter **Angaben** versteht man Aussagen mit einem nachprüfbaren Tatsachenkern. Dies liegt vor, da in der betreffenden Werbebeilage konkrete Angebote für bestimmte Kalzium- und Magnesiumpräparate unterbreitet werden.

Die Angaben wären **zur Täuschung geeignet**, wenn sie bei einem nicht unerheblichen Teil der Verkehrskreise zu einer Vorstellung führen würden, die von der Realität abweicht.

Da es sich vorliegend um gesundheitsbezogene Werbung handelt, wäre eine Irreführungsquote von einem Viertel wohl als ausreichend zu erachten (Rz 525a).

Bei der Beurteilung der Irreführung ist zu berücksichtigen, dass es sich infolge der drucktechnisch hervorgehobenen Überschrift um eine Blickfangwerbung handelt (Rz 543).

Nach der Rechtsprechung müssen blickfangmäßige Herausstellungen isoliert betrachtet wahr sein, weil sie vom sonstigen Inhalt der Werbung losgelöst wahrgenommen werden und deshalb die Gefahr besteht, dass das Publikum die kleiner gedruckten Angaben nicht mehr zur Erläuterung des Inhalts der Werbung heranzieht.

Durch den Hinweis „aktuelle Angebote des Monats" wird dem Publikum der Eindruck vermittelt, es gebe in der Apotheke des A auch apothekenpflichtige Produkte zu einem gegenüber dem Normalangebot besonders günstigen Preis zu erwerben, der nur in diesem Monat gewährt wird. Dies trifft indessen nicht zu, da aufgrund der geltenden gesetzlichen Bestimmungen apothekenpflichtige Produkte in allen Apotheken ohne zeitliche Limitierung zum gleichen Preis verkauft werden müssen.

Die hierin liegende Irreführung könnte aber durch den Sternchenhinweis wieder aufgehoben werden. Nach der Rechtsprechung kann eine Irreführung durch den Blickfang entfallen, wenn die Werbung einen Hinweis auf eine klarstellende Fußnote enthält. Dies setzt aber voraus, dass der Hinweis so deutlich gestaltet ist, dass er in dem Blickfang vergleichbarer Weise ins Auge fällt.

Im vorliegenden Falle befindet sich der Sternchenhinweis an einer unauffälligen Stelle am äußeren rechten Blattrand und tritt zudem durch die sehr klein gehaltene Schrift gegenüber dem sonstigen Werbetext optisch völlig in den Hintergrund.

Darüber hinaus enthält der in Rede stehende Hinweis auch keine hinreichende Richtigstellung. Der Hinweis „gesetzliche Preisbindung" ist missverständlich, weil hierdurch der Eindruck entsteht, dass den Kunden in dem betreffenden Monat ein besonderer Preisvorteil gewährt wird, der auf einer gesetzlichen Bestimmung beruht. Es wird nicht hinreichend klargestellt, dass den Kunden in Bezug auf die drei mit dem Sternchen versehenen Präparate überhaupt kein Preisvorteil geboten wird.

Der Werbehinweis des A stellt somit eine Irreführung über den Preis bzw. über das Vorhandensein eines besonderen Preisvorteils i.S.v. § 5 I, 2 Ziff. 2 UWG dar.

Da A durch die Werbung mit besonders günstigen Preisen gezielt Kunden anlockt und sich dadurch einen Wettbewerbsvorsprung vor der Konkurrenz verschafft, ist die Werbeaktion **geeignet**, die **Interessen** von Mitbewerbern und Verbrauchern **spürbar zu beeinträchtigen**.

Die Werbeaktion des A ist wegen des Verstoßes gegen § 5 UWG somit als unzulässig anzusehen (§ 3 I UWG).

Fall 44

Konsumgüterhersteller H, der Waren sowohl an Großhändler als auch an Einzelhändler vertreibt, möchte seine Beziehungen zum Großhandel aktivieren. Er glaubt, dies am besten durch Einräumung besonderer finanzieller Anreize erreichen zu können. Daher hat er folgende verkaufsfördernde Maßnahmen ins Auge gefasst:

1. Am Jahresende sollen Großhändler in den Genuss eines sog. Jahresbonus kommen, d.h. bei einem Umsatz ab 80 000,- € erhalten sie 2 % und ab 100 000,- € 3 % Gutschrift.
2. In die Großhandelspreislisten soll folgender Passus aufgenommen werden: Bei Abnahme von 100 Dutzend pro Auftrag 13 für 12, bei 200 Dutzend 14 für 12.
3. Jeder Anlieferung an Großhändler soll eine dem Umfang des Auftrags entsprechende Anzahl von Plastiktüten, Tragebeuteln, Aufkleber und Displaymaterial, jeweils mit Werbeaufdruck des H, beigepackt werden. H geht davon aus, dass diese Verkaufs- und Werbehilfen von den Großhändlern an die Einzelhändler weitergegeben werden, um damit bei den Letztverbrauchern zu werben.
4. Den Einkaufssachbearbeitern der Großhändler will H zu besonderen Anlässen, etwa zu deren Geburtstagen und zu Weihnachten, ein Geschenk zukommen lassen, er denkt an Zuwendungen von einem Verkehrswert von 10 bis 15,- €.
5. Jeder Einkaufsangestellte eines Großhändlers erhält für jeden mit H abgeschlossenen Vertrag 0,5 % der Auftragssumme.
6. Weiter soll zu Gunsten der Verkaufsangestellten der Großhändler ein Wettbewerb veranstaltet werden. Für jeden Verkauf von H-Waren erhalten diese Mitarbeiter Prämienschecks in jeweiliger Auftragshöhe. Am Jahresende reichen die Verkäufer ihre Schecks bei H ein. 100 ansehnliche, von vornherein bekannt gegebene Preise von verschiedenem Wert – Goldbarren, Weltreisen, echte Orientteppiche, Schmuckgegenstände – werden je nach Höhe der eingereichten Prämienschecks an die Erfolgreichsten verteilt.

Würden Sie dem H raten, die geplanten Verkaufsförderungsmaßnahmen durchzuführen?

Lösung

1. Die geplanten Jahresboni sind auf ihre Wirkungen bezogen als Preisnachlässe anzusehen. Solche sind zulässig.

2. Die Abgabe von 13 für 12 oder 14 für 12 bei einer bestimmten Abnahmemenge stellt sich als Mengenrabatt in der Form des Naturalrabatts dar. Auch hier bestehen keine wettbewerbsrechtlichen Bedenken.

3. Die Plastiktüten, Tragebeutel, Aufkleber und das Displaymaterial, das H den Auslieferungen an die Großhändler beizupacken gedenkt, sind Zugaben. Auch diese Verkaufs- und Werbehilfen sind erlaubt.

4. Die ins Auge gefassten Zuwendungen zu Gunsten der Einkaufssachbearbeiter an Geburtstagen und an Weihnachten beurteilen sich nach §§ 4 Ziff. 1; 3 I UWG. Problematisch ist hier allein das Merkmal der **Unlauterkeit**. Die geplanten Geschenke dienen allgemein der Pflege guter Geschäftsbeziehungen. Derartige *Werbegeschenke* sind grundsätzlich wettbewerbsrechtlich erlaubt (Rz 384 ff.).

Unlauterkeit liegt nur dann vor, wenn die Beschenkten durch die unentgeltlichen Zuwendungen in unsachlicher Weise beeinflusst werden können. Ein wichtiges Merkmal ist hier der Wert des Geschenkes. Wird die Grenze des Maßvollen und des Üblichen überschritten, so besteht die Gefahr eines psychologischen Kaufzwanges. Ist dies der

Fall, so ist Wettbewerbswidrigkeit gegeben. Bei Werbegeschenken gegenüber einem Industrieeinkäufer von einem Verkehrswert von 10–15,- € dürfte diese Grenze nicht überschritten sein. Schon 1959 hat der BGH ein Feuerzeug im Werte von damals ca. 10,- DM als zulässiges Werbegeschenk gegenüber Einkäufern angesehen.

Auch gegen dieses Vorhaben der Werbegeschenke ist somit nichts einzuwenden.

5. Eine Provision von 0,5 % für Einkäufer stellt ein Versprechen bzw. Gewähren eines **Vorteils** gegenüber **Angestellten eines geschäftlichen Betriebs im geschäftlichen Verkehr** zu **Zwecken des Wettbewerbs** dar. Die Umsatzbeteiligung ist die **Gegenleistung** für einen erteilten Auftrag und stellt eine **Bevorzugung** des H dar, denn anderen Lieferanten werden hierdurch Aufträge entzogen. H erwartet, dass die Einkäufer wegen der 0,5 % ihn den Mitbewerbern gegenüber bevorzugen und dass die Einkäufer in Kenntnis dieses Umstandes den Vorteil annehmen. Dies begründet das **Unlautere** der Bevorzugung des H.

Damit sind alle Rechtsvoraussetzungen von § 299 II StGB erfüllt und H wäre sogar strafbar.

Zugleich verstößt H mit dieser strafbaren Aktion gegen Wettbewerbsrecht (§ 4 Ziff. 11 i.V.m. § 3 I UWG), denn bei dieser Strafvorschrift handelt es sich um eine marktverhaltensbezogene Norm (Rz 508 ff.).

6. Ob der Verkäuferwettbewerb zulässig ist, beurteilt sich wiederum nach § 299 II StGB, § 3 I UWG.

Nicht jeder Großhändler-Verkaufsangestellte gehört zu den Gewinnern des Verkäuferwettbewerbes, denn nicht jeder erhält einen Preis. Daher ist es im Einzelfall fraglich, ob die Merkmale der **Vorteilsgewährung** als **Gegenleistung** für eine **unlautere Bevorzugung** i.S.v. § 299 II StGB vorliegen.

Da der geplante Verkäuferwettbewerb eine **geschäftliche Handlung** (§ 2 I Ziff. 1 UWG) zum Zwecke der Absatzförderung darstellt, ist lediglich die Frage zu untersuchen, ob **Unlauterkeit** vorliegt.

Zumindest ein Teil der Großhändler-Verkäufer wird geneigt sein, möglichst Waren des H bei Einzelhändlern abzusetzen, um dadurch in Besitz möglichst zahlreicher und möglichst hoher Prämienschecks des H zu kommen, um so am Jahresende zu den 100 Gewinnern des Verkäuferwettbewerbs zu gehören. Die ausgesetzten, recht beträchtlichen Preise verlocken jedenfalls hierzu. Es besteht also die Gefahr, dass Großhändler-Verkäufer den Verkauf der H-Waren aus sachwidrigen Motiven heraus forcieren, wodurch die Konkurrenten des H in ihren Absatzbemühungen *behindert* werden (Rz 500 ff.). Dies begründet Unlauterkeit nach § 4 Ziff. 10, § 3 I UWG.

7. Zusammenfassung: Von den geplanten Verkaufsförderungsmaßnahmen kann H die Jahresboni, die Naturalrabatte, die Verkaufs- und Werbehilfen für Großhändler und die Werbegeschenke für die Einkaufssachbearbeiter der Großhändler durchführen; wettbewerbsrechtliche Bedenken bestehen in diesen Fällen nicht. Von der Umsatz-

provision zu Gunsten der Einkaufsangestellten der Großhändler und von dem Verkäuferwettbewerb ist dem H jedoch abzuraten.

Fall 45

Geschenkspezialversandunternehmer (U) hat die neuartige Idee entwickelt, zu verschiedenen weltbekannten Themen jeweils ein einschlägiges Werk der Literatur (in Form eines Buches), ein solches der Musik (in Form einer CD) und Werke der bildenden Künste (in Form von Reproduktionen von Gemälden, Zeichnungen, Stichen, Radierungen usw.) als „Triset" im Sinne eines Gesamtangebotes auf den Markt zu bringen, z.B.: ein Buch „Don Quichotte" von Cervantes, CD der Telemann-Oper „Don Quichotte" und Reproduktionen von Zeichnungen und Stichen über Don Quichotte und Sancho Pansa werden in einer Kassette zum Preis von € X zum Kauf angeboten.

a) U fragt: Kann ich mir diese „Produkt-Idee" schützen lassen?

b) Bereits nach drei Monaten – U hat zwischenzeitlich drei verschiedene derartige „Triset-Angebote" auf den Markt gebracht und damit durchschnittliche Verkaufserfolge erzielt – ahmt ein Konkurrent (K) den „Triset-Gedanken" nach und vertreibt gleichfalls als Gesamtangebot Buch, CD und Zeichnungen über ein bestimmtes Thema (Y). Letzteres stimmt inhaltlich mit den bisher herausgebrachten drei Themen des U nicht überein. Die Kassette des K hat eine ganz andere Aufmachung als die des U.

U erblickt hierin einen Eingriff in seine Rechte bezüglich seiner „Produkt-Idee".

Wird eine Klage gegen K auf Unterlassung und Schadensersatz Erfolg haben?

Lösung

a) U denkt offensichtlich an einen Sonderrechtsschutz, der durch ein Verfahren vor einer Behörde erreicht wird. Als solcher käme in Betracht: Patent-, Gebrauchsmuster-, Design- und Markenschutz durch Eintragung. Urheberrecht und Markenschutz kraft Benutzung scheiden unter diesem Aspekt aus, denn dies sind Rechte, die ohne behördliches Verfahren, also allein auf Grund des Vorliegens von materiellen Voraussetzungen (Werk bzw. Verkehrsgeltung) entstehen, die sich U somit „nicht schützen lassen" kann (Rz 6).

I. Zum Patentschutz

Patente werden vom Patentamt erteilt für **neue Erfindungen**, die eine **gewerbliche Anwendung** gestatten und auf einer **erfinderischen Tätigkeit** beruhen (§ 1 I PatG). Erfindungen liegen auf dem Gebiet der Technik. Darum geht es hier gerade nicht. U hat keine technische Idee, indem er ein technisches Problem stellt und eine konkrete technische Lösung hierfür gibt. Vielmehr hat er eine absatzwirtschaftliche Idee in Bezug auf das konkrete Leistungsangebot an den Käufer entwickelt, die man – ausgehend von den vier absatzwirtschaftlichen Instrumenten – so ungefähr als „Produkt-Konzeptions-Idee" oder „Produkt-Idee" umschreiben könnte, nämlich die, Buch, CD und Zeichnungen über ein bestimmtes Thema als „Triset" auf den Markt zu bringen. Ein Patentschutz scheidet also aus. Es geht nicht um Technik (Rz 124 ff.).

II. Zum Gebrauchsmusterschutz

Gebrauchsmusterschutz durch das Patentamt entsteht für **neue Erfindungen**, die auf einem **erfinderischen Schritt** beruhen und **gewerblich anwendbar** sind (§ 1 GebrMG). Um eine Erfindung geht es in diesem Falle, wie soeben dargelegt, nicht. Ein Gebrauchsmusterschutz kommt mangels Technizität für die „Triset-Idee" des U somit auch nicht in Betracht (Rz 175 ff.).

III. Zum Designschutz

Designschutz entsteht durch Anmeldung beim DPMA für **Designs**, die **neu** und **eigenartig** sind (§ 2 I DesignG). Schutzgegenstand ist die *konkrete gestalterische* Leistung, die – in der Regel – über das *Auge* auf den Farb- und/oder Formsinn des Menschen wirkt; geschützt ist also etwa dieses konkrete Stoffmuster, dieses konkrete Design eines Schmuckstückes, diese konkrete Form von Geschirr, Vasen, Bestecken, kurzum: ein *konkretes* Design, eine konkrete Gestaltung. Darum geht es hier aber nicht. Hier soll eine *abstrakte* „Produkt-Idee" als solche geschützt werden. Aus diesem Grunde scheidet auch Designschutz aus (Rz 204 ff.).

IV. Zum Markenschutz durch Eintragung

Markenschutz wird vom DPMA für eine Kennzeichnung erteilt, die zur **Unterscheidung** von Waren oder Dienstleistungen dient (§ 3 I MarkenG). Alle Zeichen können Marken sein, allerdings müssen sie konkretisierbar und grafisch darstellbar sein (§ 8 I MarkenG). Um solche *konkreten* Kennzeichnungen geht es hier aber nicht, vielmehr um den Schutz der *abstrakten* „Triset-Idee". Markenschutz scheidet somit auch aus (Rz 238 ff.).

V. Zusammenfassung

Die abstrakte „Produkt-Idee" ist eines Sonderrechtschutzes, der durch ein behördliches Verfahren herbeigeführt wird, nicht fähig. Eine entsprechende Anmeldung beim DPMA in Bezug auf ein Patent, Gebrauchsmuster, ein eingetragenes Design oder eine Marke wäre sinnlos.

b) Dem U liegt nicht nur daran, gegen K in Bezug auf das Thema Y vorzugehen, sondern ihm überhaupt zu untersagen, seine, des U, „Produkt-*Idee*" zu übernehmen. U begehrt also Schutz für seine Idee – Vertrieb als „Triset" – schlechthin, also in Bezug auf jedwede Themen.

I. Ansprüche aus formellen Sonderschutzrechten

Einen Unterlassungs- und Schadensersatzanspruch kann U weder auf ein Patentrecht, noch auf ein Gebrauchsmuster, noch auf ein eingetragenes Design, noch auf ein Markenrecht stützen. Diese Rechte können für die „Produkt-Idee" des U nicht entstehen. Dies wurde unter a) begründet.

II. Ansprüche aus Urheberrecht

Nach § 97 I UrhG ist U berechtigt, von K Unterlassung und Schadenersatz zu verlangen, wenn dieser das **Urheberrecht** des U **widerrechtlich verletzt**. Es ist also zunächst zu untersuchen, ob dem U überhaupt ein Urheberrecht an seiner „Produkt-Idee" zusteht (Rz 71 ff.).

Gegenstand des Urheberrechtes sind Werke der Literatur, Wissenschaft und Kunst (§ 1 UrhG). Den für das Urheberrecht zentralen Begriff des **Werkes** definiert das Gesetz als persönliche geistige Schöpfungen (§ 2 II UrhG). Diese müssen einen eigenpersönlichen geistigen Gehalt und Schöpfungsqualität aufweisen. Die Urheberrechtsschutzfähigkeit erfordert die Konkretisierung des geistig-ästhetischen Gehalts in einer bestimmten, Dritten sinnlich wahrnehmbaren *Formgestaltung*. Eine abstrakte *Idee* als solche stellt also kein Werk dar (Rz 26), weder der Literatur noch der Wissenschaft noch der Kunst (§ 1 UrhG) und ist nicht urheberrechtsschutzfähig. Für die „Triset-Idee" steht dem U somit kein Urheberrecht zu und damit auch keine Unterlassungs- und Schadensersatzansprüche gegen K nach § 97 UrhG (Rz 71 ff.).

III. Ansprüche aus benutzter Marke

Es ist weiter zu prüfen, ob U einen Unterlassungs- und Schadensersatzanspruch auf eine benutzte Marke (§ 14 V, VI; § 4 Ziff. 2 MarkenG) stützen kann. Nach § 4 Ziff. 2 MarkenG kann Markenschutz entstehen durch die **Benutzung** eines Zeichens im **geschäftlichen Verkehr**, soweit das Zeichen innerhalb beteiligter Verkehrskreise als Marke **Verkehrsgeltung** erworben hat (Rz 293).

Gegenstand eines benutzten Zeichens kann all das ein, was in § 3 MarkenG genannt wird, also etwa Wörter, Abbildungen, Hörzeichen, dreidimensionale Gestaltungen und Aufmachungen, die geeignet sind, Waren oder Dienstleistungen eines Unternehmens von denjenigen anderer Unternehmen zu unterscheiden. Wie die Beispiele zeigen, muss es sich bei einem benutzten Zeichen um etwas Konkretes handeln.

An dieser *Konkretisierung* fehlt es aber bei der abstrakten „Triset-Idee" (Rz 26). Markenschutz durch Benutzung scheidet also schon aus diesem Aspekt aus. Aber auch auf Verkehrsgeltung könnte U nicht verweisen, da er mit seinem Produkt erst seit drei Monaten mit durchschnittlichem Erfolg auf dem Markt ist.

U kann somit aus §§ 14 V, VI, 4 Ziff. 2 MarkenG keine Ansprüche gegen K herleiten.

IV. Ansprüche aus geschäftlichen Bezeichnungen

Stehen dem U Unterlassungs- und Schadensersatzansprüche gegen K nach § 15 V, VI MarkenG zu? (Rz 315 ff.).

Nach dieser Vorschrift i.V.m. § 5 I MarkenG sind als geschäftliche Bezeichnungen Unternehmenskennzeichen und Werktitel geschützt.

Unternehmenskennzeichen sind Zeichen, die im geschäftlichen Verkehr als Name, als Firma oder als besondere Bezeichnung eines Geschäftsbetriebes oder eines Unternehmens benutzt werden (§ 5 II 1 MarkenG).

Namen, Firma und besondere Bezeichnungen eines Geschäftsbetriebes sind Individualisierungsmittel; ihre Bedeutung liegt in der Funktion, ein *Unternehmen* als Ganzes zu kennzeichnen. Die Nachahmung der „Produkt-Idee" durch K tangiert weder den Namen (§ 12 BGB) noch die Firma (§§ 17 ff. HGB) des U. Besondere Bezeichnungen eines Geschäftsbetriebes sind Kennzeichen mit Unterscheidungskraft, also keine abstrakten Ideen. Die „Triset-Idee" des U ist also als Unternehmenskennzeichen nicht geschützt.

Auch ein Schutz als *Werktitel* scheidet aus. Dies sind die Namen oder besonderen Bezeichnungen von Druckschriften, Filmwerken, Tonwerken, Bühnenwerken oder sonstigen vergleichbaren Werken (§ 5 III MarkenG). Darum geht es aber bei der abstrakten „Triset-Idee" nicht.

Hingegen käme ein Schutz nach § 5 II 2 MarkenG schon eher in Betracht. Nach dieser Vorschrift stehen demjenigen Ansprüche zu, dessen **Geschäftsabzeichen** oder **sonstige zur Geschäftsunterscheidung bestimmten Zeichen** durch einen Dritten **verletzt** werden, sofern **Verkehrsgeltung** vorliegt. Geschäftsabzeichen und sonstige unterscheidenden Zeichen weisen auf ein Geschäft hin, ohne es zu benennen, ohne wie Namen oder Firmen zu wirken, also ohne Namensfunktion. In der bloßen „Produkt-Idee" als solcher kann keine Kennzeichnung des Geschäftsbetriebes des U erblickt werden. Im Übrigen kann U nicht auf Verkehrsgeltung verweisen, da er mit seinem „Triset" erst drei Monate mit durchschnittlichen Erfolgen auf dem Markt ist (Rz 315).

V. Ansprüche aus § 3 I UWG

Schließlich ist noch zu untersuchen, ob U Ansprüche auf Unterlassung und Schadenersatz gegen K aus §§ 3 I i.V.m. §§ 8, 9 UWG herleiten kann. Dies ist dann der Fall, wenn K **unlautere geschäftliche Handlungen** vornimmt. Von diesen Rechtsvoraussetzungen ist allein die Lauterkeit problematisch. Handelt K dadurch, dass er die „Produkt-Idee" des U nachahmt, wettbewerbswidrig?

Eine *Nachahmung*, die nicht gegen einen Sonderrechtsschutz Dritter verstößt, ist *grundsätzlich nicht wettbewerbswidrig.* Unlauterkeit liegt auch dann nicht vor, wenn das fremde Arbeitsergebnis „mit Mühe und Kosten" errungen ist, die der Nachahmer nicht aufzuwenden braucht. Selbst dann ist keine Unlauterkeit gegeben, wenn die Nachahmung getreu bis in die letzten Einzelheiten geht (sklavische Nachahmung). Unlauterkeit wird lediglich dann begründet, wenn über die bloße Nachahmung hinausgehende besondere Umstände vorliegen. Die Frage, welches im Einzelnen derartige besondere Umstände sind, gehört zu den schwierigsten des Wettbewerbsrechts. In § 4 Ziff. 9 UWG wurden einige Unlauterkeitsmerkmale normiert.

Der bedeutsamste Umstand, der bei der Nachahmung die Unlauterkeit begründen kann, ist die *vermeidbare Herkunftstäuschung* (§ 4 Ziff. 9a UWG). Kommt eine Ware/

Dienstleistung auf den Markt, die eine Ware/Dienstleistung eines Mitbewerbers in einer Weise nachahmt, dass die Gefahr besteht, dass der Rechtsverkehr diese Ware/Dienstleistung irrtümlich als aus ein und demselben Unternehmen kommend ansieht, so handelt der Nachahmer wettbewerbswidrig, wenn er nicht die ihm zumutbaren Maßnahmen ergreift, um die Irreführung des Verkehrs über die Herkunft auszuschließen. Eine derartige Irreführung ist zu befürchten, wenn der nachgeahmte Gegenstand bekannt ist und wenn er wettbewerbliche Eigenart aufweist. Letztere muss ihren Niederschlag in konkreten Gestaltungsmerkmalen gefunden haben. Mangels einer derartigen Konkretisierung ist eine bloße Idee wettbewerbsrechtlich nicht geschützt. Die „Triset-Idee" genießt also keinen Schutz nach § 3 I UWG.

Auch die konkrete Durchführung der „Produkt-Idee" des U, der Vertrieb von Buch, CD und Zeichnungen in einer Kassette, wird von K nicht in wettbewerbswidriger Weise nachgeahmt. Das von K gewählte Thema ist nicht identisch mit den bisherigen von U herausgebrachten drei Themen; die Aufmachung der Kassette des K ist von denen des U verschieden. Von einer vermeidbaren Herkunftstäuschung kann also keine Rede sein. K handelt somit nicht unlauter. Auch die Merkmale von § 4 Ziff. 9b und c UWG treffen nicht zu.

VI. Zusammenfassung

Da U keine förmlichen Sonderschutzrechte erwirken kann, vermag er gegen K weder auf Grund von Patent, Gebrauchsmuster, eingetragenem Design noch eingetragener Marke vorzugehen. Aber auch auf Grund Urheberrecht, benutzter Marke, geschäftlicher Bezeichnungen und § 3 I UWG stehen dem U keine Rechte zu. Die „Produkt-Idee" des U genießt somit keinen Rechtsschutz.

Eine Klage des U gegen K auf Unterlassung und Schadenersatz wird demnach keine Aussicht auf Erfolg haben.

Fall 46

a) Die deutsche Firma A bietet auf ihrer Website im Internet Orientteppiche unter Einstandspreis an, die auf Bestellung auch nach Frankreich ausgeliefert werden. Der französische Teppichhändler B hat gegen die von A geschaltete Internet-Werbung wettbewerbsrechtliche Bedenken und möchte gegen diese in Frankreich vorgehen.

b) Die französische Firma C bietet auf ihrer Website im Internet Luxusuhren mit einer lebenslangen Garantie an. Die Werbung richtet sich insbesondere auch an solvente Kunden in Deutschland.

Der deutsche Juwelier D hält die Internetwerbung der Firma C für wettbewerbswidrig und möchte gegen diese vor einem deutschen Gericht vorgehen.

Welche Erfolgschancen bestehen für ein rechtliches Vorgehen gegen die Werbehinweise der Firmen A und C im Internet?

Was würde gelten, wenn es sich im Fall b) bei dem Anbieter der Luxusuhren um ein amerikanisches Unternehmen handeln würde?

Lösung

Die Werbung mit dem Verkauf von Waren unter Einstandspreis ist nach dem französischen Wettbewerbsrecht verboten. Dagegen ist die Werbung mit dem Verkauf von Waren unter Einstandspreis nach dem deutschen Wettbewerbsrecht grundsätzlich erlaubt, da für eine derartige Maßnahme kaufmännisch vernünftige Gründe sprechen können (BGH, GRUR 90, 685 f. – Anzeigenpreis I). Es müssen deshalb stets besondere Umstände hinzukommen, um die Wettbewerbswidrigkeit zu begründen.

Nach dem französischen Wettbewerbsrecht ist es uneingeschränkt zulässig, für Produkte mit der Gewährung einer lebenslangen Garantie zu werben. Demgegenüber verstoßen unbefristete Garantiezusagen gegen das deutsche Wettbewerbsrecht (§ 3 UWG), da mit einer derartigen Erklärung eine Verpflichtung vorgetäuscht wird, die der Werbende nicht rechtswirksam begründen kann (BGH, GRUR 94, 830 f. – Zielfernrohr). Gemäß § 202 II BGB ist eine rechtsgeschäftliche Bindung äußerstenfalls für eine Dauer von 30 Jahren zulässig.

Damit stellt sich die Frage, welches Recht in den beiden geschilderten Fällen zur Anwendung kommt: das französische oder das deutsche Recht?

Die Lösung ergibt sich aus Art. 3 II der ECRL, der durch § 3 TMG in innerdeutsches Rechts umgesetzt worden ist. Danach gilt für die kommerzielle Kommunikation im elektronischen Geschäftsverkehr grundsätzlich das **Herkunftslandprinzip** (vgl. Rz 706).

Für jeden geschäftsmäßigen Anbieter von Waren im Internet – egal, ob er als Deutscher Waren im EU-Ausland anbietet oder als EU-Ausländer Waren in Deutschland anbietet gilt demgemäß nur das Recht seines jeweiligen Herkunftslandes.

Der Vorteil dieser Regelung liegt auf der Hand: Der Anbieter muss statt 28 verschiedenen grundsätzlich nur noch eine Rechtsordnung beachten, nämlich seine eigene.

Bezogen auf Fall a) bedeutet dies, dass die Firma B vor einem französischen Gericht nicht mit Erfolg gegen die Internet-Werbung der Firma A vorgehen kann, da diese nach deutschem Wettbewerbsrecht zulässig ist. Der französische Richter hat somit bei der Prüfung der wettbewerbsrechtlichen Zulässigkeit der Werbung deutsches Recht anzuwenden.

Umgekehrt könnte im Fall b) die Firma D vor einem deutschen Gericht nicht mit Erfolg gegen die Internet-Werbung der Firma C vorgehen, da diese nach französischem Wettbewerbsrecht zulässig ist. Der deutsche Richter hat somit bei der Prüfung der wettbewerbsrechtlichen Zulässigkeit der Werbung französisches Recht anzuwenden.

Art. 3 II der ECRL führt somit faktisch zu einer Inländerdiskriminierung. Beide Klagen blieben also im Ergebnis ohne Erfolg.

Würde im Fall b) der Anbieter der Luxus-Uhren aus einem Nicht-EU-Staat wie z.B. den USA stammen, wären anstelle des Herkunftslandprinzips die in der Rom II-Verordnung verankerten Grundsätze des Internationalen Privatrechts heranzuziehen (vgl. Rz 706). Nach der für das Wettbewerbsrecht maßgebenden Vorschrift des Art. 6 I Rom II-VO ist das Recht des Ortes anwendbar, an dem die wettbewerblichen Interessen der Mitbewerber aufeinander treffen.

Im Falle der Werbung ist dies der **Marktort**, an dem durch das Wettbewerbsverhalten auf die Entschließung des Kunden eingewirkt wird (BGH, GRUR 98, 419 f. – Gewinnspiel im Ausland; Rz 706).

Bei der Online-Werbung ist Marktort der Ort, an dem der jeweilige Nutzer das Angebot bestimmungsgemäß abruft (BGH, GRUR 94, 530 f. – Beta – für Funk und Fernsehen). Das Marktortprinzip führt im Ergebnis dazu, das der Online-Werbende, der sich an Nutzer in verschiedenen Staaten wenden will, alle betroffenen Rechtsordnungen berücksichtigen muss. Das deutsche Wettbewerbsrecht ist somit grundsätzlich anwendbar, soweit die Internet-Werbung zumindest auch für deutsche Nutzer bestimmt ist und der Abruf auch durch Nutzer in Deutschland erfolgt.

Da sich im Fall b) die Internet-Werbung insbesondere auch an deutsche Kunden richtet, könnte D mit Erfolg vor einem deutschen Gericht gegen den amerikanischen Anbieter der Luxus-Uhren vorgehen.

Die internationale Zuständigkeit ergibt sich aus Art. 5 Ziff. 3 EuGVVO (EU-VO über die gerichtliche Zuständigkeit und die Anerkennung und Vollstreckung in Zivil- und Handelssachen), § 32 ZPO, § 14 II 1 UWG. Da die wettbewerbswidrige Internet-Werbung von jedem Ort in Deutschland aus abrufbar ist, kann der deutsche Juwelier D zwischen allen Landgerichten in Deutschland wählen.

Fall 47

Student S hat bei Buchhändler B ein anerkanntes Lehrbuch des renommierten Professors P und im Computerladen des C ein qualitativ hoch stehendes Computerprogramm gekauft.

P hatte mit der Verwertungsgesellschaft (VG) WORT einen Wahrnehmungsvertrag und mit dem Verlag V einen Verlagsvertrag geschlossen. Auf Grund dessen hat V das Lehrbuch gedruckt und an den Buchhändler B verkauft.

Das Computerprogramm war vom Angestellten A des Softwarehauses X im Rahmen seiner Tätigkeit entwickelt und von X an C verkauft worden.

Wie ist die Rechtslage, wenn S
1. das Lehrbuch
   a) an einen Kommilitonen (K) veräußert,
   b) einem Kommilitonen (K) kurzfristig überlässt, damit dieser sich für die Anfertigung einer Hausarbeit zwei relevante Kapitel herauskopiert, da in der Hochschulbibliothek alle Exemplare des P-Werkes ausgeliehen sind?
2. das Computerprogramm
   a) an einen Kommilitonen (Z) veräußert,
   b) einem Kommilitonen (Z) die Diskette kurzfristig ausleiht, wobei Z sich diese kopiert?

Lösung

1a) Der Verkauf des P-Lehrbuches (§ 433 BGB) und die Eigentumsübertragung (§ 929 BGB) durch S an K sind schuld- und sachenrechtlich gesehen völlig unproblematisch.

Vom Urheberrecht her betrachtet, bestehen gegen die Veräußerung des Lehrbuches dann keine Bedenken, wenn kein Verstoß gegen § 97 I UrhG vorliegt. Nach dieser Vorschrift kann derjenige auf Beseitigung, Unterlassung und bei Verschulden auf Schadenersatz in Anspruch genommen werden, der das **Urheberrecht** eines anderen **verletzt** und zwar **widerrechtlich** (Rz 71).

Das Lehrbuch des P stellt ein **Werk** dar. Es ist eine persönliche geistige Schöpfung (§ 2 II UrhG). Im Sachverhalt ist es als anerkanntes Lehrwerk beschrieben, ragt also aus der Darstellung des Alltäglichen heraus und hat die erforderliche Schöpfungshöhe. P hat somit ein Urheberrecht an seinem Lehrbuch.

Die Nutzungsrechte aus diesem Urheberrecht hat P übertragen. Durch den Verlagsvertrag erhielt V das Recht zur Vervielfältigung und zur Verbreitung und die VG-WORT wurde durch den Wahrnehmungsvertrag mit der Interessenwahrung der weiteren Verwertungsrechte des P betraut (§§ 31 ff. UrhG).

V hatte das Buch an den Buchhändler B verkauft. Damit ist *dieses Vervielfältigungsstück* im Geltungsbereich unseres Urheberrechtes mit Zustimmung des Berechtigten im Wege der Veräußerung in Verkehr gebracht worden, was zur Folge hat, dass eine Weiterveräußerung zulässig ist (§ 17 II UrhG). Da somit *Erschöpfung* (Rz 59) eingetreten ist, ist die Veräußerung von S an K erlaubt. Eine Urheberrechtsverletzung liegt hier nicht vor. S und K handeln rechtens.

1b) Ausgangspunkt ist auch hier § 97 I UrhG.

Die *Urheberrechtsverletzung* durch K ist im Gegensatz zu Fall 1a) hier nicht unter dem Gesichtspunkt einer Verbreitung eines Vervielfältigungsstückes zu sehen – der Erschöpfungsgrundsatz des § 17 II UrhG spielt hier also keine Rolle –, sondern unter dem Aspekt einer *Vervielfältigung* aus dem Vervielfältigungsstück, nämlich einem Kopieren von zwei Kapiteln aus dem Werk des P.

Das Urheberrecht wird in § 53 UrhG zu Gunsten privater Interessen beschränkt. Nach § 53 II Ziff. 1 UrhG ist es zulässig, *einzelne* Vervielfältigungsstücke eines Werkes zum *eigenen wissenschaftlichen Gebrauch* herzustellen, wenn und soweit die Vervielfältigung zu diesem Zweck geboten ist. K ist bei der Anfertigung seiner Hausarbeit wissenschaftlich tätig. Die beiden Kapitel aus dem P-Werk sind hierfür relevant. Ein Ausleihen bei der Hochschulbibliothek kommt nicht in Betracht, da alle Exemplare bereits ausgeliehen sind. Das Kopieren ist für K daher für seinen eigenen wissenschaftlichen Gebrauch geboten. Das Verbot nach § 53 IV b UrhG kommt hier nicht zum Tragen, da K nicht das ganze Buch von P kopiert, sondern nur zwei Kapitel daraus (Rz 75).

Durch das Kopieren verletzt K das Urheberrecht des P nicht. Ein Verstoß gegen § 97 I UrhG liegt somit nicht vor.

2a) Auch hier ist § 97 I UrhG maßgebend.

In diesem Falle geht es um die Urheberrechtsschutzfähigkeit von *Computerprogrammen*. Letzteres sind Sprachwerke (§ 2 II Ziff. 1 UrhG) und genießen urheberrechtlichen Schutz insbesondere nach den besonderen Bestimmungen der §§ 69a ff. UrhG. Nach § 69a III UrhG werden Computerprogramme geschützt, wenn sie individuelle Werke in dem Sinne darstellen, dass sie das Ergebnis der eigenen geistigen Schöpfung ihres Urhebers sind. Entscheidend ist also die *Individualität* der Software. Hier sind die Anforderungen an die Schöpfungshöhe bedeutend geringer als bei den traditionellen Werkarten. Da es sich nach dem Sachverhalt sogar um ein qualitativ hoch stehendes Computerprogramm handelt, bestehen hier an der Werksqualität keine Zweifel. Ein Urheberrecht ist somit gegeben (Rz 98a ff.).

Dieses Urheberrecht steht an sich dem *Schöpfer* der Software zu, also dem Angestellten A (§ 7 UrhG). Nach § 69b I UrhG ist aber der Arbeitgeber X ausschließlich zur Ausübung aller vermögensrechtlichen Befugnisse an dem Computerprogramm berechtigt, da A die Software in Wahrnehmung seiner Aufgaben im Rahmen seines Arbeitsvertrages geschaffen hat. Somit ist hier X der Berechtigte im Sinne des § 97 I UrhG.

Als nächstes gilt es zu prüfen, ob S die dem X zustehende urheberrechtliche Position durch die Veräußerung der Diskette an Z verletzt hat. Nach § 69c Ziff. 3 S. 2 UrhG gilt hier der *Erschöpfungsgrundsatz* (Rz 98e). X hat das Vervielfältigungsstück dieses Computerprogramms, also diese bestimmte Diskette, an C verkauft und damit im Gebiet der EU im Wege der Veräußerung in Verkehr gebracht. Damit erschöpft sich das Verbreitungsrecht in Bezug auf dieses Exemplar. Wenn dieses nun weiterveräußert wird, wie hier von C an S und von letzterem an Z, so stehen X, was diese *Verbreitung* angeht, keine Berechtigungen mehr zu. Wenn S diese Diskette an Z veräußert, verletzt er also die urheberrechtliche Position von X nicht.

Somit scheiden Ansprüche des X nach § 97 I UrhG gegen S aus. S darf dieses Computerprogramm an Z veräußern.

2b) Auch hier ist von § 97 I UrhG auszugehen und auch davon, dass X die in § 69b UrhG beschriebene urheberrechtliche Position zusteht. Wird diese nun dadurch verletzt, dass Z eine Kopie des Computerprogramms fertigt?

Nach § 69c Ziff. 1 UrhG steht dem Rechtsinhaber, also dem X, das ausschließliche Recht zu, eine *Vervielfältigung* dieses Computerprogramms vorzunehmen. Z hat also kein Recht hierzu; eine diesbezügliche Gestattung durch X liegt auch nicht vor. Damit ist eine Verletzungshandlung durch Z gegeben. Diese ist auch widerrechtlich; Rechtfertigungsgründe sind nicht ersichtlich (Rz 98e).

Damit könnte X gegen Z nach § 97 I UrhG vorgehen. Ein Kopieren dieses Computerprogramms durch Z ist also nicht erlaubt, weder zu privaten noch zu Studien- und Prüfungszwecken.

Fall 48

In einer Zeitschrift des Verlages V findet sich auf den Seiten 38 und 39 der abgeschlossene Kurzkrimi „Der Einfall des Teufels". Auf der einen der beiden Seiten findet sich – auf etwa 1/8 der Fläche – folgende Anzeige:

Headline: „White Shadow hilft bei Altersflecken.

Fließtext: Schlimmer als Falten: Altersflecken im Gesicht und auf den Händen lassen Millionen Frauen älter aussehen. Gegen Pigmentstörungen der Haut hilft jetzt die Spezialcreme White Shadow ...

Sie ist von Experten getestet und besonders hautverträglich. Deshalb: Lieber junge Haut als Altersflecken! ..."

Über dem Werbetext steht der Hinweis „Geschäftliche Information".

Wie beurteilen Sie dies wettbewerbsrechtlich?

Lösung

Bei dieser Art der Darstellung könnte es sich um eine getarnte Werbung handeln, so dass § 4 Ziff. 3 i.V.m. § 3 I UWG als Entscheidungsgrundlage in Betracht kommt.

Diese „Geschäftliche Information" ist eine **geschäftliche Handlung** (§ 2 I Ziff. 1 UWG), denn sie soll den Absatz von Gesichtscreme fördern.

Die Werbung für „White Shadow" befindet sich nicht in einem besonderen Werbeteil, sondern im redaktionellen Teil. Ohne jegliche Bebilderung oder großflächige Aufmachung fällt diese Werbung nicht spontan *als Werbung* ins Auge, sondern zeigt sich schlicht im Fließtext auf lediglich 1/8 einer Seite.

Das bedeutet, dass für den Leser die *bezahlte Wirtschaftswerbung*, die sich im redaktionellen Teil tarnt, *als solche nicht klar und eindeutig* zu erkennen ist.

Eine derartige Darstellung verstößt gegen einen der wichtigsten *medienrechtlichen* Grundsätze, gegen das *Trennungsprinzip.* Alle Landespressegesetze verlangen nämlich eine strikte Trennung von Werbung und redaktionellen Beiträgen.

Dieser medienrechtliche Trennungsgrundsatz reflektiert ins Lauterkeitsrecht unter dem Gesichtspunkt der **Verschleierung des Werbecharakters** einer geschäftlichen Handlung. In Bezug auf das Verbot einer solchen Schleichwerbung und damit auf die Einhaltung dieses *Trennungsgrundsatzes* sind die Gerichte sehr streng. Handelt es sich – wie hier – um eine bezahlte Werbeanzeige, die in den Textteil des Kurzkrimis eingebaut ist, so ist *ausschließlich* der *deutliche Hinweis* mit dem Wort „*Anzeige*" zulässig, um dem Trennungsgebot Rechnung zu tragen. Alle anderen Ausdrücke, auch wenn sie dem Sinn nach ähnlich sind, werden von der Rechtsprechung nicht anerkannt. Da somit der Hinweis „Geschäftliche Information" das Postulat des Trennungsprinzips nicht erfüllt (Rz 418), wird der Werbecharakter der „White Shadow-Anzeige" verschleiert, was nach § 4 Ziff. 3 i.V.m. § 3 I UWG **unlauter** ist.

Da in einem Verstoß gegen medienrechtliche Grundprinzipien ein gezieltes Vergehen gegen Landespressegesetze liegt, handelt es sich hier um eine **spürbare** Beeinträchtigung der **Interessen** der **Marktteilnehmer** (§ 3 I UWG).

Diese dem Trennungsgebot von Redaktion und Werbung nicht entsprechende Marketingmaßnahme ist unzulässig (§ 3 I UWG).

Fall 49

P ist Prokurist im Unternehmen des U. Anlageberater A will P am Arbeitsplatz anrufen. Dessen Sekretärin möchte A zunächst abblocken, doch, da dieser große Dringlichkeit vorgibt, verbindet sie ihn mit P. „Herr P, wenn ich Sie auch nicht kenne, so bin ich mir doch sicher, dass auch Sie den Eindruck haben, dass Sie als Privatmann zu viel Steuern bezahlen. Darf ich Ihnen helfen, durch gezielte Anlagen Steuern zu sparen? Doch bevor ich Ihnen meine Dienste anbiete, möchte ich Sie um Ihr Einverständnis zu diesem Telefongespräch bitten". P, wütend, da in einem wichtigen Gespräch gestört, antwortet kurz „nicht interessiert" und legt auf.

Wie ist die Rechtslage zu beurteilen?

Lösung

Entscheidungsgrundlage: § 7 II Ziff. 2 UWG.

Der Anruf des A ist eine **geschäftliche Handlung**. Der Freiberufler A will neue Klientel gewinnen und damit die Erbringung seiner Dienstleistungen fördern (§ 2 I Ziff. 1 UWG).

Nach § 7 II Ziff. 2 UWG ist Telefonwerbung bei *Verbrauchern* ohne deren vorherige ausdrückliche Einwilligung unzulässig. Gegenüber *Unternehmen* ist Telefonmarketing ohne deren Einwilligung oder zumindest mutmaßlichen Einwilligung ebenfalls unerlaubt.

Mit dem Anschluss an das Telefonnetz und der Bekanntgabe seiner Telefonnummer hat ein *Unternehmer* keine konkludente Erklärung dahingehend abgegeben, dass er generell mit jedwedem Telefonanruf eines gewerblichen Anbieters oder Dienstleisters einverstanden ist. Ob eine *mutmaßliche Einwilligung* vorliegt, ist einzelfallbezogen zu entscheiden, wobei insbesondere die nach der Rechtsprechung maßgebenden Aspekte der Betriebsbezogenheit und der Branchenüblichkeit maßgebend sind (Rz 647).

In welchem Umfang seine Mitarbeiter, auch sein leitender Angestellter P, Steuern zu bezahlen haben, ist für U ohne Interesse; es fehlt hier an einem Sachbezug zu seinem Unternehmen. Von einer mutmaßlichen Einwilligung des Anschlussinhabers kann also keine Rede sein.

Bei Licht betrachtet ist diese Telefonwerbung des A aber gar nicht dem geschäftlichen Bereich des U zuzuordnen, sondern dem Privatbereich des P, so dass hier die Regeln der Telefonwerbung bei *Verbrauchern* Anwendung finden. Danach sind, wie dargestellt, Telefonanrufe ohne vorherige ausdrückliche Einwilligung der Verbraucher wettbewerbswidrig; sie bedeuten einen Eingriff in die Individualsphäre. Das zeigt sich auch in unserem Falle ganz deutlich. P, dem der A völlig fremd ist, wird durch das Telefonat bei einem wichtigen Gespräch gestört; er ist wütend. Daran ändert auch der Umstand nichts, dass A den P gleich zu Beginn des Werbegesprächs um sein Einverständnis zu diesem Telefonat bittet. Dies ist rechtlich unerheblich, denn die Störung war ja durch den Anruf bereits entstanden (Rz 635 ff.).

Es bleibt also festzustellen, dass der Telefonanruf des A ohne vorherige ausdrückliche Einwilligung des Verbrauchers P erfolgte.

Eine derartige Telefonwerbung stellt **stets** eine **unzumutbare Belästigung** dar, und eine solche ist unzulässig (§ 7 I, II Ziff. 2 UWG).

Zunächst greifen hier die üblichen privatrechtlichen Rechtsfolgen der §§ 8 bis 10 UWG: Unterlassung und bei Verschulden Schadensersatz. Darüber hinaus droht demjenigen, der schuldhaft unzulässiges Telefonmarketing gegenüber *Verbrauchern* betreibt, eine öffentlichrechtliche Sanktion: **Ordnungswidrigkeit**, zu ahnden mit einer Geldbuße bis zu 300 000 Euro (§ 20 I, II UWG).

Fall 50

Die Tüftler Ebert, Walz und Niemeyer betreiben im Schwarzwald unter der Firma EWANI GmbH eine kleine Fabrik zur Herstellung von Luxus-Sportwagen. Die von ihnen in kleiner Stückzahl produzierten Fahrzeuge verfügen über ein hohes Renommee und finden reißenden Absatz im In- und Ausland.

Die drei Automobil-Konstrukteure sind Inhaber der deutschen Wortmarke 39875432 EWANI, die u.a. für Kraftfahrzeuge und Kfz-Zubehör Schutz genießt.

Sie entschließen sich eines Tages, bei DENIC die Registrierung des Domain-Namens „EWANI.de" zu beantragen. Dies wird von DENIC jedoch abgelehnt mit dem Hinweis, dass dieser Name bereits für eine andere Person namens X registriert sei.

X, der als Sachbearbeiter in einer Versicherung angestellt ist, hatte ein Jahr zuvor neben ca. 150 weiteren bekannten Firmen- und Markennamen auch das Zeichen „EWANI" für sich als Domain registrieren lassen, ohne eine Homepage unter dieser Adresse einzurichten.

Ebert, Walz und Niemeyer wenden sich daraufhin an X und verlangen von diesem die Übertragung der Domain. X erklärt sich hierzu nur gegen Zahlung einer „Überlassungsgebühr" in Höhe von 50 000,– € bereit.

Daraufhin erheben die drei Automobil-Konstrukteure vor dem zuständigen Landgericht Klage gegen X, gerichtet auf Übertragung, hilfsweise Löschung des Domain-Namens „EWANI.de".

Beurteilen Sie die Erfolgschancen der Klage.

Lösung

1. Zu prüfen wäre zunächst, ob Ebert, Walz und Niemeyer *markenrechtliche Ansprüche* (§§ 14 II Ziff. 2, V, 15 II, IV MarkenG) gegen X geltend machen können.

Hierfür müsste X **im geschäftlichen Verkehr** gehandelt haben. Hierunter versteht man jede Tätigkeit, die in irgendeiner Weise der Förderung eines beliebigen Geschäftszwecks dienen kann.

Nach ganz herrschender Meinung stellt die bloße Registrierung einer Domain durch eine Privatperson ohne Einrichtung einer Homepage, über die Informationen abgerufen werden können, kein Handeln im geschäftlichen Verkehr dar (OLG Karlsruhe, NJW-RR 02, 138 f. – Dino.de).

Da X unter der für ihn registrierten Domain-Adresse keine Homepage unterhält, muss ein Handeln im geschäftlichen Verkehr folglich verneint werden.

Weiterhin würde es im vorliegenden Falle auch an einer **markenmäßigen Benutzung** (Rz 296) fehlen, da X unter der Domain-Adresse „EWANI.de" keine Waren oder Dienstleistungen anbietet.

Schließlich kann im vorliegenden Falle wegen des fehlenden Bezugs der Homepage zu einem Waren- oder Dienstleistungsangebot auch weder eine **Waren- bzw. Dienstleistungsähnlichkeit** noch eine **Branchenähnlichkeit** festgestellt werden. Die Internet-Domain als solche kann nicht als verwechslungsfähige Ware oder Dienstleistung angesehen werden (OLG Karlsruhe, a.a.O.).

Markenrechtliche Ansprüche scheiden somit aus.

2. Weiterhin wäre zu prüfen, ob Ebert, Walz und Niemeyer *wettbewerbsrechtliche Ansprüche* gegen X geltend machen können.

Da ihnen durch die Reservierung des X die Benutzung des Zeichens „EWANI" als Internet- Adresse unmöglich gemacht wird, könnte man an eine unlautere **Behinderung** i.S.v. **§ 4 Ziff. 10 UWG** denken. (Ansprüche wegen Rufausbeutung oder Irreführung über die betriebliche Herkunft kommen nicht in Betracht, da X unter der in Rede stehenden Domain keine Waren oder Dienstleistungen anbietet).

Die genannte Vorschrift setzt das Vorliegen einer **geschäftlichen Handlung** (Rz 341 ff.), also einer Handlung, um den Absatz des eigenen oder eines fremden Unternehmens zu fördern, voraus (§§ 3, 2 I Ziff. 1 UWG).

Da X im vorliegenden Falle die streitgegenständliche Domain als Privatmann registrieren ließ, muss das Vorliegen einer **geschäftlichen Handlung** verneint werden, auch wenn er augenscheinlich ein Geschäft mit der Domain beabsichtigt hat.

3. Im vorliegenden Falle könnten ferner *namensrechtliche Ansprüche* in Betracht kommen (Rz 339i).

Es ist anerkannt, dass auch Firmenbezeichnungen grundsätzlich **Namensschutz** i.S.v. **§ 12 BGB** genießen. Anders als die §§ 14, 15 MarkenG setzt § 12 BGB kein Handeln im geschäftlichen Verkehr voraus und kann daher auch gegen Personen, die zu privaten Zwecken handeln, geltend gemacht werden.

In der Registrierung des Namens „EWANI" als Internet-Adresse könnte eine Namensanmaßung seitens des X gesehen werden.

Eine Namensanmaßung liegt vor, wenn ein Dritter **unbefugt** den gleichen **Namen** wie der berechtigte Namensinhaber **benutzt**, hierdurch eine **Zuordnungsverwirrung** beim Publikum verursacht und **schutzwürdige Interessen** des **Namensinhabers** verletzt.

Nach der Rechtsprechung stellt bereits die Registrierung eines fremden Namens als Internet-Adresse einen unbefugten Namensgebrauch dar, da die den Berechtigten ausschließende Wirkung bereits mit der Registrierung einsetzt (BGH, GRUR 02, 622 f. – shell.de).

Ein solcher Namensgebrauch führt regelmäßig zu einer Zuordnungsverwirrung, da der Internet-Nutzer beim Aufrufen der Homepage mit dem Auftritt des wahren Namensinhabers rechnet. Dies gilt nach der Rechtsprechung auch dann, wenn der Internet-Nutzer sogleich merkt, dass er nicht auf der Web-Site des wahren Namensinhabers gelandet ist (BGH, a.a.O.).

Ferner werden durch die Registrierung eines fremden Namens als Domain-Name die schutzwürdigen Belange des berechtigten Namensinhabers massiv beeinträchtigt, da die mit dieser Bezeichnung gebildete Internet-Adresse mit der Top-Level-Domain „.de" nur einmal vergeben werden kann, so dass eine faktische Sperrwirkung eintritt (BGH a.a.O.).

Im vorliegenden Falle hat X ohne Erlaubnis der drei berechtigten Namensinhaber den Namen „EWANI" als Domain-Namen für sich registrieren lassen. Es ist nahe liegend, dass es hierdurch zu einer Zuordnungsverwirrung beim Publikum kommt, da dieses beim Aufruf der Homepage „EWANI.de" mit Informationen über den gleichnamigen Automobil-Hersteller und dessen Produkte rechnet. Durch die für X erfolgte Registrierung des Namens „EWANI" als Domain werden schutzwürdige Belange von Ebert, Walz und Niemeyer verletzt, da ihnen die Möglichkeit genommen wird, dem interessierten Internet-Nutzer auf einfache Weise Informationen über ihr Unternehmen und die von ihnen hergestellten Produkte zu verschaffen.

Die drei Automobil-Konstrukteure können daher gestützt auf §§ 12 i.V.m. 1004 BGB Beseitigung, sprich Löschung, der streitgegenständlichen Domain von X verlangen.

4. Schließlich kommen im vorliegenden Falle noch *deliktsrechtliche Ansprüche* in Betracht (Rz 339i). Es ist anerkannt, dass die Registrierung einer Domain durch eine Privatperson, mit dem alleinigen Zweck, den berechtigten Inhaber einer Marke oder geschäftlichen Bezeichnung an einer eigenen Registrierung des Domain-Namens zu hindern und hieraus Kapital zu schlagen („Domain-Grabbing"), eine vorsätzliche sittenwidrige Schädigung i.S.v. § 826 BGB darstellen kann (OLG Karlsruhe, NJW-RR 02, 138 f. – Dino.de).

Ein **Schaden** i.S.v. § 826 BGB ist nicht nur in der nachteiligen Einwirkung auf die Vermögenslage, sondern auch in der Beeinträchtigung rechtlich anerkannter Interessen zu sehen.

In subjektiver Hinsicht setzt § 826 BGB (wenigstens bedingten) **Schädigungsvorsatz** sowie Kenntnis der die Sittenwidrigkeit begründenden Tatumstände voraus.

Zur Begründung der Schädigungsabsicht können die Grundsätze herangezogen werden, die von der Rechtsprechung für die sittenwidrige Markenanmeldung (§ 50 I Ziff. 4 MarkenG) entwickelt wurden. Danach ist eine Schädigungsabsicht anzunehmen, wenn der Domaininhaber eine Vielzahl von Domains reserviert hat, ein tatsächlicher Wille zur Nutzung der streitgegenständlichen Domain nicht ersichtlich ist und der Domaininhaber versucht hat, die Domain gewinnbringend an den berechtigten Namensinhaber zu veräußern.

Im vorliegenden Falle hatte X ca. 150 Marken- und Firmennamen bekannter Unternehmen für sich registrieren lassen. Da er keinen Geschäftsbetrieb besitzt und auch keine Anstalten unternommen hat, unter der Domain „EWANI.de" irgendwelche Waren oder Dienstleistungen anzubieten, muss unterstellt werden, dass es ihm in Wahrheit nur darum ging, eine Sperrposition zu erlangen, um sich die Domain-Bezeichnung von den wahren Berechtigten abkaufen zu lassen.

Hierfür spricht insbesondere auch der Umstand, dass X die betreffende Domain den drei Berechtigten Ebert, Walz und Niemeyer zu einem Preis zum Verkauf angeboten hat, der um ein Vielfaches über den entstandenen Registrierungskosten liegt.

Die drei Automobil-Konstrukteure Ebert, Walz und Niemeyer können daher auch gemäß §§ 826 i.V.m. 1004 BGB die *Löschung* der streitgegenständlichen Domain-Bezeichnung von X verlangen.

5. Es fragt sich, ob die drei Automobil-Konstrukteure auch einen Anspruch auf *Übertragung* der Domain gegen X geltend machen können. Diesbezüglich sind in Literatur und Rechtsprechung eine Vielzahl von Anspruchsgrundlagen diskutiert worden (§ 894 BGB analog; § 8 S. 2 PatG analog; §§ 687 II, 681, 667 BGB; § 812 I 2 2. Alt. BGB). Der BGH hat indessen einen derartigen Übertragungsanspruch verneint mit der Begründung, dass es kein absolutes, gegenüber jedermann durchsetzbares Recht auf Registrierung eines bestimmten Domainnamens gebe (BGH, GRUR 02, 622 f. – shell.de).

Diese Entscheidung erscheint sachgerecht, da im Falle einer Übertragung der Domain auf den Kläger, eventuelle weitere Prätendenten, denen womöglich noch bessere Rechte an der streitgegenständlichen Bezeichnung zustehen, unberücksichtigt bleiben müssten.

Somit wird die Klage der drei Automobil-Konstrukteure Ebert, Walz und Niemeyer auf *Übertragung* des Domain-Namens „EWANI.de" vom Landgericht abgewiesen werden; in Bezug auf die *Löschung* hingegen wird sie erfolgreich sein (vgl. zu diesem Fall Rz 339a ff.).

Fall 51

Der deutsche Unternehmer U verkauft seine Produkte unter der Marke A im Inland auf dem klassischen Vertriebsweg Großhandel – Einzelhandel – Letztverbraucher, die in aller Regel rund € x,– zu bezahlen haben.

U exportiert aber auch in viele Länder, darunter Belgien und Ukraine.

Häufig werden die A-Erzeugnisse, die nach Belgien und in die Ukraine exportiert worden sind, auf dem deutschen Markt dem Letztverbraucher billiger als € x,– angeboten. Der Grund für diese Preisdifferenz ist die divergierende Besteuerung. U ist über diese Reimporte erbost. Er meint, dass er als Inhaber der Marke A die Reimporte der A-Waren aus den beiden genannten Staaten verbieten könne.

Zu Recht?

Lösung

Vorab sei bemerkt, dass sich das Begehren des U allein auf seine *Marke* bezieht. Schutzansprüche auf Grund anderer gewerblicher Schutzrechte, wie etwa Patent oder eingetragenes Design, sind in dieser Fallkonstellation nicht angesprochen.

Die Marke A gewährt dem U ein **Ausschließlichkeitsrecht** (§ 14 I MarkenG). Das bedeutet, dass es Dritten **ohne Zustimmung** des U untersagt ist, **diese Waren mit diesem Zeichen** A zu **benutzen** (§ 14 II Ziff. 1 MarkenG).

Zu den Benutzungshandlungen nach dieser Vorschrift gehören auch die Reimporte. Eine Zustimmung für solche aus Belgien und aus der Ukraine hat U nicht gegeben. Dementsprechend ist es nach § 14 III Ziff. 4 MarkenG grundsätzlich untersagt, von dort die A-Waren in Deutschland einzuführen. Wer hiergegen verstößt, kann nach § 14 V MarkenG auf Unterlassung in Anspruch genommen werden. Diese Vorschrift kommt also als Anspruchsgrundlage für das Verbotsbegehren des U in Betracht.

Dieser grundsätzlich bestehende Unterlassungsanspruch gegen die Importeure der Waren mit der Marke A könnte jedoch durch *Erschöpfung* untergegangen sein (§ 24 MarkenG). Der Grundgedanke dieser Vorschrift: Durch den Verkauf der A-Produkte hat U eine Vergütung erhalten und damit seinen Nutzen aus Marke und Erzeugnis gezogen. Nach § 24 Markengesetz hat der Inhaber einer Marke nicht das Recht, einem Dritten zu untersagen, die Marke für Waren zu benutzen, die unter dieser Marke von ihm im Inland oder in einem Mitgliedstaat der EU oder einem weiteren EWR-Land in den Verkehr gebracht worden sind (Rz 299). Das bedeutet, dass ein im Grundsatz bestehender Unterlassungsanspruch durch *Konsumtion* nicht nur bei Inlandsvertrieb sondern gemeinschafts- und EWR-weit verloren wird.

Durch den Export nach *Belgien* hat U seine Waren mit der Marke A in den Verkehr gebracht und zwar innerhalb der EU. Dadurch ist Erschöpfung eingetreten. Der weitere Vertrieb der A-Erzeugnisse – also auch der Im- und Export – innerhalb des EU-Raumes ist daher grundsätzlich frei. Eine Ausnahme von diesem Erschöpfungsgrund nach § 24 II MarkenG liegt nicht vor. Es sind im Sachverhalt keine Umstände dafür erkennbar, dass sich U dem weiteren Vertrieb der A-Waren aus berechtigten Gründen widersetzt, insbesondere erfolgte keine Veränderung oder Verschlechterung der A-Produkte nach ihrem Inverkehrbringen. Der niedrigere Preis, der bei den Letztverbrauchern für die Reimportwaren mit der Marke A genommen wird, worüber sich U ärgert, ist kein berechtigter Grund im Sinne von § 24 II MarkenG, der den Erschöpfungstatbestand aufhebt und den U legitimieren würde, gegen die Importeure der A-Waren vorzugehen. Jeder Unternehmer, also auch der Verkäufer der A-Erzeugnisse, ist in seiner Preisgestaltung frei.

U kann also den Reimporten seiner A-Waren aus dem EU-Staat Belgien nicht entgegentreten. Von Unterlassungsklagen ist also abzuraten.

Durch den Export in die Ukraine hat U seine A-Waren in einem Drittstaat außerhalb des EWR (also außerhalb der EU, erweitert um Norwegen, Island und Liechtenstein) in Verkehr gebracht. Dies bewirkt keine Erschöpfung. § 24 MarkenG beinhaltet gerade nicht das Prinzip einer weltweiten Konsumtion, sondern lediglich einer EWR-weiten Erschöpfung. In diesem Fall ist die Rechtslage also anders. Dem U stehen hier Unterlassungsansprüche (§ 14 V MarkenG) zu. Auf Grund dieser kann U gegen alle Markenverletzer vorgehen, also gegen die Importeure der A-Waren aus der Ukraine (daneben auch gegen die Händler, die diese eingeführten Erzeugnisse vertreiben).

Diese Lösung steht nicht im Widerspruch zum TRIPS-Abkommen (vgl. Rz 747 ff.). Nach dessen Art. 6 darf dieses nämlich nicht dazu verwendet werden, die Frage der Erschöpfung von Rechten des geistigen Eigentums zu behandeln.

Fall 52

Im deutschen Unternehmen U soll in naher Zukunft mit dem Vertrieb eines neuartigen Erzeugnisses (E) begonnen werden; Marktanalysen sind vielversprechend.

Man ist sich bei U darüber einig, dass die E-Produkte die Bezeichnung „Sygallo" (Sy) tragen sollen und dass man dieses Wort schützen lassen will.

Im Übrigen aber gehen die Meinungen der Marketingmanager auseinander: Die einen sind vorsichtig, wollen mit E zunächst nur national starten, dementsprechend Sy nur in Deutschland schützen lassen und die Marktentwicklung abwarten. Die anderen intendieren, mit E auch gleich in die 7 Länder zu gehen, in welche die sonstigen U-Produkte vorwiegend ausgeführt werden, nämlich Frankreich, Italien, Spanien, Österreich, Russland, China und Vietnam. Die dritte Gruppe schließlich möchte – den Export in viele weitere Staaten vor Augen – „groß einsteigen" und dem Kennzeichen Sy europäischen und internationalen Schutz zukommen lassen.

In dieser Situation stellen sich die Vorfragen: Welche Möglichkeiten eines Schutzes für die Bezeichnung Sy gibt es überhaupt, und wie sind die jeweiligen Rechtswirkungen?

Lösung

Bei dem hier angesprochenen Schutz der Bezeichnung Sy geht es um eine eingetragene Marke.

Dieser Markenschutz kann durch *Anmeldung* begehrt werden, sei es rein national, sei es in einzelnen Drittstaaten, sei es als international registrierte Marke (IR-Marke), sei es als Gemeinschaftsmarke, sei es als Gemeinschaftsmarke im Zusammenhang mit einer IR-Marke.

1. Die deutsche eingetragene Marke

Sy kann als lediglich deutsche Marke geschützt werden. Maßgebend für diese nationale Registrierung in Deutschland ist das deutsche Markengesetz (Rz 287 ff.).

Erforderlich hierfür ist eine Anmeldung beim DPMA in München. Dabei müssen
- die formellen (§ 36) und
- die materiellen (§§ 3, 8, 10)

Kriterien des MarkenG erfüllt werden.

Da es lediglich um die Vorfrage der verschiedenen *Möglichkeiten* eines Markenschutzes geht, brauchen diese zur Erlangung einer deutschen Marke genannten notwendigen Merkmale im Einzelnen nicht geprüft zu werden.

Wird Sy in das deutsche Markenregister eingetragen (was zu unterstellen ist), so hat dies lediglich nationale *Rechtswirkung*, d.h. U könnte gegen eine Verletzung der Marke Sy nur in Deutschland mit Erfolg vorgehen, in anderen Ländern nicht.

2. Die Marke in bestimmten Drittstaaten

Sy kann in den genannten 7 Exportländern *jeweils einzeln angemeldet* werden. Maßgebend sind die jeweiligen nationalen Vorschriften, hier also die einschlägigen französischen, italienischen, ... Gesetze, sowie die Pariser Verbandsübereinkunft (vgl. Rz 711 ff.). Diese PVÜ ist ein bedeutsamer völkerrechtlicher Vertrag, in dem rund 180 Staaten einen „Verband zum Schutz des gewerblichen Eigentums" bilden (Art. 1 PVÜ).

Nach Art. 2 II PVÜ genießen in einem PVÜ-Land ausländische Staatsangehörige die gleichen Vorteile wie die eigenen Staatsangehörigen, wenn
- es um gewerbliches Eigentum geht und
- der ausländische Anmelder einem Verbandsland der PVÜ angehört.

Bei Sy handelt es sich um eine Marke; eine solche ist Gegenstand des gewerblichen Eigentums im Sinne der PVÜ (Art. 2 I PVÜ).

Die 7 genannten Exportstaaten sowie Deutschland sind Mitglieder der PVÜ. Damit genießt U in Frankreich, Italien, ... in Bezug auf Marken die gleiche Rechtstellung wie ein Franzose, Italiener, ...

Das bedeutet, dass U die Markenanmeldung von Sy in Frankreich, in Italien, ... in französischer, italienischer, ... Sprache beim jeweils zuständigen Markenamt vornehmen muss, dass dort nach jeweiligem nationalen Markenrecht die Markenfähigkeit überprüft wird und am Ende in Bezug auf den deutschen Staatsangehörigen U in gleicher Weise entschieden wird wie für einen französischen, italienischen ... Staatsangehörigen.

Diese Einzelanmeldungen sind organisatorisch aufwändig, wegen der verschiedenen Rechtsordnungen mit Unsicherheitsfaktoren behaftet und recht kostspielig; man denke an die Kosten für Übersetzungen in die jeweiligen Landessprachen, an die anfallenden Einzelgebühren, an die Honorare für die häufig eingeschalteten Anwälte.

Wird in den genannten 7 Staaten Sy jeweils registriert, so hat das die *Wirkung*, dass dieses Wortzeichen dort als Marke geschützt ist. Sy wirkt dort wie die Marke eines eigenen Staatsangehörigen. Das bedeutet, dass U in jenen 7 PVÜ-Ländern gegen eine Verletzung seiner Marke Sy nach den jeweiligen Landesgesetzen vorgehen kann.

3. Die IR-Marke

U kann auch ein vereinfachtes Anmeldeverfahren wählen, um in den 7 genannten Exportländern, aber auch in vielen weiteren Staaten – wie von einigen Marketingmanagern gewünscht – Markenschutz zu erlangen. Ermöglicht wird dies durch das Madrider Markenabkommen (vgl. Rz 715 f.). Verfahrensvorschriften zu dessen Umsetzung in Bezug auf Deutschland enthalten §§ 107 ff. MarkenG.

Ohne Einzelanmeldungen in den Staaten, in denen jeweils Markenschutz begehrt wird, kann U nach Art. 1 I PVÜ durch eine einzige Registrierung beim Internationalen Büro der WIPO (vgl. Rz 746) in Genf dieses Ziel erreichen, wenn
– eine Marke im Ursprungsland eingetragen ist,
– ein Gesuch um internationale Registrierung eingereicht wird und
– die beteiligten Staaten Verbandsländer der MMA sind.

U muss zunächst die Eintragung von Sy als Marke beim DPMA herbeiführen (vgl. oben 1.), evtl. im beschleunigten Verfahren (§ 38 MarkenG).

Danach stellt U – wiederum beim DPMA in München – Antrag auf internationale Registrierung (§ 108 MarkenG), wobei er die Länder benennt, in denen er Markenschutz begehrt.

Deutschland und die 7 genannten Exportstaaten gehören dem MMA an; bezüglich evtl. weiterer in Betracht kommender Staaten müsste deren Verbandsmitgliedschaft geprüft werden.

Das Gesuch von U um internationale Registrierung wird – zusammen mit der Bestätigung, dass Sy als deutsche Marke eingetragen ist – vom DPMA an das Internationale Büro in Genf weitergeleitet (Art. 3 I MMA). Dort wird diese Marke sogleich – ohne Prüfung – in das internationale Markenregister eingetragen und in dem Blatt „Les Marques internationales" veröffentlicht (Art. 3 IV MMA). Damit ist die IR-Marke entstanden. Allerdings sind die betroffenen Einzelstaaten bis zum Ablauf eines Jahres nach der internationalen Registrierung befugt, Sy den Markenschutz zu verweigern (Art. 5 MMA); dies wird dann der Fall sein, wenn diese Bezeichnung bei einer rein nationalen Anmeldung auch abgelehnt worden wäre.

Diese Internationale Registrierung nach dem MMA vereinfacht das *Anmeldeverfahren* erheblich. Der Weg der Einzelanmeldungen steht nach wie vor offen.

Die *Wirkung* einer internationalen Registrierung einer Marke ergibt sich aus Art. 4 MMA. Danach ist die Marke in jedem der beteiligten Verbandsländer ebenso geschützt, wie wenn sie dort unmittelbar erteilt worden wäre. Das bedeutet, dass U in allen MMA-Staaten, in denen Sy als IR-Marke geschützt ist, gegen eine Markenverletzung nach den jeweiligen Landesgesetzen vorgehen kann.

4. Die Gemeinschaftsmarke

Wenn Markenschutz für Sy in Deutschland, Frankreich, Italien, Spanien und Österreich, mithin in 5 EU-Ländern, begehrt wird, bietet sich die Anmeldung einer Gemeinschaftsmarke an. Maßgebend ist hier die GemeinschaftsmarkenVO der EU.

Erforderlich ist, dass die Anmeldung
– die formellen (Art. 25 ff.) und
– die materiellen (Art. 4, 7)
Kriterien der GMVO erfüllt.

U stellt – in deutscher Sprache – beim Harmonisierungsamt für den Binnenmarkt (Marken, Design, Modelle) in Alicante/Spanien (vgl. Rz 724 ff.) oder beim DPMA in München Antrag auf Erteilung einer Gemeinschaftsmarke.

Im Einzelnen sind die Markenvoraussetzungen nicht zu untersuchen, da es hier lediglich um die Vorfrage nach den verschiedenen Möglichkeiten eines Markenschutzes geht. Nur eines sei betont: Durch ein einziges Eintragungsverfahren nach EU-Recht wird im Rahmen des Gebietes der EU Markenschutz erlangt.

Wird für Sy eine Gemeinschaftsmarke erteilt, so hat dies nicht die *Wirkung* von jeweils einzelnen nationalen Markenrechten wie bei der IR-Marke; es geht vielmehr um einheitliches EU-Markenrecht innerhalb der betroffenen EU-Staaten.

5. Gemeinschaftsmarke – IR-Marke

Was die Nicht-EU-Staaten Russland, China, Vietnam und evtl. weitere MMA-Staaten angeht, so könnte U – in deutscher Sprache – beim HABM in Alicante Antrag auf internationale Registrierung stellen, da auch die EU MMA-Mitglied ist. Dann läuft das Verfahren für IR-Marken nach dem MMA so wie es unter 3. dargestellt ist.

6. Durchführung

Je nachdem, welche Markenstrategie sich bei U durchsetzt, wird man für „Sygallo" lediglich eine nationale Marke oder eine IR-Marke und/oder eine Gemeinschaftsmarke anmelden. Nationale Marke und Gemeinschaftsmarke schließen sich nicht aus; sie können vielmehr nebeneinander stehen.

Fall 53

Wie kann die Bezeichnung „Nürnberger Lebkuchen" (NL) durch behördliche Registrierung geschützt werden, sei es national, sei es europäisch oder international?

Lösung

1. Vorbemerkungen

– Vorab sei festgestellt, dass es sich bei NL nicht um eine betriebliche Herkunftsangabe handelt und damit nicht um eine individuelle Bezeichnung. Daher scheidet ein Individualschutz als Marke aus; nach § 8 II Ziff. 2 MarkenG können Angaben zur Bezeichnung geografischer Herkunft nicht als eingetragene Marke geschützt werden. Vielmehr geht es hier um eine *kollektive* Bezeichnung der geografischen Herkunft.

– Weiterhin gilt es vorweg zu bemerken, dass es sich bei NL – wie übrigens z.B. auch bei „Aachener Printen" oder „Lübecker Marzipan" – nach der Verkehrsauffassung nicht um eine Gattungsbezeichnung (zum Begriff vgl. § 126 II, 2 MarkenG), insbesondere nicht um eine Beschaffenheitsangabe handelt, wie es etwa bei „Hamburger", „Wiener Schnitzel", „Berliner Pfannkuchen" etc. der Fall ist. Dies wurde wiederholt gerichtlich bestätigt (vgl. Rz 328 f.).

2. Nationaler Schutz

– Zunächst könnte man an einen Schutz geografischer Herkunftsangaben nach §§ 126 ff. MarkenG denken (vgl. Rz 327). Ein solcher ist jedoch nicht Gegenstand der Fragestellung. In jenen Vorschriften geht es nämlich nicht um einen Rechtsschutz durch behördliche Registrierung auf Grund einer Anmeldung. Ansprüche wegen Verletzung geografischer Herkunftsangaben setzen nach § 128 MarkenG ein solches Verfahren nicht voraus; sie bestehen bereits kraft Gesetzes.

– NL kann als *Kollektivmarke* eingetragen werden (§ 97 MarkenG). Nach § 99 MarkenG können nämlich Kollektivmarken aus Angaben bestehen, die im Verkehr zur Bezeichnung geografischer Herkunft der Waren dienen (vgl. Rz 323 ff.).

Auf derartige Kollektivmarken sind grundsätzlich die Vorschriften über Individualmarken anzuwenden (§ 97 II MarkenG). Also kann eine Anmeldung der Bezeichnung NL beim DPMA in München erfolgen. Dies kann aber nur durch einen rechtsfähigen Verband (§ 98 MarkenG) geschehen, z.B. durch einen fiktiv so genannten „Verband Nürnberger Bäcker e.V.", also nicht durch eine Individualperson.

Ist NL als Kollektivmarke eingetragen worden, dann kann einem Nürnberger Bäcker die korrekte Benutzung der Bezeichnung NL nicht untersagt werden, selbst dann nicht, wenn er nicht Verbandsmitglied ist (§ 100 MarkenG). Ein Pforzheimer Bäcker hingegen dürfte die eingetragene Kollektivmarke NL nicht benutzen; gegen ihn könnten Unterlassungs- und Schadenersatzansprüche geltend gemacht werden (§§ 97 II, 14 V, VI MarkenG).

3. EU-Schutz

a) Was als nationales Recht dargestellt wurde, das gilt entsprechend auch europäisch: Für NL ist eine individuelle Gemeinschaftsmarke nicht eintragbar (Art. 7 Ic GMVO, VO EG Nr. 40/94). Verbleibt also eine *Gemeinschaftskollektivmarke*; eine solche kann in Bezug auf Bezeichnungen der geografischen Herkunft angemeldet werden (Art. 66 GMVO).

Die EU-Gemeinschaftskollektivmarke ist – in deutscher Sprache – beim HABM in Alicante zu beantragen; es ist aber auch möglich, den Antrag beim DPMA in München zu stellen (Art. 66 III, 25 I GMVO).

Der Antrag kann – wie dies auch national der Fall ist – nur von einem rechtsfähigen Verband gestellt werden (Art. 66 I, 2 GMVO).

Die Gemeinschaftskollektivmarke ist einheitlich; sie hat einheitliche Wirkung für das gesamte Gebiet der EU (Art. 66 III, 1 II GMVO).

b) Nach der VO (EU) Nr. 1151/2012 kann für Lebensmittel – also für Lebkuchen – und Agrarerzeugnisse ein gemeinschaftsweiter Schutz für *geografische Angaben und Ursprungsbezeichnungen* erwirkt werden durch Eintragung in das von der EU-Kommission geführte „Register der geschützten Ursprungsbezeichnungen und der geschützten geografischen Angaben" (vgl. Rz 336). Antragsberechtigt ist auch hier nur eine *Vereinigung* von Erzeugern oder Verarbeitern des jeweils zu schützenden Erzeugnisses. Die Prüfung des Antrags erfolgt in zwei Stufen: national und auf EU- Ebene. Die zunächst national erforderlichen Schritte regeln §§ 130 ff. MarkenG: Der Antrag auf Eintragung in das genannte Register ist – z.B. von dem oben fiktiv so genannten „Verband Nürnberger Bäcker" – beim DPMA in München zu stellen (§ 130 I MarkenG). Dort erfolgt nach Anhörung von zuständigen Ministerien und Verbänden eine Prüfung durch die Markenabteilungen, wonach im Erfolgsfall das Begehren an die EU zur weiteren Veranlassung übermittelt wird.

Nach Eintragung in das genannte Register und Veröffentlichung im Amtsblatt der EU genießt die Bezeichnung NL Schutz, so dass gemeinschaftsweit jeder nichtberechtigte Benutzer auf Unterlassung und Schadenersatz in Anspruch genommen werden kann (§ 135 MarkenG).

Internationaler Schutz

Internationaler Rechtsschutz von NL kann nur über völkerrechtliche Verträge herbeigeführt werden (vgl. Rz 330). Dies ist Sache der jeweiligen Völkerrechtssubjekte. Deutschland hat eine ganze Reihe zweiseitiger Abkommen über den Schutz von geografischen Herkunftsangaben bezüglich Lebensmittel abgeschlossen. Derartige geografische Bezeichnungen genießen dann in den Vertragsstaaten Rechtsschutz, unabhängig davon, ob nach der jeweiligen inländischen Verkehrsauffassung eine geografische Herkunftsbezeichnung vorliegt. Dies wäre der Weg, über den NL in verschiedenen Nicht-EU-Staaten Rechtsschutz erlangen könnte. Zuständig wäre hier also allein die Bundesrepublik Deutschland.

Anhang

Formulare

Die nachstehenden Formulare dienen als Textmuster für die Abfassung der in der Praxis wichtigsten Schriftsätze auf dem Gebiet des Wettbewerbsrechts. Sie können sinngemäß auch bei der Verletzung von Gewerblichen Schutzrechten (z.B. von Markenrechten) verwendet werden.

Die Textmuster beziehen sich inhaltlich auf den Fall Nr. 36, der sich mit irreführender Werbung (§ 5 UWG) befasst. Bearbeiten Sie diesen Fall zunächst gründlich!

Die Schriftsätze sind aus der Perspektive eines Wettbewerbsverbandes verfasst, da dies in der Praxis die häufigste Konstellation der Rechtsverfolgung darstellt.

Muster 1: Wettbewerbsrechtliche Abmahnung mit strafbewehrter Unterlassungsverpflichtungserklärung

Vorab per Telefax

An
Firma Bettwäsche Müller GmbH
z. Hd. der Geschäftsleitung
Schlossallee 22

70563 Stuttgart

**Abmahnung wegen irreführender Werbung
AZ: S 73180/04**

Sehr geehrte Damen und Herren,

wir sind ein zur Verfolgung von Wettbewerbsverstößen befugter Verband i. S. v. § 8 III Ziff 2 UWG, was durch eine Vielzahl von Gerichtsentscheidungen belegt werden kann.

Von einem unserer Mitglieder wurde uns zugetragen, dass Sie in der Ausgabe der Zeitschrift „Goldenes Blatt" vom ... mit einer doppelseitigen Werbeanzeige für den Verkauf einer Textildecke geworben haben.

In dem Werbehinweis heißt es u. a.:

„Spitzenqualität zum Spitzenpreis" ... „Bestellen Sie die Rheumalind Naturdecke jetzt zum besonders günstigen Preis!"

Die zitierten Werbeaussagen sind objektiv unwahr, was Ihnen auch bekannt sein dürfte.

Zum Ersten wird durch die Bezeichnung „Rheumalind" bei den angesprochenen Verkehrskreisen der Eindruck erweckt, dass die beworbene Decke zur Linderung von Rheuma geeignet sei. Dies trifft jedoch eindeutig nicht zu, da die Decke ausschließlich aus den Materialien Baumwolle und Polyacryl besteht und somit keine therapeutische Wirkung entfalten kann.

Zum Zweiten wird durch die Bezeichnung „Naturdecke" bei den einschlägigen Verkehrskreisen die Vorstellung hervorgerufen, dass die Decke ausschließlich aus natürlichen Materialien bestehe. In Wahrheit weist die von Ihnen beworbene Decke aber einen Anteil von 15 % Acryl auf.

Zum Dritten verfügt die in Rede stehende Decke allenfalls über eine durchschnittliche Qualität, so dass von einem „Spitzenprodukt" keine Rede sein kann.

Zum Vierten handelt es sich bei dem betreffenden Angebot auch nicht um einen „besonders günstigen Preis" geschweige denn um einen „Spitzenpreis". Vielmehr entspricht der von Ihnen verlangte Preis von 99,– € dem marktüblichen Preis.

Die von Ihnen durchgeführte Werbeaktion verstößt somit gleich in mehrfacher Hinsicht gegen das in § 5 UWG geregelte Irreführungsverbot und ist deshalb als unlauter zu qualifizieren.

Sie können ein kostspieliges und zeitaufwändiges gerichtliches Verfahren abwenden, indem Sie den von Ihnen begangenen Wettbewerbsverstoß durch die Abgabe einer strafbewehrten Unterlassungsverpflichtungserklärung ausräumen.

Dies geschieht dadurch, dass Sie sich dazu verpflichten, die beanstandeten Werbeaussagen künftig zu unterlassen und diese Verpflichtung durch das Versprechen einer Vertragsstrafe für den Fall der Wiederholung absichern.

Insoweit weisen wir rein vorsorglich darauf hin, dass die Wiederholungsgefahr nach der Rechtsprechung nur dann als ausgeräumt gilt, wenn die Unterlassung mit dem Versprechen einer Vertragsstrafe in angemessener Höhe bewehrt ist.

Wir fordern Sie daher auf, die in der Anlage beigefügte Unterlassungsverpflichtungserklärung bis spätestens … (Datum), 12:00 Uhr (bei uns eingehend) abzugeben, wobei Sie sich auch unseres Fax-Anschlusses bedienen können.

Für den Fall des ergebnislosen Fristablaufs sehen wir uns leider gezwungen, ohne weitere Vorankündigung gerichtliche Schritte gegen Sie einzuleiten.

Da Sie einen Wettbewerbsverstoß begangen haben, sind Sie gemäß § 12 I, 2 UWG verpflichtet, die bei uns entstandenen Aufwendungen für diese Rechtsverfolgung zu tragen.

Dies wurde in der von uns vorbereiteten Unterlassungsverpflichtungserklärung berücksichtigt.

Hochachtungsvoll
(Verband fairer Wettbewerb e.V.)

Unterlassungsverpflichtungserklärung

Die Firma Bettwäsche Müller GmbH & Co. KG, vertreten durch die Firma Müller GmbH, diese wiederum vertreten durch den Geschäftsführer Hans Müller, Schlossallee 22, 70563 Stuttgart

verpflichtet sich gegenüber

dem Verband fairer Wettbewerb e.V., vertreten durch den Hauptgeschäftsführer Peter Lauter, Badstraße 35, 60437 Frankfurt a. M.

1. die geschäftliche Handlung zu unterlassen, die Bezeichnung „Rheumalind" für eine aus gewöhnlichen Materialien, wie z. B. Baumwolle und Acryl, bestehende Textildecke oder ähnliche Waren zu verwenden.

2. die geschäftliche Handlung zu unterlassen, die Bezeichnung „Naturdecke" für eine teilweise aus synthetischen Materialien, wie z. B. Acryl, bestehende Textildecke zu verwenden.

3. die geschäftliche Handlung zu unterlassen, für Waren des Sortiments von durchschnittlicher Qualität mit dem Hinweis auf eine herausragende Qualität zu werben, insbesondere durch das Wort „Spitzenqualität".

4. die geschäftliche Handlung zu unterlassen, für Waren des Sortiments, die zum marktüblichen Preis angeboten werden, mit dem Hinweis auf ein besonders günstiges Angebot zu werben, insbesondere durch die Worte „jetzt zum besonders günstigen Preis" oder „Spitzenpreis".

5. für jeden Fall der Zuwiderhandlung gegen eine oder mehrere der vorgenannten Verpflichtungen unter Ausschluss der Einrede des Fortsetzungszusammenhangs eine Vertragsstrafe in Höhe von 5001,– € an den Verband fairer Wettbewerb e.V. zu bezahlen.

6. dem Verband fairer Wettbewerb e.V. gemäß § 12 I, 2 UWG die durch diese Abmahnung angefallenen Aufwendungen in Höhe von ... € zu ersetzen und den Betrag unter Angabe des oben genannten Aktenzeichens innerhalb einer Woche nach Abgabe der Unterlassungsverpflichtungserklärung auf das Postgirokonto Frankfurt Nr. . . . . . . (BLZ) . . . . zu überweisen.

Stuttgart, den _____

_____
(rechtsverbindliche Unterschrift)

Muster 2: Schutzschrift

Landgericht Stuttgart
– Kammer für Handelssachen/Wettbewerbskammer –
Urbanstr. 20

70182 Stuttgart

Schutzschrift

Im Falle eines Antrags

des Verbandes fairer Wettbewerb e.V., vertreten durch den Hauptgeschäftsführer Peter Lauter, Badstraße 35, 60437 Frankfurt a. M.

– mutmaßlicher Antragsteller –

gegen

die Firma Bettwäsche Müller GmbH & Co. KG, vertreten durch die Firma Müller GmbH, diese wiederum vertreten durch den Geschäftsführer Hans Müller, Schlossallee 22, 70563 Stuttgart

– mutmaßliche Antragsgegnerin –

Verfahrensbevollmächtigte:
Rechtsanwälte Zimmermann & Kollegen, Goethestrasse 42, 70197 Stuttgart

auf Erlass einer einstweiligen Verfügung wegen Unterlassung der nachstehend wiedergegebenen Werbeaussagen vertreten wir die Antragsgegnerin und ersuchen das Gericht,

1. einen derartigen Antrag auf Erlass einer einstweiligen Verfügung durch Beschluss abzuweisen.

2. hilfsweise über einen derartigen Antrag auf Erlass einer einstweiligen Verfügung durch den Antragsteller nicht ohne vorherige mündliche Verhandlung zu entscheiden.

3. für den Fall der Abweisung des Verfügungsantrags oder seiner Zurücknahme die Kosten des Verfügungsverfahrens, einschließlich derjenigen, die durch die Hinterlegung dieser Schutzschrift entstanden sind, dem Antragsteller aufzuerlegen.

Wir bitten ferner darum, die Schutzschrift dem mutmaßlichen Antragsteller nicht eher auszuhändigen, bis dem Gericht der erwartete Antrag auf Erlass einer einstweiligen Verfügung vorliegt.

Begründung:

Die Antragsgegnerin hatte in der Ausgabe der Zeitschrift „Goldenes Blatt" vom ... mit einer doppelseitigen Werbeanzeige für den Verkauf einer Textildecke geworben.

In dem Werbehinweis hieß es u.a.:

„Spitzenqualität zum Spitzenpreis" ... *„Bestellen Sie die Rheumalind Naturdecke jetzt zum besonders günstigen Preis!"*.

Der Antragsteller behauptet, die zitierten Werbeaussagen seien objektiv unwahr und deshalb als irreführende Werbung i. S. v. § 5 UWG zu qualifizieren.

Er hat die Antragsgegnerin erfolglos abgemahnt, weshalb mit der Stellung eines Antrags auf Erlass einer einstweiligen Verfügung gerechnet werden muss.

Nach Ansicht des Antragstellers wird durch die Bezeichnung „Rheumalind" wahrheitswidrig der Eindruck erweckt, dass die beworbene Decke Rheuma zu lindern vermöge.

Ferner werde durch die Bezeichnung „Naturdecke" beim Publikum die Vorstellung hervorgerufen, dass die Decke ausschließlich aus natürlichen Materialien bestehe, was jedoch nicht der Fall sei.

Schließlich sei auch die Aussage, dass es sich bei der beworbenen Decke um ein „Spitzenprodukt" handle, das zu einem „Spitzenpreis" zu haben sei, objektiv unwahr, da diese lediglich eine durchschnittliche Qualität aufweise und zum üblichen Marktpreis angeboten werde.

Entgegen der Auffassung des Antragstellers verstößt die Werbekampagne der Antragsgegnerin nicht gegen § 5 UWG.

Die von der Antragsgegnerin unter der Bezeichnung „Rheumalind" vertriebene Textildecke erzeugt eine wohlige Wärme und ist deshalb sehr wohl geeignet, rheumatische Beschwerden zu lindern.

Auch besteht die streitgegenständliche Decke zu 85 % – also zu einem weit überwiegenden Teil- aus natürlicher Baumwolle, so dass die Bezeichnung „Naturdecke" nicht als irreführend bezeichnet werden kann.

Darüber hinaus weist die von der Antragsgegnerin beworbene Textildecke, sowohl von den verwendeten Materialien als auch von der Verarbeitung her, eine hervorragende Qualität auf, so dass der verlangte Preis von 99,– € ein überaus günstiges Angebot darstellt.

Beweis: Vorlage des Gutachtens des Textilsachverständigen Dipl. Ing. Werner Schmidt, Schillerstraße 19, 70376 Stuttgart.

Da nach alledem kein Verstoß gegen § 5 UWG vorliegt, wäre ein eventueller Antrag auf Erlass einer einstweiligen Verfügung durch den mutmaßlichen Antragsteller als unbegründet zurückzuweisen.

Clemens Zimmermann
Rechtsanwalt

Muster 3: Antrag auf Erlass einer einstweiligen Verfügung

Landgericht Stuttgart
– Kammer für Handelssachen –
Urbanstr. 20

70182 Stuttgart

Antrag auf Erlass einer einstweiligen Verfügung

In dem Verfügungsverfahren

des Verbandes fairer Wettbewerb e.V., vertreten durch den Hauptgeschäftsführer Peter Lauter, Badstraße 35, 60437 Frankfurt a. M.
– Antragsteller –

Verfahrensbevollmächtigte:
Rechtsanwälte Bubeck & Kollegen, Werastrasse 32, 60151 Frankfurt a. M.

gegen

die Firma Bettwäsche Müller GmbH & Co. KG, vertreten durch die Firma Müller GmbH, diese wiederum vertreten durch den Geschäftsführer Hans Müller, Schlossallee 22, 70563 Stuttgart
– Antragsgegnerin –

wegen Unterlassung unlauteren Wettbewerbs

Gegenstandswert: 15 000,– €

zeigen wir an, dass wir den Antragsteller vertreten.

Namens und in Vollmacht des Antragstellers beantragen wir, das Gericht möge im Wege der einstweiligen Verfügung – wegen der besonderen Dringlichkeit durch den/die Kammervorsitzende(n) allein ohne mündliche Verhandlung durch Beschluss – folgendes anordnen:

1. Der Antragsgegnerin werden bei Meidung eines für jeden Fall der Zuwiderhandlung fälligen Ordnungsgeldes bis zu 250 000,– €, ersatzweise Ordnunghaft bis zu sechs Monaten, zu vollziehen an dem Geschäftsführer der Komplementär-GmbH, folgende geschäftliche Handlungen untersagt,

a) die Bezeichnung „Rheumalind" für eine aus gewöhnlichen Materialien, wie z. B. Baumwolle und Acryl, bestehende Textildecke oder ähnliche Waren zu verwenden;

b) die Bezeichnung „Naturdecke" für eine teilweise aus synthetischen Materialien, wie z. B. Acryl, bestehende Textildecke zu verwenden;

c) für Waren des Sortiments von durchschnittlicher Qualität mit dem Hinweis auf eine herausragende Qualität zu werben, insbesondere durch das Wort „Spitzenqualität";

d) für Waren des Sortiments, die zum marktüblichen Preis angeboten werden, mit dem Hinweis auf ein besonders günstiges Angebot zu werben, insbesondere durch die Worte, „jetzt zum besonders günstigen Preis" oder „Spitzenpreis".

2. Der Antragsgegnerin werden die Kosten des Verfügungsverfahrens auferlegt.

Begründung:

1. Der Antragsteller ist gerichtsbekanntermaßen ein zur Verfolgung von Wettbewerbsverstößen befugter Verband i.S.v. § 8 III Ziff. 2 UWG. Es wird hierzu verwiesen auf die Entscheidungen BGH WRP ... und OLG Stuttgart GRUR ..... .

Die Antragsgegnerin betreibt eine Fabrik für Wäschewaren mit Sitz in Stuttgart.

2. Mit einer doppelseitigen Werbeanzeige in der Illustrierten „Goldenes Blatt" vom ... warb die Antragsgegnerin für den Verkauf einer Textildecke. In dem Werbehinweis hieß es u. a.:

„Spitzenqualität zum Spitzenpreis" ... *„Bestellen Sie die Rheumalind Naturdecke jetzt zum besonders günstigen Preis!".*

Glaubhaftmachung: Vorlage der Werbeanzeige der Antragsgegnerin vom ... im Original

– Anlage ASt 1 –

3. Die zitierten Werbeaussagen sind objektiv unwahr und müssen daher als irreführende Werbung qualifiziert werden.

a) Durch die Bezeichnung „Rheumalind" wird bei den einschlägigen Verkehrskreisen der Eindruck erweckt, dass die beworbene Decke zur Linderung von Rheuma geeignet sei. Ein von dem Antragsteller eingeholtes Sachverständigengutachten hat ergeben, dass die streitgegenständliche Decke ausschließlich aus den Materialien Baumwolle und Polyacryl besteht.

Glaubhaftmachung: Vorlage des Gutachtens des Textilsachverständigen Dipl. Ing. Walter Neumann, Panoramaweg 13, 60505 Frankfurt

– Anlage ASt 2 –

Angesichts dieser Materialzusammensetzung ist es ausgeschlossen, dass die von der Antragstellerin beworbene Decke eine, wie auch immer geartete, therapeutische Wirkung zu entfalten vermag.

Die betreffende Werbeaussage ist somit unwahr.

b) Durch die Bezeichnung „Naturdecke" wird bei den angesprochenen Verkehrskreisen ferner die Vorstellung hervorgerufen, dass die Decke ausschließlich aus natürlichen Materialien bestehe. In Wahrheit weist die streitgegenständliche Decke aber einen Anteil von 15 % Acryl auf.

Glaubhaftmachung: wie vor

Auch diese Werbeaussage entspricht somit nicht der Wahrheit.

c) Weiterhin wird durch die Bezeichnung als „Spitzenprodukt" vorgegeben, dass die streitgegenständliche Decke in Bezug auf die Qualität zur Spitzengruppe dieser Warengattung gehöre (vgl. BGH GRUR 61, 538 f. – Feldstecher).

Tatsächlich aber verfügt die in Rede stehende Decke nur über eine durchschnittliche Qualität.

Glaubhaftmachung: wie vor

d) Schließlich wird durch die Worte „besonders günstiger Preis" bzw. „Spitzenpreis" bei den angesprochenen Verkehrskreisen der Eindruck erweckt, dass das Angebot der Antragsgegnerin im Vergleich zu den Angeboten der Mitbewerber im Bereich des untersten Preisniveaus liege (vgl. OLG München WRP 85, 580).

Durch das von dem Antragsteller eingeholte Sachverständigengutachten wurde aber zweifelsfrei nachgewiesen, dass der von der Antragsgegnerin verlangte Preis dem marktüblichen Preis entspricht.

Glaubhaftmachung: wie vor.

Die betreffende Werbeaussage muss daher gleichfalls als objektiv unwahr qualifiziert werden.

4. Die von der Antragsgegnerin durchgeführte Werbeaktion verstößt somit gleich in mehrfacher Hinsicht gegen das in § 5 UWG geregelte Irreführungsverbot.

Da es sich vorliegend, insbesondere wegen des Gesundheitsbezugs, um besonders schwerwiegende Fälle einer Irreführung handelt, ist die Werbemaßnahme der Antragsgegnerin in jedem Falle geeignet, den Wettbewerb zum Nachteil der Verbraucher zu verfälschen. Die betreffende Werbeaktion ist somit als unlauter anzusehen und gemäß § 8 I UWG von der Antragsgegnerin zu unterlassen.

5. Die Antragsgegnerin wurde von dem Antragsteller mit Schreiben vom ... abgemahnt und unter Fristsetzung zur Abgabe einer strafbewehrten Unterlassungsverpflichtungserklärung aufgefordert.

Die Antragsgegnerin lehnte die Abgabe einer Unterlassungsverpflichtungserklärung zur Beseitigung der Wiederholungsgefahr indessen ab, so dass die Stellung eines Verfügungsantrags geboten war.

6. Die Zuständigkeit des Landgerichts Stuttgart ergibt sich aus § 14 I UWG.

Ausführungen zum Verfügungsgrund erübrigen sich wegen § 12 II UWG.

Aus den genannten Gründen ist der gestellte Antrag auf Erlass einer einstweiligen Verfügung als zulässig und begründet zu erachten.

Ralf Bubeck
Rechtsanwalt

Muster 4: Abschlussschreiben mit Abschlusserklärung

An
Firma Bettwäsche Müller GmbH
z.Hd. der Geschäftsleitung
Schlossallee 22

70563 Stuttgart

Aufforderung zur Abgabe einer Abschlusserklärung

Sehr geehrte Damen und Herren,

auf unseren Antrag hin hat das Landgericht Stuttgart am ... gegen Sie eine einstweilige Verfügung erlassen, die Ihnen zwischenzeitlich zugestellt wurde.

Die im einstweiligen Verfügungsverfahren ergangene Regelung hat lediglich vorläufigen Charakter. Das Ihnen auferlegte Verbot beseitigt weder dauerhaft die Wiederholungsgefahr für den uns zustehenden Unterlassungsanspruch noch das Rechtsschutzbedürfnis für die Erhebung einer Hauptsacheklage.

Insbesondere unterbricht die ergangene einstweilige Verfügung nicht die Verjährung unseres Anspruchs.

Zur Vermeidung der Erhebung einer Hauptsacheklage fordern wir Sie deshalb auf, die beigefügte Abschlusserklärung bis zum ... (bei uns eingehend) unterzeichnet an uns zurückzusenden.

Nach ergebnislosem Fristablauf wären wir leider gezwungen, Hauptsacheklage gegen Sie zu erheben, was mit erheblichen weiteren Kosten für Sie verbunden wäre.

Weiterhin fordern wir Sie auf, uns innerhalb der genannten Frist die Aufwendungen für dieses Abschlussschreiben in Höhe von ... zu erstatten.

Hochachtungsvoll
(Verband fairer Wettbewerb e.V.)

Abschlusserklärung

Die am ... ergangene einstweilige Verfügung des Landgerichts Stuttgart, Az.: ... wird als endgültige und zwischen den Parteien materiellrechtlich verbindliche Regelung anerkannt.

Insbesondere wird auf die Einlegung eines Widerspruchs (§ 924 ZPO) sowie auf die Rechtsbehelfe, eine Frist zur Erhebung einer Hauptsacheklage setzen zu lassen (§ 926 ZPO) und/oder die Aufhebung der einstweiligen Verfügung wegen veränderter Umstände zu beantragen (§ 927 ZPO), verzichtet.

Weiterhin verpflichten wir uns, die Aufwendungen für dieses Abschlussschreiben in Höhe von ... zu erstatten.

Stuttgart, den _____

_____
(rechtsverbindliche Unterschrift)

Muster 5: Unterlassungsklage

Landgericht Stuttgart
– Kammer für Handelssachen –
Urbanstr. 20

70182 Stuttgart

Klage

In dem Rechtsstreit

des Verbandes fairer Wettbewerb e.V., vertreten durch den Hauptgeschäftsführer Peter Lauter, Badstraße 35, 60437 Frankfurt a. M.

– Kläger –

Verfahrensbevollmächtigte:
Rechtsanwälte Bubeck & Kollegen. Werastrasse 32, 60151 Frankfurt a. M.

gegen

die Firma Bettwäsche Müller GmbH & Co. KG, vertreten durch die Firma Müller GmbH, diese wiederum vertreten durch den Geschäftsführer Hans Müller, Schlossallee 22, 70563 Stuttgart

– Beklagte –

wegen Unterlassung unlauteren Wettbewerbs

Gegenstandswert: 15 000,– €

zeigen wir an, dass wir den Kläger vertreten.

Namens und in Vollmacht des Klägers beantragen wir, das Gericht möge für Recht erkennen:

1. Die Beklagte wird verurteilt, es bei Meidung eines für jeden Fall der Zuwiderhandlung fälligen Ordnungsgeldes bis zu 250 000,– €, ersatzweise Ordnungshaft bis zu sechs Monaten, zu

vollziehen an dem Geschäftsführer der Komplementär-GmbH, folgende Wettbewerbshandlungen zu unterlassen:

a) die Bezeichnung „Rheumalind" für eine aus gewöhnlichen Materialien, wie z. B. Baumwolle und Acryl, bestehende Textildecke oder ähnliche Waren zu verwenden;

b) die Bezeichnung „Naturdecke" für eine teilweise aus synthetischen Materialien, wie z. B. Acryl, bestehende Textildecke zu verwenden;

c) für Waren des Sortiments von durchschnittlicher Qualität mit dem Hinweis auf eine herausragende Qualität zu werben, insbesondere durch das Wort „Spitzenqualität";

d) für Waren des Sortiments, die zum marktüblichen Preis angeboten werden, mit dem Hinweis auf ein besonders günstiges Angebot zu werben, insbesondere durch die Worte „jetzt zum besonders günstigen Preis" oder „Spitzenpreis".

2. Die Beklagte trägt die Kosten des Rechtsstreits.

3. Dem Kläger wird nachgelassen, eine etwa erforderliche Sicherheit durch die selbstschuldnerische Bürgschaft einer deutschen Großbank oder öffentlich-rechtlichen Sparkasse erbringen zu dürfen.

Begründung:

1. Der Kläger ist gerichtsbekanntermaßen ein zur Verfolgung von Wettbewerbsverstößen befugter Verband i. S. v. § 8 III Ziff. 2 UWG. Es wird hierzu verwiesen auf die Entscheidungen BGH WRP ... und OLG Stuttgart GRUR ...

Die Beklagte betreibt eine Fabrik für Wäschewaren mit Sitz in Stuttgart.

2. Mit einer doppelseitigen Werbeanzeige in der Illustrierten „Goldenes Blatt" vom ... warb die Beklagte für den Verkauf einer Textildecke.

In dem Werbehinweis hieß es u.a.

„*Spitzenqualität zum Spitzenpreis*" ... „*Bestellen Sie die Rheumalind Naturdecke jetzt zum besonders günstigen Preis!*"

Beweis: Vorlage der Werbeanzeige der Antragsgegnerin vom ... im Original.

– Anlage K 1 –

3. Die zitierten Werbeaussagen sind objektiv unwahr und müssen daher als irreführende Werbung qualifiziert werden.

a) Durch die Bezeichnung „Rheumalind" wird bei den angesprochenen Verkehrskreisen der Eindruck erweckt, dass die beworbene Decke zur Linderung von Rheuma geeignet sei. Ein von dem Kläger eingeholtes Sachverständigengutachten hat ergeben, dass die streitgegenständliche Decke ausschließlich aus den Materialien Baumwolle und Polyacryl besteht.

Beweis: Vorlage des Gutachtens des Textilsachverständigen Dipl. Ing. Walter Neumann, Panoramaweg 13, 60505 Frankfurt

– Anlage K 2 –

Angesichts dieser Materialzusammensetzung ist es ausgeschlossen, dass die von der Beklagten beworbene Decke eine, wie auch immer geartete, therapeutische Wirkung zu entfalten vermag.

Die betreffende Werbeaussage ist somit unwahr.

b) Durch die Bezeichnung „Naturdecke" wird bei den einschlägigen Verkehrskreisen ferner die Vorstellung hervorgerufen, dass die Decke ausschließlich aus natürlichen Materialien bestehe.

In Wahrheit weist die streitgegenständliche Decke aber einen Anteil von 15 % Acryl auf.

Beweis: wie vor

Auch diese Werbeaussage entspricht somit nicht der Wahrheit.

c) Weiterhin wird durch die Bezeichnung als „Spitzenprodukt" vorgegeben, dass die streitgegenständliche Decke in Bezug auf die Qualität zur Spitzengruppe dieser Warengattung gehöre (vgl. BGH GRUR 61, 538 f. – Feldstecher).

Tatsächlich aber verfügt die in Rede stehende Decke nur über eine durchschnittliche Qualität.

Beweis: wie vor

d) Schließlich wird durch die Worte „besonders günstiger Preis" bzw. „Spitzenpreis" bei den angesprochen Verkehrskreisen der Eindruck erweckt, dass das Angebot der Beklagten im Vergleich zu den Angeboten der Mitbewerber im Bereich des untersten Preisniveaus liege (vgl. OLG München WRP 85, 580).

Durch das von dem Kläger eingeholte Sachverständigengutachten wurde aber zweifelsfrei nachgewiesen, dass der von der Beklagten verlangte Preis dem marktüblichen Preis entspricht.

Beweis: wie vor

Die betreffende Werbeaussage muss daher gleichfalls als objektiv unwahr qualifiziert werden.

4. Die von der Beklagten durchgeführte Werbeaktion verstößt somit gleich in mehrfacher Hinsicht gegen das in § 5 UWG geregelte Irreführungsverbot.

Da es sich vorliegend, insbesondere wegen des Gesundheitsbezugs, um besonders schwerwiegende Fälle einer Irreführung handelt, ist die Werbemaßnahme der Beklagten in jedem Falle geeignet, den Wettbewerb zum Nachteil der Verbraucher zu verfälschen.

Die betreffende Werbeaktion ist somit als unlauter anzusehen und gemäß 8 I UWG von der Beklagten zu unterlassen.

5. Die Beklagte wurde von dem Kläger mit Schreiben vom ... abgemahnt und unter Fristsetzung zur Abgabe einer strafbewehrten Unterlassungsverpflichtungserklärung aufgefordert.

Die Beklagte lehnte die Abgabe einer Unterlassungsverpflichtungserklärung zur Beseitigung der Wiederholungsgefahr indessen ab, so dass die Erhebung einer Unterlassungsklage geboten war.

6. Die Zuständigkeit des Landgerichts Stuttgart ergibt sich aus § 14 I UWG.

Aus den genannten Gründen ist die erhobene Unterlassungsklage als zulässig und begründet zu erachten.

Ralf Bubeck
Rechtsanwalt

Weiterführende Literatur

Zum Urheberrecht

Bullinger/Wandtke, Praxiskommentar zum Urheberrechtsgesetz, 4. Auflage 2014, München
Dreier/Schulze, Urheberrechtsgesetz, Kommentar, 4. Auflage, 2013, München
Dreyer/Kotthoff/Meckel, Heidelberger Kommentar zum Urheberrecht, 3. Auflage, 2013, Heidelberg
Fromm/Nordemann, Urheberrecht, Kommentar, 11. Auflage, 2014, Stuttgart
Lettl, Urheberrerecht, 2. Auflage, 2013, München
Lutz, Grundriss des Urheberrechts, 2. Auflage, 2013, Heidelberg
Rehbinder/Penkert, Urheberrecht, Lehrbuch, 17. Auflage, 2015, München
Schack, Urheber- und Urhebervertragsrecht, 6. Auflage, 2013, Tübingen
Schricker/Loewenheim, Urheberrecht, Kommentar, 4. Auflage, 2010, München
Wandtke/Bullinger, Praxiskommentar zum Urheberrechtsgesetz, 4. Auflage, 2014, München

Zum Gewerblichen Rechtsschutz

Allgemeine Literatur

Ernsthaler, Gewerblicher Rechtschutz und Urheberrecht, Studienbuch, 3. Auflage, 2009, Berlin
Gaul/Bartenbach, Handbuch des Gewerblichen Rechtsschutzes, Loseblatt-Ausgabe, Köln
Götting, Gewerblicher Rechtsschutz, Lehrbuch, 10. Auflage, 2014, München
Ilzhöfer/Engels, Patent-, Marken- und Urheberrecht, Lehrbuch, 8. Auflage, 2010, München
Nordemann, Wettbewerbsrecht, Markenrecht, 11. Auflage, 2012, Baden-Baden

Zum Patent- und Gebrauchsmusterschutz

Benkard, Patentgesetz, Gebrauchsmustergesetz, Kommentar, 11. Auflage, 2015, München
Benkard, Europäisches Patentübereinkommen, Kommentar, 2. Auflage, 2012, München
Bühring/Braitmaier/Schmid, Gebrauchsmustergesetz, Kommentar, 8. Auflage, 2011, Köln
Busse, Patentgesetz, Kommentar, 7. Auflage, 2013, Berlin
Götting, Patentrecht, 1. Auflage, 2014, München
Gruber/von Zumbusch/Haberl/Oldekop, Europäisches und internationales Patentrecht, Studienbuch, 7. Auflage, 2012, München
Osterrieth, Patentrecht, Studienbuch, 4. Auflage, 2010, München
Schulte, Patentgesetz, Kommentar, 9. Auflage, 2014, Köln

Zum Designschutz

Eichmann/von Falkenstein/Kühne, Designgesetz, Kurzkommentar, 5. Auflage, 2015, München
Günther/Beyerlein, Kommentar zum Geschmacksmustergesetz, 2. Auflage, 2011, Frankfurt
Nirk, Geschmacksmusterecht, Urheberrecht, Designlaw, 2010, Heidelberg
Ruhl, Gemeinschaftsgeschmacksmuster, Kommentar, 2. Auflage, 2010, Heidelberg

Zum Kennzeichenschutz

Berlit, Markenrecht, 9. Auflage, 2012, München
Bingener, Markenrecht, Leitfaden für die Praxis, 2. Auflage, 2012, München
Eisenführ/Schennen, Gemeinschaftsmarkenverordnung, Taschenkommentar, 4. Auflage, 2014, Köln
Fezer, Markenrecht, 2 Bände, Kommentar, 3. Auflage, 2015, München
Hacker, Markenrecht, 3. Auflage, 2015, Köln
Ingerl/Rohnke, Markengesetz, Kommentar, 3. Auflage, 2010, München
Ströbele/Hacker, Markengesetz, Kommentar, 11. Auflage, 2015, Köln
Von Schultz, Markenrecht, Kommentar, 3. Auflage, 2012, Heidelberg

Zum UWG

Emmerich, Das Recht des unlauteren Wettbewerbs, 9. Auflage, 2012, München
Fezer, Lauterkeitsrecht, 2 Bände, Kommentar, 3. Auflage, 2015, München
Gloy/Loschelder/Erdmann, Handbuch des Wettbewerbsrechts, 4. Auflage, 2010, München
Harte/Henning, Kommentar zum Wettbewerbsrecht, 3. Auflage, 2013, München
Jacobs/Lindacher/Teplitzky, UWG, Großkommentar, ab 1991, Berlin
Köhler/Bornkamm, Gesetz gegen den unlauteren Wettbewerb, UWG, Kommentar, 33. Auflage, 2015, München
Münchner Kommentar zum Lauterkeitsrecht, 2 Bände, 2. Auflage, 2014, München
Ohly/Sosnitza, Gesetz gegen den unlauteren Wettbewerb, UWG, Kommentar, 6. Auflage, 2014, München
Rittner, Wettbewerbs- und Kartellrecht, 8. Auflage, 2014, Heidelberg
Teplitzky, Wettbewerbsrechtliche Ansprüche, 10. Auflage, 2012, Köln

Sachverzeichnis

Die Zahlen verweisen auf die Randziffern, F auf die Fälle

Abfangen von Kunden   502
Abmahnung   701, Anhang
Abmahnverein   698
Absatzbehinderung   500 ff.
Abschlussschreiben   703, Anhang
absolute Schutzhindernisse
   siehe Eintragungshindernisse
absolute Rechte   5, 16, 124, 172, 200, 233
absolute Schutzvoraussetzungen   190, F10
abstrakte Idee   26, 205, 477, 482, F45
Abzweigung   194
Accessprovider   72, 705
Adwords   340 ff.
aggressive Werbung   624
Ähnlichkeit von Marken   267 ff., F12, F13, F15
Ähnlichkeit von Waren oder Dienstleistungen   267 ff., F11, F12
Ästhetischer Gehalt   9, 22, 201, F2
Äußerungen Dritter   357
Aktivlegitimation   687 ff.
Alleinstellungswerbung   576
amtliche Prüf- oder Gewährzeichen   262
Angaben   516 ff.
angewandte Kunst   *siehe* Werke der angewandten Kunst
Angstwerbung   412, F36a
anlehnende Werbung   628
Anmeldung von
– Gebrauchsmuster   186 ff.
– eingetragenem Design   213a ff.
– Marken   286 ff.
– Patent   144 ff.
Anschwärzung   465
Anrufmaschinen   650
Ansprechen in der Öffentlichkeit   636
anstößige Zeichen   260
Anwaltsschriftsatz   34
Anzapfen   379, 504, F20
Arbeitnehmer als
– Entwerfer   213a
– Erfinder   133 ff.
– Urheber   32
Arbeitnehmererfindung   139
Arten der Marken   236 ff.
Assimilation   712, 732, 743
Aufbrauchsfrist   701

Aufforderung zum Vergleich   606
Aufführungsrecht   63
Aufmerksamkeitswerbung   384, 441, F35, F36
Auskunftsanspruch   73, 157, 195, 220, 298, 320c
Aufrechterhaltungsgebühr
   siehe Verlängerungsgebühr
Ausnutzen einer Marktschließung   489
Ausnutzen der Wertschätzung   485
Ausnutzen des guten Rufes   285
Ausnutzen fremder Leistungen   471 ff.
Ausnutzen von Gefühlen   404 ff.
ausschließliche Lizenz   *siehe* Lizenz
ausschließliches Nutzungsrecht
   siehe Nutzungsrecht
Ausschließlichkeitsrechte   5, 16, 124, 172, 200, 233
Äußerungen Dritter   357

Bagatellklausel   375
Baukunst   37
Bearbeiten von Passanten   651 ff.
Bearbeitung   45
Beeinträchtigung der Entscheidungsfreiheit durch
– Ausnutzen von Gefühlen   406 ff.
– Druck   376 ff.
– Verlocken von Kunden   382 ff.
– in menschenverachtender Weise   380
Beendigung von
– Gebrauchsmuster   198 f.
– eingetragenem Design   225 f.
– Marken   306
– Patent   168 ff.
– Urheberrecht   98
– verwandte Schutzrechte   113
Behinderung durch
– Betriebsstörung   497
– Preiskampf   496
– Absatz- und Werbebehinderung   500 ff.
bekannte Marke   268 ff., 280 ff., F11
Berechtigungsvertrag
   siehe Wahrnehmungsvertrag
Beschaffenheits- und Bestimmungsangabe   255 ff., F10

beschleunigtes Verfahren 290
beschränktes Nutzungsrecht
  siehe Nutzungsrecht
beschränkte Übertragung des Patents
  164 ff., F6
Beschränkungen von
– Gebrauchsmuster 184
– eingetragenem Design 211
– Marken 299 ff.
– Patent 132, 159
– Urheberrecht 74 ff.
beschreibende Angaben 256 f.
Beschwerdeverfahren bei
– Gebrauchsmuster 192
– eingetragenem Design 213c
– Marken 289
– Patent 152
Beseitigungsanspruch 73, 105, 219, 681, F3
Betreiberabgabe 77
Betriebsspionage 668 ff.
Bewegungsmarken 242
Beweislast 214, 469, 549, 569
Bildhauerei 37
Bildmarken 242, 255a, 324
Bildwirkung 27
Blauer Umweltengel 588
Blickfangwerbung 543, F23, F43
Bösgläubigkeit 262b
Briefe 34
Briefkastenwerbung 652
Buchstabenmarken 241
Buchstaben-Zahlenmarken 241
Bühnenwerk 34, 117, 316

Computerimplementierte Erfindungen
  8, 126a
Computerprogramm 34, 36, 98a ff., F47
Contentprovider 72
Copyright 744
Corporate Identity 321
Cutter 118

Darstellungen wissensch. oder techn. Art
  44
Datenbankhersteller 112a
Datenbankurheber 46
Deep Links 123f
Demoskopische Gutachten 271 ff.
Designschutz 200 ff., F 1, F 8, F 45
Deutsche Markenware 533a
Deutsches Erzeugnis 533a
Diensterfindungen 139

Dienstleistungsmarken 251, F13
Dimensionsbeschränkung 218
Dirigent 101, 119
Domain-Grabbing 339i, F50
Domain-Names 339a ff.
Drehbuch 34
dreidimensionale Marken 245, 254
Drittpreisvergleich 546
Druck 376 ff.
Druckschriftenschutz 316
Durchsetzung wettbewerbsrechtlicher
  Ansprüche 679 ff., F39

Eigenart 210, F8
Eigenpreisvergleich 546
Eigenvergleich 606, F31
Eigentum-Urheberrecht 55 f.
Eignung zur Wettbewerbsbeeinträchtigung
  siehe Wettbewerbsbeeinträchtigung
einfache Lizenz siehe Lizenz
einfaches Nutzungsrecht
  siehe Nutzungsrecht
eingetragene Designs 200 ff., F1, F8, F45
Einräumung von Nutzungsrechten 82 ff., F4
Einräumung zur eigenen Nutzung 91 f.
Einräumung zur Wahrnehmung 91
Einstandskosten 496
einstweilige Verfügung 702, Anhang
Eintragungsbewilligungsklage 289
Eintragungshindernisse
– absolute 252 ff., F10
– relative 265 ff., F10
Eintrittsgeld 379
Einwilligung der ausübenden Künstler
  103 ff.
Elektronische Post 650
E-mails 650 f.
emotionale Werbung 404 ff.
Entstehen von
– Gebrauchsmuster 185 ff.
– eingetragenem Design 212 ff.
– Marken 286
– Patent 143 ff.
– Urheberrecht 51
Entstellungen 55, 102, F3
Entwerfer 213a
Erfinder 133 ff.
Erfinderbenennung 140
Erfinderehre 140
erfinderischer Schritt 183
erfinderische Tätigkeit 131, F5, F45
Erfinderpersönlichkeitsrecht 140
Erfindung 125 ff., 176 ff., F1, F5, F45

Sachverzeichnis

Erfindungshöhe 131, 183, F5, F45
Erkennbarkeit 602 ff.
Erschöpfungsgrundsatz 59, 156a, 195, 221, 299, F17, F47
Erzeugnispatent 141 f., 155
Euro-Blume 591
Europäisches Markenamt 724 ff.
Europäisches Patentamt 692 ff., 720 ff.
Europäisches Patenübereinkommen 720 f.
Europäisches Recht 1

Fabrikmarke 251
Farbenschutz 244, 254
FAX-Werbung 650
fehlende Unterscheidungskraft 255
Fernsehgesellschaft 48
Film 114 ff.
Filmarchitekt 118
Filmdrehbuch 34
Filmmusik 43
Filmproduzent 48, 115 ff.
Filmwerk 43, 114 ff.
Firmenfarben 254
Firmenlogo 310 ff.
Folgerecht 69
Formgestaltung *siehe* wahrnehmbare förmliche Rechte 6, F1
Formmarken 245
Formulare *siehe* Anhang
Fotokopieren 77 f.
Framing 123g
freibleibend 530
freie Erfindung 139
Freihaltebedürfnis 256 f.
Fremde Autoritäten 377

Garantiefunktion 232
Gattungsbezeichnungen 258, 293, 312, 328
Gebrauchsmuster 172 ff., F5, F9, F45
Gebührenverein 698
Geburtstagsfeier 522
gehässige Werbung 631
geistiger Inhalt 22 ff.
geistige Schöpfung 2, 18 ff., F1
geistiges Eigentum 2
Gefühlsausnutzung 406 ff., F26
Geheimnisverrat 668 ff.
GEMA 49, 85 f.
Gemeinschaftsgeschmacksmuster 732
Gemeinschaftsmarke 724 ff., F52
Gemeinschaftspatent 723
Gemeinschaftspatentübereinkommen 723

Generalklausel 367
geografische Herkunftsangaben 256, 325, 327 ff.
Geräteabgabe 77
Geruchsmarken 247
Gesamtpreis 594
geschäftliche Bezeichnungen 310 ff.
geschäftliche Handlung 342 ff.
Geschäftsabzeichen 310, 315, 318, F45
Geschäftsehre 465 ff.
Geschäftsgeheimnis 668 ff.
geschäftliche üble Nachrede 465 ff.
Geschmacksmarken 247
Gesundheitswerbung 569 ff.
getarnte Werbung 416 ff.
gewerblicher Bereich 7
Gewinnabschöpfung 684 ff.
Gewinnspiele 440 ff.
glückspielartiger Warenvertrieb 613
Grafik 37 f.
Großzitat *siehe* Zitat
Grundpreis 594
GÜFA 49
Gütezeichen 323 ff., 654, F16
Gute Sitten 260
guter Ruf der Marke 282, 285
GVL 102 ff.
GWB 347

Haager Abkommen 717
Halbleiterschutz 199a
Handelsmarke 251
Hauptklage 703
Haustürwerbung 639
Headhunter 499
Herabsetzung 624
Herkunftsfunktion 232
Herstellerabgabe 77
Herstellermarken 251
Hersteller von Tonträgern 109 f.
Herstellungslizenz 164 ff., F6
Hoheitszeichen 261
Hörmarken 246
Hostprovider 705
Hyperlinks 123e

Ideenschutz *siehe* abstrakte Idee
Identität von Marken 266 ff., F11, F12
Identität von Waren oder Dienstleistungen 266 ff., F11 f.
Imitation 625
Immaterialgüterrecht 2,15a

immaterieller Schaden 73
Industrie-Design 38
Industriefotos F4
Industrie- und Handelskammer 699
Ingebrauchnahme 314, 316 ff.
Inländerbehandlung 712
Inline Links 72
Interessenbeeinträchtigung
 siehe spürbare ...
Internationales Büro 291, 712, 715, 717, 746
internationale Herkunftsabkommen 330
internationaler Gewerblicher Rechtsschutz 711 ff.
internationale Marke 235, 291, F 52
internationale Registrierung 717
internationales Urheberrecht 736 ff.
Internet 339a ff., 704
IR-Marke 235, 291, F52
irreführende Zeichen 259
Irreführung 305 ff., 524, 545, F19, F20, F50
Irreführung durch Unterlassen 520 ff.
Irreführungsmaßstab 366
Irreführungsquote 525a, F36a

Kaffeefahrten 574
Kameramann 118
Kennzeichnungskraft 276 ff., 293, F13
Keyword-Advertising 340c
Kino 48
Klagerecht 687 ff.
Klangwirkung 275
kleine Münze 24, 51, 98c
Kleinzitat siehe Zitat
Kollektivmarke 323 ff., F16
Kollision von Zeichenrechten 338
Kommunikationsfunktion 232
Kombinationszeichen 243
Konzertveranstalter 48
Koppelungsangebot 402
kränkende Werbung 631
kritisierend vergleichende Werbung 610 ff., 629
kultureller Bereich 7 f.
Kulturwirtschaft 48, 50
Kunstgewerbe 48

Laufbilder 114
Lehre zum techn. Handeln 125
Leistungsschutzrechte
 siehe verwandte Schutzrechte

Lichtbilder 110 ff., 119, F4
Lichtbildwerke 42, 111, 118, F4
Link als eigene Aussage 357
Listenpreis 547, F42
Lizenzen in Bezug auf
– Gebrauchsmuster 197
– eingetragene Designs 224
– Marken 304, F12
– Patent 164 ff., F6, F7
Lizenzgebühr 73, F4
Lizenzvertrag 164 ff., F6
Lockvogelwerbung 530, 535, 655a, F 27
Löschungsverfahren 199, 226, 307 ff.

Made in Germany 533a
Madrider Markenabkommen 715
Malerei 37
Marken 228 ff.
Markenfähigkeit 237
Markenklassifikation 287
Markenmäßige Verwendung 296a
Markenkategorien 236
mechanische Industrie 48
mehrdeutige Aussagen 542
Metatags 340b
Mindestrechte 739, 749
missverständliche Werbung 540 ff., F19, F20
Miterfinder 134
Mitgefühl 408
Miturheber 29
Mode 40
Mogelpackung 598
Mondpreise 548
moralischer Kaufzwang 382 f.
Motivschutz 112
multilaterale Patentabkommen 718 ff.
Musiker 101, 119

Nachahmung 23, 473 ff., F2, F38, F 41, F45
Nachahmungsfreiheit 473, F38
nachprüfbare Aussagen 518
Neuheit bei
– Gebrauchsmuster 181 f., F45
– eingetragenem Design 209, F45
– Patent 129, F5, F45
Nichtigerklärung 171, 308
Nizza-Klassifikation 287
normale Zeichen 278 f.
notorisch bekannte Marke 264, 294
Nutzungsrechte 82 ff., 120, F4

offenbaren 209c
Offenlegungsschrift 148
Offensichtlichkeitsprüfung 147
öffentliche Ordnung 260a
öffentliche Wiedergabe 61 ff.
öffentliche Zugänglichmachung
   siehe Zugänglichmachung

Pariser Verbandsübereinkunft 711
Patent 124 ff., F5-F7, F45
Patentanspruch 145
Patenterteilungsverfahren 149 ff.
Patentrolle 150
Patentschrift 150
Pauschale Herabsetzung 630
PCT 791 ff.
persönliche Werbung 464, 608, 629
persönlichkeitsrechtlicher Schutz 102, 123
planmäßige Nachahmung 488
Plastik 37
Preisangaben 545 ff., 592 ff.
Preisausschreiben 440 ff., F35
Preisgegenüberstellungen 546
Preisherabsetzungen 548 ff.
Preisschaukelei 549
Preiswahrheit 546
Preisnachlass siehe Rabatt
Preisvergleich 546
Presseprivileg 683
Priorität 129, 181, 546 f., 714, F12
Privatbriefe, getarnt 453
Probierpreis 397
Product-Placement 425 ff.
Produktverpackung 245
progressive Kundenwerbung 666 ff., F34
Providerhaftung 72, 705
Prüfungsverfahren 149 ff., 288
psychologischer Zwang 382 ff., 453, F44
PVÜ 711

Qualitätszeichen 654
Quellenangaben 78 f.

Raumform 178, 204
Rechtsbeschwerde 152, 192, 213c
Rechtserhaltende Benutzung einer Marke
   300
Rechtsvoraussetzungen von
– Gebrauchsmuster 176 ff., F1, F5
– eingetragenem Design 203 ff., F1, F8
– Marken, eingetragenen 248 ff., F10

– Patent 124 ff., F5
– Urheberrecht 17 ff., F1
Rechtswirkungen von
– Gebrauchsmuster 195
– geografische Herkunftsangaben 331 ff.
– eingetragenem Design 215 ff.
– Marken 295 ff.
– Patent 154
– Urheberrecht 52 ff.
redaktionelle Werbung 417 ff.
Reden 34
Regisseur 101, 118
Registrierungsverfahren 189 ff., 213b, 213c
Reimporte F51
relative Schutzhindernisse
   siehe Eintragungshindernisse
Revidierte Berner Übereinkunft 736 ff.
Romane 34, 117
Rufausbeutung 285
Rundfunkgesellschaft 48

sachliche Rechte 6, F1
Sammelwerke 46
Sammelanmeldung 213a
Sänger 101, 119
Schadensberechnung 73, F4
Schadensersatzanspruch bei
– Gebrauchsmuster 195
– geografischen Herkunftsangaben 331
– geschäftlichen Bezeichnungen 320
– eingetragenem Design 220
– Marken 297 ff.
– Patent 157
– Urheberrecht 73, F4
– UWG 682
– verwandten Schutzrechten 105
Schauspieler 101, 119
Scheinpreis 535
Schiedsstelle
– bei Arbeitnehmererfindungen 139
– bei Urheberrecht 49
Schleichwerbung 416 ff.
Schlichtungsverfahren siehe Schiedsstelle
Schmarotzen 283, 285
Schmuck 41
Schneeballsystem 658, 666 ff., F34
schockierende Werbung 407
Schöpfer 28 ff.
Schöpfung siehe geistige Schöpfung
Schöpfungsqualität 20
Schriftwerke 34
Schriftzeichenschutz 207a
Schutzanspruch 187

Schutzausschließungsgründe
 siehe Beschränkungen von
Schutzfrist bei
– Gebrauchsmuster 198, F7
– eingetragenem Design 225
– Patent 168, F7
– verwandten Schutzrechten 113
– Urheberrecht 98
Schutzfunktion des Wettbewerbsrechts 348
Schutzschrift 702, Anhang
Schutz von gewerblichem Eigentum 711
schwache Zeichen 278 f.
Selbstkosten 496
Selbstverständlichkeiten 541, F20
Senderecht 65
Sendeunternehmen 110
Sexistische Werbung 409
Sinnwirkung 247
Sloganmarken 241, 255e ff.
SMS 650
Softwarepatente 8
Softwareschutz 126
Sortenschutz 126
Spielleidenschaft 410
Spitzengruppenwerbung 577
Sponsoring 422 ff.
Sprachliche Neuschöpfungen 257
Sprachwerk 17, 34 ff., F1
spürbare Interessenbeeinträchtigung 375
Stand der Technik 129, 146, 181
starke Zeichen 278 f.
Stiftung Warentest 561
strafbewehrte Unterlassungsverpflichtungs-
 erklärung 701, Anhang
Strafe bei Verstoß gegen
– Gebrauchsmuster 195
– eingetragenes Design 221
– geschäftliche Bezeichnungen 322
– Marken 303
– Patent 158
– Urheberrecht 73a
– UWG 677 ff.
Streaming 123i
sublimale Werbung
 siehe unterschwellige Werbung
Superpreise 547
Systemvergleich 630

Tagebücher 34
Tastmarken 247
Tatsachenbehauptungen 519
täuschende Bezeichnungen 259
technische Schutzrechte 124 ff., F5

Telefonmarketing 641 ff., 678a
Telefaxwerbung 650
Teleshopping 423
Telle-Quelle-Schutz 713
Testergebnisse 560
Testpersonen 503
Theaterveranstalter 48
Thumbnails 123h
Titelschutz 317
Tippfehlerdomains 339c, 339j
Tonwerkeschutz 316
Topografieschutz 199a
Traumpreise 547
Trennungsgrundsatz 417 ff.
TRIPS 709 ff., F51
Typografieschutz 207a
Typosquatting 339c, 339j

Überrumpelung 413
Übertragung von
– Gebrauchsmuster 196 f.
– eingetragenem Design 224
– Marken 304
– Patent 162 ff.
– Urheberrecht 81
Umbau 554
Umweltwerbung 586 ff.
unbeschränktes Nutzungsrecht
 siehe Nutzungsrecht
unbestellte Dienstleistungen 638
Unentgeltliche Dienstleistungen 382 ff.
Unentgeltliche Kundenbeförderung 405
Unentgeltliche Zuwendungen 382 ff.
Unerfahrenheit 411
unerlaubte Behinderung 491 ff.
Unlauterkeit 370 ff.
unmittelbare Leistungsübernahme 490, 582
unsachlicher Einfluss 381 ff.
Unterlassungsanspruch bei
– Gebrauchsmuster 195
– geografischen Herkunftsangaben 331
– geschäftlichen Bezeichnungen 320
– eingetragenem Design 220
– Marken 297 ff.
– Patent 157, F6
– Urheberrecht 73, F2, F3, F45
– UWG 681 ff.
– verwandten Schutzrechten 105
Unterlassungsverpflichtungserklärung 701, Anhang
Unternehmenskennzeichen 310 ff.

Sachverzeichnis

Unterscheidungskraft 247, 255, 268, 312 ff., 317 f.
unterschwellige Werbung 415
unwahre Werbung 527 ff.
unzulässige Belästigungen 633 ff.
Urheber 28 ff.
Urheberehre 54 f., F3
Urheberpersönlichkeitsrecht 54 ff., F3
Urheberrecht 16 ff., F1-F4

Verbände zur Förderung gewerblicher Interessen 691 ff., F39
verbotene vergleichende Werbung 612 ff.
Verbraucheraufklärung 696
Verbraucherverbände 696
Verbreitungsrecht 59, 82, 92, 116, 120, F4
Vererbung von
– Gebrauchsmuster 196
– eingetragenem Design 224
– Marken 304
– Patent 161
– Urheberrecht 80 f.
Verfahrenspatent 142, 156
Verfall 307 f.
vergleichende Werbung 599 ff., F30–F33
Verkehrsauffassung 359 ff.
Verkehrsdurchsetzung 263, 320
Verkehrsgeltung 293, 314 ff., 318
Verlag 48, 92 ff.
Verlagsrecht 92 ff.
Verlagsvertrag 92 ff.
Verlängerungsgebühren bei
– Gebrauchsmuster 198
– eingetragenem Design 225
– Marken 306
– Patent 169
Verleihantieme 70
Verleiten zum Geheimnisverrat 675
Verletzungsprozess bei
– Gebrauchsmuster 193
– eingetragenem Design 214
– Marken 292
– Patent 153
– Urheberrecht 51
Verlocken von Kunden 382 ff.
vermeidbare Herkunftstäuschung 474 ff., F38
Vermiettantieme 70
Vernichtung 73, 157, 195, 220, 298, 320c
Veröffentlichungsrecht 54
Verrat von Geschäftsgeheimnissen 671 ff.
Verschleierung 437, 653, F36a
Verschweigen 520 ff.

Vertragsstrafe 701, Anhang
Vertrauensbruch 674, F41
Vertriebslizenz 164, F6
Verunglimpfung 463, 624, F31
Vervielfältigung zum eigenen Gebrauch 75 ff.
Vervielfältigung zum privaten Gebrauch 75 ff.
Vervielfältigungsrecht 58, 78, 92 ff., 109, F4
verwandte Schutzrechte 99 ff.
Verwässerung 284, 334
Verwechslungsgefahr 267, 271, 320, 622, F12
Verwertungsgesellschaften 49, 77 f., 91, 107 f.
Verwertung von Geschäftsgeheimnissen 673
VG Bild-Kunst 49
VG Wort 49
Verwertungsrechte 33, 57 ff., 81, 107
Vollharmonisierung 352a
Vorführungsrecht 64
Vorschaubilder 123h
Vortragsrecht 62

wahrnehmbare Formgestaltung 25 ff., 206, F45
Wahrnehmungsgesellschaften
 siehe Verwertungsgesellschaften
Wahrnehmungsverträge 95 f.
Warenangebot 655b
Warenartenvergleich 631
Warenproben 392 ff.
Warentest 560 ff.
Warenunterscheidung 247, F10
Weltorganisation für geistiges Eigentum 746
Welturheberrechtsabkommen 741 ff.
Werbebehinderung 500 ff.
Werbefloskeln 606
Werbefunktion 232
Werbegeschenk 384 ff., F22, F44
Werbeidee 482, F1
Werbekatalog 35
Werbekostenzuschüsse 379
Werbeprospekt 35
Werbeslogan 35, F1
Werbetelefonate 634 ff.
Werbung mit
– Angst 412
– Äußerungen Dritter 357
– Kundenäußerungen 437
– Mehrdeutigkeiten 542

- Mitgefühl 408
- Schutzrechten 578 ff., F9
- Selbstverständlichkeiten 541 ff.
- Spielleidenschaft 410
- Testergebnissen 560 ff.
- Testpersonen 503
- wissenschaftlichen Äußerungen 435 f.

Werbevergleich *siehe* vergleichende Werbung

Werk 17 ff.
- der angewandten Kunst 17, 38, F2
- der bildenden Kunst 17, 37 ff., F2, F3
- der Musik 17

Werktitel 241, 310, 316 ff.
Wertschätzung 623
Werturteil 618
Wettbewerb 341 ff.
wettbewerbliche Eigenart 476, F 41, F 45
Wettbewerbsbeeinträchtigung 375
Wettbewerbsfreiheit 346 f.
Wettbewerbsverhältnis 343 ff., F29
Widerspruch 265, 289
Widerruf 170 f.

Wiedergabe durch Bild-/Tonträger 66
Wiedergabe durch Funksendungen 67
Wiederholbarkeit 128
WIPO 715, 746
Wortmarken 241, 324
Wort-Bildmarken 243

Zahlenmarken 241
Zeichenformen 240 ff.
Zielgruppen der Werbung 359 ff.
Zitat 79
Zitatzweck 79
Zitierfreiheit 79
Zugabe 383
Zugänglichmachung 64a
Zugangsrecht 68
zumutbare Verhütungsmaßnahmen 479, F41
Zusenden unbestellter Waren 637
Zwangslage 413
Zweckneutralität 18, F1
Zweckübertragungstheorie 32, 97, 108, F4